국역 심경주해총람
보급판
(上)

국역 심경주해총람 (上) 보급판

양장판 초판 발행 2014년 9월 20일
보급판 초판 발행 2019년 10월 27일

옮긴이 / 이광호 · 엄연석 · 한정길 · 장동우
펴낸이 / 궁리나
편 집 / 정윤미, 황병기
디자인 / 스토리하우스

펴낸곳 / 도서출판 동과서
서울시 영등포구 국회대로 53길 23, 태성빌딩 402호
등록번호 / 제22-405호

D.K.S. Publishing Co.
23, Gukhoe-daero 53-gil, Yeongdeungpo-gu,
Seoul, 150-038 Rep. of KOREA

전화 / (02)333-7533
팩스 / (02)6280-2353

*보급판은 양장판의 표지와 제목 등을 교체한 것으로
본문은 양장판과 동일합니다. 소량제작으로 독자의
수요에 발빠르게 보답해 나갈 것입니다.

값 39,000원

ISBN 978-89-6525-143-9 (94140)
ISBN 978-89-6525-142-2 (세트)

국역 심경주해총람

보급판

(上)

심경원문: 진덕수(眞德秀) 편저 · 원주
심경부주: 정민정(程敏政) 부주
주해: 이황 · 이함형 · 송시열 · 이익 · 정약용 외 33인

조목, 김부륜, 이덕홍, 정구, 조호익, 조익, 이휴운, 박세채, 정제두, 정만양, 정규양, 윤봉구, 한원진, 임상덕, 강규환, 김원행, 임성주, 김종덕, 이만운, 정위, 정필규, 김호운, 윤병이, 민백우, 정유곤, 이시수, 이항로, 김재락, 이돈우, 이진상, 이능윤, 김영수, 이복

국역: 이광호 · 엄연석 · 한정길 · 장동우

동과서

心經

원저자

*** 진덕수(眞德秀 1178~1235)**

송대 건녕부 포성인이다. 자(字)는 경원(景元) 또는 경희(景希), 호는 서산(西山), 시호는 문충(文忠)이다. 영종(寧宗) 경원(慶元) 5년에 진사가 된 후, 이종(理宗) 때 예부시랑, 직학사원으로 발탁되었다. 단평(端平) 원년에는 입조하여 호부상서가 되었으나 이후 한림학사로 옮겼다. 당시 시정에 대하여 많은 건의를 하여 주소(奏疏)가 수십만 자에 이른다. 학문은 주희를 종지로 하였다. 『대학연의(大學淵義)』를 편수하였는데, 『대학장구』의 보좌가 될 만하다고 일컬어진다. 정주이학을 다시 홍성시키는 데 많은 힘을 쏟았다. 저서에 『진문충공집』이 있다.

*** 정민정(程敏政 1445~1499)**

명대 휘주부(徽州府) 휴령인이다. 자는 극근(克勤)이며, 정신(程信)의 아들이다. 선조의 세거지가 황돈(篁墩)이었으므로 황돈을 호로 삼았다. 성화(成化) 2년에 진사가 된 이후, 편수(編修)를 제수 받고 좌유덕(左諭德)을 역임하였으며, 홍치(弘治) 중에는 관직이 예부우시랑 겸 시독학사(侍讀學士)에까지 이르렀다. 저서에 『신안문헌지(新安文獻志)』와 『황돈집(篁墩集)』이 있다.

*** 이황(李滉 1501~1570)**

조선 중기 명종 선조 때 유학자이다. 자는 경호(景浩), 호는 퇴계(退溪), 본관은 진성(眞城), 시호는 문순(文純)이다. 1528년(중종 23)에 생원시에 합격하고 성균관에 들어가 공부하다 1534년(중종 28)에 문과에 급제하였다. 1533년 다시 성균관에 들어갔을 때, 『심경부주(心經附註)』를 접하여 크게 전심하였다. 『심경부주』에 관하여 여러 제자들과 토론을 거친 후 1566년 이 토론의 총 결론에 해당하는 「심경후론(心經後論)」을 저술하였다. 저서로는 『계몽전의(啓蒙傳疑)』, 『주자서절요(朱子書節要)』, 『송계원명이학통록(宋季元明理學通錄)』, 『사단칠정분리기서(四端七情分理氣書)』, 『성학십도(聖學十圖)』, 『퇴계전서(退溪全書)』 등이 있다.

*** 이함형(李咸亨 1550~1586)**

조선 중기 명종 선조 때 유학자이다. 자는 평숙(平叔), 호는 천산재(天山齋), 본관은 전주(全州)이다. 1569년 퇴계 문하에 들어가 성리학을 연구하면서 간재(艮齋) 이덕홍(李德弘)과 함께 퇴계로부터 『심경(心經)』에 관한 강론을 들으며 내용을 정리하여 『심경강록(心經講錄)』을 저술하였다. 이 저술은 『심경』의 서문과 찬(贊), 심학도(心學圖)와 본문의 난해한 구절에 대하여 상세하게 해설하였다. 1570년에는 아버지 참판공이 동지부사로 연경에 사행(使行)할 때 수행하였다. 유저로는 『심경표제』 1책, 『천산재집』이 있다.

*** 송시열(宋時烈 1607~1689):**

조선 중기 숙종 때 유학자이다. 자는 영보(英甫), 호는 우암(尤庵), 본관은 은진(恩津), 시호는 문정(文正)이다. 1633년(인조 10) 경릉참봉으로 출사한 이후 세자사부, 이조판서, 의정부좌의정, 우의정, 영중추부사 겸 영경연사를 역임하였다. 주자학의 대가이자 노론의 영수였으며, 예송논쟁 때는 송준길, 김수항과 함께 서인의 주요 이론가였다. 김장생에게서 『근사록(近思錄)』, 『심경(心經)』, 『가례(家禮)』를 배웠으며 이이(李珥)의 학통을 계승하여 기호학파(畿湖學派)의 주류를 이루었다. 『심경』과 관련해서는 숙종의 명을 받아 기호학파의 이론을 반영한 『심경석의(心經釋疑)』를 편찬하였다. 저서로는 『우암집(尤庵集)』, 『주자대전차의(朱子大全箚疑)』, 『정서분류(程書分類)』, 『논맹문의통고(論孟問義通攷)』, 『송자대전(宋子大全)』이 있다.

*** 이익(李瀷 1681~1763)**

조선 후기 영조 때 유학자이다. 자는 자신(自新), 호는 성호(星湖), 본관은 여주(驪州)이다. 1705년(숙종 31) 증광과에 합격하였으나 형 이잠(李潛)이 당쟁에 희생된 이후 학문연구와 후학 교육에 전념하였다. 허목, 윤휴, 유형원의 학풍을 계승하여 성리학과 실학의 대가가 되었으며, 이후 안정복, 이중환, 신후담, 채제공, 이가환, 정약용 등으로 그의 학풍이 계승되어 수많은 문인들을 배출하며 성호학파가 형성되었다. 『심경』과 관련해서는 정민정의 『심경부주』가 일관된 체계가 없다고 비판하며 『심경』에 관한 자신의 견해를 정리한 『심경질서(心經疾書)』가 있다. 저서에 『성호사설(星湖僿說)』, 『성호문집(星湖文集), 『이자수어(李子粹語)』, 『성호질서(星湖疾書)』, 『곽우록(藿憂錄)』 등이 있다.

*** 정약용(丁若鏞 1762~1836)**

조선 후기 정조 때 실학자이다. 자는 미용(美庸), 호는 다산(茶山), 시호는 문도(文度), 본관은 나주(羅州)이다. 1789년(정조 13) 대과에 급제하여 관직에 진출한 이후 승정원의 가주서, 예문관 검열, 사간원과 홍문관의 요직과 승정원 동부승지, 금정찰방, 곡산부사, 형조참의를 역임하였다. 주자학의 형이상학을 비판하고 공자, 맹자의 수사학(洙泗學)적 실천유학을 회복하고자 하였다. 이이, 유형원, 이익의 경세론적 태도를 계승한 사회경제사상서로서 『경세유표(經世遺表)』, 『목민심서(牧民心書)』, 『흠흠신서(欽欽新書)』를 지었다. 『심경』과 관련해서는 마음의 내부를 다스려 현자가 되는 길을 찾고자 1815년 『심경밀험(心經密驗)』을 저술하였다. 저서로는 『여유당전서(與猶堂全書)』, 『논어고금주(論語古今註)』, 『맹자요의(孟子要義)』, 『춘추고징(春秋考徵)』, 『상서고훈(尙書古訓)』, 『주역사전(周易四箋)』 등이 있다.

역자

*** 이광호(李光虎)** 서울대에서 철학박사학위를 취득하고, 태동고전연구소 연구교수, 한림대학교 교수와 태동고전연구소장, 연세대 철학과 교수를 역임하였다. 저작으로는 『중국 문명의 다원성과 보편성』(공저, 2014), 『인문학 명강』(공저, 2013), 『이퇴계 학문의 체용적 구조에 관한 연구』(박사논문, 1993)가 있으며, 『퇴계와 율곡, 생각을 다투다』(2013), 『이자수어』(2010), 『근사록집해』(2004), 『성학십도』(2001) 등의 역서가 있다. SBS해외파견 교수로(1997) 선정되고, 주자학상(2008), 퇴계학술상(2013) 등을 수상하였다.

*** 엄연석(嚴連錫)** 서울대에서 철학박사학위를 취득하고, 현재 한림대학교 태동고전연구소 교수로 재직하고 있다. 저서로는 『조선전기역철학사』(2013)가 있고, 「예기 텍스트의 개념지도 분석을 통한 사회적 덕목으로서 신뢰연구」(2012), 「퇴계의 역학사상에서 상수와 의리의 가역적 전환문제」(2011), 「정이 역전의 역학 이론이 관한 연구」(박사논문, 1999) 등의 논문이 있다.

*** 한정길(韓正吉)** 연세대에서 철학박사학위를 취득하고, 연세대 국학연구원 연구교수를 역임하였으며 현재 대진대학교 인문학연구소 학술연구교수로 재직중이다. 저서로는 『영·정조대 문예중흥기의 학술과 사상』(공저, 2014), 『조선의 주자학과 실학』(공저, 2009), 「유학에서의 정통과 이단」(2010), 「왕양명의 '미발' 관과 양지체용론」(2009), 「왕양명의 마음의 철학에 관한 연구」(박사논문, 1999), 등의 논문이 있으며, 역서로 『전습록』(2001)이 있다.

*** 장동우(張東宇)** 연세대에서 철학박사학위를 취득하고, 연세대 국학연구원 연구교수를 역임하였으며 현재 대진대학교 인문학연구소 학술연구교수로 재직중이다. 저서로 『중국고대 상복의 제도와 이념』(공저, 2007)이 있으며, 「유가의 예학을 읽는 하나의 독법」(2014), 「조선시대 『가례』 연구의 진전」(2013), 「조선시대 가례 연구를 위한 새로운 시각과 방법」(2011) 등의 논문이 있다.

일러두기

1. 이 『국역 심경주해총람』은 진덕수(眞德秀)가 편찬한 『심경』과 여기에 주석을 단 정민정(程敏政)의 『심경부주』, 그리고 『심경부주』에 관한 조선학자들의 대표적인 주석들을 편집하여 번역하였다.
2. 『심경부주』에 관한 조선학자들의 주석 가운데 이황과 이함형이 짓고 기록한 『심경강록(心經講錄)』, 송시열의 『심경석의(心經釋疑)』, 이익의 『심경질서(心經疾書)』, 정약용의 『심경밀험(心經密驗)』은 전체를 수록하여 번역하였고, 나머지 주석서들은 중요한 부분을 발췌하여 수록하고 번역하였다. 수록한 학자들의 인명은 【부록】의 [표5]에서 확인할 수 있다.
3. 번역의 저본은 숙종의 명을 받아 진덕수(眞德秀)의 『심경』과 여기에 주석을 단 정민정(程敏政)의 『심경부주』에 이황의 『심경후론(心經後論)』을 추가하여 송시열이 편찬한 판본으로 송희준이 편집한 『심경주해총편』(제1권)(학민문화사, 1998)을 기본으로 하여, 해당 학자들의 문집을 참고하였다.
4. 번역은 한글 전용을 원칙으로 하고, 인명(人名), 고유명사, 서명(書名), 추상적 개념, 철학 전문용어 등 한자표시가 필요할 때는 한글을 앞에 쓰고 한자를 괄호 안에 병기하였다.
5. 인물의 경우는 가능한 한 이름을 사용하고, 자나 호를 사용할 때는 괄호로 처리하였다.
6. 주석은 각주(脚註)로 하였으며, 주석의 내용은 인용원전에 대한 전거, 인명, 방증 자료, 역사적인 개념, 전문용어 등을 중심으로 해설하였다.
7. 각 장의 제목은 핵심 주제를 드러내면서 오늘날의 독자가 이해하기 쉽도록 바꾸었다.
8. 번역문과 주석에 이용한 부호
   - ·(중간점) : 동일한 개념 또는 용어를 병렬할 때 사용하였다.
   - 『 』 : 서명(書名)을 표시할 때 사용하였다.
   - 「 」 : 편장이나 논문 또는 단편 논술 등을 표시할 때 또는 그 외 주석의 대상이 된 부분을 표시할 때 사용하였다.

“ ” : 인용문 또는 대화체를 표시할 때 사용하였다.

‘ ’ : 재인용, 간단한 인용 또는 전문용어를 강조할 때 사용하였다.

[ ] : 해석 또는 번역한 한자를 표시할 때 사용하였다.

( ) : 한자어에 대한 동일한 한자를 표시할 때나 소주(小註)를 표시할 때 사용하였다.

, : 병렬적인 구절을 단락지어주는 사이쉼표로 사용하였다.

: : 한자 원문에서 대화나 인용문에서 언급한 내용을 의미하는 왈(曰)이나 운(云) 등의 뒤에 찍었다.

; : 단문 사이에 쓰여 쉼표보다는 길고 마침표보다 짧은 중간 정도의 쉼을 표시하기 위하여 한자원문에 찍었다.

… : 중간부분을 생략할 때 사용하였다.

추천사

안 병 주
(성균관대 명예교수)

퇴계가 『심경(心經)』을 신명처럼 공경하고 부모처럼 존숭한다고 한 이래로 조선시대에서는 『심경』과 『심경부주』에 대한 주석서들이 우후죽순처럼 생산되었다. 이것은 중국에서 『심경』과 『심경부주』에 대한 관심이 후대에 쇠미했던 것과는 다른 현상이다.

『국역 심경 주해총람』은 『심경』 및 『심경부주』에 대한 조선시대 학자들의 우후죽순처럼 많이 생산된 주석서와 논설 가운데 중요한 것을 발췌하여 번역하고 주해한 역작(力作)이다.

이 연구번역의 역작을 통해 우리는 경(敬)을 중심으로 하는 유학자들의 마음의 공부[心學]의 현대적 의의를 살펴볼 수 있게 되었다.

『성학십도(聖學十圖)』에서 퇴계는 경(敬) 한 글자를 성학의 시종(始終)의 요(要)로 보았다. 퇴계에 있어 「경은 한 마음의 주재(主宰)이고 만 가지 일의 본근(本根)」이었다.

'경(敬)'을 설명하는 말 가운데는 '주일무적(主一無適)'이라고 하는 표현이 있는데, 『성학십도』의 제9도(敬齋箴圖)의 중앙에 크게 자리한 '심(心)' 자의 양 옆에는 '主一(左)' 과 '無適(右)' 이 배치되어 있다.

주일무적의 적(適)은 '갈 적' 자이니 마음이 한 가지 일에 집중되어 다른 데로 흩어져 가는 일이 없는 것을 말한다. 이것을 현대적인 용어로 말하면 정신력의 고도의 집중도(集中度)를 의미한다.

집중력(集中力)을 최대로 발휘하기 위해 주일무적하여야 하는 것은 모든 학문과 모든 운동경기에 다 해당되는데 『심경주해총람』에 수록된 조선시대 유학자들의 학문의 목적은 성인(聖人)이 되는 데 있었으며, 그러기 위해서는 경(敬)이라고 하는 고도의 정신적 집중력이 요구되었다.

그런데 최고의 이상적인 인간인 '성인' 은커녕 평균(平均)의 선인(善人)이 되는 데도 우리 현대인의 삶은 너무 많은 방해를 받는다. 탐욕이란 마물로 우리의 마음을 산란하게 하는 유혹이 현대인들에겐 너무나도 많다.

깊이 생각해 보면 현대인에게 정말로 필요한 것은 마음 수양의 공부이다. 이렇게 볼 때 『심경』과 『심경부주』에 대한 조선시대 유학자들의 주석서와 논설들은 현대인들에게도 필독의 가치가 충분한 저작들이 아닐 수 없다.

그러나 원저(原著)에 사용된 한문은 그것을 쉬운 한글로 해독할 수 있는 힘을 가진 전문가가 소수이다. 『심경』과 『심경부주』에 대한 한문 논설을 이해하기 위하여는 첫째로는 원전독해력이고 둘째로는 학문적 논리구축력이 반드시 필요한데, 이 같은 한문력(漢文力)과 학문력(學問力)의 양쪽을 겸비한 전문 학자는 더 더욱 희귀하다.

이번에 출간되는 『심경주해총람』은 몇 분의 뜻이 독실하고 역량이 출중한 학구(學究)들에 의해 오랜 연찬 끝에 완성된 지적생산품(知的生産品)이라 할 수 있는데, 특히 책임역주자인 이광호 교수는 필자가 알고 있는, 한문력(漢文力)과 학문력(學問力)을 겸전(兼全)한, 매우 희귀한 존재이다.

이것이 만천하의 독서인들에게 자신을 가지고 이 귀한 지적 생산품을 추천해 마지않는 소이(所以)이다.

그리하여 이 책을 읽고서 만천하의 독서인들이, 조선시대를 주자학의 낙원(樂園)에 안주하던 시대로 보거나 손을 놓고 놀면서 주변 정세의 변화에 대처하지 못하던 시대로만 생각하는 오해(誤解)로부터 벗어나, 학문의 목적을 성인이 되는 데까지 끌어올려 심성수양(心性修養)에 치열하게 노력한 조선시대 심학(心學)의 참된 가치를 재음미하게 되기를 기대하여 마지않는 바이다.

차 례

【부록】

서 문

이 광 호

이번에 출간하게 된 『국역 심경주해총람』은 오랜 기간 동안 성인(聖人)을 이상적 목표로 삼는 지행(知行)의 학문으로서의 유학의 진리관을 추구해 온 역자의 학문적 연찬(硏鑽)의 결정체 가운데 하나이다. 『국역 심경주해총람』은 송대(宋代) 진덕수(眞德秀: 1178~1235)가 선진유학의 여러 경전과 주돈이(周敦頤), 정이(程頤), 주희(朱熹) 등 성리학자들의 글을 모아 편찬한 『심경』과 이에 대한 황돈(篁墩) 정민정(程敏政: 1445~1499)의 주석서로서 『심경부주』에 대한 조선시대 학자들의 주석서와 논설(論說) 가운데 중요한 내용을 발췌하여 번역하고 주해하여 편찬한 저작이다. 본 저작이 어떠한 가치와 의미를 가지는가를 이해하기 위해서는 그 토대가 되는 『심경』과 『심경부주』가 어떤 특성을 가지는 저술이며, 그 현대적 의의는 어디에 있는가를 보다 넓은 시야에서 살펴볼 필요가 있다.

『심경』의 시작은 바로 '인심은 위태롭고 도심은 은미하다[人心惟危, 道心惟微]'장으로서 순임금이 우임금에게 전해준 심법(心法)에 관한 『서경(書經)』「대우모(大禹謨)」의 내용이다. 이는 성인이 되는 것을 목표로 삼는 성학(聖學)의 연원(淵源)으로서 성리학이 가장 중시하는 것이다. 제1장부터 마지막장인 제37장 주자의 '존덕성재명(尊德性齋銘)'까지 마음의 수양과 관련되지 않는 내용이 없다. 대부분이 사서삼경(四書三經)에서 채록된 것이지만 주돈이(周敦頤), 정이(程頤), 범준(范浚), 주희(朱熹) 등 송대 도학자들의 마음 수양방법에 관한 내용도 추가하고 있다. 『심경부주(心經附註)』는 명나라 전기 성리학자인 정민정이 『심경』의 각 장과 절에 송나라 도학자들의 심성 수양과 관련한 여러 학설을 인용하여 주석 형식으로 붙이고 보완하였으며 거기에 자신의 의견도 추가하여 편찬한 저술이다.

『심경』은 주자의 제자인 진덕수가 요순(堯舜) 이래의 심법(心法)을 계승한 송대의 성리학적 수양론의 입장에서 편찬한 저술이다. 그러나 『심경부주』가 편찬된 때는 명대의 심학적인 분위기가 성대하여 주자와 육상산의 학설을 절충하려는 분위기가 강하였다. 이러한 분위기를 타고 왕수인(王守仁: 1472～1529)은 양명학(陽明學)을 창시하였다. 조선의 유학은 주자의 성리학을 존숭하는 경향이 강하였다. 『심경』에 대해서는 이의를 제기하는 학자가 없었지만 『심경부주』의 입장과 내용에 대해서는 비판적인 견해도 적지 않았다. 퇴계의 「심경후론」은 이러한 비판적인 견해를 어느 정도 수용하면서도 『심경부주』를 중시하지 않을 수 없다는 논리를 제시하고 있다. 퇴계의 「심경후론」에 힘입어 『심경부주』는 조선의 학자들에 의하여 꾸준히 지속적으로 연구될 수 있었다.

『심경』과 『심경부주』의 의미를 검토하기 위하여 주목해야 할 사항은 정민정이 『심경부주』를 편찬한 이후에 중국에서는 『심경』에 관심을 가지고 독자적인 주석을 붙인 학자가 발견되지 않는다는 점이다. 중국에서 마음의 수양과 관련하여 『심경』과 같은 역할을 대신한 것은 바로 왕수인이 창안한 양명학으로, 이 학설은 '마음이 곧 이치이다(心卽理)'를 핵심 명제로 하는 심학(心學)으로 특징지어진다. 하지만 주희의 성리학을 정통으로 높였던 조선 중기 전후의 학자들은 퇴계가 「심경후론」을 저술한 이후 수백 년에 걸쳐 『심경』을 매우 중시하면서 여러 학파적 관점을 포함하는 수많은 주석서를 산출하기에 이르렀다.

조선 중기 이후 『심경』에 대한 주석과 연구는 퇴계학파와 율곡학파(기호학파), 그리고 양명학파, 실학파와 같은 여러 학파적 분화를 이루었다. 이들 학파 가운데 특히 퇴계학파와 율곡학파는 송시열(宋時烈: 1607～1689)이 『심경석의(心經釋疑)』(1681년)를 편찬한 이후 인심도심에 관한 견해와 존덕성과 도문학 사이의 문제를 중심으로 더욱 분명하게 대립하는 구도를 형성하였다. 인심과 도심이 근원에 있어서 리(理)와 기(氣)로 나누어진다고 보는 것이 퇴계학파의 입장이라면, 인심과 도심의 본질적 차이는 없고 리와 기로 나누어지는 것이 아니라고 보는 것이 율곡학파의 관점이다. 존덕성과 도문학에 있어서도 퇴계학파는 존덕성 공부가 보다 근원적인 공부임을 강조한 반면, 율곡학파는 존덕성과 도문학은 경중의 차이 없이 균형을 이루어야 한다는 입장을 취하였다. 존덕성과 도문학 공부에 대한 퇴계학파와 율곡학파의 대립적인 입장은 『심경부주』를 지은 정민정의 존덕성과 도문학 사이의 관계에 대한 이해를 긍정적으로 평가하거나 부정적으로 평가하는 입장의 차이로 나타났다. 이처럼 조선 중기 이후 퇴계학파와 율곡학파에서의 『심경』에 대한 연구는 철학적 주제에 대하여 대립적인 관점을 고수하면서 지속적으로 계승되었다. 『심경』 이해에 있어서 이러한 주류적 이해와 함께 양명학적인 이해와 실학적 관점에 따른 지류의 흐름이 병행하였다.

이제 시야를 넓혀 『심경』에 관한 이러한 학파적 해석들에 대하여 현대적 관점에서 그 의미를 어떻게 이해할 수 있는가? 퇴계학파와 율곡학파를 중심으로 『심경』에 관한 조선시대 학자들의 학파적 해석 관점을 현대 학문의 시각에서 살펴보고자 한다면, 먼저 이들 각각의 학파가 제시하는 핵심적 이론이 어떤 상대적 의미를 가지는가를 정리할 필요가 있다. 먼저 퇴계학파는 인심과 도심, 존덕성과 도문학을 근원과 흐름, 본과 말, 리와 기로 구별한다. 반면 율곡학파는 인심과 도심, 존덕성과 도문학을 퇴계학파와 같이 이원적으로 구별하지 않는다. 이로부터 퇴계학파가 마음[心]을 수직적으로 도덕적 가치의 근거로 중시하는 관점에서 본다면, 율곡학파는 수평적 관점에서 마음을 주로 현실적 경험의 차원을 중시하는 입장에서 보는 것임을 알 수 있다. 이러한 입장의 차이로 말미암아 퇴계학파가 수양의 토대로서 존덕성을 상대적으로 강조하였다면, 율곡학파가 공부의 내용으로서 도문학을 상대적으로 중시하였다고 할 수 있다. 이렇게 해석해 보면, 조선 중기 이후 『심경』을 연구했던 학자들의 이론적 관점을 현대 심리학에서 말하는 '마음' 또는 '자아'와 연관하여 그 상관적 의미를 새롭게 해명해 볼 수 있다.

현대 심리학에서 '자아'에 대한 탐구는 사회과학적 방법에 보편적인 것으로 경험적 현상으로 드러나는 측면에 초점을 두어 연구하는 특징을 지니며, '자아'를 객관적으로 드러나는 행동의 인과법칙적 관점에서 설명하고자 한다. 또한 심리학은 인본주의적 관점에서 자아를 탐구할 때도 그 내적 경험을 내성(內省)을 통하여 기술하고자 한다. 요컨대, 심리학에서 '자아'에 대한 이론적 탐구는 경험적 행동과 무의식적 욕망의 담지자, 사회역사적 맥락에 참여하는 주체, 그리고 성장하고 완성을 지향하는 존재, 미래적 목적을 가진 존재 등등 경험적 시각과 가치의존적인 관점이 병행된다. 『심경』에 대한 조선 시대 학자들의 마음[心]에 관한 연구는 경(敬)을 핵심으로 하는 도덕실천을 위한 수양에 초점을 맞추어 존덕성을 강조하는 퇴계학파와 외적인 실천 규범과 질서에 대한 도문학을 강조하는 율곡학파로 구분할 수 있다. 이러한 두 학파의 이론적 특성 또한 학제간적 연구로서 심리학적 관점에서 그 의미를 해명해 볼 수 있다. 다시 말하면 경험적으로 드러난 이후에 그 작용 양상을 문제 삼는 방향과 선험적인 도덕적 본체에 기초하여 내외를 통합하여 내적 도덕적 초월을 통하여 천인합일을 지향하는 방향으로 『심경』에서의 마음에 관한 이해의 문제를 정리할 수 있다. 이와 같이 학문 사이의 융합 또는 통섭의 관점에서 『심경』을 개별학문 분야와 연관하여 새롭게 연구할 때, 인간 심성의 주체적인 자각을 통하여 도덕적 본성을 실현하고 도덕적 본성의 근원에까지 도달함으로써 인간과 자연을 형이상적인 존재로까지 이해하는 실천적 이론으로서의 유학의 진리관과 학문관을 정립할 수 있을 것이다.

필자가 본 『국역 심경주해총람』을 구상하게 된 계기는 20년 전 1990년대 중반까지 거슬러 올라간다. 1993년에 「이퇴계 학문론의 체용적 구조에 관한 연구」로 박사학위를 마친 후, 1994년 가을학기에 필자는 서울대학교 철학과 대학원에서 개설한 「유가철학공동토의」 강좌에서 『근사록집해』를 텍스트로 삼아 강독과 토론을 중심으로 강의하였다. 이후 이 저술을 번역하여 2004년에 아카넷출판사에서 두 권으로 출간하였다.

『근사록』과 『심경』은 성리학의 우주본체론과 심성론, 그리고 수양론을 이해하는 데 있어서 핵심적인 두 날개라고 할 수 있다. 『근사록』이 일상생활에 절실한 실천방법이나 도덕적 수양, 정치강령 그리고 도의 본체와 같은 내용을 담고 있는 보다 포괄적인 성리학의 교과서라면, 『심경』은 주로 도덕적 실천을 위하여 마음을 수양하는 방법을 여러 유학 경전과 송대 도학자들의 문장에서 뽑아 모은 주제의식이 강한 저술이다. 성리학의 핵심적인 두 저술의 중요성을 늘 염두에 두고 있던 때에 송희준(宋熹準)에 의해 『근사록』과 『심경』에 대한 조선시대 모든 주석서를 망라한 『근사록주해총편』과 『심경주해총편』이 출판(1998년)되었다. 이때는 『근사록집해』는 이미 번역이 끝나고 수정작업이 진행되던 시기였기 때문에, 이 책을 정리하는 데 『근사록주해총편』은 큰 도움이 되었다.

『근사록집해』를 번역 출판하는 과정을 거치고 있던 역자는 『근사록집해』와 짝하여 『심경주해총편』이 출간된 것을 계기로 『심경』에 관한 조선 학자들의 주석서를 모아 번역하여 집성으로 편찬하는 『심경주해총람』의 필요성을 느끼고 있었다. 이러한 상황에서 역자가 한림대 태동고전연구소 소장으로 재임하던 2000년에 마침 당시 한국학술진흥재단에서 인문학기초분야를 지원하여 학문적 토대를 공고하게 하는 목적으로 「인문학육성지원사업」 과제를 공모하였다. 이 사업에 역자가 연구책임자가 되고, 엄연석, 장동우 박사가 전임연구원으로, 정성태가 보조연구원이 되어 「조선시대 『심경(心經)』 주석자료집성의 편찬과 연구번역」이라는 주제로 번역연구 과제를 신청하였는데, 이 과제가 선정되어 『심경』에 관한 조선학자들의 주석을 모아 번역하는 연구를 진행하게 되었다. 이 과제의 연구기간은 2000년 12월에서 2002년 11월까지 2년이었고, 이 기간 동안 번역 주해 연구가 공식적으로 진행되었다. 중간에 장동우 박사가 개인 연구과제를 수행하게 되면서 한정길 박사가 2001년 9월부터 장 박사를 대신하여 전임연구원으로 참여하였다.

본 과제는 『심경주해총편』에 수록되어 있는 『심경』에 관한 여러 주석서와 논설 등의 내용을 전체적으로 집성하여 번역하고 주해함으로써 조선시대 전 시기에 걸쳐 『심경』에 관한 주석의 전체적인 흐름과 경향을 이해하고자 하는 목표를 설정하였다. 이에 따라 퇴계학파와 율곡학파의 『심경』에 관한 대표적 주석서인 『심경강록(心經講錄)』과 『심경석의(心經釋疑)』, 그리고 성호(星湖) 이익(李瀷)의 『심경질서(心經疾書)』, 다산(茶山) 정약용(丁若鏞)의 『심경밀험(心經密驗)』 등 네 가지 주석서는 전체를 수록하고, 나머지 주석서들은 이론적으로 중요한 의미를 가지는 내용을 수록하는 것으로 기준을 정하였다. 이러한 기준에 따라 부분적으로 한 건 이상 수록한 저술목록이 【부록】 [표5]에 정리되어 있다. 2002년 11월까지 연구과제로 이루어진 『심경주해총람』은 한국학술진흥재단의 보고를 위하여 3년여의 수정보완을 거쳐 2006년 동과서출판사에서 『국역 심경 주석총람』이라는 제목으로 출간하였다.

그러나 초간본은 구성 체제를 중심으로 한 형식과 번역을 핵심으로 하는 내용적 측면에서 여러 가지 미비한 부분이 많아 보다 정밀하게 수정보완하고 윤문을 할 필요가 있었다. 이에 따라 과제에 참여했던 연구진은 2007년 가을학기를 기점으로 처음부터 세미나를 통하여 정밀하게 재수정 보완을 하기로 하였다. 2010년 이후 5년 동안은 역자의 중고등학교 때의 친구인 제일연마공업주식회사 오유인 사장의 연구비 지원으로 세미나 운영을 보다 화기애애하게 진행할 수 있었다. 연구팀은 매달 두 번 정도 『국역 심경주해총람』의 내용을 수정보완하고 윤문하는 세미나를 정기적으로 진행하였다.

세미나는 필자를 중심으로 전임연구원으로 참여했던 한정길, 엄연석, 장동우 박사가 순차적으로 발표를 진행하였다. 매회 세미나에서는 A4용지 세 쪽 정도의 분량을 원문과 번역문을 읽어가면서 토론하고 수정 보완하였다. 이 과정에서 때로는 구성원 사이에 의견이 첨예하게 대립하는 경우도 종종 있었으나, 토론을 통하여 문장과 단어의 의미를 좀 더 명확하게 할 수 있었다. 세미나는 연세대학교 백양관 518호에서 주로 이루어졌으며, 종종 외솔관 627호를 이용하기도 하였다. 7년 가까운 세월 동안의 세미나를 통한 수정보완과 윤문으로부터 연구팀은 번역의 형식과 내용 면에서 많은 부분 통일성과 정밀성을 높여갔다. 이러한 과정을 거쳐 나중에는 지엽적인 부분을 빼고는 상호 일치하는 의견을 공유할 수 있게 되었다. 나아가 구성원들은 오랜 기간의 세미나를 통하여 일정한 문장에 대하여 번역하는 방식과 사용하는 개념에 대한 공통된 기준을 가질 수 있었다.

이 과정에서 저술의 구성형식 체제에 있어서 두 가지 사항을 보완하였다. 첫째는 수많은 주석서에서 인용한 주석들의 고유한 장별 위치를 확정하기 위하여 각각의 주석에 숫자와 영문 대문자 및 소문자로 이루어진 고유기호를 부여하였다. 예컨대, 『심경』 1장 원문에 대한 첫 번째 주석은 『강록』 1-A, 원문에 붙인 진덕수의 『원주』 1-1에 대한 첫 번째 주석은 『강록』 1-1-A, 『심경』 3장 『부주』 3-1에 대한 두 번째 주석은 『질의』 3-1-b 등으로 넘버링Numbering하였다. 둘째는 진덕수가 붙인 『원주』나 정민정의 『부주』에서 인용한 송대 성리학자들의 인용 원문에 대한 전거를 찾아서 각주로 처리하여, 그 출처를 밝힘으로써 원전의 문장이 내포하고 있는 맥락을 찾아보는 데 유용하도록 하였다. 이러한 복잡한 과정을 거쳐서 본 『국역 심경주해총람』이 완전히 새로운 모습으로 비로소 세상에 나와 빛을 보게 되었다.

7년 동안에 걸친 세미나에는 전임연구원이었던, 엄연석, 한정길, 장동우 박사 이외에도, 이봉규 교수, 김한상 교수, 정소이 교수, 박례경, 이상돈, 황병기 박사, 박지현 동학 등이 참여하였다. 특히 세미나가 원활하게 이루어질 수 있었던 데에는 강경현 조교의 역할이 중요하였다. 세미나 일정과 장소가 고정되어 있지 않았기 때문에, 강 조교는 연구세미나의 실무를 담당했던 엄연석 박사와 연구팀 구성원들의 일정을 점검하여 세미나 날짜와 장소를 정하고, 세미나의 내용을 정리하는 역할을 하였다. 보다 오류가 적은 수준이 높은 번역서를 출간하기 위하여 수년 동안 열성적으로 노력한 전임연구원들께 감사드린다. 경기도 남양주시 지곡서당으로부터 연세대학교까지 왕복하며 모든 일을 주관한 엄연석 교수의 노고에 더욱 감사드린다. 전임연구원 이외에도 강독모임에 관심을 보여준 동학 여러분과 갓 박사가 된 강경현군에게도 감사드린다. 중학교 때 옆에 앉았던 짝꿍의 인연으로 만나 나의 연구에 번번이 뒷받침이 되어 준 오유인 사장께도 다시 고맙다는 인사를 하지 않을 수 없다.

74년 가을 학기에 이남영 교수에게 허유(許愈: 1833~1904)의 『성학십도부록』 강의를 들으며 시작된 유학에의 침잠이 이제 만 40년이 되었다. 그 동안 나는 엄청난 배움의 복을 누렸다. 민족문화추진회 국학연수원에서의 4년, 한국고등교육재단의 지원 아래 태동고전연구소에서의 5년의 한학수학이 아니면 지금의 나는 없었을 것이다. 청명 임창순 선생과 여러 원로한학자 선생들의 가르침에 감사드린다. SBS 해외유학교수로 선발되고, 주자학술상과 퇴계학술상을 받은 것도 과분한 복이다. 이 모든 축복으로 동양철학에 대한 애정과 이해는 지금도 더욱더욱 깊어지고 있다. 오늘의 나는 마음이 인간의 삶과 학문의 축이 되어야 한다는 생각은 점점 더 확고해지고 있다. 마음의 축이 강조될수록 심학과 리학에서 학문의 시작과 끝을 이룬다는 경(敬)의 중요성이 더욱 부각된다. 현대사회의 모든 문제를 해결하고 서구문명과 동아시아문명의 창조적 융합을 실현하는 것은 무엇보다도 인류가 각자의 주인인 마음을 삶과 학문의 주인으로 정립하여 마음의 무한한 깊이와 의미를 이해할 때 비로소 가능하리라 생각한다.

상허(尙虛) 안병주(安炳周) 성균관대 명예교수께서는 추천사에서 "경(敬)을 중심으로 하는 유학자들의 마음의 공부[心學]의 현대적 의의"를 살펴볼 수 있으며 "현대인들에게도 필독의 가치가 충분한 저작"이라고 추천하여 주셨다. 더위와 노환으로 힘든 가운데서도 후학에 대한 사랑과 심학의 중요성에 대한 남다른 인식 때문에 추천사로 격려하여 주신 데 대하여 깊은 감사를 드리지 않을 수 없다. 철학의 길을 권유하신 아버님과 아들의 철학공부를 위하여 하숙으로 생계를 책임지셨던 어머님의 모습이 떠올라 잠시 눈을 감고 지극한 은혜에 존경하고 감사하는 마음을 전한다. 내가 하는 일에 반대한 일이라고는 거의 없는 나의 아내이자 시인인 김금순(필명: 김경조)과 지금까지 말썽 한 번 일으킨 일 없이 자신들의 일에 매진하는 아들 석환과 창환에게도 처음으로 고맙다는 말을 남긴다. 그리고 본서의 초간본을 출판해 주고, 지루하게 이어진 세미나 기간도 참아가며 편집과 출판을 위하여 여러 가지로 성심을 아끼지 않은 동과서출판사 대표인 황병기 박사에게도 깊이 감사한다. 마음은 참으로 깊고도 오묘하며 무한한 내용이어서 마음에 대한 논설로 가득한 이 책의 내용에는 아직도 잘못된 번역과 해설이 많아, 강호제현들의 칼날같은 비판과 질정이 있어야만 좀 더 나은 책을 만들 수 있을 것이다. 많은 지도를 바랄 뿐이다.

2014. 8

문재서실(文哉書室)에서 이광호 씀

국역 심경주해총람 해제

엄 연 석

1. 머리말

이 글에서는 조선시대 퇴계를 전후한 시기로부터 20세기 초에 이르기까지 오랜 기간에 걸쳐 이루어졌던 『심경』과 『심경부주』에 대한 연구와 주석의 역사를 개관하고 이들 주석서 가운데 중요한 저술 내용을 발췌하여 편찬한 『국역 심경주해총람(國譯心經註解總攬)』이 어떠한 현대적 의미를 가지는가를 중점적으로 살펴보고자 한다. 중국에서 『심경』과 『심경부주』에 대한 관심이 후대에 쇠퇴했던 것과 대조적으로 조선시대 중기 퇴계가 『심경』을 '신명처럼 공경하고 부모처럼 존숭한다'고 말한 이후로 한국에서는 『심경』과 『심경부주』에 대하여 수많은 주석들이 우후죽순처럼 산출되었다. 이들 주석들에는 조선의 유학자들이 『심경』의 여러 내용을 각각 자신이 근거하고 있는 학파적 관점과 특색에 따라 주석하고 이해한 결과로서, 여러 학파의 다양한 관점이 반영되어 있다. 따라서 이 글에서는 조선시대 『심경』 주석사를 구성하고 있는 여러 학자들의 『심경』에 대한 개별적 또는 학파적 관점을 고찰하고 이러한 여러 가지 이해방식에 근거하여 현대에 『심경』을 연구하는 의미가 어디에 있는가를 전망해 보고자 한다.

『심경』은 송대(宋代) 진덕수(眞德秀: 1178∼1235)가 1234년에 『시경』, 『서경』, 『주역』과 『논어』, 『맹자』, 『중용』, 『대학』 등 유교의 경전과 주돈이(周敦頤: 1017∼1073), 정이(程頤: 1033∼1107), 범준(范浚: 1102∼1150), 주희(朱熹: 1130∼1200) 등 송대 성리학자들의 저술에서 심성수양과 관련된 글을 뽑아 37장으로 편집한 책이다. 이 중에는 『서경』의 '인심과 도심에 관한 장[人心道心章]', 『주역』 건괘(乾卦) 구이효(九二爻)의 '사특함을 막고 성실함을 보존하는 것에 관한 장[閑邪存誠章]', 『논어』의 '안연이 인에 관하여 질문한 장[顔淵問仁章]', 『중용』의 '하늘이 명한 것을 성이라고 말한다는 장[天命之謂性章]', 『대학』의 '뜻을 성실하게 한다는 장[誠意章]', 맹자의 '어짊은 인간다운 마음이라고 한 장[仁人心章]', 그리고 주희의 '경재잠(敬齋箴)' 등의 장이 포함되어 있다. 이러한 장들을 포함한 전체적인 내용을 가지고 평가해 볼 때 『심경』은 당대 한유(韓愈) 이래 형성되어 온 도통론적(道統論的) 관점에서 유가적 도통의 내용을 가장 잘 반영하고 있는 저술이라고 할 수 있다. 도통론이란 인간의 마음은 본래 하늘이 명한 본성으로 선한 도덕성을 갖추고 있다는 전제하에 그러한 도덕성을 실현하는 데 필요한 심법(心法)을 고대의 성왕으로부터 전승하는 데 일정한 계통이 있다는 이론이다. 이 도통은 요순(堯舜) · 우(禹) · 탕(湯) · 문무(文武) · 주공(周公) · 공자(孔子) · 맹자(孟子)를 거쳐 이후 끊어졌다가 송대의 주돈이, 이정자(二程子)와 주자를 중심으로 한 성리학자들에 의하여 계승된 것으로 보고 있다.

『심경』의 첫 장은 바로 '인심도심장(人心道心章)'으로 순임금이 우임금에게 전해준 심법(心法)에 관한 『서경(書經)』 「대우모(大禹謨)」의 내용을 기록하고 있다. 나머지 장들도 대부분 마음을 수양하는 방법에 관한 여러 경전의 핵심적인 구절과 송대 학자들의 성리학적 수양방법에 관하여 언급한 구절이 중심을 이루고 있다. 결국 『심경』은 도덕적 수양과 관련한 삼경(三經)의 여러 구절, 인(仁)이라고 하는 내면적 인격성에 관한 공자의 반성적 통찰과, 이들을 실천하는 방법론을 제시한 시기 전후로부터 인간의 마음을 수양하는 유학의 핵심적인 이론들을 모두 포괄하여 제시하고 있는 저술이다. 그러나 중국에서는 이 저술이 별다른 주목을 받지 못하였다. 심성수양론과 관련한 이러한 중요성에 대한 관심은 명대(明代)에 이르러 이 『심경』에 주석과 해설을 붙인 정민정(程敏政)의 『심경부주(心經附註)』가 거의 유일하다 할 정도이다.

그러나 마음의 도덕적 수양방법론으로 특징적인 내용을 이루는 『심경』은 성리학의 심성론과 수양론에 특히 연구를 집중하였던 조선 성리학자들에게는 특별한 관심의 대상이 되었다. 조선성리학에서 중요한 탐구와 토론의 주제였던 심성론(心性論) 중의 사단칠정론(四端七情論)과 인심도심설(人心道心說) 등은 바로 마음의 수양과 그 방법론과 관련된 논변으로서 『심경』의 중심적인 주제와 일치한다. 이러한 이유로 조선성리학에서 『심경』에 대한 이해와 보급의 노력이 15세기 중엽 이후 지속적으로 진행되어 왔다. 이후 15세기 후반 조선의 학자들은 『심경』을 『소학』, 『근사록』과 함께 성리학의 필독서로 인식하고 있었다. 16세기 중반에 이르러서는 『심경』의 간행이 부분적으로 이루어지고 있었는데, 퇴계가 『심경』을 연구하면서 「심경후론」을 저술한 다음에는 『심경』에 대한 연구와 주석서 등이 더욱 본격적으로 저술되기 시작하였다.

퇴계가 「심경후론」을 저술하고 난 후에 『심경』에 관한 관심이 이렇게 현저하게 높아진 데에는 나름대로 중요한 이유가 있다. 그 이유는 정민정이 『심경』을 주석하면서 주희와 육구연의 학문방법론으로서 도문학과 존덕성 중에서 존덕성 쪽을 강조하여 주륙(朱陸)을 조화시키고자 한 『심경부주』의 관점을 퇴계가 비판하고 있다는 점에 있다. 다시 말하면 퇴계의 「심경후론」은 주희와 육구연, 그리고 정주성리학과 양명학을 구분하는 중요한 특징으로 존덕성과 도문학이라고 하는 성리학 이후 핵심적인 학문방법론에 대한 시각을 문제 삼고 있다. 이

점은 『심경』을 어떻게 이해하느냐에 따라 그 견해가 크게 달라질 수 있다. 여기에서 퇴계학파의 학자들은 대부분 주희가 존덕성을 강조한다고 하더라도, 이것은 이 두 가지를 균형 있게 보는 관점에서 크게 벗어나지 않는다는 퇴계의 견해를 지지하고 있다. 이러한 과정에서 이들은 수많은 토론과 논의를 통하여 『심경』에 관한 관심을 극대화하였던 것이다.

이렇게 퇴계학파에 의하여 『심경』에 관한 관심이 고조되면서 조선 중기에 『심경』은 모든 학자들에게 지대한 학문적 관심사가 되기에 이르렀다. 이러한 관심은 퇴계학파에 이어 율곡학파에게까지 이어졌다. 율곡과 그의 제자인 김장생, 송시열로 이어지는 율곡 계통의 『심경』에 관한 이해와 연구는 그 후 수많은 학자들에 의하여 연구의 사조를 이루어서 조선 중기로부터 후기에 걸쳐 성대한 학문적 계통을 형성하였다. 『심경』에 관한 학파의 계통을 살펴보면 퇴계계열과 율곡계열이 크게 구분된다. 퇴계계통의 학자들은 이덕홍(李德弘), 이함형(李咸亨), 정구(鄭逑), 이현일(李玄逸), 이상정(李象靖), 김종덕(金宗德) 등이 시기마다 소그룹의 학파를 이루어 자신들의 시대에 『심경』 연구를 주도하였다. 율곡 계통의 학자들로서 송시열(宋時烈), 박세채(朴世采), 권상하(權尙夏), 김창협(金昌協) 등도 마찬가지로 당시의 학파적인 연구를 주도한 인물이다.

조선성리학에서 이처럼 특정한 경전에 대한 이해를 중심으로 하여 수많은 학자들이 다양한 계통을 이루면서 연구를 이어갔던 것은 『심경』 이외에 어느 경전에서도 찾아보기 힘든 현상이었다. 이러한 역사적인 과정 속에서 이루어진 『심경』에 관한 연구에 있어서 특히 주목할 만한 점은 퇴계, 율곡 계통의 학문적 성향을 가진 학자들뿐만 아니라 여러 학문적 성향의 학자들이 하나같이 이 『심경』과 관련하여 자신의 견해를 피력하고 있다는 점이다. 예컨대 정제두(鄭齊斗)와 같은 양명학을 연구했던 학자, 임성주(任聖周)와 같은 기론자(氣論者), 그리고 이익(李瀷)을 이어 탈성리학적 입장을 지닌 다산(茶山) 정약용(丁

若鏞)에 이르기까지 성리학의 정통적인 주장으로부터 벗어나 있는 학자들에게까지 『심경』은 커다란 주목의 대상이 되었다. 여기에서 이들이 『심경』을 어떻게 이해했는가 하는 점은 매우 흥미로운 연구 대상이 아닐 수 없다. 따라서 이들의 견해에 대한 심도 있는 연구의 필요성 또한 절실한 시점이라고 하겠다.

약 4세기에 걸친 학자들의 『심경』에 관한 관심과 연구는 수많은 주석서, 토론과 질의문답 내용, 논술, 도(圖)와 도설(圖說) 등으로 저작되기에 이르렀다. 조선 중기 『심경』이 보급되고 이해된 초기의 상황에 대해서는 책 마지막 【부록】의 [표1]에서 전체적으로 개괄하고 있으며, [표2]는 『심경』과 관련한 저작의 내용상의 특성이 다양하게 구분되고 있음을 보여준다. 그리고 [표3]은 16세기 중기 이후 『심경』 주석서, 질의문답내용, 논술 등으로 저작된 작품 세목을 기록한 것이다. 이러한 자료들로부터 조선시대 학자들의 『심경』에 관한 연구가 여러 세기에 걸쳐 얼마나 지속적이고 다양한 학파적인 전승을 가지고 이루어지고 있었는가를 여실히 알 수 있다.

2. 『심경』은 왜 연구해야 하는가?

『심경』에 관한 연구를 시작한 16세기 중엽 이후부터 수많은 토론과 주석서들이 축적되면서, 『심경』의 내용에 관하여 학자들마다 다양한 견해를 제시하였다. 본래 『심경』의 내용 속에는 성리학에서 형이상학적인 토대로서 중요시하였던 사서(四書)와 성리학자들의 수양론에 관하여 언급한 여러 장을 뽑아내고 있는 만큼, 『심경』 속에는 마음을 수양하고 기르는 방법으로서 경(敬)뿐만 아니라, 인사(人事)의 의(義)를 파악하고 앎을 넓히는 것 또한 중요한 수양의 방법으로 삼고 있다. 이것은 『중용』에서 강조하고 있는 존덕성과 도문학이라는 수양의 양 날개를 균형 있게 동시에 강조하는 것이기도 하다. 이러한 두 가지 학문방법론의 동시적인 수행이 필요하다고 하는 것이 『심경』의 여러 원문의 구절에 대한 해석에서 제시될 수 있을 것이다. 그런데 이러한 방법론의 차이는 학자들 사이에 『심경』을 이해하는 데 있어서 철학적 해석의 차이를 낳을 수 있다. 퇴계가 정민정의 『심경부주』에서의 「존덕성장(尊德性章)」에 대한 해석에 비판적인 견해를 가지고 주희의 입장에서 해석한 것은 『심경』을 이해하는 시각과 태도가 다양할 수 있음을 보여준다.

여기에서 16세기 중엽 이후 저술된 『심경』에 관한 수많은 주석 또는 저술들이 지니고 있는 다양한 철학적 관점을 체계적으로 정리하고 번역해야 할 필요성은 아무리 강조해도 지나치지 않다. 이러한 작업은 아래에서 살펴보게 될 현대 학자들의 『심경』 주석서들에 관한 연구경향이 얼마나 미미한가 하는 점을 살펴보면 더욱 절실하다. 예컨대 『심경』의 중요한 핵심을 이루고 있는 인심(人心)과 도심(道心)에 있어서는 조선 중기의 많은 성리학자들이 자신의 '인심도심관(人心道心觀)'을 제시하면서 각기 다른 다양한 철학적 관점에 근거하여 이들 개념을 해석하고 있다. 여기에서 여러 학자들은 자신의 이론을 제시하지만 인심과 도심에 대한 보다 포괄적인 함의를 충분히 개진하는 것은 아니라, 다만 자신의 체계 속에서 함의를 드러내고자 할 뿐이다. 이러한 환경에서 『심경』에 대한 여러 다양한 주석들 중에서 철학적 관점으로 해석할 수 있는 주석들을 선별하여 체계적으로 정리하여 번역하는 본 연구과제는 이들 자료들을 서로 비교함으로써 철학적 관점 사이의 편차와 그 상대적인 의미를 보다 분명히 해명할 수 있다는 점에서 매우 의미 있는 과제라 아니할 수 없다. 나아가 이러한 주석서의 다양한 관점에 대한 체계적인 정리와 번역은 다음과 같은 몇 가지 목표와 해명을 위해서도 필수 불가결하다.

첫째로 『심경』 속에는 수양론과 관련된 문제가 내재되어 있으며, 그것도 송대 성리학과 명대의 양명학 사이에 근본적인 차이를 함축하는 의미를 담고 있는 만큼, 성리학과 양명학의 학문적 특성을 새롭게 이해하는 데 『심경』이 함축하고 있는 내용에 대한 다양한 철학적 해석을 체계적으로 이해하는 것은 필수불가결한 것이다. 둘째 이와 같은 자료의 정리와 번역을 통하여 조선시대 양명학(陽明學), 실학(實學), 기학(氣學) 등의 다양한 학파들의 철학적 관점을 보다 깊이 이해할 수 있을 것이다. 셋째로 『심경』에 관한 다양한 철학적 관점에 대한 이해를 통하여 양명학의 심학으로 전개되었던 중국이나, 현실주의적 시각에서 양명학을 수용하였던 일본과 달리 왜 『심경』이 조선 학자들에게 특히 관심의 대상이 되었는가에 대한 인식을 새롭게 할 수 있을 것이다. 이것은 동시에 한국 유학의 독창성과 정체성을 밝히는 데도 중요한 기여를 할 것이다.

뿐만 아니라 현대세계는 서구 근대 이래 진리로 신봉되어 왔던 계몽주의적 도구적 이성에 근거한 과학주의와 기술의 발전이 노정하고 있는 많은 문제점에 직면해 있다. 여기에서 서양문명이 발전시킨 과학을 어떻게 다룰 때 인간이 삶을 조화롭고 윤택하게 가꾸어 갈 수 있는가 하는 점이 중요한 문제로 대두하게 되었다. 이 점과 관련하여 인간의 내면적인 인격성과 도덕적 수양을 강조하는 『심경』이 지니고 있는 함의는 중요한 시사점을 던져줄 것으로 확신한다. 사실 현대문명이 파생시키고 있는 문제의 대부분은 실로 과학 자체의 문제라기보다는 그것들을 다루는 인간의 마음이 어떠한가에 달려 있는 문제라고 하는 편이 보다 설득력 있는 주장일 것이다. 예컨대 날이 서서 잘 드는 칼이 있을 때 이를 어떻게 사용하는가에 따라 인간은 이것을 편리하게 이용할 수 있는가 하면, 반대로 잘못 사용하면 흉기가 될 수도 있는 것과 같은 것이다. 이러한 시각에서 볼 때 자각적 성찰을 통하여 내면적인 인격과 수양이라고 하는 문제의식은 현대 사회의 어떠한 이론보다 중요한 탐구의 대상이 되어야 할 것이다.

요약하면, 본 주석 연구의 중요한 목표는 먼저 『심경』의 내용에 대하여 일정한 철학적 관점을 지니는 다양한 해석들을 반영하고 있는 자료들을 체계적으로 정리하고자 하였다. 이를 바탕으로 본 연구는 조선성리학의 심성론에 관하여 여러 학파가 제시한 이론이 내포하고 있는 철학적 의미를 보다 포괄적으로 해명할 수 있는 토대로서 기초자료를 구성하고자 하였다. 한 걸음 나아가 본 연구는 수많은 주석서들이 제시하고 있는 학문적인 관점들을 비교 해명함으로써 조선시대 『심경』을 중심으로 하는 심학(心學)에 관한 연구의 폭을 근본적으로 넓히고자 하였다. 조금 구체적으로 말하면, 이 유학의 심학(心學)은 퇴계의 철학에서처럼 군주의 도덕성을 강조하는 정치사상으로 연역될 수 있으며, 또한 모든 사회적 관계에서 발생하는 집단적인 도덕의식에 관한 학적 탐구의 문제로 확대될 수도 있을 것이다. 이러한 과제가 달성된 후에는 궁극적으로 유학의 도덕적인 마음에 관한 이론적 틀[人心道心說]이 미래 세계의 정신적인 가치 방향과 기준을 제시하는 것이 가능할 것으로 기대한다. 왜냐하면 인류사회의 과학기술문명과 외적인 물질적인 발전이 어떠하든 간에, 이 속에는 여전히 그러한 풍요와 문명을 다루는 인간의 도덕적인 가치의식이 그 문명의 성패를 가리는 중요한 척도가 될 것이기 때문이다. 이러한 관점에서 볼 때 『심경』에 관한 조선시대 수세기에 걸친 수많은 학자들의 연구성과를 체계적으로 정리하고 이를 번역하는 본 연구과제의 중요성은 그 의의를 아무리 강조해도 지나치지 않을 것이다.

3. 『심경』에 대한 기존의 연구 경향

16세기 후반 이후 『심경』에 대한 조선 성리학자들의 수많은 주석서와 여러 관련 저술이나 문장 등에 비해 볼 때 현대 연구자들의 연구 성과는 이제 조금씩 진전되는 단계라고 할 수 있다. 지난 30여 년 사이에 퇴계의 『심경』에 관한 이해를 중심으로 하여 조선 성리학자들의 『심경』에 관한 이해에 관한 다양한 주제의 연구 논문들이 축적되어 왔다. 특히 최근 10여 년에 걸쳐서는 『심경』에 관한 연구 주제가 다양화되는 경향을 보였으며, 몇 년 전에는 조선시대 『심경부주』의 주석서에 대한 해제를 담은 저술이 발간되기도 하였다. 그러면 구체적으로 그동안 『심경』에 관한 연구가 어떻게 진전되어 왔는가를 살펴보기로 한다.

먼저 『심경』에 관한 연구논문에는 퇴계의 심학과 관련한 『심경』에 대한 이해와 『심경부주』에 대한 비판적 시각에 관한 논문이 있다. 또한 한강(寒岡) 정구(鄭逑), 우암(尤庵) 송시열(宋時烈), 하곡(霞谷) 정제두(鄭齊斗), 다산(茶山) 정약용(丁若鏞) 등의 『심경』과 그들의 심학에 관한 연구논문들도 발견된다. 먼저 그 대강의 내용을 검토하기로 하면 다음과 같다.

먼저 안병주(安炳周)는 퇴계의 심학 관련 논술로서 「심경후론(心經後論)」과 「심무체용변(心無體用辨)」에 관한 분석과 고찰을 통하여 퇴계 심학의 두 가지 특성을 언급하고 있다. 그는 퇴계 심학의 중요한 특성을 그의 심학이 왕양명의 심학과 구별된다는 점에서 찾고 있다. 여기에서 안병주는 그것들이 구별되는 근거를 대체로 양명의 심학이 지와 행을 합일하는 것으로 인식하는 반면, 퇴계의 심학에서는 심성 수양의 공부로 경(敬)을 중시하면서, 동시에 외부사물에 대한 지(知)로서 궁리(窮理)를 함께 중시하고 있다는 점에서 찾고 있다. 그는 퇴계의 심학은 주희가 존덕성과 도문학의 학문방법을 균형 있게 언급하는 것을 그대로 계승하고 있음을 강조한다. 여기에서 필자는 퇴계 심학의 두 번째 특성을 연역하여 퇴계의 심학은 '리'를 더욱 철저히 그 내용으로 삼고 있다고 한다. 요컨대, 안병주는 퇴계의 심학은 왕양명의 심학과 구별되는 측면에서 주희의 궁리론을 계승하면서, 다른 한편 리의 철학으로서 핵심적인 명제를 심학의 중요 내용으로 삼고 있다고 강조한다.[1]) 최근 황지원은 퇴계의 「심경후론」이 근거하고 있는 기본적인 문제의식과 퇴계학의 심학적 특성과 전개 과정에 대한 올바른 이해를 목표로 한 논문을 발표하였다. 논문에서는 퇴계가 「심경후론」

1) 安炳周, 「退溪의 學問觀 -「心經後論」을 중심으로-」, 『퇴계학연구』 1, 1987.

에서 정민정을 옹호하는 결론을 제시하고 제자들이 이를 받아들이면서도 논란이 발생하는 과정, 그리고 퇴계학파가 정통적 입장을 고수하는 과정에 대하여 해명하고 있다.[2)]

신귀현(申龜鉉)은 퇴계철학의 중요한 두 요소를 거경(居敬)과 궁리(窮理)로 인식하고, 이 두 요소 중 거경(居敬)의 이론적 및 실천적 근거 또는 토대가 퇴계의 심학이라고 전제하면서 퇴계 심학의 특징을 분석하고 있다. 그에 의하면 퇴계의 심학은 먼저 불노(佛老), 장열(莊列), 또는 육왕학파의 심학의 돈오를 부정하고 부단한 궁리를 통한 격물치지(格物致知)를 요체로 삼는다고 주장하였다. 둘째 유무(有無)와 동정(動靜) 가운데 무와 정의 일변에 빠지는 것을 배제하고 동정유무를 관통하는 경(敬)을 위주로 삼는 것이 퇴계 심학의 특징이라고 한다. 그는 퇴계의 심학을 이단학설과 비교하여 그 궁리(窮理)와 거경(居敬)의 겸전(兼全)을 강조하고 있다.[3)]

퇴계의 『심경』에 관한 견해를 계승한 학자로 한강(寒岡) 정구(鄭逑)가 있다. 한강 정구의 『심경(心經)』에 관한 연구는 『심경부주』 체제를 벗어난 『심경』에 관한 새로운 주석서로서 『심경발휘(心經發揮)』로 정리되었다. 이에 관하여 금종우(琴鍾友)는 정구의 정치사상과 관련하여 언급하고 있다. 그는 정구의 『심경발휘』가 『심경』의 원문을 옮기고, 한편으로 주돈이의 태극도설(太極圖說), 이정자의 정성론(定性論), 호학론(好學論), 장재의 서명(西銘), 그리고 주희의 「주자행장략(朱子行狀略)」 등을 부록으로 넣는 반면, 정민정의 『부주(附註)』 등을 모두 삭제한 것에 대해 정주학 본래의 존덕성과 도문학 공부를 종합하려는 목표를 가진 것으로 언급하였다. 그는 정구(鄭逑)의 심학을 인본주의 정치사상의 관점에서 해석하고 있다.[4)] 엄연석은 한강의 『심경발휘』를 그의

---

2) 황지원, 「『심경후론』과 퇴계 직전제자들의 『심경』연구」, 『퇴계학논집』 13, 2013, 9~31쪽.

3) 申龜鉉, 「西山 眞德秀의 『心經』과 退溪 李滉의 心學」, 『퇴계학보』 53, 1987. ; 退溪 李滉의 「心經附註」 硏究와 그의 心學의 특징」, 『민족문화논총』 8, 1987.

4) 琴鍾友, 「鄭逑의 政治思想에 관한 硏究」, 『한국의 철학』 13, 1985.

경학사상 체계 전체에서 어떠한 의미를 가지는가를 규명하고 있다. 그는 한강의 『심경발휘』는 성리학의 도덕형이상학과 도덕적 행동의 실천적 표준을 구성하는 예학 사이를 연결하는 중간 매개 역할을 하는 저술로서 경(敬)과 치지(致知)를 중심으로 하는 도문학과 존덕성을 포괄하여 마음을 함양하는 근거와 절차를 설명하는 이론적 체계[5)]로 규정하였다.

반면, 이기훈은 중기 기호학파의 『심경부주』에 대한 이해를 통하여 『심경부주』에 대하여 기호학파가 퇴계학파와 달리 정민정을 비판하는 입장을 취하는 근거를 해명하고 있다. 구체적으로 기호학파는 인심과 도심, 존덕성과 도문학, 그리고 사단칠정에 대하여 퇴계학파의 견해를 비판하는 내용을 분석하였다. 특히 이기훈은 송시열이 숙종의 명으로 『심경석의』를 지은 이후 『심경』에 대한 논의가 기호학파로 기울어졌으며, 『심경부주』를 경연에서 토론하는 등 정치적 측면에서도 퇴계학파보다 우위를 점했다고 설명하였다.[6)]

이봉규(李俸珪)는 송시열의 『심경부주』에 대한 이해와 비판을 『심경』의 학문적인 특성 및 목표와 관련하여 분석하고 있다. 그는 먼저 『심경』의 내용과 연원을 언급하고, 정민정의 『심경부주』가 포함하는 학문적인 특성을 존덕성 공부를 근본으로 하여 주륙조화론(朱陸調和論)을 제시한다는 점에서 찾는다. 나아가 그는 송시열이 『심경부주』에서 강조하였던 존덕성 중심의 성리학 이해를 『심경석의(心經釋疑)』를 지어 지양하였다고 보았다. 그리고 송시열이 퇴계의 『심경』에 대한 견해를 계승하면서도 다른 한편으로 주자가 『심경』을 존덕성과 도문학을 균형 있게 보는 관점에서 재해석하는 작업을 하였다고 분석하며, 기호학파 성리학의 이기론적 입장을 『심경석의』의 내용 중에 반영하고 있다[7)]고 설명하였다. 이러한 이봉규의 견해는 송시열의 『심경석의』

---

5) 엄연석, 「한강 정구 『心經發揮』의 경학사상적 특징과 의의」, 『퇴계학논집』 13, 2013, 169쪽.

6) 이기훈, 「중기 기호학파의 『심경부주』 이해」, 『철학연구』 106, 2008, 187~188쪽.

가 존덕성을 중시하는 퇴계학파의 관점으로부터 존덕성과 도문학의 균형에 중점을 두는 기호학파의 관점으로 옮겨가는 계기가 되는 저술로 간주하는 것이다.

『심경』 주석서와 관련한 최근의 연구에는 조선시대에 이단학설로 비판받던 양명학의 관점과 관련하여 공부하였던 정제두의 심학에 관한 연구논문이 나왔다. 금장태(琴章泰)는 정제두의 심학과 관련하여 그의 『심경집의』에서 인심도심과 극기복례를 병행시키는 것 및 도심(道心)·위인(爲仁)의 문제와 격치(格致)·성의(誠意)를 상하로 상응시킨 점이 하곡(霞谷) 심학(心學) 체계의 특징이라고 언급하였다. 그는 정제두의 심학이 양명학에서 찾아볼 수 없는 사칠론(四七論)과 인물성론(人物性論)을 포함한 이기심성설(理氣心性說)에 관하여 다양하게 논의를 개진하여 이들 개념을 독자적으로 분석하고 있는 점을 또 하나의 특징으로 든다.[8] 선병삼은 정제두의 『심경집의』에 포함되어 있는 양명학적 특성에 주목하였다. 그는 정제두가 실제적인 공부론으로 강조한 경(敬)과 예(禮)가 치양지 공부와 완전히 별개는 아니지만, 굳이 경과 예를 강조한 점을 정제두의 양명학의 특성으로 거론할 수 있다[9]고 보았다.

『심경』이 조선시대에 보급되면서 이해된 역사적인 과정에 대하여 고찰한 논문도 발표되었다. 김윤제(金允濟)는 『심경』이 조선에서 무엇 때문에 주목을 받고, 언제부터 어떤 과정을 거쳐 읽히고 이해되며 보급되었는가 하는 문제를 여러 역사자료와 문집 등의 전거(典據)를 들면서 고찰하고 있다. 그는 여기에서 조선시대에 『심경』을 최초로 읽은 기록은 15세기 중엽에 이른다고 하였다. 계속하여 16세기 전반에는 『심경부주』가 전래 보급되면서 사림들을 중심으로 읽혀졌지만, 이해 수준은 입문단계에 머문 것으로 언급한다. 그는 『심경』에 대한 이

---

7) 이봉규, 「『심경부주』의 이해와 비판」, 「송시열의 성리학설 연구」, 서울대 박사학위논문, 1996.

8) 琴章泰, 「霞谷 鄭齊斗의 心學과 經學」, 『宗敎學硏究』 17, 서울대 종교학연구회, 1998.

9) 선병삼, 「양명학자 정제두의 『심경』 이해: 심경집의의 구성분석과 공부론 고찰을 중심으로」, 『한국사상사학』 43, 2013.

해가 획기적으로 전환된 시점을 퇴계가 「심경후론」을 저술한 이후로 보면서, 퇴계와 그 제자들이 『심경』에 관하여 토론하고 세밀히 분석함으로써, 이후 『심경』이 성리학의 이해를 위한 필독서로 정착된 것으로 본다. 김윤제는 특히 퇴계학파의 주리적인 철학적 특징이 내면적인 수양과 경을 강조하게 하였으며, 이것이 수양의 주체로서 심(心)을 강조하는 심학에 관한 관심에 연결되었던 것으로 보고 있다.[10]

이상호는 퇴계학을 계승하는 관점에서 이익으로부터 정약용으로 이어지는 실학파의 『심경』에 대한 이해를 해명한 논문을 발표하였다. 그는 이익은 『심경부주질서』에서 존덕성과 도문학을 고르게 보아야 한다는 입장을 견지하는 것으로 해석하였고, 윤광소(尹光紹) 또한 같은 입장이라고 이해하였다. 또한 정약용은 『심경밀험(心經密驗)』에서 『심경부주』의 존덕성 일변도의 철학에 대하여 비판적 입장을 제시한 것으로 보았다. 이러한 연구에 이어 다산 정약용이 그의 『심경밀험』을 통하여 자신의 심학과 관련한 이론을 어떻게 구성하고 있는가 하는 문제를 분석한 논문이 저술되었다. 정일균(鄭一均)은 다산이 『심경밀험』 속에서 『심경부주』에 저록된 정이와 주희의 주석을 비판적으로 검토하면서 자신의 경학적 입장에 따라 『심경부주』를 해석하고 있음을 언급하였다. 그는 나아가 구체적으로 『심경밀험』에서 다산이 탈성리학적인 경학적 관점에 따라 '심(心)', '성(性)', '인(仁)', '충서(忠恕)' 등의 개념을 재해석하고 있는 내용을 분석하고 있다.[11] 서근식은 정약용의 『심경밀험』을 심성론과 수양론의 측면에서 해명하였다. 그는 경(敬)과 인(仁), 서(恕) 등을 행사(行事)와 타인과의 윤리적 관계맺음 속에서 수양을 강조한 개념으로 간주하였고, 인간이 신형묘합(神形妙合)의 존재로서 수양에 있어서 심(心)뿐만 아니라 신(身)을 강조한 특색이 있음을 주장하였다.[12]

10) 金允濟, 「朝鮮 前期 심경의 이해와 보급」, 『韓國文化』 18, 1996.
11) 鄭一均, 「茶山 丁若鏞의 『心經』, 『小學』論」, 『태동고전연구』 16, 1999.
12) 서근식, 「다산 정약용의 『심경밀험』에 관한 연구」, 『동양고전연구』 28, 2007, 153～154쪽.

이들 논문 이외에 현재 조선 성리학자들의 심학(心學)과 관련한 금장태, 김옥희, 정병련, 주월금의 논문과 학위논문으로서 박유상, 박지현, 김태동 등의 논문이 심학 연구의 한 부분을 차지하고 있다. 이들 논문들을 통해서 볼 때, 조선성리학의 『심경』에 대한 이해와 심학은 각 시대 학자들이 지니는 자신의 철학적 성향이나 관점에 따라 『심경』에 대하여 각각 다양한 이해를 보이면서, 그들 나름의 특수한 심학을 형성하고 있음을 볼 수 있다. 이들 논문들과 함께 위에서 언급하지 않은 논문 중에 『심경』과 『심경부주』에 관한 지금까지의 다양한 주제의 논문을 정리해 보면 다음과 같이 표로 나타낼 수 있다.

▪ 『심경』 및 『심경부주』, 심학에 관한 기존의 연구성과와 주제

순서	주제	저자 및 내용
1	퇴계학파의 『심경』연구	▪안병주(1987): 주희의 궁리론과 리철학의 핵심명제를 심학의 기초로 삼음으로써 왕양명의 심학과 구별되는 퇴계 심학의 특성을 해명하였다. ▪황지원(2013): 심경후론을 발단으로 하는 퇴계학파 심학의 전개과정을 해명하였다. ▪신귀현(1987): 퇴계철학의 두 요소를 거경과 궁리로 규정하고, 거경의 이론적 실천적 토대가 된다는 측면에서 퇴계 심학을 분석하였다. ▪김종석(2013): 심경에 대한 이해를 중심으로 한 심학체계에 퇴계 철학의 핵심과 독자성이 있음을 해명하였다. ▪김기주(2005): 심학의 본질적 특성을 마음의 능동적인 도덕실천 능력 여부에 두고, 마음의 주재적 역할을 강조하는 『심경부주』의 기본적 경향이 퇴계심학 형성에 영향을 준 것으로 분석하였다. ▪김기주(2008): 기호학파의 비판에 적극 대응하고 『심경부주』에 대한 이황의 관점을 계승 강화하는 측면에서 중기 퇴계학파의 심경부주에 대한 이해를 해명하였다. ▪古賀崇雅(2012): 심학의 연원으로서 퇴계학에서의 『심경부주』의 의미를

		해명하였다. ■모치츠키 고메이(2010): 이케다 소안과 쿠스모토 세키스이의 『심경부주』론을 중심으로 퇴계가 에도시대 사상에 미친 영향을 고찰하였다. ■주월금(박, 2000): 『심경부주』가 퇴계심학에 미친 영향에 관하여 해명하였다.
2	한강 정구의 『심경발휘』	■엄연석(2013): 정구의 『심경발휘』가 그의 경학사상에서 차지하는 지위를 성리학의 형이상학과 예학 사이를 매개하는 측면에서 해명하였다. ■추제협(2013): 정구의 『심경발휘』가 퇴계 심학을 계승하면서도 내면의 엄정함을 통해 행동의 올바름을 얻는 이른바 '경간敬簡'이란 학문방법을 제시함으로써 자신의 독특한 심학적 색채를 드러내고 있음을 설명하였다. ■전재강(1999): 유교의 존재론, 인식론과 일관성을 가지는 측면에서 경을 심학의 중심적 방법으로 인식한 것에 한강 수양론의 특징이 있는 것으로 해명하였다.
3	기호학파의 『심경』에 대한 이해	■이기훈(2008): 정민정의 『심경부주』에 대한 중기 기호학파의 비판과 퇴계학파에 대한 기호학파의 『심경』 논의의 우월적 지위를 해명하였다.
4	정제두의 『심경』에 대한 입장	■금장태(1998): 이기심성설의 핵심 개념들에 대한 다양한 논의를 행한 것이 양명학과 구별되는 정제두 심학의 특징임을 해명하였다. ■선병삼(2013): 『심경집의』에서 공부론으로 경(敬)과 예(禮)를 강조한 것을 정제두 양명학의 특징으로 규정하였다. ■엄연석(2007): 『심경집의』에서 예(禮)를 언급함으로써 마음의 진리를 객관적으로 보편화시키는 통로를 열어놓은 정제두의 수양론을 고찰하였다. ■김연재(2006): 정제두의 『심경집의』에 나타난 심학적 특성을 심전경(心傳經), 수양경(修養經), 공부경(工夫經)으로 구분하여 해명하였다.
5	실학파의 『심경』에 대한 견해	■이상호(2013): 퇴계학을 계승하는 관점에서 이익으로부터 정약용으로 이어지는 실학파의 『심경』에 대한 이해를 해명하였다. ■이상호(2006): 이익과 정약용의 『심경부주』 이해를 중심으로 하여 한국 실학에 나타난 주자학에 대한 태도와 그 전개양상을 해명하였다.
6	정약용의	■정일균(1999): 『심경밀험』에서 다산이 탈성리학적인

	『심경』에 대한 이해	경학적 관점에 따라 '심(心)', '성(性)', '인(仁)', '충서(忠恕)' 등의 개념을 재해석하고 있음을 해명하였다. ■서근식(2007): 정약용의 『심경밀험』을 심성론과 수양론의 측면에서 그 경험론적 특성을 해명하였다.
7	『심경부주』와 교육학적 관점	■박상현(2013): 『심경부주』가 마음을 깨끗이 하고 갈고 닦아 사람다운 사람이 되어야 함을 역설함으로써 수양론적 담론이 빠져 있는 현대의 수업에 의미가 있음을 해명하였다. ■서명석(2012): 현대적 교육과 대비하여 『심경부주』에 드러나는 敬의 작용, 효과를 통한 교육적 의미를 해명하였다. ■황금중(2008): 인(仁)과 예(禮), 경(敬)이 순환적으로 이어지고 지(知)와 행(行)이 포괄되는 심학적 배움의 통합성과 역동성을 보여주는 『심경부주』를 통해 본 주자학적 배움의 성격을 해명하였다.
8	『심경』의 구성과 수양론	■오석원(2004): 심경의 수양론을 정밀하고 체계적으로 분석함으로써 유학의 수양론적 특성을 해명하였다.
9	『심경』과 서지학적 연구	■구정수(석, 2004): 『심경』 주해의 제판본에 관해 문헌상의 기록과 현존 실물들을 조사하여 『심경』과 『심경부주』의 도입시기를 밝히고 현존본을 판종, 형태, 계통별로 분석하여 그 특징을 해명하였다. ■구정수남태우(2003): 『심경』과 『심경부주』의 간행경위와 국내 유입과정, 그리고 현존 판본 현황 등을 분석하였다.
10	『심경』의 역사적 보급과정	■김윤제(1996): 15, 16세기에 걸친 조선에서 『심경』의 이해와 보급 상황에 대하여 해명하였다. ■박성순(2004): 조선 중기에 『심경』이 경연과목으로 정착되는 과정에 대하여 해명하였다.
11	구성적 실재론과 『심경』	■유권종(2006): 프리드리히 발너의 구성적 실재론을 적용하여 『심경』이 주자학적 심학에서 수양 방법론의 표준화를 위한 교과서 역할을 했음을 해명하였다.
12	퇴계학파와 율곡학파의 비교	■이봉규(1995): 16세기 조선성리학의 논점의 맥락에서 퇴계와 송시열의 『심경부주』에 대한 상반된 대응 양상을 해명하였다.
13	심경주석사	■송희준(1998): 조선시대에 『심경』에 대한 주석이 이루어진 과정의 역사적 전개 양상을 해명하였다.

위의 도표를 통해 볼 때, 지금까지 『심경』과 『심경부주』에 대한 연구는 퇴계와 퇴계학파의 『심경』에 관한 견해, 기호학파의 견해, 정제두의 『심경집의』, 정구의 『심경발휘』, 이익과 정약용을 중심으로 하는 실학파의 주장, 서지학적 연구, 교육학적 관점, 역사적 보급과정 등과 같은 주제를 포괄하고 있다. 이러한 다양한 연구 성과는 『심경』의 여러 의미들을 여러 관점에서 해명하고 있다. 하지만 아직도 여러 가지 점에서 『심경』을 보다 체계적으로 연구하기 위해서는 무엇보다도 성리학의 형이상학과 심성론, 그리고 수양론과 연관되는 맥락을 좀 더 체계적으로 정리할 필요가 있다고 판단된다.

이러한 연구들에 이어서 약 7년 전에 홍원식은 한국연구재단의 연구지원을 받아 조선시대 『심경부주』 주석서들에 해제를 작성하는 과제를 통하여 『조선시대 심경부주 주석서 해제』(예문서원, 2007)라는 저술을 출간하였다. 이 저술에서 홍원식은 이황과 직전제자, 율곡학파, 퇴계학파, 양명학파와 실학파로 구분하여 『심경』과 『심경부주』에 대한 조선시대 학자들의 주석과 해설들을 망라하여 해설하였다. 특히 『심경부주』에 관한 각종 주석서 및 심(心)과 관련한 논설들에 대한 서지학적 내용을 밝히고 각각의 저술이 지니는 심학사적(心學史的) 의의를 덧붙이고 있다.

다음으로 국외의 연구로는 『심경』과 『심경부주』가 중국에서 별다른 인기를 얻지 못하고 주석서도 별로 없는 상황이어서 연구서나 주석서를 찾아보기는 쉽지 않다. 다만 다음과 같은 두세 가지 관련 저술들이 연구성과로 언급될 수 있다. 먼저 지아카이(甲凱)의 『송명심학평술(宋明心學評述)』(臺灣, 1967)이 있고, 드 베리(Theodore De Bery)의 *The Message of the Mind in Neo-Confucianism*(Columbia University Press, 1989)가 미국에서 저술되었다. 칼튼(Michael C. Kalton)은 퇴계의 「성학십도」를 해제와 함께 영역하였는데, 이것이 *To Become a Sage*라는 제목으로 1988년에 콜롬비아대학에서 출간되었다. 이 중 드 베리는 송대와 명청대의 심학을 보다 보편적인 시각에서 넓은 의미의 도통의 범주 속에 포괄하여 다루려고 하였다. 그리하여 그는 양명학 이후 명청대의 심학을 성인의 이상을 실현하는 정통적인 학문으로 강조하는 시각에서 고찰하고 있다. 반면 칼튼은 군주의 심성을 수양하게 하려는 목적으로 지어져서 퇴계 심학의 핵심적인 논의를 담고 있는 「성학십도」와 「도설」을 번역함으로써, 조선 성리학의 심학에 대한 관심을 표명하고 있다.

4. 조선시대『심경』연구의 학파적 경향과 흐름

정종로(鄭宗魯)는 손조서(孫肇瑞)에 대한 묘갈명에서『심경』과『근사록』을 밤낮으로 부지런히 공부하였다고 말하고 있다.[13] 이를 통해 볼 때,『심경』은 15세기 중반에 조선에서 읽혀지기 시작되었음을 알 수 있다. 그러나 본격적인 연구는 퇴계 이황(李滉)에 의해 비롯되었다고 할 수 있다.[14] 퇴계는 성균관에서 공부하던 때에『심경부주』를 처음으로 접했는데, 이때 수개월을 연구하여 어려운 구절의 의미를 모두 체득할 수 있었다[15]고 술회하였다. 그는『심경』을 집중적으로 연구함으로써 이 저술이 심학(心學)의 연원인 동시에 심법(心法)의 정미(精微)라는 것을 깨닫고서 신명과 같이 신뢰하고 엄부(嚴父)와 같이 공경하였다.[16] 나아가 그는「심경후론」에서 도학(道學)으로서 성리학을 이해하게 된 것도 바로 이 책으로부터 깨달았다고 말하며, 평생 동안 이 책을『사서(四書)』와『근사록(近思錄)』못지않게 존중하였다[17]고 하

13) 송희준,「우리나라에 있어서『심경』주석서의 사적 전개」,『동방한문학』15, 1998, 5~7쪽.

14) 이와 관련해서는 이봉규 앞의 논문 참조.

15)『退溪先生言行錄』1卷,「學問」, “先生嘗遊學泮宮 … 嘗訪上舍姓黃氏, 始見心經附註, 其爲註皆程朱語錄, 人見之, 或不分句讀. 先生閉門數月, 沈潛反復, 自然心會, 如有不得者, 亦不强探力索, 姑置一邊, 時復拈出, 虛心玩味, 未有不洞然處.”

16)『退溪先生言行錄』1卷,「學問」, “先生自言吾得心經而後, 始知心學之淵源心法之精微, 故吾平生, 信此書如神明, 敬此書如嚴父.”

였다.

퇴계는 50대 이후 여러 문인들과 『심경』에 대하여 본격적으로 토론하면서 주석을 붙이기도 하고 잘못된 부분을 교정하기도 하였다. 「심경후론(心經後論)」은 문인들과 『심경부주』에 대하여 치밀한 토론과 연구를 행한 후의 총괄적인 결론의 성격을 가진 논설이다. 이 저술은 정민정의 『심경부주』에 대한 당시 학자들의 분분하게 대립하는 의견을 퇴계가 일단락을 지어 정민정의 입장에 정당성을 부여하는 취지를 가진다. 이 책에서 퇴계는 『심경』에 수록된 경전들은 성현의 커다란 가르침으로 지언(至言)이고, 그 주석 또한 여러 현인의 지론(至論)이다. 또한 그는 『심경』 말단에 있는 오징(吳澄)과 정민정의 설에 대해 정민정이 주자의 주장을 초년과 말년으로 구분한 것은 당시 학자들의 비판처럼 잘못이지만, 『심경』 전체를 보면 정민정은 진덕수의 경문을 주석하면서 주자의 주장을 따랐던 사람이며, 당시 말학(末學)의 폐단을 구하기 위하여 주자와 같은 입장에서 존덕성을 크게 강조했을 뿐이라고 하였다. 뿐만 아니라, 퇴계는 정민정의 말에 육상산의 학문에 대하여 말한 것이 없으니 『심경』을 읽으면서 「도일편(道一編)」과 연관지어 『심경』의 본래 뜻을 어지럽혀서는 안 된다고 말하였다.[18]

이에 퇴계의 제자들은 일단 받아들이는 분위기였지만, 끝내 정민정의 인간성과 사상에 관한 의혹들이 제자들 사이에서 완전히 해소되지 않았다. 이 가운데서도 존덕성과 도문학 사이에 대한 정민정의 주륙(朱陸) 절충론적 태도는 제자들에게 많은 의혹을 불러일으켰다. 뿐만 아니라 『심경』에 인용되어 있는 송나라 어록체(語錄體) 문장은 독

---

17) 「心經後論」, "滉少時游學漢中, 始見此書於逆旅, 而求得之, 雖中以病廢而有晩悟難成之嘆. 然而其初感發興起於此事者, 此書之力也. 故平生尊信此書, 亦不在四子近思錄之下矣."

18) 「心經後論」, "吾觀是書, 其經則自詩書易以及于程朱說, 皆聖賢大訓也. 其註則由濂洛關閩, 兼取於後來諸賢之說, 無非至言也. 何可以篁墩之失而并大訓至論, 不爲之尊信乎. … 篁墩於此, 但不當區區於初晩之分耳. 若其遵朱子之意, 贊西山之經, 註此於篇終, 欲以捄末學之誤, 實亦至當而不可易也. … 以此讀此經此註, 而不以篁墩道一編之繆, 參亂於其間, 則所以爲聖爲賢之學, 端在於此矣."

해가 어려워서 이들 구절에 대한 많은 토론과 문답이 이루어졌다. 이러한 몇 가지 이유에 따라 이후 퇴계의 제자들은 여러 주석서를 저술하게 되었다. 조목(趙穆)은 『심경품질(心經稟質)』을 지었고, 김부륜(金富倫)은 『심경차기(心經箚記)』, 이덕홍(李德弘)은 『심경질의(心經質疑)』, 이함형(李咸亨)은 『심경강록(心經講錄)』, 정구(鄭逑)는 『심경발휘(心經發揮)』, 조호익(曺好益)은 『심경질의고오(心經質疑考誤)』를 저술하였는데, 이들은 퇴계 제자들의 『심경』에 관한 대표적인 저술 목록이다.

퇴계학파에서 형성되기 시작한 이래 『심경』에 대한 연구 열기는 시대가 지날수록 확산되어 갔다. 그러나 숙종이 『심경부주』를 관찬하도록 명령한 이후 『심경부주』가 성학서(聖學書)에서 성군서(聖君書)로 격상되면서부터 『심경』 연구 열기는 새로운 양상으로 전개되었다. 이때 『심경부주』를 편찬하도록 명령받은 인물은 송시열이다. 송시열은 편찬관으로서 『심경부주』의 뒤에 퇴계의 「심경후론」을 붙이고, 『심경부주』에 대한 퇴계학파의 주석서로서 『심경강록』을 계승하면서도 일부 독자적인 주석을 보완하여 『심경석의(心經釋義)』를 편찬하였다.[19] 송시열이 『심경석의』를 편찬한 시점으로부터 『심경』에 대한 연구는 퇴계학파에서 율곡학파로 이동하는 양상으로 바뀌었다.

율곡학파가 『심경부주』를 연구하게 되면서, 『심경부주』에 반영된 정민정의 조이만동적(早異晩同的) 관점을 비판하는 것이 하나의 중심 과제가 되었는데, 이것은 18세기로 접어들면서 퇴계학파와 율곡학파 사이에 『심경』에 관하여 대립적으로 이해하는 양상으로 심화되었다. 송시열이 조익(趙翼: 1579～1655)과 박세채(朴世采: 1631～1695) 등 율곡학파의 견해를 반영하여 『심경석의』를 편찬하고, 이어서 김창협(金昌協: 1651～1708)과 한원진(韓元震: 1682～1751) 등이 율곡학파의 주장을 강화하면서 퇴계학파를 공격하자 퇴계학파에서도 이에 대응하는 작업을 추진하였다.

19) 홍원식, 「『心經附註』의 수용과 조선 유학의 전개」, 『영남퇴계학연구원학술발표회논문집』, 2013, 4쪽.

이상정(李象靖: 1710~1781)이 율곡학파에 맞서려는 목적으로 퇴계의 『심경부주』에 대한 정본을 만들기 위한 집필을 시작한 이후 제자인 김종경(金宗敬)을 거쳐 1795년 김종덕(金宗德: 1724~1797)에 이르러 비로소 『심경강록간보(心經講錄刊補)』가 완성되었다.[20] 『심경강록간보』는 기호학파를 적극적으로 비판하거나 퇴계의 관점과 구별되는 독자적인 입장을 제시하기보다는 퇴계의 철학과 『심경부주』에 관한 퇴계의 해석 관점을 계승하고 있음을 다시 한 번 환기함으로써 퇴계학파의 입장을 변호하고 있다.[21]

반면 율곡학파는 송시열, 박세채까지는 퇴계를 직접적으로 비판하지 않았으나, 김창협, 한원진, 임성주에 이르러서는 보다 적극적으로 퇴계와 퇴계학파를 비판하는 발언이 나타났다. 그런 점에서 볼 때, 김창협의 『심학지결기의(心學至訣記疑)』, 한원진의 『심경부주차의(心經附註箚疑)』, 그리고 임성주의 『심경경의(心經經義)』는 퇴계학파에 대응하여 『심경』에 대한 율곡학파의 관점을 제시하고 있는 대표적 저술이 된다.

그러면 『심경』에 관하여 퇴계학파와 율곡학파가 대립적 입장을 취하는 핵심적 논점은 어디에 있는가? 두 학파가 갈리는 핵심적인 논점은 크게 두 가지로 요약할 수 있다. 첫째는 인심과 도심에 관한 퇴계학파와 율곡학파의 대립적인 입장이고, 둘째는 존덕성과 도문학 사이에 중점을 어디에 두느냐에 대한 문제이다. 퇴계학파와 율곡학파는 이 두 가지 문제를 각각 퇴계와 율곡의 철학적 입장의 연장선상에서 인식함으로써 서로 대립적인 입장을 견지하였다. 이와 관련하여 중기 퇴계학파와 율곡학파의 대표적 『심경』 주석서인 김종덕의 『심경강록

---

20) 홍원식, 위의 논문, 4~5쪽.

21) 『심경강록간보』라는 제목이 암시하는 것은 이 책이 이덕홍의 『심경질의』가 아닌 이함형의 『심경강록』을 『심경부주』에 대한 퇴계의 정론(定論)을 보다 온전하게 담고 있는 것으로 간주한다. 이러한 관점은 송시열이 이덕홍의 『심경질의』를 저본으로 하여 『심경석의』를 지은 태도와 구별되는 것이다.(김기주, 「중기 퇴계학파의 『심경부주』 이해」, 『東方漢文學』 35, 2008, 106쪽.)

간보(心經講錄刊補)』와 한원진의 『심경부주차의(心經附註箚疑)』에서 각각 제시한 퇴계와 율곡의 철학적 관점과 『심경』에 관한 대립적인 해석을 잠시 살펴볼 필요가 있다.

먼저 인심(人心)과 도심(道心) 사이의 상관관계를 『심경강록간보』에서는 "허령은 마음의 본체이고, 지각은 마음의 작용이다. 리(理)와 기(氣)가 합하여 절로 허령지각(虛靈知覺)의 오묘함이 있다"[22]고 말하였다. 이런 주장은 마음이 리와 기가 결합된 것으로 보는 퇴계의 취지를 그대로 계승하는 것이다. 또한 김종덕은 이런 관점을 인심과 도심, 사단과 칠정에도 연역하여 "도심은 의리로부터 발현하여 나오는 것이고, 인심은 몸으로부터 발하여 나오는 것이다. 이제 이러한 설을 미루어보면, 인심은 칠정이고 도심은 사단이다"[23]고 언급하였다. 이러한 견해는 바로 『심경강록간보』가 퇴계학의 핵심 이론을 그대로 계승하고 있음을 보여준다.

반면 한원진은 『심경부주차의(心經附註箚疑)』에서 인심과 도심 사이에 본질적인 차이가 있는 것으로 간주하지 않음으로써 도심과 인심이 리와 기에 분속(分屬)될 수 있는 것이 아니라고 보았다. 그는 인심도심(人心道心)과 이기(理氣) 사이의 상관관계를 다음과 같이 언급하였다.

> 인심(人心)과 도심(道心)은 모두 이 마음의 지각이다. 지각할 수 있는 것은 기(氣)의 영묘함이고, 지각하게 하는 것은 마음의 리(理)이다. 기(氣)가 아니면 지각할 수 없고, 리(理)가 없으면 지각하는 근거가 없다. 어느 하나라도 없으면 지각할 수 없으니, 인심(人心)과 도심(道心)을 리(理)와 기(氣)로 나누어 귀속시키는 것은 옳지 않다.[24]

---

22) 金宗德, 『心經講錄刊補』 第一篇, 『心經註解叢編』 卷5, 191쪽, "虛靈, 心之體也, 知覺, 心之用也. 理與氣合, 自然有虛靈知覺之妙."

23) 金宗德, 위의 책, 같은 곳, "心是義理上發出來底. 人心是人身上發出來底. 今以此等說推之, 所謂人心七情是也. 道心四端, 是也."

24) 韓元震, 『心經附註箚疑』, 『心經註解叢編』 卷4, 656쪽, "人心道心, 皆此心之知覺, 而能覺者, 氣之靈, 所覺者, 心之理, 非氣則不能覺, 非理則無所覺, 未有去一而能有覺者, 則人心道心之不可

한원진에 따르면, 마음은 오직 하나이며 리와 기가 합한 것으로서 마음의 발용(發用)은 오직 '기발이승일도(氣發理乘一途)'일 뿐이라는 것이다. 또한 마음의 특성으로서 허령(虛靈)과 지각(知覺) 또한 모두 리(理)와 기(氣)가 함께 작용함으로써 비로소 가능하다고 본 것이다. 이러한 관점은 처음에 사욕으로부터 마음이 발했다고 해도 의리를 따르면 인심도 도심이 될 수 있다는 것이다.[25] 이러한 입장은 리의 능동성과 독립성을 인정하여 도심과 인심이 근원에서부터 리와 기로 나누어진다고 보는 퇴계학파의 입장과 대립되는 것이다.

다음으로 퇴계학파와 율곡학파가 『심경부주』와 관련하여 상반된 입장을 가지고 대립하는 문제는 존덕성과 도문학의 상관관계에 대한 이해이다. 존덕성과 도문학 사이의 관계에 대하여 퇴계는 본래 존덕성 공부가 보다 근원적인 공부임을 강조하였다. 이러한 관점을 계승하여 김종덕은 『심경강록간보』에서 주희가 젊어서는 도문학 공부를 강조하였으나, 만년에 존덕성의 근원적인 공부를 더욱 중시했음을 다음과 같이 주장하였다.

> 주자는 초년에 세상의 배우는 자들이 존덕성 쪽으로 치우쳐서 도문학 공부를 이해하지 못하고 마침내 이단(異端)에 빠지는 것을 염려하였기 때문에, 먼저 도문학으로 사람을 가르쳐서 연구를 세밀하게 다하고 동이점을 살펴서 존덕성의 학문에 이르게 하였다. 그래서 세상 사람들이 모두 믿었는데, 뒤에 그것이 지리멸렬하고 번쇄하게 되어 도리어 그 본령을 무너뜨리고 지엽말단에 흐르게 되는 것을 깨달았기 때문에 선생은 돌이켜 존덕성을 주로하고 도문학으로 그것을 돕고자 하였다.[26]

여기에서 『심경강록간보』는 주희가 만년에 도문학 공부가 지엽말

分作理氣也."

25) 이기훈, 「중기 기호학파의 『심경부주』 이해」, 『철학연구』 106, 2008, 198쪽.

26) 金宗德, 『心經講錄刊補』 第4篇, "朱子初年, 病世之學者, 偏着尊德性一邊, 不解道問學工夫, 卒陷於異端, 故先以道問學敎人, 硏究纖悉, 考校同異, 以馴致尊德性之學, 天下之人擧皆信服. 後來覺其支離煩撓, 反將至於廢其本領, 而流於枝葉, 故先生欲反以尊德性主之, 道問學輔之."

단에 흐르는 문제점을 간파하고 존덕성 공부를 본령 공부로 중시하였음을 언급하였다. 이렇게 볼 때, 『심경강록간보』가 드러내고 있는 존덕성과 도문학의 관계에 대한 퇴계학파의 기본적인 입장은 퇴계의 관점을 계승한 것으로 존덕성 공부의 근원적인 측면에 중점을 두는 방향성을 지녔음을 알 수 있다.27)

반면 율곡학파의 견해는 이와 사뭇 다른 입장을 취하고 있다. 한원진은 정민정이 주희가 만년에 존덕성을 강조한 것을 정론이라고 본 해석을 주희의 견해를 육상산의 학문으로 왜곡하고자 하는 나쁜 의도라고 간주하면서 존덕성과 도문학 사이의 관계를 다음과 같은 논조로 해석하였다.

> '정론(定論)' 두 글자에서 정민정이 암암리에 사람들을 속여서 육상산으로 돌아가게 하고자 하는 사특한 마음을 볼 수 있다. 대개 주자 선생께서 사람들을 가르칠 때는 존덕성과 도문학 두 가지 가운데 어느 한쪽을 중시해서는 안 된다고 하였으니, 이것이 바로 주자의 평소 정론이다. 때로는 도문학을 중시하고 어떤 때는 존덕성을 중시한 것은 상황에 따라 폐단을 구하고자 한 융통성을 발휘한 방법이었지 정론(定論)은 아니었다.28)

한원진은 바로 주희의 만년 정론이라는 것이 실제로는 존덕성을 중시한 것이라기보다는 도문학으로 치우침에 따라 발생하는 폐단을 바로 잡기 위하여 융통성을 구한 방법[活法]이었지만, 정론은 아니었다고 주장하였다. 이러한 한원진의 견해는 퇴계학파가 존덕성과 도문학은 우열(優劣) 또는 본말(本末), 근원과 지엽 같이 경중(輕重)의 차이를 두는 것과 달리 동등한 가치를 가지고 균형을 이루어야 하는 것으

---

27) 김기주, 위의 논문, 112쪽.

28) 韓元震, 『南塘集』, 卷23, 「心經附註箚疑」, "定論二字, 可見篁墩闇然誣民, 歸陸之邪心也. 蓋先生敎人, 其以尊德性道問學二者, 爲不可有偏重者, 乃其平生定論也. 其或以道問學爲重, 或以尊德性爲重, 乃其隨時救弊之活法, 而非定論也."

로 이해하는 것이다. 존덕성과 도문학 사이의 관계에 대한 퇴계학파와 율곡학파의 대립적인 이해는 『심경부주』를 지은 존덕성과 도문학 사이의 관계에 대한 정민정의 이해를 긍정적으로 평가하거나 부정적으로 평가하는 입장의 차이로 나타났다. 이처럼 조선 중기 퇴계와 율곡 이후 이들을 계승하는 퇴계학파와 율곡학파에서의 『심경』에 대한 연구는 철학적 주제에 대하여 대립적인 관점을 견지하면서 지속적으로 심화되었다.29)

5. 자료집 편찬과 번역 연구 내용과 방법

『심경』은 앞에서 언급한 바와 같이 마음의 도덕적 수양과 관련하여 선진 유학의 고전과 송대 성리학자들의 저술 속의 여러 구절들을 뽑아 모두 37장으로 정리한 저술이다. 여기에 명대(明代)에 정민정(程敏政)이 자신의 견해에 따라 이 구절들 전체에 대하여 보다 상세한 주석을 단 것이 『심경부주』이다. 따라서 본 연구에서는 첫째 『심경』과 『심경부주』의 구절들에 관한 조선 중기 이후의 주석들 중에 철학적으로 의미 있는 내용들을 중심으로 하여 이들을 장절마다 한데 모았다. 둘째는 자구와 구절의 의미에 대하여 주석을 붙인 경우가 있는데, 이 경우도 문장을 해석하는 데 중요하므로 주석자료집에 수록하였다. 셋째 『심경』 원문, 『심경부주』의 중요내용, 『심경』의 주석서, 『심경』에 관한 논의 또는 논술의 중요 내용을 체계적으로 정리하여 주석 자료집(Source Book)을 구성하는 기존의 목표에 유의하였다. 넷째 체계적으로 정리된 주석 자료를 계획된 범례에 따라 번역하였다. 『심경』의 내용에 대한 다양한 해석의 시각을 일목요연하게 이해할 수 있도록 다양한 시각의 주석을 번역하였다.

---

29) 이 장은 엄연석의 「寒岡 鄭逑 『心經發揮』의 경학사상적 특징과 의의」(『퇴계학논집』 13, 2013) 2장을 부분적으로 수정한 것이다.

그리고 연구 범위에 있어서는 먼저 『심경』 원문과 함께 『심경부주』에서 학문적 의미를 가진 내용을 중심으로 주석을 뽑아 번역하였다. 그리고 조선 중기 이후부터 『심경』에 관한 주석서, 토론질의, 논술문 등을 포괄하여 그 내용을 검토하였다. 학민문화사(學民文化社)에서 출판한 『심경주해총편(心經註解叢編)』이라는 자료집에 수록된 전체 자료가 해당한다. 본 연구에서 번역 주석한 중요한 자료는 모두 이 『심경주해총편(心經註解叢編)』에 실린 자료로부터 발췌 인용하였다.

그러나 『심경주해총편』에 빠진 내용 중에 조선시대 많은 학자들의 문집에서 발견되는 자료를 검토하여 의미 있는 자료를 정리하는 것이라든가, 『조선왕조실록』에 전재된 『심경』에 관한 내용 중 자료로서의 의미를 지닌 것을 수록하는 것은 위의 주해총편(註解叢編)에서 거의 포괄하고 있어서 이번 연구에서는 생략하였다. 따라서 연구의 외연적 범위는 조선시대에 『심경』에 관하여 언급되었거나 저술되었던 모든 자료를 포괄한다. 그리고 이들 자료 중에서 학문적으로 가치 있는 철학적 의미를 가진 구절들을 우선적으로 뽑아서 번역 주석하였다.

본 연구를 마친 후에 『심경주해총편보유(心經註解叢編補遺)』(啓明大學校韓學村, 2005년)가 3권으로 발간되어 보다 상세한 『심경』에 관한 연구 자료를 살펴볼 수 있게 되었다. 그 사이에 본 연구에 부연하여 수록할 기회가 없지는 않았으나, 기존의 자료들에 대한 재수정 과정을 거치느라 여력이 없었다. 특히 위의 『심경주해총편보유』에 수록된 자료는 많은 경우 서신으로 주고받은 문목(問目), 별지(別紙)와 함께 서(序), 소(疏), 그리고 여러 다양한 자료들로서 보다 전문성이 강한 자료들로 이루어져 있다. 이들 자료는 다른 기회를 통하여 다시 연구할 수 있을 것이다. 『심경주해총편보유』의 편명은 책의 마지막 【부록】에서 [표4]로 정리하였다.

6. 맺음말

『심경』에 관한 조선시대 학자들의 주석 및 해석에 관한 본 주석(註釋) 연구는 조선시대 학자들이 유학적 수양의 핵심 관건이며 사상의 정수로서 '심(心)'에 관한 관심을 얼마나 지속적으로 가지고 이를 천착하였는가 하는 점을 잘 보여준다. 본 주석 연구는 하나의 원문 구절에 대하여 여러 다양한 관점의 주석들을 비교할 수 있도록 모아서 질서 지워 놓은 만큼 무엇보다도 『심경』에 대한 조선시대 여러 학자들의 주석서, 논설 등이 제시하고 있는 관점에 대하여 체계적이고 종합적인 시야를 가지게 할 것이다. 본 연구는 나아가 그 동안 점차적으로 진전되어 온 『심경』에 관한 현대적인 연구를 크게 활성화시키는 데 중요한 역할을 할 수 있을 것이다. 또한 조선 성리학의 핵심적 내용으로서 이기론(理氣論)으로부터 심성론(心性論), 그리고 수양론을 포함하는 수직적인 이해의 시각을 '심(心)'에 관한 다양한 시각의 논의를 통하여 수평적 입체적으로 바꾸어 놓을 것이다. 이를 통하여 학자들은 바로 현대적 시각에서 조선 성리학의 마음을 중심으로 하는 수양론이 가지는 특성과 독창성을 올바르게 파악할 수 있을 것이다.

또한 본 연구는 인문학과 사회과학을 중심으로 여러 학문분야에서 제시하는 이론적 관점을 종합적인 시각에서 바라볼 수 있게 할 것이다. 예컨대, 사회과학과 자연과학에서 다루는 학적인 문제를 인간 마음의 작용과 관련시켜 사실과 가치의 시각에서 그 의미를 분석할 수 있을 것이다. 곧 가치중립적인 과학적 발견의 논리와 가치평가적인 과학의 활용의 논리를 연결하여 그것들을 구분하고 연결하는 계기를 동시에 검토해 볼 수 있을 것이다. 본 연구는 가치지향적인 인문학적 기초를 제시함으로써 사회과학이나 자연과학자들이 인간성의 본질에 대하여 일정한 시각을 가지고 자신의 학문 분야에서 연구를 심화시키는 토대로 활용할 수 있을 것이다. 다시 말하면 학문 간의 연계성과 융섭(融攝)이라는 관점에서 본 연구는 사회과학과 자연과학에서 말하는 것으로서 인간의 마음이 작용하는 인과적이고 현상적인 측면과 인문학적 가치 측면이 어떻게 연속성을 가질 수 있는가에 대한 연구를 활성화시키는 계기가 될 것이다.

요컨대, 본 연구는 유가철학에서 말하는 내적 성찰을 통한 인격의 도덕적 수양과 연관하여 마음[心]의 작동체계가 어떻게 이루어지는가에 대한 유학적 성리학적 체계를 포함하고 있다. 구체적으로 말하면, 여기에서는 내적인 인격적 주체의 도덕적 본성에 대한 인문학적 토대와 함께 외부 세계의 질서와 무질서에 대한 인식과정과 이러한 외부 세계를 받아들이는 마음의 작동체계를 문제 삼는다. 현대 사회는 객체적이고 물질적인 삶의 수단이 정신적인 삶의 목적을 지배함으로써 인격적 주체가 도덕적 자각을 통하여 바로 서기 힘들고, 도덕적 지향과 물질적 수단이 전도된 시대가 되어 있다. 이러한 상황에서 본 연구에 기초하여 인문학과 사회과학, 자연과학을 전공으로 하는 학자들은 인간 본성에 관하여 인문학적 가치와 개별 과학에서 다루는 현상 사이의 비교를 통하여 사실과 가치의 공통점과 차이점에 대한 이해를 넓힐 수 있을 것이다. 이 책은 인간의 심성에 대한 새로운 이해를 통하여 마음을 배제한 객관적 학문에서 마음을 학문의 중심에 두는 인간 중심의 새로운 학문관을 정립하는 데 중요한 계기로 작용할 수 있을 것이다.

심경부주서(心經附註序)

○ 서산 선생 진문춘공[30]이 일찍이 성현의 격언을 가려 뽑아서 『심경』 한 편을 만들었는데, '인심은 오로지 위태롭고, 도심은 오로지 은미하니, 오직 정밀하게 살피고 한결같이 지켜야 진실로 그 중(中)을 잡을 것이다'[31]라고 하는 열여섯 글자를 편 머리로 삼고, 주자의 '존덕성에 관한 명문(銘文)'으로 끝을 맺었다. 나는 매번 경건하게 이것을 암송할 때마다 엄숙하기가 마치 상제께서 내려와 임재하신 듯하고, 성사(聖師)께서 눈앞에 계신 듯하였다. 그러나 이 책의 주(註) 가운데 간혹 『서산독서기』라고 일컬었으나, 저 정주의 훌륭한 유학자들이 계발시키고 절실히 경계한 말들이 대부분 이 책에 실려 있지 않은 점이 의심스러웠으니, 아마도 이 경은 본래 서산 선생에게서 나왔지만 주석은 후대인들이 이것저것 섞어 넣었기 때문인 것 같다. 집에서 한가하게 머무를 때 삼가 그것을 참고하여 고치고, 또 그 아래 주석을 달고는 그 첫머리에 기록하여 다음과 같이 말하였다.

"아아! 사람이 사람이라는 이름을 얻어 삼재(三才)에 참여하여 온

30) 진문춘공(1178~1235): 이름은 덕수(德秀), 자는 희원(希元), 호는 서산(西山), 시호는 문충(文忠)으로 건녕부(建寧府) 포성(浦城) 사람이다. 본래의 성은 신(愼)씨였으나 효종(孝宗)의 휘(諱)를 피하여 진(眞)이라 하였다. 주자의 문인 첨체인(詹體仁)에게 수학하였으며, 주자학을 천하의 정학(正學)이라고 주장하고 계승·발전시키는 데 힘썼다. 저서에 『대학연의(大學衍義)』, 『문장정종(文章正宗)』, 『진문충공집(眞文忠公集)』 등이 있다.

31) 『서경』, 「대우모」.

갖 변화를 낼 수 있는 것은 그 본심을 잃지 않을 수 있기 때문이다. 다만 잠깐 사이의 한 생각에서 그것을 잡느냐 놓치느냐 얻느냐 잃느냐에 따라 성인과 광인, 순임금과 도척이 여기에서 갈리게 되니 그 두려워할 만한 것이 이와 같다. 옛 사람은 그 때문에 본원을 함양하는 계책을 세움이 지극하여 감히 거문고와 비파를 물리치지 않고, 잠언과 경구를 주변에서 없애지 아니하여 , 본체를 세우고 쓰임을 넓게 하며, 드러난 것과 은미한 것이 둘로 분리되지 않게 하여 그 효과가 성인이 되기를 바라고 하늘과 같이 되기를 바라는[32] 극진한 공효에까지 이른 것은 이 때문이었다.

성학(性學)이 밝지 못하고 인심이 빠져서 천명을 이목의 욕구에 맡기고 입과 혀로만 이치를 지껄이니, 이 점이 선생이 깊이 슬퍼하여 『심경』을 저술하게 된 이유이다. 그러면 배우는 자들은 어디에 힘을 기울인 뒤에야 사람이라는 이름을 더럽히지 않을 수 있겠는가? 일찍이 반복하여 실마리를 풀어내어 정자의 학설을 얻었으니, '천덕과 왕도는 그 요점이 오직 근독(謹獨)에 달려 있다'[33]고 하였고, 또 '배우는 자는 모름지기 경하여 안을 곧게 하는 것을 가지고 함양해야 하니, 안을 곧게 하는 것이 근본이다'[34]고 하였으며, 주자도 '정 선생이 후학들에게 끼친 공로는 무엇보다도 경(敬) 한 글자에 있다. 경은 성학(聖學)의 처음과 끝을 이루는 요체이다'[35]고 하였으니, 대개 이 『심경』의 가르침은 경(敬) 한 글자를 벗어나지 않는다. 그래서 그 말은 간략하지만 뜻은 정밀하고, 그 노력은 간단하지만 효과는 넓으니, 진실로 이른바 하천을 막는 제방이요, 남쪽을 가리키는 수레이며, 어둠을 밝히는 거울이다. 우리 유학의 도에 크게 기여한 점이 있으니, 잠깐 동

---

32) 『周敦頤集』, 「通書·志學」. "聖希天, 賢希聖, 士希賢."

33) 『二程遺書』 권14. "蓋曰文王之所以爲文也, 純亦不已. 此乃天德也. 有天德便可語王道. 其要只在愼獨."

34) 『二程遺書』 권15. "敬只是主一也. 主一則既不之東, 又不之西, 如是則只是中. 既不之此, 又不之彼, 如是則只是內. 存此則自然天理明. 學者須是將敬以直內涵養, 此意直內是本."

35) 『朱子語類』 권12.

안이나 급박한 때에도 소홀히 할 수 없다. 나중에 태어나 보잘 것 없는 선비가 무엇을 알까만 그저 손으로 적어 책을 만들어서 동지들에게 알리고자 했으며 경(敬)을 말한 학설에 특히 상세함을 더하였다. 그러나 어찌 감히 이것으로 선생의 글보다 낫기를 바랐겠는가? 다만 성현들의 경전에 마음을 두어 스스로를 단속하고 막으며 반복하여 익히는 토대로 삼고자 했을 뿐이다."

홍치 5년(1492) 임자 칠월 보름

후학 신안 정민정이 삼가 서문을 씀.

○ 西山先生眞文忠公, 嘗摭取聖賢格言爲『心經』一編, 首'危微精一'十有六言, 而以子朱子尊德性之銘, 終焉. 走每敬誦之, 蓋儼乎若上帝之下臨, 聖師之在目也. 然猶疑其註中, 或稱『西山讀書記』, 而凡程朱大儒開示警切之言, 多不在卷, 感此經本出先生, 而註則後人雜入之故邪. 齋居之暇, 謹爲之參校, 且附註其下, 而識其首曰, "嗚呼! 人之得名爲人, 可以參才而出萬化者, 以能不失其本心而已. 顧其操縱得失于一念俄頃之間, 聖狂舜跖, 於是焉分, 其可畏如此. 古之人所以爲涵養本原之計者至, 不敢撤琴瑟而廢箴儆于左右, 使體立用宏顯微不二, 用底于希聖希天之極功, 有以也. 性學不明, 人心陷溺, 寄命于耳目, 騰理于口舌, 此先生之所深悲而『心經』所由述也. 然則學者宜何所用力而後, 無忝于人之名哉. 蓋嘗反覆紬繹, 得程子之說曰, '天德王道, 其要只在謹獨.' 又曰, '學者須是將敬以直內涵養, 直內是本.' 朱子亦曰, '程先生有功于後學, 最是敬之一字. 敬者聖學始終之要也.' 蓋是經所訓, 不出敬之一言, 故其語約而義精, 其功簡而效博, 誠所謂障川之柱, 指南之車, 燭幽之鑑. 大有功于斯道, 而造次顚沛, 不可忽焉者也. 晩生末學, 何所知識, 輒手錄成帙, 以告同志者, 而於言敬之說, 特加詳焉. 豈敢以是求多于先生之書哉. 圖寘心于聖經賢傳之中, 爲檢防熟複之地云爾."

弘治五年壬子七月望, 後學新安程敏政謹序

심경찬(心經贊)

○ 순임금과 우임금이 주고받은 것이 열여섯 글자이니, 만세의 심학은 이것이 그 근원이네. 인심은 무엇인가? 형기(形氣)에서 생기니, 좋아하고 즐거워함이 있고, 화내고 성냄이 있다네.

오직 욕망에 흐르기 쉬워서, 이것을 위태롭다고 하니, 잠깐이라도 방심하면 온갖 사특함이 그것을 따른다네. 도심은 무엇인가? 성명에 근원하니, 의(義)라 하고 인(仁)이라 하며, 중(中)이라 하고 정(正)이라 한다네.

오직 이치는 형체가 없어서, 이것을 은미하다고 하니, 털끝만큼이라도 잃어버리는 경우가 있으면 그것을 보존하기가 힘들다네. 인심과 도심 두 가지 사이에는 틈을 용납한 적이 없으니, 반드시 정밀하게 살펴서 흑백을 가리듯이 해야 한다오.

지혜가 미치고 어짊으로 지키는 것이 서로 처음과 끝이 되니, 오직 정밀하므로 한결같을 수 있고, 한결같으므로 중도를 잡을 수 있다네.

성현이 번갈아 일어나 순임금을 체현하고 우임금을 본받았네. 요강을 제시하고 법도를 이끌어 후세에 밝게 보여 주었으니, 경계하여 두려워하고 홀로 있을 때를 삼감이요, 사특함을 막고 진실함을 보존함이며[36] '분노'라는 것과 '욕망'이라는 것은 반드시 막고 반드시 징

36) 『주역』, 「건괘·문언(文言)」. "구이효에서 "드러난 용이 밭에 있으니 대인을 보면 이롭다"

계하는 것이라오.

상제께서 여기에 임하시니, 감히 딴 마음을 가지겠는가! 구석진 방은 비록 은밀하지만 어찌 마음에 부끄러움이 생기게 하겠는가? 네 가지 예(禮)가 아닌 것은 모두 이겨서 적을 공격하듯이 하고, 사단이 발하고 나서는 모두 넓혀 채운다네.

사적인 의도나 기필함이 싹트려 할 때는 구름이 걷히고 자리를 거두듯이 하고, 자애롭고 착한 마음이 생길 때는 봄이 만물의 싹을 불어내듯이 한다네.

닭이나 개를 잃어버리듯 양심을 잃어버렸을 때에는 그것을 찾을 줄 알고, 소나 양을 기르듯 양심을 기를 때는 민둥산이 될까 근심한다네.

손가락 하나와 어깨 및 등 가운데 무엇이 귀하고 무엇이 천한가? 표주박의 밥과 만종(萬鍾)의 곡식은 사양하고 받을 것을 반드시 분별해야 한다네.

'잘 다스림[克治]'과 '보존하고 기름[存養]'은 번갈아 그 노력을 이루어야 한다네. 순임금은 어떤 사람인가? 그와 같이 되기를 기약한다네.

이 도심은 모든 선의 주인이니, 하늘이 내게 준 것 중에 이것이 가장 크다네. 마음에 수렴하면 태극이 몸에 있으며, 만사에 그것을 펼치면 그 쓰임이 끝이 없다네.

신령스런 거북처럼 보배로 여기고, 옥구슬처럼 두 손으로 받든다오. 이것을 생각하여 마음이 여기에 있어야 하니 힘쓰지 않을 수 있겠는가?

옛 사람들을 살펴보니, 경(敬)을 서로 전하였으니, 요점을 잡고 널

고 말한 것은 무슨 뜻입니까? 공자께서 말하였다. "용의 덕을 가지고 있으면서 중에 맞는 자이다. 평소의 말이 신실하고, 평소 행동이 신중하며, 사특함을 막고 그 성실함을 보존하며, 세상을 선도하면서도 자랑하지 않고, 덕을 널리 베풀어 세상을 변화시킨다. 역에 '드러난 용이 밭에 있으니, 대인을 보면 이롭다'는 것은 임금의 덕이다"고 말하였다.(九二曰, 見龍在田, 利見大人, 何謂也. 子曰, 龍德而正中者也. 庸言之信, 庸行之謹, 閑邪存其誠, 善世而不伐, 德博而化. 易曰見龍在田利見大人, 君德也.")

리 베푸는 데 무엇이 이것보다 앞서겠는가?

내가 처음 천주(泉州)에 오니 가려지고 막히는 것이 두려워, 이에 격언을 모아 폐부를 씻는다네. 밝은 창 아래 비자나무 책상을 놓고, 맑은 날 낮에 향로에 향을 피우고 책을 펴고 숙연하게 나의 마음을 받드노라.

○ 贊曰,

舜禹授受, 十有六言. 萬世心學, 此其淵源.
人心伊何, 生於形氣. 有好有樂, 有忿有懥.
惟欲易流, 是之謂危. 須臾或放, 衆慝從之.
道心伊何, 根於性命. 曰義曰仁, 曰中曰正.
惟理無形, 是之謂微. 毫芒或失, 其存幾希.
二者之間, 曾弗容隙. 察之必精, 如辨白黑.
知及仁守, 相爲始終. 惟精故一, 惟一故中.
聖賢迭興, 體姚法姒. 提綱挈維, 昭示來世.
戒懼謹獨, 閑邪存誠. 曰忿曰慾, 必窒必懲.
上帝寔臨, 其敢或貳. 屋漏雖隱, 寧使有愧.
四非皆克, 如敵斯攻. 四端旣發, 皆廣而充.
意必之萌, 雲卷席撤. 子諒之生, 春噓物茁.
雞犬之放, 欲其知求. 牛羊之牧, 濯濯是憂.
一指肩背, 孰貴孰賤. 簞食萬鍾, 辭受必辨.
克治存養, 交致其功. 舜何人哉? 期與之同,
維此道心, 萬善之主. 天之予我, 此其大者.
斂之方寸, 太極在躬. 散之萬事, 其用弗窮.
若寶靈龜, 若奉拱璧. 念茲在茲, 其可弗力?
相古先民, 以敬相傳. 操約施博, 孰此爲先.
我來作州, 茅塞是懼. 爰輯格言, 以滌肺腑.
明窓棐几, 淸晝鑪薰. 開卷肅然, 事我天君.

○ 위의 글은 『심경』에 대하여 서산선생이 성현의 격언을 모아서 스스로 찬언(贊言)을 지은 것이다. 선생의 심학은 주희(朱熹)를 거쳐서 주돈이(周敦頤)와 이정(二程) 형제, 공맹(孔孟)의 근원에까지 거슬러 올라가니 보존하고 기르는 공이 지극하였다. 그리하여 몸소 행하는 데에는 상제가 임하더라도 마주 대하여 부끄러움이 없을 수 있었고, 백성들에 임해서는 어린아이를 보살피듯이 하였으며, 가렵고 아픈 질병의 고통은 실로 자신의 몸에 절박한 듯이 하였고, 조정에 서서는 배고프고 목마른 듯이 나라를 걱정하여 말하는 것은 모두 지극한 정성과 애달픔이 드러난 것이었지 정직함을 자랑하려는 것이 아니었다. 그가 강학을 권할 때는 재계하여 신명과 교감하듯이 하여 감응하여 깨닫기를 바랐으며, 물러나서는 월산(粵山) 아래에 집을 짓고 비록 편안히 쉬는 곳이라도 언제나 임금과 아비가 앞에 계신 듯이 하였다. 그의 저술은 모두 『중용』과 『대학』에 근본하여 비록 한묵(翰墨)을 가지고 노닐더라도 한결같이 정도(正道)에서 나왔다. 그러나 오히려 「야기잠(夜氣箴)」을 짓고, 「물재잠(勿齋箴)」을 짓고, 「경의재명(敬義齋銘)」을 지었다. 만년에 다시 천주(泉州)를 다스리게 되었을 때는 다시 이 책을 집성하여 새벽에 일어나 반드시 향을 피우고 단정히 앉아서 십수 번을 암송하였다. 대개 하루도 배우지 않는 날이 없었고, 어떤 일도 배움이 아닌 것이 없었으니, 그 안과 밖을 번갈아 기르는 것이 이와 같았다. 나는 이제 늙게 되어 더 이상 학문을 진전시키지 못하지만, 그래도 여전히 뜻을 가지고 있으므로, 손수 이 경을 베껴서 낮에는 암송하고 밤에는 그것을 사색하여, 그 만 가지 중 하나라도 얻기를 바란다. 다시 고을의 학궁에서 판각을 하여 동지들과 함께 힘쓰고자 한다.

단평 개원(1234년) 시월 십육일 후학 안약우(安若愚)[37]가 삼가 쓴다.

---

37) 안약우(顔若愚, ?~?): 「심경찬(心經贊)」에 대하여 지은 위의 발문(跋文)으로 보아 진덕수(眞德秀, 1178~1235)의 문인으로 생각된다. 진덕수가 천주(泉州)를 다스리던 송나라 이종(理宗) 단평(端平) 원년(1234년)에 천주부학(泉州府學)에서 『심경(心經)』을 판각하여 간행하였다.

○ 右『心經』西山先生, 摭聖賢格言, 自爲之贊者也. 先生之心學, 繇考亭而遡濂洛洙泗之源, 存養之功, 至矣. 故其行己也, 上帝臨女, 可以對越而無愧, 其臨民也, 若保赤子, 痒痾疾痛眞切於吾身, 其立朝也, 憂國如飢渴, 所言皆至誠惻怛之所形, 而非以衒直也. 其將勸講, 若齋戒以交神明而冀其感悟也. 迨退而築室粵山之下, 雖宴息之地, 常如君父之臨其前. 其著書皆本於『中庸』·『大學』, 雖遊戲翰墨, 一出於正也. 然猶夜氣有箴, 勿齋有箴, 敬義齋有銘. 晩再守泉, 復輯成是書, 晨興必焚香危坐, 誦十數過. 蓋無一日不學, 亦無一事非學, 其內外交相養如此. 若愚老將至矣, 學不加進, 然尙竊有志焉. 手抄此經, 晝誦而夜思之, 庶幾其萬一, 復鋟板于郡學, 與同志勉云.

端平改元十月旣望, 後學顏若愚敬書.

심학도(心學圖)

○ 정복심[38]이 말하였다. "갓난아이의 마음은 아직 인욕에 빠지지 않은 양심이고, 인심은 곧 욕망에서 느껴진 것이며, 대인의 마음은 의리가 모두 갖추어진 본심이고, 도심은 곧 의리에서 느껴진 것이니, 이는 두 가지 마음이 있는 것이 아니다. 실제로 형기에서 생기므로 인심이 없을 수 없고, 성명에 근원을 두므로 도심이 되는 것이니, '정밀히 하고 한결같이 하며 가리고 잡는 것[精一擇執]' 이하가 모두 인욕을 막고 천리를 보존하는 공부가 아닌 것이 없다. '혼자 아는 곳을 삼간다[愼獨]' 이하는 인욕을 막는 공부이니, 반드시 부동심에 이르면 부귀해도 음란하지 않을 것이고, 빈천해도 지조를 바꾸지 않을 것이며, 권세와 무력도 굴복시킬 수 없어서 그 도리가 밝혀지고 덕이 확립됨을 볼 수 있을 것이다. '경계하고 두려워함[戒懼]' 이하는 천리를 보존하는 공부이니, 반드시 '바라는 바에 따르는 마음[從心]'에 이르면 마음은 곧 체이고 욕구는 곧 용이며, 체는 그대로 도가 되고, 용은 그대로 의가 되며, 소리는 율(律)이 되고 몸은 법도가 되어, 생각하지 않아도 얻고 노력하지 않아도 절도에 맞음을 볼 수 있을 것이다. 요컨대, 공

---

38) 정복심(程復心, 1257∼1340): 원나라 휘주(徽州) 무원인(婺源人)이며, 자는 자견(子見)이고, 호는 임은(林隱)이다. 총명하고 독서를 좋아하여 일찍이 『사서집주』를 취하여 황씨(黃氏)와 보씨(輔氏)의 설을 취하여 절충하여, 장을 나누고 도표를 그려서 30여 년간에 걸쳐 『사서장도(四書章圖)』를 편찬하였다. 또 여러 서적의 어록을 취하여 그 동이를 변론하였다.

부하는 요점은 모두 경을 벗어나지 않는다. 대개 마음은 한 몸의 주재자이고, 경은 또한 한 마음의 주재자이다. 배우는 자는 '하나에 집중하여 옮김이 없다[主一無適]'는 설과 '단정히 하고 엄숙하게 한다[整齊嚴肅]'는 설 및 '그 마음을 수렴하고[其心收斂], 언제나 깨어 있다[常惺惺]'는 설을 깊이 탐구하면 그 공부하는 것이 극진해져서 성인의 경지에 여유 있게 들어가는 것 또한 어렵지 않을 것이다."

○ 程氏復心曰, "赤子心是人欲未汨之良心, 人心卽覺於欲者, 大人心是義理具足之本心. 道心卽覺於義理者, 此非有兩樣心. 實以生於形氣, 則不能無人心, 原於性命, 則所以爲道心, 自精一擇執以下, 無非所以遏人欲而存天理之工夫也. 愼獨以下, 是遏人欲處工夫. 必至於不動心, 則富貴不能淫, 貧賤不能移, 威武不能屈, 可以見其道明德立矣. 戒懼以下, 存天理處工夫. 必至於從心, 則心卽體, 欲卽用, 體卽道, 用卽義. 聲爲律而身爲度, 可以見不思而得, 不勉而中矣. 要之用工之要 俱不離乎敬. 蓋心者一身之主宰, 而敬又一心之主宰也. 學者熟究於主一無適之說, 整齊嚴肅之說 與夫其心收斂常惺惺之說, 則其爲工夫也盡, 而優入於聖域, 亦不難矣."

「정민정의 생각」1 : 정씨의 이 그림은 심학(心學)의 신묘함을 다하였고, 논의한 것 또한 심학의 요점을 충분히 밝히고 있다. 그래서 책의 앞머리에 실어 배우는 사람에게 가야 할 방향을 알고 단서를 구하여 공부하는 터전으로 삼게 한 것이다.

「按」: 程氏此圖, 盡心學之妙, 而所論亦足以發心學之要, 故揭之編首, 使學者知所向往, 而爲求端用功之地云.

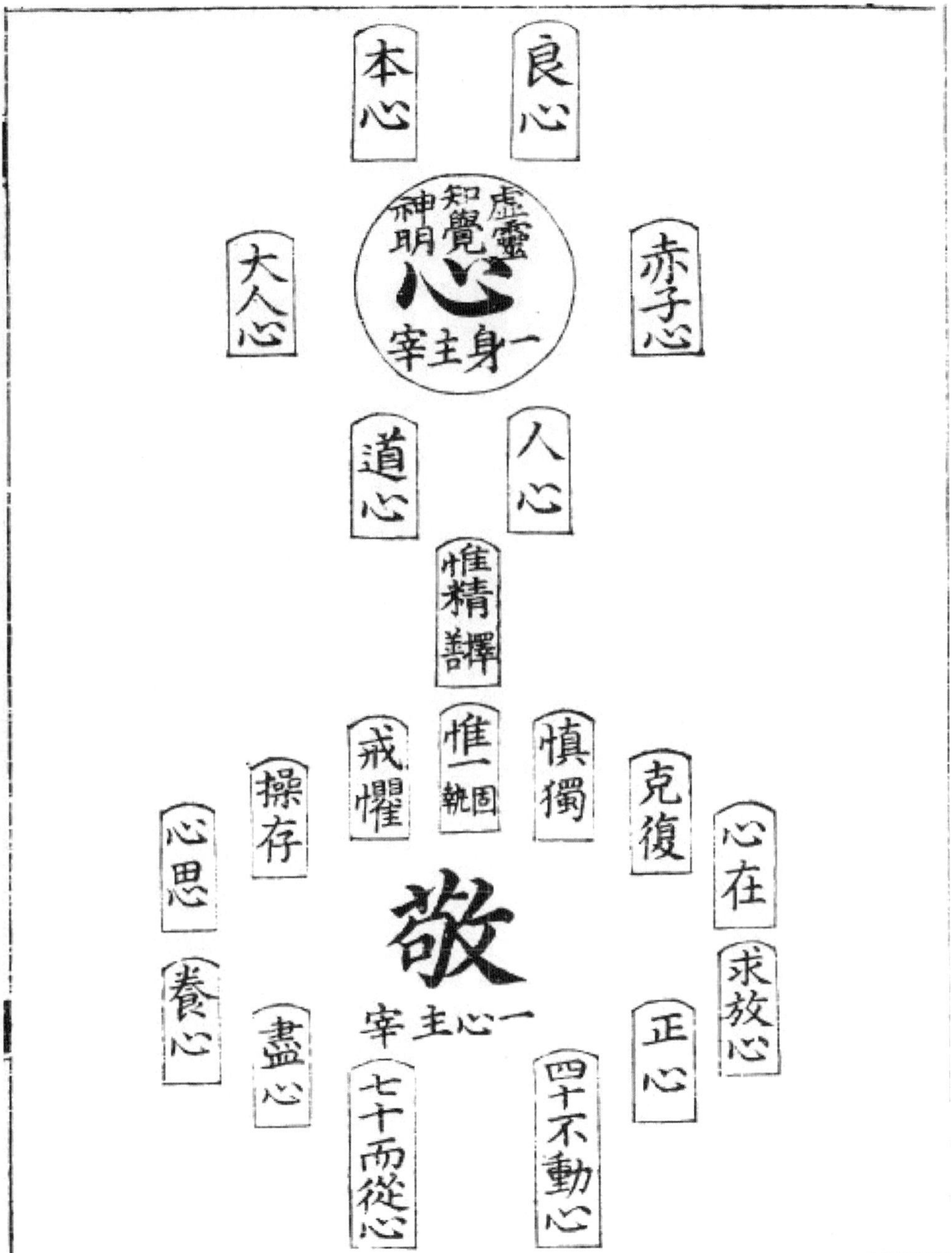

本心
良心
虛靈知覺神明
心
一身主宰
大人心
赤子心
道心
人心
惟精擇善
惟一固執
戒懼
愼獨
操存
克復
心思
心在
敬
一心主宰
求放心
養心
盡心
正心
七十而從心
四十不動心

정복심, 心學圖

제1장: 인심은 위태롭고 도심은 은미하다[人心惟危, 道心惟微]

○ 순임금이 말하였다. "인심(人心)은 오직 위태롭고 도심(道心)은 오직 은미하니, 오직 정밀하게 살피고 오직 한결같이 지켜야 진실로 그 중(中)을 잡을 것이다."[1)]

○ 帝曰, "人心惟危, 道心惟微, 惟精惟一, 允執厥中."

『강록』1-A

○ 이덕홍의 기록에 말하였다. "인심이 도심의 앞에 있는 것은 무슨 이유입니까? 기(氣)가 형체를 이루면 이(理) 또한 거기에 품부되기 때문에 그런 것이 아닙니까?" 이황이 대답하였다. "사람의 일상생활에서 발하기 쉬운 것은 인심만한 것이 없기 때문에 그렇게 말한 것이다. 순임금이 어찌 이와 기의 선후를 고려하여 이런 말을 했겠는가? 이와 기의 선후는 다만 후대의 어진 이들이 이전의 성인이 다 말하지 못한 뜻을 드러낸 것으로 이기의 선후로 그것을 해석해서는 안 된다."(『강록』)

○ 李錄云, "人心處道心之先者, 何歟? 無乃氣以成形而理亦賦焉故然歟?" 答曰,

1) 『書經』, 「大禹謨」.

“人於日用之間, 易發而最先者, 莫如人心故云爾. 豈舜慮理氣之先後而發是言乎? 理氣先後, 特後賢發明先聖言外未發之義者, 不可以此解之也.”(『講錄』)

『발휘』1-B

○ 주자는 또 말하였다. “인심은 인욕이고, ‘위’는 위태로운 것이다. 도심은 천리이고, ‘미’는 정밀하고 은미한 것이다. 사물마다 모두 천리와 인욕이 있다. 분명히 사물에 따라 둘로 나누게 되면 자연히 분명하게 알게 된다. 요·순·우 임금이 전한 심법은 단지 이 네 구절뿐이다.”[2] ○ 또 말하였다. “인심이 또한 완전히 좋지 않은 것은 아니다. 인욕은 단지 목마르면 마시고 싶고 추우면 입고 싶은 마음일 뿐이다. 어찌하여 ‘위태롭다’고 말하는가? 이미 의리가 없으니 어찌 위태롭지 않겠는가?”[3] ○ 또 말하였다. “인심은 그 자체가 없앨 수 없는 것이다. 오직 도심이 주인이 되면 인심은 스스로 빼앗을 수 없으며, 도심이 하는 일이 아님이 없게 된다. 그러나 이 점은 매우 살피기 어려워 잠시만 단절되어도 인욕이 바로 행해진다.”[4] ○ 또 말하였다. “기뻐하고 화내는 것은 인심이다. 그러나 까닭 없이 기뻐하고 기쁨이 지나쳐 억제할 수 없으며, 까닭 없이 분노하고 분노가 심하게 되어 막을 수 없다면, 이것은 모두 인심의 부림을 받은 것이다. 모름지기 기뻐해야 할 것을 기뻐하고 분노해야 할 것에 분노하는 것이 바로 도심이다.”[5] ○ 또 말하였다. “배고프면 먹고 싶고 갈증나면 마시고 싶은 것은 인심이다. 먹고 마시는 것에 바른 것을 얻은 것이 도심이다. 반드시 한 마음이 오로지 도에 있어서, 잠시 저 인심이 스스로 항복하여 볼 수 없게 되면, 인심은 도심과 하나가 되어 마치 저 인심이 없는 것처럼 보인다. 오직 순수하고 한결같은 도심을 얻기만 하면 되는데, 도심은 모두 저 인심에서 발현된다.”[6](『발휘』)

---

2) 『朱子語類』 권78, 「尚書一·大禹謨」.

3) 『朱子語類』 권78, 「尚書一·大禹謨」.

4) 『晦庵集』 권56, 「答鄭子上」.

5) 『朱子語類』 권78, 「尚書一·大禹謨」.

○ 朱子又曰, "人心者, 人欲也. 危者, 危殆也. 道心者, 天理也. 微者, 精微也. 物物上有箇天理人欲, 分明與他劈做兩片, 自然分曉, 堯舜禹所傳心法, 只此四句." ○ 又曰, "人心亦未是十分不好底. 人欲只是飢欲飮寒欲衣之心爾. 如何謂之危, 旣無義理, 如何不危." ○ 又曰, "人心自是不容去除. 但要道心爲主, 卽人心自不能奪, 而亦莫非道心之所爲矣. 然此處極難照管, 須臾間斷, 卽人欲便行矣." ○ 又曰, "喜怒, 人心也. 然無故而喜, 喜至於過而不能禁, 無故而怒, 怒至於甚而不能遏, 是皆爲人心所使也. 須是喜其所當喜, 怒其所當怒, 乃是道心."○ 又, "飢欲食渴欲飮者, 人心也. 得飮食之正者, 道心也. 須是一心只在道上, 少間那人心自降伏, 得不見了. 人心與道心爲一, 恰似無了那人心相似. 只是要得道心純一, 道心都發見在那人心上."(『發揮』)

『석의』1-C

○ 인심이 도심 앞에 있는 것은 인심이 일상생활에서 가장 먼저 발하기 쉽기 때문에 그 순서가 이와 같다.(『석의』)

○ 人心處道心之先者, 人心於日用間, 易發而最先, 故其序如此.(『釋疑』)

『심법』1-D

○ 인심을 '위태롭다'고 말한 것은 그것이 선으로도 악으로도 될 수 있지만, 악이 되기 쉬운 것을 말한다. 왜인가? 인심의 발동도 그 법도를 따라서 제 자리에 머무르면 역시 선하다. 하지만 외물에 이끌려 비뚤어지고 편벽된 곳으로 들어가기 쉽기 때문에, '위태롭다'고 말하였다. 도심은 선은 있으나 악은 없기 때문에 안정되어 위태롭지 않다. 인심은 사적인 형기에 붙어있기 때문에 그 감정이 진한 반면, 도심은 공적인 의리에 순수하므로 그 감정이 담박하다. 진한 것은 드러나고, 담박한 것은 은미하다. 드러난 것은 막기 어렵고, 은미한 것은 잃기 쉽다. 대체로 위태로운 것은 안정된 것과 대립하므로, 인심을 '위태롭다'고 말하면 도심은 '편안하다'고 말해야 하는데 유독 인심만 위태롭다고 말한 것은 그것이 사특함과 편벽한 데 빠져 들어가는 것을 두려워한 것이다. 은미한 것은 드

6) 『朱子語類』 권78, 「尚書一大禹謨」.

러난 것과 대립하므로, 도심을 '은미하다'고 말하면, 인심은 당연히 '드러난다'고 말해야 하는데, 유독 도심만 은미하다고 말한 것은 그것을 잃을까 염려한 것이다. 대개 각각 그 조심해야 할 것으로부터 말한 것이다.(『심법』)

○ 人心謂之危者, 言其或善或惡而易於爲惡也. 何者, 人心之發, 循其軌轍, 止乎其所, 則亦善矣. 然其循物而流, 易入於邪僻, 故謂之危也. 若道心則有善而無惡, 故安而不危也. 人心着於形氣之私, 故其情濃, 道心純乎義理之公, 故其情淡. 濃者著, 淡者微. 著者難遏, 而微者易失也. 夫危與安對. 人心言危, 則道心當言安, 而獨言人心之危者, 懼其入於邪僻也. 微與著對. 道心言微, 則人心當言著, 而獨言道心之微者, 懼其失也. 盖各自其當戒處言之也. (『心法』)

『질서』1-E

○ 사람에게는 형기가 있는데, 이 형기에서 생겨나는 것이 바로 인심이니, 추위를 알고 허기를 느끼는 것과 같은 것이 바로 이것이다. 사람에게는 이런 마음이 없는 자가 없다. 추위를 감지하면, 따뜻하기를 바라고, 허기를 느끼면 배부르길 바란다. 욕구는 곧 칠정 가운데 하나로서 성인과 우매한 자가 같이 가지고 있다. 만약 따뜻하고 배부르면서도 의리에 해가 되지 않는다면 어찌 바라지 않을 수 있겠는가? 오직 그 인간의 욕구에 따라 생겨난 것이므로 그것을 인욕이라고 말한다. 정자는 "도심과 인심은 천리와 인욕이 바로 이것이다"고 말하였고, 주자는 "인욕은 단지 허기지면 먹고 싶고 추우면 입고 싶은 마음일 뿐이다"고 말하였는데, 그 설은 본래 문제가 없다. 그러나 추위를 알고 허기를 느끼는 것은 마음이고, 따뜻하기를 바라고, 배부르기를 바라는 것도 마음이다. 그러나 단지 추위를 알고 허기를 느낄 때는 '욕(欲)'자를 쓸 수 없기 때문에 인욕(人欲)을 인심이라고 말하면 괜찮다. 만약 인욕 밖에 다시 인심이라고 할 만한 것이 없다고 말하는 것은 안 된다. 따뜻하기를 바라고 배부르기를 바라기 이전에 다만 추위를 알고 허기를 느끼

는 마음만 있고, 이른바 '욕구(欲)'라는 것에는 아직 미치지 못하는 것이다. 이것이 또한 이 두 가지가 같지 않는 까닭이다. 대개 허기와 추위를 알고 느끼게 되면 곧 따듯하게 하고 배부르게 하고자 하는 욕구가 저저로 일어나 때로 의리를 가릴 겨를이 없기 때문에 위태로워 떨어지기 쉽다. 그러나 군자는 바름을 지켜서 의리가 아닌 것을 추구해서는 안 됨을 알아서 비록 배고픔과 추위를 안다고 하더라도, 때로 따뜻하게 하고 배부르게 하려는 욕망이 없는 경우가 있다. 이것이 그 경계로서 하나로 어지럽혀서는 안 될 것이니, 욕구가 그것의 관건이 된다. 그래서 주자가 다시 "인심을 인욕이라고 말할 수 없다"고 한 것은 대체로 섞을 수 없다는 것을 말하는 것이지, 인욕이 곧 위험지경에 이미 떨어진 것을 지목하는 것으로 전적으로 사특하고 악한 데로 돌리는 것임을 말한 것은 아니다. 그래서 주자는 다시 "인욕이 바로 좋지 않은 것은 아니다"라고 말하였다. 이 말은 믿을 만하다. 그렇다면 인욕을 이욕으로 보는 것은 잘못된 것인가? 이것은 대개 까닭이 있다. 하지만 욕이 리(利)와 구별되는 것은 마치 리(利)와 의(義)가 구별되는 것과 같다. 『역』에서 '이로움은 의리의 조화이다'고 하였다. 이치에 순응하는 것이 이로움이니, 이로움은 애초에 불선함이 아니니, 오로지 이로움만 따라 행하고 의(義)로써 그것을 제어하지 않기 때문에 선하지 않게 될 뿐이다. 그래서 불선(不善)을 지목하는 이름이 되어버렸다. 인욕 또한 그러하니, 오직 사적인 형기에 따르고 천리로 그것을 주재하지 않기 때문에 악한 것이 될 뿐이다. 그래서 역시 도리어 불선을 지칭하는 이름이 되어 버렸으니, 그 뜻이 같다. 그래서 리(利)에 대하여 드물게 말하였고, '욕심을 적게 한다'고 말하였다. 만약 단지 이것이 사악한 것의 명목이라면 결단코 제거하여 말하지 않아야 할 텐데, 하필 드물게 하고 적게 한다고만 말하였겠는가? 이것이 그렇기는 하지만 후에 이미 사악한 것의 이름이 되었다면, 인심과 인욕에 선악의 구분이 있다고 말하더라도 가능할 것이다. 왕노재[7]의 도설과 같은 것이 바로 이것을 가리킨다.(『질서』)

○ 人有形氣, 這形氣上生者卽人心, 知寒覺飢之類, 是也. 人無有無此心者也. 知寒則便欲暖, 覺飢則便欲飽. 欲者, 卽七情之一而聖愚亦同有也. 若暖飽而不害於義, 則烏可以不欲哉. 惟其從人欲而生者, 故謂之人欲. 程子曰, "道心人心, 天理人欲便是." 朱子曰, "人欲只是飢欲食寒欲衣之心" 其說本自無憾. 然知寒覺飢, 心也. 欲暖欲飽, 心也. 而只是知寒覺飢之時, 下欲字不得, 故謂人欲曰人心則可. 若曰人欲之外, 更無所謂人心, 則不可. 欲暖欲飽之前, 只有知寒覺飢之心, 未及有所謂欲者也. 此又二者所以有不同也. 夫有知覺於飢寒, 便自有暖飽之欲而或不暇擇義, 故危而易墮. 然君子守正知非義之不可求. 雖知飢寒, 而無暖飽之欲者亦有之. 此其分界, 不可亂而一. 欲字爲之機括, 是以朱子又曰人心不可謂之人欲, 蓋謂不可以混淪, 非謂人欲乃危險旣墮之目而專歸於邪惡也. 故朱子又曰人欲未便是不好. 斯之信矣. 然則以人欲爲利欲者, 非邪. 此蓋有由. 然欲之與利別也. 如利之與義別也. 易曰利者, 義之和也. 順理爲利, 利亦初非不善. 惟其循此而行, 不以義節之, 爲不善而已, 故轉爲不善之名目, 人欲亦然. 惟其形氣之私, 不以天理宰之, 爲惡底而已, 故亦轉爲不善底名目, 其義同也. 故罕言利. 曰寡欲. 若但是邪惡之目, 則決去而不言, 可矣. 何必曰罕與寡而已也? 此雖然矣而後旣爲邪惡之目, 則雖曰人心人欲, 有善惡之分, 可也. 如王魯齋圖說之類, 正指此也.(『疾書』)

『밀험』1-F

○ 순자는 『도경(道經)』[8]을 인용하여 말하였다. "인심은 위태롭고 도심은 은미하다. 위태로움과 은미함의 기미는 밝은 군자인 후에야 그것을 알 수 있다."[9] 그 아래에서 또 말하였다. "수가 활을 만들

---

7) 왕노재는 이름은 백이고, 자는 회지이며, 금화인으로 시호는 문헌이다. 북산 하기(何基)의 제자이며, 도를 자임하여 독실한 뜻을 가지고 열심히 행하였다. 그러나 스스로 너무 고원한 곳에 머물러 고집스런 견해를 가지고 종종 기이하고 편벽된 모습을 보여주며, 스스로 이설을 세우기를 좋아한다.

8) 『도경(道經)』: 『書經』을 의미한다.

9) 『荀子』, 「解蔽」.

고 부유가 화살을 만들었지만 예가 활쏘는 것에 정통하였고, 해중이 수레를 만들고 승두가 마차를 만들었지만 조보가 수레 모는 것에 정통하였다. 예로부터 지금까지 전일하지 않고 정통할 수 있는 자는 아직 없었다."[10] ○ 나의 생각에 의하면 『순자』의 윗 문장에는 순이 다스렸다는 한 단락이 있다.[순이 천하를 다스리는 데는 일을 맞아들이지 않아도 만물이 이루어졌다.[11]] 그래서 매씨(梅氏)가 「대우모」를 지어서 마침내 인심도심 두 구를 순임금의 말로 간주하였다. 순자의 아래 문장에는 '정밀히 살피고 한결같이 하라[精一]'는 훈계가 있기 때문에, 또 '오직 정밀히 살피고 오직 한결같이 한다[惟精惟一]'는 한 구절을 더하여 윗 문장을 이었다. 그 아래에서는 다시 『노론(魯論)』「요왈(堯曰)」편의 '신실하게 그 중을 잡는다[允執其中]'는 한 구절을 취하여 맺는 구절로 삼았다. 대개 「요왈」편에는 원래 순 또한 우에게 명령하였다는 한 마디 말이 있었기 때문에 매씨가 이와 같이 이어서 썼던 것일 뿐이다. 그러나 「요왈」의 문장은 '궁중궁종(躬中窮終)' 이 네 운이 서로 협운이 되고, 『순자』의 문장에서 '위미기지(危微幾知)' 이 네 운도 서로 협운이 된다. 매씨가 '금을 녹여 쇠를 두르듯이 하여[和金帶鐵]'로 운이 어그러지는 것을 깨닫지 못했으니 이것이 그가 파탄나게 된 곳이다. 그러나 인심의 위태로움과 도심의 은미함 이 두 구절은 지극한 이치가 깃든 곳으로서 정확하기가 비할 곳이 없다. 하물며 도가가 말한 것은 복희, 신농, 황제가 남긴 문자와 연관되는 부분이 많다. 인심도심 또한 반드시 오제 이래 서로 전한 도리이지 결코 후인들이 말할 수 있는 것이 아니다. 지금 이 두 구절은 만세에 걸친 심학의 근본이니, 어찌 순자에게서 나왔다고 하여 조금이라도 그것을 성실히 존경하는 마음을 소홀히 하겠는가? 다만 '유정유일 윤집궐중' 두 구절로 위로 '위태롭고 은미하다'는 훈계를 이어받은

10) 『荀子』, 「解蔽」.

11) 『荀子』, 「解蔽」.

것은 끝내 어긋나서 순조롭지 못한 듯하니 무엇 때문인가? 상지(上智)도 인심이 없을 수 없고 하우(下愚)도 도심이 없을 수 없다고 하는 주자의 학설은 성인이 태어나도 바꿀 수 없다. 그러므로 인심과 도심은 그 하나를 가려서 잡을 수 없다면 장차 어떻게 정밀히 살피고 한결같이 할 수 있겠는가? 여기에서 이른바 중을 잡는다는 것은 곧 『중용』에서 이른바 '그 양 끝을 잡아서 그 중을 백성들에게 쓴다'고 하는 것이다. 중(中)은 모든 사물 중에서 각기 지극하고 정당한 도리를 갖추는 것이다. 만약 인심도심에서 그 중간을 구하여 그것을 잡는 것이라고 한다면 반드시 천리와 인욕이 서로 섞이고 혼합되어 반은 옳고 반은 그른 의리가 된 후에야 중을 잡는 것이 된다. 만약 인심을 완전히 제거하고 도심만을 보존하는 것을 '정밀히 살피고 한결같이 하는 것'이라고 한다면 또 어떻게 상지(上智)에도 인심이 없을 수 없다고 말하겠는가? 인심도심은 자체로 하나의 지극한 말이고, '신실하게 그 중을 잡는다'는 것은 그 자체로 하나의 빛나는 가르침이니, 각각 그 취지를 살펴보면 도를 알 수 있겠지만, 서로 이어 문장을 만든다면 결국 이치에 맞지 않다. 진실로 원컨대, 세상의 군자들은 갑자기 크게 놀라지 말고 평정한 마음으로 천천히 살펴보면 거의 확실하게 이해할 수 있을 것이다. ○ 순자의 본래 취지는 대개 한결같이 하면 정밀히 살필 수 있고, 둘로 나뉘면 정밀히 할 수 없다는 것을 말하는 것이다. 옛날에 이른바 '장님이 듣는 것에 정밀하고, 귀머거리가 보는 것에 정밀하다'고 말하는 것 또한 이런 말이다. 그러므로 한결같이 하고 정밀히 살피는 것은 이치상 본래 그렇다. 정밀히 하는 것을 앞에 하고 한결같이 하는 것을 뒤에 둔 것은 또한 『순자』의 뜻과 같지 않다. ○ '인심은 오로지 위태롭다'는 것은 내가 이른바 '저울[權衡]'이라고 한 것이다. 마음의 저울은 선할 수도 악할 수도 있다. 세상에서 위태롭고 안정되지 않은 것이 이보다 심한 것은 없다. '도심은 오로지 은미하다'는 것은 내가 이른바 '본성은 기호이다'고 한 것이다. 하늘이 명령한 것을 본성이라 하고, 본성에 따르는 것을 도라고 할 때, 이것을 가리켜 도심이라고 말한다. 맹자는 '사람이 금수와 다른 점은 매우 드물다.'[12] 고 말하였다. '기희(幾希)'라는 것은 은미한 것이다. 본성이 선을 즐기는 것은 비록 하늘이 부여한 것에 뿌리를 두지만, 물욕에 가리워져서 보존하고 있는 것이 매우 은미하므로 군자만이 그것을 살핀다.[13](『밀험』)

○ 荀子引『道經』曰, "人心之危, 道心之微, 危微之幾, 惟明君子而後知之." 其下又曰, "倕作弓, 浮游作矢, 而羿精于射, 奚仲作車, 乘杜作乘馬, 而造父精于御, 自古及今, 未有兩而能精者也." ○ 案『荀子』上文有舜治一段. (-舜之治天下, 不以事詔而萬物成-) 故梅氏作「大禹謨」, 遂以人心道心二句爲帝舜之言. 荀子下文有精一之戒, 故又增惟精惟一句, 以承上文. 其下又取『魯論』堯曰篇允執其中一句以作結句. 蓋以堯曰篇原有舜亦以命禹一語, 故梅氏點綴如是耳. 然堯曰之文, 躬中窮終四韻相叶, 荀子之文危微幾知四韻相叶. 梅氏和金帶鐵, 不覺落韻, 是其破綻處也. 然人心之危, 道心之微, 此二句, 乃是至理所寓, 精確無比. 況道家所言多係羲農黃帝之遺文, 人心道心亦必是五帝以來相傳之道, 訣非後人之所能道也. 今此二句爲萬世心學之宗, 豈可以出於荀氏而少忽其尊信之誠哉. 但惟精惟一允執厥中二句, 上承危微之戒, 終恐齟齬而不安. 何者, 上智不能無人心, 下愚不能無道心. 朱子之說, 聖起不易. 然則人心道心不可以擇執其一, 將何以惟精惟一乎! 此所謂執中者, 即中庸所謂執其兩端, 用其中於民也. 中者於凡事物之上, 各有至極正當底道理者也.

---

12) 『孟子』, 「離婁下」. 맹자가 말하였다. "사람이 금수와 다른 점은 매우 드물다. 서민들은 그것을 버리는 반면, 군자는 그것을 보존한다(孟子曰, 人之所以異於禽獸者, 幾希. 庶民去之, 君子存之.)"

13) 원문은 『書經』, 「大禹謨」에 나오는 구절이다. 『강록』에서는 순임금이 인심을 앞에 말하고, 도심을 뒤에 언급한 이유를 질문한 것이다. 질문자가 이루어진 형체의 관점에서 인심을 앞에 말한 것이 아닌가 의문시한 점에 대해 이황은 인간의 마음에서 발하기 쉬운 것을 기준으로 그 선후를 보아야 한다고 하였다. 이것은 우주론적인 시각에서의 이와 기의 형성 순서의 측면에서 보느냐, 아니면 심성론의 측면에서 심의 발현 경향에 따라 보느냐로 인심과 도심을 각각 앞뒤로 언급한 근거로 삼고자 한 것이다. 『밀험(密驗)』에서는 인심을 마음의 저울로, 도심을 성의 기호[耆好]로 이해하고 있다.

若就人心道心求其中而執之，則必天理人欲相雜相糅，爲半是非之義，然後乃爲執中．若云絶去人心，孤存道心，是之謂精一，則又何云上智不能無人心乎．人心道心，自一至言，允執厥中，自一炯戒，各觀其旨，可以知道，相連爲文，終不合理．誠願世之君子，毋遽大驚，平心舒究，則庶乎其犂然解矣．○ 荀子本意，蓋謂一則能精，兩則難精．古所云瞽精於聽，聾精於目，亦此說也．然則唯一唯精，理固然矣．先精後一，亦與荀子意不同矣．○ 人心惟危者，吾之所謂權衡也．心之權衡，可善可惡，天下之危殆不安，未有甚於是者．道心惟微者，吾之所謂性好也．天命之謂性，率性之謂道，斯之謂道心也．孟子曰,人之所以異於禽獸者，幾希．幾希者，微也．性之樂善，雖根於天賦而爲物欲所蔽，存者極微，唯君子察之.(丁若鏞)(『密驗』)

『원주』1-1

○ 주자가 말하였다. “허령지각하는 마음은 하나일 뿐이지만, 인심과 도심의 차이가 있다고 생각하는 것은 어떤 것은 사적인 형기에서 나오고 어떤 것은 바른 성명에 근원하여, 지각하는 것이 같지 않기 때문이다. 그러므로 어떤 것은 위태로워 편안하지 않고, 어떤 것은 미묘하여 알기 어렵다. 그러나 이 형체를 가지지 않은 사람이 없으므로 비록 최상의 지혜를 가진 사람도 인심이 없을 수 없으며, 이 본성을 가지지 않은 사람 또한 없으므로, 비록 가장 어리석은 사람이라도 도심이 없을 수 없다. 두 가지는 방촌의 마음에 섞여 있는데 그것을 다스릴 방법을 모른다면 위태로운 것은 더욱 위태로워지고, 은미한 것은 더욱 은미해져서 공평한 천리는 결국 사적인 인욕을 이기지 못하게 될 것이다. 정밀하게 하는 것은 저 두 가지 사이를 잘 살펴서 섞이지 않게 하는 것이고, 한결같이 하는 것은 본래의 바른 마음을 지켜서 떠나지 않는 것이다. 여기[斯]에 종사하여 잠시도 쉬는 일이 없이 반드시 도심이 언제나 한 몸의 주인이 되고

인심이 늘 그 명령을 따르게 하면 위태로운 것은 안정되고, 은미한 것은 드러나게 되어 움직이거나 고요하고, 말하거나 행위하는 것이 저절로 지나치거나 미치지 못하는 잘못이 없을 것이다."14)

○ 朱子曰, "心之虛靈知覺, 一而已矣. 而以爲有人心道心之異者, 以其或生於形氣之私, 或原於性命之正, 而所以爲知覺者不同. 是以或危殆而不安, 或微妙而難見爾. 然人莫不有是形, 故雖上智不能無人心. 亦莫不有是性, 故雖下愚不能無道心. 二者雜於方寸之間, 而不知所以治之, 則危者愈危, 微者愈微, 而天理之公, 卒無以勝夫人欲之私矣. 精則察夫二者之間而不雜也, 一則守其本心之正而不離也. 從事於斯, 無少間斷, 必使道心常爲一身之主, 而人心每聽命焉, 則危者安, 微者著, 而動靜云爲, 自無過不及之差矣."

『강록』1-1-A

◦ 이덕홍의 기록에 말하였다. "텅비어 영묘한 것은 마음의 본체이고, 지각은 마음의 작용이다." ○ 이와 기가 합하여 허령하다. 오직 이(理) 때문에 텅비고, 기(氣) 때문에 영묘하다. 텅빈 것은 마음의 고요함이고, 영묘한 것은 마음의 감응이다. 오직 고요하면서도 감응할 수 있기 때문에 지각이 있다. ○ 질문하였다. "지극히 고요하면서도 감응할 수 있다는 것은 무슨 말입니까" 대답하였다. "지극히 텅빈 가운데 지극히 알찬 본체가 있으며, 지극히 고요한 가운데 융화하고 통하는 생의(生意)가 있다. 그래서 감촉에 따라 움직일 수 있다. 불교와 노자의 적멸하기만 한 것과 같지 않다. ○ 지(知)는 '그렇게 해야 할 바[所當然]'를 아는 것이고, 각(覺)은 '그렇게 해야 하는 까닭[所以然]'을 깨닫는 것이다. ○ 이덕홍의 기록에 말하였다. "진서산은 '사(私)는 '내가 홀로 가진 것'이라고 말하는 것

14) 『中庸章句』, 「序」.

과 같다. 요즈음 사람이 말하는 '개인적인 친애[私親]', '개인적인 은혜[私恩]'라는 것과 같은 종류이니 악한 것이 아니다'고 하였다." ○ "여기에서 홀로 가진 것이라는 설은 분명하지 않은 것 같은데 어떻습니까?"라고 질문하였다. 비평하여 말하였다. "개인적인 친애와 개인적인 은혜에서 '개인적인[私]'이라는 말은 어찌 내가 지니고 있는 것을 가리켜 말하는 것이 아니겠는가?" ○ 이덕홍의 기록에 말하였다. "주자는 '단지 하나의 마음일 뿐이지만 지각이 이목을 따라 가는 것이 인심이고, 의리를 다라 가는 것이 도심이다'15) 고 말하였다. 또 '도심은 의리에서 발현해 나온 것이고, 인심은 사람의 몸에서 발현하여 나온 것이다'16)고 말하였다. 이제 이런 학설로 추론해 보면, 인심이라는 것은 칠정이 이것이며, 도심이라는 것은 곧 사단이 이것이다."(『강록』)

○ 李錄云, "虛靈, 心之體也, 知覺, 心之用也." ○ 理與氣合, 所以虛靈. 唯理故虛, 唯氣故靈. 虛者, 心之寂, 靈者, 心之感. 唯寂而能感, 故有知覺之效. ○ 問, "至寂而能感者, 何耶?" 答曰, "至虛之中有至實之體, 至靜之中有融融洩洩底生意, 故能隨感而動耳, 非若佛老之只寂滅而已." ○ 知識其所當然, 覺悟其所以然也. ○ 李錄云, " 眞西山曰, '私猶言我之所獨耳. 今人言私親私恩之類, 非惡也.'" ○ 問此所獨之說, 似未瑩奈何. 批云, 私親私恩之私, 豈非指吾所佩而言耶? ○ 李錄云, "朱子曰, '只是一心, 知覺從耳目上去, 便是人心. 知覺從義理上去, 便是道心.' 又曰, '道心是義理上發出來底, 人心是人身上發出來底. 今以此等說推之, 則所謂人心七情是也. 所謂道心卽四端是也.'"(『講錄』)

『석의』1-1-B

○ 허령은 마음의 본체이고, 지각은 마음의 작용이다. 허(虛)하기 때문에 받아들일 수 있고, 영(靈)하므로 감응할 수 있다. 받아들여 감응할 수 있기 때문에 지각의 이치가 있다. 진서산은 "사는 '내가

15) 『朱子語類』 권78, 「尙書一大禹謨」.

16) 『朱子語類』 권78, 「尙書一大禹謨」.

홀로 가진 것'이라고 말하는 것과 같다. 예컨대 '개인적인 친애[私親]', '개인적인 은혜[私恩]'와 같은 것이니 악한 것이 아니다"[17]고 하였다. 주자는 "단지 하나의 마음일 뿐이지만, 지각이 이목의 감각으로부터 나온 것은 인심이고, 의리로부터 나온 것은 도심이다"[18]고 말하였다. ○ 운봉호씨가 말하였다. "여기에서 '사(私)'자는 바로 좋지 않다는 것이다. '사(斯)'는 정밀히 살피고 한결같이 지키는 것을 가리킨다."(『석의』)

○ 虛靈, 心之體, 知覺, 心之用. 虛者所以能受, 靈者所以能應. 能受而應, 故有知覺之理. 眞西山曰, "私猶言我之所獨, 如私親私恩之類非惡也." 朱子曰, "只是一心, 知覺從耳目上去, 便是人心. 知覺從義理上去, 便是道心." ○ 胡雲峯曰, "此'私'字方是不好底. '斯'指精一"(『釋疑』)

『기문록』1-1-C

○ 허령과 지각은 모두 체용을 아우른다. 아직 발현하지 않았지만 지각이 어둡지 않은 것은 텅비고 영묘한 본체가 마음에 있는 것이고, 이미 발현하여 지각이 작용하는 것은 텅비고 영묘한 작용이 밖으로 드러난 것이다. 허령과 지각을 체와 용으로 나누는 것은 옳지 않은 것 같다. 주자가 말하였다. "배고프면 배불리 먹으려 하고, 추우면 따뜻하게 하려는 것은 모두 나의 혈기와 형체에서 나오는 것으로 남이 거기에 관여하지 않기 때문에 '개인적이다[私]'고 말한다."[19](『어류』) 서산진씨는 '사(私)는 '내가 홀로 가진 것'이라는 말과 같다. 요즈음 사람이 말하는 '개인적인 친애[私親]', '개인적인 은혜[私恩]'라는 것과 같은 종류이니 악한 것이 아니다'[20]고 말하였다."(『중용주』) 주자는 말하였다. "다만 하나의 마음인데 지각이 이목의 욕구를 따르는 것이 인심이고, 지각이 의리를 따르는 것이 바로 도심이다."[21](『어류』) ○ 인심은 칠정이고 도심은 사

17) 『西山讀書記』 권3, 「心」.

18) 『朱子語類』 권78, 「尚書一-大禹謨」.

19) 『朱子語類』 권62, 「中庸一-綱領」.

20) 『西山讀書記』 권3, 「心」.

단이다. 「중용서」에서의 주자의 설이나 허동양의 설과 같은 것으로 볼 때, 인심도심 두 가지가 칠정이 되고 사단이 되는 것은 본래 불가한 것이 없다. 그러나 만약 각각 그 명칭과 실제에 나아가 상세히 논의해보면, 인심이라는 명칭은 이미 도심과 서로 대립하는 것으로 자신의 몸에 개인적으로 있는 것에 속한다. 대개 '개인적으로 가지고 있다'고 말한 이상 이미 한쪽에 치우쳐버린다. 그러나 도심의 명령을 들어 하나가 된다고 하더라도, 도심과 완전히 하나로 융화된 것으로 일컬을 수는 없다. 칠정의 경우는 비록 기에서 발한다고 말하지만 실은 공변되고 중립적인 이름으로 한쪽으로 치우친 것은 아니다. 그래서 「악기」·『중용』·「호학론」과 같은 것에는 모두 사단을 그 속에 포함하여 함께 통틀어서 말하였다. 도심과 사단의 관계는 비록 인심칠정의 학설과는 같지 않다. 그러나 도심은 심으로 말하여 처음과 끝을 일관하고 유와 무를 관통한다. 사단은 실마리로 말한 것으로 그 발현한 것에 나아가 그 실마리를 가리킨 것이니, 조금 다르지 않을 수 없다.(『퇴계집』)(『기문록』)

○ 虛靈知覺皆兼體用. 未發而知覺不昧者, 虛靈之體, 存乎中也. 已發而知覺運用者, 虛靈之用, 著乎外也. 以虛靈知覺分體用者, 恐未可也. 朱子曰, "如飢飽寒暖之類, 皆生於吾之血氣形體, 而他人無與焉, 故曰私."(『語類』) 西山眞氏曰, "私猶言我之所獨耳. 今人言私親私恩之類, 非惡也."(「庸註」) 朱子曰, "只是一心, 知覺從耳目上去, 便是人心. 知覺從義理上去, 便是道心."(『語類』) 人心爲七情, 道心爲四端. 以「中庸序」朱子說及許東陽說之類觀之, 二者之爲七情四端, 固無不可. 但若各就其名實而細論之, 則人心之名, 已與道心相對而立, 乃屬自家體段上私有底. 蓋旣曰'私有', 則已落在一邊了. 但可聽命於道心而爲一, 不得與道心渾淪爲一而稱之. 至如七情, 則雖云發於氣, 實是公然平立之名, 非落在一邊底, 故如「樂記」『中庸』「好學論」中, 皆包四端在其中, 渾淪而爲說. 若夫道心之與四端, 雖與人心七情之說不同. 然道心以心言, 貫始終而通有無. 四端以端言, 就發見而指端緖, 亦

---

21) 『朱子語類』 권78, 「尙書一-大禹謨」.

不能無少異也.(『退溪集』)(『記聞錄』)

『부주』1-1

○ 주자가 말하였다. "요순 이후로 아직 학문에 대한 논의가 없었을 때 먼저 이 말이 있었다. 성인의 심법 가운데 이것과 바꿀 만한 것은 없다. 경(經) 가운데 이런 취지를 말한 것은 매우 많다. 이른바 '선을 가려서 그것을 확고하게 지킨다'[22]고 하였는데, '선을 가리는 것'은 곧 '오로지 정밀하게 하는 것'이다. '확고히 잡는 것'은 '오직 한결같이 하는 것'이다. 또 '널리 배우고, 자세히 묻고, 신중하게 사색하며, 밝게 분별하는 것'[23]은 모두 '오로지 정밀하게 하는 것'이고, '독실하게 행하는 것'은 '오로지 한결같이 하는 것'이다. 『중용』에서 '선을 밝히는 것'[24]은 '오로지 정밀하게 하는 것'이고, '몸을 성실하게 하는 것'은 '오직 한결같이 하는 것'이다. 『대학』에서 '앎을 극진히 하고 사물을 탐구하는 것'은 '오로지 정밀하게 하는 것'이 아니면 안 된다. 뜻을 성실히 할 수 있으면 오로지 한결같이 된다. 배우는 것은 오직 이 이치를 배우는 것이고, 맹자 이후 그 전함을 잃었다는 것도 오직 이러한 이치를 잃은 것이다."[25]

○ 朱子曰, "堯舜以來, 未有議論時, 先有此言. 聖人心法無以易此. 經中此意極多, 所謂擇善而固執之, 擇善卽惟精也, 固執卽惟一也. 又如博學審問謹思明辨, 皆惟精, 篤行, 是惟一也. 『中庸』明善惟精也, 誠身惟一也. 『大學』致知格物, 非惟精不可, 能誠意則惟一. 學者只是學此理, 孟子以後失其傳, 亦只是失此."

---

22) 『中庸』, 20장.

23) 『中庸』, 20장. "博學之, 審問之, 愼思之, 明辨之, 篤行之"

24) 『中庸』, 20장. "誠身有道, 不明乎善, 不誠乎身矣."

25) 『朱子語類』 권78, 「尙書一大禹謨」.

『강록』1-1-a

○ 『중용』은 대개 자사가 일찍이 부모와 스승으로부터 들었던 말을 부연 설명하여 지은 책이므로 경(經)이라고 하였다. ○ 뒷날 퇴계 선생께서는 '그러나 반드시 경으로 일컬은 의도는 실제로 분명치 않다'고 비평하였다. ○ 함형이 생각해 보았다. "정밀하게 한다는 것은 사물을 탐구하여 지식을 극진히 하는 일인데, 이제 이 문장의 흐름을 보면 반드시 먼저 정밀하게 하는 것으로부터 시작한 이후에 격물치지(格物致知)할 수 있는 것으로 쓴 것 같습니다. 또 지식을 극진히 하는 것은 뒤이고, 사물을 탐구하는 것은 앞인데, 이제 지식을 극진히 하는 것을 앞세운 것은 어떻습니까? 가르쳐주시기 바랍니다." 퇴계 선생이 비평하였다. "주자는 '살펴서 섞이지 않게 하는 것으로써 '오로지 정밀하게 한다[惟精]'는 글자를 해설하였다'고 말하였는데, 대개 살펴서 섞이지 않게 하는 것은 격물치지로 행하는 일이다. 그래서 '정밀하게 하는 것이 아니면 안 된다'고 하였다. 지식을 극진히 하고 사물을 탐구하고자 하면 정밀하게 살피는 것이 아니면 안 된다고 한 것이지, 정밀하게 한 이후에 사물을 탐구하여 지식을 극진히 하는 데 이를 수 있는 것을 말한 것은 아니다. 또 '지식을 극진히 하는 것'을 '사물을 탐구하는 것' 앞에 둔 것은 끝에서부터 처음으로 소급하여 한 가지 일로 합하여 말한 것일 뿐이다." ○ 이덕홍의 기록에 말하였다. "'오직 이 이치만 배우면 된다'의 이(理)는 정밀하게 하고 한결같이 하는 것을 가리킬 뿐이며, 일반적인 도리로서의 이(理)는 아니다"(『강록』)

○ 『中庸』也, 蓋子思以所嘗聞父師之言演繹爲書, 故云'經'. ○ 後日, 先生有批云, 然必以經稱之意實有未詳. ○ 含亨謹按, 惟精乃格物致知之事, 而今看此文勢, 似作必先由惟精而後能格物致知. 又致知後而格物先. 今先致知, 亦如何? 敢乞指誨. 批云, "朱子曰, '以察而不雜說惟精字.' 蓋察而不雜, 乃格物致知所事之事, 故曰非惟精不可, 謂欲致知格物, 非精以[26]察之, 不可得云

26) 【교감】: 『질의』에는 '而'로 되어 있다.

耳[27]. 非謂由精而後能至於格致也. 又致知之[28]所以先格物, 由終泝始, 合爲一事而言之耳." ○ 李錄云, "此理卽指精一等, 非凡道理之理."(『講錄』)

『석의』1-1-b

○ '의론(議論)'은 학문을 논하는 말이다. 『중용』과 『대학』은 본래 육경 중 여러 편의 하나이므로 경(經)이라고 말하였다. 사서(四書)는 송나라 때에 비롯되었다. 『중용(中庸)』 두 글자는 『어류』에는 '우여(又如)'로 되어 있다.(『석의』)

○ 議論, 論學之說也. 『中庸』·『大學』, 本六經中諸篇, 故曰經. 謂之四書, 出於宋時. 中庸二字『語類』作'又如'.(『釋疑』)

『부주』1-2

○ 질문하였다. "인심과 도심에 대해 이천이 '천리와 인욕이 바로 이것이다'[29]고 말했습니다. 어떻습니까?" 대답하였다. "실로 그렇다. 그러나 이것은 두 가지가 있는 것이 아니다. 단지 한 사람의 마음에서 도리에 맞는 것이 천리이고, 정욕에 따르는 것은 인욕이다. 바로 그것이 구분되는 곳에서 이해해야 한다. 호오봉(胡五峯)[30]은 '천리와 인욕은 드러난 행동은 같지만 실상은 다르다'[31]고 하였는데 아주 잘 말했다."[32]

○ 問, "人心道心, 伊川說天理人欲便是?" 曰, "固是. 但此不是有兩物. 只是一人之心, 合道理底是天理, 徇情欲底是人欲. 正當於其分界處理會. 五

27) 【교감】: 『질의』에는 '耳'가 '爾'로 되어 있다.

28) 【교감】: 『질의』에는 '之'가 없다.

29) 『二程遺書』 권11, 「師說」. "人心惟危, 人欲也. 道心惟微, 天理也. 惟精惟一, 所以至之, 允執厥中, 所以行之"

30) 호오봉(胡五峯, 1106~1161): 남송 건녕(建寧) 숭안(崇安) 사람이다. 자는 인중(仁仲), 이름은 굉(宏)이고, 오봉(五峰)은 그의 호이다. 호안국(胡安國)의 아들로 남송 호상학파(湖湘學派)의 개창자다. 어린 시절 양시(楊時)와 후중량(侯仲良)에게 배웠다. 저술로는 『지언(知言)』, 『오봉집(五峰集)』, 『황왕대기(皇王大紀)』 등이 있다.

31) 『知言』 권1. "天理人欲同體而異用, 同行而異情. 進修君子, 宜深別焉."

32) 『朱子語類』 권78, 「尙書一·大禹謨」.

峯云, '天理人欲同行而異情, 說得最好.'"

『강록』1-2-a

○ 비평하여 말하였다. "이천이 '인심과 도심이 바로 천리와 인욕이다'[33]라고 말하였다. 주자가 초년에 이 설을 따랐다. 그러나 이후의 정론에서는 인심은 인욕이 아니라고 말했는데, 지금 『중용』 서문의 학설 같은 것이 이에 해당한다." ○ 이덕홍의 기록에 말하였다. "인심을 인욕으로 여긴다면 어떻게 좋은 것과 좋지 않은 것을 분명하게 나누어 이해할 수 있겠습니까? 어떻게 하면 도심에 어긋나지 않습니까? 또 어떻게 하면 인욕에 흐르지 않습니까? 정자가 일생동안 그리고 주자가 초년에 모두 이것을 가르침으로 삼은 것은 어찌해서입니까?" 대답하여 말하였다. "인심이 이치에 맞고 절도에 맞는 것은 좋은 것이고, 이에 반대되는 것은 좋지 않은 것이다. 정밀하고 한결같이 할 수 있으면, 도심에 어긋나지 않게 되고, 인욕에 흐르지 않게 된다. 정자는 인심을 인욕이라고 말하였는데, 주자는 그 학설이 아직 미진하다는 것을 깨달았기 때문에, 지금의 학설로 개정하지 않을 수 없었다."(『강록』)

○ 批云, "伊川說人心道心天理人欲便是, 朱子初從此說. 後來定論謂人心非人欲. 今『中庸』序說之類, 是也." ○ 李錄云, "問以人心爲人欲, 如何分曉得好底不好底? 如何而不畔於道心? 亦如何而不流於人欲? 程子一生朱子初年, 皆以此爲教者如何?" 答曰, "人心之中理中節爲好底, 反是爲不好底. 能精一, 則不畔於道心, 不流於人欲矣. 程子謂人心爲人欲. 朱子脫覺其說猶未盡, 故不得不改從今說."(『講錄』)

『석의』1-2-b

○ 이천은 인심을 인욕이라고 생각하였다. 주자는 이 설을 따르다가 만년에 그 학설을 고쳐서 인심이 선하지 않게 된 후에 비로소 인

---

33) 『二程遺書』 권11, 「師說」. "人心惟危, 人欲也. 道心惟微, 天理也. 惟精惟一, 所以至之. 允執厥中, 所以行之."

욕이라 할 수 있다고 생각하였다. 「변시(便是)」 : 곧 ~이다. 「합도리저(合道理底)」 : '저(底)'는 한어(漢語)에서 '적(的)'과 통용된다. 도에 합하는 것이다. 「설득최호(說得最好)」 : '득(得)'은 어사이다. '최호(最好)'는 가장 좋다는 의미이다.(『석의』)

○ 伊川以人心爲人欲. 朱子從之, 晩年改定其說, 以爲人心流於不善, 然後始謂人欲. 「便是」 : 곧이라, 「合道理底」 : 底漢語與的通. 道理에合흔거시라. 「說得最好」 : '得', 語辭. 最好, ㄱ장됴타.(『釋疑』)

『부주』1-2-1

○ 잠실진씨(潛室陳氏)34)가 말하였다. "호오봉의 이 말은 충분히 음미해 보아야 한다. 식욕이나 색욕과 같은 것은 요순도 걸주와 같다. 그러나 이치에 맞고 절도에 맞는 것은 천리이고, 이치에 맞지 않고 절도에도 맞지 않는 것은 인욕이다."35)

○ 潛室陳氏曰, "五峯此語, 儘當玩味. 如飮食男女之欲, 堯舜與桀紂同. 但中理中節, 卽爲天理, 無理無節, 卽爲人欲."

『부주』1-3

○ 또 말하였다. "도심은 인심 사이에 섞여 나와 은미하여 알기 어렵다. 그래서 반드시 정밀하게 하고 한결같이 한 후에야 중을 잡을 수 있다. 그러나 이것이 또 두 개의 마음이 있다는 것은 아니다."36)

○ 又曰, "道心雜出於人心之間, 微而難見, 故必須精之一之, 而後中可執. 然此又非有兩心也."

---

34) 잠실진씨(潛室陳氏) : 남송 온주(溫州) 영가(永嘉) 사람으로 이름은 식(埴), 자는 기지(器之), 호는 잠실선생(潛室先生) 또는 목종(木鐘)이다. 영종(寧宗) 가정(嘉定) 연간에 진사(進士)가 되었고, 통직랑(通直郞)으로 치사(致仕)했다. 젊어서 영가(永嘉) 사공파(事功派)의 대표적 인물인 섭적(葉適)에게 배웠고, 나중에 주희에게 수학하였다. 저술로는 『우공변(禹貢辨)』, 『홍범해(洪範解)』, 『왕제장구(王制章句)』, 『목종집(木鐘集)』 등이 있다.

35) 陳埴, 『木鍾集』 권10, 「近思雜問附」.

36) 『朱子語類』 권62, 「中庸一序」.

『강록』1-3-a

○ 이덕홍의 기록에 말하였다. "사람이 평상시 응대하고 접하는 사이에 많이 발로되어 넘쳐서 흐르기 쉬운 것에는 인심만한 것이 없다. 그러나 도심이 간혹 드러나기 때문에 '도심이 인심 사이에 섞여 나온다'라고 하였다."(『강록』)

○ 李錄云, "人之日用應接之間, 多發而易流者, 莫如人心, 而道心間或出見, 故道心雜出於人心之間."(『講錄』)

『석의』1-3-b

○ 「'도심잡출(道心雜出)'에서 '일지(一之)'까지」 : 일상의 생활 가운데 자주 발현하면서 넘치기 쉬운 것 중에 인심만한 것이 없다. 그러나 도심도 그 사이에서 드러난다. 그래서 '섞여 나온다'고 하였다.(『석의』)

○ 「道心雜出 止 一之」 : 日用之間, 多發而易流者, 莫如人心, 而道心亦發見於其間, 故曰, '雜出'(『釋疑』)

『부주』1-3-1

○ 육자정(陸子靜)[37]이 '순임금이 만약 인심을 전적으로 좋지 않은 것으로 보았다면, 반드시 사람으로 하여금 그것을 제거하라고 말했어야 한다. 지금 위태롭다고만 말한 것은 그것에 의지하여 편하게 여겨서는 안 된다는 것일 뿐이다. 정밀히 한다는 것은 정밀히 살펴 섞이지 않도록 하고자 하는 것이다'고 말했으니, 이 말도 자체로 옳다."[38]

○ 陸子靜云, '舜若以人心爲全不好, 則須說使人去之. 今止說危者, 不可據

37) 육자정(陸子靜, 1139~1192) : 중국 남송(南宋)의 유학자로서 강서성(江西省) 금계(金谿) 사람이다. 자(字)는 자정(子靜), 이름은 구연(九淵), 호(號)는 상산(象山)이다. 형(兄)인 육구소(陸九韶)·육구령(陸九齡) 등과 함께 '삼육자(三陸子)'로 일컬어진다. '마음이 곧 이[心卽理]'라는 명제를 제출함으로써 심(心)을 성(性)과 정(情), 도심(道心)과 인심(人心), 천리(天理)와 인욕(人慾)으로 구별한 주희의 학설에 반대하였다. 저서에는 『육상산전집(陸象山全集)』 36권이 있다.

38) 『西山讀書記』 권3, 「心」.

以爲安耳. 精者欲其精察而不爲所雜也.' 此言亦自是."

『강록』1-3-1-a

○ 이덕홍의 기록에 말하였다. "'본래[自]'라는 글자를 상세히 음미해 보면 뜻을 함축하고 있는 것 같은데 어떻습니까?" 대답하였다. "'본래'라는 글자만이 아니라 '또한[亦]'이란 글자도 함축된 뜻이 있다. 대체로 자정의 다른 설들은 모두 잘못이나 이 학설은 거의 옳기 때문이다."(『강록』)

○ 李錄云, 詳味自字, 似有含蓄意思, 如何? 答曰, 非獨自字, 亦字亦含蓄意. 蓋子靜他說全非而此說近是故耳.(『講錄』)

『석의』1-3-1-b

○ 「역자시(亦自是)」: 또한 스스로 옳다. 육구연의 다른 설은 옳지 않은 경우가 많지만 이 설은 옳기 때문에 그렇게 말하였다.(『석의』)

○ 「亦自是」: 쏘ᄒᆞᆫ 스스로 올타. 子靜他說多不是. 此說是故云.(『釋疑』)

『부주』1-4

○ 질문하였다. "도심은 오직 은미합니까?" 대답하였다. "의리는 정밀하고 은미하여 알기 어렵다. 또 이로움과 해로움 같은 것은 가장 알기 쉬운 것으로 거친 것이다. 그러나 새나 짐승 가운데는 이미 그것조차 알지 못하는 놈이 있다." 또 말하였다. "인심과 도심은 단지 조금 차이난다. 맹자는 '사람이 짐승들과 다른 점이 드물다'고 하였다."[39]

○ 問, "道心惟微?" 曰, "義理精微難見, 且如利害最易見, 是粗底. 然鳥獸已有不知之者." 又曰, "人心道心只是爭些子. 孟子曰, '人之所以異於禽獸者幾希.'"

39) 『朱子語類』 권78, 「尙書一·大禹謨」.

『강록』1-4-a

○ 「조사경에게 주는 글」에서 말하였다. "의리가 정밀하고 은미하다는 한 조목에 대해서는 일찍이 『어류』를 살펴본 적이 있는데, 잘못이 있는 것이 아니다. 대개 '도심은 은미할 뿐이다'는 데 대한 질문에 답함에 있어 의리가 정밀하고 은미한 것을 말하여 그것을 밝히고자 하였으나, 그것이 형체가 없어 설명하기 어려웠기 때문에 이로움이나 해로움 같이 거칠고 얕으며 분명히 드러난 곳에 나아가 말하였다. 이것은 알기 쉬우므로 듣는 사람은 이것을 통해 이해하기 어려운 저것을 알 수 있다. 이어서 다시 '금수는 이미 그것조차 알지 못하는 것이 있다'고 말한 것은 또 금수는 배고프면 먹고 목마르면 마실 줄은 알지만, 이해(利害)는 모르고, 일반 백성은 이로움과 해로움은 알지만 의리는 알지 못하는 반면, 오로지 군자만이 금수와 다른 점을 보존하고 있기 때문에 정밀하고 은미한 의리를 알 수 있음을 보여준 것이다. 그 대의는 이와 같은 데 지나지 않는다고 하였습니다 하였다."40)(『강록』)

○ 「與趙士敬書」曰, "義理精微一條, 嘗考『語類』, 非有誤也. 盖於答道心惟微之問, 而欲說義理精微以曉之, 以其無形而難於爲說, 故且就利害粗淺顯著處言. 此之易見, 則聽者可因以知彼之難知者, 因以又言鳥獸已有不知之云者. 又以見禽獸知飢食渴飮, 而不知利害, 衆人知利害, 而不知義理. 惟君子存其所以異於禽獸者, 故能知義理之精微. 其大意不過如此云爾."(『講錄』)

『품질』1-4-b

○ 질문하였다. "인심도심 절(節)의 『부주』 제4조에서 '도심은 오로지 은미하다'는 것에 대하여 질문하니, 답하여 '의리는 정밀하고 은미하여 알기 어렵다. 다시 또 이로움과 해로움 같은 것은 가장 알기 쉽다'고 운운 하였는데, 문장이 서로 호응하지 않는 것으로 보아, 아마도 잘못된 부분이 있는 것 같습니다." 선생께서 대답하였다. "'의리는 정밀하고 은미하여 알기 어렵다'는 한 조는 『어류』를 살

40) 『退溪先生文集』 권23, 「答趙士敬」(乙丑)

펴보면 잘못이 있는 것이 아니다. 대개 여기에서 '도심은 오로지 은미하다'는 것에 대한 질문에 답하여, 의리가 정밀하고 은미한 곳을 언급하여 그것을 밝히고자 했는데, 그것이 형체가 없어 설명하기 어려웠기 때문에 이로움과 해로움 같이 거칠고 얕으며, 분명히 드러난 곳에 나아가서 말하였다. 이것은 알기 쉬운 것인 만큼 듣는 사람은 그것을 통해 저 알기 어려운 것을 알 수 있다. 그리고 이어서 다시 금수 가운데는 그것조차 알지 못하는 것이 있다고 말하였으니, 그것으로 금수는 배고프면 먹고 목마르면 마실 줄 알면서도 이해를 모르고, 보통 사람은 이해는 알면서도 의리는 모르며, 오로지 군자만이 금수와 다른 점을 보존하기 때문에 정밀하고 은미한 의리를 알 수 있음을 보여준 것이다. 그 대의가 이와 같은 것에 지나지 않는다 하겠다."41)(『품질』)

○ 問, "人心道心一節『附註』第四條, 問道心惟微." 答曰, "理精微難見, 復云且如利害最易見云云, 似不相應, 恐或有誤處." 先生答曰, "義理精微難見一條, 嘗考『語類』, 非有誤也. 盖於此答道心惟微之問, 而欲說義理精微處以曉之, 以其無形而難於爲說故. 且就利害粗淺顯著處言. 此之易見, 則聽者可因以知彼之難知者, 因而又言禽獸已有不知之云者. 又以見禽獸知飢食渴飮, 而不知利害, 衆人知利害, 而不知義理. 惟君子存其所以異於禽獸者, 故能知義理之精微, 其大意不過如此云爾."(趙穆, 『月川先生文集』卷4)(『稟質』)

『석의』1-4-c

○ 「'의리(義理)'에서 '난견(難見)'까지」 : 이것은 짐승이나 새들이 거칠고 얕은 이해(利害)를 알지 못하는 것은 보통 사람이 정밀하고 은미한 의리를 알지 못한다는 것과 같음을 말하고 있다. 「사자(些子)」 : '조그마한'이다.(『석의』)

○ 「義理 止 難見」 : 此言鳥獸不知利害之粗淺, 猶人不知義理之精微也. 「些子」 : 조고만.(『釋疑』)

41) 趙穆, 『月川先生文集』 卷4.

『부주』1-5

○ 질문하였다. "'위태롭다'는 것은 위태롭게 움직여 편안하기 어렵다는 것 아닙니까?" 대답하였다. "위태롭게 움직여 편안하기 어려운 것에 그치지 않는다. 대체로 인욕에 이끌리면 저절로 위험하다. 그 마음이 어느 사이에 저기에 있다가 다시 어느덧 사방의 만리 밖에 있게 된다. 장자가 이른바 '그 열기는 불을 붙이고, 그 한기는 얼음을 얼게 한다'고 하였는데, 어쩌다 모면하는 것은 모두 요행이다. 걸핏하면 바로 구렁텅이로 떨어지는 것이니 무엇이 그것보다 위태롭겠는가?"42)

○ 問, "危是危動難安否?" 曰, "不止是危動難安. 大凡徇人欲, 自是危險. 其心忽然在彼, 又忽然在四方萬里之外. 莊子所謂其熱焦火, 其寒凝冰. 凡苟免者, 皆幸也. 動不動, 便是墮坑落塹, 危孰甚焉."

『강록』1-5-a

○ 이덕홍의 기록에 말하였다. "'어쩌다 모면하는 것은 요행이다'는 것은 '거짓되게 사는 것은 요행으로 모면하는 것이다'43)라는 의미이다. 사람이 오직 욕구만을 따르고 바른 천리를 따르지 않으면 행동하기만 하면 바로 구렁텅이에 떨어져서 죽고 망하는 화를 면하지 못할 것이니, 어쩌다 면한다고 하더라도 그보다 더 큰 요행이 어디에 있겠는가라는 뜻이다."(『강록』)

○ 李錄云, "苟免者幸, 猶'罔之生也幸而免'之義. 言人惟欲是循, 而不循天理之正, 則動不動之間, 便墮坑落塹, 而將未免死亡之禍也, 厥或免之, 其幸孰大焉."(『講錄』)

『질의』1-5-b

○ '거짓되게 사는 것은 요행으로 모면하는 것이다'는 뜻과 같으니 '사람이 욕망만을 따르고 올바른 천리를 따르지 않으면, 모든 행동

---

42) 『朱子語類』 권78, 「尚書一-大禹謨」.

43) 『論語』, 「雍也」.

거지가 바로 구렁텅이에 빠지고 떨어져, 죽고 망하는 화를 면하지 못할 것이니, 혹 그것을 모면한다면 요행이다'는 말이다.(『질의』)

○ 猶'罔之生也, 幸而免'之義. 言人惟欲是徇, 而不循天理之正, 則動不動之間, 便墮坑落塹, 而將不免死亡之禍, 厥或免之則幸也.(『質疑』)

『석의』1-5-c

○ 「대범(大凡)」 : '대체로'라는 뜻이다. 「초화응빙(焦火凝氷)」 : 불을 붙인다는 것은 '분노'를 가리키고, 얼음을 얼게 한다는 것은 '두려움'을 가리킨다. 곧 그 '열기'가 불보다 심하고, 그 '한기'가 얼음보다 심한 것을 말한다. 「구면자행야(苟免者幸也)」 : '행(幸)'은 '거짓되게 사는 것은 요행으로 모면하는 것'이라 할 때의 '행'이다. 이것은 사람이 오로지 욕구만을 따르면 걸핏하면 구렁텅이에 떨어지게 되는데, 이때 혹 죽음을 모면한다면 요행이라는 의미이다. 「동불동(動不動)」 : '걸핏하면'이란 의미이다.(『석의』)

○ 「大凡」 : 大槪也. 「焦火凝氷」 : 焦火指怒, 凝氷指懼, 謂其熱甚於火, 其寒甚於氷也. 「苟免者幸也」 : 幸猶罔之生也幸而免之幸, 言人惟欲是循, 則動輒之傾, 便墜落坑塹, 其或得免於死亡者幸也. 「動不動」 : 動輒之意也.(『釋疑』)

『질서』1-5-d

○『부주』다섯 번째 조목은 가장 명백하고 절실하다. 인심의 욕구는 비록 전적으로 좋지 않은 것은 아니지만, 그것을 따르면 위험하여 구렁덩이로 떨어지게 되는 병통이 있다. 만약 인욕이 전적으로 사특하고 악하다고 말한다면 분명 위험하다고만 말하지 않았을 것이다.(『질서』)

○ 附註第五條, 最爲明切. 人心之欲, 雖非專不好, 而循之則危險有墮坑落塹之患. 若曰人欲專是邪惡, 則必不曰危險而已也.(『疾書』)

『부주』1-6

○ 질문하였다. "성인에게도 인심이 있으니, 잘 모르겠습니다만 위

태롭지 않습니까?" 대답하였다. "성인은 완전히 도심이 주관한다. 그래서 그의 인심은 스스로 위태롭지 않다. 만약 인심일 뿐이라면 위태롭다. 그러므로 '성인도 생각하지 않으면 광인(狂人)이 된다'고 말하였다."44)

○ 問, "聖人亦有人心, 不知亦危否?" 曰, "聖人全是道心主宰, 故其人心, 自是不危. 若只是人心也危, 故曰, '惟聖罔念作狂.'"

『강록』1-6-a

○ 이덕홍의 기록에 말하였다. "도심은 마음이 발현한 곳에 나아가 말하는 것이다. 지금 '도심이 주재한다'고 하는 것은 무슨 말입니까? 대답하였다. '주재한다는 것도 마음이 발현한 곳에 나아가서 말하는 것이니, '주재[主]'를 해석하는 데 무슨 문제가 있겠는가?"(『강록』)

○ 李錄云, "道心, 就心之發見上說. 今曰'道心主宰'云者, 何耶?" 曰, "主宰, 亦就心之發見處言, 何病之有釋主."(『講錄』)

『석의』1-6-b

○ 「주재(主宰)」: 주관하여 다스린다. '재'는 '다스린다'는 뜻이다.(『석의』)

○ 「主宰」: 主ᄒᆞ야 宰ᄒᆞ다. 宰, 宰制也.(『釋疑』)

『부주』1-7

○ 면재황씨(勉齋黃氏)45)가 말하였다. "요순 같은 성인으로서 존귀

---

44) 『朱子語類』 권78, 「尙書一大禹謨」.

45) 면재황씨(勉齋黃氏, 1152~1221) : 남송 복주(福州) 민현(閩縣) 사람이다. 이름은 간(榦), 자는 직경(直卿), 호는 면재(勉齋), 시호는 문숙(文肅)이다. 젊어서 주희(朱熹)에게 배웠으며, 주희의 사위가 되었다. 음보로 벼슬에 나아가 장사랑(將仕郞)을 거쳐 신금지현(新淦知縣)과 지한양군(知漢陽軍), 안경지부(安慶知府) 등을 지냈다. 저서에 『서설(書說)』, 『면재집(勉齋集)』, 『육경강의(六經講義)』, 『예기집주(禮記集注)』, 『논어통석(論語通釋)』, 『논어의원(論語意原)』, 『중용총론(中庸總論)』, 『중용총설(中庸總說)』, 『경해(經解)』, 『성현도통전수

한 임금의 지위에 있으면서도 그 마음을 스스로 다스리는 것이 이와 같았다. 세상의 학자들이 이 마음이 중요한 것을 모르고 정욕에 맡겨 방종하고 안일하며 멋대로 하여, 잠시 생각할 때도 어떤 때는 올라가서 하늘을 날다가도 내려가면 연못에 빠지고, 때로는 뜨겁게 불을 붙이며 때로는 차갑게 얼음을 얼게 하여 마치 미치고 미혹되어 실성한 사람과 같이 된다. 그렇게 되면 비록 편안한 집이나 몸에 맞는 의복, 그리고 적당한 음식에도 또한 아득하게 편안하고 맞고 적당함을 깨닫지 못할 것이니, 어찌 매우 불쌍하지 않겠는가? 성현이 가르침을 내리는 것이 불을 보듯이 분명하니 배우는 사람들은 또한 깊이 사색하고 무르익도록 음미해야 할 것이다."[46)]

○ 勉齋黃氏曰, "以堯舜之聖處帝王之尊, 而所以自治其心者如此. 世之學者, 不知此心之爲重, 任情縱欲, 驕逸放肆, 念慮之頃, 或升而天飛, 或降而淵淪, 或熱而焦火, 或寒而凝冰, 如狂惑喪心之人. 雖宮室之安, 衣服之適, 飮食之宜, 亦茫然莫之覺也. 豈不深可憫哉? 聖賢垂訓, 炳然明白, 學者亦蓋深思而熟玩之哉."

『부주』1-8

○ 서산진씨가 말하였다. "'인심은 오직 위태롭다'는 이하의 열여섯 글자는 요·순·우 임금이 서로 주고받은 심법(心法)으로 만대에 걸친 성인이 되기 위한 학문의 연원(淵源)이다. 이전 학자들의 주석이 많지만 유독 주자의 학설이 가장 정밀하고 적확하다. 대개 소리, 색, 냄새, 맛과 같은 감각적인 욕구는 모두 기에서 나오는 것으로 이른바 인심이다. 인의예지의 이치는 모두 성(性)에 근본하는 것으로 이른바 도심이다. 인심이 발현하는

총서설(聖賢道統傳授總敘說)』 등이 있다.

46) 『勉齋集』 권1, 「講義·安慶郡學」.

것은 마치 날카로운 병기나 사나운 말과 같아 제어하기가 쉽지 않아 '위태롭다'고 하였다. 도심이 발현하는 것은 불이 타기 시작하고 샘이 흐르기 시작하는 것과 같아, 채우고 넓혀가기 쉽지 않아, '은미하다'고 하였다. 오직 평상시에 엄숙하고 공경스럽게 스스로를 지키며, 한 마음이 일어나는 것을 살펴서 그것이 소리·색·냄새·맛 때문에 발현되는 것을 알면, 힘써 다스려 그것을 자라지 못하게 하고, 그것이 인의예지 때문에 발현하는 것을 알면 한 마음으로 지켜서 그것을 옮겨가지 못하게 하여야 한다. 이와 같이 하면 의리는 언제나 보존되고 물욕은 물러나게 되어 그것으로 모든 변화에 대응하면 어떤 상황에도 적중하지 않는 것이 없을 것이다."[47]

○ 西山眞氏曰, "人心惟危以下十六字, 乃堯舜禹傳授心法, 萬世聖學之淵源. 先儒訓釋雖衆, 獨朱子之說, 最爲精確. 夫聲色臭味之欲, 皆發於氣, 所謂人心也. 仁義禮智之理, 皆根於性. 所謂道心也. 人心之發, 如銛鋒如悍馬, 有未易制馭者, 故曰'危'. 道心之發, 如火始然, 如泉始達, 有未易充廣者, 故曰'微'. 惟平居莊敬自持, 察一念之所從起, 知其爲聲色臭味而發, 則用力克治, 不使之滋長. 知其爲仁義禮智而發, 則一意持守, 不使之變遷. 夫如是, 則理義常存, 而物欲退聽, 以之酬酢萬變, 無往而非中矣."

『석의』1-8-a

○ 「근어성(根於性)」 : 인의예지는 본성이다. 지금 성에 근본한다고 말하는 것은 그 말이 편안하지 않은 것 같다. 「섬봉(銛鋒)」 : 섬(銛)은 날카로운 것이다.(『석의』)

○ 「根於性」 : 仁義禮智, 性也. 今曰根於性, 語似未安. 「銛鋒」 : 銛, 利也. (『釋疑』)

『집해』1-8-b

47) 『大學衍義』 권2, 「帝王爲學之本·堯舜禹湯文武之學」

○ 『성학집요(聖學輯要)』에 따르면, "주자의 만년의 정론에서는 인심을 인욕으로 보지 않았다. 대개 인심은 단지 형기에서 나오는 것으로 성인에게도 있다. 인심이 위주가 되어 도심의 명령을 듣지 않은 후에 비로소 인욕이 된다. 진씨의 설은 비록 인심을 바르게 해석한 것은 아니지만 천리와 인욕을 논한 것이 분명하여 배우는 자들에게 유익하다." ○ "곧바로 소리, 색, 냄새, 맛과 같은 감각적인 욕구라고 말한 것은 곧 주자가 '형기에서 나온다'고 한 것이다. '날카로운 병기나 사나운 말'이라고 한 것은 '위'자의 뜻을 형용했을 뿐이다. 모두 인욕으로 말한 것이 아니다. 아마 율곡이 상세히 살피지 않은 듯하다. 오로지 아랫 문장에서 다시 '이겨내고 다스린다'라는 말을 둔 것은 너무 무겁다. 대개 「찬(贊)」의 문장에서 분노와 욕망에 관하여 언급하고 있는 여러 설들은 오히려 크게 차이가 나지 않는다. 여기에서 소리, 색, 냄새, 맛과 같은 감각적인 욕구로 말한 것은 단지 정밀하게 살펴서 도심의 명령에 따르면 되는 것으로 사적인 자기와 마찬가지로 전적으로 '이기고 다스리는' 공부를 요구하는 것은 아니다. 인의예지는 성이다. 지금 인의예지의 이(理)는 성에 근본한다고 말한 것은 맹자가 마음에 근본한다고 말한 것과는 다르니 타당하지 않은 것 같다.(「요해」) ○ 『성학집요(聖學輯要)』에 따르면, "의리는 정밀하고 은미하여 알기 힘들기 때문에 '미'라고 말하였으며, 채우고 넓히기 쉽지 않는 것을 지칭한 것은 아니다. 그러나 서산의 학설도 통한다. 별개의 한 학설이라 할 수 있어서 그것을 취한다." 「요해(要解)」에 의하면, "'미'자의 뜻은 세 가지가 있다. 그러나 의리가 은미하고 신묘하여 알기 어렵다는 것을 바른 뜻으로 삼아야 한다. 그래서 채침의 전에서 '도심은 밝히기 어려우며 어두워지기 쉽다'고 말한 것이 이 뜻이다. 그 다음은 윗 문장에서 이른바 도심이 인심 사이에 섞여 나와서 미미하여 알기 어렵다고 한 것으로 대개 도심이 인심에 섞여 미미한 것을 말한다. 그 다음은 이 채우고 넓히기 쉽지 않다는 설로서

이것은 사단으로 도심을 말한 것이다. 그러나 나누어 소속시킨 것은 같지만, 이치의 방향은 저절로 구별된다."(『집해』)

○ 『聖學輯要』, 朱子晩年定論, 不以人心爲人欲. 蓋人心只是生於形氣者, 雖聖人亦有焉. 人心爲主, 不聽命於道心, 然後乃爲人欲. 眞氏之說, 雖非正釋人心, 而論天理人欲分曉, 有益於學者. ○ 直說聲色臭味之欲, 卽朱子所謂生於形氣者, 其曰銛鋒悍馬, 特形容危字之義耳. 皆非以人欲言者, 恐栗谷考之不詳. 惟下文更下得克治語太重. 盖如贊文并及忿慾諸說, 則猶無心異. 此以聲色臭味言, 只得精察而聽命於道心, 非可專責以克治之功, 與私己一般也. 仁義禮智, 性也. 今曰仁義禮智之理根於性, 與孟子所謂根於心不同, 恐未安. ○『輯要』, 義理精微難見, 故曰微. 非以未易充廣而名也. 但西山之說, 亦通. 可別爲一說, 故取之. / 「要解」, 微字之旨有三. 然義理微妙而難見者, 當爲正義, 故蔡傳曰, 道心難明而易昧, 是也. 其次卽上文所謂道心雜出於人心之間, 微而難見者, 蓋言道心以雜乎人心而微也. 其次爲此未易充擴之說. 此以四端言道心. 然分屬雖同而理趣自別.(『集解』)

『부주』1-9

○ 왕노재가 말하였다. "주자가 '인심과 도심의 같지 않음은 어떤 것은 사적인 형기에서 생기고, 어떤 것은 바른 성명에 근원하기 때문이다'고 하였다. '사적인[私]'이라고 말한 이상 인욕이다. (그런데) 다시 '인심을 인욕이라고 말해서는 안 된다'고 하는 것은 무슨 말인가? 대개 '原'이란 글자는 밖에서부터 미루어 들어가서 그것이 본래 있는 것임을 아는 것이기 때문에,'은미하다[微]'고 말하였다. '生'이란 글자는 그것이 외물에 자극되어 움직인다는 것이니 본래 없는 것임을 아는 것이기 때문에 '위태롭다[危]'고 말하였다. '바르다[正]'는 글자와 '사사롭다[私]'는 글자는 모두 밖으로 드러난 것이다. 그래서 인심은 인욕이라고 말해서는 안 된다. 만약 인심이 바로 인욕이라면 성인이 분명 '위태롭다[危]'고 말하지 않았을 것이다. 위태롭다는 것은 인욕

에 흐르기 쉽다는 것을 말하는 것이다. 손으로 도표를 그려보았다."

○ 魯齋王氏曰, "朱子謂人心道心不同, 以其或生於形氣之私, 或原於性命之正. 旣曰'私', 卽人欲矣." 又曰, "人心不可謂之人欲, 何也? 蓋'原'字, 自外推入, 知其本有, 故曰'微'. '生'字, 感物而動, 知其本無, 故曰'危'. 正字私字, 皆見于外者, 故人心不可謂之人欲. 人心若便是人欲, 聖人必不曰'危'. 危者, 謂易流於人欲也. 因手畫成圖.

○ 人心道心圖

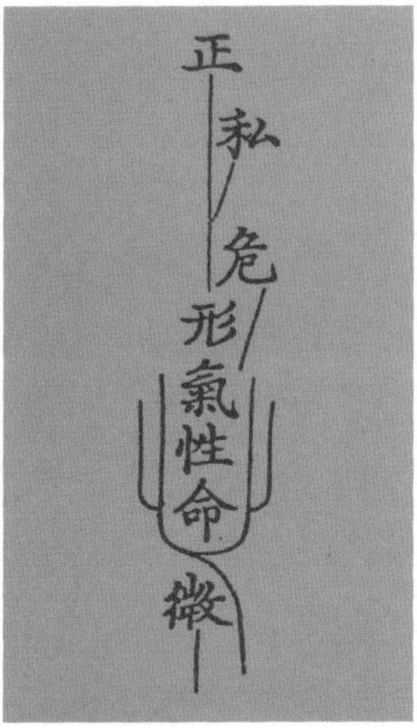

『품질』1-9-a

○ 질문하였다. "노재왕씨의 '인심도심도서설'에 "'원(原)'은 밖으로부터 미루어 들어간다는 것으로 그것이 본래 있음을 알기 때문에 '미'라고 말하였으며, '생(生)'은 사물에 감응하여 움직이는 것으로 그것이 본래 없음을 알기 때문에 '위(危)'라고 말하였다. 또 '정(正)자와 사(私)자는 모두 밖으로 드러난 것이다. 그래서 인심은 인욕이라고 말할 수 없다'고 말하였다. 이 몇 구절은 특히 분명하지

않은데, 그 뜻이 어떻습니까? 또 그림 도표에서 '사'를 형체[形]에 속하게 하고, '위'를 기에 소속시킨 것은 어떻습니까? '미'자는 마음의 하단 끝에 두었는데 그 의미를 세밀히 살펴보면, 미발의 체로 여긴 것 같은데, 이것은 정암의 적연불동의 학설과는 어떻습니까? 아마도 이런 곳은 억지로 끌어 들이고, 임의로 꾸미는 문제가 있는 것 같은데 어떻습니까?" 선생께서 대답하였다. "도설에 대해서는 내가 생각하기에도 분명하지 않은 점이 많다. 그것을 지적하여 말하면, '본래 없는 것임을 알아서 위태롭다'고 한 것은 이치에 가깝다. 그러나 '본래부터 있음을 알아서 은미하다'고 하였는데, 그것이 은미한 것은 어찌 본래부터 있기 때문이겠는가? 이목구비의 욕구에서 나오는 마음이 바른 이치를 잃지 않으면 모두 천칙(天則)이다. 그래서 인심을 인욕이라고 말할 수 없다고 한 것이지 애초에 '정(正)'자와 '사(私)'자가 밖으로 드러난 것이기 때문에 인욕이라고 말할 수 없다고 말한 것은 아니다. 이 노학자의 견해가 어찌 이렇게 소탈한지 모르겠다. 이제 대의로 추론해 보면, 본래 있기 때문에 은미한 것이라고 말한 것이 아니고, 밖으로부터 미루어 들어가 알기 때문에 '은미하다'고 했을 뿐이다. 정과 사가 밖으로 드러난 것이기 때문에 인욕이라고 말할 수 없다고 말한 것이 아니라, 윗 문장의 '원(原)'자 이하에서 논한 뜻을 두루 가리켜 그렇게 말했을 뿐이다. 그러나 끝내 이해하기 어려운 점이 있다. '미'자를 아래에 둔 것이 나정암의 적연부동(寂然不動)을 도심으로 보는 설과 서로 비슷하다고 한 것이 바로 이와 같다. 보내주신 가르침은 쉽지 않게도 이처럼 봐냈습니다. 그러나 또 '사'를 형체에 속하고 '위'를 기에 배속시켰다고 말했는데, 이는 그렇지 않다. 그 '형'과 '기'의 두 글자 사이에 하나의 선을 그어 '위'에 속하게 한 것은 실상 두 글자를 동시에 포함시키는 의미가 있으나, 그 '사'자에서 그은 하나의 선은 비록 '형'자의 머리로부터 시작했지만, 사실은 역시 '기'자를 함께 연결하여 배속했을 뿐이다. 두 글자를 나누어 그것을 별개로 배속한 것이 아니다."(『품질』)

○ 問, "魯齋王氏「人心道心圖」序說云, '原者, 自外推入, 知其本有, 故曰微. 生者, 感物而動, 知其本無, 故曰危.' 又曰, '正字私字, 皆見于外者, 故人心不可謂之人欲', 此數語殊未明了, 其意如何? 且圖子以私屬形, 以危屬氣, 如何? 微字則置於心之下端極底. 細看其意, 似以爲未發之體, 與整庵寂然不動之說, 何如? 恐此等處有牽强杜撰之病, 如何?" 先生答曰, "圖說, 鄙意, 亦多未瑩. 試指摘論之, '知其本無, 故曰危'則近矣. '知其本有, 故曰微', 其爲微也, 豈本有之故耶? 生於耳目口鼻等之心, 不失正理, 則皆天則也. 故人心不可謂之人欲, 初非謂正字私字見乎外之故, 而不可謂之人欲. 不知此老說話如何而有此疎脫? 今將大意推之, 則非謂本有故微也. 由外推入而知故爲微云耳. 非止謂正私見乎外, 故不可謂之人欲, 乃通指上文'原'字以下所論之意而云然耳. 然終是有難解處. '微'字置下底, 與整庵寂然不動爲道心之說相類, 正是如此. 來喩不易, 如此看得出矣. 但又謂以私屬形, 以危屬氣. 此則不然. 其於'形氣'兩字間畫一線屬危者, 實以兩字併屬之意, 其於'私'字一線, 雖從'形'字上頭而起, 其實亦併'氣'字通帶而屬之耳, 非分二字各屬之也."(『稟質』)

『석의』1-9-b

○ 왕씨의 이 설은 말이 명료하지 않은 점이 많다. 그것이 본래부터 있는 것임을 알기 때문에 '은미하다'고 말하였다고 하였는데, 그 은미한 것이 어찌 그것이 본래 있기 때문이겠는가? 정(正)자와 사(私)자는 모두 밖으로 드러난 것이기 때문에 인욕이라고 말해서는 안 된다고 하는 학설은 더욱 이해할 수 없다.(『석의』)

○ 王氏此說, 語多未瑩. 知其本有, 故曰微. 其爲微也, 豈本有之故耶. 正字私字, 皆見於外者, 故不可謂人欲之說, 尤不可曉.(『釋疑』)

『질서』1-9-c

○ 노재(魯齋)의 「도설」은 분명하지 않은 점이 많다. 위태로움은 본래 없기 때문은 아니다. 그리고 정(正)자나 사(私)자는 다시 어떻게 하여 밖으로 드러난 것으로 보겠는가? 성명은 본래 바르고 형기는 본래 사사롭다. 바르지만 알기 어렵기 때문에 은미하다 하였고, 사

사로워서 떨어지기 쉽기 때문에 위태롭다고 말하였다. 이와 같이 말하면 충분할 것이다. 만약 밖으로 드러나지 않았다면 성명은 바르지 않고 형기는 사사롭지 않다는 것인가? 도(圖)의 경우에는 오히려 형기와 성명을 같은 데로 귀결되고, 단지 사사로움만 사특한 곳으로 돌리고 있다. 만약 그렇다면 사사로움은 '사사(邪私)'의 사사로움으로서 군자에게는 없는 것이다. 그러나 나의 형기는 남과 무관한 것이지만, 허기와 추위 고통과 가려움은 성인이나 우매한 사람이나 모두 있는 것인 만큼 어찌 사사로움이 없다고 할 수 있겠는가?(『질서』)

○ 魯齋圖說多未明. 危非本無之故而正字私字又何以爲見于外者. 性命本正, 形氣本私, 正而難見故曰微, 私而易墮, 故曰危. 如是言之, 足矣. 若不見外則性命非正, 形氣非私耶. 至於圖, 却以形氣性命同歸, 而但以私歸之於邪, 若然私只是邪私之私, 而君子所無也. 然吾之形氣, 非與於他人, 而飢寒痛痒聖愚同有, 烏可謂無私.(『疾書』)

제2장: 상제가 당신 곁에 있다
[上帝臨女]

◯ 『시경』에 말하였다. “상제께서 너에게 임하시니 그대 두 마음을 품지 말라.” 또 말하였다. “의심하지 말고 근심하지 말라. 상제께서 그대에 임하고 계신다.”48)

◯ 『詩』曰, “上帝臨女, 無貳爾心.” 又曰, “無貳無虞, 上帝臨女.”

『석의』2-A

○ 「상제(上帝)」 : 천은 이(理)이다. 실로 이(理)는 없는 사물이 없으며 그렇지 않은 때가 없음을 안다면, 상제는 잠시도 떨어질 수 없고 잠시도 소홀히 할 수 없음을 알 것이다. 상제는 하늘이 주재하는 것을 가리켜 말하는 것이다. ‘이(貳)’는 의심하는 것이며, 일정함이 없는 것이다. ‘우(虞)’는 염려하는 것이다.(『석의』)

○ 「上帝」 : 天卽理也. 苟知理之無物不有, 無時不然, 則知上帝之不可須臾離, 亦不可須臾忽也. 上帝指天之主宰處言. 貳, 疑也. 無常也. 虞, 慮也.(『釋疑』)

『발휘』2-B

○ 경원보씨가 말하였다. “말뜻이 엄숙하고 공경스럽다. ‘충만하여 자

48) 『詩經』, 「大雅·大明」.

기 위에 있는 듯하고 자기 좌우에 있는 듯하다'고 하였으니, 배우는 자는 언제나 이 두 구절에 흠뻑 젖어들어 이 마음을 보존함으로써 본성을 기르고 하늘을 섬겨야 한다." ○ 서산진씨가 말하였다. "시의 뜻은 주(紂)를 정벌하는 것을 주로 말하였지만 배우는 사람이 평소 생활할 때 그 문장을 읊조리면서 상제가 실제로 자기 위에 임하는 것처럼 외경한다면 사특함을 막고 성실함을 보존하는 데 도움이 되는 것이 크지 않겠는가? 또 의를 보고도 반드시 행하고자 하는 용기가 없거나, 때로는 이해득실에 따라 그 마음을 바꾸는 사람도 마땅히 이 말을 음미하여 스스로 결단해야 한다."49) ○ 정자가 말하였다. "마음을 보존하면 상제가 그대에게 이를 것이다."(이하는 하늘을 섬기는 도리를 말한 것이다.) 또 말하였다. "경건하지 않음이 없으면, 우러러 상제를 대할 수 있다."50) 또 말하였다. "충성과 미더움은 덕을 진전시키는 방법이니, 하루 종일 굳세고 굳세게 하여 군자는 종일토록 우러러 하늘을 마주 대하듯이 해야 한다."51) 또 말하였다. "안연이 보고 듣고 말하고 행동할 때 예가 아닌 것에 감히 하지 않았으니, 이것이 하늘을 섬기는 일이다."52) 구산양씨가 말하였다. "도는 드러나거나 은미함의 간격이 없으니 홀로 아는 곳을 조심하는 것[愼獨]이 하늘을 마주 대하는 것이다."53) 건안엽씨가 말하였다. "일상생활 가운데 천리가 두루 운행하지 않음이 없으니, 이른바 '종일토록 우러러 하늘을 대한다'는 것은 또한 이 이치를 경건하게 따르는 것일 뿐이다." 장자가 말하였다. "천이 사물의 근본이 되어 빠뜨리지 않는 것은 마치 인이 일의 핵심이 되어 없는 곳이 없는 것과 같다. 예의(禮儀)가 삼백이요, 위의(威儀)가 삼천이니, 어떤 것도 인이 아닌 것이 없다.

---

49) 『西山讀書記』 권3, 「心」.

50) 『二程遺書』 권11, 「師訓」.

51) 『二程遺書』 권1, 「端伯傳師說」.

52) 『二程外書』 권12, 「傳聞雜記」.

53) 『西山讀書記』 권18, 「敬上」.

호천(昊天)이 밝으니 그대가 나아가는 곳에 미치고, 호천이 밝으니 그대와 함께 나아간다고 했으니, 어떤 사물에도 근본이 되지 않음이 없다."[54] 주자가 말하였다. "'체물(體物)'은 사물의 본체가 됨을 말하는 것이다. 대개 사물마다 천리가 있다. '체사(體事)'는 모든 일을 인(仁)으로 행하는 것이다. 예컨대 삼백 가지 예의와 삼천 가지 위의는 반드시 인(仁)으로 해야만 한다. 대개 체라고 하는 것은 바로 그것의 골자가 된다는 것이다."[55](『발휘』)

○ 慶源輔氏曰, "辭意嚴恪. '洋洋乎, 如在其上, 如在其左右.' 學者當常常涵泳此二句, 以存此心, 養性而事天也." ○ 西山眞氏曰, "詩意雖主伐紂而言, 然學者平居諷詠其辭, 凜然如上帝之實臨其上, 則所以爲閑邪存誠之助, 顧不大哉. 又見義而無必爲之勇, 或以利害得喪二其心者, 亦宜味此言以自決也." ○ 程子曰, "存心則上帝臨女.(以下言事天之道)" 又曰, "毋不敬可以對越上帝." 又曰, "忠信所以進德, 終日乾乾, 君子當終日對越在天." 又曰, "顏子視聽言動, 不敢非禮, 乃所以事天也." 龜山楊氏曰, "道無顯微之間, 愼其獨, 所以對越在天也." 建安葉氏曰, "日用之間, 無非天理之流行, 所謂終日對越在天者, 亦敬循乎此理而已." ○ 張子曰, "天體物而不遺, 猶仁體事而無不在也. 禮儀三百, 威儀三千, 無一物之非仁也. 昊天曰明, 及爾出王, 昊天曰旦, 及爾游衍, 無一物之不體也." 朱子曰, "體物猶言爲物之體也. 蓋物物有箇天理. 體事謂事事是仁做出來, 如禮儀三百, 威儀三千, 須是仁做始得. 凡言體便是做他那骨子."(『發揮』)

『강록간보』2-C

○ 위의 두 구절은 『시경·대아』「대명」편에 보이며, 아래 두 구절은 『시경·노송』「비궁」편에 보인다. 총목에서 「노송」으로 총칭한 것은 아마 우연히 잘못 본 것 같다.(『강록간보』)

○ : 上二句見『詩·大雅』「大明」篇, 下二句見『魯頌』「閟宮」篇. 總目, 摠稱『魯頌』, 恐偶失照管.(『講錄刊補』)

---

54) 『正蒙』, 「天道」.

55) 『朱子語類』 권98, 「張子書之一」.

『밀험』2-D

○ '이'는 갈래가 나뉘는 것으로 양쪽에 소속하는 것이다. '우'는 편안하고 즐거운 것이다. 옛 사람은 한 마음으로 하늘을 섬겨 감히 두 마음을 품지 않고, 안락에 빠지지 않았다. 「대아」의 전(傳)에서는 '감히 두 마음을 품지 않는다'고 말하였고, 「노송」의 소(疏)에서는 '세상 사람들이 주나라에 귀의하여 두 마음을 두지 않고, 의심하고 오해하는 자가 없었다'고 말하였다. 전은 분명하지 않고, 소 또한 크게 잘못되었다.(『밀험』)

○ 貳者, 岐分也. 兩屬也. 虞者, 安也, 樂也. 古人一心事天無敢岐貳, 無敢歡娛也. 「大雅」傳曰, 無敢懷貳心. 「魯頌」疏曰, '天下歸周, 無有貳心, 無有疑誤.' 傳則不明, 疏又大謬.(『密驗』)

『관계』2-E

○ '무이(無貳)'에서 '이(貳)'에는 틈을 내어 갈래를 둔다는 뜻이다. 이 마음이 바야흐로 이렇게 하려고 하다가도 다시 저렇게 하려고 하는 것이 '이(貳)'의 뜻이다. '이(貳)'를 의심스럽다(疑)라고 해석하는 것은 충분하지 않다. 이 장에서 이미 '하나에 집중하는 것'으로서 경(敬)을 볼 수가 있다.(『관계』)

○ 「無貳」 : 貳有間以岐之之意. 此心方欲如此做而又欲如彼做, 是貳也. 訓貳爲疑, 未盡. 此章, 已可見主一之敬.(『窾啓』)

『원주』2-1

○ 모씨(毛氏)[56]가 말하였다. "감히 두 마음을 품지 말라는 말이다."[57]

○ 毛氏曰, "言無敢懷貳心也."

『강록』2-1-A

56) 모씨(毛氏) : 이름은 장(萇)이고 한나라 사람으로 시경을 주석하였다.

57) 『毛詩注疏』 권23.

○ 함형이 삼가 생각하였습니다. "『시경』 주석에 '이(貳)'는 '의심하다[疑]'라고 하였는데, 여기에서 '의(疑)'자로 본 것은 배우는 자의 공부에 절실하지 않는 것 같습니다. 『시경·도인사』편에서 '의복이 일정하지 않다'는 구절의 주는 '무상하게 변화하는 것'을 이(貳)라고 말한다고 하였습니다. 『시』의 본래 주석에서는 '의(疑)'라고 하였지만, 지금 이런 의미로 바꾸어 본다면, 이것은 곧 이전의 성인이 시를 인용하면서 단장취의(斷章取義)한 예를 본받은 것이고, 또 문장에는 지장이 없는 것 같으니, 잘 모르겠지만 어떻습니까?" 비평하여 말하였다. "'의심스럽다'와 '무상하게 변화한다'는 두 가지 뜻을 겸하여 보아야 한다."(『강록』)

○ 含亨謹按 : 『詩』註, 貳, 疑也. 於此作疑字看, 似不切於學者之工夫, 「都人士」'衣服不貳'註, 變易無常謂之貳. 雖『詩』本註疑也. 而今換作此意看, 是乃倣先聖引詩斷章取義之例也. 而又似無害於文, 不知是如何. 批云, '當兼疑也·變易無常也, 兩義看.'(『講錄』)

『원주』2-2

○ 주자가 말하였다. "천명이 반드시 그럴 것이라는 것을 알게 하여 그 결단을 돕는다."58)

○ 朱子曰, "知天命之必然而贊其決也."

『원주』2-3

○ 내가 생각하였다. "시(詩)의 취지는 주(紂)를 정벌하는 것을 주로 하여 말하고 있다. 그러나 배우는 사람이 평상시 그 문장을 읊조리면서 마치 상제께서 실제로 자신에게 임하여 계시는 것처럼 두려워한다면, 사특함을 막고 성실함을 보존하는데 도움이 됨이 오히려 크지 않겠는가? 또 의로움을 보고 반드시 행하

---

58) 『詩經集傳』, 「大雅·大明」, 朱子注.

려는 용기가 없거나, 혹은 이해득실에 따라 마음을 두 가지로 바꾸는 사람도 마땅히 이 말을 음미하여 스스로 결단해야 할 것이다."59)

○ 愚謂, "詩意雖主伐紂而言. 然學者平居, 諷詠其辭, 凜然如上帝之實臨其上, 則所以爲閑邪存誠之助, 顧不大哉! 又見義而無必爲之勇, 或以利害得喪二其心者, 亦宜味此言, 以自決也."

『강록』2-3-A

○ 선생께서 비평하여 말하였다. "주석은 서산이 단 것이므로 '우(愚)' 자는 서산 자신을 일컫는 것이 되어야 한다. 그러나 다른 곳에서는 모두 본래의 주를 인용하였으니, 여기에서만 자신의 주를 집어넣어서는 안 될 것 같으니, 의심할 만하다. ○ 이덕홍의 기록에 말하였다. "이것은 어떤 사람이 스스로 생각한 것인지 모르겠다." ○ 선생께서 비평하여 말하였다. "'우(愚)'에 대하여 사경(士敬)은 서산이 스스로를 일컬은 것이라고 생각하였다. 나는 이 설에 의심이 가는데, 이 주가 서산이 지은 것이 아니라는 것은 정황돈이 이미 말하였다. 또 그 말과 뜻이 주선생의 설과 매우 유사하다. 그래서 나는 주자의 설이 아닐까 생각한다. 다만 고찰할 근거가 없을 뿐이다."(『강록』)

○ 先生批云, "註是西山所註, 則愚字當爲西山之自稱. 但他處皆引本註, 似不應於此獨入自註, 爲可疑耳." ○ 李錄云, "此未知何人之自謂也." ○ 先生有批云, "愚士敬以爲西山自稱. 某有疑於此說者, 此註非西山作, 篁墩已言之. 又其言意酷似朱先生說. 故某疑爲朱說. 但無考據處耳."(『講錄』)

『석의』2-3-B

○ 「우위(愚謂)」: 이 조목이 만약 서산의 설이라면 '우(愚)'자는 당연히 서산 자신을 일컫는 것이다. 그러나 편 가운데 이러한 사례가 없는 만큼 여기에서만 자신의 주석을 넣어서는 안 될 것이다. 또

59) 『西山讀書記』 권3, 「心」.

그 말이 주자의 설과 매우 비슷하나 살펴볼 만한 근거가 없을 뿐이다.(『석의』)

○ 「愚謂」 : 此條若是西山說, 則愚字當爲西山之自稱, 而但篇中無此凡例, 不應於此獨入自註, 又其言酷似朱子說, 而但未有所考耳.(『釋疑』)

『강록간보』2-3-C

○ 「조사경에게 답하는 글」에서 말하였다. "'우위((愚謂)' 한 조목은 황(滉)이 그 말을 매우 좋아하여 늘 읊조리면서 그것을 음미해보면 이루 말할 수 없이 마음을 감동시키고 나약함을 격려해 주니, 주자 선생이 아니고는 이런 말을 할 수 없다고 생각하였다. 하물며 구주(舊註)가 비록 소략하고 거칠지만 모두 여러 설을 인용하면서도 주석자의 설을 쓰지 않는 것을 일정한 관례로 삼았으니, 어찌 이 한 조목만을 홀로 서산의 설이라고 일컬을 수 있겠는가? 지금 『시집전』에 비록 그것이 없으나, 혹시 다른 글에 나오는 것을 보고 구주(舊註)에서 인용한 것일지 어찌 알겠는가?"60)(『강록간보』)

○ 「答趙士敬」曰, '愚謂'一條某深愛其言, 每誦味之, 不勝感衷激懦, 以爲非朱先生不能以發此. 况舊註雖疎鹵, 皆引諸說而不用註者說, 則已爲定例, 何可以此一條獨指爲西山說耶? 今『詩集傳』雖無之, 安知或見於他書而舊註引之耶?(『講錄刊補』)

『강의』2-3-D

○ 질문하였다. "상제임여(上帝臨女) 장의 구주(舊註)인 '우위' 이하의 한 조목에 대하여 퇴계는 단연코 주자의 설이라고 생각하였다. 그러나 『어류』와 『문집』을 살펴보아도 없는데 무엇 때문인가?" 대답하였다. "주석의 예를 살펴보면 '우왈'로 시작해야 하니 '우위' 두 글자는 불필요한 말이다. 내 생각에는 서산이 구주의 '그 결단을 도왔다'고 하는 구절들을 강론하고서, 마음에 얻은 것을 협주(夾註)로 설명하면서 계속하여 '또한 이 말을 음미하여 스스로 결단해야 한다'고 말한 것이다. '또한[亦]'이란 글자에서 보면 알 수 있다.

60) 『退溪先生文集』 권23, 「答趙士敬」.

대개 '결단을 도왔다'고 할 때, '결(決)'자는 오로지 주(紂)를 정벌하는 것을 위주로 하였으나, 서산은 다시 이것을 인용하여 이 경전에 드러내어 의리를 보면 반드시 행해야 하는 요법으로 삼았으므로 문장의 흐름이 '또한 마땅히…'라고 말하지 않을 수 없었다. 뒤에 책을 편집하는 사람이 마침내 이것을 바로 본래의 주석에 붙였을 것이다. 선생의 정론을 내가 감히 망령되게 논의해서는 안 되지만, 잠시 한 가지 견해를 제시하였다. 이렇게 보면 '우위' 두 글자는 윗 문장을 잇는 것이 되어 비로소 합당함을 얻게 된다."(『강의』)

○ 問, "「上帝臨女章」舊註'愚謂'一條, 退溪斷然以爲朱子說. 然考之『語類』及『文集』無有, 何哉?" 曰, "舊註例當以'又曰'起頭而'愚謂'二字猶是衍文." 愚意西山於講註'贊其決也'之下, 以所得於心者, 夾註爲說而繼之曰, '亦宜味此言以自決云.' 觀於'亦'字可知. 蓋'贊決'之'決'字, 專主於伐紂, 而西山又引而著之於是經, 爲見義必爲之要法, 文勢不得不曰, 亦宜云爾. 後之編書者, 遂以是直附於原註耶. 先生定論愚不敢妄議, 然姑以備一說. 如是則'愚謂'二字, 爲承上之辭, 而始得安頓.(『講義』)

『부주』2-1

○ 정자가 말하였다. "공경하지 않음이 없으면, 상제를 대할 수 있다."61)

○ 程子曰, "毋不敬, 可以對越上帝."

『부주』2-2

○ 구산양씨(龜山楊氏)62)는 "도는 드러나고 은미한 것의 틈이 없으

61) 『二程遺書』 권11, 「師訓」.

62) 구산양씨(龜山楊氏, 1053~1135) : 북송 말기 검남(劍南) 장락(長樂) 사람. 자는 중립(中立), 이름은 시(時), 호는 구산(龜山)이다. 신종(神宗) 희녕(熙寧) 9년(1076)에 진사가 되었다. 이정(二程)의 도학을 발전시켜 낙학(洛學)의 대종(大宗)이 되었고, 유초(游酢), 여대림(呂大臨), 사량좌(謝良佐)와 함께 정문사선생(程門四先生)으로 불린다. 시호는 문정(文靖)이

므로, 홀로 아는 곳을 조심하는 것이 상제를 대하는 길이다. 시(詩)에는 '두 마음을 품지 말고, 근심하지 말라. 상제께서 그대를 내려보고 계신다'고 말하였다."63)

○ 龜山楊氏曰, "道無顯微之間, 愼其獨, 所以對越在天也. 詩曰, '勿貳勿虞, 上帝臨女.'"

『강록』2-2-a

○ 이덕홍의 기록에 말하였다. "질문하였다. '사람이 옥루에서 어떻게 푸르고 푸른 하늘을 대합니까?' 대답하였다. '땅 위는 모두 하늘이어서 '그대와 함께 노니니'64) 어디를 가든 하늘이 아니겠는가? 대개 천은 이(理)이다. 실로 이가 없는 사물은 없으며 그렇지 않은 때가 없음을 안다면, 상제는 잠시도 떨어질 수 없고 잠시도 소홀히 해서는 안 됨을 알 것이다. 상제는 하늘이 주재의 측면을 가리켜 말하는 것이다." 「재천(在天)」은 「청묘」의 시에 나오는 말로 문왕의 영명함을 가리킨다고 하였는데, 구산이 그것을 인용하여 비유로 삼았다. '물이물우'에 대하여 본문에 '무(無)를 양씨는 '물(勿)'이라고 하였다.' 아마도 '물(勿)'자는 잘못된 것 같은데 어떻습니까?' 선생께서 비평하여 말하였다. '지금 시(詩)에는 무(無)로 적었다.' 「대월재천」은 『시·문왕』편의 말이다. '하늘에 있는 것'은 문왕의 신명을 가리키는데, 양씨가 이를 인용하여 비유로 삼았다.(『강록』)

○ 李錄云, "問, '人在屋漏如何對蒼蒼之天.' 答曰, '地上皆天, '及爾遊衍', 安往而非天乎. 蓋天卽理也. 苟知理之無物不有, 無時不然, 則知上帝之不可須臾離, 亦不可須臾忽也. 上帝指天之主宰處言.' 「在天」: 出「淸廟」詩, 指文王之靈. 龜山借以爲喩. 「勿貳勿虞」: 問, "大文曰, '無, 揚氏云勿, 恐勿字

다. 저서에 『구산집(龜山集)』 42권과 『구산어록(龜山語錄)』 4권, 『이정수언(二程粹言)』 2권 등이 있다.

63) 『西山讀書記』 권18, 「敬上」.

64) 『詩經』, 「大雅·板」.

爲誤, 如何?'" 先生批云, "今詩作無."「對越在天」:『詩·文王』篇語. 在天指文王之神. 揚氏借以爲喩.(『講錄』)

『질의고오』2-2-b

○ 시의 뜻은 비록 문왕을 가리켜 말한 것이지만, 구산의 생각은 다만 이 구절을 빌어서 상제를 대하는 뜻으로 여긴 것이지, 문왕의 신을 가리켜 말한 것이 아니다.(『질의고오』)

○ 詩意雖指文王而言. 龜山之意, 但借此句以爲對越上帝之義, 非指文王之神而言也.(『質疑考誤』)

『석의』2-2-c

○「대월재천」:『시경·문왕』편의 구절이다.「재천(在天)」은 문왕의 신명을 가리키며, 양씨가 이것을 빌어서 비유로 삼았다.(『석의』)

○「對越在天」:『詩·文王』篇語, '在天'指文王之神, 楊氏借以爲喩.(『釋疑』)

제3장: 그대가 군자와 벗하는 것을 본다[視爾友君子]

◯ 『시』에 말하였다. “그대가 군자와 벗하는 것을 볼 때, 그대의 안색을 온화하고 부드럽게 하니 어찌 허물이 있지 않겠는가? 그대가 방에 있는 것을 볼 때, 어두운 구석에서도 오히려 부끄럽지 않아야 할 것이니, 밝게 드러나지 않아 아무도 나를 보지 못한다고 말하지 말라. 신이 이르는 것은 헤아릴 수가 없으니, 하물며 싫증낼 수 있겠는가?”65)

◯ 詩曰, “視爾友君子, 輯柔爾顏, 不遐有愆. 相在爾室, 尚不愧于屋漏, 無曰不顯, 莫予云覯. 神之格思, 不可度思, 矧可射思.”

『강록』3-A

○ 이덕홍의 기록에 말하였다. “어떤 허물이 있지 않은가 하니” ◯ 거의 옥루에 부끄럽지 아니하니 ◯ “이(爾)는 스스로 몽매함을 다스리는 자로서 무공(武公)을 가리키고, 군자는 조정의 사대부를 가리킨다.”(『강록』)

○ 李錄云, “아니엇던 愆이 인는가 ᄒᆞᄂᆞ니” ◯ “거ᄋᆡ 옥루에 붓그럽지

65) 『詩經』, 「大雅·抑」.

아니 홀디니" ○"爾自督矇而指武公, 君子指朝之士大夫."(『講錄』)

『발휘』3-B

○ 『시경』「대아억」편이다. ◯ '집'은 온화한 것이다. 하(遐)는 하(何)와 통한다. 건(愆)은 허물이다. 상(尙)은 거의이다. '옥루'는 방의 서북 쪽 모퉁이다. 구(覯)는 보는 것이다. 격(格)은 이르는 것이고, 탁(度)은 헤아리는 것이며, 신(矧)은 '하물며'이다. 역(射)과 역(斁)은 통하며 싫증내는 것이다. ◯ 서산진씨가 말하였다. "경(卿) 이하는 어느 한 사람도 '바르게 충고하는[箴規]' 직책을 맡기지 않음이 없고, 수레에 탈 때로부터 어느 한 곳에서도 바르게 충고하는 말을 듣기를 바라지 않음이 없다. 그런데도 「억(抑)」 시를 지어서 사람들이 그것을 읊조리게 하여 그 곁을 떠나지 않게 하였으니, 이렇게 하면서도 뜻이 성실하지 않고 마음이 바르지 않은 사람은 아직 없었다."[66] ◯ 정현(鄭玄)이 말하였다. "귀신은 사람이 행하는 것을 본다. 그대는 어두워서 밝지 않으니 나를 보는 사람이 없다고 말하지 말라. 귀신이 그대를 본다."[67] ◯ 주자가 말하였다. "그대가 군자를 벗하여 공경할 때를 보면 그대의 안색을 온화하고 부드럽게 하면서도, 그 삼가고 두려워하는 뜻은 언제나 스스로 반성하듯이 '어찌 허물을 짓는데 이르지 않겠는가?'라고 말한다. 대개 보통 사람의 심정은 밝은 곳에서 자신을 다스리는 것은 이와 같이 하지 않음이 없다. 그러나 그대가 방에 홀로 있을 때를 살펴보아도 어두운 방구석에서도 거의 부끄러움이 없어야 된다. 그대는 '이곳은 밝게 드러난 곳이 아니어서 아무도 나를 보지 않는다'고 말하지 말라. 신묘한 귀신은 어떤 사물에나 핵심이 되지 않음이 없어서 여기에 이르는 것을 헤아릴 수 없는 점이 있음을 알아야 한다. 드러나지 않는 곳에도 이르러 오히려 잘못함이 있을까 두려워 하니, 하물며 싫증내어 공경하지 않을 수 있겠는가? 이것은 외적인 것을

---

66) 『大學衍義』 권30, 「誠意正心之要二·崇敬畏·規警箴誡之助」.

67) 『毛詩注疏』 권25, 「大雅」.

닦을 뿐만 아니라 그 보고 듣지 못하는 내면도 조심하고 두려워해야 함을 말하는 것이다. 자사가 말하였다. '군자는 움직이지 않아도 공경하고, 말하지 않아도 미덥다' 또 말하였다. '은미한 것이 드러나고 성실함이 가릴 수 없는 것이 이와 같구나![68]'라고 한 것은 정심과 성의를 극진히 한 공효인데 무공이 여기에 미쳤으니, 또한 성인의 무리이다.'"[69](『발휘』)

○ 大雅, 抑 ○ 輯, 和也. 遐何通, 愆, 過也. 尙, 庶幾也. 屋漏, 室西北隅也. 覯, 見也. 格, 至, 度, 測, 矧, 况也. 射斁通, 厭也. ○ 西山眞氏曰, "自卿以下, 無一人不使任箴規之職, 自在輿以下, 無一處不欲聞箴規之言. 猶且作抑詩, 使人誦之, 不離其側. 如是而意不誠心不正者, 未之有也." ○ 鄭氏曰, "神, 見人之爲也. 汝無謂是幽昧不明, 無見我者, 神見汝矣." ○ 朱子曰, "言視爾友敬君子之時, 和柔爾之顔色, 其戒懼之意, 常若自省曰豈不至於有過乎? 蓋常人之情, 其修於顯者, 無不如此. 然視爾獨居於室之時, 亦當庶幾不愧乎屋漏, 然後可. 爾無曰此非顯明之處而莫予見也. 當知鬼神之妙, 無物不體, 其至於是, 有不可得而測者. 不顯亦臨, 猶懼有失. 況可厭射而不敬乎? 此言不但修之於外, 又當戒謹恐懼乎其所不睹不聞也. 子思子曰, '君子不動而敬, 不言而信.' 又曰, '夫微之顯誠之不可揜如此'. 此正心誠意之極功, 而武公及之, 則亦聖賢之徒矣."(『發揮』)

『석의』3-C

○ 「'시이우군자(視爾友君子)'에서 '불하유건(不遐有愆)'까지」 : '그대가 군자를 벗함을 보건대 그대의 안색을 온화하고 부드럽게 하니 어떠한 허물이 있겠는가 한다.' 군자는 조정에 있는 대부를 가리킨다.(『석의』)

○ 「視爾友君子 止 不遐有愆」 : 네 君子를 友홈을 視혼딕 네 顔을 輯ᄒᆞ며 柔ᄒᆞ야 아니엇던 愆이 잇는가 ᄒᆞᄂᆞ다. 君子指在朝之大夫.(『釋疑』)

『질서』3-D

---

68) 『中庸』 16장

69) 『詩經集傳』, 7-5a. * 『西山讀書記』 권18, 「敬上」.

○ 이익(李瀷)의 생각: 『사기』에 의하면, 위나라 무공(武公)은 형 공백(共伯)을 습격해서 죽이고 즉위하였다. 이 일은 애매하여 천년동안 밝히기 어려웠다. 지금 말하였다. "그대가 방에 있는 것을 볼 때, 어두운 방의 구석에서도 오히려 부끄러움이 없어야 할 것이다. 드러나 있지 않으니, 아무도 나를 보지 않는다고 말하지 말라." 실로 평생 동안 극도로 악하고 사특한 일이 있으면 반드시 입을 다물어 이것을 말하지 않을 것이지만, 이것은 뒤에 폭로되기 십상이다. 그러므로 군자는 학문을 귀중하게 여긴다.(『질서』)

○ 按: 『史記』衛武公襲殺兄共伯而立. 此事曖然千載難明. 今曰, "相在爾室, 尙不愧于屋漏, 無曰不顯, 莫予云覯." 苟其平生有極惡大慝, 必將於口吻, 無此說話, 此足以暴於後矣. 是以君子貴學.(『疾書』)

『독서답록』3-E

○ '주자는 『중용』에서 '방의 어두운 구석에서도 부끄러움이 없다[不愧屋漏]'는 것을 경계하고 두려워하는[戒懼] 공부로 삼았으며, '잠겨서 숨어있다[潛雖伏矣]'는 것을 혼자 아는 곳을 삼가고[謹獨] 공부로 보았다. 이제 서산은 '불괴옥루'를 여러 사람이 함께 있는 것에 대립하여 말하였다. 홀로 아는 곳을 삼가고 두려워하는 것은 대개 근독공부를 가리키는 것이다. 대개 『중용』에서 '잠겨서 비록 숨어 있다'는 것과 대립하여 보면 '옥루에서도 부끄러움이 없다'는 것은 계구공부가 되어야 한다. 『시』에서 '시이우군자(視爾友君子)'와 '상재이실(相在爾室)'의 대립된 설의 본래 뜻으로 말하면 서산의 학설이 바르다.70)(『독서답록』)

○ 朱子以『中庸』不愧屋漏爲戒懼工夫, 潛雖伏矣爲謹獨工夫. 今西山以不愧屋漏對群居而言. 兢畏於獨處, 則蓋指爲謹獨工夫矣. 蓋『中庸』將潛雖伏矣對看, 則不愧屋漏當爲戒懼工夫. 以詩視爾友君子相在爾室對說之本指言之, 則西山

70) 주자는 공부를 미발 때의 공부와 이발 때의 공부로 나누어 '계구'는 미발공부에, '신독'은 이발공부라고 하였다. 서산은 사람들과 함께 있을 때의 공부와 혼자 있을 때의 공부로 나누어 군자와 벗할 때의 공부는 전자에 속하고, '상재이실'은 홀로 있을 때의 공부라고 하였다.

之說爲正.(『讀書答錄』)

『밀험』3-F

○ 생각건대, 드러나지 않는 것은 귀신이 형체가 없어서 그 자취가 은미하여 드러나지 않는 것을 말한다. 『중용』의 드러남과 은미함에 관한 견해는 모두 귀신의 체는 은미해 보이지만 실제로는 드러남을 논하고 있다. 이전의 학자들이 여러 사람이 함께 있는 것을 드러난 것으로, 혼자 있는 것을 은미한 것으로 본 것은 본래의 뜻이 아닌 것 같다. -이 뜻은 나의 『중용설』을 보라- 단지 이것은 '불현역임(不顯亦臨 : 드러나지 않아도 이른다)' 4글자가 원래 확실한 증거이니, 은미하고 어두운 곳을 드러나지 않은 것으로 보아서는 안 된다. ○ 원래 '신독(愼獨)'이라고 하는 것은 자기 홀로 아는 일에 신중함을 다하는 것을 말하며, 혼자 있는 곳에서 신중함을 다하는 것을 말하는 것은 아니다. 사람이 자기 방에서 정좌할 때마다 자신이 행하는 것을 묵묵히 생각하면 양심이 구름이 일듯이 나타난다. 이것은 자신의 어두운 방구석을 바라보면서 그 부끄러움을 드러내는 것이며, 어두워 안 보이는 장소에 임할 때 감히 악을 행해서는 안 되는 것을 말하는 것이 아니다. 사람이 악을 행하는 것은 늘 사람과 서로 교제하는 곳에서이다. 어쩌다 어두운 방에서 악을 행한다고 해도 오직 누워서 음란한 허물을 지음이 있을 뿐이다. 이른바 '신독'이라는 것이 어찌 단지 이런 허물만을 조심하는 것이겠는가? 이제 사람이 신독 두 글자를 이해하는 것이 본래 분명하지 않기 때문에 어두운 방에 있을 때 간혹 옷깃을 가지런히 하고 단정하게 잘 앉아 있다가도, 다른 사람과 교제할 때만 되면 그에게 비루한 거짓말을 하고 음험하고 치우친 말을 하면서도 남이 깨닫지 못한다고 생각하고, 하늘이 듣지 못한다고 여기니, 이른바 신독이라는 것이 어찌 이와 같은 것이겠는가?(『밀험』)

○ 案不顯者, 謂鬼神無形, 其跡隱微而不顯也. 『中庸』顯微之說, 皆論鬼神之體, 似微而實顯. 先儒以群居爲顯, 獨處爲微, 恐非本旨. -義見余『中庸』說- 只此不顯亦臨四字, 原是確證, 不可以隱暗處爲不顯. ○ 原來愼獨云者, 謂致愼乎己所獨知之事, 非謂致愼乎其所獨處之地也. 人每靜坐其室, 黙念自己所爲, 油然良心發見. 此所以瞻其屋漏而發其愧悔, 非謂屋漏所臨之地, 毋敢行惡也. 人之行惡, 每在於與人相接之處. 其或行之於暗室者, 唯有偃臥淫褻之咎而已. 所謂愼獨, 豈唯此咎是愼哉. 今人認愼獨二字, 原不淸楚, 故其在暗室, 或能整襟危坐, 而每到與人相接之處, 施之以鄙詐險詖, 謂人罔覺, 謂天罔聞, 所謂愼獨豈如是乎.(『密驗』)

『원주』3-1

○ 정씨가 말하였다. "신은 사람의 행위를 본다. 그대는 이곳은 어둡고 밝지 않아 나를 보는 사람이 없다고 말하지 말라. 신이 너를 본다."71)

○ 鄭氏曰, "神見人之爲也. 汝無謂是幽昧不明, 無見我者. 神見汝矣."

『강록』3-1-A

○ 이덕홍이 기록하였다. "이름은 현(玄)이고, 자(字)는 강성(康成)이며, 동한 사람이다." ○ 북해 고밀 사람이다. 관(關) 지방에 들어가 마융에게서 학문을 배운 후에 고향으로 돌아왔다. 따르는 제자들이 수천 명이었으며, 국상이었던 공융은 그를 매우 존경하였다. 정현은 한 때 길에서 황건적을 수만인 만났는데, 정현을 보고 모두 배례하고서는 서로 약속이나 한 듯이 감히 현의 경계를 들어가지 못하였다. 표소는 기주(冀州)를 다스리면서 빈객들을 크게 모았는데, 이단(異端)의 설을 열심히 말하여 백가(百家)가 번갈아 일어나자 정현이 어떤 분야든 변론하여 대처하니, 모두 의문점을 제기하면서도 탄복하지 않는 사람이 없었다. 「일통지」에 나온다.(『강록』)

○ 李錄云, "名, 玄, 字, 康成, 東漢人." ○ 北海高密人. 入關從馬融受學, 後歸鄕里, 學徒相隨者, 數千百人. 國相孔融深敬之. 玄嘗道遇黃巾賊數萬人,

71) 『毛詩注疏』 권25, 「大雅」.

見玄皆拜. 相約不敢入縣境. 表紹帥冀州, 大會賓客, 競說異端, 百家互起. 玄隨方辨對, 咸出問表, 莫不歎服, 出「一統志」.(『講錄』)

『관계』3-1-B

○ 「유매불명(幽昧不明)」: 방의 구석에 홀로 있으면 본래 어둡고 안 보이는 곳이지만 옆에 있는 옥루(屋漏)에는 그래도 햇빛이 스며들어오는 만큼 이곳은 밝게 드러난 곳이 아니라고 말할 수 없다. 하물며 귀신의 눈은 전광과도 같은 데 있어서랴!(『관계』)

○ 「幽昧不明」: 獨處室奧, 固是幽隱之中而屋漏在傍, 猶有日光之漏入, 不可曰此非顯明之處. 况神目如電乎.(『窾啓』)

『원주』3-2

○ 주자가 말하였다. "그대가 군자와 벗할 때를 보면 너의 안색을 온화하고 부드럽게 하여 조심하고 두려워하는 마음으로 언제나 스스로 반성하듯이 '어찌 허물을 짓게 되지 않겠는가?'라고 말한다. 대체로 보통사람의 심정은 드러난 곳에서 자신을 닦는 것은 이렇게 하지 않는 이가 없다. 그러나 그대가 방에 혼자 있을 때를 보아도 방의 구석진 곳에서 거의 부끄럽지 않아야 하니, 여기는 밝게 드러난 곳이 아니니 아무도 나를 보지 못한다고 말하지 말아야 한다. 신묘한 귀신은 핵심이 되지 않는 사물이 없으므로 그것이 여기에 이르는 것을 헤아릴 수 없는 것이 있음을 알아야 한다. 드러나지 않는 곳에도 이르러서, 오히려 잘못이 있을까 두려워 하니 하물며 싫증내어 공경하지 않을 수 있겠는가? 이것은 밖에 있는 것을 닦을 뿐 아니라, 보고 듣지 못하는 마음도 조심하고 삼가고 두려워해야 함을 말하는 것이다."72)

○ 朱子曰, "言視爾友於君子之時, 和柔爾之顏色, 其戒懼之意, 常若自省,

72) 『詩經集傳』, 권7. * 『西山讀書記』 권18, 「敬上」.

曰豈不至於有過乎. 蓋常人之情, 其脩於顯者, 無不如此. 然視爾獨居於室之時, 亦當庶幾不愧于屋漏, 無曰此非顯明之處而莫予見也. 當知鬼神之妙, 無物不體, 其至於是, 有不可得而測者. 不顯亦臨 猶懼有失, 況可厭射而不敬乎. 此言不但脩之於外, 又當戒謹恐懼乎其所不睹不聞也."

『강록』3-2-A

○ 「당지(當知)」 : 임(臨)자 뒤에까지 걸리는 것으로 해석해야 한다. 「체(體)」 : 대개 '체(體)'라고 말하는 것은 골자로 나무에 근간이 있는 것과 같다. 『역(易)』에 "곧고 견고함으로 일을 주간할 수 있다"고 말하였다. 이덕홍의 기록에 말하였다. "본래는 자신이 보지 못하고 듣지 못하는 곳을 말하기 때문에 이곳에서는 또한 기(其)자를 썼는데 '기(其)'는 자기를 가리킨다. 그러나 옥루(屋漏)는 곧 다른 사람이 보지 못하는 곳이므로 또한 다른 사람이 보거나 듣지 못한다는 뜻을 함께 볼 수 있어야 된다. 대개 '혼자 있을 때를 조심하는 것'과 대비하여 말하면 남과 나를 구분하지만, 하나만 말할 때는 겸하여 볼 수 있다.(『강록』)

○ 「當知」:釋在臨字之後. 「體」 : 凡言體者, 乃骨子也. 猶木之有幹. 易曰貞固, 足以幹事. 李錄云, "本謂己所不睹不聞, 故此處亦下一其字, 其謂己也. 然屋漏乃是人不見之處, 則亦可兼看人不見聞之義, 便是. 蓋與謹獨對言, 則分人己, 單言, 則可兼看."(『講錄』)

『석의』3-2-B

○ '당지'는 해석이 '헤아리는 것'까지 걸린다. '체'에 대해, 대개 '체는 골자와 같다'고 말하는 것이다.(『석의』)

○ 當知, 釋在測者. 體, 凡言體猶骨子云.(『釋疑』)

『부주』3-1

○ 주자가 말하였다. "위나라 무공은 학문을 하는 노력이 결코 구차하지 않아 나이 95세에도 여러 신하들에게 바르게 간언하라

고 명령하였다. 「억」과 같은 시는 그가 스스로를 경계한 시인데, 후대 사람들이 이것을 모르고 끝내 려왕(厲王)을 경계한 시라고 생각하였다. 결국 주나라의 경과 사대부들은 성인과 떨어진 시대가 가까워 기상이 본래 (후대 사람들과) 같지 않았다."[73]

○ 朱子曰, "衛武公學問之功甚不苟, 年九十五歲, 猶命羣臣, 使進規諫, 至如「抑」詩是他自警之詩, 後人不知, 遂以爲戒厲王. 畢竟周之卿士, 去聖人近, 氣象自是不同."

『강록』3-1-a

- 「학문(學問)」: 스스로 배우고 남에게 묻는 것이다. 「필경(畢竟)」: 선생은 비평하여 말하였다. "그 결론을 구하여 말하는 것이라는 말이다. 주나라 향사(鄕士)는 풍(風)과 아(雅) 중에서 일컫는 주(周)의 향사(鄕士)를 총괄적으로 일컬어 말한다." 「부동(不同)」: 이덕홍이 기록하였다. "각기 구별된다고 말하는 것이다."(『강록』)
- 「學問」: 學於己, 問於人. 「畢竟」: 先生批云, "猶言要其終而言之也. 周之鄕士, 總指風雅中所稱周鄕士而言." 「不同」: 李錄云, "猶言各別."(『講錄』)

『질의』3-1-b

- 「필경(畢竟)」: '그 결론을 구해서 말한다'는 것이라는 말이다. 「부동(不同)」: 각기 다르다는 것을 말한다. 황중거가 질문하였다. "주나라의 경과 사대부들은 성인과 떨어진 시대가 멀지 않아서 기상이 후세 사람들과 다른 것이 아닙니까?" 대답하였다. "이 「소아」·「대아」의 여러 시 가운데는 주나라 경과 사대부들이 지은 시가 많다. 그래서 '억' 시를 논함으로써 시를 지은 여러 사람들을 함께 가리켜 찬미했을 뿐이다.(『질의』)
- 「畢竟」: 猶言要其終而言也. 「不同」: 猶言各別也. 黃仲擧問, "周之卿士, 去聖人不遠, 故氣像與後世之人不同否." 答曰, "是「小大雅」諸詩, 多是周卿士所作, 故因論抑詩兼指諸作者而稱美之耳."(『質疑』)

73) 『朱子語類』 권81, 「詩二·淇澳」.

『질의고오』3-1-c

○ 주자가 말하였다. "무공이 선왕의 말년에 태어나 려왕의 사후에 즉위한 것을 한번 생각해 보면, 어찌 려왕을 풍자한 시가 있을 수 있겠는가? 시 속의 문장의 기세가 만약 스스로 경계를 삼고자 한 것이라면 매우 조리가 있지만, 려왕을 풍자하고자 한 것이라면 전혀 순조롭지 않다."(『질의고오』)

○ 朱子曰, "嘗考武公生於宣王之末年, 卽位在厲王死之後, 安得有刺厲王之詩. 詩中辭氣, 若作自警, 甚有理. 若作刺厲王, 全然不順."(『質疑考誤』)

『석의』3-1-d

○ 「학문(學問)」 : 스스로 배우고 남에게 묻는 것이다. 「필경(畢竟)」 : 그 결론을 요약한다는 뜻이다. 「주지경사(周之卿士)」 : 무공(武公)을 가리킨다. 대개 무공은 제후로서 주 왕조의 경사(卿士)로 들어갔다. 「부동(不同)」 : 각기 다르다는 뜻이다.(『석의』)

○ 「學問」 : 學於己, 問於人. 「畢竟」 : 要其終之意. 「周之卿士」 : 指武公. 蓋武公以諸侯入爲王朝卿士. 「不同」 : 猶言各別.(『釋疑』)

『강의』3-1-e

○ 질문하였다. "『부주』에서 주자가 '결국 주나라의 경사(卿士)들이 운운'한 곳의 위아래 문장의 뜻은 이해하기 힘듭니다. 문장의 흐름으로 해석해 보면 무공의 기상이 여전히 성인에 가까운 고대 주나라의 경사(卿士)에 미치지 못한다는 것입니까?" 대답하였다. "이것은 무공을 찬미한 말이다. '억' 시는 스스로를 경계하기 위하여 지은 것이니, 만약 이것을 옮겨서 군주를 경계한 말이라고 한다면, 군자의 충실하고 돈후한 기상을 심하게 잃을 것이다. 대개 자신을 책망하는 데는 엄격하고 남을 책망하는 데는 관대하니, 하물며 군주를 경계하는 것으로 오히려 자신을 책망하는 것이 가능하겠는가? 주자의 본래 뜻은 아마도 이런 것 같다."(『강의』)

○ 問, "附註朱子說畢竟周之卿士云云, 上下文義難曉. 自文勢解之, 則武公氣像尙不及於古周卿士之近於聖者耶." 曰, "此其贊武公之語. 抑詩爲自警而作,若移此以爲誡君之辭, 則殊失君子忠厚氣像也. 蓋責己嚴而責人恕. 況爲君上之誡而猶責己可乎? 朱子本意, 恐亦如是."(『講義』)

『부주』3-2

○ 서산진씨가 말하였다. "이것은 무공이 스스로를 경계한 시이다. 사람의 보통 심정은 여러 사람이 있는 곳에서 조심하고 공경하는 것은 쉬우나, 혼자 있는 곳에서 삼가하고 두려워하는 것은 어렵다. 자사는 『중용』을 지어 이 설을 미루어 밝혀 '은미한 것은 드러나기 마련이니, 성(誠)은 가릴 수 없다'고 하였으니, 오호라! 무공은 성현의 무리일 것이다."74)

○ 西山眞氏曰, "此武公自警之詩也. 人之常情, 祗敬於羣居者易, 兢畏於獨處者難, 子思作『中庸』, 推明其說." 曰, "微之顯, 誠之不可揜也. 嗚呼武公, 其聖賢之徒與."

『부주』3-2-1

○ 첩산사씨가 말하였다. "장자는 '밝게 드러난 곳에서 선하지 않은 일을 하는 것은 사람들이 그것을 비난할 수 있으나, 어두워 보이지 않는 곳에서 선하지 않은 일을 하는 것은 귀신이 그것을 꾸짖을 수 있다'75)고 말하였으니, 군자에게 사람들의 비난도 없고 귀신의 책망도 없다는 것은 또한 이런 뜻이다."

○ 疊山謝氏曰, "莊子云, '爲不善於顯明之中者, 人得而非之, 爲不善於幽暗之中者, 鬼神得而責之.' 君子無人非無鬼責, 亦此意也."

『강록』3-2-1-a

○ '첩산사씨'는 이름은 방득(枋得)이고 익양인(弋陽人)이며, 호는 첩산이다. 사람됨이 충의를 스스로 떨쳤다. 보우(寶祐)중에 경과(經科)에

74) 『大學衍義』 권29, 「誠意正心之要一-崇敬畏·操存省察之功」

75) 『莊子』, 「庚桑楚」.

응시하였으며, 덕우(德祐) 초에 강서초유(江西招諭)로 신주(信州)의 지사가 되었다. 원나라 군사가 신주를 공격하자 방득은 성과 이름을 바꾸고 건녕(建寧)의 산 속에 들어가서 우거하였다. 객지생활을 하면서도 날마다 거친 베옷에 거친 신발을 신고 동쪽을 향하여 곡(哭)을 하였다. 건양의 저자거리에서 점을 치러 오는 사람들에게 점을 쳐주었는데, 오로지 쌀과 신만을 받았다. 전솔(錢率)을 맡겨도 사양하여 취하지 않고 천하가 안정되자 민(閩) 땅에 살았다. 지원(至元) 중에 천거에 의하여 억지로 등용되었으나 곧바로 사직하였는데, 북쪽 서울행을 강요받아 서울에 이르렀으나, 먹지 않고 굶어서 죽었다. 「일통지」에 나온다.(『강록』)

○ 「疊山謝氏」 : 名, 枋得. 弋陽人, 號, 疊山. 爲人忠義自奮. 寶佑中試經科, 德祐初, 以江西招諭, 使知信州, 元兵攻信州. 枋得乃變姓名, 入建寧山中寓, 逆旅中, 日麻衣躡屨東面而哭而已. 賣卜建陽市中有來卜者, 惟取米屨而已. 委以錢率謝不取, 天下定, 居閩中, 至元中, 以薦强起, 輒辭, 逼以北行, 至京, 不食死, 出「一統志」.(『講錄』)

『비망록』3-2-1-b

○ 자기를 실천하고자 하는 사람이 늘 쉬운 것에 소홀히 하면서 어려운 것을 가지고 씨름하는 것은 그 뜻이 세워지지 않았기 때문이다. 학문을 할 때의 골칫거리 중 어느 것이 이보다 심한 것이 있겠는가? 삼가 이 마음을 존양 성찰하는 공부에 열심히 힘쓰고 오래 지속하여 점차 젖어들어서 홀로 있을 때나 여럿이 있을 때나 저절로 쉽고 어려움의 차이가 없게 해야만 거의 도에 가깝게 될 것이다. 그 근본은 반드시 은미한 것으로부터 미루어 나가야 된다. 그래서 증자와 자사는 모두 홀로 아는 마음을 조심하는 것으로 특별히 가르침을 내렸다.(『비망록』)

○ 欲行己者, 每易於易而難於難者, 以其志不立也. 爲學之病, 孰有甚於此哉. 祗當使此心猛力於存養省察之工, 久久沈漸, 在獨在衆, 自無易難之分, 乃庶幾也. 其本,則必自隱微而推之也. 故曾子子思, 俱以愼其獨, 特垂訓焉.(『備忘錄』)

제4장: 사특함을 막아 성을 보존하다 [閑邪存其誠]

◯ 『주역·건괘』 '구이효'에서 공자가 말하였다. "평소의 말을 미덥게 하고, 평소의 행위를 조심스럽게 하여 사특함을 막아 성실함을 보존한다."76)

◯ 『易』乾之九二, 子曰, "庸言之信, 庸行之謹, 閑邪存其誠."

『강록』4-A

- 이덕홍의 기록에 말하였다. "평소의 말과 평소의 행위는 외적인 것을 위주로 말한 것이고, 사특함을 막고 성실함을 보존하는 것은 내적인 것을 위주로 말한 것이다. 삼감과 미더움을 곧바로 사특함을 막고 성실함을 보존하는 도리로 간주한 것은 아니다."(『강록』)
- 李錄云, "庸言庸行, 主外而言. 閑邪存誠, 主內而言. 非直以謹信爲閑邪存誠之道也."(『講錄』)

『발휘』4-B

- 정자는 또 말하였다. "사특함을 막는 것은 바로 말을 하거나 음식을 먹거나 나아가고 물러날 때 그리고 남과 서로 교제하는 때에

---

76) 『周易』, 「乾卦九二」.

있어서 뿐이다."77) ○ 또 말하였다. "사특함을 막는 데 다시 어떤 공부를 하겠는가? 단지 용모를 단정히 하고 사려를 조리있게 하면 자연히 경을 낳는다. 경은 다만 하나에 집중하는 것이다."78) ○ 또 말하였다. "사특함을 막게 되면 진실로 하나가 된다. 그러나 하나에 집중하면 사특함을 막는 것을 말할 필요가 없다."79) ○ 질문하였다. "사특함을 막는 것과 하나에 집중하는 것은 어떤 것입니까?" 주자가 대답하였다. "하나에 집중하는 것은 뜻을 지키는 것과 같고, 사특함을 막는 것은 기운을 사납게 하지 않는 것과 같다. 사특함을 막는 것은 단지 사특한 기운이 들어올 수 없게 하는 것인 반면, 하나에 집중하는 것은 안에서 그것을 지키는 것으로 두 가지 중 어느 쪽으로도 치우침이 있어서는 안 된다. 이것이 안과 밖을 상호적으로 기르는 방법이다."80) ○ 또 말하였다. "사특함을 막으면 성실함은 저절로 보존된다. 예컨대, 어떤 사람이 집의 담장을 수리하지 않으면 도둑을 막을 수 없다. 도둑이 동쪽으로부터 들어와서 그를 쫓아내면 다시 서쪽에서 들어온다. 한 사람을 쫓을 때마다 한 사람이 다시 침입하니, 담장을 수리하여 도둑이 저절로 이르지 않게 하는 것이 낫다. 그래서 사특함을 막으려고 한다."81) ○ 또 말하였다. "경건함은 사특함을 막는 도리이다. 사특함을 막는 것과 성실함을 보존하는 것은 비록 두 가지 일이지만, 또한 단지 하나의 일이니, 사특함을 막기만 하면 성실함은 저절로 보존된다. 세상에는 하나의 선과 하나의 악이 있는데, 선을 떠나면 악이고 악을 떠나면 곧 선이다. 문에 비유하면 나가지 않으면 들어가는 것이다."82) ○ 주자가 말하였다. "평소의 말과 평소의 행위로

77) 『二程遺書』 권25, 「暢潛道本」.
78) 『二程遺書』 권15, 「入關語録」.
79) 『二程遺書』 권15, 「入關語録」.
80) 『朱子語類』 권96, 「程子之書二」.
81) 『二程遺書』 권15, 「入關語録」.
82) 『二程遺書』 권18, 「劉元承手編」.

성덕의 지극함이 여기에 이르게 되면 그렇게 노력하지 않아도, 저절로 사특함을 막고 성실함을 보존하니, 이것이 곧 싫증냄이 없이 보존하는 것이다. 비록 싫증냄이 없더라도 또한 보존해야 한다. '보'는 지킨다는 뜻이다."[83] ○ 또 말하였다. "사특함을 막고 성실함을 보존하는 것은 힘을 크게 쓰는 것은 아니다."[84](『발휘』)

○ 程子又曰, "閑其邪者, 乃在於言語飮食進退, 與人交接之際而已矣." ○ 又曰, "閑邪更著甚工夫. 但惟是動容貌整思慮, 則自然生敬. 敬只是主一也." ○ 又曰, "閑邪, 則固一矣. 然主一, 則不消言閑邪." ○ 問, "閑邪主一如何?" 朱子曰, "主一似持其志, 閑邪似無暴其氣. 閑邪只是要邪氣不得入, 主一則守之於內. 二者不可有偏. 此內外交相養之道也." ○ 又曰, "閑邪, 則誠自存, 如人有室垣墻不修, 不能防寇. 寇從東來逐之, 則復有自西入. 逐得一人, 一人復至, 不如修其垣墻, 則寇自不至. 故欲閑邪也." ○ 又曰, "敬是閑邪之道. 閑邪存其誠, 雖是兩事, 然亦只是一事, 閑邪, 則誠自存矣. 天下有一箇善一箇惡, 去善卽是惡, 去惡卽是善, 譬如門不出便入." ○ 朱子曰, "庸言庸行, 盛德之至, 到這裏, 不消恁地, 猶自閑邪存誠, 便是無斁亦保. 雖無厭斁, 亦當保也. 保者, 持守之意." ○ 又曰, "閑邪存誠, 不大段用力".(『發揮』)

『석의』4-C

○ 「'용언(庸言)'에서 '존기성(存其誠)'까지」 : 평소의 말을 미덥게 하고 평소의 행위를 조심스럽게 하여 사특함을 막아 그 성실함을 보존한다. ○ 평소의 말과 평소의 행위는 밖을 위주로 말한 것이고, 사특함을 막고 성실함을 보존하는 것은 안을 위주로 말한 것이다.(『석의』)

○ 「庸言 止 存其誠」 : 庸言을 信ᄒᆞ며 庸行을 謹ᄒᆞ고 邪를 閑ᄒᆞ야 그 誠을 存타. ○ 庸言庸行, 主外而言. 閑邪存誠, 主內而言.(『釋疑』)

『석의보유』4-D

83) 『朱子語類』 권69, 「易五·乾下」.

84) 『朱子語類』 권69, 「易五·乾下」.

○ 『석의』에서 "평소의 말과 평소의 행위는 밖을 주로 하여 말한 것이며, 사특함을 막고 성실함을 보존하는 것은 안을 주로 하여 말한 것이다. 삼감과 미더움을 곧 바로 사특함을 막고 성실함을 보존하는 도리로 간주한 것은 아니다"라고 하였다. 이제 퇴계의 이 설을 살펴보면, 내면과 외면으로 나누어 말하였기 때문에 이와 같다. 그러나 합하여 말하면, 평소에 미덥게 하고 평소에 조심하면 사특함은 저절로 막히고 성실함은 저절로 보존되니 미덥게 하고 조심하는 것 이외에 따로 막고 보존하는 공부가 있는 것이 아니다. 그래서 정자는 '어떻게 하는 것이 사특함을 막는 것인가? 예가 아닌 것은 보지도 듣지도 말하지도 행위하지도 말라, 그러면 사특함은 막힐 것이다'고 말하였다. 배우는 자는 모름지기 정자의 학설을 표준으로 삼아야 하며, 『석의』에서 언급한 것은 융통성 있게 보아야 한다. 대개 신(信)과 근(謹)은 바로 성(誠)과 경(敬)의 다른 명칭이다.(『석의보유』)

○ 『釋疑』"庸言庸行, 主外而言. 閑邪存誠, 主內而言. 非直以謹信爲閑邪存誠之道也." 今按退溪此說, 分內外而言, 故如此. 然合而言之, 則庸信庸謹, 邪自閑, 誠自存, 非信謹外別有閑存之工也. 故程子曰, 如何是閑邪, 非禮勿視聽言動, 邪斯閑矣. 學者須以程說爲的. 『釋疑』之云活看可也. 蓋信謹便是誠敬之異名.(『釋疑補遺』)

『질서』4-E

○ 오씨의 설은 정자의 '사물(四勿)'의 가르침과는 같지 않다. 예가 아닌 것은 곧 사사로운 욕망이고 나쁜 생각이다. 『역』에서는 사특함을 막는 것만 말하였으니, 어떻게 '생각에 사특함이 없다'고 하는 것과 같지 않음을 알겠는가? 오씨의 뜻은 대개 '평소의 말이 미덥고, 평소의 행위가 조심스럽다'고 말하고 나서, 이어서 '사특함을 막는다'고 말한 것으로 보아 그 윗부분에서 미더운 말과 조심스러운 행위는 바로 사특함을 막는 것이다.'고 생각하여, 그것이 정심 공부가 아닌가 의심하였다. 그러나 주자는 '싫증냄이 없이 또한

보존한다'는 뜻을 말하여, '싫증냄이 없다'는 것을 미덥고 조심하는 것에 속하는 것으로, '또한 보존한다'는 것을 사특함을 막는 것에 속하는 것으로 보아 뜻에 포괄하지 않는 것이 없었다.(『질서』)

○ 吳氏之說與程子四勿之訓不同. 非禮處便是私欲惡念. 易只言閑邪, 何以知與思無邪不同. 吳氏之意, 盖謂旣曰,庸言之信, 庸行之謹, 繼之曰, 閑邪, 其上面信言謹行, 已是邪惡之閑矣. 故疑其爲正心之功, 然朱子旣謂無射亦保之意, '無射'屬之信謹, '亦保'屬之閑邪, 而義無不該.(『疾書』)

『경의』4-F

○ 사특함을 막으면 성실함이 보존된다는 것은 또한 "사특함을 막으면서 성실함을 보존하는 것이니, 진실로 사특함을 막는 것을 버려두고 성실함을 보존할 것을 추구해서는 안 되며, 또한 오로지 사특함을 막는 것에 의해서만 성실함이 저절로 보존될 것을 바라서도 안 된다"는 것을 말하는 것이다.(『경의』)

○ 閑邪則誠存, 亦曰, "閑邪而存誠, 固不可舍閑邪而求存誠, 亦不可專靠閑邪而聽誠於自存."(『經義』)

『강록간보』4-G

○ 평범한 말과 평범한 행위는 밖을 위주로 하여 말한 것이고, 사특함을 막고 성실함을 보존한다는 것은 안을 위주로 하여 말한 것이다. 삼감과 미더움을 사특함을 막는 도리로 간주한 것이 아니다.(『강록간보』)

○ 庸言庸行, 主外而言. 閑邪存誠, 主內而言. 非以謹信爲閑邪之道也.(『講錄刊補』)

『밀험』4-H

○ 사특함을 막는 것은 예가 아닌 것은 보지도 듣지도 말하지도 행위하지도 않는 것이다. (정자가 말하였다.) '성실함을 보존하는 것은 자신을 이겨내고 예를 회복하는 것이다. 건괘 구이효는 건괘(乾卦)에서 동인괘(同人卦)로 변한 것으로 하괘(下卦)는 리괘(離卦)가 된다. 『역』의 사례에서 리(離)는 성실함이 되고 또 예(禮)가 된다. 동인괘

는 본래 구괘(姤卦)·쾌괘(夬卦)로부터 왔다. 구괘의 하괘는 손괘이고, 쾌괘의 상괘는 태괘로 모두 올바르지 않은 괘이다.(괘형이 바르지 않다.) 리(離)는 막는 것이 된다.(가인괘(家人卦)를 보라)(『밀험』)

○ 閑邪者, 非禮勿視聽言動也.(程子云) 存其誠者, 克己而復禮也. 乾九二者, 乾之同人也, 下卦爲離. 易例離則爲誠, 亦爲禮也. 同人本自姤夬來. 姤之下巽, 夬之上兌, 皆不正之卦也.(卦形歪) 離則爲閑(見家人)(『密驗』)

『심경설』4-I

○ 질문하였다. "정자가 '예가 아닌 것을 보지도 듣지도 말하지도 행위하지도 않으면 사특함이 곧 막힌다'[85]고 말씀하였습니다. 이것을 보면 평소에 미덥고 평소에 조심하는 것은 사특함을 막는 도리인 듯합니다. 그러나 『강록』에서 오히려 조심하고 미더운 것을 사특함을 막는 도리로 간주하지 않은 것은 무엇 때문입니까?" 대답하였다. "평소에 미덥고 평소에 조심하는 것은 일상에 나아가서 말한 것이다. '네 가지 말라'는 것은 예가 아닌 곳에 나아가서 말한 것이다. 서두가 본래 같지 않은데 어찌 두 가지 설을 억지로 합하여 반드시 조심하고 미더운 것을 사특함을 막는 도리로 간주할 수 있겠는가? 대개 평소의 미더움과 평소의 조심스러움은 밖을 위주로 말한 것이고, 사특함을 막고 성실함을 보존하는 것은 안을 위주로 말한 것으로 내외로 각각 그 공을 다하는 것이기 때문에 『강록』의 견해가 이와 같다. 만약 단일하게 아래 한 구절만 말하면 사특함을 막고 그 성실함을 보존하는 것은 곧 바깥을 제어하여 마음을 기르는 것이다. 그래서 정자는 반드시 예가 아니면 보거나 듣거나 말하거나 행동하지 말라는 것을 사특함을 막는 도리로 보았다. 요컨대, 예가 아닌 것을 막는 뜻은 평소 미덥게 하고 평소 조심하는 데 있는 것이 아니라 단지 사특함을 막는 가운데 있다."(『심경설』)

○ 問, "程子曰, '非禮勿視聽言動, 邪斯閑矣.' 觀此, 則庸信庸謹, 似是閑邪之

85) 『二程遺書』 권2상, 「呂與叔東見二先生語」.

道, 而『講錄』却云, 非以謹信爲閑邪之道者, 何也?" 曰, "庸信庸謹是就平常處說. 四勿是就非禮處說. 頭項固不同, 豈可牽合兩說, 而必以謹信爲閑邪之道耶. 蓋庸信庸謹, 主外而言. 閑邪存誠, 主內而言. 是內外各致其功者, 故『講錄』之說如是, 而若單言下一句, 則閑邪存其誠, 乃是制於外以養中者, 故程子必以非禮勿視聽言動爲閑邪之道. 要之, 禁止非禮之義, 不在於庸信庸謹, 而只在閑邪之中矣."(『心經說』)

『문답심경의의』4-J

○ 질문하였다. "'평소 미덥게 하고 평소 조심하며 사특함을 막고 성실함을 보존한다'는 구절에 대하여 정자가 '이미 허물이 없는 경지에 머무르게 되면 오직 사특함을 막아야 되니'에서 '사특함을 막는 것은 단지 말과 행위에 있을 뿐이다'고 한 부분은 아마도 포괄하지 못하는 것 같습니다." 대답하였다. "『강록간보』에서 말하였다. '평상시의 말과 행위는 외면을 위주로 말한 것이고, 사특함을 막고 성실함을 보존하는 것은 내면을 위주로 말한 것이며, 조심하고 미더운 것을 사특함을 막는 도리로 간주한 것이 아니다.' 이것으로 보면, 노포(鷺浦)가 '평상시 미덥고 평상시 조심하는 것이 곧 사특함을 막는 방법이다'고 말한 것은 합당하지 않은 것 같다.' 주자는 말하였다. '사특함을 막는 것은 단지 말하고 먹고 마시며, 남과 교제하는 때에 달려 있다.' 또 말하였다 '예가 아닌 것을 보거나 듣거나 말하거나 행동하지 않으면, 사특함이 여기에서 막힌다.' 이것은 『강록간보』의 설과 차이가 있다. 두 가지 설 가운데 어떤 것을 따라야 하는가? 내가 생각건대, 배우는 사람에 나아가서 말하면, 사특함을 막는 것은 본래 말하고 행위하는 가운데 달려 있다. 그러나 '평소 미덥고 조심하는 것'의 본문은 「건괘」의 「문언전」에 있는 것으로 성인의 일이다. 그래서 『정전(程傳)』에서는 '이미 과실이 없는 경지에 머무르게 되면 오로지 사특함을 막아야 된다'고 하였으니, 여기에서 '사'자는 사사로운 생각과 망령된 생각이 아니라, 마치 안연이 어긴 것과 같이 약간 잘못된 것이다. 그래서 주자

는 말하였다. '평소 미덥고 평소 조심하는 것은 성인의 덕이 지극한 것이다. 여기에 이르면 그렇게 노력하지 않아도 저절로 사특함을 막고 성실함을 보존할 수 있으니, 이것이 곧 '싫증냄이 없이 또한 보존한다'는 것이다.'[86] 또 말하였다. '사특함을 막고 성실함을 보존하는 것은 대단한 노력을 요하는 것이 아니다.'[87] 이 두 설을 보면 『강록간보』의 안을 위주로 하고 밖을 위주로 한다고 하는 설은 더욱 분명하다."(『문답심경의의』)

○ 問 : 庸信庸謹閑邪存誠, 程傳曰, '旣處無過之地, 則惟在閑邪 止 閑邪只在言行上", 恐未該. 答 : 『講錄刊補』曰, '庸言庸行, 主外而言. 閑邪存誠, 主內而言, 非以謹信爲閑邪之道也. 據此則鷺浦說庸信庸謹, 乃所以閑邪之方云者', 恐未安. 朱子曰, '閑邪者只在於言語飮食與人交接之際', 又曰, '非禮勿視聽言動, 邪斯閑矣.' 此與刊補之說有異. 兩說將何所適從. 竊嘗思之, 若就學者上說, 則閑邪固在於言行上, 而庸信庸謹之本文在乾文言, 卽聖人事也. 故程傳曰, '旣處無過之地, 則惟在閑邪'. 此邪字非私意妄念, 卽纔差了. 如顔子之違, 故朱子曰, '庸信庸謹, 盛德之至, 到這裏不消恁地, 猶自閑邪存誠, 便是無斁亦保.' 又曰, '閑邪存誠, 不大段用力.' 以此兩說觀之. 刊補主內主外之說, 又更分曉.(『問答心經疑義』)

『원주』4-1

○ 정자가 말하였다. "평소의 말을 미덥게 하고 평소의 행동을 삼가는 것은 '다급한 때에도 반드시 이렇게 한다'는 것이다."[88]

○ 程子曰, "庸信庸謹, '造次必於是'也.."

『장도』4-1-A

○ 주자가 말하였다. "평소의 말을 미덥게 하고 평소의 행동을 조심하

86) 『朱子語類』 권69, 「易五·乾下」.

87) 『朱子語類』 권69, 「易五·乾下」.

88) 『伊川易傳』 「乾卦文言傳」, 伊川注.

는 것은 단지 사특함을 막아 그것이 들어오는 것을 두려워하는 것일 뿐이다. 이것이 바로 '싫증냄이 없이 보존한다'는 뜻이다. '싫증내지 않고 보존한다'는 것은 비록 싫증냄이 없이 또한 보존해야 한다는 것이다. '보(保)'는 잡아 지킨다는 뜻이다."[89](『장도』)

○ 朱子曰, "常言旣信, 常行旣謹. 但用閑邪怕他入來. 此正是'無射亦保'之意. '無射亦保', 雖無厭斁亦當保也. 保者, 持守之意."(『章圖』)

『강설』4-1-B

○ 『주역』 주석의 뜻은 본래 말과 행위로 말하였다. 정자도 '다급한 때에도 반드시 이렇게 한다'와 '용모와 사려'로써 그것을 말하였는데, 모두 움직임과 고요함을 아울러서 말하는 것 같다.(『강설』)

○ 易註之意, 本以言行言之. 程子亦以造次必於是, 及容貌思慮言之. 似皆兼動靜爲言(『講說』)

『원주』4-2

○ 또 말하였다. "사특함을 막으면 성실함이 저절로 보존되는 것이지, 밖으로부터 하나의 성실함을 가져와서 보존하는 것이 아니다."[90]

○ 又曰, "閑邪則誠自存, 不是外面將一箇誠來存著."

『원주』4-3

○ 또 말하였다. "어떻게 하는 것이 사특함을 막는 것인가? 예가 아닌 것을 보지 않고 듣지 않으며 말하지 않고 행동하지 않으면 사특함이 막힐 것이다."[91]

○ 又曰, "如何是閑邪? 非禮勿視聽言動, 邪斯閑矣."

---

89) 『朱子語類』 권69, 「易五·乾下」.

90) 『二程遺書』 권15, 「入關語録」.

91) 『二程遺書』 권2상, 「元豐己未呂與叔東見二先生語」.

『부주』4-1

○ 정자가 말하였다. "사특함을 막는 데는 다시 어떤 공부를 하는가? 오직 용모를 바르게 하고, 생각을 바르게 하면 경(恭)이 저절로 생겨난다. 경은 단지 하나됨을 주로 하는 것이다. 하나됨을 주로 하면 이미 동쪽으로 가지 않고, 다시 서쪽으로도 가지 않는데, 이와 같은 것이 바로 '중(中)'이고, 이미 이쪽으로 가지도 않고 다시 저쪽으로 가지도 않는데, 이와 같은 것이 바로 '내(內)'이다. 이것을 보존하면 천리는 저절로 밝아진다. 배우는 사람은 모름지기 경건함으로 내면을 곧게 함으로써 이 뜻을 함양해야 하니, 내면을 곧게 하는 것이 근본이다."92)

○ 程子曰, "閑邪, 更著甚工夫? 惟是動容貌整思慮, 則自然生敬. 敬只是主一, 主一, 則旣不之東, 又不之西, 如此則只是中. 旣不之此, 又不之彼, 如此則只是內. 存此則天理自然明. 學者須是將敬以直內, 涵養此意, 直內是本."

『강록』4-1-a

○ 이덕홍의 기록에 말하였다. "이 구절은 아래 토가 없는데 만약 토를 붙인다면 '하며'라고 말해야 한다. '용모를 바르게 할 때 사나움과 교만함을 멀리하게 된다[動容貌斯遠暴慢矣]'에 대해서, 주자는 아래 네 글자를 공부로 보기 때문에 위의 세 글자를 빈 것(내용이 없는 것)으로 보았다. 정자는 어구 중 위의 세 글자를 공부로 보는 반면 아래 네 글자는 느슨한 것으로 보았다. 그래서 어구를 주자의 견해로 해석하면 '용모를 움직임에 사납고 교만함을 멀리 하며'가 된다. 정자의 견해로 해석하면 '용모를 움직임에 사나움과 교만함이 멀어지며 운운'이 된다. 여기에서도 정자 학설의 뜻으로 보았기 때문에 공부는 '용모를 움직인다'는 세 글자에 두어 토를

92) 『二程遺書』 권15, 「入關語録」.

'하며'라고 말하였다."(『강록』)

○ 李錄云, "此下無吐, 若有之, 則當曰ㅆ 語. 動容貌斯遠暴慢矣, 朱子則於下四字, 作工夫看, 故上三字虛看了. 程子則語上三字, 作工夫看, 而下四字, 則閑看了. 故語以朱說釋, 則容貌乙動호매, 暴慢乙머리ᄒᆞ며. 以程說釋, 則容貌乙動호매, 暴慢이遠ㅆ 云云. 於此亦以程說義看, 故工夫在於動容貌三字, 而吐曰, ᄒᆞ며.(『講錄』)

『질의』4-1-c

○ 「동용모(動容貌)」: 『논어』의 '용모를 움직임에 사납고 교만함을 멀리한다'에 대해서 주자는 아래 네 글자를 공부로 보았기 때문에 위의 세 글자를 내용이 없는 것으로 보았다. 정자는 위의 세 글자를 공부로 보고, 아래 네 글자는 결과로 말하였다. 이것은 당연히 정자 학설의 뜻으로 보아야 한다.(『질의』)

○ 「動容貌」: 「論語」動容貌斯遠暴慢一段, 朱子於下四字作工夫看, 故上三字虛看了. 程子於上三字作工夫看, 而下四字, 則作工效說. 此當以程說義看.(『質疑』)

『석의』4-1-d

○ 『논어』의 '용모를 움직임에 사납고 교만한 것을 멀리한다'에 대한 주에서 주자는 '사나움과 교만함을 멀리한다[斯遠暴慢]'는 것을 공부로 보았기 때문에 '용모를 움직이며 사나움과 교만함을 멀리하고'라고 해석한 반면, 정자는 '용모를 움직이는 것'을 공부로 보았기 때문에 '용모를 (바르게) 움직이면 사나움과 교만함이 이에 멀고'라고 해석하였다. 「존차(存此)」: '차(此)'는 하나됨을 주로 하는 것을 가리킨다.(『석의』)

○ 『論語』"動容貌斯遠暴慢"註, 朱子則以斯遠暴慢爲工夫. 當釋曰,容貌를 動ᄒᆞ며 暴慢을 멀니ᄒᆞ고, 程子則以動容貌爲工夫, 當釋曰,容貌을動ᄒᆞ면, 暴慢이이예멀고. 「存此」:此指主一.(『釋疑』)

『문답』4-1-e

○ "내가 생각건대, 이 단락은 처음에는 비록 '용모를 갖추고 사려를

바르게 하는' 두 가지를 사특함을 막는 공부로 삼았으나, 아래에서는 오로지 '사려를 바르게 한다'는 한 조목만을 말하였다. 여기에서 이른바 '중'과 '내'라고 한 것은 모두 '마음'을 가리켜 말한 것이다. '이 뜻을 함양(涵養)한다는 것'은 또한 이 마음을 함양하는 것을 말하는 것으로 곧 윗 문장의 이른바 '사려를 바르게 한다'는 것이다. 함양이라는 것은 식물을 물에 담가 기르는 것을 말한다. 선대 유학자들은 마음을 기르는 데 이 두 글자를 쓰지만, 『요해』에서는 '이 뜻'을 사특함을 막고 성실함을 보존하는 것'을 가리켜 말하는 것으로 보았다. '한사존성'에 '함양' 두 글자를 쓰는 것은 문장의 의미가 맞지 않는 것 같은데 어떠한가?" "이 단락은 본래 사특함을 막고 성실함을 보존하는 것을 위주로 한 것이므로 '이 뜻'을 '사특함을 막고 성실함을 보존하는 것'을 가리키는 것으로 보았다. 또 생각건대, '보존한다[存]'는 글자는 아마도 함양에 해당하는 것으로 일컬을 수 없을 것 같다."(『문답』)

○ "妄謂, 此段初雖以動容貌整思慮二者爲閑邪工夫. 下則專言整思慮一款. 其所謂中與內者, 皆指心而言. 涵養此意者, 亦以涵養此心而言, 卽上文所謂整思慮也. 涵養云者, 如物涵淹於水而養之之謂. 先儒於養心, 下此二字, 而『要解』以'此意'爲指閑邪存誠而言. 於閑邪存誠, 下涵養二字, 文義恐未允, 如何如何?" "此段本主閑邪存誠, 故以此意爲指閑邪存誠. 且謂存字將不得當涵養之稱耶."(『問答』)

『석의보유』4-1-f

○ 「함양차의(涵養此意)」: '차의(此意)' 두 글자는 의심스럽다. 대체로 의(意)는 이발(已發)이니, 바야흐로 그 안을 바르게 하는 것을 어떻게 '이 뜻[此意]'이라고 말하겠는가? 아마도 함양이라는 글자를 동정(動靜)을 겸한 것으로 본 것이 아닌가? 윗 문장의 하나를 주로 하는 것 또한 동정을 아울러서 말하는 것이다. 이천 선생이 '이유(李籲)의 질문에 답하여 말하였다. "이 함양하는 뜻을 보존하는 것이 오래되면 저절로 익숙하게 된다. 경(敬)으로 안을 곧게 하는 것

이 함양하는 뜻이다.” 여기에서는 단지 ‘함양하는 뜻’이라고 말했을 뿐이니, 이 뜻을 함양하는 것과는 같지 않다.(『석의보유』)

○ 「涵養此意」: 此意二字可疑. 盖意是已發, 則方其直內時, 何以云‘此意’也. 無或涵養字, 兼動靜看否. 上文主一, 亦兼動靜而言之也. 伊川先生答李籲之問曰, “存此涵養意, 久則自熟矣. 敬以直內是涵養意. 此則只是涵養之意云爾. 與涵養此意不同.”(『釋疑補遺』)

『강록간보』4-1-g

○ 김종덕(金宗德)의 생각: 『혹문』과 『어류』에서 사씨는 ‘동용모(動容貌), 정안색(正顏色), 출사기(出辭氣)’의 ‘동·정·출(動·正·出)’ 세 글자를 공부로 간주하였다. 정자의 설에서 공부는 평소에 장중하고 공경하는 곳을 함양하는 데 달려 있다. ‘용모를 움직인다’는 이하는 모두 이루어진 효과로 말한 것이지만, 이 단락은 『논어』의 설과는 다른 것 같다. ‘동정(動整)’ 두 글자를 당연히 공부로 보는 것이 『강록』의 뜻인 것 같다.(『강록간보』)

○ 按: 『或問』及『語類』, 謝氏以動正出三字, 做工夫說. 程子說, 則工夫在平日涵養莊敬處. 動容貌以下, 皆以成效言, 而此段似與『論語』說差別. 動整二字, 恐當以工夫看, 卽『講錄』義.(『講錄刊補』)

『문답심경의의』4-1-h

○ 질문하였다. “정자는 동으로 가지도 않고 서로 가지도 않는 것을 중(中)이라고 보았고, 저쪽으로 가지 않고 이쪽으로 가지도 않는 것을 ‘내(內)’라고 하였으니, 다만 어떻게 보아야 문제가 없겠는가?” 대답하였다. “『근사록』 엽씨의 주석에서는 비록 동정으로 나누어 말하였으나, 정자의 이 말은 단지 내면을 곧게 하고 하나를 주로 하는 뜻만 말하였다. 동으로 가지도 않고 서로 가지도 않으며, 저쪽으로 가지도 않고 이쪽으로 가지도 않는 것은 단지 하나의 뜻이고, ‘중’과 ‘내’도 단지 하나의 뜻으로, 『중용』의 ‘중’자를 해석한 뜻과 같지 않다. 진씨(震氏)의 설에서는 동으로 가지 않고 서로도 가지 않는 것을 하나됨을 잡는 것으로 보았고, 저쪽으로

가지 않고 이쪽으로 가지 않는 것을 사물을 끊어 버리는 것으로 보았다. 이것은 참설(攙說)이다.(참(攙)은 다른 뜻을 끌어 들이는 것이다.) 노포의 설은 동으로 가지 않고 서로 가지 않는 것을 일에 있어서 주일(主一)로 본 반면, 저쪽으로 가지도 않고 이쪽으로 가지도 않는 것을 마음에서 주일(主一)로 보았다. 이것은 염설(賺說)이다.(염(賺)은 다른 학설과 연결시키는 것이다.) 대개 '주일'은 '무적(無適)'과 합해야 비로소 그 뜻이 갖추어진다. 이쪽으로 갈 때는 저쪽으로 가지 않고, 저쪽으로 갈 때는 이쪽으로 가지 않는다. 동으로 갈 때는 서로 가지 않고 서로 갈 때는 동으로 가지 않아야 비로소 하나됨을 주로 함이 된다. '가지 않는다'는 것은 곧 '옮김이 없다(無適)'는 뜻을 풀이한 것이다. 잘 모르겠지만, 이렇게 보면 문제가 없는 것 아닌지 모르겠습니다."(『문답심경의의』)

○ 問 : "程子'以不之東,不之西爲中, 不之彼不之此爲內', 止如何看無病." 答 : "『近思錄』葉註, 雖以動靜分言, 而程子此言, 只是說直內主一之義. 不東不西不彼不此, 只一義, 中與內只一義, 非若訓『中庸』中字之義也. 震說以不東不西爲執一, 不彼不此爲絶物, 是攙說.(攙引別義) 鷺浦說以不東不西爲事上主一, 不彼不此爲心上主一, 是賺說(賺連他說) 盖主一合無適, 然後其義始備. 之此時不之彼, 之彼時不之此. 之東時不之西, 之西時不之東, 方爲主一. 不之云者, 卽無適之訓詁也. 未知如是看無病否."(『問答心經疑義』)

『관계』4-1-i

○ '기불지동'은 융통성 있게 보아야 한다. 대개 '중'은 일정한 체가 없어서 동쪽으로 가고 서쪽으로 가는 데도 각각 중이 되는 것이 있다. 만약 동으로 가지 않고 서쪽으로도 가지 않는 것을 '중'이라고 한다면, 이것은 하나를 고집하는 것이다. 저쪽으로 가고 이쪽으로 가는 데도 각각 주로 하는 것이 있다. 만약 저곳으로 가지 않고 이곳으로 가지 않는 것을 '주로 하는 것[爲主]'으로 본다면, 이것은 사물을 끊어 버리는 것이다. 이것은 세밀히 선택하고 확고히 지키는 것에 달려 있다. 하나를 얻어서 그것을 주로 하기 때문에

이와 같다.(『관계』)

○ 「旣不之東」: 當活看. 盖中無定體. 之東之西, 各有攸中. 若以不東不西爲中, 則是執一也. 之彼之此, 各有攸主, 若以不彼不此爲主, 則是絶物也. 此在擇之審, 守之確, 得一而主之, 故如此.(『窾啓』)

『부주』4-2

○ 또 말하였다. "사특함을 막으면 성실함은 저절로 보존된다. 예컨대, 어떤 사람이 집의 담장을 고치지 않았다면 도적을 막을 수 없다. 도적이 동쪽에서 들어와서 그를 쫓으면 다시 서쪽에서 들어오는 도적이 있게 된다. 한 사람을 쫓으면 한사람이 다시 이른다. 이는 담장을 수리하여 도적이 저절로 이르지 않는 것만 못하다. 그러므로 사특함을 막으려고 한다."93)

○ 又曰, "閑邪則誠自存. 如人有室垣牆不修, 不能防寇. 寇從東來, 逐之則復有自西入. 逐得一人, 一人復至, 不如修其垣牆, 則寇自不至. 故欲閑邪也."

『부주차의』4-2-a

○ 한원진(韓元震)의 생각: 도둑을 막는 것으로 사특함을 막는 것을 비유한다면 담장을 수리하는 것은 사특함을 막는 방법으로 비유해야 할 것이다. 사특함을 막는 방법은 경(敬)을 유지하는 데 달려 있다. 지금 '경을 유지하고자 한다'고 말하지 않고 '사특함을 막고자 한다'고 말한 것은 사특함을 막는 것으로 담장을 수리하는 것을 비유한 것이 아니다. 사특함을 막기 위해서는 반드시 경을 유지해야 하기 때문에 사특함을 막는다고 말하는 것은 곧 경을 유지하는 것을 말하고자 한 것이다. 그러나 말한 것이 끝내 분명하지 않은 것 같다. 독자들이 사특함을 막는다는 한 구절을 경(敬)자에 붙여서

93) 『二程遺書』 권15, 「入關語錄」.

보면 그 뜻이 풀릴 것이다.(『부주차의』)

○ 按: 以防寇譬閑邪, 則修垣墻, 當譬閑邪之道矣. 閑邪之道在於持敬. 今不曰欲持敬, 而乃曰,'欲閑邪'者, 非以閑邪譬修垣墻也. 閑邪必以持敬, 故言閑邪, 卽所以言持敬也. 然下語終似未了. 讀者以閑邪一句帶着敬字看, 則其義渙然矣.(『附註箚疑』)

『관계』4-2-b

○ 사특함을 막기 때문에 성실함을 보존하게 된다. 그러나 자기를 이겨내고 또 반드시 예를 회복해야 한다. 악을 버리고 반드시 다시 선을 행해야 한다. 세상에는 본디 사특한 마음이 없더라도 도에 나아가는 데 성실할 수 없는 사람이 있다. 그러나 이것은 성인의 일을 말한 것이기 때문에 보존할 것을 기다리지 않아도 저절로 보존된다고 할 뿐이다.(『관계』)

○ 閑邪故所以存誠, 而克己, 又須着復禮. 去惡, 又須爲善. 世固有雖無邪心而不能誠實於進道者. 然此說聖人事, 故不待存之而自存云耳.(『窾啓』)

『부주』4-3

○ 또 말하였다. "경은 사특함을 막는 도리이다. 사특함을 막고 성실함을 보존하는 것은 비록 두 가지 일이지만, 또한 하나의 일일 뿐이다. 사특함을 막으면 성실함은 저절로 보존된다. 천하에는 하나의 선과 하나의 악이 있는데, 선을 버리는 것이 바로 악이고, 악을 버리는 것이 바로 선이다. 문에 비유하면 나가지 않으면 들어가는 것이다."94)

○ 又曰, "敬是閑邪之道, 閑邪存其誠, 雖是兩事, 然亦只是一事. 閑邪則誠自存矣. 天下有一箇善一箇惡, 去善卽是惡, 去惡卽是善. 譬如門, 不出便入."

94) 『二程遺書』 권18, 「劉元承手編」.

『비망록』4-3-a

○ 혹자가 질문하였다. "사특함을 막는 것은 밖을 다스리는 것을 가리킵니까, 안을 다스리는 것을 가리킵니까?" 대답하였다. "밖의 사특함을 다스려서 안을 다스립니다. '사특함을 막는다'고 말한 이상 밖의 사특함을 가리키면서도 실제로 안을 아우릅니다. 그것을 막는 방법은 오로지 경일 뿐입니다. 경은 한 마음의 주인이며, 모든 선의 근본입니다. 경으로 마음을 잡아 기르면 보고 듣고 말하고 행동하는 때에 저절로 잘못되고 치우친 것의 간섭이 없어져, 안이 곧 고요하고 안정되어 성실함이 저절로 보존됩니다. 대저 성은 거짓이 없는 진실한 마음으로 자기에게 본래 있는 것입니다. 늘 사특함의 기승에 마음을 빼앗겨 스스로 보존할 수 없는데도 또한 아무도 그 병을 치료할 줄 모릅니다. 고대의 성현들은 특별히 경(敬)자를 약이나 돌침으로 보여주고 있습니다. 대개 학문을 하는 사람은 여기에 힘써야 합니다. 안팎으로 사특함이 일어나지 않도록 하고, 사려하고 말하고 행동하는 것을 둘로 하지 않고 섞이지 않게 하여 어디를 가나 진실하지 않음이 없게 되면, 현인과 성인을 바라는 것이 이로부터 지극하게 될 것입니다. 그리고 선을 밝히고 몸을 성실하게 하는 것도 그 가운데의 일입니다. 그러므로 '한사(閑邪)' 두 글자는 '네 가지 하지 말라는 잠(箴)'[95]에서 이른바 '마음에서 말미암아 밖으로 응하고, 밖을 제어하는 것이 그 마음을 기르는 것이다'는 것과 비교해 보는 것이 좋을 것 같습니다. 잘 모르겠지만 어떻습니까?"(『비망록』)

○ 或曰, "閑邪指治外耶, 指治內耶?" 曰, "治外邪, 所以治內也. 旣曰閑邪, 則指外邪而實兼乎內也. 其閑之之道, 只是敬耳. 敬者, 一心之主而萬善之本. 以之持養, 則凡視聽言動之際, 自無非僻之干, 內斯靜定, 而誠自存矣. 夫誠者, 無妄眞實之心, 是己之本有也. 每奪於邪勝而不能自保, 亦莫知其療病. 古之聖賢, 特以敬字示之藥砭也. 凡爲學者, 當於此用力焉. 使內外邪不得作,

95) 『論語』, 「顔淵」 1장 주.

所思慮云爲不二不雜，無往而不眞實焉，則希賢希聖，自此至矣．而明善誠身，亦其中之事也．夫然則閑邪二字，與四箴所謂‘由乎中而應乎外，制於外所以養其中也’者，當參看似好，未知如何如何.”(『備忘錄』)

『부주』4-4

○ 주자가 말하였다. “평소의 말이 이미 미덥고, 평소의 행위가 이미 신중하면 다만 사특함을 막아 그것이 들어오는 것을 두려워하는 것일 뿐이다. 이것이 바로 ‘싫증냄이 없으면서 보존한다’는 뜻이다. ‘무역역보’는 비록 싫증냄이 없지만 또한 보존해야 한다는 것이다. ‘보(保)’는 유지하고 지킨다는 뜻이다.”96)

○ 朱子曰，“常言旣信，常行旣謹．但用閑邪，怕他入來．此正是‘無射亦保’之意．‘無射亦保’，雖無厭斁，亦當保也．保者，持守之意.”

『강록』4-4-a

○ 「‘단용(但用)’에서 ‘타입래(他入來)’까지」 : ‘타(他)’는 사특함을 가리킨다. 질문하였다. “지금 기(旣)자, 단(但)자, 그리고 인용한 ‘무역역보(無射亦保)’라는 글자를 음미해 보면, ‘사특함을 막고 성실함을 보존하는 것’은 초학자의 공부가 아닌 것 같은데 어떻습니까?” 선생께서 비평하여 말하였다. “이것은 「건괘」 ‘구이효’의 설이며, 본디 성인의 학문을 말한 것이지만, 또한 배우는 자가 공부하는 데 절실한 것이다.” 「무역역보」 : 이덕홍의 기록에 말하였다. “염역(厭斁)은 ‘싫어하고 꺼려한다’고 하는 것과 마찬가지다. 보통 사람의 마음은 어떤 사람이 만약 우리가 행동하는 것을 점검한다면 그 마음에 반드시 싫어하고 꺼려하는 것이 있게 되니, 그래서 지킬 것을 보존한다. 이것은 시에서 이른바 ‘그대가 군자를 벗하는 것을 보니, 너의 안색을 온화하고 부드럽게 하고 너에게 무슨 허물이

96) 『朱子語類』 권69, 「易五·乾下」.

있지 않을까 한다'고 하는 것과 같다. 성인은 싫어하고 꺼려하는 것이 없으면서도 스스로 잘 지킬 수 있다."(『강록』)

○ 「但用 止 他入來」 : 他指邪. 問, "今味旣字但字, 及所引'無射亦保'字, 閑邪存誠, 恐非初學工夫何如?" 先生批云, "此乾卦九二說. 固是言聖人之學. 然亦切於學者用工". 「無射亦保」 : 李錄云, "厭斁, 猶言忌憚. 常人之情, 若有人點檢吾所爲, 則於其心, 必有所忌憚, 而保其所守. 猶詩所謂'視爾友君子, 輯柔爾顔, 不遐爾愆', 是也. 聖人, 則非有所忌憚, 而亦克自保也" (『講錄』)

『석의』4-4-b

○ 「'단용(但用)'에서 '입래(入來)'까지」 : 오직 그로써 사특함을 막아 다른 것이 들어올까 조심할 것이니. 『중용』에서는 '역(斁)'을 '싫증내고 태만하여 공경하지 않음'을 말하는 것으로 주석하였다. 이것은 문왕의 덕이 순순하면서 그침이 없어, 그 마음이 비록 싫증내거나 공경하지 않을 때가 없으면서도 언제나 스스로 지키는 것을 말한다. ○ 또 『시』에서 '옛 사람은 싫증내는 일이 없다'고 말하였다. 주자는 말하였다. "옛 사람은 문왕을 가리키는데, 그의 덕은 순수하면서 멈춤이 없다." 이것에 근거할 때 싫증내지 않는 것을 바로 그 덕이 순수하면서 멈춤이 없는 것으로 보면 그 뜻이 더욱 분명하다.(『석의』)

○ 「但用 止 入來」 : 오직 뻐곰 邪를 閑ᄒᆞ야 他ㅣ 入來가저홀디니. 『中庸』註斁謂'厭怠而不敬', 言文王純亦不已, 其心雖無厭怠不敬之時, 而亦常自保守也. ○ 又『詩』曰, "古之人無斁." 朱子曰, "古之人指文王, 其德純而不已." 據此則直以無斁爲其德純而不已, 其義益明.(『釋疑』)

『차의』4-4-c

○ 정자가 '천하에 하나의 선과 하나의 악이 있다'고 운운한 것은 분명히 사특함을 막는다고 할 때의 '사특함[邪]'을 나쁜 생각으로 간주하는 것이다. 오초려는 이 '사(邪)'자를 사욕이나 악념을 일컫는 것이 아니고, 『논어』의 '사특함이 없다' 할 때의 '사'가 아니라고 운운하였다. 분별하여 말한 것이 매우 분명하고 완비한 것 같은데

어찌 정자의 설과 같지 않은가? 정자의 뜻은 '악을 제거하면 바로 선이다'는 한 구절로 사특함을 막으면 성실함이 저절로 보존된다는 뜻을 증명하였지만, '성(誠)'자를 선에 속하는 것으로 '사(邪)'자를 악에 속하는 것으로 간주한 것은 아니지 않은가? 혹은 초려의 설에는 그렇지 않은 것이 있는가? 대개 『역』의 「건괘」 '구이효'는 군주의 성대한 덕을 말한 것이다. 평소의 말이 미덥고, 평소의 행위를 삼가면, 이러한 경지에 이르러 사사로운 욕망과 악한 생각은 반드시 조금도 없게 되지만, 사특하고 부질없는 생각이 반드시 모두 없어진 것은 아니기 때문에 여기에서 특히 사특함을 막아야 한다는 훈계를 제시하였다. 이것으로 볼 때 오씨의 설은 더욱 분명하고 좋은 것 같다. 정자의 전에서 말하였다. "이미 허물이 없는 경지에 머무르게 되면 오로지 사특함을 막아야 한다고 하니 허물이 없는 사람에게 어찌 사욕이나 악념의 사특함이 있겠는가?" 정자가 이미 전에서 이와 같이 말하였으니, 이 '악'자는 아마도 이 '사'자를 가리켜 말하는 것이 아닌 것 같다. 잘 모르겠으나 어떻습니까?(『차의』)

○ 程子曰, '天下一箇善, 一箇惡'云云, 此分明以閑邪之邪爲惡念也. 吳草廬謂此邪字, 非私欲惡念之謂, 非『論語』無邪之邪也云云. 其所分辨說出, 似極明備, 何與程子說不同歟? 程子之意, 無乃以去惡卽是善一句證閑邪誠自存之意, 而非以誠字屬之善, 邪字屬之惡耶. 或草廬之說有不然者歟? 盖易乾之九二言君德之盛者也. 常言旣信, 常行旣謹, 則到此地頭, 私欲惡念, 必無影響, 而閑邪浮念, 未必盡消, 故於此特揭閑邪之戒, 以是觀之, 吳氏之說, 似益明善. 程傳曰, "旣處無過之地, 則惟在閑邪, 無過之人焉有私欲惡念之邪耶?" 程子旣於傳如是爲說, 則此惡字, 恐非指此邪字言也. 未知何如?(『箚疑』)

『심경설』4-4-d

○ 질문하였다. "성실함을 보존하는 것은 사특함을 막는 도리인 것 같은데 반드시 경으로 말한 것은 무엇 때문인가?" 대답하였다. "내가 생각건대, 경을 위주로 하면 사특함이 막힌다. 사특함을 막

으면 성은 저절로 보존되니, 어찌 반대로 성실함을 사특함을 막는 도리로 삼을 수 있겠는가? 일찍이 정자의 말을 들었는데, '성에 이르지 못했을 때는 경건하고 나서 성실해진다'고 하였다. 또 '하나됨을 주로 하는 것을 경이라고 말하고, 하나됨을 성이라고 말한다'고 말하였다. 대개 성실함의 극치는 누구나 가능한 것은 아니지만 경건한 것은 위와 아래를 관통하는 도리이다. 먼저 경에 힘써서 반드시 하나됨을 주로 할 수 있으면 내면의 욕심은 싹트지 않고 바깥의 사특함은 침입하지 않아 방촌의 마음은 고요히 텅비고 한결같아 자연히 진실하고 거짓됨이 없어진다. 주자가 하나의 경을 제시하여 사특함을 막는 도리로 삼은 것은 진실로 『역』에서 말하지 않은 뜻을 밝혔다고 할 수 있다." ○ 「상언기신(常言旣信), 상행기근(常行旣謹)」: 여기에서 두 개의 '기(旣)'자에는 매우 정밀한 뜻이 있다. 그 의미는 "평상의 말이 믿음이 있고 평소의 행위가 조심스럽다면 이미 성대한 덕이 극진한 것인데, 다시 반드시 사특함을 막고 성실함을 보존하여 안과 밖을 상호적으로 기르는 노력을 다해야 한다고 했을 뿐이다"고 말한 것과 같다. 그래서 아래 문장에서는 다시 '싫증냄이 없이 보존한다'고 하는 것으로 그것을 밝혔다. '싫증냄이 없다'는 것은 조심하고 신중한 것을 가리키며, '또한 보존한다[亦保]'는 '막고 보존하는 것'을 가리킨다. 이에 의거하면 『강록』에서 이른바 '조심하고 미더운 것을 막고 보존하는 도리로 간주한 것은 아니다'고 한 것은 어찌 더욱 분명하고 명백하지 않은가?(『심경설』)

○ 問, "存誠似是閑邪之道, 而必以敬爲言者, 何歟." 曰, "愚則謂主敬, 則邪斯閑. 閑邪則誠自存, 豈可反以誠爲閑邪之道耶. 嘗聞程子之言曰, '未至於誠, 則敬, 然後誠.'" 又曰, "'主一者, 謂之敬, 一者謂之誠.' 盖誠之至者, 有非人人所可能, 而敬則是徹上徹下之道也. 先能用力於敬, 必主乎一, 則內欲不萌, 外邪不入, 而方寸之間, 湛然虛一, 自然眞實而無妄. 朱子之拈出一敬, 以爲閑邪之道者, 眞可謂發明易中言外之義也." ○ 「常言旣信, 常行旣謹」:

此兩既字, 煞有精義. 其意若曰, "庸言旣信, 庸行旣謹, 則已是盛德之至. 而更須閑邪存誠, 以致內外交養之功"云爾, 故下文又以'無射亦保'明之. '無射'指謹信, '亦保'指閑存. 據此則『講錄』所謂非以謹信爲閑存之道云者, 尤豈不曉然明白乎!(『心經說』)

『관계』4-4-e

○ 「무역역보(無射亦保)」 : 성인의 마음은 순수하면서도 멈춤이 없어서 그 마음이 비록 싫증내고 태만하여 경건하지 않을 때가 없지만 반드시 항상 지키는 것이 있다. 시인의 근본 의도도 본래 이와 같다. 그러나 이 문장은 또 '평소에 조심하고 평소 미덥게 하는 것'을 '싫증냄이 없는 것'에 대응시키고, '사특함을 막는 것'을 '역보'에 대응시켰다. 처음부터 남이 나에 대하여 싫증내는 일이 없는 것을 말하는 것은 아니다. 『고오』와 『강록』에서는 모두 풍성(豊城)의 설을 이용했으나 타당하지 않은 것 같다.(『관계』)

○ 「無射亦保」 : 聖人之心, 純亦不已, 其心雖無厭怠不敬之時, 而必常有所保守. 詩人本意, 亦自如此. 而此文又以'庸信庸謹'當'無射', '閑邪'當'亦保'. 初非謂人之於我無所厭射也. 『考誤』·『講錄』幷用豊城說, 恐未安.(『窾啓』)

『부주』4-5

○ 임천오씨(臨川吳氏)97)가 말하였다. "정자가 '생각에 사특함이 없다'고 말한 것은 성(誠)이다. 이 '사특함[邪]'이란 글자는 사사로운 욕구나 나쁜 생각을 가리키는 말이다. 도리가 있고 욕심이 없으며, 선이 있고 악이 없으면, 이것은 사특함이 없는 것이다.

97) 임천오씨(臨川吳氏, 1249～1333) : 원나라 무주(撫州) 숭인(崇仁) 사람이다. 자는 유청(幼淸) 또는 백청(伯淸), 이름은 징(澄), 호는 초려선생(草廬先生), 시호는 문정(文正)이다. 무종(武宗) 때 국자감승(國子監丞)·사업(司業)·한림학사(翰林學士) 등을 지냈으며, 태정제(泰定帝) 때 경연강관(經筵講官)이 되고, 『영종실록(英宗實錄)』을 편찬할 때 총책임을 맡았다. 주희의 사전제자(四傳弟子)로, 이학(理學)을 위주로 하면서 심학(心學)도 아울러 취하여 주륙이가(朱陸二家)의 사상을 조화시켰다. 저서에 『오경찬언(五經纂言)』, 『의례일경전(儀禮逸經傳)』, 『역찬언(易纂言)』, 『예기찬언(禮記纂言)』, 『오문정집(吳文正集)』 등이 있다.

사특함이 없으면 거짓이 없게 되고, 거짓이 없는 것을 성(誠)이라고 말한다. 『대학』의 조목으로는 성의(誠意)의 일이다. 『주역·문언전』에는 '사특함을 막고 성실함을 보존한다'고 하였다. 여기에서 '사(邪)'자는 사사로운 욕구나 나쁜 생각을 말하는 것이 아니다. 성(誠)은 성인의 거짓 없고 진실한 마음이다. 밖에서 사물과 접할 때 그것을 막아 안에 간섭하지 않게 하면 마음은 둘로 나누어지지 않고 섞이지 않아 성(誠)이 저절로 보존될 것이다. 『대학』의 조목으로는 정심(正心)의 일이다. 대개 리와 욕, 선과 악을 구분하는 데 어두운 사람은 욕심에 따르고 악을 행하여 마치 병들고 미친 사람이 물에 빠지고 불에 들어가는 것처럼 하면서도 태연히 잘못으로 여기지 않으니, 어리석고 무지하며 어둡고 완고하여 영명하지 못한 것이 거의 금수와 다름이 없다. 그 다음은 이것이 리가 되고 선이 되는 반면, 저것은 욕구가 되고 악이 되는 것을 자못 알고 있지만 의지가 기질을 이기지 못하여 한가하게 혼자 있을 때는 사특한 생각이 일어난다. 일단 사특한 생각이 있을 때 그것을 막아 통제하는 것은 곧 스스로를 속이지 않는 성이다. 대저 사특한 생각이 없어지고 나면 생각하는 것은 모두 리이고, 모두 선이다. 그러나 한 생각이 일어나면 한 생각이 다시 싹트고, 한 생각이 멈추지 않았으면서 여러 생각이 서로 이어지니, 이것은 두 생각이며 잡념이다. 욕구가 아니고 악도 아니라 또한 '사특함'이라고 말했으니, 이것은 『역전』에서 이른바 '사특함을 막는다'고 할 때의 사특함이며, 『논어』에서 '사특함이 없다'고 할 때의 사특함이 아니다. 대체로 반드시 먼저 사욕과 악념의 사특함을 막고 끊을 수 있은 이후에야 두 가지로 나뉘고 혼란한 사특함을 치료할 수가 있다. 뜻을 성실히 하고 마음을 바르게 하는 것에 있어 그 차례를 어찌 뛰어 넘을 수 있겠는가?"98)

○ 臨川吳氏曰, "程子謂思無邪者, 誠也. 此邪字, 指私欲惡念而言. 有理無欲, 有善無惡, 是爲無邪. 無邪斯不妄, 不妄之謂誠. 以大學之目, 則誠意之事也. 易文言傳曰, '閑邪存其誠.' 此'邪'字, 非私欲惡念之謂. 誠者, 聖人無妄眞實之心也. 物接乎外, 閑之而不干乎內, 內心不二不雜, 而誠自存. 以大學之目, 則正心之事也. 凡人昧然於理欲善惡之分者, 從欲作惡, 如病狂之人, 蹈水入火, 安然不以爲非, 蚩蚩蠢蠢, 冥頑不靈, 殆與禽獸無異. 其次頗知此之爲理爲善, 彼之爲欲爲惡, 而志不勝氣, 閑居獨處之際, 邪思興焉. 一有邪思, 卽遏制之, 乃不自欺之誠也. 夫旣無邪思, 則所思皆理皆善矣. 然一念才起, 而一念復萌, 一念未息, 而諸念相續, 是二也, 是雜也. 匪欲匪惡, 亦謂之邪. 此『易傳』所謂 '閑邪'之邪, 非『論語』'無邪'之邪也. 蓋必先能屛絶私欲惡念之邪. 而後可與治療二而且雜之邪. 誠意而正心, 其等豈可躐哉."

『질의』4-5-a

○ 「임천오씨(臨川吳氏)」 : 이름은 징(澄)이고 자는 유청(幼淸)이다. 비록 도를 전하는 것을 자임하였으나, 실제는 육구연의 학문이었다. 임천은 곧 무천(撫川)으로 강서에 속한다. 대개 육씨의 고향에서 태어나 선(禪)에 물든 자이다. 「무사한사(無邪閑邪)」 : '무사(無邪)'는 시학(詩學)에서 대충 말한 것인 반면 '사특함을 막는다'는 것은 성인의 학문에서 말한 것으로 이와 같이 등급을 나누어도 된다. 이에 따라 다시 '무사(無邪)'를 '성의(誠意)'의 일로, '한사(閑邪)'를 '정심(正心)'의 일로 본다면 그 말에 모두 병통이 있게 된다. 또 외부에서 사물과 접할 때 그것을 막아서 마음속에 간섭하지 않게 하는 것이라고 말하면 이것은 어찌 선불교의 설이 아니겠는가? ○ 성의와 정심은 어떻게 두 가지 항목으로 나누어서 말합니까? 대답하였다. "성의는 기미로 드러나는 것에 나아가 말한 것이고, 정심은 마

98) 『吳文正集』 권5, 「思無邪齋說」.

음의 전체를 들어 말한 것이다. 비록 두 항목처럼 보이지만 이것으로 두 가지 '사특함[邪]'의 의미를 밝힐 수 없다. 그러나 오씨가 '성의와 정심은 그 순서를 뛰어넘을 수 없다'고 말한 것은 옳지 않다." 「치치준준(蚩蚩蠢蠢)」: '치치(蚩蚩)'는 무지한 모양이니, 『시경』 주석을 보면, '준준'은 벌레가 무지하게 움직이는 모양이고, 『서경』의 주석을 보면, '완(頑)'은 기가 마비되어 통하지 않고, 아프고 가려운 것을 모르는 것이니, 마음과 돌이 같이 완고하여 감응하지 못하는 것과 서로 비슷하다.(『질의』)

○ 「臨川吳氏」: 名, 澄. 字, 幼淸. 雖以傳道自任, 實爲陸氏之學. 臨川卽撫川屬江西. 蓋生陸鄕而染禪者也. 「無邪閑邪」: 無邪, 泛言詩學, 閑邪, 言聖學, 如是分差等, 猶可也. 因此而又以無邪爲誠意之事, 閑邪爲正心之事, 其言皆有病. 又謂物接乎外, 閑之而不干乎內, 豈非禪家說耶. ○ 誠意正心如何分兩項說? 曰, 誠意就幾發上說. 正心擧心之全體說. 雖似兩項. 然不可以此發明兩邪之意. 而吳氏曰, 誠意正心, 其等不可躐云非是. 「蚩蚩蠢蠢」: 蚩蚩, 無知之貌, 見詩註. 蠢蠢, 蟲動無知之貌, 見書註. 頑, 氣痺不通, 不知痛痒, 心頑如石, 不解感應者, 正相似.(『質疑』)

『질의고오』4-5-b

○ 『질의』에서 두 가지 '사'자를 나누어 말한 것은 이전 유학자의 주장에 보이지 않고 그 설이 너무 쪼갠 듯하여, 성현의 본래의 뜻이 아닌 것 같다. 또 외물을 막아 마음에 간섭하지 않게 한다는 것은 더욱 의심스럽다. 대개 사물은 또한 마음의 작용을 벗어나지 않으며 일상에서 이용하여 없을 수 없는 것인데, 일체 모든 것을 막아서 끊어 버리려고 한다면 가능하겠는가? 조호익(曺好益)의 생각: '생각에 사특함이 없다'는 한 구절은 위와 아래를 관통하여 말한 것이고, '사특함을 막고 성실함을 보존한다'는 한 구절은 오직 성인만을 가리켜 말한 것이다. 주자가 말하였다. "생각에 사특함이 없다고 말한 것은 두 단계가 있는데, 이천이 성실하다고 한 설은 거칠다." 또 말하였다. "사특함을 막고 성실함을 보존한다는 것은

크게 노력을 해야 하는 것은 아니다." 또 정자는 말하였다. "비록 사특한 마음이 없더라도 바른 이치에 부합하지 않으면 사특한 것이다. 사특한 마음의 '사'와 바른 이치가 아닌 '사'는 본래 구분이 있으니, 안연이 어쩌다 겨우 잘못한 것과 같은 것이 바로 이것이다." 그러므로 오씨가 나누어 말한 설 또한 지나치게 잘못되지는 않은 것 같다. 혹자가 질문하였다. "한사는 바깥의 사물을 막고 제거하여 가까이 침범하지 못하게 하는 것 아닙니까?" 주자가 말하였다. "본래 일반적으로 말하는 사특함은 모두 밖으로부터 이르는 것이다. 단지 보고 듣고 말하고 행동하는 것이 예가 아님이 없게 하는 것이 바로 막는 것이다." 그러므로 오씨가 그것을 막아 마음안에 간섭하지 않게 한다는 설 또한 심하게 비난해서는 안 된다.(『질의고오』)

○ 『質疑』兩邪字分言, 不見先儒之論, 而說似破碎, 恐非聖賢本意. 且外物閑之, 而不干乎內, 尤可疑矣. 大凡事物, 亦不外於心之用, 日用之所不可無者. 而欲一切扞而絶之, 其可乎? 按: 思無邪一句, 通上下而言. 閑邪存誠一句, 專指聖人而言. 朱子曰, "思無邪, 有兩段. 伊川誠也之說也麤". 又曰, "閑邪存誠, 不大段用力." 又程子曰, "雖無邪心. 苟不合正理乃邪也. 邪心之邪, 非正理之邪, 固自有分. 如顔子才差失之類, 亦是." 然則吳氏分言之說, 似未爲甚過. 或問, "閑邪, 莫是爲防閑, 抵拒外物, 使不得侵近否." 朱子曰. "固是凡言邪, 皆自外至者也. 然只視聽言動, 無非禮便是閑." 然則吳氏閑之, 不干乎內之說, 亦不可深非之也.(『質疑考誤』)

『석의』4-5-c

○ 두 개의 사(邪)자를 나누어 말하는 것은 선유들의 주장엔 보이지 않고, 학설이 지리멸렬해 보이는데 아마도 성현 본래의 취지가 아닌 것 같다. 또 외부의 사물을 막아 마음에 간섭하지 않게 한다고 하는 것은 더욱 의심스럽다. 대체로 사물들은 마음의 작용을 벗어나지 않고 일상의 생활에서 없을 수 없는 것인데, 모든 것을 한사코 막아 끊으려고 한다면 가능하겠는가? 「치치준준」 : '치치'에 대

해『시경』주에서는 무지한 모양이라고 하였고, '준'에 대하여『서경』주에서는 무지하게 움직이는 모양이라고 하였다.(『석의』)

○ 兩邪字分言, 不見先儒之論, 而說似破碎, 恐非聖賢本意. 且外物閑之, 而不干乎內, 尤可疑矣. 大凡事物, 亦不外於心之用, 日用之所不可無者, 而一切扞而絶之, 其可乎?「蚩蚩蠢蠢」: 蚩蚩詩註, 無知貌. 蠢書註, 動而無知貌.(『釋疑』)

『석의보유』4-5-d

○「무사한사(無邪閑邪)」:「건괘」'구이효'는 성인의 일이다. 그러므로 오징은 그것을 나누어 말하였다. 그러나 대개 공부는 모두 위와 아래를 관통하는 것이니 배우는 사람이라고 어찌 사특함을 막고 성실함을 보존하지 않으며, 성인 또한 어찌 생각에 사특함이 없기를 바라지 않을 수 있겠는가? 오징의 이 말은 구별한 것이 너무 지나친 것같다.「물접호외(物接乎外)」: 퇴계는「최견숙에게 답하는 글」에서 "공자가 '사(邪)'에 '한'자를 붙인 것은 본래 마음 안에 간섭하지 않게 하는 것을 말한 것이 아니다"라고 하였으니, 지금 '사물을 접하여 운운'한 것은 어찌 선(禪)의 공적[禪寂]이 아니겠는가?「성의이정심(誠意而正心)」: 오징의 이 말은 퇴계도 의심하였다. 주자는 "생각에 사특함이 없다는 것은 마음이 바르게 되고 뜻이 성실한 것이다."라고 말하였으니, '생각에 사특함이 없다'는 하나의 어구는 단순하게 보아서는 안될 것 같다."(『석의보유』)

○「無邪閑邪」: 乾卦九二, 是聖人之事, 故臨川分言之. 然凡工夫皆徹上徹下. 學者豈不閑邪存誠. 聖人亦豈不欲思無邪乎? 臨川此語恐分別太甚也.「物接乎外」: 退溪答崔見叔書曰, "孔子於邪着閑字, 則固不可謂不干乎內." 今曰物接而云云, 豈非禪寂耶.「誠意而正心」: 臨川此語, 退溪亦疑之. 朱子曰, "思無邪是心正而意誠." '思無邪'一句, 恐不可徒看.(『釋疑補遺』)

『강설』4-5-e

○ "『부주』의 오씨 설에서는 이 '사'자는 생각에 사특함이 없다고 할 때의 '사'자와 같지 않으며, 사욕이나 악념이 아니며, '한사'의 뜻

은 밖에서 접하는 사물을 막아 마음에 간여하지 않게 하는 것이라고 생각하였다. 『대학』의 '마음을 바르게 하는 일'로 그것을 견주어서 오로지 고요함 쪽에 속한다고 말하였는데, 정심이 오로지 고요함 쪽만의 일인지, 본경[『심경』을 의미한다]과 정자의 뜻이 과연 이와 같은지 모르겠다. 또 말하였다. "성은 진실하여 거짓이 없는 성인의 마음이다. 성을 성인의 본령으로 여겨 막아서 간여하지 않는다는 뜻을 충족시키고자 한다면 성인의 마음은 비록 움직임과 고요함을 관통하지만 어찌 진실무망하지 않을 수 있으며, 비록 사물에 있어서도 어찌 성실함의 이치가 없겠는가?" 정자는 "사특함이 없는 것도 성이므로 사특함이 없는 것에서 성 자는 반드시 진실무망하다고 말하지 않을 수 없다"고 말하였다. 만약 반드시 외부에서 접촉하는 사물을 막아서 안에 간여함이 없이 한 후에 비로소 그것을 성이라고 한다면, 이것은 온공의 격물의 이론이다. 만약 선가의 법문이 아니라면, 천착하는 것으로 귀결될 것이다. 잘 모르겠지만, '성실함을 보존한다'는 한 구절은 본래 미발의 측면에서 말할 수 있고 움직임과 고요함을 아우르는 것으로 말할 수 없겠는가?(『강설』)

○ 『附註』吳氏說, 以爲此邪字與思無邪之邪不同, 而非私慾惡念. 閑邪之意, 是接物乎外, 閑而不干乎內也. 以『大學』正心之事比之, 曰專屬靜一邊, 未知正心是獨靜一邊事也, 本經及程子之意, 果如此否. 又曰, "誠者, 聖人無妄眞實之心也. 欲以誠爲聖人之本領, 以實閑而不干之意. 然則聖人之心, 雖通動靜, 豈不能眞實無妄也. 雖事物上, 亦豈無誠之理耶." 程子云, "無邪亦誠也. 則無邪上, 誠字未必不可謂眞實無妄也." 若必以物接乎外閑之而不干乎內, 然後始爲之誠, 則是溫公格物之說也. 若非禪家法門, 則歸於穿鑿. 未知存誠一節, 本可於未發上言之, 而不可以兼動靜言之耶.(『講說』)

『독서답록』4-5-f

○ 오징의 설은 '사무사'를 성의의 일로 간주하고, '한사존성'을 정심의 일로 보았다. 그 문장의 뜻을 고찰하여 그 의미를 몸소 증험하

는 것이 실로 정밀하다. 그러나 그 설을 제기한 단서는 정밀하지 못한 점이 많은 것 같다. 예컨대, 이른바 '사무사'에서의 '사'는 사사로운 욕심과 나쁜 생각을 가리키는 반면, '한사'에서의 '사'는 사욕이나 악념이 아니며, '욕'이 아니고 '악'이 아고 또한 '사'라고 말한다는 등의 설은 스스로는 분별에 정밀하다고 생각하겠지만 본래의 뜻을 잃어 폐단으로 쉽게 흐를까 두렵다. 대개 천리와 인욕, 선과 악의 경계는 매우 분명하다. 단지 천리가 아니면 바로 인욕이다. 그저 선이 아니면 곧 악이다. 그 가운데 다시 선도 아니고 악도 아니며, 도리도 아니고 욕망도 아닌 생각이 있다고 말할 수 없다. 대개 '생각에 사특함이 없다'에서의 '사'는 사려가 마음속으로부터 싹터 욕망으로 발현되는 것으로 그것은 없애야 한다. '사특함을 막는다'의 '사'는 물욕이 밖으로부터 들어와 그 지각을 유혹하므로 그것은 막아야 한다. 생각 또한 마음이 발한 것인데 사특함이 없으면 거짓도 없다. 마음이 발현한 것이 진실하여 거짓이 없으면, 마음이 진실로 고요하게 될 수 있다. 이것이 『대학』에서 이른바 '뜻이 성실하면 마음이 바르게 된다'는 것이다. 그러나 외부의 사물을 접하여 막는데 정밀하지 않으면, 사특함이 바로 침입하여 마음은 안에서 보존되지 않는다. 이것이 『대학장구』에서 이른바 뜻이 성실한 때도 다시 반드시 이 마음이 보존되어 있는가의 여부를 주밀하게 살펴야 한다는 것이다. 요약하여 말하면, '생각에 사특함이 없다'는 것은 생각과 사려가 싹트는 기미에 반성하고 살펴서 세밀히 하고 삼가는 것이다. '사특함을 막고 성실함을 보존하는 것'은 보고 듣고 말하고 행동할 때 잡아 보존하고 막는 것이다. 함께 말해보면, 사려할 때 성실히 하면 자연히 외물이 어지럽게 할 수 없으며, 밖에서 그것을 제어하면 자연히 속마음도 보존할 수 있어, 안과 밖을 합하고 마음과 일을 하나로 관통하게 된다. 사특한 것은 똑같이 인욕이고 성실한 것은 다같이 천리이다.(『독서답록』)

○ 草廬說以思毋邪爲誠意事, 閑邪存誠爲正心事. 其考究文義, 體驗意味, 儘亦精矣. 然其所以爲說, 則恐多未精. 如所謂思無邪之邪, 指私欲惡念, 閑邪之邪, 非私欲惡念, 匪欲匪惡, 亦謂之邪等說, 自謂精於分別, 而恐失本旨, 又易有流弊. 夫天理人欲善惡之界分甚明. 纔非天理, 便是人欲. 纔非善, 便是惡. 中間更不可說別有非善非惡非理非欲之念. 大槩思無邪之邪, 念慮之自內萌而發於欲者, 要無之. 閑邪之邪, 物欲之自外入, 而誘其知者, 要閑之. 思者亦心之所發, 無邪則無妄. 心之所發, 實而無妄, 則心固可得以靜矣. 此『大學』所謂意誠, 則心正. 然物接於外, 防閑不密, 則邪便入而心便不存於內. 此『大學章句』所謂意旣誠, 而又必密察此心之存否者也. 約以言之, 則思無邪者, 省察審愼於意念思慮之幾. 閑邪存誠者, 操存防閑於視聽言動之際. 互以言之, 則誠之於思, 自然外物不能亂, 制之於外, 自然內心常能存, 合內外, 貫心事. 邪則同一人欲, 誠則同一天理.(『讀書答錄』)

『경의』4-5-g

○ 초려가 두 가지 '사'자를 나누어 말한 것은 전혀 의미가 없고, 또 '생각에 사특함이 없다'는 것을 뜻을 성실하게 하는 것에 속하는 것으로, '사특함을 막는다'는 것을 마음을 바르게 하는 것으로 본 것은 더욱 지나치게 분석적이다. 주자는 "'생각에 사특함이 없다'는 것은 뜻이 성실하고 마음이 바른 것의 결과이다"고 말하였다. 그렇다면 사특함을 막는 것은 성의와 정심의 일로서 생각에 사특함을 없애는 공부가 된다. 사특함을 막은 후에 사특한 생각이 없어지니, 어찌 사특함을 막지 않는데, 저절로 사특한 생각이 없어지는 이치가 있겠는가? '무사'·한사'에서 두 개의 '사'자는 의미의 차이를 보이지 않는다. 이제 반드시 그것을 둘로 나누어서 '먼저 생각에 사특함이 없는 것으로 그 뜻을 성실히 한 후에 비로소 사특함을 막고 그 마음을 바르게 한다면, 이것은 성의와 정심공부가 분리되어 반드시 한 가지를 다한 연후에 또 한 가지가 있는 것이니, 어찌 도리가 된다고 하겠는가? 또 이른바 정심공부도 근거없는 뜬생각을 제거하는 것이라고 말하는 데 지나지 않게 된다. '부

념(浮念)'도 사욕인데, 이제 그것을 제거하는 공부를 사욕을 막은 뒤로 따로 분리해 낸다면, 나는 장차 어떻게 공부를 해야 할지를 모르겠다. 단락을 나누는 견해는 병통 투성이이니 그 본래의 실상이 눈앞에 반드시 눈 녹듯이 드러날 것이다. ○ 밖으로 사물을 접할 때 그것을 막아 마음 안에 간여하지 못하게 하는 것은 분명히 좌선하여 선정에 드는 기미가 있다. 대개 '사특함을 막는 것'은 세밀한 것과 거친 것을 관통해 있다. 거칠게 말하면 한 가지 잘못된 일을 고치고, 한 가지 악한 생각을 막는 것이 '사특함을 막는 것'이다. 정밀하게 말하면 안연이 허물을 반복하지 않고 머지않아 회복하는 것도 '사특함을 막는 것'이다.(인위적으로 움직이면 거짓되고, 거짓되면 사특하게 된다.) '생각에 사특함이 없다'는 것은 사특함을 막은 것의 결과이다. 반드시 천리에 따라 움직이고 거짓이 없는 경지에 이른 연후에야 생각에 사특함이 없는 것의 극진한 공효가 된다. (비근하게 말하면 처음 배우는 자가 학문에 들어가는 곳은 실로 여기에 있으며, 먼 것으로 말하면 비록 노력하지 않아도 중도에 맞는 성인의 경지에 이르더라도 어찌 이것을 도외시하고 할 수 있겠는가?)(『경의』)

○ 草廬以兩'邪'字分言, 極無義, 且以'思無邪'屬之誠意, '閑邪'屬之正心者, 尤甚破碎. 朱子曰, "思無邪是意誠心正之效". 然則閑邪是誠意正心之事, 而爲思無邪之工夫, 閑邪然後無邪思, 安有不閑邪而自無邪思之理乎? 無邪閑邪兩邪字, 不見其有異. 今必分而二之曰, 先以思無邪誠其意, 然後乃以閑邪正其心, 則是誠意正心工夫隔截, 必盡一件, 然後方有一件, 豈成道理乎? 又其所謂正心工夫, 亦不過曰去浮念. 浮念亦是私欲, 而今乃別出其去之之工於遏私欲之後, 吾未知其將何以著功耶. 段段說話無非病敗, 其本來面目, 渙然必露於目前矣. ○ 接物于外, 閑之而不于乎內, 宛然是坐禪入定氣味. 大凡閑邪通精粗. 粗說則一事之失改之, 一念之惡遏之者, 閑邪也. 精說則顔子之不貳過, 不遠復, 亦閑邪也(動以人, 則有妄, 妄便邪也.) 思無邪, 是閑邪之效也. 必至於動以天, 無妄之境, 然後乃爲思無邪之極功(近而言之, 則初學入頭處, 固在乎此. 遠而言之, 則雖至於聖人之不勉而中, 亦豈外是而能哉)(『經義』)

『강록간보』4-5-h

○ 김종덕(金宗德)의 생각: 정자가 "외물에 접하지 않고 내적인 욕망이 싹트지 않는다 운운"하고 말하였다. 주자는 "예가 아니면 보거나 듣거나 말하거나 행위하지 않는 것과 같은 종류이다"고 말하였다. 이것에 근거해 보면, 오씨의 설은 심각하게 잘못되었다고 할 수는 없을 것 같다. 그러나 오씨가 선에 전염되어 번잡한 것을 싫어하고 소략한 것으로 나아가는 의미가 있다. 이 설이 과연 정자와 주자의 취지에 뿌리를 두고 있는지는 잘 모르겠다.(『강록간보』)

○ 按: 程子曰, "外物不接, 內欲不萌云云." 朱子曰, "如非禮勿視聽言動之類. 據此則吳氏說似不可深非. 然吳氏染禪, 有厭煩就簡之意. 未知此說果本於程朱之旨也."(『講錄刊補』)

『관계』4-5-i

○ '생각에 사특함이 없다'는 것은 위와 아래를 관통하여 말하면, 사욕이나 나쁜 생각의 사특함을 말할 뿐만 아니라, 둘로 나뉘고 섞여 있어 바른 이치에 부합하지 않는 사특함 또한 그 가운데 있다. 사특함을 막는 것은 성인의 측면에서 말하면 다만 조심하는 마음으로 삼가되 때로 사특한 생각이 있을까 두려워하는 것이다. 만약 학문이 지극하다 하여 바로 '사특함이 없다'고 말한다면, 마음을 쓰지 않아 분명 광인이 될 것이다. 예가 아닌 곳에 안주해 있는 것이 곧 사특함이다. 그러나 성인은 예가 아닌 것에 대하여 보거나 듣거나 말하거나 행위하지 않는다. 배우는 자는 그렇게 하지 말아야 하는데 이것이 차이점이다. 이제 생각에 사특함이 없는 것을 단지 사심의 '사'로만 보아 '사'를 다만 두개이면서도 섞여있는 것으로서의 '사'로 쓴 것은 오씨의 설이 잘못되었다. 뜻을 성실히 하는 것은 진실로 배우는 사람의 일이므로 혹 머문 곳이 사악(邪惡)의 사를 가리킬 수 있고, 분수를 결여한 곳에서 실로 둘로 나뉘고 섞여있어 사특함을 가질 수도 있다. 정심은 본래 성의의 뒤에

있다. 그러나 차츰 심해져 욕망이 움직이고 감정이 이기는데 이르고, 다섯 가지 편벽된 실수를 하고(『대학』 '정심'장에 나온다.) 반드시 애욕에 빠지고 탐하는 데에 빠진다면 성인의 일에 해당시킬 수 없는 없다. 만약 뜻이 이미 성실함을 얻을 때 비로소 그 마음을 바르게 하려 하면 마음을 바르게 할 수 있는 날이 없을 것이다. 오씨가 이른바 그 순서를 뛰어넘을 수 없다고 한 것은 지나치다. ○ 밖에서 접하는 사물 가운데 사특한 것을 막아서 속마음에 간섭하지 않게 하는 것은 당연하다. 사물도 마음의 작용을 벗어나지 않으며 일상생활을 하는 가운데 없을 수 없는 것이다. 그래서 성인은 사물을 접한다고 말하지 사물을 막는다고 말한 적은 없다. 응대해야 할 사물을 어찌 막아서 간섭하지 않게 함을 용납하겠는가? 외물을 막아서 침입하여 가까이 할 수 없게 한다고 하면, 나를 침범하는 사물은 사특한 것이 아니고 무엇이겠는가? 밖에서 이르는 것이 어찌 의리와 관련된 일이 없이 모두가 사특한 것이겠는가? 예가 아닌 것을 말하면 곧 사특한 것이 된다. 외물에 접하지 않고 내적인 욕심이 싹트지 않는다는 것은 그 머물 곳에 멈추는 측면에서 말한 것이고, 내적인 욕심의 싹을 징계하여 외물을 접하지 않는 것이 아니다.(오초려의 학문은 본래 선학에 빠져 있다.)(『관계』)

○ 思無邪通上下而言，則不但言私欲惡念之邪，二而且雜，不合正理之邪，亦在其中．閑邪就聖人分上說，只是小心翼翼．或恐有邪之意．若以學旣至，而遽謂無邪，則罔念作狂必矣．安之非禮處，便是邪，而聖人於非禮，則不視聽言動．學者則勿之，此其別也．今以思無邪，只看作邪心之邪．邪只作二而且雜之邪，吳說差矣．誠意固學者事，而容着在處，是指邪惡之邪．欠分數處，實帶二雜之邪．正心固在誠意之後而有之．馴致乎欲動情勝，五辟之失，必陷於溺愛貪得，亦非可以聖人事當之也．若得意已誠時，方正其心，則心無可正之日．吳氏所謂其等不可躐者，過矣．○ 物接於外，邪者閑之，而不干於內，則當矣．事物亦不外於心之用，日用之間，所不能無者也．故聖人言接物而未嘗言閑物. 物之當應者, 豈容閑之而不干耶. 抵拒外物, 使不得侵近云, 則物之侵我者, 非邪而何. 自外至者, 豈無義理上事, 而一切是邪耶. 纔說非禮便是邪也. 外物不接, 內欲不萌, 此就艮其止時分上說, 非懲內欲之萌, 而不接外物也.(吳學本自陷禪)(『冢啓』)

제5장: 경(敬)하여 안을 곧게 한다 [敬以直內]

◯ 『주역』 「곤괘」 '육이효'에서 말하였다. "군자는 경으로 안을 곧게 하고, 의로 밖을 바르게 한다. 경과 의가 세워지면 덕이 외롭지 않다. 곧고 바른 것이 성대해져서 익히지 않아도 이롭지 않음이 없게 되면 그 행하는 것을 의심하지 않을 것이다."99)

◯ 『易』「坤」之六二曰, "君子敬以直內, 義以方外, 敬義立而德不孤. 直方大, 不習無不利, 則不疑其所行也."

『강록』5-A

○ 『주역』에는 공자의 「십익」이 있는데, 「문언」은 그 가운데 하나이다. 이것은 「문언전」의 내용이다. 문사(文辭)를 다듬어 일을 이루는 말이라 하여 '문언'이라 하였다. ◯ 「십익」에 대해 질문합니다. 평하여 말하였다. "「단전」 상하, 「상전」 상하, 「계사전」 상하, 「문언전」, 「서괘전」, 「설괘전」, 「잡괘전」이 「십익」이다." '리(利)'는 순조롭고 이로워 막힘이 없음을 말하며, 이욕(利欲)을 말하는 것이 아

---

99) 『周易』, 「坤卦六二」

니다. 공자는 리(利)와 명(命)을 말한 경우가 드물었는데[100] 『역』에서 그것을 이야기한 것은 『역』이 길흉을 점치는 것으로 만백성을 위해 지었기 때문에 부득이하여 리(利)를 말하였다. 이는 바로 불행을 피하고 길함으로 나아가는 것을 말하는 것이며, 이해득실의 리(利)가 아니다. 대개 경으로 곧게 하고 의로 바르게 해서 그 덕이 외롭지 않으면, 커지게 된다. 이와 같이 되면 반복하여 익히고 숙달하지 않아도 자연히 순조롭고 이로워 막힘이 없다. ○ 이덕홍이 기록하여 말하였다. "또한 힘쓰지 않아도 적중한다는 뜻이다." (『강록』)

○ 『易』有孔子「十翼」, 「文言」其一也. 此乃「文言傳」也. 乃潤辭成事之言, 故'文言'. ○ 請問「十翼」. 批云, 「彖傳上下」, 「象傳上下」, 「繫辭傳上下」, 「文言傳」, 「序卦」, 「說卦」, 「雜卦」爲「十翼」. 「利」 : 言順利無沮礙也. 非利欲之謂. 子罕言利與命而於易發之者, 易乃筮占吉凶, 爲萬民作, 故不得已言利, 乃避凶趨吉之謂也, 非利害之利. 盖敬直義方, 而其德不孤, 斯爲大矣. 如此, 則不待習熟, 自然順利無礙也. ○ 李錄云, "亦不勉而中之義."(『講錄』)

『석의』5-B

○ 「왈군자(曰君子)」 : '왈(曰)'자 위에 '자(子)'자가 있어야 할 것 같다. 「'경이직내(敬以直內)'에서 '행야(行也)'까지」 : '리(利)'는 이해(利害)의 리(利)가 아니고 순조로워 막힘이 없는 것을 말한다. 대개 경으로 곧게 하고 의로 바르게 하여 그 덕이 외롭지 않게 하게 되면 커지게 된다. 이렇게 되면 비록 때로 익히지 않아도 저절로 순리에 따라 두루 통하여 의심스럽거나 막히는 것이 없으니, 또한 노력하지 않아도 적중한다는 뜻이다.(『석의』)

○ 「曰君子」 : 曰上恐當有子字. 「敬以直內 止 行也」 : 利, 非利害之利也, 乃順而無礙之謂. 盖敬直義方, 以至於其德不孤, 則斯爲大矣. 如此, 則雖不時習, 自然順理通達而無所疑礙也. 亦不勉而中之義也.(『釋疑』)

『강의』5-C

---

100) 『論語』, 「子罕」.

○ 이 여덟 글자는 『주역』 「곤괘」의 '육이효'에 있으며, 이천 선생이 그것을 해석하여 '경이 세워지면 안이 곧게 되고, 의가 드러나면 밖이 바르게 된다'고 하였으니, 경과 의의 구분은 단지 안과 밖을 구분한 것일 뿐이다. 그런데 만약 '경을 수단으로 안을 곧게 한다'고 말하면, 이것이 이천의 이른바 '바로 곧지 않게 된다'고 하는 것이다. 그래서 경과 의(義)자를 앞에 두고 다음에 '이(以)'자를 붙였으니, 이것은 대개 '군자가 그것을 본받아서'라 할 때의 '이(以)'자와 같다. 경과 의 사이의 구별은 단지 '곧음'과 '바름'에서이며, 안과 밖을 번갈아 기르는 도리로서 정자의 이른바 '반드시 스스로 공부를 해 나아가야 한다'는 것이 이것이다. 「경재잠(敬齋箴)」과 「호연장(浩然章)」에서 이른바 '의관을 바르게 하고 시선을 높이는 것'과 '의리가 밖에서 엄습해 들어와 그것을 취하는 것이 아니다'는 것은 곧고 바르게 하는 공부 아님이 없다. 그러나 고자(告子)가 의를 밖에 있다고 하는 설은 '의로 바르게 한다'는 것을 잘못 본 것이 아니겠는가?(『강의』)

○ 此八字著於易坤之六二, 而伊川先生釋之曰, '敬立而內直, 義形而外方', 則敬與義之分, 只是內外之辨, 而若曰, '以敬直內', 則伊川所謂'便不直'者也. 故先着敬義字, 次係'以'字者, 是蓋君子以之'以'也. 敬義之別, 只是直與方, 內外交養之道, 而程子所謂'須自去下工夫', 是也. 「敬齋箴」及「浩然章」所謂'正衣冠尊瞻視''非義襲而取之'者, 無非直方之工, 而告子義外之說, 無乃誤看'義方'者乎.(『講義』)

『밀험』5-D

○ 경의 덕은 안을 단속하여 밖으로 베풀어 행하는 것이며, 의의 덕은 밖을 제어하여 그 안을 선하게 하는 것이다. 안과 밖이 서로 기다리고 이것과 저것이 함께 발전하므로 '덕은 외롭지 않다'고 말한다. ○ 경의 덕은 반드시 일을 처리하고 사물을 접하고 나서 행해질 수 있다. 그래서 '곡례'의 머리에서 '무불경(毋不敬 : 경건하지 않음이 없다)' 세 글자를 말하고 그 아래의 '물(勿 : 말라)'

수십 글자는 모두 일을 처리하고 사물을 접하는 중에 경계심을 가지게 하는 것이다. '단언하지 말라', '속이지 말라', '고집하지 말라', '머리를 돌리지 말라', '부끄러워 말라', '옷을 느슨하게 늘어뜨리지 말라', '발걸음을 서두르지 마라', '거만하게 걷지 말라', '한 다리를 올리고 서지 말라', '무릎을 널리 벌리고 앉지 말라', '엎드려 자지 말라', '가발을 쓰지 말라', '모자는 옆으로 치워두지 말라', '가슴을 드러내지 말라', 그리고 앞에서 열거한 두 글자로 된 말들은 모두 일에 응하고 사물을 접할 때 공경함을 다하는 것이다. 아무 일 없이 정좌하고 마음 쓰는 것이 없는 때는 어떻게 경건함을 행하는가? 오직 하늘과 귀신을 공경하는 것은 정좌 공부가 될 것이다. 그러나 또한 반드시 묵묵히 마음으로 사색하여 때로 천도를 생각하고 때로는 귀신의 이치를 궁구하며, 때로는 옛날의 잘못을 반성하고 혹은 새로운 의미를 이끌어내야 비로소 진실한 마음이 된다. 하늘을 공경하는데 만약 사려를 끊어 조심하거나 두려워하지 않고 네모난 연못에 잠잠하게 물결이 일어나지 않게 하는 데만 힘쓴다면 이것은 '고요함[靜]'이지 경건함이 아니다.(『밀험』)

○ 敬之爲德, 束於內而施諸外, 義之爲德, 制於外而善其內. 表裏相須, 彼此胥發, 故曰德不孤. ○ 敬之爲德, 必應事接物而後, 乃得施行, 故「曲禮」首言毋不敬三字, 其下毋字數十, 皆於應事接物上存戒. 毋質・毋誑・毋固・毋回・毋怍・毋撥・毋蹶・毋倨・毋跛・毋箕・毋伏・毋髢・毋免・毋袒, 及前所列二字類, 皆應事接物, 致其敬也. 靜坐無事, 無所嚮往, 何以用敬. 惟敬天敬神, 可爲靜坐之工. 然亦必默然心思, 或想天道, 或窮神理, 或省舊愆, 或紬新義, 方爲實心. 敬天若絶思絶慮, 不戒不懼. 惟務方塘一面湛然不波, 則此靜也, 非敬也.(『密驗』)

『원주』5-1

○ 이천선생이 말하였다. "경이 확립되어 안이 곧게 되고, 의가 드

러나 밖이 방정하게 된다. 의는 밖으로 드러나는 것이지 밖에 있는 것은 아니다."101)

○ 伊川先生曰, "敬立而內直, 義形而外方, 義形於外, 非在外也."

『강록』5-1-A

○ 「직야(直也)」 : 양씨는 세속에서 이른바 '거짓이 없는 것'을 직으로 보았으니, 주자의 '조금의 사사로운 생각이 없이 마음속이 확 트인 것'이라는 설과 같지 않다.(『강록』)

○ 「直也」 : 楊氏以俗所謂'無僞'爲直, 與朱子'無纖毫私意, 胸中洞然'之說不同.(『講錄』)

『발휘』5-1-B

○ 이천선생이 말하였다. "군자는 경을 위주로 하여 그 안을 곧게 하고, 의를 지켜서 밖을 바르게 한다. 경이 확립되면 안이 곧아지고, 의가 드러나면 밖이 바르게 된다. 의는 밖으로 드러나는 것이며, 밖에 있는 것이 아니다."102) 또 말하였다. "경으로 안을 곧게 하고 의로 밖을 바르게 하는 것은 안과 밖을 하나로 합하는 도리이다."103) ○ 주자는 말하였다. "경으로 안을 곧게 하는 것은 잡아 지키는 공부이고, 의로 밖을 바르게 하는 것은 배우고 익히는 공부이다."104)(『발휘』)

○ 伊川先生曰, "君子主敬以直其內, 守義以方其外. 敬立而內直, 義形而外方. 義形於外, 非在外也." ○ 又曰, "敬以直內, 義以方外, 合內外之道也." ○ 朱子曰, "敬以直內, 是持守工夫, 義以方外, 是講學工夫."(『發揮』)

『질서』5-1-C

○ 경과 의는 본체와 작용이다. 그러나 경은 하나 됨을 주로 하는 것이다. 하나 됨을 주로 하면 움직임과 고요함을 두루 관통한다. 그

101) 『伊川易傳』, 「坤卦·文言傳」, 伊川注.

102) 『伊川易傳』, 「坤卦·文言傳」, 伊川注.

103) 『二程遺書』 권11, 「師訓」.

104) 『朱子語類』 권69, 「易五·坤」.

래서 '감히 거짓되고 멋대로 하지 못한다'거나 '옥루에서도 부끄러워하지 않는다'는 등의 것은 이미 바깥을 바르게 한다는 설을 겸하지만 이를 총괄하여 경을 행하는 일이라고 한다. 고요할 때 천리를 보존하고 움직일 때 인욕을 막는 것이 곧 함양하는 방법이지만, 진실로 격물치지하여 저 천리의 실질을 밝히지 못하면 보존하더라도 얻은 것이 아니며, 막더라도 참된 것이 아니다. 이것이 위에 나아가 더욱 가깝고 절실하게 공부할 곳이다. 그러나 이른바 '천리가 자연히 밝아진다'는 것은 무슨 말인가? 또 말하였다. "앎과 실천은 함께 나아가게 해야 하기 때문에 경과 의는 모두 실천에 속하여 앎과 서로 의지해야 하는 것이다. 비록 탐구하여 극진히 하고자 하여도 경건함이 아니면 힘쓸 곳이 없기 때문에 반드시 경을 기본으로 해야 한다. 이것[경]에 따라서 앎을 다 하면 적은 것을 얻어도 바로 나의 것이 되니, 천리의 밝음을 순조롭게 이룰 수 있다. 오로지 경 한 글자만을 지켜 여러 이치가 저절로 밝아진다는 말이 아니다." 정자가 말하였다. "함양에는 반드시 경을 쓰고, 학문을 진전시키는 것은 앎을 극진히 하는 데 있다"고 하였으니, 이것은 적확한 것이다. ○ 경을 갖추려면 반드시 먼저 사람의 도리를 밝혀야 하며, 사람의 도리를 밝히려면 반드시 먼저 가까이 몸에서 취해야 한다.(『질서』)

○ 敬義是體用, 然敬是主一. 主一, 則通貫動靜, 故如不敢欺謾, 不愧屋漏之類, 已兼方外說, 而總之謂敬之事也. 靜而存天理, 動而遏人欲. 卽涵養節度, 苟不格致而明夫天理之實, 存亦非得, 遏亦非眞. 此其就上面, 更有親切下功處. 然所謂自然天理明者, 何也? 亦曰, 知行竝進, 故敬義都屬之行, 而與知相須者也. 雖欲格而致之, 非敬亦無所用力, 故必以敬爲基本, 從此而致其知, 則得尺得寸, 方爲吾有, 天理之明, 可以順致, 非謂兀守一敬字, 而衆理自明也. 程子曰, 涵養須用敬, 進學則在致知, 此可以破的. ○ 要有敬, 須先明人理, 要明人理, 須先近取諸身.(『疾書』)

『부주차의』5-1-D

○ 한원진(韓元震)의 생각: 안을 곧게 하고 밖을 바르게 하는 것에 대하여 공자는 본래 움직임과 고요함의 공부로 말하였다. 양씨는 움직이는 측면에 나아가 마음을 보존하는 것과 일을 제어하는 것을 구분하여 말하였으니, 공자의 뜻이 아닌 것 같다. 대개 성실함을 다하여 거짓이 없는 것이 고요한 가운데 거짓이 없는 기상이 아니며, 또한 '곧다'는 글자가 다만 치우치거나 기울지 않고 넘어지지 않는다는 뜻으로 해석하려는 것이 아니기 때문이다.(『부주차의』)

○ 按: 直內方外, 夫子本以動靜工夫言. 楊氏以就動上分存心制事而言. 恐非夫子之指也. 盖盡誠無僞, 非靜中無僞底氣象. 而亦非所以解直字, 只是不偏倚不放倒之義者矣.(『附註劄疑』)

『원주』5-2

○ 또 말하였다. "하나됨을 주로 하는 것을 경이라고 한다. 안을 곧게 하는 것이 바로 하나됨을 주로 한다는 뜻이다. 감히 속이거나 감히 태만하지 않고, 옥루에서도 오히려 부끄러움이 없는 것의 경우도 모두 경을 하는 일이다. 다만 이 경을 보존하여 오랫동안 함양하면 자연히 천리가 밝아질 것이다."[105)]

○ 又曰, "主一之謂敬, 直內乃是主一之義, 至於不敢欺不敢慢, 尙不愧于屋漏, 皆是敬之事也. 但存此涵養久之, 自然天理明."

『원주』5-3

○ 또 말하였다. "마음이 경건하면 안은 저절로 곧게 된다."[106)]

○ 又曰, "心敬則內自直."

『원주』5-4

○ 구산양씨가 말하였다. "정성스런 마음을 극진히 하여 거짓이 없

---

105) 『二程遺書』 권15, 「入關語錄」.

106) 『二程外書』 권7, 「胡氏本拾遺」.

는 것이 이른바 '곧음'이다. 만약 그것을 일에 시행하면, 친소의 두텁고 얕음, 신분의 높고 낮음이 일정하여 바뀌지 않아 방정함이 있게 된다. 주로 하는 것이 경이고, 의는 여기로부터 나오므로 안과 밖의 구분이 있다."107)

○ 龜山楊氏曰, "盡其誠心而無僞焉, 所謂'直'也. 若施之於事, 則厚薄隆殺一定而不可易, 爲有方矣. 所主者敬而義則自此出焉. 故有內外之辨."

『강의』5-4-A

○ 질문하였다. "구산은 이 조항에서 경을 논하면서 반드시 정성스런 마음으로 단초를 열어, 마치 성을 논하는 것처럼 하였는데, 이 뜻은 어떤 것인지 모르겠습니다."(능용) 대답하였다. "성을 경과 대비하여 말하면 성은 진실하다는 뜻이고, 경은 두려워하고 조심한다는 뜻이다. 그러나 '경'자만 말하면, 진실한 마음이 없으면 경을 할 수 없으니, 성과 경은 단지 하나의 일이다. 그래서 양시(楊時)가 이와 같이 말하였다."(『강의』)

○ 問, "龜山此條論敬而必以誠心發端. 有若論誠者然, 未知此意如何?"(能容) 答, "誠與敬對說, 則誠是眞實底意, 敬是畏謹底意. 而若單說敬字, 則無眞心做敬不得, 而誠與敬只是一事, 故楊氏說如此."(『講義』)

『관계』5-4-B

○ 「진기성심(盡其誠心)」: 성실함을 다하여 거짓이 없는 것이 성(誠)이다. 몸가짐이 단정하고 엄숙하면 마음속이 뛰어나 절대로 비뚤어지고 굽은 것이 전혀 없는 것이 바로 '곧음[直]'이다. 양씨가 경을 말한 것은 친절하지 않다. ('의는 여기로부터 나온다'고 한 것은 의가 경에서 나온다는 말이 아니고, 안에서부터 밖으로 드러나는 것을 말한다.)(『관계』)

○ 「盡其誠心」: 盡誠無僞, 誠也. 整齊嚴肅, 心中卓然, 絶無邪曲, 乃直也. 楊氏言敬較未襯.(義則自此出焉, 非謂義出於敬. 言自內而形外)(『窾啓』)

---

107) 『龜山集』 권11, 「語録二·京師所聞」.

『비망록』5-4-C

○ 「진기성심(盡其誠心)」 : 여기에서 '무위(無僞)' 두 글자는 곧 정성을 다한 실질을 보여주는 것으로서, 이른바 '곧음'이며 곧 이치가 순조롭고 성정이 바른 것이다. 합하여 보면 또한 뜻을 성실히 하고 마음을 바르게 하는 일이다.(『비망록』)

○ 「盡其誠心」 : 此'無僞'二字, 乃見其盡誠之實, 所謂'直', 卽理之順而情性之正也. 合而觀之, 則亦誠意正心之事也.(『備忘錄』)

『부주』5-1

○ 정자가 말하였다. "배우는 사람은 멀리서 구할 필요 없이, 가까이 자신에게서 취하고 단지 인륜의 도리를 밝히는 것이 경일뿐이니 바로 이것이 요점이다. 『역』의 「건괘」는 성인의 학문을 말하였다. 「곤괘」는 현인의 학문을 말하여, 오직 경으로 안을 곧게 하고 의로 밖을 바르게 하여, 경과 의가 확립되면 덕이 외롭지 않다고만 말하였다. 성인에 이르러서도 단지 이와 같이 하여 별다른 길이 없으니, 천착하고 얽매이는 것은 본래 도리가 아니다. 그래서 도가 있고 이(理)가 있는 것은 천과 인이 같아서 다시 구별되지 않는다. 호연지기는 바로 나의 기인데, 길러서 해치지 않으면 천지에 가득 차지만, 일단 사사로운 마음에 덮이면 부족한 듯이 굶주리기 때문에 그것이 작은 줄 안다. '생각에 사특함이 없다'와 '공경하지 않음이 없다'고 하는 이 두 구절만 따라 행하면 어찌 어긋남이 있겠는가? 어긋나는 것은 모두 공경하지 않고 바르지 않기 때문이다."108)

○ 程子曰, "學者不必遠求, 近取諸身, 只明人理, 敬而已矣, 便是約處. 易之乾卦, 言聖人之學. 坤卦言賢人之學, 惟言敬以直內, 義以方外, 敬義立而德不孤. 至于聖人, 亦止如是, 更無別途, 穿鑿繫累自非道理. 故有道有理,

108) 『二程遺書』 권2상, 「元豐己未呂與叔東見二先生語」.

天人一也, 更不分別. 浩然之氣, 乃吾氣也. 養而不害, 則塞乎天地. 一爲私心所蔽, 則欿然而餒, 知其小也. '思無邪' '無不敬', 只此二句, 循而行之. 安得有差. 有差者, 皆由不敬不正也."

『강록』5-1-a

○ 「지명인리(只明人理)」 : 이덕홍의 기록에 말하였다. "현토에 'ᄒᆞ야' 라고 말한 것은 무엇 때문입니까? 대답하였다. "밝힘은 지에 속하고 경은 행에 속하기 때문일 뿐이다." 평하여 말하였다. "'인리(人理)'는 사람의 사람다운 이(理)로 우리의 마음에 갖추어져 있다. 이것을 밝히면 모든 사물의 이치도 여기에서 벗어나지 않는다." 「천착계루(穿鑿繫累)」 : 이덕홍의 기록에 말하였다. "'천착'은 담장을 뚫고 벽을 파는 것으로 「태극부(太極賦)」에 담장에 구멍을 뚫어 문과 들창문을 만든다고 말하는 것과 같다. 대저 도는 큰 길이 그러하고 푸른 하늘의 밝은 해가 그러한 것과 같아서 다시 별다른 길이 없다. 만약 반대로 사사로운 꾀로 천착하는 것으로 사사로운 생각에 얽매이게 되면 본래 도리가 아니다. 그래서 이를 돌이켜 이를 갖추고 도를 갖추면(도를 두고 이를 두며, 도는 핵심처[頭腦處]에서 말한 것이고, 이는 조리의 측면에서 말한 것이다.) 하늘과 사람은 저절로 합일하게 된다." 「호연지기(浩然之氣)」 : 이덕홍의 기록에 말하였다. "질문하기를 '여기에서 도와 이(理)를 말하면서 그것을 기(氣)로 이어 말한 것은 어떻습니까?' 대답하였다. '이와 기는 다르지만 도에 있어 실제로 서로 떨어지지 않는다. 그래서 이가 기에 충만할 때 기는 호연할 수 있고, 기가 보존되지 않으면 이도 의탁할 곳이 없어진다. 기가 만약 의와 도에 짝하여 호연하게 되면 비록 이것을 기라고 말하지만 실은 이(理)의 충만함이 그렇게 만드는 것이다. 그러므로 도리를 논하면서 '호연한 것'으로 그것을 잇는 것이 어찌 가능하지 않겠는가?'" 「감(欿)」 : 『운회』에서는 "부족함을 절감하는 것과 같다"고 했다. 「지기소(知其小)」 :

그 작은 것임을 알 것이다.(『강록』)

○ 「只明人理」: 李錄云, "問吐曰ソ也如何? 答曰明屬知敬屬行故耳." 批云, "人理, 人所以爲人之理, 具在吾心. 明乎此, 則萬事萬物之理, 亦不外是." 「穿鑿繫累」: 李錄云, "穿鑿, 穿墻鑿壁, 如「太極賦」穴墻垣爲戶牖云爾. 夫道若大路然, 如靑天白日然, 更無別途. 若反以私智穿鑿爲私意繫累, 則自非道理, 故反是而有理有道(道乙두며, 理乙두며, 道就頭腦處說, 理就條理處說) 則天人自合爲一矣." 「浩然之氣」: 李錄云, "問於此言道與理, 而繼之以氣者, 如何?" 答曰, "理氣雖異, 而於道實不相離, 故理充乎氣, 則氣得以浩然. 氣若不存, 則理亦無所掛塔處. 氣苟能配義與道而至於浩然, 則雖曰是氣, 而實理之充盛所使然也. 然則論其道理而繼之以浩然者, 豈不可乎!" 「欿」: 『韻會』, 若感切不足也. 「知其小」: 그 쟈근 주롤 알니라.(『講錄』)

『발휘』5-1-b

○ 정자는 말하였다. "'생각에 사특함이 없다[思無邪]', '경건하지 않음이 없다[毋不敬]'고 하는 이 두 구절만을 따라서 행하면 어찌 잘못이 있겠는가? 잘못이 있다면 모두 경건하지 않고 바르지 않기 때문이다."[109] ○ 주자가 말하였다. "경건하지 않아서는 안 된다는 것은 주관하는 곳을 통괄하여 말한 것이다."[110] ○ 서산진씨 말하였다. "경건하지 않아서는 안 된다는 것은 그 강령이고, 부모를 섬기고 군주를 섬기며 어른을 섬기는 것과 저 위엄과 예의, 행동거지, 그리고 기거동작 등으로 드러난 것은 그 조목이다."[111] ○ 또 말하였다. "경은 예의 강령이다. 경건하지 않음이 없어야 한다는 것은 몸과 마음의 안과 밖을 조금이라도 경건하지 않음이 있게 해서는 안 되는 것을 말한다."[112] ○ 정자가 말하였다. "엄숙하게 의관을 바르게 하고 시선을 높이 하면 그 마음속에는 자연히 경건함이 있게 되어, 머무르는 것에 격식이 없더라도 경은 저절로 드러

---

109) 『二程遺書』 권2상, 「元豐己未呂與叔東見二先生語」.

110) 『晦庵集』 권40, 「答何叔京」.

111) 『西山讀書記』 권18, 「敬上」.

112) 『大學衍義』 권28, 「誠意正心之要一崇敬畏·修己之敬」.

나게 된다."[113] ○ 또 말하였다. "경건하면 자연히 사색하듯이 엄숙해진다."[114] ○ 경의 모습은 어떤 것인지 질문드립니다. 주자가 대답하였다. "사색하듯이 엄격하다고 하는 상황에서 경의 모습을 볼 수 있다."[115] ○ 또 말하였다. "사색하듯이 엄숙하다고 하는 것이 경의 모습이고, 말을 안정되게 하는 것은 경건한 사람의 말이다."[116] ○ 남헌장씨가 말하였다. "사색하듯이 엄숙하다는 것은 비록 경의 도리는 아니지만, 이때에 경을 체득할 수 있다."[117](『발휘』)

○ 程子曰, "思無邪, *毋*不敬, 只此二句, 循而行之, 安得有差. 凡有差者, 皆由不敬不正也." ○ 朱子曰, "*毋*不敬, 是統言主宰處." ○ 西山眞氏曰, "*毋*不敬者, 其綱也, 見於事親事君事長, 與夫威儀動止起居動作者, 其目也." ○ 又曰, "敬者, 禮之綱領也. 曰'*毋*不敬'者, 謂身心內外不可使有一毫之不敬也. ○ 程子曰, "儼然正其衣冠, 尊其瞻視, 其中自有箇敬. 處雖無狀, 敬自可見." ○ 又曰, "敬則自然儼若思." ○ 問, "敬之貌, 如何?" 朱子曰, "於儼若思時, 可以見敬之貌." ○ 又曰, "儼若思, 敬者之貌也. 安定辭, 敬者之言也." ○ 南軒張氏曰, "儼若思, 雖非敬之道, 而於此時可以體敬焉."(『發揮』)

『석의』5-1-c

○ 「'근취저신(近取諸身)'에서 '경이이의(敬而已矣)'까지」: 가까이 몸에서 취하여 단지 인륜의 도리를 밝히는 것이 경일 따름이다. 「천착계루」: 맹자는 "지혜 있는 자를 미워하는 것은 그 천착하기 때문이다."[118]고 하였다. 본래의 주에서는 '뚫고 파는 것[穿鑿]'이라고 하였으니, 대개 옆으로 뚫고 굽게 파서 고르고 바를 수 없다는 뜻을 말한 것이다. '계(繫)'는 사물에 속박되는 것이고, '루(累)'는 사물에 얽매이는 것이니, 대체로 그가 고르고 바르지 못하다는 뜻을

---

113) 『二程遺書』 권18, 「劉元承手編」.

114) 『二程外書』 권2, 「朱公掞問學拾遺」.

115) 『西山讀書記』 권18, 「敬上」.

116) 『晦庵集』 권40, 「答何叔京」.

117) 『南軒集』 권35, 「書贈吳教授」.

118) 『孟子』, 「離婁下」. 여기에서 '謂'자는 『맹자』 원문에는 '爲'로 되어 있어, 원문에 따라 '때문이다'로 해석하였다.

말한 것이다. 「도리」 : 통괄하여 말할 때는 '도'라고 하지만, 조리가 있는 도를 가리켜 말할 때는 '이(理)'라고 한다. 「감연이뇌」 : '감(欿)'은 부족한 것이고, '뇌(餒)'는 기가 몸에 채워지지 않은 것이다. 「지기소야」 : '지기'를 『어류』에서는 '도리어 매우[却甚]'라고 적었다.(『석의』)

○ 「近取諸身 止 敬而已矣」 : 近取諸身ᄒᆞ야 只明人理호미 敬일 ᄯᆞᄅᆞᆷ이니라. 「穿鑿繫累」 : 孟子曰, "所惡於智者, 謂其鑿. 本註謂穿鑿也, 盖謂旁穿曲鑿而不能平正之意也. 繫爲物繫縛, 累爲物所累, 盖言其不平正之意. 「道理」 : 統言之, 則謂之道, 指道之有條理而言, 則謂之理. 「欿然而餒」 : 欿, 不足也. 餒, 氣不充體也. 「知其小也」 : '知其'『語類』作'却甚'.(『釋疑』)

『표제』5-1-d

○ 박세채(朴世采)의 생각: 이것은 『근사록』 머리권의 '충신도덕(忠信道德)' 조에서 도를 말하고 나서 다시 기를 말한 것과 비교해 보아야 한다. 또 정자는 "그 뜻을 잡고도 기를 난폭하게 하지 않는 것은 안과 밖을 서로 기르는 것이다"고 말하였다. 주자가 말하였다. "뜻을 잡는 것으로 그 안을 곧게 하고 사납지 않게 하여 밖을 바르게 한다. 두 가지에 대하여 각각 그 노력을 다하여 치우치거나 폐하는 것이 없으면 뜻은 바르고 기는 저절로 온전하게 된다. 기가 온전하면 뜻은 더욱 바르고 의리는 더욱 밝게 된다." 「감(欿)」 : 부족함을 절감하는 것과 같다. 『운회』에 나온다.(『표제』)

○ 按: 此當與『近思錄』首卷'忠信道德'條既言道又言氣者當參看. 又程子曰, "持其志, 無暴其氣, 內外交相養也." 朱子曰, "持志所以直其內, 無暴所以方於外, 兩者各致其功, 而無所偏廢, 則志正而氣自完. 氣完而志益正, 義益明矣." 「欿」 : 若感切不足也.『韻會』(『標題』)

『석의보유』5-1-e

○ 「유도유리천인일야(有道有理天人一也)」 : 『석의』에서는 도는 핵심처의 측면에서 말한 것이고, 이는 조리의 측면에서 말한 것이라 하였다. 내가 생각건대, 도가 있다는 것은 '경으로 곧게 하는 것'에

속하고, ‘이치가 있다’는 것은 ‘의리로 바르게 하는 것’에 속한다. 천은 성인을 가리키고 인은 현인을 가리킨다. 대개 ‘성인 또한 다만 이와 같다’고 한 윗 문장을 이어서 말한 것이다. 이른바 ‘천과 인이 하나이다’라는 것은 곧 『중용』에서 ‘공을 이루게 되면 한 가지이다’고 한 뜻이다. 「‘호연지기(浩然之氣)’에서 ‘천지(天地)’까지」: 『석의』에서는 “이와 기는 비록 다르지만 실제는 서로 떨어지지 않기 때문에 이가 기에 가득 차면 기는 넓게 퍼질 수 있으나, 기가 만약 채워지지 않는다면 이(理)는 또한 의지처가 없게 된다. 진실로 의와 도를 짝하여 넓어질 수 있다면 비록 ‘이것은 기다’라고 말하더라도 실은 이(理)가 시키는 것이다. 그래서 그 도리를 논하면서 ‘호연’을 이어서 썼다.” 내가 생각건대, 이 한 단락은 기가 충만한가의 여부로 도리가 보존되는가 않는가를 밝힌 것이다. 대개 나의 기가 본래는 적지만 의와 도를 짝하면 오히려 천지에 가득 찰 수 있음을 말한 것이다. 하물며 경으로 곧게 하고 의로 바르게 하여 도를 갖추고 이를 갖추는데 어찌 곧고 바른 것이 성대하여 이롭지 않음이 없을 수 없겠는가? 이것은 『석의』의 설과 다르기는 하지만 또한 같은 뜻 아니겠는가? 「지기소야(知其小也)」: 기가 작기 때문에 굶주리는 것을 말한다. 경의 이치는 큰 것인데도, 오히려 경으로 안을 곧게 할 수 있을 때 의로 드러나는 것이 반드시 바를 것이니, 어찌 오차가 있을 수 있겠는가?(『석의보유』)

○ 「有道有理天人一也」: 『釋疑』道就頭腦處說, 理就條理處說. 妄意有道屬敬直, 有理屬義方. 天指聖人, 人指賢人. 盖承上文‘聖人亦止如是’而言. 所謂‘天人一也’者, 卽『中庸』及其成功則一也之意. 「浩然之氣 止 天地」: 『釋疑』‘理氣雖異, 而實不相離, 故理充乎氣, 則氣得以浩浩, 氣若不充, 則理亦無掛搭處. 苟能配義與道, 而至於浩然, 則雖曰是氣而實理之所使. 故論其道理而繼之以浩然’ 妄意此一段以氣之充不充, 明道理之存不存. 盖謂吾之氣本少而配義與道, 尙可塞于天地. 况敬直義方, 有道有理, 安得不直方大而無不利也. 此與『釋疑』之說雖異, 亦是一意否. 「知其小也」 : 言氣小故餒. 若敬之理, 則大, 尙能敬以直內, 則義之形者必方, 安得有差耶.(『釋疑補遺』)

『강록간보』5-1-f

○ 생각건대, 사람의 이치는 마음에 갖추어져서 일로 드러나는 것이다. 안을 곧게 하고 바깥을 바르게 하고 경과 의를 함께 지키면 덕은 외롭지 않고 도의가 온전해진다. 성인라고 해도 단지 이와 같을 뿐이지만, 현자들과는 억지로 노력하는 것과 자연스러운 것의 구별이 있다. 만약 천착하고 벗어나며 왜곡하여 따로 다른 도리를 구하면서 사욕에 얽매여 이 이치에 어두워지면 이는 성현이 말하는 도리가 아니다.(『강록간보』)

○ 按, 人之理, 具於心而發於事, 直內方外, 敬義夾持, 則德不孤而道義全. 雖聖人只但如此, 與賢者有勉强自然之別, 若穿鑿旁曲而別求他道, 繫累私欲而昧於此理, 則非聖賢所謂道理也.(『講錄刊補』)

『강의』5-1-g

○ 질문하였다. "'천인일야(天人一也)' 이하는 윗 문장과 글의 흐름이 그다지 이어지지 않는 것 같습니다."(이태구) 대답하였다. "위와 아래가 비록 단절되어 있는 것 같지만 본래 같은 뜻이다. 대개 상단의 '멀리서 구할 필요가 없다'고 하는 것은 바로 아래 단락의 천과 인의 설이 생겨나게 된 까닭이다. 대개 배우는 사람은 고원함을 좋아하는 병통을 가지고 반드시 미루어 천에 이르고 나서야 비로소 마음을 쓰려고 하면서도, 사람이 당연히 행해야 할 도리에 있어서는 마음을 쓰려고 하지 않는다. 그래서 명도는 사람에게 고원한 데서 도리를 구할 필요가 없으며, 단지 사람의 도리를 밝혀야 하며 또한 사람의 도리를 밝히는 길은 또 매우 간략하여 하나의 경일뿐이라고 권고하였다. '천인일야' 이하는 또 천은 애초에 사람을 위하지 않은 적이 없으며, 사람도 처음부터 천을 위하지 않은 적이 없다는 뜻을 밝힌 것이며, 마지막에 다시 '경건하지 않음이 없다'는 것으로 끝맺었다. 위아래의 말이 실제로는

서로 호응을 하고 소통하여 그것이 서로 연속되지 않음을 볼 수 없다."(『강의』)

○ 問, "'天人一也'以下, 與上文語勢, 似不甚連續.(李泰久)." 答, "上下雖似隔斷, 而自是一意. 蓋上段'不必遠求'云者, 卽下段天人說之所由起也. 大凡學者喜高遠之病, 必推至於天, 然後方肯用心, 而至於人分上合做底道理, 則不屑用意也. 故明道勸人, 不必求之於高遠. 只當明得人理, 而明人理之道, 又甚約不過一箇敬而已. 天人一也以下, 則又以明天未始不爲人, 人未始不爲天之義, 而末又以'毋不敬'終焉. 上下語言實相灌注, 而未見其不相連續."(『講義』)

『비망록』5-1-h

○ '멀리서 구하는 것'은 대체로 성과 천도와 같은 것을 말한다. '가까이에서 취하는 것'은 효성·우애·화목·친애·충심·신실·독실·공경을 일컬으니, 사람의 도리가 어찌 여기에서 벗어나겠는가? 오직 이것들을 독실히 하고 알차게 실천하여 부족함이 없을 때 이것이 그 토양을 얻는 것이다. 그 공부하는 방법은 총괄적으로 요약하여 말하면 단지 경일 뿐이다. 오직 여기에서 돈독하고 내실 있게 하고 오랫동안 지켜서 상달의 경지에 이르기를 바란다면, 이른바 '멀리서 구하는 것'은 또한 도모하지 않아도 얻게 될 것이다.(『비망록』)

○ '遠求'蓋言性與天道之類. '近取'是孝友睦婣忠信篤敬之謂, 人理豈外於是耶? 惟篤於此而踐實無欿, 是之爲得其坏墣矣. 其用工之方, 總而約言之, 只是敬而已矣. 惟於此而敦實持久, 期至上達之域焉, 則所謂'遠求', 亦不謀而得之矣.(『備忘錄』)

『부주』5-1-1

○ 질문하였다. "'반드시 일삼음이 있어도 바로잡으려 하지 말라'는 말은 맹자가 본래 기를 기르기 위하여 제시한 말인데, 정자의 문하에서 마음을 기르는 방법으로 바꾼 것은 어째서입니까?" 잠실 진씨가 말하였다. "『맹자』라는 책에는 경을 유지하는 공부는 적다.

이 두 구절의 경우는 가장 세밀하다. 그러나 또한 기를 기르는 것에 대해서만 말하였다. 이른바 '일'이라는 것은 '의(義)'와 '직(直)'을 가리켜 말하는 것이지만, 대개 공부가 비교적 거칠다. 이른바 '맹자에게 영특한 자질이 있다'는 것은 이것을 말하는 것이다. 정자의 문하에서는 이 두 구절을 좋아하여 이것을 마음을 기르는 법으로 고쳤다. 기를 기르는 것으로 마음을 기르기 때문에 그 노력하는 것은 경을 유지하는 공부로 그 학설이 세밀하다. 그러나 그들이 공부하는 곳에 있어서는 또한 맹자의 절도와 같을 뿐이다."[119]

○ 問, "必有事焉而勿正, 孟子本爲養氣設, 程門乃轉作養心法, 如何?" 潛室陳氏曰, "『孟子』一書持敬工夫少. 如此二句最細密, 然亦只施於養氣. 所謂'事'者, 指義直而言, 大槩工夫較麤些, 所謂'孟子有英氣'謂此. 程門愛此二句, 借轉作養心法. 養心以養氣, 故其所事者持敬工夫, 其說爲細. 然其下工夫處, 亦不過如孟子之節度耳."

『강록』5-1-1-a

○ 이덕홍의 기록에 말하였다. "'필유사언(必有事焉)' 한 구절은 공부가 세밀함을 다하는 관건이 되는 곳이다. 맹자는 다만 기를 기르는 것에 대해서만 이야기하고, 마음을 기르는 것에 대해서 언급하지 않았다. 그래서 '좀 거칠다'고 말했다." ○ 두 가지 사물을 비교하여 그 길이와 수량, 그리고 크기가 동등하지 않은 것을 계산하는 것을 '교'라고 말한다. '추사(麤些)'는 정밀하고 상세하지 않은 것을 일컫는다. '사(些)'는 적은 것이다. ○ 평하여 말하였다. "이것과 저것을 서로 비교하여 저것이 이것보다 거친 점이 약간 있다면, 이것은 동등하지 않은 것이다." 「맹자지절도(孟子之節度)」 : 이덕홍의 기록에 말하였다. "곧 이른바 잊지 말고 조장하지도 말라고 하는 방법이다."(『강록』)

○ 李錄云, "'必有事焉'一句, 工夫極細密所在處. 孟子只於養氣上說, 而不及於養心, 故云'較麤些'." ○ 對兩物而計其長短多寡大小之不等曰'較'. '麤些',

119) 『木鍾集』 권2, 「孟子」.

不精細之稱, '些', 小也. ○ 批云, "彼此相比, 而彼麤於此者有些子, 是爲不等也." 「孟子之節度」: 李錄云, "卽所謂勿忘勿助法."(『講錄』)

『발휘』5-1-1-b

○ 질문하였다. "반드시 일삼음이 있을 때는 경(敬)을 써야 합니까?" 정자가 말하였다. "경은 다만 함양하는 일일 뿐이다. 반드시 일삼음이 있을 때는 반드시 의리를 쌓아야 한다. 경할 줄만 알고 의리를 쌓을 줄 모르면 오히려 전혀 일삼음이 없는 것이다." 또 질문하였다. "의는 이치에 맞는 것 아닙니까?" 대답하였다. "이치에 맞는 것은 일에 달려 있으나, 의는 마음에 달려 있다."120) ○ "경과 의는 어떻게 구별합니까?" 대답하였다. "경은 단지 자신을 지키는 도리이고, 의는 곧 시시비비가 있음을 아는 것이다. 이치에 순응하여 행하면 이것이 의이다."121)(『발휘』)

○ 問, "必有事焉, 當用敬?" 程子曰, "敬只是涵養一事, 必有事焉, 須用集義. 只知用敬, 不知集義, 却是都無事也." 又問, "義莫是中理否?" 曰, "中理在事, 義在心." ○ "敬義何別?" 曰, "敬只是持己之道, 義便知有是有非, 順理而行, 是爲義也."(『發揮』)

『석의』5-1-1-c

○ '필유사언(必有事焉)' 한 구절은 매우 세밀한데 맹자는 단지 의리를 쌓고 기를 기르는 것에 대해서만 말하고, 경을 유지하고 마음을 기르는 것에 대해서는 말하지 않았다. 그래서 비교적 좀 거칠다고 하였다. ○「교(較)」: 두 개의 사물을 대립하여 그 길이와 수량의 다소를 헤아리는 것을 말한다. 「추(麤)」: 정밀하지 않은 것을 가리킨다. 「사(些)」: 적은 것이다. 「소위(所謂)」: 정자의 말이다. 「영기(英氣)」: 좀 지나친 듯한 부류이다. 「절도(節度)」: 곧 이른바 '잊지 말고 조장하지도 말라는 방법이다.(『석의』)

○ '必有事焉'一句極細密, 而孟子只於集義養氣上說, 不於持敬養心上說, 故曰,

120) 『二程遺書』 권18, 「劉元承手編」.

121) 『二程遺書』 권18, 「劉元承手編」.

‘較麤些’. ○「較」: 對兩物計其長短多寡之謂.「麤」: 不精之稱.「些」: 小也.「所謂」: 程子語也.「英氣」: 如過當之類.「節度」: 卽所謂‘勿忘勿助’法(『釋疑』)

『표제』5-1-1-d

○ ‘경하여 안을 곧게 하고, 의롭게 하여 밖을 바르게 하는 것이 인이다. 만약 경을 수단으로 안을 곧게 한다면, 곧지 않게 된다. 반드시 일삼는 것이 있더라도 바로잡으려 하지 말아야 곧은 것이다.(『근사록』)「영기(英氣)」: 정자는 “맹자에게 약간 영특한 기질이 있어서 규각이 있으니 영기는 매우 일을 해친다”고 말하였다. 혹자가 질문하였다. “영특한 기운은 어떤 곳에서 드러납니까?” 대답하였다. “다만 공자의 말에 견주어보면 알 수 있다. 예컨대 얼음과 물은 정밀하여 빛나지 않는 것이 아니지만, 그것을 본래 따뜻하고 윤기 있고 함축적인 기상을 가진 옥에 견주어보면 그다지 빛나는 광채는 없다.”122)(『맹자서설』) ○ 맹자는 다만 정상만 지키고 있다가 가르침이 매우 험난한 곳에 이르러 바야흐로 하나의 줄기가 바뀐 후에 비로소 천리와 인욕이 분명히 구별됨을 볼 수 있게 하니, 세상에 뛰어난 재능을 가지고 도리를 매우 분명히 이해하는 사람이 아니라면 이와 같이 할 수 없다. 그러나 또한 이점이 바로 영기가 일을 해치는 곳이며, 곧 재능이 높아서 의지할 만한 곳이 없어서 맹자가 끝내 거칠게 된 것이다. 『주자대전』(『표제』)

○ 敬以直內, 義以方外, 仁也. 若以敬直內, 則便不直矣. 必有事焉而勿正, 則直也.(『近思錄』)「英氣」: 程子曰, “孟子有些英氣, 便有圭角, 英氣甚害事.” 或曰, “英氣見於甚處?” 曰, “但以孔子之言比之, 可見. 且如氷與水精非不光. 比之玉自是有溫潤含蓄氣象, 無許多耀光也.”(『孟子序說』) ○ 此老直是把得定常, 教到極險處, 方與一榦轉後, 便見天理人欲, 直是判然. 非有命世之才, 見道極分明, 不能如此. 然亦只此, 便是英氣害事處, 便是才高, 無可依據處. 孟子終是麤(『朱子大全』)(『標題』)

---

122) 『孟子集註』,「孟子序說」.

『관계』5-1-1-e

○ 「필유사언(必有事焉)」: 정자도 일찍이 "반드시 일삼는 것이 있을 때 모름지기 의를 쌓아야 하는데, 경을 행할 줄만 아는 것은 오히려 아무 일도 행함이 없는 것이다"고 말하였다. 대개 의롭게 하여 밖을 바르게 하는 것은 일에 나아가 마땅하게 처리하는 것을 일컫는 것으로 경과 상대적으로 말하는 것인 반면, 맹자가 '의를 쌓는다[集義]'고 한 것은 선을 행하는 것을 말하는 것으로 경을 포함하여 말하는 것이다. 그래서 『집주』에서 '사물에 아직 접하지 않을 때는 오로지 경을 위주로 하면 곧 선이 된다'고 말하였다. 대개 마음이 경을 위주로 할 때는 몸가짐을 단정하게 하고 엄숙한 것이 의이다. '일에서 공경할 것을 생각할' 때 잊지 않으면서도 조장하지 않는 것이 의이다. 의를 쌓는 것은 실로 기를 기르는 방법이고, 기를 기르는 데는 별다른 공부방법이 없이 단지 의지를 지켜서 기를 통솔할 따름이다. 뜻을 지키는 것이 경이 아니고 무엇이겠는가?(『관계』)

○ 「必有事焉」: 程子亦嘗曰, "必有事焉, 須用集義. 只知用敬, 却是都無事也." 蓋義以方外, 乃事上制宜之名, 對敬說. 孟子'集義', 猶言爲123)善, 包敬說, 故『集註』言'未接物時, 只主於敬, 便是爲善'. 蓋心主敬時, 整齊嚴肅底是義, '事思敬'時勿忘勿助底是義. 集義固所以養氣, 而養氣上別無用工, 特持志以帥之爾. 持志者, 非敬而何.(『窾啓』)

『부주』5-2

○ 또 말하였다. "경과 의를 함께 유지해야 하니 바로 위로 천덕에 도달하는 것은 이것으로부터이다."124)

○ 又曰, "敬義夾持, 直上達天德自此."

---

123) 『孟子章句』에는 '爲'가 '積'으로 되어 있다.

124) 『二程遺書』 권5.

『강록』5-2-a

○ 「'직상(直上)'에서 '자차(自此)'까지」 : 이덕홍의 기록에 말하였다. "바로 올라가 천덕에 달함은 이로부터이다. '이것'은 '경'과 '의'를 가리킨다."(『강록』)

○ 「直上 止 自此」 : 李錄云, "直히上ᄒᆞ야天德에 達乎勿일노브터니라. '此'指敬義"(『講錄』)

『석의』5-2-b

○ 「직상달천덕(直上達天德)」 : '바로 올라가 천덕에 도달함을'에서 '상(上)'은 상성(上聲)으로 읽어야 한다. 어떤 경우는 '다만 위로 천덕에 도달함을'이라고 말하였다. 이렇게 해석하면 '상(上)'은 거성(去聲)으로 읽어야 한다. 아래의 소주(小註)에 근거하면 주자도 두 가지 뜻으로 말하였다.(『석의』)

○ 「直上達天德」 : 바로 올라 天德에 達홈을 '上'當上聲讀. 一云, '다만우호로 天德의達홈을' 如是釋, 則'上'當去聲讀. 據下小註, 則朱子亦以兩義說.(『釋疑』)

『표제』5-2-c

○ 「'직상(直上)'에서 '자차(自此)'까지」 : 박세채(朴世采)의 생각: 퇴계가 지은 『심경구결』과 율곡이 지은 『근사록구결』은 모두 '직상(直上)'에서 구절을 끊었다. 아마도 주석 중의 '곧게 올라간다'는 것을 보고서 잘못 연결하여 말했지만, 옳지 않은 것 같다. 대개 『논어』에 이미 '군자는 위로 통달한다'125)는 구절이 있고, 정자에도 '위로 천리에 통달한다'는 말이 있다. 또 『주역집주』는 분명히 '협지' 아래에서 구절을 나누었다. 대개 '위로 하늘의 덕에 도달하는 것'과 '위로 천리를 통달하는 것'은 뜻은 조금 다르지만 문장은 대체로 동일하니, 이것이 바로 바른 뜻이다. '직상거(直上去)'라는 것과 또 이른바 '직상이라는 것에는 별다른 인욕이라 할 것이 없는 것이다'고 말한 부분은 바로 다시 '직상달(直上達)' 세 글자 가운데 '직

125) 『論語』, 「憲問」.

상(直上)' 두 글자의 뜻만을 해석하였는데, 아마 이것 때문에 그 아래에서 구절을 끊기는 어려운 듯하다.(『표제』)

○ 「直上 止 自此」: 按: 退溪作『心經口訣』, 栗谷作『近思錄口訣』, 皆於'直上'作絕句. 恐以注中'直上去'之意賺連說去, 然恐非是. 盖『論語』已有'君子上達', 及程子'上達天理'之語. 又『周易輯注』, 分明於'夾持'下作絕句. 盖上達天德, 與上達天理, 意少殊而文大同. 此乃正義. 至如'直上去'及所謂'直上者, 無許多人欲'之云. 卽又就'直上達'三字中, 單釋'直上'二字之義, 恐難以此於其下作絕句也.(『標題』)

『질서』5-2-d

○ 경과 의를 함께 유지하면 덕이 모여서 외롭지 않다. 외롭지 않으면 크게 이루어진다. 마치 사람이 모이면 큰 무리가 되고, 물이 모이면 큰 바다가 되는 것과 같다. 극도로 커지면 이것이 하늘의 덕일 따름이다.(『질서』)

○ 敬義夾持, 則德聚而不孤. 不孤則成大. 如人聚則成大衆, 水聚則成大海也. 大之極, 則天德而已.(『疾書』)

『부주』5-2-1

○ '함께 견지함[夾持]'의 의미를 질문하였다. 주자가 대답하였다. "무엇보다 이 두 글자를 참 잘 썼다. 경이 안으로는 주인이 되고, 의가 밖으로는 막아 이 두 가지를 함께 견지하여 잠시도 놔두어서는 안 되니, 단지 곧바로 올라가기 때문에 바로 천덕에 도달한다."126)

○ 問, "'夾持'之意". 朱子曰, "最下得此兩字好. 敬主乎中, 義防於外, 二者相夾持, 要放下霎然不得, 只得直上去, 故便達天德."

『부주』5-2-2

○ 또 말하였다. "겉과 속을 함께 견지하여 다시 동서로 달려가는 곳이 없으면 위로 천덕이 있을 뿐이다."127)

126) 『朱子語類』 권95, 「程子之書一」.

127) 『朱子語類』 권95, 「程子之書一」.

○ 又曰, "表裏夾持, 更無東西走作去處, 上面只有箇天德."

『부주』5-2-3

○ 또 말하였다. "경과 의로 안과 밖을 서로 번갈아 길러서 여기에 함께 안정시켜서 조금이라도 달아나서 잃어버림이 없게 해야 한다. 이렇게 하면 아래로 물욕에 물들지 않고 단지 위로 천덕에 이를 것이다."128)

○ 又曰, "敬義內外交相養, 夾定在這裏, 莫教一箇有些走失. 如此則下不染於物欲, 只得上達天德也."

『발휘』5-2-3-a

○ 주자는 또 말하였다. "'곧바로 올라간다'는 것은 별다른 인욕의 이끌림이나 장애가 없는 것이다."129) ○ 또 말하였다. "'협지'는 안과 밖이 함께 나아가는 것을 말한다. '바로 올라간다'는 것은 지속적으로 나아가 멈추지 않는 것을 말한다."130) ○ 주자가 말하였다. "경이 확립되면 안이 저절로 곧게 되고, 의가 드러나면 밖이 저절로 바르게 된다. 경을 가지고 안을 곧게 하려하거나, 의를 가지고 밖을 바르게 하려고 한다면 잘못이다."131) ○ 또 말하였다. "경과 의 공부는 어느 하나도 그만두어서는 안 된다. 저 오로지 의리를 쌓는 데만 힘쓰고 경을 위주로 할 줄 모르는 사람은 실로 헛되고 교만하며 급박해 하는 병통이 생겨나서 이른바 '의'도 간혹 바른 의리가 아니게 된다. 반대로 경을 위주로 하는 것만 말하고 일상의 삶에서 사려가 일어나는 곳에 나아가 그 공사(公私)와 의리(義利)가 어디에 있는지를 분별하여 그 취사선택의 계기를 결단할 줄 모르면 또한 어둡고 순수하지 못하고 어지럽게 되는 것을 면치 못하여 이른바 '경'이라는 것도 바른 경이 아니게 된다."132) ○ 또

128) 『西山讀書記』 권18, 「敬上」.

129) 『朱子語類』 권95, 「程子之書一」.

130) 『晦庵集』 권58, 「答鄧衛老」.

131) 『朱子語類』 권69, 「易五·坤」.

말하였다. “경하여 안을 곧게 할 수 있더라도, 또한 의롭게 하여 밖을 바르게 할 수 있어야 비로소 시비를 알 수 있고, 사물을 탐구할 수 있다. 의롭게 하여 밖을 바르게 하지 않으면 시비와 호오를 분별할 수 없어 사물도 탐구할 수 없다.”133) ○ 남헌장씨가 말하였다. “경에 머무르고 의리를 쌓는 공부는 나란히 나아가며 서로 의지하면서 함께 이루는 것이다. 만약 경만 행하고자 하면서 의리를 쌓을 줄 모르면 이른바 ‘경’이라는 것도 덩그러니 행할 것이 없을 뿐이니, 어찌 마음의 본체가 두루 행해짐을 얻겠는가?” 또 말하였다. “의리를 쌓는 것은 단지 일마다 옳은 것을 추구하는 것일 뿐이다.”134)(『발휘』)

○ 朱子又曰, “‘直上’者, 無許多人欲牽礙也.” ○ 又曰, “‘夾持’者, 內外竝進之謂. ‘直上’者, 進進不已之謂.” ○ 朱子曰, “敬立而內自直, 義形而外自方. 若欲以敬要去直內, 以義要去方外, 則非矣.” ○ 又曰, “敬義工夫不可偏廢, 彼專務集義而不知主敬者, 固有虛驕急迫之病, 而所謂‘義’者, 或非其義. 然專言主敬而不知就日用間念慮起處, 分別其公私義利之所在, 而決取舍之幾焉, 則亦未免於昏憒雜擾, 而所謂‘敬’者, 有非其敬矣.” ○ 又曰, “能敬以直內矣, 亦義以方外, 方能知得是非, 始格得物. 不以義方外, 則是非好惡, 不能分別, 物亦不可格.” ○ 南軒張氏曰, “居敬集義工夫, 竝進相須而相成也. 若只要能敬, 不知集義, 則所謂‘敬’者, 亦塊然無所爲而已, 烏得心體之周流哉!” 又曰, “集義只是事事求箇是而已.”(『發揮』)

『석의』5-2-3-b

○ 「요방하삽연부득(要放下霎然不得)」 : 잠시만 놓아버리려고 해도 ○ ‘방하(放下)’는 놓아버린다는 것이다. ○ ‘요(要)’는 구하는 것이다. ‘霎’의 음은 삽(歃)이며, 가랑비가 내리는 모양으로 잠깐 사이라는 뜻이다.(『석의』)

○ 「要放下霎然不得」 : 霎然이나 放下홈을 要ᄒᆞ야도 ○ 放下, 노하ᄇᆞ리

132) 『晦庵集』 권59, 「答余正叔」.

133) 『朱子語類』 권120, 「朱子十七·訓門人八」.

134) 『南軒集』 권32, 「答游誠之」.

다. ○ '要', 求也. '霎'音歃, 小雨貌, 暫忽之意.(『釋疑』)

『부주』5-3

○ 질문하였다. "단서(丹書)에서 경이 게으름을 이기면 길하고, 게으름이 경을 이기면 망한다. 의가 욕심을 이기면 순조로운 반면 욕심이 의를 이기면 흉하다." 주자가 대답하였다. "경하면 확고하게 서지만, 태만하면 넘어진다. 이치에 따라 일을 하는 것이 의이고, 이치에 따라 일하지 않는 것은 욕심이다. 이 경과 의는 체와 용의 관계로 「곤괘」에서 말한 것과 같다."135)

○ 問, "丹書, 敬勝怠者吉, 怠勝敬者滅, 義勝欲者從, 欲勝義者凶." 朱子曰, "敬便竪立, 怠便放倒, 以理從事是義, 不以理從事是欲. 這敬義是體用, 與「坤卦」說同."

『부주』5-3-1

○ 서산진씨가 말하였다. "무왕이 처음 제위에 올랐을 때 태공에게 단서(丹書)에 대하여 물었으니 도를 듣는 것을 급선무로 여긴 사람이라 할만하다. 그러나 태공이 아뢴 것은 경(敬)과 의(義) 한 마디에서 벗어나지 않는다. 대개 경하면 모든 선이 함께 세워지지만, 게으르면 모든 선이 동시에 상실된다. 의는 이(理)가 그 주인이 되지만, 욕망은 사물이 그 주인이 되어, 길흉존망이 그로 말미암아 나뉘게 된다. 상고시대에 성인은 이미 이 점을 극도로 삼갔다. 무왕은 그것을 듣고 삼가고 조심하며 두려워하면서, 그것을 기물에 새겨 스스로를 경계하였다. 대개 잠시라도 보존하지 않으면, 게으름과 욕망이 그 틈을 타고 생겨나지 않을까 두려워했기 때문이다. 그 후에 공자는 『주역』을 찬술할 때, 「곤괘」 '육이효'에서 '경하여 안을 곧게 하고, 의롭게 하여 밖을 바르게 한다'고 하였다. 선유가 그것을 해석하여 '경이 세워지면 안이 곧게 되고, 의가 드러나면 밖이 바르게 된다'고 하였다. 대개 경하면 이 마음이 사사롭고 사

135) 『朱子語類』 권17, 「大學四」.

특한 것에 얽매이는 일이 없어져 안이 곧게 되는 것이고, 의로우면 사물들이 각각 그 분수에 맞아 밖이 바르게 되는 것이다. 황제에서 무왕, 무왕에서 공자에 이르기까지 사실은 하나의 도이다."[136)]

○ 西山眞氏曰, "武王之始踐阼也, 訪丹書於太公, 可謂急於聞道者矣. 而太公所告不出敬與義之一言, 蓋敬則萬善俱立, 怠則萬善俱喪. 義則理爲之主, 欲則物爲之主, 吉凶存亡之所由分. 上古聖人已致謹於此矣. 武王聞之, 惕若戒懼而銘之器物以自警焉. 蓋恐斯須不存而怠與欲得乘其隙也. 其後孔子贊『易』, 於「坤」之六二曰, '敬以直內, 義以方外', 先儒釋之曰, '敬立而內直, 義形而外方'. 蓋敬則此心無私邪之累, 內之所以直也. 義則事事物物各當其分, 外之所以方也. 自黃帝而武王, 自武王而孔子, 其實一道也."

『강록』5-3-1-a

○「조(祚)」: 부(阝) 변으로 해야 한다. 문왕은 항상 동쪽 계단을 이용했는데, 돌아가신 후에 무왕이 이어서 밟아서 처음 주인의 예를 행하였다. 그래서 '천조(踐祚)'라고 말하였다.(『강록』)

○「祚」: 當从阝, 文王常由東階. 及沒, 武王乃繼踐, 始行主人之禮, 故曰'踐祚'.(『講錄』)

『표제』5-3-1-b

○「천조(踐祚)」: '조(祚)'는 '조(阼)'로 써야 한다. 문왕은 늘 동쪽 계단을 이용했는데, 임종하자 무왕이 이어서 밟아 처음 주인의 예를 행하였다. 그래서 '천조(踐祚)'라고 말하였다.(『질의』) ○ 박세채(朴世采)의 생각: '무왕이 동쪽 계단을 밟는다[武王踐祚]'는 말은 『대대례』의 편명으로, '동쪽계단을 밟은 지 삼일이 되어 스승 상보(尙父)를 불러서 질문하였다'는 말이 있다. 그래서 진씨가 이렇게 말하였다. 「척약(惕若)」: 박세채(朴世采)의 생각: 「건괘」 구삼효 효사에 나온다. '약(若)'은 어조사이다.(『표제』)

○「踐祚」: '祚'當作阼, 文王常由東階, 及卒, 武王乃繼踐, 始行主人之禮, 故曰, '踐阼',(『質疑』) ○ 按: 武王踐阼, 『大戴禮』篇名. 有'踐阼三日召師

---

136) 『大學衍義』 권2, 「帝王爲學之本·堯舜禹湯文武之學」.

尙父問焉'之語, 故眞氏云然. 「惕若」: 按: 出「乾卦」'九三'爻辭, 若, 語辭.(『標題』)

『발휘』5-3-1-c

○ 「경의재명(敬義齋銘)」137)에서 말하였다. "곤괘 육이효는 그 덕이 곧고 바르니, 군자가 그것을 체득하여 도를 행하는데 일정함이 있다. 안으로 마음을 세우는 데는 '직(直)'이라는 것이 귀하니, 경할 때만이 곧게 되어, 기울어 치우치지 않는다. 밖으로 일을 제어하는 데는 '방(方)'이라는 것이 마땅하니, 의로울 때만이 바르게 되어, 각기 그 베푸는 것에 합당하게 된다. '경'이라는 것이 어떤 것이냐 하면, 오로지 하나 됨에 집중하는 것이니, 위엄 있게 스스로 지켜서 신명 옆에 있는 것이다. '의'라는 것이 어떤 것이냐 하면, 이 이치만을 따르는 것이니, 사사로운 이해가 그 진실을 없애지 않는 것이다. 고요할 때 보존하고 기르면 마음에 주인이 있게 되고, 움직일 때 서로 교제하면서 규칙에 맞지 않음이 없다. 경은 위대하도다! 한 마음을 바르게 하고, 의는 지극하구나! 모든 일의 핵심이다. 경과 의를 함께 잡아 두 가지로 하지 않고 의심치 않으면, 겉과 속이 관통하여 위로 천덕에 도달한다. 옛날에 철인 왕들은 스승에게 가르침을 받았으니, 단서(丹書)에 훈계가 있어 서쪽을 향하여 진술하였다. 경은 태만과 구분되고, 의는 욕구와 대립되니, 하나가 성장하고 하나가 소멸하면서 화와 복이 결정된다. 태만해지려는 마음의 싹이 어둡게 드리우고, 욕심의 불길이 미친듯이 어지럽게 타오른다. 오로지 이 두 가지 단서는 덕을 그르치는 적이니, 반드시 그대의 생각을 단정하게 해야 적에 나아가 이길 수 있다. 태만과 욕심이 없어지고 나서 경과 의가 보존되니, 바르고 곧은 것이 커지면 곤괘와 덕을 합하게 된다. 한 생각이 조금이라도 어긋날 때 이 편액(扁)을 주목하여, 엄한 스승이 앞에 있는 것처럼 하여 길이 가르침으로 삼아 게으름이 없어야 한다."(『발휘』)

137) 진덕수(眞德秀)의 명(銘)이다.

○ 「敬義齋銘」曰,

"惟坤六二, 其德直方, 君子體之, 爲道有常.
內而立心, 曰'直'是貴, 惟敬則直, 不偏以陂.
外而制事, 曰'方'是宜, 惟義則方, 各當其施.
曰'敬'伊何?, 惟主乎一, 凜然自持, 神明在側.
曰'義'伊何?, 惟理是循, 利害之私, 罔汨其眞.
靜而存養, 中則有主, 動而酬酌, 莫不中矩.
大哉敬乎!, 一心之方, 至哉義乎, 萬事之綱.
敬義夾持, 不二不忒, 表裏洞然, 上達天德.
昔有哲王, 師保是詢, 丹書有訓, 西面以陳.
敬與怠分, 義與欲對, 一長一消, 禍福斯在.
怠心之萌, 闒焉沉昏, 欲心之熾, 蕩乎狂奔.
惟此二端, 敗德之賊, 必壯乃猷, 如敵斯克.
怠欲既泯, 敬義斯存, 直方以大, 協德于坤.
一念小差, 眼此齋扁, 嚴師在前, 永詔無倦."(『發揮』)

『질서』5-3-1-d

○ 경과 의는 안에서 닦는 것이고, 태만과 욕심은 밖에서 모욕하는 것이다. 『역』의 문장은 단서(丹書)를 얻고 나서야 자신을 다스리는 공부가 완비된다.(『질서』)

○ 敬義, 內修也. 怠欲, 外侮也.『易』文得丹書而後, 治己之功, 備矣.(『疾書』)

『부주』5-4

○ 질문하였다. "경하여 안을 곧게 하고, 의롭게 하여 밖을 바르게 한다." 대답하였다. "말은 이렇게 하더라도 반드시 스스로 공부해 나아가야 비로소 다음과 같음을 볼 수 있다. '경하여 안을 곧게 하는 것'은 조금의 사사로운 뜻도 없이 가슴이 확 트이고 위아래로 관통하여 안팎이 한결같은 것이다. '의롭게 하여 밖을 바르게 하는 것'은 옳은 것을 보면 결단코 그렇게 행하고 옳지

않은 것은 결단코 그렇게 하지 않아서, 분명하게 바르고 곧아야 한다. 그러니 반드시 스스로 공부를 해 나아가야 한다. 성인 문하에서 배우는 자가 한 구절을 질문하여 성인이 그에게 한 구절로 대답하면, 바로 이해하여 실제로 실천하고자 하였다. 요즈음 사람들은 말은 많이 하지만, 그것을 몸소 행하지 않을 뿐이다. 만약 실제로 잡아 공부하는 것은 오로지 '경하여 안을 곧게 하고, 의롭게 하여 밖을 바르게 해야 한다[敬以直內, 義以方外]'는 여덟 글자에 불과하지만, 평생토록 써도 다하지 않을 것이다."138)

○ 問, "敬以直內, 義以方外." 曰, "說只恁地說, 須自去下工夫, 方見得是如此. '敬以直內', 是無纖毫私意, 胸中洞然, 徹上徹下, 表裏如一. '義以方外', 是見得是處, 決定恁地, 不是處, 決定不恁地, 截然方方正正, 須是自將去做工夫. 聖門學者問一句, 聖人答他一句, 便領略將去, 實是要行. 如今說得儘多, 只是不曾將身已做. 若實把做工夫, 只是敬以直內, 義以方外, 八箇字, 一生用之不窮."

『강록』5-4-a

○ 「'설지임(說只恁)'에서 '여차(如此)'까지」 : 앞의 '설(說)'자는 말한 내용이고 뒤의 '설(說)'자는 말했다는 것이다. '임지(恁地)'는 '이와 같이'라는 것으로 곧 '말은 비록 이렇게 한다고 하더라도'라는 말이다. '수(須)'는 '모름지기'이다. '거(去)'와 '득(得)' 두 글자는 모두 어사로 각각 본래의 뜻이 있다. 「절연(截然)」 : 일정하여 바꿀 수 없는 것이니 마치 하나의 사물을 가로로 갈라놓은 듯한 것이다. 「방방정정(方方正正)」 : 평하여 말하였다. "방정함을 말하면서도 그것을 극진하게 말하고자 하여 '방방정정'이라고 하였다. 마치 '분명히 깨닫는다(分曉)'는 것을 극진하게 말하여 '분분효효'라고 한다

138) 『朱子語類』 권69, 「易五·坤」.

든가, '호탕하게 논다(遊蕩)'는 것을 극진하게 말하여 '유유탕탕'이라고 말하는 것과 같다." 「자장거주공부(自將去做工夫)」 : 스스로 가져가 공부를 하는 것이다. ○ '주(做)'는 공부를 하는 것이다. 「영약장거(領略將去)」 : '령(領)'은 '이해하다'는 것이고, '략(略)'은 취한다는 의미이다. 「여금설득(如今說得)」 : 비평하여 말하였다. "주자는 요즈음 사람들을 일반적으로 가리켜 말하였으나, 의도는 문인을 가리킨 것이다."(『강록』)

○ 「說只恁 止 如此」 : 上說字, 所說, 下說字, 之說也.[139] 恁地이리, 猶言言雖如此言也. 須므로미. '去'與'得'字, 并語辭, 各有本意. 「截然」 : 一定而不可易, 如以一物橫截然也. 「方方正正」 : 批云, "言乃[140]正而要極言之, 故曰'方方正正'. 猶極言分曉曰'分分曉曉'. 又極言遊蕩曰'遊遊蕩蕩'之類" 「自將去做工夫」 : 李錄云, "스ᄉᆞ로 가져가 工夫こ做ソこ거시라." ○ 做, 作工夫. 「領略將去」 : 領, 會也. 略, 取也. 「如今說得」 : 批云, "朱子泛指今人言, 而意指門人."(『講錄』)

『발휘』5-4-b

○ 또 말하였다. "경과 의 두 글자는 상황에 따라 공부하여 오래도록 지속하면 저절로 힘을 얻게 된다. 성인의 문하에서 이것은 바로 평생에 걸친 일이다."[141] ○ 또 말하였다. "경에는 죽은 것이 있고, 경에는 살아 있는 것이 있다. 다만 하나에 집중하는 것으로서의 경만 지키고, 일을 만나서 의리로 그것을 다스려 그 시비를 판단하지 않으면 살아있지 않은 것이다. 이것이 익숙하게 되고 나면 경에는 곧 의가 있고, 의에는 곧 경이 있게 된다. 고요할 때 경건함과 경건하지 않음을 살피고, 움직일 때 의리와 불의를 살펴서 경과 의를 함께 잡아서 끝없이 순환하면 안과 밖이 하나로 통하게 된다."[142] ○ 또 말하였다. "경은 자신의 근본을 세우는 것이고,

139) 【교감】: 이덕홍의 『心經質疑』에는 '說之也'로 되어 있어, 지금 이에 따라 해석하였다.

140) 【교감】: 이덕홍의 『心經質疑』에는 '乃'는 '方'으로 되어 있다.

141) 『晦庵集』 권54, 「答毛舜卿」.

142) 『西山讀書記』 권18, 「敬上」.

의는 일을 자르듯이 바르게 처리하여 각각 그 마땅함을 얻는 것이다."[143] ○ 또 말하였다. "함양할 때는 반드시 경해야 하며, 일을 처리함에는 모름지기 의리를 쌓아야 한다."[144] ○ 또 말하였다. "경과 의는 두 가지 일이 아니다."[145] ○ 또 말하였다. "경과 의는 단지 하나의 일이다. 예컨대 두 다리로 서는 것이 경이라면, 걸어가는 것은 의이다. 눈을 감는 것이 경이라면 눈을 떠서 사물을 보는 것은 의이다."[146] ○ 또 말하였다. "경은 여기에서 지켜서 바꾸지 않는 것을 말한다. 의는 저것에 베풀어서 합당한 것을 말한다."[147] ○ 또 말하였다. "경은 머리를 돌려 뒤를 보는 것이고, 의는 앞을 향해 보는 것이다."[148] ○ 오봉호씨가 말하였다. "경에 머무는 것이 의를 정밀히 하는 것이다." 주자는 말하였다. "오봉의 이 말은 정밀하고 절실하며, 간명하고도 합당하므로 깊이 음미해야 한다."[149] ○ 주자는 말하였다. "경하여 안을 곧게 할 때, 바로 의로 밖을 바르게 할 수 있으니, 의가 따로 있는 것이 아니다. 경을 거울로 비유하면 의는 비출 수 있는 것이다."[150] ○ 또 말하였다. "경하여 안을 곧게 하면 바로 의로 밖을 바르게 하게 된다. 의에는 바로 경이 있고 경에도 바로 의가 있다. 예컨대 인에 머무르는 것은 곧 의를 따르는 것이고, 의를 따르는 것은 곧 인에 머무르는 것이다."[151] 또 말하였다. "만약 경하여 안을 곧게 하지 못하면 의가 어디에 있는지 모르게 된다."[152](『발휘』)

143) 『朱子語類』 권69, 「易五·坤」.
144) 『朱子語類』 권12, 「學六·持守」.
145) 『晦庵集』 권43, 「答林擇之」.
146) 『朱子語類』 권12, 「學六·持守」.
147) 『朱子語類』 권12, 「學六·持守」.
148) 『朱子語類』 권12, 「學六·持守」.
149) 『晦庵集』 권38, 「答江元適」.
150) 『朱子語類』 권69, 「易五·坤」.
151) 『朱子語類』 권114, 「朱子十一·訓門人二」.
152) 『朱子語類』 권45, 「論語二十七·衛靈公篇」.

○ 又曰, "敬義二字, 隨處加功, 久久自當得力, 聖門只此便是終身事業." ○ 又曰, "敬有死底, 敬有活底. 敬只守主一之敬, 若遇事不濟之以義, 辨其是非, 則不活. 若熟後, 敬便有義, 義便有敬. 靜以察其敬與不敬, 動以察其義與不義, 敬義夾持, 循環無端, 則內外透徹." ○ 又曰, "敬是立己之本, 義是處事截然方正, 各得其宜." ○ 又曰, "涵養須用敬, 處事須是集義." ○ 又曰, "敬義非兩截事." ○ 又曰, "敬義只是一事. 如兩脚立定是敬, 才行是義, 合目是敬, 開眼見物, 便是義." ○ 又曰, "敬者, 守於此而不易之謂. 義者, 施於彼而合宜之謂." ○ 又曰, "敬要回頭看, 義要向前看." ○ 五峯胡氏曰, "居敬所以精義也. 朱子曰, "五峯此言, 精切簡當. 深可玩味." ○ 朱子曰, "敬以直內, 便能義以方外. 非是別有箇義. 敬譬如鏡, 義便是能照底." ○ 又曰, "才敬以直內, 便義以方外. 義便有敬, 敬便有義. 如居仁便由義, 由義便居仁." 又曰, "若無敬以直內也, 不知義之所在."(『發揮』)

『석의』5-4-c

○ '여금(如今)'에서 '금(今)'은 오늘이라는 것이다. 주자 자신이 스스로 그 당시를 말한 것이다. '진(儘)'은 다한다[極]는 글자의 뜻이 크다.(『석의』)

○ '如今', 今, 今日也. 朱子自謂其時也. '儘', 極字之意多.(『釋疑』)

『부주』5-5

○ 주자는 당 옆의 두 협실에서 한가한 날에 묵묵히 앉아 거기에서 글을 읽었는데, 그 왼쪽을 '경재(敬齋)'라고 명명하고, 그 오른쪽을 '의재(義齋)'라고 하고서 기문(記文)을 지어 말하였다. "한때 『주역』을 읽으면서 '경하여 안을 곧게 하고, 의롭게 하여 밖을 바르게 한다'고 하는 두 구절을 얻어 학문을 하는 요체로는 이것을 바꿀 만한 것이 없는 것으로 보았으나, 공부에 어떻게 힘써야 할지를 몰랐다. 그런데 『중용』을 읽으면서 '도리를 닦는 가르침'을 논하는데 반드시 경계하고 삼가며 두려워하는 것[戒愼恐懼]을 시초로 삼는 것을 보고서 경(敬)을 지키는 근본

을 얻었다. 또 『대학』을 읽고서는 덕을 밝히는 순서를 논하는데, 반드시 격물치지를 먼저 할 것으로 삼는 것을 보고서 의(義)를 밝히는 단서를 얻었다. 그리고 나서 이 두 가지 공부가 한 번은 움직이고 한 번은 고요하게 되는 사이에 번갈아 쓰임이 되는 것이 다시 주돈이의 태극에 관한 견해와 부합함이 있음을 보고 나서 천하의 이치는 어두움과 밝음, 큼과 작음, 멂과 가까움, 얕음과 깊음이 모두 하나로 일관하지 않는 것이 없음을 알았다. 즐겁게 음미하면 내 몸이 다하도록 싫증나지 않을 것이니 어찌 다시 외물을 그리워할 틈이 있겠는가?"153)

○ 朱子堂旁兩夾室, 暇日默坐, 讀書其間, 名其左曰'敬齋', 右曰'義齋', 記之, 曰, "嘗讀『易』而得其兩言, 曰'敬以直內, 義以方外', 以爲爲學之要無以易此, 而未知所以用力之方也. 及讀『中庸』, 見所論'脩道之教', 而必以戒愼恐懼爲始, 然後得所以持敬之本. 又讀『大學』, 見所論明德之序, 而必以格物致知爲先, 然後得所以明義之端. 既而觀夫二者之功, 一動一靜, 交相爲用, 又有合乎周子太極之論, 然後知天下之理, 幽明鉅細, 遠近淺深, 無不貫乎一者. 樂而玩之, 足以終吾身而不厭, 又何暇夫外慕哉.?"

『강록』5-5-a

○ 「협실(夾室)」: 주자의 선조는 신안에 살았는데, 부친 위재(韋齋) 선생이 복건의 우계현위로 부임하였다가 임기가 끝나 돌아갈 때 방납(方臘)이 난을 일으켜 집으로 돌아가는 도로가 막혀서 거기에 머물러 살았다. 주자 나이 열네 살 때 위재 공이 돌아가셨다. 임종에 임하여 처자를 그의 친구인 유자우(劉子羽)에게 맡겼다. 유자우는 그들을 위하여 살고 있던 마을의 병산 아래에 집을 지었다. 주자는 모친을 모시면서 거기에서 살았는데 뒷날 그 집을 '자양서당'이라고 이름지었다. '협실'은 서당 좌우측의 협실이다. 대개 위재

153) 『晦庵集』 권78, 「名堂室記」

선생은 스스로 '자양산인'이라고 호를 지었고(산은 신안에 있다.) 도서(圖書)로 새기기도 하였다. 주자는 선친이 호로 삼은 것을 잊기를 원치 않았고, 또 고향의 이름을 늘 눈으로 살피고자 했다. 병산은 숭안현에 있으며, 신안과 거리가 매우 멀다. 「소위수도지교(所論修道之敎)」 : 이덕홍의 기록에 말하였다. "질문하였다. '『중용』 머리 장에서 특별히 이 한 구절을 뽑아내어 말한 것은 무엇 때문입니까?' 대답하였다. '『중용』에서 경계하고 두려워하며 홀로 있을 때를 삼가는 것을 학문으로 삼은 것은 바로 도리를 닦는 가르침에 종사하여 공부하기 위한 것이다. 그래서 주자가 이와 같이 말하였다.'" 「동(動)」 : 의(義)이다. 「정(靜)」 : 경(敬)이다. 「'합호(合乎)'에서 '지론(之論)'까지」 : 질문하였다. "이전에 비록 정성스럽게 가르침을 들었으나, 제가 영민하지 못하여 기억할 수 없습니다. 다시 좀 더 말씀해 주십시오." 선생께서 평하여 대답하였다. "마음이 움직이면 의가 드러나 작용이 되고, 마음이 고요하면 경이 세워져 체가 된다. 체와 용이 상호간에 그 바탕이 되는 것은 마치 태극이 움직여서 양이 되고, 고요하여 음이 되어, 음과 양이 번갈아 그 뿌리가 되는 것과 같다. 그래서 '태극의 이론에 부합한다'고 말하였다." 「외모(外慕)」 : 공적과 명성, 이익과 관록이다.(『강록』)

○ 「夾室」 : 朱子之先居新安, 而父韋齋先生, 以福建尤溪縣尉赴任, 秩滿當歸, 方臘作亂, 道路不通遂家焉. 朱子年十四歲, 韋齋卒. 將卒, 托妻子於其友劉子羽. 劉爲築室於所居里之屛山下. 朱子奉母夫人, 就居焉, 後名其室曰'紫陽書堂'. 夾室, 書堂之左右夾室也. 盖韋齋先生, 自號'紫陽山人'.(山在新安), 至刻圖書. 朱子不欲忘先人之所號, 又欲故鄕之名常目在之也. 屛山在崇安縣, 距新安遼遠也. 「所論修道之敎」 : 李錄云, "問'於『中庸』首章, 特拈出此一句而言者, 何如?' 答曰, '『中庸』之以戒懼謹獨爲學, 正爲從事脩道之敎而做工夫, 故朱子之言如此.'" 「動」 : 義. 「靜」 : 敬. 「合乎 止 之論」 : 問, "前雖聞敎諄諄, 小子不敏, 不能記焉. 敢更請益." 先生批云, "心之動也, 義形而爲用, 其靜也, 敬立而爲體. 體用互爲其資, 亦猶太極之動而爲陽, 靜而爲陰. 陰陽互爲其根, 故云'合乎太極之論'". 「外慕」: 功名利祿.(『講錄』)

『석의』5-5-b

○ 「급독중용(及讀中庸)」: 『중용』의 '계신공구'는 윗 절의 도를 닦는 가르침을 이어서 말하는 것이므로 여기에 인용하여 말하였다. ○ 『중용장구』 본주(本註)에서는 성인이 가르침을 세운 일만 말했기 때문에 예악형정에 중점을 두었다. 여기에서는 오로지 배우는 사람이 가르침에 말미암는 일을 말하였기 때문에 경의(敬義)에 근본을 미루니, 말하는 것에 각각 합당함이 있다. 「합호주자태극(合乎周子太極)」: 마음[心]은 사람의 태극이다. 마음이 고요할 때 경이 확립되어 체가 되고, 마음이 움직일 때 의가 확립되어 작용이 되는 것은 태극의 움직이고 고요한 것이 번갈아 그 뿌리가 되는 것과 같기 때문이라고 하겠다. 「외모(外慕)」: 공적과 명성, 이익과 관록이다.(『석의』)

○ 「及讀中庸」: 『中庸』'戒愼恐懼', 承上節修道之教而言之, 故於此引以爲言. ○ 『中庸』本註, 專言聖人設教之事, 故歸重於禮樂刑政. 此則專言學者由教之事, 故推本於敬義, 言各有所當也. 「合乎周子太極」: 心是人之太極也. 其靜也敬立而爲體, 其動也義立而爲用, 猶太極之動靜互爲其根故云. 「外慕」: 功名利祿.(『釋疑』)

『표제』5-5-c

○ 「'급독(及讀)'에서 '위시(爲始)'까지」: 박세채(朴世采)의 생각: 『중용혹문』의 이 장 아래에서 '이것은 본성에 따르는 도를 따라서 배움으로 말미암아 들어가는 것이 그 시작이 이와 같아야 함을 밝힌 것이다'고 하였다. 또 '성인이 닦아서 가르침으로 삼은 것은 그 떨어질 수 없는 것에 근거하여 그것을 등급으로 질서지운 것이다. 군자가 말미암아 학문으로 삼은 것은 그 떨어질 수 없는 것에 근거하여 그것을 견지하여 지키는 것이다'고 하였다. 대개 이른바 '경계하고 삼가며 두려워하는 것'은 비록 예악형정과 같이 성인이 가르침으로 삼는 것은 아니지만, 또한 군자가 배움으로 삼는 커다

란 단락이다. 이것은 바로 '도를 닦는 가르침'으로 말하는 것이다. 「관호일(貫乎一)」 : 박세채(朴世采)의 생각: 학문을 할 때 경의(敬義)로 동정(動靜)하는 것은 태극의 음양이 동정하는 것과 피차간에 서로 부합한다. 곧 이른바 '하나로 일관한다'는 것에서 '하나'는 '이(理)'를 가리켜 말한다.(『표제』)

○ 「及讀 止 爲始」 : 按: 『中庸或問』此章下曰'此因率性之道, 以明由教而入者, 其始當如此.' 又曰'聖人之所修以爲教者, 因其不可離者而品節之也. 君子之所由以爲學者, 因其不可離者而持守之也.' 蓋所謂'戒愼恐懼', 雖非聖人所以爲教, 如禮樂刑政之類, 亦君子所以爲學之大段. 此乃以修道之教言者也. 「貫乎一」 : 按: 爲學之敬義動靜與太極之陰陽動靜, 彼此相合. 卽所謂'貫乎一'者'一', 指理而言.(『標題』)

『강록간보』5-5-d

○ 「'천하지리(天下之理)'에서 '일자(一者)'까지」 : 김종덕(金宗德)의 생각: 주자는 『역』을 읽고 나서 두 구절의 말을 얻었고, 『중용』, 『대학』을 읽고서 경을 견지하는 방법과 의리를 밝히는 단서를 얻었다. 또 두 가지가 서로 번갈아 쓰임이 되면서 태극 이론에 부합함을 보고서, 비로소 천하의 이치가 비록 흩어져서 만 가지로 달라짐이 있지만, 그 근원은 회통하여 하나로 일관하지 않은 것이 없음을 알았다.(『강록간보』)

○ 「天下之理 止 一者」 : 按: 朱子嘗讀『易』而得兩言, 及讀『中庸』『大學』而得持敬之道, 明義之端, 又見二者交須互用, 合於太極之論, 始知天下之理, 雖散殊有萬, 而其要歸統會, 無不貫於一也.(『講錄刊補』)

『부주』5-6

○ 정자는 말하였다. "절실하고 요긴한 방법으로는 경하여 안을 곧게 하는 것만한 것이 없다."[154)]

○ 程子曰, "切要之道, 無如敬以直內."

---

154) 『二程遺書』 권15, 「入關語錄」.

『강록』5-6-a

○ 「정자 '왈절요(曰切要)'이하 네 조목」 : 상단을 평론하여 '경(敬) 한 가지만 말하였다'고 하였다.(『강록』)

○ 「程子曰切要'以下四條」 : 批上端, 云'單言敬'.(『講錄』)

『부주』5-7

○ 또 말하였다. "'경하여 안을 곧게 한다'고 하니 안에 주인이 있으면 텅비어 자연히 잘못되고 치우친 마음이 없어진다. '반드시 일삼음이 있다'고 하니, 모름지기 경을 잡아서 일을 행해야 한다. 이 도리는 가장 간결하고 가장 쉬우며 또 공부를 줄여준다. 이 말은 비록 평범한 사람이 논한 것과 비슷하지만, 지키는 것이 오래되면 반드시 달라질 것이다."155)

○ 又曰, "敬以直內, 有主於內則虛, 自然無非僻之心. 必有事焉, 須把敬來, 做件事著. 此道最是簡最是易, 又省工夫. 爲此語, 雖近似常人, 然持之久必別."

『강록』5-7-a

○ 「경이직내(敬以直內)」 : 이덕홍의 기록에 말하였다. -함형이 삼가 '답(荅)자는 잘못된 것 같으니 절충하시기 바랍니다.'라고 말하였다. 비평하여 '답자는 제거하는 것이 마땅하다'고 말하였다.- 경의 장 주에서 인용한 정자의 '경하여 안을 곧게 하고, 반드시 일삼음이 있다'고 하는 곳은 그 말의 뜻을 상세히 살펴보면 그 아래 말로 이 윗 구절을 해석한 것이 아니다. 다만 『역』에서 '경하여 안을 곧게 한다'고 말한 것을 가지고 이어서 자기의 생각으로 그것을 논하여 '안에 주인이 있으면 …'이라고 말한 것이다. 또 『맹자』에서 '반드시 일삼음이 있다'고 말한 것을 가지고 또한 자기의 생

155) 『二程遺書』 권15, 「入關語錄」.

각을 이어서 그것을 논하여 '경을 잡아서 …'라고 말하였다. 그래서 그 말의 어세가 이와 같다. 만약 그 아래 말을 윗 구절을 해석한 것으로 보면, 문장의 흐름이 온당하지 못하여 바로 옳지 않게 된다. 또 '경하여 안을 곧게 하는 것'을 '의롭게 하여 밖을 방정하게 하는 것'과 대립시키면 경은 고요한 것이고, 의는 움직이는 것이다. 단독으로 말하면 '반드시 일삼음이 있다'는 것과 함께 동정을 관통하고 현미를 하나로 하며 내외를 꿰뚫는 것으로 보아야 한다. 「주건사착(做件事著)」: 하나의 일을 삼아 할지니. ○ 선생께서 비평하여 말하였다. "'저(著)'자는 힘써서 말해서는 안 된다."(『강록』)

○ 「敬以直內」: 李錄云, "咸亨謹謂'答字恐誤, 伏希折衷.' 批云'答字當去之.'- 敬義章註所引程子敬以直內必有事焉處, 詳其語意, 非以其下語釋此上句也. 只是稱『易』語曰'敬以直內'ᄉᆞソヒ, 係以己意論之, 曰'有主於內云云'. 又稱『孟』語曰'必有事焉'ᄉᆞソヒ, 又係以己意論之, 曰'須把敬來云云', 故其語勢如此. 若以其下語作釋上句看, 則文勢不穩, 便不是. 且敬以直內, 對義以方外, 則敬靜義動. 單言則與'必有事焉', 皆當貫動靜一顯微徹內外看." 「做件事著」: 一件事こ 사마홀디니 ○ 先生有批云'著字不可著力說'.(『講錄』)

『석의』5-7-b

○ 「경이직내, 필유사언(敬以直內, 必有事焉)」: 『역』을 인용하여 '경하여 안을 곧게 한다'라 하니 하고, 이어서 자기의 뜻으로 그것을 논하였고, 다시 『맹자』를 인용하여 '반드시 일삼음이 있다'라 하니 하고, 다시 이어서 자기의 뜻으로 논한 것이다. ○ 경하여 안을 곧게 한다는 것은 오로지 정으로 말하였고, 반드시 일삼음이 있다는 것은 동정을 겸하여 말하였다. 「주건사착(做件事著)」: 한 가지 일을 삼아 할지니.(『석의』)

○ 「敬以直內, 必有事焉」: 引『易』曰敬以直內라ᄒᆞ니, 係以己意而論之, 又引『孟子』曰必有事焉이라ᄒᆞ니, 又係以己意而論之. ○ 敬以直內, 專以靜言, 必有事焉, 兼動靜言. 「做件事著」:一件事를 사마홀디니.(『釋疑』)

『부주』5-8

○ 또 말하였다. "'아직 감응하지 않을 때는 이디에 깃든지를 알겠는가?'라고 말하는 경우가 있었다. 여기에 대하여 말하였다. '지키면 보존되고 버려두면 없어져 들어오고 나가는 것이 일정한 때가 없어 아무도 그 향방을 알지 못하니 다시 어떻게 깃든 곳을 찾겠는가? 단지 잡을 따름이다. 그것을 잡는 방법은 경하여 안을 곧게 하는 것이다.'"156)

○ 又曰, "'有言未感時, 知如何所寓.'" 曰, "'操則存, 舍則亡, 出入無時, 莫知其鄉. 更怎生尋所寓? 只是操而已. 操之之道, 敬以直內也.'"

『강록』5-8-a

○ 「지여하소우(知如何所寓)」 : 선생께서 일찍이 비평하여 말하였다. "『근사록』에는 여(如)자가 없으나, 『유서』에는 여(如)자가 있다." ○ 지(知)자는 이전에는 심(心)자의 잘못으로 여겨졌는데, 옳지 않다. 지(知)는 바로 알지 못한다는 뜻으로 발어사이다. 중국인들의 어법에는 '알지 못하는 것[不知]'을 일컬을 때 간혹 '불(不)'자를 제거하고 단지 지(知)만을 일컫는다. -한어를 해석하는 사람이 말하였다.- '어디에 의탁한 것인지 알지 못할 것이라'로 해석된다. 「즘생(怎生)」 : 이덕홍이 기록하였다. "즘(怎)의 음(音)은 '즘'이고, '어찌'라는 말이다."(『강록』)

○ 「知如何所寓」 : 先生嘗有批云, "『近思錄』無如字, 『遺書』有如字." ○ 知字前日疑爲心字之誤, 不是. 知, 乃不知之意, 發語辭也. 中原人言語稱不知, 或去不, 只稱知. -解漢語人云云- 釋 아디몯ᄒᆞ게라어ᄃᆡ寓ᄒᆞᆫ바오. 「怎生」 : 李錄云'怎, 音, 즘, 言엇디'(『講錄』)

『석의』5-8-b

○ 「지여하소우(知如何所寓)」 : '안다[知]'는 단지 '알지 못한다[不知]'의

156) 『二程遺書』 권15, 「入關語録」.

뜻으로 곧 의문사이다. 한어(漢語)에서는 '부지(不知)'로서 그것을 '안다[知]'는 의미로 본다. ○ '알겠는가 어디에 깃들인가를'이란 뜻이다. ○『근사록』에는 여(如)자가 없다.「즘생(怎生)」: 어찌, '즘(怎)'의 음은 '즘'이다.(『석의』)

○「知如何所寓」: 知只是不知之意, 乃問辭. 漢語以不知爲知他. ○ 알거지라어ᄃᆡ寓ᄒᆞᆫ바오 ○『近思錄』無如字.「怎生」: 엇뎨 怎, 즘(『釋疑』)

『부주』5-9

○ 윤화정(尹和靖)[157]이 일찍이 말하였다. "선생께서 사람을 가르칠 때, 오로지 경(敬)하여 안을 곧게 하도록 하였다. 만약 이 도리를 쓰면 모든 일을 감히 망령되게 행하지 않아 방의 어두운 구석에서도 부끄러워하지 않을 것이다.[158] 익히는 것이 오래되면 자연히 얻는 것이 있을 것이다."[159]

○ 尹和靖嘗言, "先生教人, 只是專令敬以直內. 若用此理, 則百事不敢妄作, 不愧屋漏矣. 習之旣久, 自然有所得也."

『강록』5-9-a

○「윤화정(尹和靖)」: 이덕홍의 기록에 말하였다. "이름은 돈(惇)이고, 자는 언명(彦明)이다." ○ 낙땅의 사람이며, 어려서 이천에게 사사하였다. 송나라 정강 초기에 천거로 소환되어 서울에 이르렀다. 남아 있기를 바라지 않아 '화정처사'라는 호를 하사받았다. 다음해

---

157) 윤화정(尹和靖, 1071~1142) : 북송 하남(河南) 사람이다. 이름은 돈(焞), 자는 언명(彦明) 또는 덕충(德充), 호는 화정(和靖)이다. 젊었을 때 정이(程頤)를 사사(師事)했다. 흠종(欽宗) 정강(靖康) 초에 종사도(種師道)가 천거하여 경사(京師)에 와 화정처사(和靖處士)란 호를 하사받았다. 숭정전설서(崇政殿說書)·예부시랑(禮部侍郎) 겸 시강(侍講)·휘유각대제(徽猷閣待制) 등을 역임했다. 저서에『논어맹자해(論語孟子解)』,『화정집(和靖集)』,『문인문답(門人問答)』등이 있다.

158)『詩經』,「大雅·抑」. "相在爾室, 尙不愧于屋漏, 無曰不顯, 莫予云覯."

159)『二程外書』권12,「傳聞雜記」. *『晦庵集』권70,「記程門諸子論學同異」.

금나라 사람이 낙양을 함락하자 윤돈은 온가족이 피해를 보았으며, 윤돈은 거의 죽다가 다시 소생하였다. 후에 유예(劉豫)가 예를 갖추어 초빙하였으나 윤돈은 따르지 않고, 바로 스스로 적주에서 랑(閬)으로 달아났다. 소흥 4년에 부 땅에 머물렀는데, 부 땅은 정이가 역(易)을 읽던 곳이다. 삼외재를 개설하여 살았다. 뒤에 범충거에 의해 소환되어 -함형이 생각건대, 본문에서 충(冲)으로 썼으나, 문리가 없다. 아마도 '수(授)'자가 아닌가 보여진다.- 숭정설서를 삼고자 하였으나, 질병으로 사양하였다. 범충거가 상주하여 조신(漕臣)으로 명령을 받게 하고 부(涪) 땅에 직접 보내니, 길을 나설 때 이천에 제사를 지내고 나서 떠났다. 후에 휘유각대제 겸 시강으로 옮겼다. 벼슬을 그만두고 죽었다. 나이 일흔둘이었다. 『일통기』에 나온다.(『강록』)

○ 「尹和靖」 : 李錄云, "名惇, 字彥明." ○ 洛人, 少師事伊川. 宋靖康初以薦召至京師. 不欲留, 賜號和靖處士. 次年金人陷洛, 惇闔門被害, 惇死復甦, 後劉豫以禮聘, 惇不從, 乃自商州奔閬. 紹興四年止於涪. 涪, 頤讀易地. 闢三畏齋以居, 後以范冲擧召爲 -咸亨謹按, 本文作冲. 然無文理, 恐是授字是否. - 崇政說書, 以疾辭. 冲奏命漕臣, 至涪. 親遣始就道, 祭伊川而後行. 後遷徽猷閣待制兼侍講, 致仕而卒. 年七十二, 出『一統記』.(『講錄』)

『석의』5-9-b

○ 「윤화정(尹和靖)」 : 이름은 돈(焞)이고, 자는 언명(彦明)인데, 또 자를 덕충(德充)이라고도 한다. 정이(程頤) 문하의 고제이며, 흠종이 화정처사라는 호를 내렸다.(『석의)

○ 「尹和靖」 : 名火傍享, 字, 彦明, 一字德充. 程門高弟, 欽宗賜號和靖處士.(『釋疑)

◯ 「정민정의 생각」2 : "『주역』에서 '경하여 안을 곧게 하고, 의롭게 하여 밖을 바르게 한다'고 말한 것은 진실로 배우는 자가 성인이 되고자 할 때의 중추적인 요체이다. 그러나 '경하여 안을 곧게 하는 것'이 그 근본이다. 이상의 네 조목160)의 경우에는 모두 정자

가 평소에 간단한 말로 배우는 자를 가르친 것이지만, 정자가 경(敬)자의 뜻을 드러내 밝힌 것은 더욱 상세하니 이제 모아보면 다음과 같다."

○ 「按」: "『易』言'敬以直內, 義以方外', 誠學者希聖之樞要. 然'敬以直內', 其本也. 若以上四條, 皆程子平日單言之以教學者, 而其發明敬字之義尤詳, 今摭如左."

『강록』2-1

○ 「추요(樞要)」: 지게문을 열고 닫을 때는 반드시 '지도리[樞]'에 말미암는다. 『서경』의 주에서 '여러 지체(肢體)가 모이는 곳을 '요(要)'라고 말한다'고 하였으니, 대개 성인의 경지에 들어갈 때 거쳐야 하는 요점을 말한다.(『강록』)

○ 「樞要」: 戶之開闔, 必由於樞. 『書』註曰, '衆體所會之謂要.' 蓋言入聖所由之要也.(『講錄』)

『석의』2-2

○ 「추요(樞要)」: 추(樞)는 지게문의 지도리이다. 지게문을 여닫을 때는 지도리에 말미암는다. 요(要)는 매우 요긴하다는 뜻이다.(『석의』)

○ 「樞要」: '樞', 戶樞. 戶之開闔由於樞. 要, 切要之意.(『釋疑』)

『발휘』2-3

○ 윤언명이 일찍이 선생에게 말하였다. "사람을 가르치는 것은 그저 경하여 안을 곧게 하도록 할 뿐입니다. 만약 이 이치를 쓴다면 모든 일을 감히 가볍게 하지 않으며, 거짓되게 행하지 않아 옥루에서도 부끄러워하지 않을 것입니다. 오랫동안 익히면 자연히 얻는 것이 있을 것입니다."161) ○ 주자는 말하였다. "경하여 안을 곧게 하는 것은 가장 중요하고 절실한 공부이다."162) ○ 또 말하였다. "경하여 안을 곧게 하면 고요하게 텅비고 밝아서 온갖 이치가 모

---

160) 『부주』5-6에서 『부주』5-9까지 네 조목을 말한다.

161) 『二程外書』 권12, 「傳聞雜記」. * 『晦庵集』 권70, 「記程門諸子論學同異」.

162) 『朱子語類』 권69, 「易五·坤」.

두 갖추어진다."[163] ○ 정자가 말하였다. "잡아 단속할 것은 오로지 경일뿐이다."[164] ○ 주자는 말하였다. "경(敬) 공부는 성인의 학문에서 가장 중요한 뜻으로, 처음과 끝을 꿰뚫어 잠시도 틈을 두거나 중단해서는 안 된다."[165] ○ 또 말하였다. "성인 문하의 학문에는 별다른 요점이나 뾰족한 수가 없다. 처음과 끝을 일관하는 것은 단지 경(敬)일 따름이다."[166] ○ 또 말하였다. "경(敬) 한 글자는 실로 성인 학문의 근본 뼈대이며, 보존하여 기르는 핵심적 방법으로 전일하게 이것을 위주로 하면 다시 안과 밖, 정밀함과 조잡함의 틈이 없게 된다."[167] ○ 또 말하였다. "경은 천덕이다. 경하면 그대로 위아래를 관통하여 하늘과 틈이 없게 된다." ○ 또 말하였다. "경이란 한 글자는 모든 선의 근본으로 함양성찰하고 격물치지하는 각종 공부가 모두 여기로부터 나올 때 비로소 의거할 곳이 있게 된다."[168] ○ 또 말하였다. "경자에 대하여 이전의 학자들은 가볍게 말하고 넘어가는 경우가 많았다. 오로지 정자만 중요하게 보았다. 사람은 다만 버려둔 마음을 구하기만 하면 된다. 마음은 어떤 것인가? 단지 경일 뿐이다. 경할 때 비로소 이 마음이 몸에 있게 된다."[169] ○ 또 말하였다. "성현의 말은 대개 같지 않은 것 같지만, 애초에 일관하지 않은 적이 없다. 단지 예컨대, 공자가 '예가 아닌 것은 보지도 듣지도 말하지도 행동하지도 말라', '문을 나서서는 큰 손님을 만나듯이 하고, 백성들을 부릴 때는 큰 제사를 지내는 것처럼 한다', '말은 성실하고 미덥게 하며, 행위는 독실하고 경건하게 한다'고 하는 등의 말을 하였다. 이것들은 일련의 합당한 말이다. 맹자에 이르러서는 다시 오히려 '놓

163) 『朱子語類』 권126, 「釋氏」.
164) 『二程遺書』 권11, 「師訓」.
165) 『朱子語類』 권12, 「學六·持守」.
166) 『晦庵集』 권41, 「答程允夫」.
167) 『晦庵集』 권40, 「答何叔京」.
168) 『晦庵集』 권50, 「答潘恭叔」.
169) 『朱子語類』 권12, 「學六·持守」.

아버린 마음을 구한다', '마음을 보존하고 본성을 기른다'고 말하였다. 『대학』에는 다시 이른바 격물·치지·성의·정심이 있다. 정자에 이르러서는 다시 오로지 하나의 경자만을 말하였다. 만약 그대로만 본다면 들쭉날쭉 고르지 않고 수많은 갈래와 단서가 있는 듯하지만 그 실제는 단지 하나의 이치이다. 다만 한 곳에 나아가서 공부하면 나머지 것은 모두 그 속에 함께 포괄된다. 성현의 도리는 하나의 방과 같아서 비록 문은 같지 않더라도 한 곳으로 가면 바로 들어갈 수 있다."170) ○ 또 말하였다. "정자가 후대의 학자들에게 기여한 점은 경이라는 한 글자가 가장 유력하다. 사람의 심성은 경하면 늘 보존되지만, 경건하지 않으면 보존되지 못한다."171) ○ 또 말하였다. "사람의 학문은 천 갈래 만 갈래이지만, 어찌 근본 강령이 없을 수 있겠는가? 이것이 정자가 '경을 견지한다'는 말을 하게 된 까닭이다. 단지 이 마음을 잡아서 그것을 빛나고 밝게 하면 일에 있어서 보지 못하는 것이 없게 되며, 오래되면 자연히 강하고 굳세어 힘이 있게 된다."172) ○ 또 말하였다. "경은 성학의 처음과 끝을 이루는 요체이다. 모르면 경으로 그것을 알며, 이미 아는 것은 경으로 그것을 지킨다. 만약 경하지 않으면 그 마음은 뒤집어지고 어지럽고 몽매해져도 스스로 알지 못할 것이니 어찌 주인이 있을 수 있겠는가?"173) ○ 또 말하였다. "경은 한 마음을 주관하며 온갖 일의 근본이다."174) ○ 또 말하였다. "경은 단지 이 마음이 스스로 주재하는 곳이다."175) ○ 또 말하였다. "경건하면 온갖 이치가 함께 있게 된다."176) ○ 또 말하였다. "마음속에 어떤 일도 없는 것 같은 때가 바로 경이다."177) ○ 또

170) 『朱子語類』 권12, 「學六·持守」.

171) 『朱子語類』 권12, 「學六·持守」.

172) 『朱子語類』 권12, 「學六·持守」.

173) 『晦庵集』 권55, 「答符舜功」. * 『西山讀書記』 권19, 「敬上」.

174) 『四書或問』 권1, 「大學經一章」.

175) 『朱子語類』 권12, 「學六·持守」.

176) 『西山讀書記』 권19, 「敬上」.

말하였다. “경건하면 마음에 주재하는 자가 있어서 치우치게 걸리는 것이 없게 된다. 단지 잊지 않으면서도 조장하지 않는 사람만이 그것을 안다.”178)(『발휘』)

○ 尹彦明嘗言先生, “敎人只是專令用敬以直內. 若用此理, 則百事不敢輕爲, 不敢妄作, 不愧屋漏矣. 習之旣久, 自然有所得也.” ○ 朱子曰, “敬以直內, 最是緊切工夫.” ○ 又曰, “敬以直內, 則湛然虛明, 萬理具足.” ○ 程子曰, “操約者, 敬而已矣.” ○ 朱子曰, “敬字工夫, 乃聖門第一義, 徹頭徹尾, 不可頃刻間斷.” ○ 又曰, “聖門之學, 別無要妙, 徹頭徹尾, 只是箇敬字而已.” ○ 又曰, “敬之一字, 眞聖學之綱領, 存養之要法, 一主乎此, 更無內外精粗之間.” ○ 又曰, “敬, 天德也. 敬便徹上徹下, 與天無間.” ○ 又曰, “敬之一字, 萬善根本, 涵養省察, 格物致知, 種種工夫, 皆從此出, 方有據依.” ○ 又曰, “敬字, 前輩多輕說過了. 唯程子看得重. 人只是要求放心. 何者爲心, 只是箇敬. 纔敬時, 這心便在身上了.” ○ 又曰, “聖賢言語, 大約似乎不同, 然未始不貫. 只如夫子言非禮勿視聽言動, 出門如見大賓, 使民如承大祭, 言忠信, 行篤敬, 這是一副當說話. 到孟子又却說求放心, 存心養性. 『大學』, 則又有所謂格物致知正心誠意. 至程先生, 又專一發明一箇敬字. 若只恁看, 似乎參錯不齊, 千頭萬緖, 其實只一理. 只就一處下工夫, 則餘者皆兼攝在裏, 聖賢之道, 如一室然, 雖門戶不同, 自一處行來, 便入得.” ○ 又曰, “程先生所以有功於後學者, 最是敬之一字有力. 人之心性, 敬則常存, 不敬則不存.” ○ 又曰, “人之爲學, 千頭萬緖, 豈可無本領. 此程先生所以有持敬之語, 只是提撕此心, 敎它光明, 則於事無不見, 久之自然剛健有力.” ○ 又曰, “敬者, 聖學始終之要. 未知則敬以知之. 已知則敬以守之. 若不敬則其心顚倒眩瞀而不自知, 豈能有主哉.” ○ 又曰, “敬者, 一心之主宰, 萬事之根本.” ○ 又曰, “敬只是此心自做主宰處.” ○ 又曰, “敬則萬理俱在.” ○ 又曰, “心中, 若無一事時, 便是敬.” ○ 又曰, “敬則心有主宰, 而無偏系. 惟勿忘勿助者, 知之.”(『發揮』)

---

177) 『朱子語類』 권120, 「朱子十七:訓門人八」.

178) 『晦庵集』 권40, 「答何叔京」.

『질서』2-4

○ 경하여 안을 곧게 하면 마음이 몸속에 있게 되니, 이것이 마음이 머무르는 곳이다. 아무도 그 방향을 알지 못한다는 것은 중인들의 경건하지 못한 병통이다. ○ 마음을 기르는 것은 잡아 보존하여 안을 비우는 것을 벗어나지 않는다. 잡지 않으면 없어지고 비우지 않으면 남는다. 경하여 안을 곧게 하면 극진히 하게 된다.(『질서』)

○ 敬以直內, 則心在腔子, 是心之所寓也. 莫知其鄕, 是衆人不敬之病. ○ 養心不越於操存而內虛, 不操, 則亡, 不虛, 則留. 敬以直內, 盡之矣.(『疾書』)

『부주』5-10

○ 정자가 말하였다. "하나됨을 주로 하는 것을 경이라고 하며, 옮겨감이 없는 것을 하나됨이라고 한다."179)

○ 程子曰, "主一之謂敬, 無適之謂一."

『부주』5-10-1

○ 어떤 사람이 질문하였다. '경은 어떻게 공부합니까?' 정자는 대답하였다. "하나됨을 주로 한다는 것만한 것이 없다." 소계명180)이 말하였다. "나는 늘 생각이 안정되지 못한 것을 걱정하는데, 때로 한 가지 일을 생각하는 것이 끝나지 않았는데 다른 일이 삼대처럼 또 다시 생겨납니다." 정자는 말하였다. "옳지 않다. 이것이 성실하지 못한 것의 뿌리이다. 반드시 익혀야 한다. 익혀서 전일할 수 있을 때에야 좋아질 것이다. 생각을 하거나 일을 하거나 간에 모두 하나됨을 추구해야 한다."181)

○ 或曰, "敬何以用功?" 程子曰, "莫如主一." 蘇季明曰, "昞常患思慮不定, 或思一事未了, 他事如麻又生." 曰, "不可, 此不誠之本也. 須是習, 習能專一

179) 『二程粹言』 권상, 「論道篇」. * 『西山讀書記』 권19, 「敬上」.

180) 소계명(蘇季明) : 이름은 병(昞), 자는 계명(季明)이고, 무공(武功)사람이다. 처음 장재(張載)에게 배웠으며, 뒤에 이정(二程)을 사사하였다. 원우(元祐) 말에 여대림(呂大臨)의 천거로 태상박사(太常博士)가 되었다.

181) 『西山讀書記』 권19, 「敬上」.

時, 便好. 不拘思慮與應事, 皆要求一."

『강록』5-10-1-a

○ 「소계명(蘇季明)」: 이덕홍이 기록하여 말하였다. "이름은 병(炳)이다." ○ 무공 사람이고, 처음 장재에게서 배우다 이정(二程)을 사사하였다. 학업을 마치고 원우(元祐) 말기에 여대환(呂大患)이 그를 태상박사로 천거하였다. 뒤에 원부상서(元符上書)가 되었으며, 당적에 들어가 요주의 편관이 되었다. 『일통지』에 나온다. ○ 여대환은 그 덕성이 순수하고 성대한 것으로 칭송받았다. 열심히 공부하고 뜻이 독실하여 나이 40세에도 벼슬에 나아가길 바라지 않았다. 「수시습(須是習)」: 이덕홍의 기록에 말하였다. "'습(習)'은 하나됨을 위주로 하는 공부를 익히는 것을 의미한다. 처음 익힐 때는 삼대처럼 다시 생겨나는 병통을 피할 수 없지만, 익히는 것이 익숙해져서 전일하게 되면 자연히 이런 병통이 없어지는 것을 말하였다. 그래서 '바로 좋아진다'고 말한 것이다."(『강록』)

○ 「蘇季明」: 李錄云, "名, 炳." ○ 武功人, 始學於張載而事二程. 卒業元祐末, 呂大患薦之爲太常博士. 後坐元符上書, 入黨籍編管饒州. 出『一統志』. ○ 呂氏大患, 稱其德性純茂, 强學篤志, 行年四十, 不求仕進. 「須是習」: 李錄云, "'習'謂習主一之功也. 言初習之時, 未免有如痲又生之病, 習之旣熟, 而至於專一, 則自然無此病, 故云'便好'."(『講錄』)

『발휘』5-10-1-b

○ 정자가 말하였다. "하나됨을 주로 하는 것을 경이라고 하고, 옮김이 없는 것을 '하나됨[一]'이라고 한다." 그 전문(全文)에 말하였다. "대개 인심은 두 가지로 쓸 수 없다. 한 가지 일에 마음을 쓰면 더 이상 다른 일이 들어올 수 없는 것은 일이 그 주인이 되기 때문이다. 일이 그 주인이 되어도 오히려 생각이 분산되고 흐트러지는 걱정거리가 없게 되는데, 만약 경을 위주로 하면 어찌 다시 이런 근심이 생기겠는가? 이른바 '경'이라는 것은 하나됨을 주로 하는 것을 경이라고 말하고, 이른바 '하나됨'이라는 것은 옮김이 없

는 것을 '하나됨'이라고 말한다. 또 하나됨을 주로 하는 뜻에 함영하고자 하여 하나가 되면 두 셋으로 갈리지 않는다."[182] 또 말하였다. "하나됨을 주로 하면 동으로 가지도 않고 서로 가지도 않으니 이것이 바로 중이다. 이곳으로 가지도 않고 저곳으로 가지도 않으면 이와 같은 것이 바로 내(內)이다. 이것을 보존하면 자연히 천리가 밝아진다. 배운 자들은 모름지기 경하여 안을 곧게 하고, 이 뜻을 함양해야 하는데, 안을 곧게 하는 것이 근본이다."[183] ○ 주자가 말하였다. "'하나됨을 주로 하는 것은 경(敬)의 주해이니, 요컨대, 크고 작은 일을 막론하고 언제나 자신의 정신과 생각을 모두 여기에 있게 하여 일을 만날 때도 이렇게 하고, 일이 없을 때도 이와 같이 하는 것이다."[184] 또 말하였다. "옮김이 없다는 것은 단지 안정되게 지켜서 밖으로 내달리지 않는다는 뜻이다. 옮김이 없는 것은 곧 하나됨을 주로 하는 것이고, 하나됨을 주로 하는 것은 바로 경이다. 서로 돌려가며 해석한 것으로 '옮김이 없는 것' 이외에 따로 하나됨을 주로 하는 것이 있는 것이 아니고, 하나됨을 주로 하는 것밖에 별달리 경(敬)이 있는 것이 아니다."[185] 또 말하였다. "하나됨이라는 것은 그 마음이 고요하여 오로지 여기에 있는 것이다."[186] '주일무적'에 대하여 질문하였다. 대답하였다. "단지 달아나버리지 않는 것이다. 예컨대, 책을 읽을 때는 책만 읽고 옷을 입을 때는 옷만 입는다. 이것이 바로 주일무적의 뜻이다."[187](『발휘』)

○ 程子曰, "主一之謂敬, 無適之謂一." 其全文曰, "大凡人心不可二用. 用於一事, 則他事更不能入者, 事爲之主也. 事爲之主, 尙無思慮紛擾之患. 若主於

182) 『二程遺書』 권15, 「入關語錄」.
183) 『二程遺書』 권15, 「入關語錄」.
184) 『朱子語類』 권12, 「學六·持守」.
185) 『晦庵集』 권59, 「答方子實」.
186) 『朱子語類』 권12, 「學六·持守」.
187) 『朱子語類』 권96, 「程子之書二」.

敬, 又焉有此患乎! 所謂敬者主一之謂敬. 所謂一者無適之謂一. 且欲涵泳主一之義, 一則無二三矣." 又曰, "主一則既不之東, 又不之西. 如是則只是中. 既不之此, 又不之彼, 如是則只是內, 存此則自然天理明. 學者須是將敬以直內, 涵養此意矣. 直內是本." ○ 朱子曰, "'主一'是敬字注解. 要之事無小無大, 常令自家精神思慮盡在此, 遇事時如此, 無事時如此." 又曰, "'無適'者, 只是持守得定, 不馳騖走作之意耳. 無適卽是主一, 主一卽是敬. 展轉相解, 非無適之外別有主一, 主一之外又別有敬也." 又曰, "一者, 其心湛然, 只在這裏." 問, "主一無適." 曰, "只是莫走作. 如讀書時只讀書, 著衣時只著衣. 此卽主一無適之義."(『發揮』)

『석의』5-10-1-c

○ 「'수시(須是)'에서 '편호(便好)'까지」: '습(習)'은 하나됨을 주로 하는 공부를 익히는 것이다. 처음 익힐 때는 어긋남을 피하지 못한다. 익히는 것이 익숙해져 전일하게 되면 저절로 어긋나는 폐단이 없어질 것이다. 그래서 '그러면 좋다'고 말하였다.(『석의』)

○ 「須是 止 便好」: '習', 習主一之功, 初習之時, 未免齟齬. 習之既熟, 而至於專一, 則自然無齟齬之病, 故云'便好'.(『釋疑』)

『표제』5-10-1-d

○ 박세채(朴世采)의 생각: 어떤 일이나 전일하면 성실하게 되고, 두 가지로 갈리면 성실하지 않게 된다. 이것은 두 가지로 갈리는 것이 사려로 인하여 나타나는 것이기 때문에 '성실하지 않음의 뿌리이다'고 말하였다.(『표제』)

○ 按: 凡事一則誠, 二則不誠. 此是二之見於思慮者, 故曰'不誠之本.'(『標題』)

『밀험』5-10-1-e

○ 생각건대, 공자가 증자에게 '하나로 관통한다'고 한 것에서, '하나'는 서(恕)이다. 『중용』에서 "그것을 행하는 것은 하나이다"고 말한 데서, '하나'는 성(誠)이다. 고경(古經)에서 하나를 말하는 것에는 모두 가리켜 말하는 것이 있다. 오로지 정이(程頤)의 '주일(主一)'에서의 '하나'만은 당시에 분명한 설명이 없어, 후대에 마침내 정확

한 이론이 없게 되었다. '하나'가 어떤 것인지를 알 수 없는 이상 장차 어떻게 하나됨을 주로 하겠는가? 주자의 설과 같은 경우에는 어떤 일에도 구애됨이 없이 한 가지 일을 굳게 잡아 끝까지 추구하여 다른 일이 이 일을 어지럽히지 않는 것이다. 그러나 정이의 경을 위주로 하는 공부는 늘 마음에서는 모두 어떤 일도 없고자 하였으니, 오로지 한 가지 일을 생각하는 것을 하나됨을 주로 하는 것으로 보아서는 안 된다. 또 '옮김이 없다'는 것은 전혀 가는 곳이 없음을 말한다. 만약 한 가지 일만을 생각한다면 어찌 '옮김이 없다'고 말할 수 있겠는가? 이 뜻은 매우 이해할 수 없다.(『밀험』)

○ 案, 孔子謂曾子曰'一以貫之.', '一'者, 恕也. 『中庸』曰, "所以行之者, 一也." '一'者, 誠也. 古經言一, 皆有指謂. 惟伊川主一之'一', 當時未有明說, 後來遂無的論. '一'之爲何物, 旣不可認, 將如何主一耶? 若如朱子說, 是不拘何事, 硬執一事, 推究到底, 不以他事交亂此事也. 然伊川主敬之工, 每要心中都無一事, 不應以專想一事爲主一. 且'無適'者, 謂都無所適. 若專想一事, 則豈可曰'無適'. 此意極不可曉.(『密驗』)

『부주』5-10-2

○ '하나됨을 주로 하여 벗어남이 없다'는 것에 대하여 질문하였다. 주자가 대답하였다. "다만 달아나지 않는 것이다. 요즈음 사람의 경우는 한 가지 일이 끝나기도 전에 또 한 가지 일을 하려고 하여 마음이 천 갈래 만 갈래로 나뉜다."188)

○ 問'主一無適.' 朱子曰, "只是莫走作. 如今人, 一事未了, 又要做一事, 心下千頭萬緖."

『부주』5-10-3

○ 또 말하였다. "(주자가) 학문은 오직 전일해야 한다. 예컨대, 수양가는 무를 유라고 생각하고, 불가(佛家)는 유를 무라고 생각했는데, 오직 전일하였다. 그러나 저들의 것은 어렵지만 우리의 도리는

188) 『朱子語類』 권96, 「程子之書二」.

본래 유이므로 오직 사람이 이해하기만 하면 매우 순조롭고도 쉽다. 또 장자의 경우는 마음을 쓰는 것이 나뉘지 않아야 정신에 모인다고 하면서 또 이와 같이 사람들을 가르쳤다. 그러나 그는 다만 공적(空寂)할 따름이다. 유가의 학문은 수많은 도리가 있어서 만약 투철하게 보면 사물을 관통할 수 있고 고금에 통할 수 있다."[189)]

○ 又曰, "學問只要專一, 如修養家想無成有, 釋氏想有成無, 只是專一. 然他底難, 自家道理, 本來是有, 只要人去理會, 甚順且易. 又如莊子用志不分, 乃凝於神, 亦是如此敎人, 但他只是箇空寂. 儒者之學, 則有許多道理. 若看透徹, 可以貫事物, 可以洞古今."

『강록』5-10-3-a

○ 이덕홍의 기록에 말하였다. "'상(想)'은 생각하는 것이다. 이어서 말하였다. '이 수양가가 일삼는 것은 알 수가 없다. 다만 『참동계』를 가지고 살펴보면 대개 사람의 몸을 형성하는 것은 오직 불과 물뿐이니, 64괘 가운데 감괘의 물과 리괘의 불로서 약물을 삼고, 건괘와 곤괘를 솥으로 삼으며, 나머지 60개의 괘를 30일에 나누어 배당하여 1일에 각각 2개의 괘를 배정하였다. 다시 두 개의 괘 12효를 12진에 나누어 배정하여 그 해당하는 괘와 만나는 효에 대해 반복하여 생각하고 잊지 않아 조금의 어긋남도 없다. 하늘의 기가 나의 기와 합하고 달이 차고 기우는 것으로 더하고 뺀다. 초하루에서 보름에 이르기까지는 점차로 더하고, 보름에서 그믐까지는 점차로 빼낸다. 더하고 빼는 것이 실로 하늘의 운행에 어긋나지 않는다. 불로 물을 단련하여 단전(丹田)에서 응결되게 하여 삼년이 되면 몸은 가벼워지고 뼈는 바뀌어 백주에 하늘로 날아오르게 된다. 이것이 내단을 단련하는 방법이다. 그 사이에 신묘한 법은 이루 다 말할 수 없지만 그 대강은 이러하다. 이것이 무가 유로 되는 것을 사색하는 방법이다. 부처가 행하는 일은 그 방법을 듣지 못했다. 단지 세간의 사물을 모두 무로 삼아 적멸의 가르침을 세

189) 『西山讀書記』 권19, 「敬上」.

우니 이른바 '만법(萬法)이 다 공(空)이다'고 하는 것이 이것이다." ○ 함형이 질문하였다. "주자 선생께서 『참동계』를 주석한 뜻은 어떤 것입니까?" 대답하였다. "도교는 불교가 오로지 어리석고 미혹된 것만 일삼는 것과 같지 않다. 그래서 선생은 시를 지어 읊었다. '삼년 동안 신단을 기르니 백주에도 깃털을 낳네, 오직 천리를 어길까 두려우니 여생을 어찌 편히 살 수 있겠는가?' 또 주소(註疏)를 지을 때 선생께서는 이미 벼슬에서 물러난 지 수년이 지나 당시의 일이 크게 무너졌으며, 나라가 장차 망할 것을 슬퍼하여 『초사』나 『참동계』 같은 글에 생각을 의지하였다. '오래도록 살아 죽지 않고 하늘보다 뒤에 마쳐 반복하여 끝이 없는 세상의 변화를 다하고 싶다'고 말한 것은 원래 굴원이 「원유부」를 지은 뜻으로 우언(寓言)일 뿐이다. ○ 질문하였다. "『곤지기』에서 언급하였다. '위백양의 『참동계』는 64괘를 가지고 많은 이야기를 만들어 내었는데, 단지 솜씨는 있으나 사실은 한 자도 쓸 만한 것이 없다. 그래서 '교외별전(敎外別傳)'이란 학설이 있다. 후에 장평숙이 말한 것도 스스로 분명하였다.' 이른바 '공부가 용이하다 해도 약을 멀리할 것이 아니고, 사람을 설득하더라도 모름지기 비웃음을 당한다'는 것이 이것일 뿐이니, 우리 주자로 하여금 그것이 웃을 만한 것이라는 것을 분명히 알게 하였으니 어찌 즐겨 여기에 마음을 두었겠는가? 그러나 주자가 이 책을 고증하였을 때는 『초사』를 주석한 것과 같은 뜻이었다. 대개 당시에 느꼈던 생각이 깊었다. 우리 유가에서는 더욱 시비를 알지 못해서는 안 된다. 함형이 사우에게 들었는데, '말의 간에 독이 있어서 빼내고 먹는다'는 이론이 많이 있었는데 늘 선생이 가르쳤던 문장으로 대응하니, 이해하지 못하는 사람이 드물었다. 그래서 나정암의 설을 함께 기록하여 단계를 뛰어 넘는 세속의 학문이 망령되게 성현이 행하는 것을 비판하는 것을 제거하려 하였다." 비평하여 말하였다. "『곤지기』의 설이 옳다." '신(神)'은 이(理)가 발용하는 것으로 기를 타고 드나드는 것으로, 신명(神明)의 '신(神)'이니, 공공의 것이다.(『강록』)

○ 李錄云, "想, 思想也. 因云, '此修養家事, 則不得知, 只以『參同契』考之, 則夫人之爲體者, 惟火與水, 以六十四卦之坎水離火爲藥物. 以乾坤爲鼎器, 以六十卦分定三十日, 每一日各定二卦. 又以二卦十二爻, 分定十二辰. 其於所當之卦, 所逢之爻, 念念不忘, 無有少違. 以天之氣合於吾氣, 以月之盈虛抽添之. 自朔至望, 則以漸而添, 自望至晦, 則以漸而抽. 添之抽之, 苟無違於天行. 以火錬水, 使就凝於丹田. 至於三年, 則身輕骨換, 白日飛昇. 此錬內丹法. 其間妙法不可盡旣, 然其大槩如此, 此其想無成有之法也. 如佛氏之事, 則未聞其法. 但皆以世間之事物爲無, 而成寂滅之敎, 卽所謂萬法俱空, 是也.'" ○ 咸亨問, "朱先生註參同契之意, 如何?" 答曰, "道敎非若佛家之專事誑惑. 故先生有詩云, '三年養神丹, 白日生羽翰, 但恐逆天理, 餘生詎能安.' 且註疏之時, 先生已去國數年, 時事大壞, 悲國家之將亡, 寓意於『楚辭』·『參同契』之類. 若曰, '欲長生不死, 後天而終, 以盡反復無窮之世變', 猶屈原作「遠遊賦」義, 乃寓言耳." ○ 問, "『困知記』曰, '魏伯陽參同契, 將六十四卦, 翻出許多說話, 直是巧, 其實一字也無所用, 故有敎外別傳之說. 後來張平叔說得, 亦自分明.' 所謂'工夫容易藥非遙, 說破人須失笑', 是已, 使吾朱子灼知其爲可笑. 其肯留意於此乎? 然朱子之考訂此書, 與註『楚辭』一意. 盖當其時其所感者深矣. 吾黨尤不可不知是否. 咸亨聞於士友, 多有發馬肝之論, 每以先生敎辭應之, 鮮有不解者, 故幷錄羅氏之說, 以袪俗學之躐等, 妄非聖賢之所爲也." 批云, "困知記說得之."「神」: 理之所發用, 乘氣以出入者, 乃神明之神, 共公者也.(『講錄』)

『석의』5-10-3-b

○「수양가(修養家)」: 신선이 되는 방법을 배우는 사람들이다.「상무성유(想無成有)」: '상(想)'은 사색하는 것이다. 『참동계』를 가지고 살펴보면, 대개 사람의 몸은 처음 생길 때 물과 불로부터 이루어진다. 64괘 가운데 감괘의 물과 리괘의 불로서 약물을 삼고, 건괘와 곤괘를 솥으로 삼으며, 나머지 60개의 괘를 30일에 나누어 배당하여 1일에 각각 2개의 괘를 배정하였다. 다시 두 개의 괘 12효

를 12진에 나누어 배정하여 그 해당하는 괘와 만나는 효에 대해 반복하여 생각하고 잊지 않아 조금의 어긋남도 없다. 하늘의 기를 나의 기와 합하게 하여 달이 차고 이지러짐으로써 더하고 뺀다. 달이 차면 빼고, 달이 이지러지면 더하여, 더하고 빼는 것이 실로 하늘의 굳건한 운행에 어긋남이 없게 한다. 불로 물을 단련하여 단전(丹田)에서 응결되게 하여 삼년이 되면 몸은 가벼워지고 뼈는 바뀌어 한 낮에도 하늘로 날아오르게 된다. 이것을 '내단을 단련하는 방법'이라고 한다. 이것이 무를 유라고 생각하는 방법이다. 「상유성무(想有成無)」 : 부처는 군신부자 등을 일시적으로 결합된 것으로 보아 적멸(寂滅)의 교설을 행하였으니, 이것이 이른바 '세상의 모든 현상은 실체가 없다'고 하는 것이다. 「자가(自家)」 : '자기이다'라는 것이다. 어떤 때는 나의 입장에서 타인을 가리켜 말하기도 하고, 때로는 타인의 입장에서 나를 가리켜 말하기도 한다. 「내응(乃凝)」 : '응(凝)'은 응결되고 고정되는 것이다.(『석의』)

○ 「修養家」 : 學神仙之術者. 「想無成有」 : '想', 思想也. 以『參同契』考之, 則夫人之爲體者, 初由水火而成. 以六十四卦之坎水離火爲藥物, 以乾坤爲鼎器, 以其餘六十卦分定三十日, 每一日各配二卦. 又以二卦十二爻, 分配十二辰, 其於所當之卦, 所逢之爻, 念念不忘, 無有少違. 以天之氣使合吾氣, 以月之盈虛抽添之. 月盈則抽之, 月虛則添之. 添之抽之, 無苟違於天行之健. 以火煉水, 使就凝於丹田, 至於三年, 則身輕骨換, 白日飛昇. 名曰'煉內丹法', 此其想無成有之法也. 「想有成無」 : 佛氏以君臣父子等爲假合, 而爲寂滅之敎, 卽所謂'萬法皆空', 是也. 「自家」 :제라. 或自我指人而言, 或自人指我而言. 「乃凝」 : '凝', 結也, 定也.(『釋疑』)

『표제』5-10-3-c

○ 「자가(自家)」 : '나'라고 말하는 것과 같다. 상대를 가리키면서 '자기'라고 할 때도 '자가'라고 말한다.(『질의』) 「내응어신(乃凝於神)」 : '응(凝)'은 응결되고 고정되는 것이다. '신(神)'은 이가 발용하여 기를 타고 출입하는 것으로 신명(神明)의 신(神)이니, 공공의 것이다.

(『표제』)

○ 「自家」 : 猶言‘我’也. 指彼而稱自己, 亦曰‘自家’(『質疑』). 「乃凝於神」 : ‘凝’, 結也, 定也. ‘神’, 理之所發用, 乘氣而出入者, 乃神明之神, 公共者也. (『標題』)

『발휘고이』5-10-3-d

○ ‘주일’로 경자를 주석한 이하는 모두 주자의 설이다. 그러나 ‘우왈주료저일사’ 위에 원표시를 두었다. 대개 원표시가 없이 ‘우왈’이라고 말하면 그것이 주석이 됨을 드러내어 위아래가 일관하여 주자의 말이 된다. 원표시를 두고서 ‘우왈’이라고 말하면 아마도 정자의 설이 될 것 같다. 이 조는 실제로 주자의 설이니, 원표시가 없어야 되는데 원이 있으니 의심스럽다.(『발휘고이』)

○ ‘主一’敬字註解以下, 皆朱子說, 而‘又曰做了這一事’上加圈. 蓋無圈而曰‘又曰’, 則表其爲註, 而通上下爲朱子之言. 有圈而曰‘又曰’, 則疑爲程子說. 此條果是朱子說也, 可以無圈而有圈, 可疑.(『發揮考異』)

『관계』5-10-3-e

○ ‘상무성유’는 공허하여 없는 것을 실제 존재하는 것으로 생각하는 것이다. 예컨대, 감괘와 리괘를 약물로, 건괘와 곤괘를 솥으로 생각하는 것이 이것이다. 그 폐단은 이를 기로 간주하는 것이다. 불교에서 유를 무로 생각하는 것은 실제 있는 사물을 공허하여 없는 것으로 여기는 것이다. 그 폐단은 기를 이로 간주하는 것이다. 이들은 모두 유와 무를 둘로 나누는 병통이다. 우리 유학자들은 이(理)는 ‘지극한 무[至無]’이면서 ‘지극한 유[至有]’라고 말하였다. (『관계』)

○ 「想無成有」 : 思得空無底物, 就了實有. 如以坎離爲藥物, 乾坤爲鼎器, 是也. 其蔽, 則認理爲氣. 釋氏之想有成無, 思得實有底物, 就了空無. 其蔽, 則認氣爲理, 皆是有無爲二之病. 吾儒言理, 則至無而至有.(『竅啓』)

『비망록』5-10-3-f

○ 정자의 말에 의하면 하나됨을 주로 하는 것은 경이고, 옮김이 없

는 것은 하나됨이다. 주자는 이것을 바로 합하여 말하였으니, 이른 바 '달아남이 없다'는 것은 사려와 운동을 아울러서 말한 것이다. 예컨대, 하나의 이(理)를 사색하는 것이 끝나지 않았는데, 다시 다른 것으로 가는 것이 달아나는 것이고, 이 책을 다 읽지 않았는데 다른 책으로 나아가는 것도 달아나는 것이다. 모두 경이 확립되지 않고, 하나됨이 정해지지 않아 초래되는 것이다. '막(莫)'자는 훈계하는 말이다. '금인'이하에서 '만서'까지는 병통을 들어서 깊이 경계를 둔 것이다.(『비망록』)

○ 依程子言, 則主一爲敬, 無適爲一. 朱子乃合而言之, 所謂'莫走作', 兼思慮運動而言. 如思索一理未了復之他, 是走作. 讀此書未畢又就彼, 是亦走作, 皆敬不立一未定有以致之也. '莫'字是訓辭也. '今人'以下至'萬緖', 擧病痛而寓深戒也.(『備忘錄』)

『부주』5-10-4

○ 또 말하였다. "고인은 어릴 때부터 바로 이런 공부를 하였다. 예컨대, 활쏘기를 배울 때 만약 마음이 있지 않으면 어떻게 적중시킬 수 있으며, 수레를 모는 방법을 배울 때도 마음을 두지 않으면 어떻게 말을 부릴 수 있겠는가? 서예와 산술도 그러하다. 어렸을 때 일찍이 하지 못한 것은 이제 어쩔 수 없지만, 지금부터라도 반드시 해 나아가야 한다. 만약 이런 공부를 하지 않으면 책을 읽어 의리를 찾으려고 해도 마치 집을 세우는 데 기초가 없어서 기둥을 세울 곳이 없는 것과 같을 것이다. 이 마음에 주인이 있게 된 뒤에야 학문을 해도 귀착처가 있게 된다. 만약 이 마음이 잡다하고 어지러워 스스로 다다를 곳이 없으면, 어디로부터 공부를 해 나아가며 다시 어느 곳에서 효과를 거두겠는가? 그래서 정이천 선생이 반드시 경을 바탕으로 공부하게 한 것은 바로 이 때문이었다."190)

○ 又曰, "古人自少小時, 便做了這工夫. 如學射時, 心若不在, 何以能中. 學御時, 心若不在, 何以使得馬? 書數亦然. 今旣自小不曾做得, 不奈何? 須著

190) 『朱子語類』 권12, 「學六·持守」.

從今做去. 若不做這工夫, 却要讀書看義理, 恰似立屋無基址且無安頓屋柱處. 得此心有箇存主, 然後爲學便有歸著. 若此心雜然昏亂, 自無頭當, 却學從那處去, 又何處是收功處? 故程先生須令於敬上做工夫, 正爲此也."

『석의』5-10-4-a

○ 「'자소(自小)'에서 '불내하(不奈何)'까지」: 어렸을 때에 이미 전일하게 하는 공부에 스스로 힘쓰지 않아, 지금에 이르러서는 이미 어찌할 수 없다는 것을 말한다. 「안돈(安頓)」: 사물을 두는 것이다.(『석의』)

○ 「自小 止 不奈何」: 言少時旣不能自力於專一工夫, 而至於此日, 已爲無可奈何云. 「安頓」: 置物也.(『釋疑』)

『부주』5-11

○ 정이가 말하였다. "단정하고 엄숙하면 마음은 저절로 하나가 된다. 하나가 되면 그릇되고 치우침의 간섭이 없어진다."191) 또 말하였다. "엄숙하고 위엄이 있으며, 근엄하고 공손한 것은 경의 도는 아니다. 다만 경을 이루는 것은 여기에서부터 들어가야 한다."192)

○ 程子曰, "整齊嚴肅, 則心自一, 一則無非僻之干矣." 又曰, "嚴威儼恪, 非敬之道. 但致敬須從此入."

『발휘』5-11-a

○ 주자가 말하였다. "'각'은 공경하는 가운데 소박하고 절실한 것이다." 질문하였다. "각에는 엄격함의 의미가 있는 것 아닙니까?" 대답하였다. "너무 장중하고 너무 엄격하면 사납게 된다."193)(『발휘』)

---

191) 『二程遺書』 권15, 「入關語錄」. *『西山讀書記』 권19, 「敬上」.

192) 『二程遺書』 권15, 「入關語錄」.

193) 『朱子語類』 권105, 「朱子二·論自注書」.

○ 朱子曰, "恪是恭敬中, 朴實緊切處." 問, "恪是有嚴意否?" 曰, "太莊太嚴, 厲了."(『發揮』)

『표제』5-11-b

○ 「정제엄숙(整齊嚴肅)」 : 노씨가 말하였다. "의관을 바르게 하고 시선을 우러러 보며 발걸음을 무겁게 하고, 손놀림을 공손히 하는 등의 것은 모두 안과 밖을 일치시키는 것이다. 외적인 태도를 바르고 엄숙하게 하면 내면이 한결같이 되고 내면이 한결같으면 외면이 잘못되고 치우침의 간섭이 없어진다."(『대학혹문』) ○ 퇴계가 말하였다. "주자 선생은 일찍이 '하숙경에게 답하는 글'에서 말하였다. '경을 유지하는 것은 반드시 보고 듣고 말하고 행동하는 것, 용모나 어투의 측면에서 공부해야 한다. 대개 인심은 형체가 없으며 들어오고 나가는 것이 일정하지 않다. 반드시 규범과 척도에 나아가서 지켜서 정하면 저절로 내외가 합해진다. 진실로 무게 있고 가지런하며 엄숙할 수 있으면 방만하고 치우치고 사특하고 사치스러운 것은 결코 받아들일 수 없는 것임을 알게 된다.' 이것은 일상생활 공부에서 지극히 요체가 되는 부분이다. 여기에서 살펴보면 안과 밖이 처음부터 분리되어 있지 않음을 알 수 있다. 그러나 무게 있고 가지런하고 엄숙하다고 하는 것은 바로 그 마음을 보존하는 방법이다. 내가 생각건대, 네 선생이 경을 말한 것 가운데 정자의 '정제엄숙' 한 단락은 주자의 이 글의 뜻이 나온 근원이다. 학문을 시작하는 데 먼저 해야 할 것 중에 이것보다 절실한 것은 없다."(『퇴계집』) ○ 박세채(朴世采)의 생각: 이 두 설은 이덕홍의 기록에서 사물을 위주로 하고 용모를 위주로 한다고 한 것과 엽씨의 외면은 단정하고 내면은 엄숙하다는 등의 뜻은 아마 모두 옳지 않은 것 같다. 대체로 외면이 단정하고 엄숙하면 내면도 그와 같게 된다는 말이지, 정제엄숙이 안과 밖이 저절로 나뉘어지는 것이 아니다.(『표제』)

○ 「整齊嚴肅」 : 盧氏曰, "如'正衣冠, 尊瞻視', '足容重, 手容恭'之類, 皆是內外一致, 外面整齊嚴肅, 則內面便一, 內面才一, 則外面便無非僻之干."(『大學或問』). ○ 退溪曰, "先生嘗答何叔京書曰'持敬須就視聽言動容貌辭氣上做工夫. 蓋人心無形, 出入不定, 須就規矩繩墨上守定, 便自內外帖然. 誠能莊整齊肅, 則放僻邪侈, 決知其無所容矣.' 此日用工夫至要約處. 於此驗之, 則知內外未始相離也. 而所謂'莊整齊肅'者, 正所以存其心也. 滉竊謂四先生言敬之中, 程子'整齊嚴肅'一段, 卽朱子此書之意所從出者. 始學之所當先, 莫切於此."(『退溪集』). ○ 按: 此二說, 則李錄'主事物, 主容止'及葉氏'外整齊內嚴肅'等意, 恐皆非是. 盖曰外面整齊嚴肅, 則內面帖然, 非以整齊嚴肅, 自分內外也.(『標題』)

『강록간보』5-11-c

◦ 김종덕(金宗德)의 생각: 경은 안을 주로 한 것이고 위엄 있고 엄격한 것은 밖으로 드러낸 것이다. 그러나 일을 제어하여 마음을 기르기 때문에 '반드시 여기로부터 들어가야 한다.'고 말하였다.(『강록간보』)

◦ 按: 敬主乎中, 嚴威儼恪見乎外. 然制事所以養中, 故曰'須從此入.'(『講錄刊補』)

『부주』5-11-1

○ 주자가 말하였다. "이천의 '가지런하고 엄숙하게 하라'는 한 단락은 절실하고 극진한 공부를 사람들에게 말한 것이다."194)

○ 朱子曰, "伊川整齊嚴肅一段, 是切至工夫, 說與人."

『부주』5-11-2

○ 또 말하였다. "최근에 붕우와 강론하면서 배우는 사람들의 문제점을 깊이 궁구하였는데, 단지 본래 경을 지키는 공부를 빼 먹었다는 점이다. 그래서 일마다 흩어지고 갈라지는 것이다. 경을 말하는 사람들은 또 오로지 이 마음을 보존할 수만 있으면 자연히 이치에 맞게 된다고만 말하면서, 용모나 말투에 있어서는 종종 전혀 힘을

194) 『西山讀書記』 권19, 「敬上」.

쓰지 않는다. 이렇게 하면 비록 진실로 이와 같이 보존할 수 있다고 해도 석가나 노자와 무엇이 다르겠는가? 또 하물며 생각이 거칠고 소홀해져서 실로 이처럼 보존할 수도 없는 데 있어서랴! 정자가 경을 말할 때는 반드시 가지런히 하고 엄숙하게 하며, 의관을 바르게 하고, 우러러 보는 것을 우선시하였다. 또 다리를 뻗거나 걸터앉아 있으면서 마음이 방만하지 않은 경우는 없다고 말하였으니, 이런 것은 곧 지극한 이론이다. 그러나 공자는 극기복례를 말씀하였는데도 불구하고 평소에 강론할 때 예(禮)자에 대해서는 늘 마음에 만족하지 않아서 반드시 이(理)를 가지고 해석하고 나서 멈추었는데, 지금에서야 그 정밀하고 주밀함이 보통 사람의 생각으로 미칠 수 있는 것이 아님을 알겠다."195)

○ 又曰, "比因朋友講論, 深究學者之病, 只是合下欠却持敬工夫, 所以事事滅裂. 其言敬者, 又只說能存此心, 自然中理, 至於容貌詞氣, 往往全不加功, 設使眞能如此存得, 亦與釋老何異? 又況心慮荒忽, 未必眞能如此存得邪! 程子言敬, 必以整齊嚴肅正衣冠尊瞻視爲先. 又言'未有箕踞而心不慢'者, 如此乃是至論. 而先聖說'克己復禮', 尋常講說, 於禮字每不快意, 必訓作理字然後已. 今乃知其精微縝密, 非常情所能及耳."

『강록』5-11-2-a

○ 「극기복례(克己復禮)」: 이덕홍의 기록에 말하였다. ""안연이 본래 '인(仁)'을 질문하였는데, 공자가 '예(禮)'로 대답한 것은 무엇 때문입니까?'를 질문하였다." 대답하여 말하였다. "인(仁)은 마음의 덕이고, 예(禮)는 이(理)의 절문(節文)이다. 마음이 보존되지 않으면 이(理)를 어떻게 절도에 맞게 하며, 이(理)가 절도에 맞지 않으면 마음을 어떻게 보존할 수 있겠는가? 그래서 공자가 여기에 대하여 예로 답하고 나서 그 조목을 묻는 데 대해서 단지 시청언동(視聽言動) 상에서 말하여 배우는 사람이 먼저 외면을 절제하여 (이것은 정제엄숙의 일이다.) 그 내면을 편안히 하기를 바란 것이다. 이것이 성인의 말이 정미하고 세밀한 이유가 되는 곳이다. 후대의 학

195) 『晦庵集』 권43, 「答林擇之」.

자들이 실로 시청언동의 예에 힘을 써서 본심의 덕을 마음에 보존하게 한다면 안연의 지위에 나아가지 못하는 것을 걱정하지 않을 것이다." 「'어례자(於禮字)'에서 '연후이(然後已)'까지」 : 이덕홍의 기록에 말하였다. "의(意)에는 'ᄒᆞ야'로 토(吐)를 달았으며 '우(又)'자는 『주자대전』에서 '필이' 아래에 '라니'라고 토를 단 것은 '예(禮)'자에 대해서는 '늘 마음에 만족스럽지 아니 'ᄒᆞ야', 반드시 하나의 이(理)자를 가지고 그것을 풀이할 뿐이라니, 지금 비로소 극기복례의 근본으로 말이 정밀하고 주밀하다는 것을 알았다고 한 것을 말한다. 사경(士敬)의 이 학설은 당연히 나의 처음 견해와 다른 것 같은데, 여기에서는 예에 대하여 늘 뜻에 만족스럽지 못하게 생각하여 다시 하나의 '이(已)'자로 풀이할 뿐이다고 풀이하니, 여기에 이르러 비로소 그 뜻이 정밀하고 주밀함을 알겠다고 말하는 것이다." ○ 뒷날 선생은 여기에 대하여 비평하였다. "그러나 깨우친 말에 분명한 점이 있어서 사경의 설을 쓰는 것만 못하다."(『강록』)

○ 「克己復禮」 : 李錄云, "問, '顔子本問仁, 而夫子告之以禮者如何?'" 答曰, "仁者, 心之德, 禮者, 理之節. 心不存, 理何以中節, 理不中節, 心何以得存乎? 故夫子旣答之以禮, 而至問其目, 則不過就視聽言動上說, 欲學者先制於外(是整齊嚴肅事)以安其內也. 此聖人之言, 所以精微縝蜜處. 後之學者, 苟能用力於視聽言動之禮, 使本心之德日存乎中, 則不患不造顔子之地位也." 「於禮字 止 然後已」 : 李錄云, 意吐ᄒᆞ야, 又字『朱子大全』作'必已'下吐曰'라니', 言於禮字每不快意ᄒᆞ야, 必將一箇理字而訓之而已라니, 今始知其克己復禮之本, 語精微縝蜜云云. 士敬此說, 似當然吾之初見異, 此謂於禮者每不快意ᄒᆞ야, 又訓云云已호니, 至於此始知其義精微縝蜜也. ○ 後日先生有批云, 但覺語有未瑩, 不若用士敬說.(『講錄』)

『발휘』5-11-2-b

○ '경(敬)'에 대하여 질문하였다. 대답하였다. "해설할 필요가 없다. 단지 단정하고 엄숙한 것이 이것이다."196) 질문하였다. "상채의

'늘 깨어 있어야 한다'는 설은 어떻습니까?" 대답하였다. "정자가 언급한 것이 절실한 것만은 못하다. 사람이 이렇게 할 수 있으면 그 마음은 늘 깨어 있을 것이다."197) "마음의 사려가 어지럽다"는 것에 대해 질문합니다. 대답하였다. "정자는 '단정하고 엄숙하면 마음은 저절로 하나가 되고, 하나가 되면 저절로 잘못되고 편벽됨의 간섭이 없어진다. 단지 정돈하기 시작하는 곳이 바로 천리이며 별다른 천리는 없다. 다만 항상 정돈하면 생각이 저절로 하나가 된다'고 말하였다."198) 또 말하였다. "경을 지키는 학설은 말을 많이 할 필요가 없다. 다만 '단정하고 엄숙하게 한다', '위엄있고 엄격하게 한다', '용모를 단정히 한다', '사려를 바르게 한다', '의관을 바르게 한다', '시선을 우러러 본다' 는 등의 몇 가지 말을 충분히 음미하여 실제로 공부를 하면 이른바 '내면이 곧아지고', 이른바 '하나됨을 주로 하여' 자연히 안배하지 않아도 몸과 마음은 엄숙하여 겉과 속이 하나같이 된다."199) ○ 남헌장씨가 말하였다. "고인이 외관을 차리고 용모를 꾸미고 행동거지를 하는 사이에 의도를 가지고 지키는 것을 뽐내지 않고 단지 저 천리를 따르면 당연히 이와 같이 평상(平常)을 행하게 된다. 그대로 따르고 태만하고 해이하기 때문에 반드시 힘써 노력하여 스스로를 지켜야 하니, 밖으로 엄숙하지 않으면서 안으로 경을 할 수 있다고 말하는 것이 가능하겠는가?"200) 또 말하였다. "위로 성현으로부터 정씨의 설에 이르기까지 하학을 논한 곳을 상세히 살펴보면 의관을 바르게 하고 용모를 엄숙하게 하는 것을 우선시하지 않은 적이 없었다. 대개 반드시 이와 같이 한 후에 잘 보존하여 사특하고 편벽된 데 흐르지 않게 된다. 『역』에서 이른바 '사특함을 막고 그 성실함을 보

---

196) 『西山讀書記』 권19, 「敬上」.

197) 『西山讀書記』 권19, 「敬上」.

198) 『朱子語類』 권120, 「朱子十七訓門人八」.

199) 『朱子語類』 권12, 「學六持守」.

200) 『南軒集』 권25, 「寄呂伯恭」.

존한다'고 하고, 정씨가 이른바 '밖에서 제어하여 그 마음속을 기른다'고 한 것이 이것이다."201)(『발휘』)

○ 問, "敬". 曰, "不必解說. 但整齊嚴肅便是." 問, "上蔡常惺惺之說如何?" 曰, "不如程子云云尤切. 人能如此, 則其心常惺惺." 問, "心思擾擾". 曰, "程先生云'整齊嚴肅, 則心自一, 一則自無非僻之干. 只才整頓起處, 便是天理. 別無天理. 但常常整頓起, 思慮自一.'" 又曰, "持敬之說, 不必多言, 但熟味整齊嚴肅, 嚴威儼恪, 動容貌, 整思慮, 正衣冠, 尊瞻視, 此等數語, 而實加工焉, 則所謂'直內', 所謂'主一', 自然不費安排, 而身心肅然表裏如一矣." ○ 南軒張氏曰, "古人衣冠容止之間, 不是要作意矜持, 只是循它天, 則合如是爲尋常. 因循怠弛, 故須著勉强自持. 外之不肅而謂能敬於內, 可乎!" 又曰, "詳考從上聖賢以及程氏之說論下學處, 莫不以正衣冠肅容貌爲先. 蓋必如此然後得所存, 而不流於邪僻. 『易』所謂'閑邪存其誠', 程氏所謂'制之於外以養其中者', 此也."(『發揮』)

『석의』5-11-2-c

○ 「'자소(自小)'에서 '불내하(不奈何)'까지」 : '어렸을 때에 한 가지에 집중하는 공부를 스스로 할 수 없었으니 이제 와서는 이미 어쩔 수 없는 일이다'라고 말하는 것이다. 「안돈(安頓)」 : 사물을 두는 것이다. 「귀착(歸著)」 : 돌아가 의지하는 것이다. 「두당(頭當)」 : 다다른 곳 또는 닿을 곳을 말한다. 「정제엄숙(整齊嚴肅)」 : '정제'는 사물의 측면에서 말하는 것이고, '엄숙(嚴肅)'은 용모와 행동거지를 위주로 말하는 것이지만, 서로 바꾸어 보아도 된다. ○ 송시열(宋時烈)의 생각: 정제엄숙을 주자는 모두 용모로써 말하였다. 「엄위엄각(嚴威儼恪)」 : '엄(嚴)'은 엄숙한 것이고, '위(威)'는 위엄 있고 신중한 것이다. '엄(儼)'은 사람들이 우러러보면서 두려워하는 것이고, '각(恪)'은 엄숙하게 공경하는 모양이다. 모두 경을 극진하게 하는 방법이지만 경은 아니다. 「일단(一段)」 : '한 조목', '한 조각'과 같은 류이다. 속어에서는 벼 한 묶음을 '한 단'이라고 한

201) 『西山讀書記』 권19, 「敬上」.

다. 「비(比)」 : 근래라는 것과 같다. 「합하(合下)」 : 본래이다. 「훈작리(訓作理)」 : 주자의 의견에 의하면 대체로 인(仁)의 도는 지극히 크지만 예(禮)는 작은데, 예자(禮字)를 반드시 이(理)자로 해석한 것은 이(理)자를 예(禮)자에 비하여 크다고 본 것이다. 지금은 예자가 절실하면서도 중요하다는 것을 깨달은 만큼 이전 성인이 '극기복리'라고 하지 않고 '극기복례'라고 한 것은 정미하고 주밀하여 보통 사람의 생각이 미칠 수 있는 것이 아니라는 것을 알게 되었다. 대개 단정하고 엄숙하며 위엄이 있고 공경하는 것이 모두 예의 일이기 때문이라고 하겠다. ○ 인은 본마음[本心]의 온전한 체이고, 예는 천리의 절문(節文)이다. '기(己)'는 한 몸의 사사로운 욕구이다. 사람은 이 마음의 덕을 갖추고 있지 않은 이가 없는데도 어질지 못한 까닭은 사사로운 욕구가 끼어들기 때문이다. 사사로운 욕구를 버리려면 반드시 이(理)를 가지런히 해야 하며, 몸과 마음이 한결같이 예를 따른 후에야 자신을 이기고 인을 회복할 수 있을 것이다. 예는 몸과 마음을 단속하는 것이다. 보고 들으며 말하고 행동하는 것이 모두 천에 따르면 행동거지와 일을 도모하는 것이 모두 절문에 맞아 마음의 덕은 온전해지니, 이것이 바로 인(仁)이다.(『석의』)

○ 「自小 止 不奈何」 : 言'少時旣不能自力於專一工夫, 而至於比日, 已爲無可奈何'云. 「安頓」 :置物也. 「歸著」 :歸宿著落. 「頭當」 :다ᄃᆞ른ᄃᆡ或云다힐ᄃᆡ. 「整齊嚴肅」 : 整齊, 主事物上說, 嚴肅, 主容止上說. 互相看亦得. ○ 按: 整齊嚴肅, 朱子皆以容貌言. 「嚴威儼恪」 : 嚴, 嚴肅, 威, 威重. 儼, 人望而畏, 恪, 肅敬之貌, 皆致敬之道而非敬也. 「一段」 : 如一條一片之類, 俗語禾一束謂之一段. 「比」 :猶近也. 「合下」 :본ᄃᆡ. 「訓作理」 : 朱子之意, 盖以仁道至大, 而禮字爲小, 必釋禮字爲理字者, 理字視禮字爲大也. 今覺得禮字爲切要, 乃知先聖不曰克己復理, 而曰'克己復禮'者, 其精微縝密, 非常情所及云爾. 盖整齊嚴肅嚴威儼恪, 皆是禮之事故云. ○ 仁者, 本心之全體, 禮者, 天理之節文. 己者, 一身之私欲也. 人莫不具此心德, 而其所以未仁者,

由其私欲間之也. 欲去私欲, 須是整理, 身心一遵乎禮, 然後已可克而仁可復矣. 禮是檢束身心之物事, 視聽言動悉循天, 則動容周旋, 皆中節文, 則心德全矣. 是乃仁也.(『釋疑』)

『석의보유』5-11-2-d

○ 「'엄위(嚴威)'에서 '비경지도(非敬之道)'까지」 : 『석의』에서는 엄격하고 사나운 것에 치우치기 때문에 '경의 도리가 아니다'고 말하였다. 대개 지나치게 엄격하면 지키는 것을 뽐내는데 가깝기 때문에 『석의』의 설이 이와 같다. 내 생각에 위엄스럽고 엄격한 것은 '단정하고 엄숙한 것'과 같지 않다. 단정하고 엄숙한 것은 사물, 용모, 행동거지에 함께 나아가 말한 것이고, 위엄스럽고 엄격한 것은 용모와 행동거지에만 나아가 말한 것이다. 이 네 글자는 단지 경 가운데 한 가지 일이기 때문에 경의 도가 아니다. 예컨대 '경의 도를 다하기에 부족하다고 하겠다'고 말하는 것과 같지 않겠는가? 「'필훈작리(必訓作理)'에서 '소급이(所及耳)'까지」 : 예는 경의 체이다. 자신을 이기는 것에는 경만한 것이 없다. 자기를 이길 수 있으면 경의 체가 서게 되므로 '예를 회복한다'고 말한다. 만약 '이(理)를 회복한다'고 말하면 경의 뜻이 전혀 없게 된다. 다만 범범한 말인 것 같기 때문에 주자는 스스로 '보통 사람의 생각으로 미치는 것이 아니라'고 하였다.(『석의보유』)

○ 「嚴威 止 非敬之道」 : 『釋疑』偏於嚴厲, 故曰'非敬之道'. 盖太嚴則近於矜持, 故『釋疑』之說如此. 妄意嚴威儼恪, 與整齊嚴肅不同. 整齊嚴肅, 兼就事物容止上說, 嚴威儼恪, 偏就容止上說, 則此四字只是敬中之一事, 故非敬之道. 如云'不足以盡敬之道云'否. 「必訓作理 止 所及耳」 : 禮者, 敬之體也. 克己莫如敬. 能克己, 則敬之體立, 故曰'復禮'. 若曰'復理', 則都無敬底意. 只似泛說, 故朱子自云,'非常情所及否.'(『釋疑補遺』)

『질서』5-11-2-e

○ 주자의 네 방향의 비유는 『대학혹문』에 보이는데, 처음에 '엄위엄각' 한 조목이 없었다. 그것이 '정제엄숙'의 뜻과 같기 때문에 정

자가 그것을 끌어다 붙였다. 정제엄숙을 노씨는 '의관을 바르게 하고, 시선을 우러러 보며, 발걸음을 무겁게 하고 손놀림을 공손하게 하는' 등의 것으로 해석하면서 동정을 구별하였으니, 그 설은 진실로 옳다. 지금 「경재잠」의 윗머리의 두 조목은 모두 한 구절 위에 붙였다. 사씨와 윤씨의 두 설도 서로 바탕이 되는 공부이다. 비록 깨어있고자 해도 마음을 수렴하여 하나의 사물도 용납하지 않는 공부가 없으면, 힘을 다하기가 어렵고, 비록 마음을 수렴하여 하나의 사물도 용납하지 않았다 하더라도 깨어 있는 방법이 없으면 또한 일을 이룰 수 없다. 「경재잠」에서 이른바 '손님을 맞아들이듯이 제사를 모시듯이 하고 말과 생각을 지키는 것'이 곧 '거두어들여 어떤 사물도 용납하지 않는 것'을 말하는 것이다. 조심하고 삼가며 공경하고 두려워하는 것은 곧 '늘 깨어있는 것'을 일컫는다. 이것이 모두 하나됨을 주로 하여 옮김이 없는 것이다. 그래서 「경재잠」에는 동서와 두 셋의 구별이 있다. 두 가지를 서로 비교하면 그 뜻이 더욱 밝혀질 것이다. 요컨대, 잠은 경의 전체를 논한 것이니, 여기에서 몇 가지는 반드시 하나라도 결여되어서는 안 되기 때문이다.(『질서』)

○ 朱子四方之喩, 見『大學或問』, 初無'嚴威儼恪'一條, 以其與'整齊嚴肅'意義一般, 故程子採以附之. 整齊嚴肅, 盧氏以'正衣冠尊瞻視足容重手容恭'之類爲解. 而有動靜之別, 則其說良是矣. 今「敬齋箴」上頭兩條, 皆帖在一句上. 謝尹兩說, 亦互資之功. 雖欲惺惺而無收斂不容之功, 則難以致力. 雖收斂不容, 而無惺惺之法, 則亦不濟事. 「敬齋箴」所謂'如賓如祭, 守口防意', 卽'收斂不容一物'之謂也. 戰戰兢兢, 洞洞屬屬, 卽'常惺惺'之謂也. 這都是主一無適, 故「敬齋箴」有東西二三之別, 兩相較勘, 其意尤明. 要之, 箴是論敬之全體, 則於此數者, 必不闕一故也.(『疾書』)

『강록간보』5-11-2-f

○ 「극기복례(克己復禮)」 : 김종덕(金宗德)의 생각: 인(仁)은 천리 전체가 마음에 갖추어져 덕이 된 것이다. 예는 천리의 절문이 일에 드

러나서 규칙이 된 것이다. 마음에 갖추어져 있는 것은 볼 수 있는 형상이 없으나, 일에 드러난 것은 의거할 만한 토대가 있기 때문에 밖에서 제어하여 그 마음속을 기르는 것이다. 그래서 그것에 예자로 답한 것이 정미하고 주밀하게 된 까닭이다. 『강록』에서 심(心)과 이(理)를 번갈아 말한 것은 마음을 보존하고 절도에 맞게 하여 번갈아 그 공을 이루는 것을 말한 것이 아니다. 대개 심과 이는 본래 두 가지 사물이 아니어서 바깥을 제어하면 마음은 저절로 길러지는 것을 말하는 것이다. 「'어례자(於禮字)'에서 '정미진밀(精微縝密)'까지」 : 김종덕(金宗德)의 생각: 『어류』에서 "예라고 부르고 이(理)라고 말하지 않은 까닭은 예는 실제적인 것이어서 준칙이 있고 알맹이가 있는 것이 아닙니까?"라고 질문하였다. 대답하였다. "이(理)만을 말하면 오히려 공허해져버린다. 이 예(禮)는 저 천리가 짜여진 형식으로 사람에게 준칙으로 삼을 곳이 있게 하는 것이다.(『강록간보』)

○ 「克己復禮」 : 按: 仁者, 天理之全體具於心而爲德者也. 禮者, 天理之節文見於事而爲則者也. 具於心者, 無形象可見, 見於事者, 有地頭可據, 而制於外, 所以養其中也. 故答之以禮字, 所以爲精微縝密. 『講錄』以心與理互說, 不是言存心中節, 交致其功, 蓋言心與理, 本非兩端物事, 所以制外, 則中自養也. 「於禮字 止 精微縝密」 : 按: 『語類』問, "所以喚做禮而不謂之理者, 莫是禮便是實了, 有準則, 有著實處?" 曰, "只說理, 却空去了. 這箇禮, 是那天理節文, 教人有準則處."(『講錄刊補』)

『부주』5-12

○ 상채 사씨가 말하였다. "경은 항상 깨어 있는 방법이다."202)

○ 上蔡謝氏曰, "敬是常惺惺法."

『강록』5-12-a

202) 『上蔡語録』 권2.

○ 이름은 량좌(良佐)이고 자는 현도(顯道)이며 상채인이다. 유찰원(遊察院), 양문정(楊文靖)과 같은 때에 학문을 배웠으며, 주현의 벼슬을 역임하였다. 뒤에 유언비어에 연루되어 천자의 명에 의하여 투옥되고 관직에서 물러났다. 처음 명도를 뵈었는데 명도가 사람들에게 말하였다. "이 사람은 진실로 수재(秀才)이니 넓히고 길러서 열어주면 장래가 촉망된다." 또 말하였다. "성실하고 독실하게 이해하다가 일에 투철하지 못한 것이 있으면 이마에 땀이 날 정도로 그 분투노력하는 것이 이와 같았다. 『연원록』에 나온다.(『강록』)

○ 名, 良佐, 字, 顯道, 上蔡人. 與遊察院·楊文靖, 同時受學, 歷仕州縣, 後以飛語坐繫, 詔獄褫官. 初見明道, 明道語人曰, "此秀才, 展招得開, 將來可望." 又曰, "誠篤理會, 事有不透, 其顙有泚, 憤悱如此." 出『淵源錄』.(『講錄』)

『부주』5-12-1

○ 주자가 말하였다. "깨어 있는 것은 바로 마음이 어둡지 않은 것을 말하는데 다만 이것이 바로 경이다. 지금 사람들은 경을 말할 때 '가지런히 하고 엄숙하게 하는 것'으로 말하니, 실로 옳다. 그러나 만약 마음이 어두워 이치를 비추는 것이 밝지 못하면 비록 억지로 잡는다고 해도 어떻게 경이 될 수 있겠는가?"203)

○ 朱子曰, "惺惺乃心不昏昧之謂, 只此便是敬. 今人說敬, 以'整齊嚴肅'言之, 固是. 然心若昏昧, 燭理不明, 雖强把捉, 豈得爲敬?"

『부주』5-12-2

○ 또 말하였다. "고인들이 악관과 사관(史官)들을 시켜 시를 노래하게 한 것은 단속하고 경계하며 가르치는 뜻으로 그렇지 않은 때가 없었으니, 그들에 의해 떠들썩하게 되고 나면 본래 안일하게 머물러 안정될 수 없었다. 대저 학문은 반드시 경계하고 살펴야 한다. 또 이어서 "서암사의 승려가 날마다 늘 '주인 노인은 깨어 있는가?'라고 스스로 묻고는 또 스스로 '깨어 있다'고 답했는데, 요즈음 배우는 사람은 오히려 이렇게 할 수 없다"고 말하였다.204) 또

203) 『朱子語類』 권17, 「大學四」.

석씨가 마음에 대해 말한 것을 인용하여 "'도망갈 수도 없고 혼미할 수도 없다'고 하니, 이것은 그가 이 마음은 단지 두 가지만이 있을 뿐이라고 본 것이다. '도망가는 것'은 달아나는 때이고, '혼미한 것'은 버려두는 때이니, 오로지 경(敬)할 때 이러한 병통이 모두 없어진다"고 하였습니다. "어떤 사람이 '사씨의 설은 부처에게도 이런 말이 있지 않습니까?'라고 하자, 이에 대답하였다. '이 마음을 일깨우는 것은 같지만, 그 도는 다르다. 우리 유가는 이 마음을 일깨워서 그것이 수많은 도리를 밝게 살피기를 바라는 반면, 부처는 여기에서 각성하는 데만 머물지 아무것도 실천하는 것이 없다.'"205)

○ 又曰, "古人瞽史誦詩之類, 是規戒警誨之意, 無時不然, 被他恁地聒後, 自住不得. 大抵學問, 須是警省. 又因言"瑞巖僧, 每日間常自問'主人翁惺惺否.' 自答曰'惺惺,' 今時學者却不能如此." 又引"釋氏說心, 云'不得跳擧, 不得昏沈', 是他見得此心只有兩項. '跳擧'是走作時, '昏沈'是放倒時, 惟敬則都無此病." 或問'謝氏之說, 佛氏亦有此語?' 曰, '其喚醒此心則同, 而其爲道則異. 吾儒喚醒此心, 欲他照管許多道理, 佛氏則空喚醒在此, 無所作爲.'"

『강록』5-12-2-a

○ 「조관(照管)」: 이덕홍의 기록에 말하였다. '잊지 않는다'는 뜻이다. 질문하기를 '이 두 글자에는 각각 본래의 뜻이 있는 것 같은데 어떻습니까?' 선생께서 비평하여 말하였다. '비추어 주관한다'는 것으로 요즈음 세속에서 '마음에 새긴다'고 하는 것과 같다."(『강록』)

○ 「照管」: 李錄云, "'不忘'也. 問, '此兩字似各有本意, 如何?' 先生批云, '照ᄒᆞ야管ᄒᆞ다. 猶今俗言'銘心'也.'"(『講錄』)

『발휘』5-12-2-b

○ 주자는 또 말하였다. "인심이 늘 밝게 여기에 있으면 몸은 구속하지 않아도 저절로 규범에 맞게 된다. 단지 사람의 마음이 산만하고 이완될 때가 있기 때문에 많은 규칙을 세워서 그것을 유지한다. 다만 항상 경계하여 몸을 규범 안으로 끌어들이면 이 마음은

---

204) 『朱子語類』 권12, 「學六·持守」.

205) 『西山讀書記』 권19, 「敬上」.

방만하거나 안일하지 않고 밝게 존재할 것이다. 마음이 언제나 깨어 있는데, 다시 규범과 준칙으로 그것을 단속하니, 이것이 안과 밖을 기르는 도리이다."206) ○ 면재황씨는 말하였다. "유지하고 지키는 방법은 경을 위주로 하는 것을 벗어나지 않는다. 이른바 '항상 깨어 있는 방법'이라는 것은 경을 유지하는 사람의 마음 안의 일을 표현한 것이다."207)(『발휘』)

○ 朱子又曰, "人心常炯炯在此, 則四體不待羈束, 而自入規矩. 只爲人心有散緩時, 故立許多規矩來維持之. 但常常提警敎身入規矩內, 則此心不放逸, 而炯然在矣. 心旣常惺惺, 又以規矩繩檢之, 此內外交相養之道也." ○ 勉齋黃氏曰, "持守之方, 無出主敬. 所謂'常惺惺法', 是將持敬人心胸內事, 模寫出了."(『發揮』)

『석의』5-12-2-c

○ 「서암(瑞巖)」: 지명이다. 「일간(日間)」: 아침저녁 사이와 같다. 「조관(照管)」: 비추어 살피고 주관하는 것이다. 「피타임지괄후(被他恁地聒後)」: '타(他)'는 악관[瞽]과 사관[史]을 가리키고, '괄(聒)'은 떠들썩하게 말하는 것이다. '후(後)'는 '이와 같은 이후'에라고 말하는 것과 같다.(『석의』)

○ 「瑞巖」: 地名. 「日間」: 猶朝夕間. 「照管」: 照察管攝. 「被他恁地聒後」: 他, 指瞽史, 聒, 讙語也. '後'猶言'如此之後'也.(『釋疑』)

『표제』5-12-2-d

○ 「고사송시(瞽史誦詩)」: 사광은 진의 제후를 알현하여 "사관은 서(書)를 짓고, 장님은 시(詩)를 지으며, 악공들은 잠언과 간언을 노래하고, 대부는 규범을 가르친다"고 말하였다. 주석에서 "사(史)는 태사로서, 군주가 행하면 그것을 기록한다. 장님은 시를 지어 그것을 풍자한다. '공(工)'은 악사(樂士)이다. '송(誦)'은 경계하거나 간언하는 말이다. '규회(規誨)'는 바르게 간하여 임금을 가르치는 것이

206) 『朱子語類』 권12, 「學六·持守」.

207) 『勉齋集』 권8, 「復胡伯量書」.

다."(『좌전』) 「경회(警悔)」: '회(悔)'는 '회(誨)'로 써야 한다.(『질의』) 「피타괄후(被他聒後)」: '타'는 장님과 사관을 가리키고, '괄'은 듣기 싫도록 시끄럽게 떠드는 것이다. '후'는 어조사로 '이와 같은 후에'라고 말하는 것과 같다.(이덕홍이 기록하였다. 아래도 같다.) 「서암(瑞巖)」: 지명이다. ○ 박세채(朴世采)의 생각: 서암승은 『대학혹문』의 주석서에서는 '서암화상'으로 일컬었다. 아마도 서암은 절이름으로 대개 지명에 따라 얻은 이름이다. 「일간(日間)」: 박세채(朴世采)의 생각: 아침과 낮 사이라고 말하는 것과 같다.(『표제』)

○ 「瞽史誦詩」: 師曠對晉侯曰, "史爲書, 瞽爲詩, 工誦箴諫, 大夫規誨." 注, "史爲太史, 君擧則書, 瞽盲者爲詩以風刺. '工', 樂人也. '誦', 箴諫之辭. '規誨', 規正諫, 誨其君."(『左傳』) 「警悔」: '悔'當作'誨'.(『質疑』) 「被他聒後」: '他'指瞽史, '聒' 讙擾亂聽也. '後' 語辭, 猶言如此之後也.(李錄, 下同) 「瑞巖」: 地名. ○ 按: 瑞巖僧. 『大學或問』注稱'瑞巖和尙'. 恐瑞巖是寺名, 盖因地而得之者. 「日間」: 按: 猶言朝晝間也.(『標題』)

『부주』5-13

○ 화정윤씨가 말하였다. "경은 그 마음을 거두어 모아서 하나의 사물도 용납하지 않는 것을 일컫는다."208)

○ 和靖尹氏曰, "敬者, 其心收斂不容一物之謂."

『부주』5-13-1

○ 화정은 스스로 말하였다. "처음 이천 선생을 보았을 때, 나에게 경(敬)자를 보게 하였는데, 내가 좀 더 말해줄 것을 요청하자, 선생께서 '하나됨을 주로 하는 것이 경이다'고 하였다. 당시에는 비록 이 말을 이해했었지만 근래에 이해한 것이 더욱 절실한 것만은 못하다."209)

---

208) 『西山讀書記』 권19, 「敬上」.

209) 『二程外書』 권12, 「傳聞雜記」.

○ 和靖自言, "初見伊川先生時, 教某看敬字, 某請益, 先生曰'主一則是敬', 當時雖領此語, 不若近時看得更親切."

『부주』5-13-2

○ 기관(祁寬)[210]이 질문하기를 '어떻게 하는 것이 하나됨을 위주로 하는 것입니까?'라고 하였다. 선생이 대답하였다. "경에 무슨 형체와 그림자가 있겠는가? 단지 몸과 마음을 거두어들이는 것이 곧 하나됨을 주로 하는 것이다. 예컨대, 사람이 신사(神祠)에 이르러 경(敬)을 다할 때 그 마음을 거두어 들여서 다시 조그만 일도 남겨 두는 것이 없으니 이것이 하나됨을 주로 하는 것이 아니고 무엇이겠는가?"[211]

○ 祁寬問, "如何是主一?" 先生曰, "敬有甚形影? 只收斂身心便是主一. 且如人到神祠中致敬時, 其心收斂, 更著不得毫髮事, 非主一而何?"

『강록』5-13-2-a

○ 평하여 말하였다. "선생은 기관(祁寬)의 입장에서 화정을 가르킨 것이다." ○ 기관(祁寬)의 자는 거지(居之)로서 화정의 문인이다. 화정이 금나라 군대를 피하여 촉땅에 들어가 부릉(涪陵)에 우거하였다. 그래서 선생의 행적을 기록하여 『부릉기선록』이라고 명명하였다.(『강록』)

○ 批云, "先生, 自祁寬, 指和靖." ○ 祁寬, 字, 居之, 和靖文人. 和靖逃金寇入蜀, 寓涪陵. 故記其行, 名曰『涪陵記善錄』'(『講錄』)

『발휘』5-13-2-b

○ 주자가 말하였다. "마음이 이 한 가지 일을 주관하여 다른 일에 의해 어지러워지지 않는 것이 바로 어떤 사물도 용납하지 않는 것이다."[212] "마음을 거두어들여 어떤 사물도 용납하지 않는다"는 것에 대하여 질문하였다. 대답하여 말하기를 "이 마음이 어떤 사물

210) 기관(祁寬) : 자는 거지(居之)이고, 화정(和靖)의 문인이다.

211) 『和靖集』 권7, 「師說附錄」.

212) 『朱子語類』 권17, 「大學四」.

에도 집착하지 않는 것이 바로 마음을 거두어들이는 것이다. 그 윗 문장에서 '지금 사람이 사당에 들어가면 이때는 단지 다시 어떤 일에도 마음을 두지 않고 단지 공경하기만 한다'고 하였으니, 이것이 가장 가깝고 절실하다. 지금 사람이 만약 이 마음을 오로지 한결같이 할 수 있으면 곧 긴밀하게 수렴되어서 전혀 어떤 틈도 없게 된다. 만약 이 일을 생각하는 것이 다 끝나지도 않았는데, 다시 저쪽으로 달려가면 마음은 두 갈래가 된다"고 하였다.[213] 또 말하였다. "화정(和靖)은 단지 하나의 '경(敬)'자에 나아가 공부하여 끝내 그것이 이루어지게 되었다."[214](이상은 '그 마음을 수렴하는 것'에 대해서이다.)(『발휘』)

○ 朱子曰, "心主這一事, 不爲他事攙亂, 便是不容一物." 問, "心收斂不容一物." 曰, "這心都不著一物, 便收斂他, 上文云, '今人入神祠, 當那時, 直是更著不得些子事, 只有箇恭敬.' 此最親切. 今人若能專一此心, 便收斂緊密, 都無些子空罅. 若這事思量未了, 又走做那邊去, 心便成兩路." 又曰, "和靖只就一箇敬字上做工夫, 終被他做得成."(以上'其心收斂')(『發揮』)

『석의』5-13-2-c

○ 「선생(先生)」: 화정(和靖)이다.(『석의』)

○ 「先生」: 和靖也.(『釋疑』)

『밀험』5-13-2-d

○ 생각건대, '어떤 사물도 용납하지 않는다'는 것을 어떻게 '하나됨을 주로 하는 것이다'고 말하는가? 하늘을 공경할 때에는 하늘 하나만 받아들이고, 형을 공경할 때는 형 한 사람만 받아들이며, 규벽(圭璧)을 공경할 때에는 규벽 하나만 받아들이는 것이다. 만약 어떤 일도 없다면 아마도 좌선(坐禪)에 가까울 것이다.(『밀험』)

○ 案, '不容一物', 何謂主一? 敬天時容得一天, 敬兄時容得一兄, 敬圭璧時容得一圭璧. 若都無一物, 恐近坐禪.(『密驗』)

---

213) 『朱子語類』 권17, 「大學四」.

214) 『朱子語類』 권115, 「朱子十二·訓門人三」.

『부주』5-14

○ 주자가 말하였다. "경은 성학(聖學)의 처음을 이루고 끝을 이루는 것이다.[215] 정자·사씨·윤씨 등의 몇 가지 학설을 보면 그 힘쓰는 방도를 알 수 있다." 어떤 사람이 '세 선생이 경에 대하여 말한 차이점이 무엇인가'를 질문하였다. 대답하였다. '이 방으로 비유하면 네 방향으로 모두 들어갈 수 있으니, 만약 한 방향으로부터 방에 들어가면 세 방향에서 들어간 것도 모두 그 방이게 된다.'"[216]

○ 朱子曰, "敬者, 聖學之所以成始成終者也. 觀程子謝氏尹氏數說, 足以知其用力之方矣." 或問 "三先生言敬之異." 曰, "譬如此室, 四方皆入得, 若從一方入至此, 則三方入處, 皆在其中矣."

『발휘』5-14-a

○ 질문하였다. "경에 관한 여러 선생의 학설이 각각 같지 않습니다. 그러나 총괄하여 말하면 항상 이 마음을 보존하도록 하는 것 아닙니까?" (주자가) 대답하였다. "그 내실은 다만 같은 것이다. 경을 하게 되면 자연히 하나됨을 위주로 하여 옮김이 없으며, 자연히 단정하고 엄숙하게 되며, 자연히 언제나 깨어있게 되며, 그 마음은 수렴되어 어떤 사물도 용납하지 않게 된다. 그러나 정자의 단정하고 엄숙함이 사씨와 윤씨의 설에 비하여 또한 더욱 분명하다."[217] (『발휘』)

○ 問, "敬諸先生之說, 各不同. 然總而言之, 常令此心常存是否." 曰, "其實只一般. 若是敬時, 自然主一無適, 自然整齊嚴肅, 自然常惺惺, 其心收斂不容一物. 但程子整齊嚴肅與謝氏尹氏之說, 又更分曉."(『發揮』)

---

215) 『四書或問』 권1, 「大學經一章」.

216) 『西山讀書記』 권19, 「敬上」.

217) 『朱子語類』 권17, 「大學四」.

『부주』5-14-1

○ 서산진씨가 말하였다. “경을 지키는 방법은 세 선생의 말을 합하여 힘써야 한다. 그런 후에 안과 밖이 서로 함양하는 공부가 비로소 갖추어진다.”[218]

○ 西山眞氏曰, “持敬之道, 當合三先生之言而用力焉. 然後內外交相養之功始備.”

『부주』5-14-2

○ 면재황씨가 말하였다. “‘경은 하나됨을 주로 하여 옮김이 없는 것을 말한다’고 한 것은 정자의 말이다. 그러나 스승(주자)의 설은 또한 ‘경(敬)자는 오로지 두려워하는 것이 여기에 가깝다’고 보았다. 대체로 경은 이 마음이 숙연하여 두려워하는 것이 있음을 일컫는 것이다. 두려워하면 마음은 하나됨을 주로하게 된다. 예컨대, 종묘에 들어가 (돌아가신) 군주나 선친을 뵐 때는 저절로 잡념이 없어지지만, 한가롭게 지내면서 방만할 때는 생각이 어지럽게 흔들려서 하나됨을 주로 하지 못한다. 두 가지 학설은 대체로 서로 표리를 이루는데 배우는 사람들이 이것을 체득하면 알 수 있다.”[219]

○ 勉齋黃氏曰, “‘敬者, 主一無適’之謂, 程子語也. 然師說又以‘敬字惟畏爲近之’. 蓋敬者此心肅然有所畏之名, 畏則心主於一. 如入宗廟, 見君父之時, 自無雜念, 閑居放肆之際, 則念慮紛擾而不主於一矣. 二說蓋相表裏, 學者體之則可見矣.”

『부주』5-14-3

○ 각헌채씨(覺軒蔡氏)[220]가 말하였다. “경(敬)자의 뜻은 매우 크다. 스승 주자는 정이 문하에서 경을 논한 핵심적인 말들을 모은 것이 매우 상세하고도 주밀하였다. 황씨가 또 스승인 주자의 경자의 뜻을 ‘오로지 두려워하는 것이 그것에 가깝다’고 서술한 것은 더욱

---

218) 『西山讀書記』 권19, 「敬上」.

219) 『勉齋集』 권3, 「經說·論語集注學而疏義」.

220) 각헌채씨(覺軒蔡氏) : 이름은 모(模)이고, 자는 중각(仲覺)이다. 서산(西山)선생의 손자이며, 구봉(九峯)의 아들이다. 주자가 이름을 지어 주고 자를 지었다.

정밀하고 절실하다. 대개 사람의 마음은 허령지각(虛靈知覺)하여 항상 엄숙하여 어지럽지 않고, 밝아서 어둡지 않아서 고요할 때는 이(理)의 본체가 보존되지 않음이 없으며, 감응해서는 이(理)의 작용이 행해지지 않음이 없다. 다만 저 허령지각이 이미 기질에 국한되지 않을 수 없고, 또 욕망에 의해 움직여지지 않을 수 없으므로, 이 마음의 본체와 작용 또한 그에 따라 어두워지고 어지러워진다. 이것이 경(敬)하지 않을 수 없는 까닭이다. 진실로 두려워하고 공경하여 항상 귀신이나 선친, 스승이 그의 위에서 바라보고 있고, 깊은 연못이나 얇은 얼음이 발밑에 있는 것과 같이 하면, 허령지각은 저절로 어둡거나 어지러워질 수 없을 것이다. 이것이 경자가 '오로지 두려워하는 것이 그것에 가깝다'고 하는 까닭으로, 이 학설은 바꿀 수가 없다. 일찍이 그 본래 근원에 나아가 깊이 생각해 보면, 경(敬)은 움직임과 고요함을 아우르며, 하나됨을 주로 하는 것 또한 움직임과 고요함을 아우른다. 아무 일이 없을 때 이 마음은 항상 보존되어 있으니, 이것은 고요할 때 하나됨을 주로 하는 것이다. 일이 있을 때는 이 마음이 이 일에 응하여 다시 다른 일과 섞이지 않으니, 이것은 움직일 때 하나됨을 위주로 하는 것이다. 고요할 때 하나됨을 위주로 하는 것은 곧 중(中)이요 천하의 큰 근본이며, 움직일 때 하나됨을 위주로 하는 것은 곧 화(和)이며 천하의 두루 통하는 도리이다. 만약 주돈이의 '하나됨은 사욕이 없는 것이다'라고 할 때의 '하나'와, 정자의 '내가 가진 하나를 함양한다'고 할 때의 '하나', 그리고 주자의 '하나는 그 마음이 고요하여 오로지 여기에 있을 따름이다'고 한 '하나'를 음미한다면, 고요할 때의 하나됨을 주로 하는 것이 아마도 태극의 경지임을 알 수 있을 것이다. 배우는 자들이 진실로 이것들을 모두 취하여 융합하여 그 실제모습을 정밀하게 사색한다면 아마도 얻을 수 있을 것이다."

○ 覺軒蔡氏曰, "敬字之義甚大. 先師朱子裒集程門論敬要語詳且密矣. 黃氏又述先師敬字之義, '惟畏爲近之', 尤精切. 蓋人之一心, 虛靈知覺, 常肅然而不亂, 烱然而不昏, 則寂而理之體無不存, 感而理之用無不行. 惟夫虛靈知覺, 旣不能不囿於氣, 又不能不動於欲. 則此心之體用, 亦將隨之而昏且亂矣. 此所以不可不敬也. 苟能惕然悚然, 常若鬼神父師之臨其上, 深淵薄冰之處其下, 則虛靈知覺者, 自不容於昏且亂矣. 此敬字之義, 所以惟畏爲近之. 其說不可易矣. 嘗卽其本原而深思之, 敬該動靜, 主一亦該動靜. 無事時, 此心湛然常存, 此靜而主一也. 有事時, 心應此事, 更不雜以他事, 此動而主一也. 靜而主一, 卽中者, 天下之大本, 動而主一, 卽和者, 天下之達道. 若玩周子'一者無欲'之'一.' 程子'涵養吾一'之'一' 朱子'一者其心湛然只在這裏'之'一', 則知靜之主一其太極之境界與. 學者誠能盡取而融會, 精思其實體, 則庶乎得之矣."

『강록』5-14-3-a

○ 「함양(涵養)」: 선생께서 비평하여 말하였다. "경으로 마음을 기르는 것은 마치 사물을 물에 담가서 그것을 기르는 것과 같다." ○ 이덕홍의 기록에 말하였다. "이것은 움직임과 고요함을 일관하고, 유와 무를 관통하여 말하는 것이다. 보존하여 기르는 것이 오직 미발(未發) 때만 말하는 것과 다르다." 「척연송연(惕然悚然)」: 질문하였다. "'송'과 '척'의 뜻은 같은데 지금 두 항으로 나누어 말하였으니 어떻게 이해해야 분명합니까?" 선생께서 답하여 말하였다. "두 글자는 모두 행동거지를 경계한다는 뜻이다. 단지 『운서』에서 '척'은 공경하는 것이고, '송'은 두려워하는 것이라고 하였다."(『강록』)

○ 「涵養」: 先生批云, "養心以敬, 如物涵淹於水而養之." ○ 李錄云, "此, 貫動靜通有無言, 非若存養之只言未發時." 「惕然悚然」: 問, "悚惕之義同, 而今作兩項說, 如何解分曉?" 先生答云, "二字, 皆警動之義. 但『韻書』'惕', 敬也, '悚', 懼也."(『講錄』)

『석의』5-14-3-b

○ 「각헌채씨(覺軒蔡氏)」: 이름은 모(模)이고, 자는 중각(仲覺)으로 서산 선생의 손자이고, 구봉의 아들이다. 주자가 이름을 지어주고 자를 주었다. 「부(裒)」: 모으는 것이다. 「본원(本原)」: 채씨는 처음에는 이것을 움직임과 고요함으로 말했으나, 주돈이가 '하나는 욕심이 없는 것이다'고 한 이후에는 고요함 쪽에 속하게 하여 이것

을 태극의 경지로 결론 맺었다. 이른바 '본원(本原)'이라는 것은 곧 태극을 가리켜 말하는 것이다.(『석의』)

○ 「覺軒蔡氏」: 名, 模, 字, 仲覺, 西山先生之孫也, 九峯之子, 朱子名而字之. 「裒」: 聚也. 「本原」: 蔡氏始以動靜言之. 至周子'一者無欲'以後, 則歸屬靜一邊而結之以太極之境界. 所謂'本原', 卽指太極而言也.(『釋疑』)

『부주차의』5-14-3-c

○ 「약완주자일자(若玩周子一者)」: 한원진(韓元震)의 생각: 주자(周子)와 정자가 '하나(一)'라고 말한 것은 본래 동정을 아울러서 말한 것이다. 지금 오직 정(靜) 한쪽에만 속한다고 한 것도 이미 의심스러운데, 고요할 때 하나를 위주로 하는 것을 태극의 경지로 보는 것에 이르러서는 더욱 이해가 안 된다. 태극은 고요한 것에 갖추어져 있고 움직이는 것에서 행해지니 경지나 방소로 가리켜 말할 수 있는 것이 있겠는가?(『부주차의』)

○ 「若玩周子一者」: 按: 周子程子所謂'一'者, 本皆兼動靜說. 今專屬之靜一邊, 已爲可疑, 至於以靜之主一爲太極境界者, 尤未諭. 太極者, 具於靜而行乎動, 豈有境界方所之可指言者歟?(『附註箚疑』)

『차의』5-14-3-d

○ 허령지각에 대하여 이전 유학자들은 모두 동정으로 나누어 보았다. '허령(虛靈)'이란 글자는 정(靜)시에 소속시켰기 때문에 '허령은 마음의 본체이다'고 말하고, '지각(知覺)'이란 글자는 움직이는 때와 짝하기 때문에 '지각은 마음의 작용이다'고 말하였다. 이 설은 비록 일정한 견해가 있는 것 같지만, 허령지각이 모두 동정을 아우른다는 설에 대해서는 오히려 하나의 막으로 간극이 있다. 오직 채각헌의 설만이 이런 한계를 꿰뚫어 본 것 같다. 그 학설에서 말하였다. "허령지각은 언제나 엄숙하여 어지럽지 않고, 밝아서 어둡지 않다"고 하였는데, 이것은 고요한 때에 허령지각을 아울러서 가리키는 것이다. 그래서 그 아래에서 '고요할 때 그 체가 보존되어 있지 않음이 없고, 감응할 때 그 작용이 행해지지 않음이 없

다"고 하였는데, 이것은 허령지각이 체용을 모두 겸하는 것을 말한 것이다. 채씨가 제시한 설이 어찌 명백하고 분명하지 않겠는가? 그러나 그 체용을 말하는 데서 모두 '이(理)'자를 쓴 것은 이 체용이 허령지각의 체용이 아니기 때문이다. 그러나 이의 본체는 스스로 보존된 적이 없었으며, 그 작용 또한 저절로 행해진 적이 없다. 허령지각이 발하지 않아 이(理)의 체가 여기에 보존되어 있으면 이 미발한 것은 허령지각의 체가 아니겠는가? 허령지각이 이미 발하여 이의 작용이 여기에서 행해지면 이 이발한 것은 허령지각의 작용이 아니겠는가? 이와 같이 말하면 채씨의 설은 더욱 충분히 분명하니, 어떨지 모르겠다.(『차의』)

○ 虛靈知覺, 先儒皆以動靜分看. 以'虛靈'字配靜時, 故曰'虛靈心之體.' 以'知覺'字配動時, 故曰'知覺心之用.' 此說雖似有見, 而於虛靈知覺皆兼動靜之說, 猶隔一膜子也. 惟蔡覺軒之說, 似看破此境界. 其說曰, "虛靈知覺, 常肅然而不亂, 炯然而不昏." 此則兼指虛靈知覺於靜時節也. 故其下卽曰, "寂而體無不存, 感而用無不行." 此則言虛靈知覺之皆兼體用也. 蔡氏爲說, 豈不八字打開乎?. 但其言體用上, 皆下'理'字, 此體用以非虛靈知覺之體用. 然而理之體, 未嘗自存, 而其用亦未嘗自行. 虛靈知覺之未發, 而理之體於是乎存, 則是未發底, 非虛靈知覺之體乎? 虛靈知覺之已發而理之用於是乎行, 則是已發底, 非虛靈知覺之用乎? 如是說破, 蔡氏之說, 尤十分較然, 未知何如?(『箚疑』)

『부주기의』5-14-3-e

○ 「'약완주자(若玩周子)'에서 '득지의(得之矣)'까지」 : 이항노(李恒老)의 생각: 태극은 한번 움직이고 한번 고요한 것의 본체이다. 만약 한쪽으로만 치우치게 소속시키면 태극이 되지 못하는 것은 동정 간에 똑같다. 사람의 마음은 바로 태극의 체와 용이다. 그래서 고요할 때 하나됨을 주로 할 수 없으면 태극의 본체가 세워질 수 없고, 움직일 때 하나됨을 주로 할 수 없으면 태극의 작용이 행해질 수 없다. 한 번 움직이고 한 번 고요한 것에는 비록 체용의 구분은 있지만 태극은 하나이다. 그래서 체가 세워지지 않으면 작용도

그에 따라 행해지지 않는다. 작용이 행해지지 않으면 체도 그에 따라 세워지지 않는다. 체와 용이 번갈아 뿌리가 되니, 처음부터 두 가지 태극이 있는 것이 아니다. 지금 각헌채씨가 말하였다. "주자(周子)의 '하나(一)'는 욕심이 없는 것이다' 할 때의 '하나', 정자의 '나에게 있는 하나[吾一]를 함양한다'고 할 때의 '하나', 그리고 주자(朱子)의 '하나는 그 마음이 고요하여 단지 여기에 있다'고 할 때의 '하나'를 음미해 보면 고요할 때의 주일(主一)은 태극의 경지임을 알 수 있다. 배우는 사람이 진실로 모두 취하여 융합하여 그 실체를 정밀하게 생각하면 거의 얻을 것이다." 실로 위와 같이 말하면 태극의 경지는 단지 한 쪽으로 고요함에 소속시키는 것이 합당하게 되어 동에는 소속시킬 수 없게 되었다. 정에 속하는 반면 동에 속하는 것이라 할 수 없다면 뾰족하고 기울어 바르지 않은 태극이 되는 것을 피하지 못하여 천지와 음양변화의 주인이 될 수 없다. 그 움직인 쪽은 태극의 경지를 벗어나 있어서 군더더기로 쓸모없는 것이 되는 것을 피하지 못할 것이니, 도리어 태극을 주정 주일로 삼는 폐단을 짓게 되었다. 불교가 보는 시각이 바로 이와 같은 것이니, 이것이 어찌 이치라 하겠는가? 주자(周子)의 '무욕'으로서의 '일(一)'은 대개 고요할 때 텅비고 움직일 때 곧은 것을 일관하여 말한 것이다. 정자의 '함양'으로서의 '일(一)'은 대개 안을 곧게 하고 밖을 바르게 하는 것을 아울러 말한 것이다. 주자에 있어 '단지 여기에 있을 뿐이다' 할 때의 '일(一)'은 대개 계신공구(戒愼恐懼)와 신독(愼獨)을 합하여 말한 것이다. 어찌 단독으로 고요함 쪽만을 들어서 태극의 뜻으로 삼은 적이 있겠는가? 각헌채씨는 안으로는 구봉(九峯)이 대대로 조술한 통서를 계승하고 밖으로는 주자(朱子: 紫陽)의 직접적인 가르침을 받았는데도, 그 말이 이와 같이 잘못된 것은 무엇 때문인가? 황돈이 주자와 육상산의 도가 하나임을 증명하는데 모든 노력을 하여 때로 처음과 끝의 시말을 단절하여 말의 맥락을 이처럼 잃었기 때문이 아니겠는가? 마땅히 다시 널리 고찰하여 아는 사람에게 질문해야 할 것이다.(『부주기의』)

○ 「若玩周子 止 得之矣」: 恒老按: 太極者, 一動一靜之本體也. 若偏屬之一邊, 則不成爲太極, 均矣. 人之一心, 卽太極之體用也. 故靜而不能主一, 則太極之體, 不能立矣, 動而不能主一, 則太極之用, 不能行矣. 一動一靜, 雖有體用之分, 而太極則一也. 故體不立, 則用亦隨而不行. 用不行, 則體亦從而不立. 體用互根, 初非有兩箇太極也.今覺軒蔡氏曰, "若玩周子'一者無欲'之'一', 程子'涵養吾一'之'一', 朱子'一者其心湛然只在這裏'之'一', 則知靜之主一其太極之境界歟. 學者誠能盡取而融會, 精思其實體, 則庶乎得之矣." 果如右說, 則太極境界, 只合偏屬之靜, 而不可屬之於動矣. 屬靜而不可以屬動, 則未免爲尖斜不正常底太極, 而不足爲天地陰陽變化之主矣. 其所謂'動一邊', 則未免在太極境界之外, 而爲剩贅閑多之物, 反作太極主靜主一之敗闕蔽障矣. 釋氏之見正坐如此, 此豈理也哉. 周子'無欲'之'一', 蓋通'靜虛動直'而言也. 程子'涵養'之'一', 蓋該直內方外而言也. 朱子'只在這裏'之'一', 蓋合戒懼愼獨而言也. 何嘗單擧靜一邊爲太極之訓乎? 覺軒內承九峯世述之緖, 外受紫陽親炙之訓, 而其言之差已如此者, 何也? 無乃篁墩悉於證成朱陸之道一, 故或裁截首尾, 失其語脉如此也歟? 當更博考而質問於知者也.(『附註記疑』)

『심경석의』5-14-3-f

○ '고요할 때 하나에 집중하는 것은 태극의 경지의 뜻'이라고 운운하였는데, 고요할 때 하나에 집중하는 것을 어떻게 태극의 경지로 삼을 수 있겠는가? 재목이 말하였다. "고요할 때 하나에 집중하는 것은 곧 이 마음이 평정하게 텅비고 고요한 것이며, 태극은 마음 가운데 갖추어진 지극한 이치이다. 그러나 물욕에 가리우고 기질에 얽매이면 어두워질 때가 있으므로 반드시 고요함으로 하나에 집중해야 밝으며 텅 비고 순수할 수 있으며, 태극의 체는 이것에 의존하여 분명히 드러나니, 이것이 어찌 태극의 경지가 아니겠는가? 그러므로 여기에서 '경계'라는 글자는 충분히 철저함에 이른

경지이다.” 말한 것이 도리에 가깝다. 그러나 경계(境界)의 계(界)를 매우 극진한 곳으로 보는 것은 온당치 않은 것 같다. 요컨대 각헌의 이 이론은 완곡하게 말하여 매우 좋은 것 같지만 만약 좋지 않게 본다면 여자약의 미발을 태극으로 본 병통에 빠지기 쉽다. 반드시 퇴계와 같이 이른바 고요한 때 태극의 체가 갖추어져 있고 움직임에서 태극의 작용이 행해진다고 한 후에 비로소 완비될 것이다. 대개 태극은 본래 경지로 말할 만한 것은 없고, 단지 체용의 구분만 있을 뿐이다.(『심경석의』)

○ ‘靜之主一, 太極之境界之義云云. 靜之主一, 何以爲太極之境界? 在穆曰, “靜之主一, 卽此心之湛然虛靜者, 而太極是心中所具之至理也. 然而物蔽氣拘, 則有時而昏, 故必須靜而主一, 乃能瑩然虛粹, 而太極之體, 卽此而瞭然呈露, 是豈非太極之境界乎? 然則此境界字, 卽界至十分盡頭之界也.” 說得近. 但以境界之界, 作十分界至處看, 恐似未穩. 要之覺軒此論, 宛轉說去, 雖似甚好, 而若不善看, 則易陷於呂子約未發爲太極之病, 必如退溪所謂靜而太極之體具, 動而太極之用行, 然後方爲完備. 盖太極本無境界之可言, 而只有體用之分.(『心經釋義』)

『관계』5-14-3-g

○ 「태극경계(太極境界)」: 주자는 경과 의가 한번 움직이고 한번 고요한 것을 태극에 관한 이론과 합치하는 것으로 보았으나, 채씨는 고요할 때 하나에 집중하는 것을 태극의 경지로 보았다. 이와 같으면 태극은 고요함에 속하여 뾰족하고 기울어진 태극이 되니, 이것은 중의 상태에 있는 태극에 대해서는 이해한 것이 있지만, 두루 운행하는 태극은 살피지 못하는 것이다. 요컨대, 동과 정이 모두 하나를 위주로 해야 하니 하나는 태극이다.(『관계』)

○ 「太極境界」: 朱子以敬義之一動一靜爲合乎太極之論, 而蔡氏以靜而主一爲太極之境界. 如是, 則太極只屬乎靜, 而爲尖斜底太極. 是有見於在中之太極, 而不察乎流行之太極. 要之, 動靜皆主乎一, 一是太極.(『窽啓』)

『강의』5-14-3-h

○ 「허령지각(虛靈知覺)」 : 마음은 본디 기가 정밀하고 맑은 것이니 허령지각은 기가 정밀하고 맑은 것이고, '기에 제한되지 않을 수 없다'는 것은 기가 혼탁한 것이다. 기(氣)자는 비록 같지만 어둡고 밝은 것에는 차이가 있다. 물과 불에 비유하면 불의 본체는 빛나고 밝지만, 마른 섶나무의 불도 젖은 쑥에 옮겨지면 밝은 빛도 쉽게 어두워진다. 물의 본체는 맑고 투명하나 창랑의 물도 더러운 못으로 흐르면 맑고 투명한 것이 흐리게 변한다. 텅비고 밝은 지각은 비록 실제로 정밀하고 밝은 기이지만 또한 혼탁한 기에 국한되지 않을 수 없다. 이것은 밝은 것이 어두워지고 맑은 것이 흐려지는 불 또는 물과 같다.(『강의』)

○ 「虛靈知覺」 : 心固氣之精爽, 而虛靈知覺, 氣之精爽者也. '不能不囿於氣', 氣之昏濁者也. 氣字雖同, 而昏爽有異, 譬之水火, 火之本體, 光明, 乾薪之火, 傳於沉蕭, 則光明者易昏. 水之本體淸澈, 滄浪之水, 流於汙澤, 則淸澈者變濁. 虛靈知覺, 雖固氣之精爽, 而亦不能不囿於氣之昏濁者, 亦如水火之明者昏, 淸者濁矣.(『講義』)

『비망록』5-14-3-i

○ 「주자는 경(敬)자는 오직 두려워하는 것이 그것에 가깝다고 보았다」 : 면재황씨가 말하였다. "경은 이 마음이 엄숙하여 두려운 것이 있음을 일컫는 것이다. 두려워하면 마음은 하나에 집중한다. 이것은 종묘에 들어가 군주와 선친을 배알할 때 저절로 잡념이 없어지는 것과 같다." 각헌채씨도 주자의 오로지 두려워하는 것이 경에 가깝다고 한 설이 더욱 정밀하고 절실하다고 생각한다. 그 아래에서 말하였다. 진실로 조심하고 두려워하여 언제나 귀신과 선친이 바로 위에 있는 것처럼 하고, 깊은 연못과 얇은 얼음이 바로 밑에 있듯이 하면 텅비고 밝은 지각은 스스로 어둡고 어지러운 것을 용납하지 않게 될 것이다. 이것이 경자가 오로지 두려워하는 것이 거기에 가깝다고 하는 것인데 이 학설은 바꿀 수 없다." 이 말은 매우 절실하며 맛이 있다. 각헌채씨가 말하기를 "아무 일이 없을

때 이 마음은 담연히 보존되어 있으니, 이것은 고요할 때 하나됨을 주로 하는 것이다. 일이 있을 때는 이 마음이 이 일에 응하여 다시 다른 일과 섞이지 않으니, 이것은 움직일 때 하나됨을 주로 하는 것이다"라 하였다. 어떤 사람이 "담백하게 언제나 보존하고 있다는 것과 고요하여 움직이지 않는다는 것은 어떠한 것이며, 마음이 이 일에 응한다는 것과 감응하여 마침내 통한다는 것은 또 어떻습니까?"라고 말하였다. 대답하였다. "담백하게 언제나 보존하고 있다는 것은 밝은 명이 환하게 언제나 살펴보고 있는 때이다. 고요하여 움직이지 않는 것은 말없고 가지런하게 정신을 모으고 생각을 멈추는 것이다. 또 저 마음이 이 일에 응하는 것은 일에 임하여 생각을 두세 갈래로 나누지 않는 것이다. 감응하여 마침내 통한다는 것은 사물에 응함에 멀고 가까움이 없음을 말한다. 이와 같이 보면 어떻겠는가?"(『비망록』)

○ 「朱子以敬字惟畏爲近之」: 勉齋黃氏曰, "敬者, 此心肅然有所畏之名. 畏則心主於一. 如入宗廟見君父之時, 自無雜念." 覺軒蔡氏亦以爲朱子惟畏近之說, 尤精切. 其下曰"苟能惕然悚然, 常若鬼神父師之臨其上, 深淵薄氷之處. 處其下, 則虛靈知覺者, 自有不容於昏且亂矣. 此敬字之惟畏近之, 其說不可易矣." 此言深切有味. 覺軒蔡氏曰, "無事時, 此心湛然常存, 此靜而主一也. 有事時, 心應此事, 更不雜以他事, 此動而主一也." 或曰, "湛然常存與寂然不動, 爲如何? 心應此事與感而遂通, 又如何?" 曰, "湛然常存, 是明命赫然常目在之時也. 寂然不動, 是默然整齊凝神息慮者也. 且夫心應此事, 是臨事不二三之意, 感而遂通, 是應物無遠近之謂. 如是看之, 恐如何?"(『備忘錄』)

『부주』5-15

○ 질문하였다. "사람이 경하여 안을 바르게 하는 데에만 전념하고, 밖을 바르게 하는데 힘쓰지 않으면 어떻게 됩니까?" 정자가 말하였다. "마음속에 있는 것은 반드시 밖으로 드러난다. 오직 안을 바르게 하지 못하는 것을 걱정할 따름이다. 안이 곧게 되

면 밖은 반드시 바르게 된다."221)

○ 問, "人有專務敬以直內, 不務方外, 何如?" 程子曰, "有諸中者, 必形諸外, 惟恐不直內 內直則外必方."

『강록』5-15-a

○ 비평하여 말하였다. "경의 뜻에는 손님과 주인, 가벼움과 무거움의 구분이 있다." ○ 이덕홍의 기록에 말하였다. 질문하였다. "의관을 바르게 하고, 생각을 하나로 하며, 장중하고 가지런히 하며 엄숙하게 하여 속이지 않고 태만하지 않는다. 이 네 가지 가운데 어떤 것이 움직임에 속하고, 어떤 것이 고요함에 속하는가? 움직임과 고요함이 순환하는 작용에 어찌 아우르지 못하는 이치가 있겠는가? 그러나 하물며 성현들이 사람들에게 학문을 행하는 방도를 보여주는 것에는 경(敬) 한 글자보다 중요한 것이 없다. 그러나 그 학설은 방법이 다양하다. 사상채의 '깨어있음(惺惺)', 주자의 '두려워하는 것이 가깝다(畏近)', 이천의 주일무적(主一無適), 정제엄숙(整齊嚴肅), 화정의 '그 마음을 거두어 들여 어떤 사물도 받아들이지 않는것(其心收斂不容一物)' 등의 가르침 가운데 어떤 것을 먼저하고 어떤 것을 뒤에 해야 하는가? 어떻게 하여 힘쓰고 또한 어떻게 하면 얻을 수 있겠는가? 지난번 서울에서 이배언이 사람에게 말하였다. '학문을 처음 할 때는 당연히 깨어 있게 하는 공부에 힘써야 하지만, 넓어지면 그렇지 않다.' 대답하였다. '만약 학문에 힘써서 마음에 얻는 것이 있으면 이처럼 좋고도 절실한 것은 없을 것이다. 그러나 만약 일정하지 않은 마음으로 학문에 힘을 쓰면 우리는 아마도 반드시 진실로 깨어 있을 수 없고 도리어 마음의 사려가 황홀하여 점차로 어둡고 몽매한 지경에 빠져들어감을 깨닫게 될 것이다. 제가 생각건대, 먼저 정좌 공부에 힘을 쓰는 것만한 것이 없을 것이라고 생각하니, 이것은 정자 문하의 가장 첫 번째 뜻

221) 『二程遺書』 권18, 「劉元承手編」.

이다.' 배언이 비판하여 말하였다. '그대는 귀에 익숙하고 손에는 생경하니 이와 같이 말하는데, 이런 학설은 어떻습니까?'" 대답하였다. "여러 학설을 살펴보면 모두가 나의 생각이 미칠 바가 아니다. 각각 그 본래의 학설에 따라 설명해 보면 그 '의관을 바르게 한다'는 한 단락은 본래 주자가 「방경도에게 답하는 서신」에서 말했습니다. 그 위의 문장에는 '원컨대 다시 일상의 행동거지와 말을 하거나 고요할 때에 스스로 규범을 세워 함양하는 데 깊이 힘써서 기질을 변화시키는 것을 공부로 삼아야 한다'고 하였습니다. 정자가 말한 경(敬)자도 또한 '의관을 바르게 하고 사려를 한결같이 하며, 장중하고 가지런하며 엄숙하여, 속이지 않고 방만하지 않을 뿐이다'고 말하는 것에 불과합니다. 지금 질문하신 뜻을 살펴보면 여기에서 동정을 구분할 수 있는가의 여부를 알고자 합니다. 대개 학문을 하는 자가 일상생활에서 규범을 세워야 한다는 말은 본래 동정을 함께 들어야 하며, 빠뜨리는 것이 있어서 그것이 한쪽으로 치우친 공부가 되어서는 안 됩니다. 대체로 여기에서 '의관을 바르게 한다'고 하고 '장중하고 가지런하며 엄숙하다'는 것은 고요함으로 말하는 것입니다. 그러나 움직일 때 의관을 차리는 데 용모와 거동을 어찌 바르게 하지 않을 수 있으며, 사물에 대하여 어찌 장중하고 가지런하며 엄숙하게 하지 않을 수 있겠습니까? 또 '사려를 한결같이 한다'고 하고, '속이지 않고 방만하지 않다'고 말하는 것은 움직임으로 말하는 것이다. 그러나 고요할 때 이 마음은 더욱 하나의 근본이 되는 경지에 머무르지 않을 수 없으니, 어찌 다시 조금이라도 기만이나 태만함이 있겠는가? 그래서 주자는 일찍이 '마음의 본체는 유무를 관통하고 동정을 일관하기 때문에 공부 또한 유무를 관통하고 동정을 일관하여 바야흐로 뚫리거나 새는 것이 없다'고 말한 것은 바로 이것을 말한다. 거론한 네 선생이 경을 각각 달리 말한 것의 경우에는 각기 하나의 도리를 밝힌 것으로 모두 빼먹을 수 없는 것이다. 주자의 「경재잠」 같은 것은 동정과 표리, 주일무적을 두루 들어서 이야기하고 있으니, 어찌 그 가운데서 취하고 버리는 것이 있겠는가? 그 노력하는 요점은 또한 각각 그 의미가 어디에 있는가 하는 점에 따라서 반복하여 연구하고 음미하여 실질을 체득하여 행해야 하며, 다시 다른 방도를 구해서는 안 될 것 같다. 만약 여기에 나아가서 먼저 해야 할 것을 구한다면 의미 또한 절실할 것이다. 선생께서는 일찍이 「하숙경에게 답하는 글」에서 대략 말하였다. '경을 지키는 것은 더욱 보고, 듣고, 말하고, 행위하는 것과 용모나 태도, 어투의 측면에서 공부해야 한다. 대체로 사람의 마음은 형체가 없으며 드나드는 것이 일정하지 않으므로 반드시 규칙과 기준에 나아가 일정하게 지켜야 안과 밖이 저절로 편안하며, 진실로 장중하고 가지런하며 엄숙할 수 있으면, 방만하고 치우치며 사특하고 사치스러운 것 결코 받아들일 수 없는 것임을 알게 될 것이다. 이 점이 일상의 공부에 가장 요점이 있는 곳이다.' 이것으로 증명해 보면 안과 밖이 본래 서로 분리되어 있지 않으며, 장중하고 가지런하며 엄숙한 것은 바로 마음을 보존하기 위한 것임을 알게 된다. 내가 생각건대, 네 선생이 경을 말한 것 가운데 정자의 가지런하고 엄숙하다고 한 단락은 곧 주자의 이 서신의 뜻이 나온 곳으로 처음 공부를 하는 사람이 먼저 해야 할 것 중에 이것보다 절실한 것은 없을 것이다. 이것으로부터 들어가 오랫동안 힘쓰고 깊이 공부하여 얻는 것이 있게 되면 이른바 '다른 세 방면에서 들어가는 것이 모두 그 가운데에 있다'는 것이 비로소 나를 속이지 않는다 하고, 이배언과 논쟁했던 두 가지 설은 실로 모두 선유(先儒)의 격언임을 믿게 된다. 그러나 각각이 한쪽에 의지하여 완고하게 지키면서 이기기에 힘쓰는 뜻을 살펴보면 아마도 똑같이 한 쪽으로 치우치는 폐단으로 귀결되는 것을 피할 수 없을 것이다. 왜냐하면 고요할 때의 공부는 한번 어긋나면 선학(禪學)이라는 소굴에 떨어질 것이기 때문이다. 어떻게 해야 하는가?"(『강록』)

○ 批云, “敬義有賓主輕重.” ◯ 李錄云, 問, “正衣冠一思慮, 莊整齊肅, 不欺不慢, 此四者之中, 何屬於動, 何屬於靜耶. 動靜循環之功, 安有不該之理乎. 而況聖賢示人爲學之方, 莫大於敬之一字, 而其爲說多端. 謝之惺惺, 朱之畏近, 伊川之主一無適 · 整齊嚴肅, 和靖之其心收斂不容一物之敎, 何者當先, 何者當後? 如何而用力, 亦如何而有得耶? 向在都中李君斐彦言於人曰, ‘爲學之初, 當以惺惺工夫爲務, 弘則不然.’ 曰, “若已用力於學, 而有得於心者, 則無有如此之好且切者矣. 然如以不定之心經用力於此, 則吾恐未必眞能惺惺, 而反覺心慮茫忽, 漸入於幽昧之域矣. 愚計以爲莫若先用力於靜坐工夫, 此程門第一義也. 斐彦非之曰, ‘君熟於耳, 生於手, 故有如是之言. 此說何如?’” 答曰, “詢及諸說, 皆非愚見所逮. 請且各據其本說以明之. 其正衣冠一段, 本朱子「答方耕道書」中語也.’ 其上文有曰, ‘願更於日用動靜語默之間, 自立規程, 深務涵養, 要以變化氣質爲功.’ 若程夫子所謂敬字, 亦不過曰, ‘正衣冠一思慮, 莊整齊肅, 不欺不慢而已.’ 今詳垂問之意, 欲知於此可以分動靜與否. 夫爲學者, 立日用規模之語, 固當動靜兼擧, 不應有所遺闕, 使之偏著一邊工夫也. 盖其曰‘正衣冠’·曰‘莊整齊肅’, 是以靜言. 然而動時衣冠, 豈可不正容正事物, 豈可不莊整齊肅乎? 曰‘一思慮’·曰‘不欺不慢’, 是以動言. 然而靜時, 此心尤不可不主於一本原之地. 又豈有一毫欺慢乎? 故朱子又嘗曰, ‘心體通有無貫動靜, 故工夫亦通有無, 貫動靜, 方無透漏’, 正謂此也. 至若所擧四先生言敬之異, 各是發明一理, 皆不可闕. 如朱子「敬齋箴」, 動靜表裏, 主一無適備擧而言之. 安有取舍於其間哉! 而用力之要, 則亦當各從其語旨義之所在, 反覆硏味, 而實體行之. 恐又不當別求他方便也. 若欲就此求其所當先者, 則意亦切矣. 先生嘗「答何叔京書」, 略曰, 持敬尤須就視聽言動, 容貌辭氣上做工夫. 盖人心無形, 出入不定, 須就規矩繩墨上守定, 便自內外帖然, 誠能莊整齊肅, 則放僻邪侈, 決知其無所容矣. 此日用工夫至要約處, 於此驗之, 則知內外未始相離, 而所謂莊整齊肅者, 正所以存其心也. 某竊謂四先生言敬之中, 程子整齊嚴肅一段, 卽朱子此書之意所從出, 始學之所當先, 莫切於此. 由此而入, 至於力久功深而有得焉, 則所謂‘三方入處, 皆在其中’者, 始信其不我欺矣台, 與李斐彦所爭二說, 固皆先儒格言. 然觀其各據, 一方堅執務勝之意, 恐未免同歸於一偏之弊也. 何者靜中工夫, 一蹉則墮落於禪學巢窟中故也. 何如何如?"(『講錄』)

『밀험』5-15-b

○ 정약용(丁若鏞)의 생각: 사물잠에서 "발현한 마음이 조급하고 거짓된 것을 막아 안이 고요하고 전일해진다"고 말한 것은 이른바 '바깥에서 제어하여 그 안을 안정시킨다'고 하는 것이 이것이다. 나는 이 말을 매우 좋아한다. 대개 겉과 속을 서로 닦아야 그 덕이 외롭지 않을 것이니, 한쪽으로 치우쳐 말해서는 안 된다.(『밀험』)

○ 案: 「四勿箴」曰, "發禁躁妄, 內斯靜專", 所謂'制之於外以安其內'者, 此也. 愚甚喜此語. 大抵表裏交修, 其德不孤, 不可作一偏說.(『密驗』)

○ 「정민정의 생각」3 : 경과 의에 관한 학설은 이전 유학자들이 대립하여 거론하면서 상호적으로 말한 경우가 많다. 정이의 이 말과 호씨, 주자의 설을 살펴보아도 손님과 주인, 무거움과 가벼움의 구별이 있으니, 배우는 사람들이 자세히 보아야 한다.

○ 「按」 : 敬義之說, 先儒多對擧而互言之. 考程子此言及胡氏朱子之說, 又有賓主輕重之辨, 學者詳之.

『부주』5-16

○ 오봉호씨가 말하였다. "경에 머무르는 것은 의를 정밀히 하는 것이다."222)

○ 五峯胡氏曰, "居敬所以精義也."

『부주』5-16-1

○ 주자가 말하였다. "근래에 '의리를 정밀히 한다'는 설을 제기한 것에는 『정몽』보다 상세한 것이 없다. 그러나 호오봉의 이 말은 더욱 정밀하고 절실하며 합당하므로 깊이 음미해 볼 만하다."223)

222) 『知言』 권5.

223) 『晦庵集』 권38, 「答江元適」.

◯ 朱子曰, “近世爲精義之說, 莫詳於『正蒙』. 而五峯此言, 尤精切簡當, 深可玩味.”

『곤지육이장부주오봉설질의』5-16-1-a

○ 오봉의 ‘거경정의’의 학설은 대개 정자의 ‘앎을 극진히 하면서 경건하지 않은 때는 없다’고 하는 학설과 부합하는 것이 있다. 그래서 주자는 정밀하고 절실하며 간단하고 합당함을 칭찬하였다. 그러나 황돈은 수렴해 들인다는 의미를 가지고 의리를 정밀히 하는 것을 행동을 제어하는 공부로 보았는데, 이경문은 일찍이 그것이 본래의 뜻을 잃었음을 말한 적이 있다. 근래 갈암 선생의 『수주록(愁州錄)』을 보면 이 점을 더욱 상세히 논하여, 그것이 존덕성을 위주로 하는데 치우치는 문제점을 엄격하게 비판하였다. 나의 생각에, 황돈이 과연 사사로운 생각으로 성현의 설을 속이려고 했다면 실로 죄가 있는 것이겠지만, 오히려 식견이 미치지 못하여 그 바른 뜻을 얻을 수 없었다면 용서해줄 여지가 있다. 그러나 이것은 ‘경으로 안을 곧게 하고, 의로 밖을 바르게 한다’는 것의 부주인데, 주자는 일찍이 ‘의로 밖을 바르게 한다’는 것을 학문을 강론하는 공부로 삼았으나, 그가 「경의재기」를 지으면서는 또 『대학』의 격물치지를 의리를 밝히는 단서로 보았고, 『대학혹문』에서는 또 정자가 격물치지를 논한 설을 인용하여, ‘때로 사물을 대하면서 합당하게 처하는 것 아닌가’라고 말하였다. 이 몇 가지 설을 합하여 보면 의리를 정밀히 하는 것과 의로 밖을 바르게 하는 것은 선명하게 같은 결론에 이르지 않은 적이 없다. 대개 일의 시비득실을 인식하는 것이 바로 의리를 정밀히 하는 큰 단서이다. 그래서 밖이 바르게 되는 것은 실로 여기에 달려 있다. 만약 분명히 볼 수 없다면 어디에서 마음을 제어하고 일을 마땅하게 처리하는 것을 보겠는가? 아마도 황돈은 이점에 있어 지나간 선현들에게 깊이 죄를 지었다고 할 필요는 없을 것이다. 질정할 사람이 없으니 경문에게 질문할 예정이다.(『곤지육이장부주오봉설질의』)

○ 五峯居敬精義之說, 蓋有合於程子'未有致知而不在敬'之說. 故朱子稱其精切簡當, 而篁墩收入之意, 以精義作制行工夫, 李景文曾言其失本意. 近見葛庵先生『愁州錄』中, 論此甚詳, 嚴斥其偏主尊德性之病. 妄意篁墩果以私意矯誣先賢之說, 則誠有罪矣. 抑或所見未到, 不能得其正意, 則容有可恕者耶? 但此乃敬以直內義以方外之附註, 而朱子嘗以義以方外爲講學工夫, 其爲敬義齋記, 又以『大學』格致爲明義之端. 『大學或問』又引程子論格致之說曰' 或應接事物而處其當否'云云. 合此數說而觀之, 精義與義以方外, 未嘗不爛熳同歸也. 蓋見得事之是非得失, 卽精義之大端, 而外之所以方, 實在於此. 若不能分明見得, 則於何見心之制事之宜乎? 恐篁墩此着不必深罪先哲往矣. 無以稟正, 將以問于景文.(『坤之六二章附註五峯說質疑』)

『강록간보』5-16-1-b

○ 김종덕(金宗德)의 생각: 여기에서 '정의(精義)' 두 글자는 곧 이치를 궁구한다는 뜻이며, '밖을 바르게 하는 것'과는 같지 않은 것 같다. 또 이 단락에서 중점은 '의를 정밀히 한다'는 것에 있으나, 황돈은 그것을 인용하여 경(敬)이 의(義)의 근본이 되는 뜻을 밝혔다.(『강록간보』)

○ 按: 此'精義'二字, 乃窮理之意, 與方外, 恐不同. 又此段重, 在精義上, 而篁墩引之以明敬爲義本之義.(『講錄刊補』)

『강의』5-16-1-c

○ 질문하였다. "황돈은 호오봉의 '경에 머물러서 의를 정밀하게 한다'는 말을 '안을 곧게 하고 밖을 바르게 한다'는 장에 붙였다. 그러나 갈암은 『관규록』에서 '뜻을 정밀하게 하는 것을 행위를 제어하는 공부로 말하였는데, 이것은 매우 어긋난 곳이다. 황돈은 한쪽으로 육상산의 학문을 위주로 하여 치지공부를 완전히 무시하였다. 그래서 오봉의 이 설을 인용하여 의로 바깥을 바르게 하는 것으로 본 것은 오봉을 속이는 것일 뿐 아니라 주자를 속이는 것이라 하겠다. 황돈은 실로 의리를 정밀히 하는 것이 치지(致知)가 되는 것을 모르고 행위를 제어하는 공부로 잘못 생각하여 이 설을

여기에 붙인 것 같다."(용환) 대답하였다. "황돈은 비록 육씨를 위주로 하는 잘못이 있지만, 이 조에 붙인 것은 안 될 것이 없는 것 같다. 아마도 갈암 노인이 꾸짖은 것은 너무 심한 것 같다. 대개 의리를 정밀히 하는 것과 의로 밖을 바르게 하는 것은 비록 지와 행의 구분이 있다고 해도 그 실제는 치지(致知)이니, 정의(精義) 또한 의로 바깥을 바르게 하는 일이다. 또 의리를 밝히는 방법은 반드시 먼저 앎을 극진히 한 후에 가능하다. 그래서 주자는 일찍이 '격물치지는 의로 바깥을 바르게 하는 것이다'고 말하고, '의로 바깥을 바르게 하는 것은 학문을 강론하는 공부이다'고 말한 적이 있으니, 황돈이 호씨의 설을 이 주에 붙인 것에서는 주자를 거스르려는 뜻을 볼 수 없다. 대개 앎이 극진하지 못하면 행위가 바르게 될 길이 없다. 그래서 주자의 설이 이와 같다. 또 의로 바깥을 바르게 한다는 것은 비록 행위를 다스리는 측면에서 말한 것이지만, 또한 지와 행을 억지로 나눌 필요는 없다. 대개 행동이 합당한 것이 밖을 바르게 하는 것일 뿐만 아니라, 지식이 합당한 것 또한 밖을 바르게 하는 것이다."(『강의』)

○ 問, "篁墩以胡五峯居敬所以精義之語, 附於直內方外章, 而葛菴『管窺錄』曰, '精義作制行底工夫說, 此乃非常醜差處. 篁墩偏主陸學, 全沒致知之工. 乃引五峯此說, 做義以方外看. 非但誣五峯, 柄誣朱子云. 篁墩其果不知精義之爲致知, 誤認爲制行工夫, 而以此說附之於此歟.'"(容煥) 答, "篁墩雖有主陸之失. 然此條所附, 恐無不可. 恐葛翁呵叱太過. 盖精義與義以方外, 雖有知行之分, 而其實則致知. 精義, 亦義以方外底事也. 且明義之方, 必先致知而後可, 故朱子嘗曰'格物致知, 是義以方外', 又曰'義以方外, 是講學底工夫', 則篁墩之附胡說於此註, 未見其悖朱子之意. 盖知不致, 則行無由方, 故朱子說如此. 且義以方外, 雖是制行上說, 而亦不必苦分知行. 盖不但行得是當, 爲方外底. 而知得是當, 亦是方外底."(『講義』)

『관계』5-16-1-d0

○ 「거경정의(居敬精義)」: '정의'는 본래 의리를 정밀히 구명하는 것을

일컫는 것으로 '밖을 바르게 한다'는 뜻과는 약간 같지 않다. 그러나 이 단에서는 또 중점이 의리를 정밀히 하는 데 있다. 황돈은 그것을 인용하여 경이 의의 근본이 된다고 한 것은 살피지 못하는 것 같다.(『관계』)

○ 「居敬精義」: 精義, 自是精究義理之名, 與方外之義, 略有不同, 而此段又重在精義上. 篁墩引之, 爲敬爲義本者, 似欠照管.(『竅啓』)

『부주』5-17

○ 주자는 말하였다. "경하여 안을 곧게 한다'는 것은 가장 긴요하고도 절실한 공부이다."224) 또 말하였다. "경하여 안을 곧게 하면 바로 의로 밖을 바르게 할 수 있으며, 따로 의가 있는 것이 아니다. 경을 거울에 비유하면, 의는 곧 비출 수 있는 것이다."225)

○ 朱子曰, "敬以直內, 最是緊切工夫." 又曰, "敬以直內, 便能義以方外, 非是別有箇義. 敬譬如鏡, 義便是能照底."

『부주』5-18

○ 또 말하였다. "경으로 안을 곧게 하기만 하면, 의로 밖을 바르게 하게 된다. 의에는 경이 있으며, 경에는 의가 있다. 마치 인에 머무는 것이 의를 따르는 것이며, 의를 따르는 것이 인에 머무르는 것인 것과 같다." 혹자가 질문하였다. "경은 단지 함양하는 것이 아니며, 의는 시비를 분별하는 것이 아닙니까?" 대답하였다. "이렇게 말해서는 안 되고, 경하지 않으면 곧 의롭지 않은 것이다."226)

---

224) 『朱子語類』 권69, 「易五·坤」.

225) 『朱子語類』 권69, 「易五·坤」.

226) 『朱子語類』 권114, 「朱子十一·訓門人二」.

○ 又曰, "才敬以直內, 便義以方外, 義便有敬, 敬便有義, 如居仁便由義, 由義便居仁." 或問, "敬莫只是涵養, 義便分別是非?" 曰, "不須恁地說, 不敬時便是不義."

『질서』5-18-a

○ 경과 의가 안과 밖을 함께 지키는 공부라는 것은 정이와 주자의 이론이 또한 갖추어져 있다. 아마도 안을 바르게 하는 것이 바로 밖을 바르게 하는 것이라고 말할 수 없을 것 같으니, 공부가 이르는 측면에서 말하면 안과 밖은 합일하기 때문에 안이 바르고 나면 바깥은 저절로 바르게 되지만, 만약 배우는 자의 일로 말하면 반드시 함께 지키는 공부를 해야 하기 때문이다.(『질서』)

○ 敬義是內外夾持之功, 程朱之論亦備矣. 恐不謂直內則便方外也, 以工夫到處言, 則內外合一, 故內旣直, 外自方. 若以學者事言, 須加夾持之功.(『疾書』)

제6장: 분노를 징계하고 욕심을 막다 [懲忿窒慾]

◯ 「손괘☶」의 「대상전」에서 말한다. "산 아래 연못이 있는 것이 '손괘[損]'이니, 군자는 이를 본받아 분노를 징계하고 욕심을 막는다."227)

◯ 「損」之「象」曰, "山下有澤, 損. 君子以, 懲忿窒慾."

『질서』6-A

- 산·연못·바람·우레를 상징하는 괘가 매우 많지만 손괘, 익괘에서만 징계하고 막으며 옮기고 고친다고 말하였으니, 당연히 욕망을 막기를 산 아래의 연못을 메우듯이 하고, 분노를 징계하기를 연못 위의 산을 깎아내리듯이 하며, 선으로 옮겨가는 것을 우레를 만난 바람처럼 빨리하고, 허물을 고치기를 바람을 만난 우레처럼 격렬하게 한다고 말해야 한다.(『질서』)
- 山澤風雷亦許多, 惟此兩卦言懲窒遷改, 則當云, 窒慾如塡山下之澤, 懲忿如催澤上之山, 遷善如遇雷之風, 改過如遇風之雷.(『疾書』)

『표제』6-B

227) 『周易』, 「損卦大象」.

○ 「손(損)」 : '태'가 아래에 있고 '간'이 위에 있는 괘이다. '태'는 연못이고, '간'은 산이므로 산 아래에 연못이 있는 것이다. 기가 위로 통하여 윤택하게 하고 아래를 깊이 하여 위를 더욱 높게 하는 것이 모두 아래를 덜어내는 상이다.[228] 군자가 자신의 몸을 다스리는 데 덜어야 할 것으로서 이것보다 절실한 것이 없다.[229] 『역전』은 아래도 같다. 「상(象)」 : 괘 아래의 상으로 한 괘의 상을 해석한 것이다. ○ '상(象)'은 상괘와 하괘 두 가지 상으로 주공(周公)이 붙인 문장이다. ○ '상(象)'은 모사하는 것으로 세상의 사물을 모사하는 것이다.(『표제』)

○ 「損」 : 兌下艮上, 兌爲澤, 艮爲山, 山下有澤. 氣通上潤與深下以增高, 皆損下之象. 君子修身, 所當損者, 莫切於此. 『易傳』, 下同. 「象」 : 卦下象, 解一卦之象. ○ 象者, 卦之上下兩象. 周公所繫之辭也. ○ 象者, 像也. 像天下之事物也.(『標題』)

『강록간보』6-C

○ 「상(象)」 : 「대상전」으로 공자의 말이다.(『강록간보』)

○ 「象」 : 大象傳, 孔子言也.(『講錄刊補』)

『원주』6-1

○ 이천선생이 말하였다. "자신을 닦는 방법으로서 덜어야 할 것은 오직 분노와 욕심뿐이다. 그래서 그 분노를 징계하고 그 사의와 욕심을 막는다."[230]

○ 伊川先生曰, "脩己之道, 所當損者, 惟忿與慾, 故懲戒其忿怒, 窒塞其意欲也."

『관계』6-1-A

○ 「징색의욕(窒塞意欲)」 : '욕(欲)'은 '욕(慾)'자와 크게 구별된다. '욕구

228) 『伊川易傳』, 「損卦大象傳」, 伊川注.

229) 『周易本義』, 「損卦大象傳」, 朱子注.

230) 『伊川易傳』, 「損卦大象傳」, 伊川注.

[欲]'에는 선한 것이 있고 악한 것이 있으나, 악한 것은 욕심이다. 욕심은 막아야 하지만 욕구는 막을 수 없다. 공자는 일흔 살에도 '오히려 마음이 하고 싶은 대로 한다'고 말하였으며, 순임금도 '나로 하여금 욕구를 따르게 하다'고 하였으니, 욕구는 없을 수 없는 것이다. 여기에서 '그 욕구를 막는다'고 말한 것은 오히려 문제가 있는 것 같다. 아니면 사사로운 뜻으로 바라는 것으로서 '사의가 없다'고 할 때의 '의'나 인욕의 '욕'과 같은 것인 것 같다.(『관계』)

○ 「窒塞意欲」: 欲與慾字頓別. 欲, 有善有惡, 惡底是慾. 慾當窒而欲不可窒. 孔子七十猶曰, 從心所欲, 舜亦曰, 俾予從欲, 欲之不可無也. 此云窒塞其意欲, 却似有病, 抑以私意所欲, 如毋意之意, 人欲之欲歟.(『窾啓』)

『비망록』6-1-B

○ 분노는 급한 데서 생기고 욕심은 태만한 데서 생기지만 그들이 폐단이 되는 것은 같다. 둘 다 마땅히 덜어내야 한다. 그것을 덜어내는 방법은 이 마음이 언제나 공경과 두려움을 보존하도록 해야 피할 수 있다.(『비망록』)

○ 忿生於急, 慾生於緩, 其爲幣則一也. 俱當損也. 其損之之道, 使此心常存敬畏, 則庶可免矣.(『備忘錄』)

『원주』6-2

○ 구산양씨가 말하였다. "'아홉 가지 생각함[九思]'을 '분노할 때는 곤란에 빠질 것을 생각한다'고 하는 것과 '이득이 되는 것을 보면 의리에 맞는가를 생각한다'는 것으로 마친 것은 이 때문이다."

○ 龜山楊氏曰, "九思終於'忿思難, 見得思義'231)以此."

231) 『論語』, 「季氏」에 나온다. 공자가 말하였다. "군자에게는 아홉 가지 생각함이 있다. 볼 때는 분명할 것을 생각하고, 들을 때는 총명할 것을 생각하며, 안색은 온화할 것을 생각하며, 용모는 공손함을 생각하고, 말은 충실함을 생각하며, 일을 경건함을 생각하고, 의문에 대해서는 질문을 생각하고, 분노할 때는 곤란에 빠질 것을 생각하고, 이득을 보면 의리를 생각한다.(孔子曰君子有九思, 視思明, 聽思聰, 色思溫, 貌思恭, 言思忠, 事思敬, 疑思

『부주』6-1

○ 명도선생이 장재에게 말하였다. "사람의 감정 가운데 쉽게 나와서 다스리기 어려운 것 중에는 분노가 특히 심하다. 다만 화날 때는 얼른 그 화내는 것을 잊고 사리의 옳고 그름을 살펴보면 외부의 유혹이 미워할만한 것이 아님을 알 수 있고 도를 향한 생각이 반을 넘어선 것이다."232)

○ 明道先生謂張子曰, "人之情易發而難制者, 惟怒爲甚. 第能於怒時, 遽忘其怒, 而觀理之是非, 亦可見外誘之不足惡, 而於道亦思過半矣."

『강록』6-1-a

○ 「'제능어(第能於)'에서 '과반의(過半矣)'까지」 : 이덕홍의 기록에 말하였다. ""장재가 「명도에게 보내는 글」에서 '성정을 안정시키려 하면 생각이 없을 수 없게 되어 오히려 외물에 이끌린다'고 운운하였다. 그래서 명도(明道) 선생이 답하는 글의 말미에서 이 구절로 밝혔다. 대체로 사람의 분노는 반드시 밖으로 역경을 만나서 촉발한다. 그러나 화가 날 때 그것을 잊고 이(理)를 살펴보면 이가 그 주인이 된다.(이치는 안과 밖이 없고, 맞아들이거나 보내주는 것이 없다.) 이가 위주로 되고 기가 고르면 분노를 촉발한 저 바깥의 유혹은 또한 미워할 만한 것이 아니게 되며, 도를 향한 생각이 반을 넘어서게 된다.(『강록』)

○ 「第能於 止 過半矣」 : 李錄云, "張子「與明道書」云'欲定性情, 則不能無思慮, 猶牽於外物'云云, 故明道答書之末, 以此明之. 蓋人之怒, 必外觸逆境而發, 然怒時, 忘怒而觀理, 則理爲之主(理無內外, 無將迎). 理主而氣平, 則彼觸怒之外誘, 亦不足惡, 而吾之思慮, 其於道亦過半矣."(『講錄』)

『발휘』6-1-b

○ 주자가 말하였다. "이(理)의 옳고 그름을 보아서 다만 자신이 옳고

問, 忿思難, 見得思義)

232) 『二程文集』 권3, 「明道文集三·答橫渠先生定性書」.

남이 잘못임을 보면 다툼의 논리가 더욱 유력해진다. 이것은 마치 맹자가 이른바 '내가 분명 어질지 않는 것인가? 스스로 반성해 보아도 어진데, 그가 멋대로 거스르는 것이 이와 같다면 '이 사람은 또한 망령된 사람일 뿐이다'고 말한 것과 같다."233) ○ 또 말하였다. "만약 그 이치의 곧고 굽은 것을 안다면 다투지 않는 것이 더 좋다. 만약 곧은 것을 알고서 분노하면 분노가 더욱 심할 것이다."234)(『발휘』)

○ 朱子曰, "觀理之是非, 纔見己是而人非, 則其爭愈力. 如孟子所謂我必不仁也, 其自反而仁矣. 其橫逆由是也, 則曰此亦妄人而已矣." ○ 又曰, "若知其理之曲直, 不必較却好. 若見其直而又怒, 則愈甚."(『發揮』)

『석의』6-1-c

○ 「거망(遽忘)에서 과반(過半)」 : 장재가 「명도에게 주는 글」에서 "본성을 안정시키려고 해도 (마음을) 움직이지 않을 수 없게 되니 도리어 외물에 얽매이게 된다"고 말하였다. 그래서 정자는 대답하는 글의 끝에서 이 구절로 밝혔다. 대체로 사람의 분노는 밖으로 역경을 만나서 발생하는 것이다. 그러나 화를 낼 때 얼른 그 화를 잊고 이치를 살펴보면 저 밖에서 접촉하는 것은 또한 미워할 만한 것이 아니니, 나의 생각은 도를 반 이상 넘어서게 될 것이다. (『석의』)

○ 「遽忘 止 過半」 : 張子「與明道書」云, '定性未能不動, 猶累於外物', 故程子答書之末, 以此明之. 蓋人之怒, 必外觸逆境而發, 然怒時遽忘其怒而觀理, 則彼外觸者, 亦不足惡, 而吾之所思, 其於道亦過半矣.(『釋疑』)

『경의』6-1-d

○ 주자가 말하였다. "이치의 옳고 그름을 살펴서 자신이 옳고 남이 잘못됨을 알 때만이 그 싸움은 더욱 힘이 있다." 또 말하였다. "만약 그 이치의 곧고 굽은 것을 안다면 다투지 않는 것이 오히려 낫

233) 『朱子語類』 권95, 「程子之書一」.

234) 『朱子語類』 권95, 「程子之書一」.

다. 만약에 곧은 것을 보고서 다시 화를 내면 분노는 더욱 심해질 것이다."(주자의 설은 여기에서 그친다.) 이 뜻은 아주 좋다. 그러나 이치의 옳고 그름을 본다는 것은 남과 나의 곧거나 굽은 것만을 가리키는 것은 아니다. 자신이 화내는 것이 중요한 것이냐 아니냐, 또는 분수에 지나친 것인가 아닌가 하는 점을 더욱 스스로 반성해 보아야 하니, 이와 같으면 화낼 만한 이유는 저 사람에게 있고 본래 나와 무관한 실질을 묵묵히 알 수 있다. 반드시 이 두 설을 합한 후에 비로소 완전히 갖추어질 것이다. ○ 나는 정씨의 이 말을 매우 좋아하여 항상 노력하여 대략 그 맛을 얻었다. 한번 어려운 상황을 만나면 화난 기색이 일어나서 억제하기 어렵다가도 한 번 마음을 수습하게 되면 조금 전의 분노는 한 순간에 모두 잊혀지고 마음은 저절로 평온하고 활달하게 된다. 곧 피차간에 곧고 굽은 것을 비교해 보기도 전에 나의 분노가 전혀 중요하지 않고 정신 또한 매우 수고로움을 스스로 먼저 느끼게 된다. 이것으로 인하여 스스로 묵묵히 반성하면 자기도 모르게 연이어 미소를 짓게 되면서 명도의 이 말이 진실로 명언임을 알 수 있게 되었다. 윗 절에서 말한 것도 대체로 스스로 체험에서 얻은 것이라고 생각하게 되었다. ○ 화를 낼 때만 이렇게 노력하는 것이 아니라 정욕이 일어날 때도 언제나 이런 방법에 의지해야 한다. '잠시 잊는다[遽忘]'는 두 글자는 아주 묘하다. '이치를 살핀다'는 것은 '생각한다'는 뜻이다.(『경의』)

○ 朱子曰, "觀理之是非, 纔見己是而人非, 則其爭愈力." 又曰, "若知其理之曲直, 不必較却好. 若見其直而又怒, 則愈甚."(朱說止此) 此意固好. 但所謂觀理之是非者, 非獨指彼我曲直也. 己怒之打緊與不打緊, 過分與不過分, 尤宜自反, 如是, 則可怒在彼, 本不干我之實, 可以默會也. 須合此兩說然後始完備. ○ 愚甚愛程氏此語, 常竊用力而粗得其味, 遇一逆境, 怒氣憤憤, 有難制馭. 及其一番提掇, 向也忿怒, 一時都忘了, 心氣自然平濶. 卽未及較彼我曲直, 已先覺我之忿怒極沒打緊, 神氣亦甚勞苦, 因自有默警省處, 則不覺哂笑繼發. 而明道此語, 眞知爲名言. 上節所云, 蓋自以爲得之體驗. ○ 不獨於怒時, 如此用力, 凡情慾之發, 皆當依此法. '遽忘'二字, 極妙. '觀理', 卽'思'字之意.(『經義』)

『강록간보』6-1-e

○ 김종덕(金宗德)의 생각: '생각이 반을 넘어서게 된다'는 것은 「역대전(易大傳)」에 나온다.235) 오씨는 "생각하는 것이 이미 열 가운데 다섯이나 여섯을 넘어선 것이다"고 말하였다.(『강록간보』)

○ 按: '思過半', 出「易大傳」. 吳氏曰, "所思已過十分之五六."(『講錄刊補』)

『심경설』6-1-f

○ 질문하였다. "사람의 마음 가운데 갑자기 발해서 통제하기 어려운 것에 분노보다 심한 것이 없으니, 그것이 막 일어날 때 어떻게 문득 그것을 잊을 수 있겠습니까?" 대답하였다. "'문득[遽]'이라는 글자는 분노가 일어날 때에 매우 효과가 있다. 만약에 바로 끊어버리지 않고 조금이라도 남겨서 계산하는 뜻이 있으면 잘못 대응하여 얽매이는 병통에 이르기 쉽다. 그래서 반드시 급속히 잘라버려 한쪽으로 밀어두고 다시 평정한 마음과 온화한 기운으로 세밀히 살펴 대응한 후에야 비로소 잘못 처리하는 것을 피할 수 있다. '거(遽)' 이 한 글자는 아주 맹렬히 힘쓰고 정밀하게 살펴보아야 할 곳이다. 그러나 만약 '분노를 옮기지 않고' '사물마다 각각 그 자체에 돌리는' 경지가 아니라면 얼른 분노를 잊는 것 또한 쉽게 말할 수 없다. 그래서 나는 한 때 분노를 잊으려면 반드시 먼저 '분노할 때는 어려움을 겪을 것을 생각해야 한다'는 측면에서 공부를 한 후에 비로소 시작할 곳이 있게 된다고 생각한 적이 있다."(『심경설』)

○ 問, "人心之暴發而難制者, 莫甚於怒, 則方其發時, 何能遽然忘却耶?" 曰, "遽字, 極有力於其怒之發也. 若不卽爲斷置而有些留滯計校之意, 則易至於

235) 『周易』, 「繫辭下」 9장, "아! 또한 존망과 길흉을 찾아보면 분명하게 알 수 있다. 지혜로운 자가 그 단사(彖辭)를 보면 생각이 반을 넘어서게 된다."(噫! 亦要存亡吉凶, 則居可知矣. 知者觀其彖辭, 則思過半矣.)

錯應繫累之病. 故必也急遽剗除捨置一邊, 更須平心和氣, 審而應之, 然後方可免做錯了. 此一字煞是猛着力精着眼處. 然若非'不遷怒', '物各付物'底地位, 則遽然忘怒, 亦不可易言. 故愚嘗以爲如欲忘怒, 必須先就'忿思難'上用工, 然後始有下手處."(『心經說』)

『비망록』6-1-g

○ 혹자가 말하였다. "비록 분노가 폭발할 때라도 먼저 이치의 옳고 그름을 살피고 나면 분노를 잊을 수 있을 것 같으나, 이제 분노를 잊는 것을 먼저 하고 이치를 살피는 것을 나중에 하면 분노를 잊는 것은 무엇을 통해서 이룹니까?" 대답하였다. "대개 분노는 이 때 분기가 위로 치밀어 올라 되돌아 생각하는 것이 없으니, 어찌 이치를 살필 겨를이 있겠는가? 오직 마음으로 마음을 부려서 그 분노를 잊고 그 불꽃을 그치게 해야 이치의 옳고 그름을 볼 수가 있다. 여기에서 말하는 것은 이렇게 말해도 되지만, 분노를 잊는 것과 이치를 살피는 것은 대체로 동시적인 일이다."(『비망록』)

○ 或曰, "雖怒發時, 先觀理之是非, 然後似可以忘怒. 今忘怒居先, 觀理居後, 然則忘怒何由而作乎?" 曰, "蓋忿怒則此時氣炎上激, 無所顧慮, 何暇觀理乎? 惟能以心使心, 忘其怒而熄其炎, 可有以觀理之是非. 此言之則然矣, 然忘怒與觀理, 蓋同時事也."(『備忘錄』)

『부주』6-1-1

○ 주자가 말하였다. "성인이 기뻐하고 화내는 것은 크게 공정한 마음으로 순리에 따라 응하니 천리의 극치이지만, 보통 사람이 기뻐하고 화내는 것은 스스로 사사로운 마음으로 잔꾀를 써서 인욕이 성한 것이다. 화를 잊으면 공정하고, 이치를 살피면 순조롭다. 이 두 가지는 스스로 반성하여 덮인 것을 제거하는 방법이다. 대개 장재가 도에 대하여 논한 것은 실로 후배로서 감히 논의할 것이 아니다. 그러나 생각건대, 억지로 탐구하고 노력하여 취하는 뜻이 많고 함양하며 온전하게 기르는 공이 적다. 그래서 이 점에 의심이 없을 수 없었다. 정자가 이것을 언급한 것은 그 뜻이 깊다."236)

○ 朱子曰, "聖人之喜怒, 大公而順應, 天理之極也. 衆人之喜怒, 自私而用智, 人欲之盛也. 忘怒則公, 觀理則順, 二者所以爲自反而去蔽之方也. 夫張子之於道, 固非後學所敢議. 然意其强探力取之意多, 涵泳完養之功少, 故不能無疑於此. 程子以是發之, 其旨深哉."

『강록간보』6-1-1-a

○ 김종덕(金宗德)의 생각: 본문은 「정성서」 한 편을 총괄하여 논하면서 이 말로 맺었으니, 단지 '희로' 한 단락만 맺은 것은 아니다.(『강록간보』)

○ 按: 本文總論「定性書」一篇, 而以此言結之, 非只結'喜怒'一段.(『講錄刊補』)

『집해』6-1-1-b

○ (『근사록』) 사람의 감정은 대체로 그 병통이 스스로 사사로운 마음으로 잔꾀를 쓰는 데 있다. 스스로 사사로운 마음을 가지면 하는 일이 자연스럽게 사물에 응하게 할 수가 없다. 사사로운 잔꾀를 쓰면 밝은 지각이 자연스럽게 실현되지 못할 것이다. ○ (『한강집』) 크게 공정하고 순리에 응하는 이치에 의심이 없을 수 없음을 말하는 것이다. ○ (『요해』) '이[此]'[237]라는 글자는 장자가 말한 이른바 '외물에 얽매이는 일이 없을 수 없다'고 한 것을 가리키는 것으로, 곧 이른바 외적인 유혹을 말한다. 한강이 말한 것은 너무 일반적인 것 같다.(『집해』)

○ (『近思錄』) 人之情, 大率患在於自私而用智. 自私則不能以有爲爲應迹, 用智則不能以明覺爲自然. ○ (『寒岡集』) 謂不能無疑於大公順應之理. ○ (『要解』) 此字恐指張子所謂'不能無累於外物', 卽所謂外誘也. 寒岡所論, 恐太泛.(『集解』)

『부주』6-2

○ 이천 선생이 말하였다. "『논어』에 '신정은 욕심이 있으니 어찌

236) 『晦庵集』 권67, 「定性說」.

237) '차(此)'는 6-1-1의 '不能無疑於此'의 此이다.

강직하겠는가?'[238]라고 하였다. 욕심이 사람을 해치는 것이 심하구나! 사람이 선하지 않게 되는 것은 욕망이 유혹하기 때문이다. 유혹하는 데도 모르면 천리를 소멸시키는 데도 돌이키지 못하게 되니, 눈은 여색을 보고 싶어 하고, 귀는 음악을 듣고 싶어 한다. 코가 향기로운 것을, 입이 맛있는 것을, 그리고 손발과 몸이 안일을 구하는 것도 모두 그렇다. 이것은 모두 그렇게 시키는 것이 있다. 그러면 어떻게 그런 욕구를 막는가? '생각할 뿐이다'고 말하겠다. 배우는 사람은 생각하는 것보다 귀한 것이 없다. 오직 생각할 때만 욕심을 막을 수 있으니, 증자가 '세 번 반성한 것'은 욕심을 막는 방도이다."[239]

○ 伊川先生曰, "『語』云, '棖也慾, 焉得剛'. 甚哉! 慾之害人也. 人之爲不善, 欲誘之也. 誘之而弗知, 則至於滅天理而不反, 故目欲色, 耳欲聲, 以至鼻之於香, 口之於味, 四支之於安佚, 皆然. 此皆有以使之也. 然則何以窒其欲? 曰'思而已矣'. 學者莫貴於思, 惟思而能窒慾, 曾子'三省', 窒慾之道也."

『발휘』6-2-a

◦ 질문하였다. "이것은 욕심이 한 번 싹틀 때 '예의'를 생각하여 그것을 이겨내야 하는 것을 말하는 것 아닙니까?" 주자가 말하였다. "그렇다" 질문하였다. "각성해야 한다는 것 아닙니까?" 대답하였다. "그렇다" 질문하였다. "사(思)는 경(敬)과는 어떻게 구별됩니까?" 대답하였다. "사람이 경에 대하여 아직 공부를 하지 않았다면 우선 생각으로부터 공부해 들어가면 거의 파악하는 점이 있을 것이다. '생각[思]'이라는 한 글자는 배우는 자에게 있어 가장 효과

238) 『論語』, 「公冶長」, "공자께서 "나는 아직 강직한 자를 보지 못했다"고 말하자, 어떤 사람이 대답하여 "신정이 있습니다"라고 말하였다. 공자께서 "신정은 욕심이 많으니 어찌 강직하겠는가?"(子曰吾未見剛者. 或對曰申棖. 子曰棖也慾, 焉得剛.)라고 말하였다.

239) 『二程遺書』 권25, 「暢潛道本」.

적인 것이다."[240](『발휘』)

○ 問, "此莫是言慾心一萌當思禮義以勝之否?" 朱子曰, "然". 問, "莫是要喚醒否?" 曰, "然". 問, "思與敬如何?" 曰, "人於敬上, 未有用力處, 且自思入, 庶幾有箇巴攬處. 思之一字, 於學者最有力."(『發揮』)

『석의』6-2-b

○ 「개유이사지야(皆有以使之也)」: '사지(使之)'는 욕심이 그렇게 시킨다는 것이다.(『석의』)

○ 「皆有以使之也」: '使之', 謂慾使之也.(『釋疑』)

『표제』6-2-c

○ 「사이이의(思而已矣)」: 사사로운 욕심을 다스리는 방법은 홀로 아는 곳을 삼가는 것[愼獨]을 벗어나지 않는다. 그러나 그 요체는 오히려 생각에 달려 있다. 사사로운 욕심이 처음 생겨날 때, 마음으로 그것을 깨닫지 못하면 어떻게 반성하고 다스려 이기려는 공부를 행할 수 있겠는가? 이와 같이 말하면 비록 생각 이외에 더 이상 다른 방법이 없다고 말해도 지나친 의론은 아닐 것이다.(『한강집』)(『표제』)

○ 「思而已矣」: 治私欲之法, 不外乎愼獨, 而其要又却在乎思. 當其私欲之初生也, 不有心覺之, 其何以省發而施克治之功哉? 如是言之, 雖謂之思之外, 更無別法, 亦未爲過論也.(『寒岡集』)(『標題』)

『기문록』6-2-d

○ 세 번 반성한 것을 욕심을 막는 방도로 여긴 것은 무엇 때문인가? 대개 마음의 기능은 생각하는 것이고, 생각하면 욕망을 막을 수 있다. 세 번 반성한 것은 생각하는 측면에서의 공부이기 때문이라고 하겠다.(『기문록』)

○ 以三省爲窒慾之道, 何也? 夫心之官則思, 思則能窒慾. 三省是思上工夫故云.(『記聞錄』)

『관계』6-2-e

---

240) 『朱子語類』 권97, 「程子之書三」.

○ 「목욕색이욕성(目欲色耳欲聲)」 : 위대한 순임금이 옛 사람의 상을 보고자 하여 다섯 가지 색깔을 밝게 베풀었으며, 공자는 소소(簫韶)241)의 음악을 듣고서 그것에 심취하여 고기맛을 잊었다. 또 영지나 난초의 향기, 맛있는 고기맛을 성인은 바라지 않은 적이 없으나, 오직 눈으로는 사특한 여색을 보지 않고 귀로는 음란한 음악을 듣지 않으며, 몸은 안일을 바라지 않으면서 '입으로는 좋아하는 음식을 들이지 않을 뿐이다'고 하였다. 이곳에서는 욕심을 조절한다고 말해야 하며, 욕심을 막는다고 말해서는 안 된다.(『관계』)

○ 「目欲色耳欲聲」 : 大舜欲觀古人之象而彰施五色, 孔子聞簫韶之樂而趣驅忘味, 又如芝蘭之臭, 芻豢之味, 聖人未嘗不欲, 特目不視邪色, 耳不聽淫聲, 體不求安逸, '口不納褻味而已'. 此處當言節欲, 不當言窒欲.(『窾啓』)

『강의』6-2-f

○ 질문하였다. "정자는 '어떻게 욕심을 막는가에 대하여 '생각할 뿐이다'고 하였는데, 여기에서 생각하는 것이 어떻게 욕심을 막을 수 있습니까? 단지 '이득을 보면 의리를 생각한다'는 것일 뿐입니까?" 대답하였다. "「시서(詩序)」에서 '이미 욕심이 있으니 생각이 없을 수 없다'242)고 말하였다. 대개 생각은 욕망의 기틀로서 이 욕심을 잡기도 하고 멋대로 하기도 한다. 생각에 진실로 사특함이 없으면 욕망이 무엇을 통하여 분출되겠는가? 여기에서 열심히 이득을 추구하는 사람에 나아가 말한다면 그가 생각하는 것은 단지

---

241) 소소(簫韶) : 순임금의 음악 이름이다. 『서경』「익직」, "소소를 아홉 번 연주하자, 봉황이 와서 춤을 춘다(簫韶九成, 鳳凰來儀)."

242) 『詩經集傳』, 「序」. 어떤 사람이 나에게 '시는 어떻게 하여 지어졌습니까?'라고 질문하였다. 나는 그에게 응답하였다. "사람은 태어나면서 고요한 것은 하늘의 성이고, 사물에 감응하여 움직이는 것을 성의 욕구이다 대개 이미 욕구가 있고나면 생각이 없을 수 없고, 생각이 있고 나면 말이 없을 수 없다. 말이 있고 나면 말로 다 표현할 수 없는 것으로 탄식과 영탄으로 발하는 나머지 반드시 자연스러운 음향과 절조가 있어서 그만둘 수 없는 점이 있다. 이것이 시가 지어지게 된 까닭이다."(或有問於予曰, "詩何爲而作也?" 予應之曰, "人生而靜, 天之性也. 感於物而動, 性之欲也. 夫旣有欲矣, 則不能無思. 旣有思矣, 則不能無言. 旣有言矣, 則言之所不能盡, 而發於咨嗟咏嘆之餘者, 必有自然之音響節族<音奏>而不能已焉. 此詩之所以作也.")

사사로운 욕심일 뿐이다. 그러나 욕심을 막는 것에 마음을 두고 나서는 반성하고 살피는 노력에 의지하지 않을 수 없다. 하단의 이른바 '증자가 세 번 반성한 것'이 이것이다. 그래서 맹자는 마음을 버려두는 폐해를 논하면서 '생각하지 않기 때문일 뿐이다'고 하였으니, 이것도 정자가 말한 뜻이다."(『강의』)

○ 問, "程子曰'何以窒慾, 曰思而已矣', 這思也, 如何而能窒慾, 只是'見得思義'乎?" 曰, "詩序云, '旣有欲矣, 則不能無思.' 夫思者, 欲之機關而操縱是欲者也. 思苟無邪, 則慾何由而縱耶? 此就孜孜爲利者說, 則其所思只是私慾. 然旣以窒慾爲心, 不得不賴省察之工. 下段所謂'曾子三省', 是已. 是以孟子論放心之害, 曰'不思耳矣', 此亦程子之意."(『講義』)

『비망록』6-2-g

○ 대개 욕심은 마음으로부터 나와 밖으로 발현되는 것으로 감응하는 것에 따라 이르지 않는 곳이 없게 되어 이에 선하지 않은 것에 빠지게 된다. 반드시 의리로 제어하고 예로 조절하면 이욕에 유혹받지 않게 되어 장차 큰 허물을 피할 수가 있다.(『비망록』)

○ 夫欲由於中而發於外, 隨所感而無所不至, 乃陷於不善. 須義以制之, 禮以節之, 則不爲利欲所誘, 而將免於大過矣.(『備忘錄』)

『부주』6-3

○ 이천 선생이 장사숙에게 말하였다. "나는 타고난 정기가 매우 박약했었는데, 서른이 되면서 점차로 왕성해져서, 마흔에서 쉰이 된 후에 완전해졌다. 지금은 나이가 일흔둘이 되는데 근력이 왕성했던 때와 비교해도 못하지 않다." 장사숙이 질문하였다. "선생께서는 어떻게 허약한 정기를 받고도 생명을 두텁게 보존하셨습니까?" 선생께서 묵묵히 있다가 대답하였다. "나는 생명을 망각하고 욕심을 따르는 것을 매우 부끄러운 것으로 생각하였다."243)

243) 『二程遺書』 권21상, 「師說」.

○ 伊川先生謂張思叔[244]曰, "吾受氣甚薄, 三十而浸盛, 四十五十而後完. 今生七十二年, 校其筋骨於盛年無損也." 思叔請曰, "先生豈以受氣之薄, 而厚爲保生邪?" 先生黙然曰, "吾以忘生徇欲爲深恥."

『강록』6-3-a

○ 「'사숙(思叔)'에서 '심치(深恥)'까지」 : 장사숙의 질문은 생명을 두텁게 보존하고 기를 기르는 것을 위주로 말한 것으로, 요즈음 사람은 약물(藥物)로 생명을 보호하는 것과 같다. 선생께서 생명을 망각하고 욕심을 따른다고 하는 것으로 답한 것은 이(理)를 위주로 하면서도 기를 함께 기르는 것이다. '묵묵히'라는 것은 깊이 숙고하고서 대답한 것으로 대체로 사숙의 질문을 잘못된 것으로 생각했기 때문이다.(『강록』)

○ 「思叔 止 深恥」 : 思叔之問, 主厚爲保生養氣而言. 如今人以藥物護生. 先生答以忘生循欲云者, 主理而兼養氣. 黙然者, 深思而答, 蓋以思叔之問爲非故也.(『講錄』)

『발휘』6-3-b

○ 사상채가 말하였다. "제멋대로 기뻐하고 화내는 것은 모두 인욕이다. 반드시 천리를 밝게 살펴야 비로소 함양이 된다."(『발휘』)

○ 上蔡謝氏曰, "任意喜怒, 都是人欲. 須察見天理, 涵養始得."[245](『發揮』)

『기문록』6-3-c

○ 정이는 장사숙의 '생명을 두텁게 보존하는 것'에 관한 질문에 "나는 생명을 망각하고 욕심을 따르는 것을 매우 부끄럽게 생각한다"고 대답하였다. 정이의 뜻은 '나는 수양의 방법을 실천한 것이 아니라, 단지 생명을 손상시키지 않을 뿐이다'고 말한 것으로 생각된다.(『기문록』)

---

244) 장사숙(張思叔) : 장역(張繹)으로, 송나라의 하남수안(河南壽安) 사람이다. 이천에게서 수업하였다.

245) 『上蔡語錄』 권1.

○ 伊川答張思叔'厚爲保生'之問曰, "吾以忘生徇欲爲深恥." 伊川之意, 以爲'我非爲修養法, 只是不傷生云爾'.(『記聞錄』)

『강의』6-3-d

○ 정이의 이 말은 대개 의도한 것이 있어서 한 말이다. 장사숙에게는 신정(申棖)과 같은 병통246)이 있음을 피하지 못하고 생명을 망각하고 욕구를 따르는 일이 간혹 있었다. 그래서 처음에 나는(정이) 비록 매우 박약한 기를 받았지만 끝에 점차로 왕성해져서 노쇠한 나이 때에도 왕성한 시기보다 못지않은 것으로 대답하였다. 장사숙은 이런 뜻을 이해하지 못하고 문득 선생께서 '어떻게 삶을 두텁게 보존하였는가에 대하여 질문하였기 때문에, 묵묵히 있다가 비로소 '욕심[欲]'이란 글자를 드러내어 다시 '나는 생명을 망각하고 욕심을 따르는 것을 매우 부끄럽게 생각한다'고 대답하였다. 말하는 어세가 온화하고 두터우며 박절하지 않아 비록 자신에 대하여 말한 것 같지만, 장사숙의 병통에 대하여 지적한 것이 실로 절실하고 극진하다.(『강의』)

○ 伊川此語, 蓋有意而發也. 思叔不免有棖也之病, 忘生徇欲之事容或有之, 故始以吾雖受氣甚薄, 終能浸盛, 至於衰年而無減盛年者告之. 思叔不曉此意, 而遽以先生之厚爲保生爲問, 故默然之餘, 始露出一'欲'字, 復告之曰'吾以忘生徇欲爲深恥.' 辭氣渾厚不迫, 雖若自道而其於思叔之病, 實切至矣.(『講義』)

『비망록』6-3-e

○ '나이 일흔둘에도 근력이 쇠하지 않았다'고 하였는데, 이것에는 다른 이유가 없다. 평소에 함양한 것이 깊어서 이로부터 신기(神氣)에 여유가 있고 편안하며 조섭하는 것에 방도가 있고, 신체가 건강하여 그래서 늙어도 건강에 이상이 없게 된다. 요약하면 도에 살지고 덕에 배부른 것의 결과이며, 또한 '손을 열어 보이고 발을 열어 보였던'247) 증자가 남긴 가르침이다.(『비망록』)

---

246) 『論語』, 「公冶長」. "공자께서 말씀하셨다. "나는 아직 강직한 사람을 보지 못했다." 어떤 사람이 말하였다. "신정이 있습니다." 공자께서 말씀하셨다. "신정은 욕심이 많으니 어찌 강직하다 하겠는가?"(子曰, "吾未見剛者." 或對曰"申棖." 子曰"棖也慾, 焉得剛)

○ '行年七十二而筋骨無損', 此無他, 平日涵養惟深, 自是神氣裕泰, 攝理有方, 肢體康健, 所以老而無損節也. 要之腴於道, 飽於德之驗也, 亦啓手啓足之遺範也.(『備忘錄』)

『부주』6-4

○ 오봉호씨가 말하였다. "기가 사물에 감촉하여 우레처럼 발하니 사나움을 제어할 수 없다. 오로지 총명한 사람만이 스스로 반성할 수 있고 용감한 사람만이 스스로 결단할 수 있다."[248]

○ 五峯胡氏曰, "氣感於物, 發如奔霆, 狂不可制. 惟明者能自反, 勇者能自斷."

『강록』6-4-a

○ 「'기감(氣感)'에서 '가제(可制)'까지」 : 문장의 흐름으로 보면 분노를 말하는 것 같다. 그러나 칠정 가운데 조금이라도 중절하지 않는 것이 있는 것으로 보면 더욱 묘미가 있다.(『강록』)

○ 「氣感 止 可制」 : 以文勢觀之, 似怒也. 然以七情一有不中者看, 尤有味. (『講錄』)

『발휘』6-4-b

○ 질문하였다. "타고난 성품이 너무 급하여 분노를 억누르는데 역점을 두어 공부를 하지만, 일에 닥쳐서 부지불식간에 분노가 일어나니 어디로부터 이런 병통을 제거합니까?" 대답하였다. "또한 익숙하게 하는데 달려 있을 뿐이다. 하루아침에 어떻게 바로 모든 것을 수습할 수 있겠는가? 반드시 밤낮으로 그것을 징계하여 원숙하게 되어 오래 지나면 저절로 없어질 것이다."[249](『발휘』)

○ 問, "稟性太急, 力於懲忿上做工夫. 然遇事不知不覺忿暴, 何從而去此病?"

---

247) 『論語』, 「泰伯」.

248) 『知言』 권3.

249) 『朱子語類』 권118, 「朱子十五·訓門人六」.

曰, “亦在乎熟耳. 一旦如何便盡打疊得. 須是日夜懲戒之, 以至於熟, 久當自去.”(『發揮』)

『석의』6-4-c

○ 위아래의 문장으로 살펴보면, 분노를 말하는 것 같다. 그러나 칠정으로 통괄하여 보면 더욱 묘미가 있다.(『석의』)

○ 以上下文觀之, 似怒也. 然統以七情看, 尤有味.(『釋疑』)

『비망록』6-4-d

○ 혹자가 말하였다. “사나움을 제어할 수 없다는 것은 아직 그 뜻을 이해하지 못하겠습니다.” 대답하였다. “이것은 단지 경거망동하는 사람이 그런 것이다. 그러나 대체로 사물에 감응하면서 마땅하게 할 수 없는 것이 모두 이른바 ‘사납다’는 것이다. 총명함으로 스스로 반성하고 용기로 스스로 결단한다면 이전의 사나움은 다시 가라앉고 저절로 안정되어 완전히 딴 사람이 될 것이다.”(『비망록』)

○ 或曰, “狂不可制, 未曉其意.” 曰, “此特躁妄者爲然. 然蓋感於物, 不能制宜者, 皆所謂狂也. 能明以自反, 勇以自斷, 則向之狂, 更沈重自定, 邃爲別人矣.”(『備忘錄』)

『부주』6-5

○ 주자는 말하였다. “「간괘(艮卦)」에서 산의 상을 보고서 분노를 억누르고, 「태괘(兌卦)」에서 연못의 상을 보고서 욕심을 억제한다. 사람이 화를 낼 때는 저절로 그렇게 솟구쳐 오른다. 그래서 손권은 ‘사람의 노기(怒氣)를 산처럼 솟아오르게 한다’고 하였다. 욕심은 더러운 늪과 같아서 그 가운데 더러운 것이 사람을 오염시킬 수 있다. 그래서 욕심을 막기를 구덩이를 메우는 듯이 하고, 분노를 억누르는 것을 산을 무너뜨리듯이 한다.”250)

○ 朱子曰, “觀山之象以懲忿, 觀澤之象以窒慾, 人怒時, 自是恁突兀起來,

250) 『朱子語類』 권72, 「易八·損卦」.

故孫權云'令人氣湧如山', 慾如汙澤然, 其中穢濁, 解汙染人, 故窒慾如填壑, 懲忿如摧山."

『질의』6-5-a

○ 위나라 요동태수였던 공손연(公孫淵)이 표를 올려 오나라에 신하가 되기를 요청하자, 손권(孫權)이 크게 기뻐하여 장미(張彌)와 허안(許晏)을 보내 공손연을 연나라의 왕으로 봉하였다. 공손연이 장미와 허안을 참수하여 죽이고, 그 목을 위나라에 보냈다. 손권이 이 말을 듣고 대노하여 '내가 육십 평생 세상사 온갖 일을 겪지 않은 것이 없지만, 근래 쥐새끼 같은 자에게 조종(操縱)되니 사람의 분기가 산처럼 솟아오르게 하는 구나'251) 하고 말하였다. '해(解)'는 그럴 수 있다는 의미를 취한 것이다.(『질의』)

○ 魏遼東太守公孫淵, 奉表稱臣於吳, 孫權大悅, 遣張彌許晏, 封淵爲燕王. 淵斬彌晏, 獻于魏, 權聞之大怒曰, "朕年六十, 世事難易, 靡所不嘗, 近爲鼠子所前却, 令人氣湧如山." '解', 認取能然之意.(『質疑』)

『강록』6-5-b

○ 「'자시(自是)'에서 '기래(起來)'까지」 : '자연히 이것이 이와 같이 우뚝이 솟구쳐 오르니'라는 뜻이다.「기용여산(氣湧如山)」 : 이덕홍이 기록하였다. "라 하니, 손권의 말은 여기까지이다."「해오염인(解汙染人)」 : '사람을 오염케 하나니'이다. ○ 비답하였다. "'해(解)'자는 말로 표현하기 어렵다. 다만 그럴 수 있다는 의미를 취하였다."(『강록』)

○「自是 止 起來」 : ᄌᆞ연히 이 이러트시 突兀히 起來ᄒᆞᄂᆞ니.「氣湧如山」 : 李錄云, "라ᄒᆞ니, 孫權之言止此."「解汙染人」 : 人을 汙染케 ᄒᆞᄂᆞ니. ○ 批云, "'解'字難形言, 只認取能然之意."(『講錄』)

『석의』6-5-c

○ 「'자시(自是)'에서 '기래(起來)'까지」 : '자연히 이와 같이 우뚝이 솟

251) 虞溥, 『江表傳』

구쳐 오르니'라는 뜻이다. 「영인기용여산(令人氣湧如山)」 : 위나라 요동태수였던 공손연이 표를 올려 오나라에 신하가 되기를 바라자, 손권이 크게 기뻐하여 장미와 허안을 보내 공손연을 연나라의 왕으로 봉하였다. 공손연이 장미와 허안을 참수하여 죽이고, 그 목을 위나라에 보냈다. 손권이 이 말을 듣고 대노하여 '내가 육십 평생 세상사 온갖 일을 겪지 않은 것이 없지만, 근래에 쥐새끼 같은 공손연에게 조종당하니 사람의 분기가 산처럼 솟아오르게 하는구나' 하고 말하였다.(『석의』)

○ 「自是 止 起來」 : ᄌᆞ연히 이러ᄐᆞ시 突兀히 起來ᄒᆞᄂᆞ니. 「令人氣湧如山」 : 魏遼東太守公孫淵, 奉表稱臣於吳, 孫權大悅, 遣張彌許晏, 封淵爲燕王. 淵斬彌晏, 獻于魏, 權聞之大怒曰, "朕年六十, 世事難易, 靡所不嘗, 近爲鼠子所前却, 令人氣湧如山."(『釋疑』)

『밀험』6-5-d

○ 주자가 말하였다. "산의 상을 보고서 분노를 억누르고, 연못의 상을 보고서 욕망을 막는다.(또 말하기를 욕망을 막는 것을 구덩이를 메우는 것과 같이 하고, 분노를 억누르는 것을 산을 무너뜨리듯이 한다는 것과 같다.) ○ 생각건대, 「손괘」는 「태괘」로부터 왔다.(삼효가 상효로 올라갔다.) 「태괘」의 상황은 「건괘」의 분노가 지나치게 강하고(분노는 기가 가득찬 것으로 「건괘」의 상이 있다.) 「곤괘」의 욕심이 크게 비어(욕망은 계곡의 빈 공간과 같다. 텅 빈 것은 받아들이려고 하니 「곤괘」의 상이 있다.) 그것이 「손괘」로 바뀌면 연못의 물이 맑고 안정되니, 이것이 분노를 억누르는 것이다. 「간괘」는 흙으로 구멍을 막는 것이니, 이것이 욕망을 막는 것이다. '징(懲)'이라는 것은 맑게 하는 것이다. 선유들이 징계로 말한 것은 잘못이다. 선유들은 추이의 법에 대하여 일찍이 힘써 공부한 적이 없어서 역을 해석하는 데 근거 없는 학설들이 많다. (『밀험』)

○ 朱子曰, "觀山之象以懲忿, 觀澤之象以窒慾."(又云, "窒慾如塡壑, 懲忿如摧山.") ○ 案 : 損自泰來(三之上), 泰之時, 乾忿太剛(忿者, 氣滿盈也. 有乾象), 坤慾太虛(欲者, 溪谷之虛欠也. 虛者欲受, 有坤象), 移之爲損, 則澤水瀓定, 是懲忿也. 艮土塞竇, 是窒慾也. 懲者, 瀓也. 先儒作懲戒說, 亦誤. 先儒於推移之法, 不曾致力, 解易多懸空說.(『密驗』)

『부주』6-6

○ 주자가 또 말하였다. "이전에 여백공을 만났는데, '어렸을 때 성질이 거칠고 사나워서 마음에 들지 않는 음식을 싫어하여 집의 일을 그르쳤다. 훗날 오랫동안 병이 들어, 단지 『논어』 한 권을 아침저녁으로 한가하게 읽고 있었는데, '스스로를 꾸짖는 것은 두텁게 하고 남을 책망하는 것은 가볍게 한다'[252]고 하는 구절에 이르러 문득 깨달아 생각이 한순간에 평온해져서 마침내 평생토록 크게 화내는 일이 없었다'고 말하였다. 이것은 기질을 변화시키는 법으로 삼을 만하다."[253]

○ 又曰, "向見呂伯恭[254], 說少時性氣粗暴, 嫌飮食不如意, 便打破家事. 後日久病, 只將一册『論語』, 早晩閑看, 至'躬自厚而薄責於人', 忽然覺得, 意思一時平了, 遂終身無暴怒.' 此可爲變化氣質法."

『강록』6-6-a

◦ 여조겸의 자이다. 호는 동래선생이다. 「가사(家事)」 : 이덕홍의 기록에 말하였다. "한어에서는 '가(家)'를 일컬어 '갸'라고 발음하는

252) 『論語』, 「衛靈公」. "공자께서 말씀하셨다. 스스로 꾸짖는데 두터우면서 남을 책망하는데 가벼우면 원망을 멀리 하게 된다."(子曰 躬自厚而薄責於人, 則遠怨矣.)

253) 『晦庵集』 권54, 「答路德章」.

254) 여백공(呂伯恭, 1137~1181) : 남송 무주(婺州) 금화(金華) 사람으로 이름은 조겸(祖謙), 자는 백공(伯恭), 호는 동래선생(東萊先生)이다. 효종(孝宗) 융흥(隆興) 원년(1163) 진사(進士)에 급제한 뒤 다시 박학굉사과(博學宏詞科)에 합격했다. 주희·장식(張栻)과 더불어 '동남삼현(東南三賢)'으로 불린다. 저서에 『여씨가숙독시기(呂氏家塾讀詩記)』 32권, 『동래선생좌씨박의(東萊先生左氏博議)』 25권, 『여동래선생문집(呂東萊先生文集)』 40권, 『역대제도상설(歷代制度詳說)』 등이 있으며, 주희와의 공저인 『근사록(近思錄)』은 특히 유명하다.

것으로, 바로 요즈음 세상에서 이른바 '기물(器物)을 '갸사'라고 말하는 것과 같다'고 하는 것이다. 그러나 아마도 '가(家)'는 글자대로인 듯하니 '가사'는 집안일을 일반적으로 말한 것이다."(『강록』)

○ 呂祖謙字也. 號東萊先生. 「家事」: 李錄云, "漢語謂'家'音'갸', 卽今俗所謂器物爲'갸ᄉᆞ'. 然疑家如字, 家事, 泛言家事也."(『講錄』)

『질의고오』6-6-b

○ 『질의』: 한어에서 사람들은 '가(家)'의 음을 '갸'라고 말한다. '가사'는 요즈음 세속에서 말하는 '기물'을 '갸사'라고 말하는 것이다. 그러나 가(家)는 '가사'라는 글자대로 한 가정의 일을 일반적으로 말하는 것이다. 지금 세속에서 '기물'이라고 일컫는 것으로 운운한 것은 그 음이 우연히 한자음과 같았기 때문이다. 그렇다면 기물 이외의 것은 모두 가사가 아닌가? 아래의 설이 옳다.(『질의고오』)

○ 『質疑』: 漢語人謂家音갸, 家事卽今俗言器物爲갸ᄉᆞ. 然家如字, 家事, 凡言一家之事. '今俗語稱器物云云'者, 其聲音偶與漢音同. 若然則器物外, 皆非家事乎? 下說是.(『質疑考誤』)

『석의』6-6-c

○ 「가사(家事)」: 바로 요즈음 세속에서 기물이 '갸사'이다라고 하는 것이다. '가(家)'는 한어에서 '갸'이다. 혹자는 "가(家)는 글자 그대로이니, '가사'는 한 가정의 생업을 일반적으로 말하는 것이다"고 말하였다.(『석의』)

○ 「家事」: 卽今俗言器物爲갸ᄉᆞ. 家, 漢語갸. 或云, "家如字, 家事, 凡言一家産業."(『釋疑』)

『질서』6-6-d

○ 동래의 말은 분노를 징계하고 욕심을 막는 요체가 될 뿐만 아니라, 선으로 옮겨가고 허물을 고치는 중요한 방법이다. 생각건대, 오랫동안 병이 들어 사람들과 만나지 않고 고요하게 독서하고 사색하여 그 공부가 깊어져서 그 기량을 이처럼 빨리 드러낼 수 있었다.(『질서』)

○ 東萊之言, 不但爲懲窒之要, 亦是遷改之大法. 意者, 病久不與物接, 靜而讀書思量, 其工夫到頭, 故能發機之速如此.(『疾書』)

『표제』6-6-e

○ 「타파(打破)」: '타(打)'는 도와(都瓦)의 반절로 치고 때리는 것이다. 세속에서 쓰이는 보조사는 본래의 말과 상반되는 것이 많다. 상반되는 것이 '타'자의 경우 용례가 더욱 많다. 대개 타첩(打疊: 수습함), 타청(打請: 요청한다), 타량(打量: 헤아린다), 타수(打睡: 잠잔다) 등 타(打) 아닌 것이 없으니, 때린다는 의미뿐만이 아니다.(『운회』) ○ 한어에서 대개 일을 행하는 것은 모두 '타'라고 말한다. 예컨대, 사람과 대화하는 것을 '타화(打話)'라고 하고, 술을 사는 것을 '타주(打酒)'라고 하며, 풀을 취하는 것을 '타초(打草)'라고 하는 경우가 그렇다. 또 말하였다. "'타'는 한다[爲]는 것이다."(『퇴계집』) 「가사(家事)」: 곧 요즈음 세속에서 '기물(器物)'이라고 말하는 것이다. 그러나 가(家)는 '가사'라는 글자대로 한 집안의 일을 일반적으로 말하는 것 같다.(『어록』) ○ '기명(器皿)'이다.(『집요』) ○ 박세채(朴世采)의 생각: 그릇을 깨뜨린다는 것은 실로 음식을 싫어한다는 뜻에 가깝다. 그러나 속어에서 운운한 것은 단지 '사기(沙器)'를 일컬었을 뿐, 또한 그것으로 그릇을 두루 일컬은 것은 아니므로 율곡의 설은 다시 상세히 살펴보아야 한다.(『표제』)

○ 「打破」: 都瓦切, 打擊也. 俗間助語, 多與本辭相反, 其於打字用之尤多. 凡打疊, 打請, 打量, 打睡, 無非打者, 不但擊打之義而已.(『韻會』). ○ 漢語, 凡做事, 皆謂之打. 如與人說話曰打話, 買酒曰打酒, 取草曰打草之類, 是也. 又曰, 打猶爲也.(『退溪集』) 「家事」: 卽今俗言謂器物, 然疑家如字, 家事, 泛言一家之事也.(『李錄』) ○ 器皿也.(『輯要』) ○ 按: 打破器皿, 固近於嫌飮食之義. 然俗語云云, 只以稱沙器而已, 亦非所以通稱器皿, 則栗谷之說, 恐當更詳之.(『標題』)

제7장: 선을 따르고 허물을 고친다 [遷善改過]

◯ 「익괘」의 대상전에서 말한다. “바람 아래 우레가 있는 것이 익괘이니, 군자는 이를 본받아 선을 보면 따르고 허물이 있으면 고친다.”255)

◯ 「益」之象曰, “風雷益, 君子以, 見善則遷, 有過則改.”

『강록』7-A

- 「익괘(益卦)」 : 아래의 진괘는 우레이고, 위의 손괘는 바람이다. 바람과 우레가 서로 도와서 형세를 낳는다.(『강록』)
- 「益卦」 : 震下雷, 巽上風. 風雷相資以生勢.(『講錄』)

『표제』7-B

- 「익(益)」 : 진괘가 아래에 있고, 손괘가 위에 있다. 손괘는 바람이고 진괘는 우레이다. 바람과 우레의 형세는 서로 간에 도움이 된다. 선을 따르고 허물을 고치는 것은 이로움이 큰 것이니, 서로 도움이 되는 것이 또한 이와 같다.(『역전』)(『표제』)
- 「益」 : 震下巽上. 巽爲風, 震爲雷. 風雷之勢, 交相助益. 遷善改過, 益之大

255) 『周易』, 「益卦大象」.

者, 而其相益亦猶是也.(『易傳』)(『標題』)

『경의』7-C

○ 선을 따르고 허물을 고치려면 반드시 먼저 자신을 높이고 남을 비하하는 습관과 자기의 앞모습을 숨기고 배후를 가리는 태도를 버려야 하며, 또 반드시 그 도량을 넓혀야 한다. 도량을 넓히는 데는 반드시 먼저 자신의 식견을 키워야 한다. 식견이 협소하고 고루하기 때문에 도량이 협소하다. 도량이 협소하기 때문에 선을 따르는 것을 두려워하고 허물을 고치는 데 인색하다.(『경의』)

○ 遷善改過, 須先去尊己卑人之習, 遮前掩後之態, 又須弘其量. 弘其量, 須先長其識見. 識見隘陋, 故量狹, 量狹故遷善怯改過吝.(『經義』)

『원주』7-1

○ 신안왕씨(新安王氏)[256]가 말하였다. "선을 따르고 허물을 고치면 유익함이 이보다 더 큰 것이 없다."[257]

○ 新安王氏曰, "遷善改過, 益莫大焉."

『질의』7-1-A

○ 나에게 허물이 없을 때 남의 선한 점을 보고 따르는 것을 '선을 따른다'고 말한다. 나에게 허물이 있고 나서 징계하고 다스려 행동을 고치는 것을 '허물을 고친다'고 말한다.(『질의』)

○ 己未有過, 見人有善而從之, 謂之遷善. 己有過失, 懲艾改行, 謂之改過.(『質疑』)

『원주』7-2

○ 정자가 말하였다. "선을 보고 따를 수 있으면 세상의 선을 모두

256) 신안왕씨(新安王氏) : 이름은 염(炎), 자는 회숙(晦叔), 호는 쌍계(雙溪)로 주자의 문인이다.

257) 『周易注疏』, 「益卦」, 王弼注.

행할 수 있다. 허물이 있는 것을 고칠 수 있으면 허물이 없어질 것이다. 사람에게 유익한 것이 이보다 더 큰 것은 없다."[258]

○ 程子曰, "見善能遷, 則可以盡天下之善. 有過能改, 則無過矣. 益於人者, 莫大於是."

『기문록』7-2-A

○ 선생이 질문하였다. "선을 따르면 세상의 선을 모두 행할 수 있다고 하는 것은 무슨 말인가?" 대답하였다. "순이 농사를 짓고 그릇을 굽고 고기를 잡는 일에서부터 제왕이 되는데 이르기까지 남의 의견을 받아들이지 않은 적이 없는 것이 이 뜻인 것 같습니다." 대답하였다. "그렇다."(『기문록』)

○ 先生問曰, "遷善, 則可以盡天下之善, 何謂也?" 對曰, "舜之自耕稼陶漁, 以至爲帝, 無非取諸人者, 恐是此意." 曰, "然."(『記聞錄』)

『비망록』7-2-B

○ 대개 선은 무궁하기 때문에 '천하의 선'이라고 말하였으나, 허물을 고치는 것은 다만 하나의 일이기 때문에 '허물이 없어진다'고만 말하였다. 그러나 허물을 고치는 것으로부터 미루어 나간다면, 이것은 선을 좋아하고 악을 싫어하는 것이다. 천하에 따르지 못할 선이 어디에 있겠는가?(『비망록』)

○ 夫善無窮, 故曰'天下之善'. 改過只一事, 故止言'無過'矣. 然自改過而推之, 則是好善惡惡也. 於天下, 夫何善之不遷乎?(『備忘錄』)

『부주』7-1

○ 명도선생이 말하였다. "자로는 또한 백세의 스승이다."[259]

○ 明道先生曰, "子路亦百世之師."

---

258) 『伊川易傳』, 「益卦」, 伊川注.

259) 『二程遺書』 권3, 「謝顯道記憶平日語」.

『부주』7-1-1

○ 본주에 말하였다. “허물이 있는 것을 남이 일러주면 기뻐하였다.”260)

○ 本註云, “人告之以有過則喜.”

『부주』7-2

○ 명도선생 또 말하였다. “나는 나이 16, 17세 때에 사냥을 좋아하였으나, 얼마 안 있어 이런 기호가 없어진 것으로 스스로 생각하였다. 주무숙이 말하였다. ‘어찌 그렇게 쉽게 말하는가? 단지 이 마음이 숨어있어 드러나지 않을 뿐이지, 어느 날 싹이 터 움직이면 다시 처음과 같을 것이다’고 말하였다. 그 후 12년 뒤에 해가 저물어서 집으로 돌아오는데 들에서 사냥하는 사람을 보니, 나도 모르게 좋아하는 마음이 생기는 것을 경험하고서 비로소 이런 기호가 아직 없어진 것이 아님을 알았다.”261)

○ 又曰, “予年十六七時, 好田獵, 旣而自謂已無此好. 周茂叔曰, ‘何言之易也? 但此心潛隱未發, 一日萌動, 復如初矣.’ 後十二年, 暮歸在田野間, 見田獵者, 不覺有喜心, 方知果未也.”

『강록』7-2-a

○ 「불각유희심(不覺有喜心)」 : 나도 모르게 즐거워하는 마음이 있으니.(『강록』)

○ 「不覺有喜心」 : 불각간(不覺間)에 희심(喜心)이 이시니.(『講錄』)

『석의』7-2-b

○ ‘즐거운 마음이 있음을 자각하지 못하니’이다.(『석의』)

○ ‘喜心이시믈 覺디 못ᄒᆞ니.’(『釋疑』)

『질서』7-2-c

260) 『二程遺書』 권3, 「謝顯道記憶平日語」.

261) 『宋名臣言行錄外集』 권1, 「周敦頤濂溪先生元公」.

○ 저녁에 돌아오면서 사냥하는 것을 기뻐하였다는 것은 두 가지 의미가 있다. 본래 거친 마음이 사물을 보고 움직인다는 것이 하나이다. 마른 섶에 비유하면, 타는 불을 비록 꺼지게 했다고 해도, 섶은 본래 인화성 물질이어서 불을 만나면 바로 타오른다. 이전에 이미 파종한 것이 잠복해 있다가 자란다는 것이 둘째 뜻이다. 이미 타고 남은 불씨로 비유하면, 불을 붙이면 다시 빠르게 번진다는 것이다. 명도가 서른이 되어가는 나이에도 여전히 이런 허물이 있었으니, 보통사람은 두려움을 알아야 할 것이다.(『질서』)

○ 暮歸喜獵有二義. 本自麤心觸物便動, 一也. 比如薪乾, 火燃, 雖使撲滅, 薪本引火之物, 遇火輒燃也. 前旣種下滯匿復發, 二也. 比如旣留餘燼, 引火又速也. 以明道三十來歲, 尙有此過, 在凡人知所惧矣(『疾書』)

『경의』7-2-d

○ 의리의 마음이 주인이 되면 바깥의 모든 사물은 저절로 들어올 수 없게 된다. 다만 아직 함양이 익숙하지 않아 뿌리가 아직 바뀌지 않았을 때는 하나라도 접하는 것이 있으면 문득 싹이 터서 막을 수가 없다. 명도가 사냥을 좋아하는 것도 생각건대 또한 이런 것이다. 그러나 명도와 같이 빈틈없이 마음을 다스리는 사람이 아니라면 어찌 그런 싹이 있자마자 바로 이와 같음을 알 수 있겠는가? 배우는 사람이 바깥의 유혹을 끊고 기미를 살필 때는 이것을 법도로 삼아야 한다.(『경의』)

○ 義理之心爲主, 則一切外物, 自不能入. 但涵養未熟, 根脉未化, 則一有所觸, 忽然萌動, 不可遏矣. 明道喜獵, 想亦如此. 但非明道治心之密, 安能纔有, 便知若是. 學者, 絶外誘, 審幾微, 當以此爲法.(『經義』)

『부주』7-2-1

○ 건안엽씨(建安葉氏)[262]가 말하였다. "주돈이는 공부를 한 것이 깊어서 아는 것도 쉽게 말하지 않았으며, 정자는 마음을 다스린 것

262) 건안엽씨(建安葉氏) : 이름은 채(采), 자는 중규(中圭)이다. 처음 채연(蔡淵)에게 배우다가 뒤에는 진순(陳淳: 1153~1217)에게 배웠다. 저서로 『근사록집해(近思錄集解)』가 있다.

이 빈틈이 없어서 행할 수 있는 것도 상황에 따라 더욱 살폈다. 배우는 자들이 경계하고 반성하여 마음을 다스리는 노력에 더욱 힘쓰지 않으면 안 된다."

◯ 建安葉氏曰, "周子用功之深, 故知不可易言, 程子治心之密, 故能隨寓加察. 在學者警省克治之力, 尤不可以不勉也."

『강록』7-2-1-a

○ 「수우(隨寓)」: 비답하여 말하였다. "'우(寓)를 어떤 사람은 우(遇)자인 것 같다'고 하였다. 『근사록』에서도 '우(寓)'라고 썼는데, '수우(隨寓)'가 이것이다." 「재학자(在學者)」: "'재(在)'자는 '면야(勉也)' 뒤에 붙여서 해석해야 하지 않습니까?"라고 질문하였다. 비판하여 말하였다. "'역(力)자 아래에 두어야 한다'고 한 것은 '힘써 다스리는 노력에 있어 더욱'이라는 의미이다."(『강록』)

○ 「隨寓」: 批云, "'寓或云'恐遇字', 『近思錄』亦作寓, 隨寓是也." 「在學者」: 問, "'在'字釋當在'勉也'後否?" 批云, "'當在力字下.' 謂克治之力에 이셔 더옥."(『講錄』)

『석의』7-2-1-b

○ 「재학자(在學者)」: '재(在)'자를 '력(力)'자 아래에 두어 해석하면, '마음을 잘 다스릴 수 있는 노력에 있어서'라는 것을 말한다.(『석의』)

○ 「在學者」: '在'字, 釋在'力'字下, 謂'克治之力애이셔.(『釋疑』)

『강록간보』7-2-1-c

○ 「재학자(在學者)」: 김종덕(金宗德)의 생각: '재'자의 해석은 아마도 '배우는 사람' 아래에 두어야 할 것 같다. 대개 주돈이는 공부한 것이 깊어서 알아도 그것을 쉽게 말할 수 없었고, 정이는 마음을 다스리는 것이 빈틈이 없어서 행할 수 있다고 하더라도 당면한 상황에 따라 성찰하였다. 배우는 사람에 있어서는 이것을 반성하고 다스리는 공부에 더욱 힘쓰지 않아서는 안 된다.(『강록간보』)

○ 「在學者」: 按: '在'字釋, 恐當在'學者'下. 蓋周子用力深, 故知其不可易言.

程子治心密，故能隨寓加察．在學者，則尤不可不勉其警省克治之工.(『講錄刊補』)

『비망록』7-2-1-d

○ 혹자가 질문하였다. "공부한 것이 깊은 것과 마음을 다스리는 것이 빈틈이 없는 것은 어떻게 구별합니까? 또 두 사람 사이에 우열을 말할 수 있습니까? 없습니까?" 대답하였다. "이것은 엽씨가 '명도가 나이 16, 17세 때에 사냥을 좋아하였는데, 마음에 이미 이런 즐거움이 없다고 스스로 생각하였을 때 주무숙이 '어찌 이렇게 가볍게 말하는가'라고 한 말에 근거하여 이 말을 한 것이다. 이른바 '공부한 것이 깊다'는 것은 그가 사리에 통달하는 것을 뜻하고, '마음을 다스리는 것이 빈틈이 없다'는 것은 성찰하고 단속하는 것을 의미한다. 두 가지 사이에는 약간의 선후와 정밀하고 거친 것의 구분이 있지만, 실은 상호적으로 계기가 되고 상대적으로 충족되므로 우열에 따라 그것을 나눌 수 없다."(『비망록』)

○ 或曰, "用功之深, 治心之密, 何以辨之? 又二者有優劣可言可言否?" 曰, "此葉氏因'明道自謂十六七時, 好田獵,心已無此好, 周子曰'何言之易也'之語而發此言．所謂'用功之深'，意其通達事理，'治心之密'，言其省察檢勅．二者有些先後精粗之分．然實相因而相足，不可以優劣分之也."(『備忘錄』)

『부주』7-3

◯ 이천선생이 말하였다. "자신을 징벌하고 스스로 문책하는 것은 없을 수 없다. 그러나 마음에 오랫동안 후회를 남겨서는 안 된다."263)

◯ 伊川先生曰, "罪己責躬不可無, 然亦不當長留在心胸爲悔."

『발휘』7-3-a

○ 연평이씨가 말하였다. "잘못한 것이 있으면 실로 자신의 징벌하고

263) 『二程遺書』 권3, 「謝顯道記憶平日語」.

스스로 문책하는 것이 없을 수 없다. 그러나 이 이상 다시 어떻게 하겠는가? 언제나 마음속에 남겨두면 도리어 일단의 사사로운 생각을 쌓는 것이다. 이런 지경에 이르면 반드시 왜 후회가 없어지지 않으며, 어떻게 해서 이것이 생기는지를 추구하여 바로 근원이 되는 곳에 나아가 함양하여 점차로 밝아지게 하면 곧 이와 같이 굳어지고 막힌 사사로운 생각이 점차로 바뀔 것이다. 또 말하였다. "지위가 높은 사람이 이러한 곳이 조금이라도 있을 때 단지 이렇게 깨뜨리면 얼음이 녹듯이 풀려 다시 엉기고 고착되는 일이 없을 것이다."(『발휘』)

○ 延平李氏曰, "有失處, 罪己責躬, 固不可無. 然過此以往, 又將奈何? 常留在胸中, 却是積下一團私意也. 到此境界, 須推求其所以愧悔不去, 爲何而來, 卽就本源處, 涵養之令漸明, 卽此等固滯私意, 當漸化矣." 又曰, "地位高底人, 微有如此處, 只如此提破, 卽渙然氷釋, 無復凝滯矣."(『發揮』)

『강록간보』7-3-b

○ 김돈서에게 답하였다. "연평이 이 구절을 들어 주자에게 '만약 마음에 늘 남겨 놓으면 오히려 일련의 사사로운 생각을 쌓아 두는 것이다. 여기에서 근원에 나아가 미루어 연구하고 함양하여 점차 밝아지게 하면, 이렇게 굳어져서 고착된 사사로운 생각은 점차로 바뀔 것이다'고 풀이하여 말하였다.'(연평의 말은 여기에서 그친다.) 대개 자신을 징벌하고 스스로 문책하는 것은 선의 실마리가 드러난 것으로 사사로운 뜻이 아닙니다. 그러나 이러한 일이 마음속에 가로놓여 있어 풀어지지 않으면 또한 똑같이 사사로운 생각이나 인색한 습관이 될 것입니다. 반드시 천리에 융화되어 흔적이 없어지기를 기다리고 나서야 마음이 바르게 될 것입니다."(『강록간보』)

○ 答金惇敍曰, "延平嘗擧此以訓晦菴曰, '若常留在胸中, 卻是積下一團私意也. 於此就本源處, 推究涵養之令漸明, 卽此等固滯私意當漸化矣.'"(延平語止此) 夫罪己責躬, 是乃善端之發, 非私意也. 然此事橫在肚裏而不釋, 則亦同歸於私意吝習, 必須天理融化無痕, 然後心得其正矣.(『講錄刊補』)

『밀험』7-3-c

○ 생각건대, 정이의 학문은 오로지 마음을 맑게 하여 아무것도 없이 하려는 것이기 때문에 또한 아울러 죄에 대한 후회가 마음속에 남아 있지 않길 바란다. 그러나 지난 허물을 눈물지으면서 후회하여 일생동안 잊지 않으면 반드시 다시 새로운 허물을 짓지 않을 것이니, 마음을 맑게 하는데 이보다 나은 것이 어디에 있겠는가? 『주역』에서는 오로지 후회와 인색함만을 본다. 후회라는 것은 과오를 고칠 수 있는 것인 반면, 인색함이라는 것은 과오를 고치지 않는 것이다. 후회가 있으면 결국 길하게 되지만 인색하면 끝내는 흉하게 된다는 것이 성인의 훈계이다. 사람이 억지로 허물을 잊고자 한다고 하더라도 하물며 어찌 감히 그것을 잊기를 바라겠는가?(『밀험』)

○ 案, 伊川之學, 專要心中瀓澈無物, 故並與罪悔, 欲不留胸中. 然能泣悔往愆, 一生不忘, 則必不再作新愆, 心之瀓澈, 有踰於是者乎? 『周易』, 專觀悔吝. 悔者, 能改過也. 吝者, 不改過也. 悔則終吉, 吝則終凶, 聖人之戒也. 人苦忘愆而況敢蘄忘之乎?(『密驗』)

『관계』7-3-d

○ 「유재심흉(留在心胸)」: 허물이 있으면 후회해야 하니, 후회하여 고치면 어찌 다시 허물이 있겠는가? 후회하면서도 남아있게 되면 강한 사람은 근심이 맺히게 되고 약한 사람은 두려워하고 겁을 내어 도리어 병통을 낳는다. 또한 정체되는 것이 병이 되는 것을 말하면 비록 측은 수오 등의 선한 감정도 그렇다. 본래는 비록 선한 감정이라고 해도 도리어 사사로운 뜻이 된다.(『관계』)

○ 「留在心胸」: 有過當悔, 旣悔便改, 更何悔乎? 悔而留滯, 强者悁鬱, 弱者懾怯, 反生病痛矣. 且道留滯之做病, 雖惻隱羞惡等善情, 亦然. 本雖善情, 反成私意.(『窽啓』)

『부주』7-3-1

○ 주자가 말하였다. "회(悔)자는 말하기 어렵다. 늘 마음속에 두는 것을 후회한다고 할 수도 없고, 후회하지 않는다고 할 수도 없다. 만약 후회하지 않는다고 말하면 이번에 잘못해도 용서하고, 다음번에 잘못해도 또 용서된다는 것이니 말이 되지 않는다." 질문하였다. "어떤 것이 중(中)을 드러내는 도리입니까?" 대답하였다. "후회하지 않을 수 없지만 마음에 담아두지 말아야 한다. 이미 이 일을 잘못한 후에 다른 때 다시 이런 일을 만나서 혹시라도 이 일과 비슷하면 반드시 경계하여 다시 잘못해서는 안 된다."264)

○ 朱子曰, "悔字難說. 旣不可常存在胸中爲悔, 又不可不悔, 若只說不悔, 則今番做錯且休, 明番做錯又休, 不成說話." 問, "如何是著中底道理." 曰, "不得不悔, 但不可留滯. 旣做錯此事, 他時更遇此事, 或與此事相類, 便須懲戒, 不可再做錯了."

『강록』7-3-1-a

○ 「불성(不成)」 : 비평하여 말하였다. "'일이 이와 같은 데에 이르지 않는다'고 말해야 한다."(『강록』)

○ 「不成」 : 批云, "當云'其事不至爲如此也.'"(『講錄』)

『석의』7-3-1-b

○ 「금번명번(今番明番)」 : 일상어에서 '이번 홋번'이라고 말하는 것과 같다. 「불성설화(不成說話)」 : 말이 되지 못한다는 것이다.(『석의』)

○ 「今番明番」 : 猶俗言이번홋번. 「不成說話」 : 說話ㅣ 되디못ᄒᆞ다.(『釋疑』)

『표제』7-3-1-c

○ 「불성(不成)」 : 박세채(朴世采)의 생각: '말이 되지 않는다'는 것은 이런 이치는 없다고 말하는 것과 같다. 그 잘못을 심하게 비판하는 말이다.(『표제』)

○ 「不成」 : 按: '不成說話', 猶言無是理也. 斥其非甚之辭.(『標題』)

---

264) 『朱子語類』 권13, 「學七力行」.

『부주』7-4

○ 사량좌가 이천선생과 헤어진 지 1년이 되어 가서 뵈었다. 선생께서 말하였다. "어떤 공부를 하는가?" 사량좌가 대답하였다. "오직 '긍(矜)'자를 떨쳐버리려고 합니다." 질문하였다. "무슨 까닭인가?" 대답하였다. "자세히 점검해 보면 병통이 모두 여기에 있습니다. 만약 이러한 죄와 허물을 눌러서 굴복시킨다면 바야흐로 진전되는 것이 있을 것입니다." 선생께서 자리에서 머리를 끄덕이며 좌중에게 말하였다. "그대는 학문을 하는 데 절실한 것에서 묻고 비근한 일에 대해 사색하는 사람이로군."265)

○ 上蔡謝氏與伊川先生別一年, 往見之. 先生曰, "做得甚工夫." 謝曰, "只去得箇'矜'字." 曰, "何故?" 曰, "子細點檢來, 病痛盡在這裏. 若按伏得這箇罪過, 方有向進處." 先生點頭語在坐曰, "此人爲學, 切問近思者也."

『강록』7-4-a

○ 「긍(矜)」 : 이덕홍이 기록하였다. '긍(矜)'은 교만하게 높여서 스스로 자랑하는 것을 말한다. 질문하였다. "병통이 모두 이 한 글자에 있다는 까닭은 어째서입니까?" 대답하였다. "자랑과 교만의 병폐는 사사로운 생각이 크게 쌓인 것에서 나오기 때문에 그렇게 말했을 뿐이다." 「점검(點檢)」 : 이덕홍이 기록하였다. "고찰한다는 말과 같다." 「점두(點頭)」 : 이덕홍이 기록하였다. "오직 머리를 끄덕여 인정하는 것을 보이는 것을 '점두'라고 말하며 별다른 뜻은 없는 것 같다." 「근사(近思)」 : 유사한 것을 미루어 나아가는 것이다. (『강록』)

○ 「矜」 : 李錄云, "'矜', 驕高自伐之謂." 問, "病痛之所以盡乎此一字, 如何?" 答曰, "矜驕之病, 出於私意之積盛, 故云然耳." 「點檢」 : 李錄云, "猶言考察也." 「點頭」 : 李錄云, "只動頭示許謂之點頭, 恐無別他義." 「近思」 : 以

265) 『二程外書』 권12, 「傳聞雜記」.

類而推.(『講錄』)

『석의』7-4-b

○ 「긍(矜)」 : 교만하게 높이며 스스로 자랑하는 것을 말한다. 교만하게 뻐기는 병통은 사사로운 뜻이 크게 쌓인 데서 나오기 때문에 그렇게 말했을 뿐이다. 「점두(點頭)」 : 그 머리를 끄덕여 긍정의 뜻을 보이는 것이다. 「근사(近思)」 : 진씨가 말하였다. "마음을 고원한 것에 내달리지 않고 절실하고 가까운 것에 나아가 생각하는 것이다."(『석의』)

○ 「矜」 : 驕高自伐之謂. 驕矜之病, 出於私意之積盛, 故云然耳. 「點頭」 : 點其頭, 示許意. 「近思」 : 眞氏曰, "不馳心高遠, 就切近者思之."(『釋疑』)

『표제』7-4-c

○ 「안복(按伏)」 : '안(按)'은 억누르는 것이고, 멈추는 것이다. 억제하고 멈춘다는 뜻이다.(『한강집』) ○ '복'은 내리누르는 것이다.(『질의』) 「죄과(罪過)」 : '긍'자를 가리켜 말한 것이다.(『표제』)

○ 「按伏」 : '按', 抑也, 止也. 抑伏止伏之義.(『寒岡集』) ○ 伏, 降伏也.(『質疑』) 「罪過」 : 指'矜'字而言.(『標題』)

『부주차의』7-4-d

○ 「안복득저개죄과석의안운운(按伏得這箇罪過釋疑按云云)」 : 한원진(韓元震)의 생각: '안(按)'은 억눌러 막는다는 뜻이다. '안복'은 눌러 막고 굴복시켜서 다시 일어나지 않게 하는 것이다. 지금 '안'자를 살펴서 지적해 낸다는 뜻으로 보는 것은 그렇지 않은 것 같다. 대개 위에서 '점검'이라고 말한 것은 살펴서 지적해낸다는 뜻이고, 아래서 '안복'이라고 말한 것은 억눌러서 굴복시키는 것을 말하는 것이다. '점검'이 지식에 속한다면, '안복'은 실천에 속한다. 지금 '안복'을 살펴서 지적하는 것으로 보면, 위에서의 '점검'과 뜻이 중첩되고 말이 중복된다.(『부주차의』)

○ 「按伏得這箇罪過釋疑按云云」 : 按: '按', 抑遏之意, 按伏, 謂抑遏而降伏之, 使不得復作也. 今以按字爲考訊摘發之意, 恐未然. 蓋上言'點檢', 乃考訊摘發之意, 而下言按伏, 卽抑遏降伏之謂也. 點檢屬知, 按伏屬行. 今以按伏爲考訊摘發, 則與上點檢, 爲意重而語複矣.(『附註箚疑』)

『질서』7-4-e

○ 제어하고 굴복시키는 데 방해되는 것이 없다고 스스로 생각하면서 힘을 얻은 후에 과연 걱정 없을 것으로 알아 소홀함을 낳는 것은 명도가 힘썼던 것이 아니다. 때로 물러나서 자기에게 막아주는 것이 없다고 생각하면서 조금 여유를 가지고 고친다면 사람들이 모두 그를 우러러 볼 것이니, 다시 무엇이 남아 있겠는가? 그렇지 않고 한 번 가르치고 두 번 가르쳐 사사로운 생각이 쌓이게 되면 마음은 그것에 얽매이게 된다. ○ '점검'은 무엇을 말하는가? 만약 사람이 선을 따르고자 하면, 마음속으로 스스로 이미 선하다고 생각하고, 장차 허물을 고치려고 하면 스스로 허물이 없다고 생각한다. 이것은 모두 긍(矜)자의 죄와 허물이다. 또 분노를 징계하고 욕심을 막고자 하는 경우에도 스스로 내가 화내고 욕심내는 까닭은 실로 합당하다고 말한다. 이것 또한 긍(矜)자의 죄이며 허물이다. 배움에 나아가려 하면서 어찌 이것을 피할 수 있겠는가? 반드시 겸손해야 한다. 겸손은 자랑과 반대된다. 겸손은 덕을 행하는 수단이며, 선을 따르는 것 또한 모두 여기에 달려 있다.(『질서』)

○ 自謂無妨制伏, 得力後, 知果未患, 生所忽, 非明道用力. 或退也, 旣謂己無堤防, 稍緩也, 更也, 人皆仰之, 復何留在之有. 不然一誨二誨, 積成私意, 心體爲之繫累矣 ○ 何謂點檢? 如人將遷善, 其心下自謂已善, 將改過, 自謂無過. 這都是矜字之罪過. 又如將懲忿窒慾, 便自謂吾之所以忿與慾實當. 這又是矜字之罪過, 學安能進欲免此, 須是謙. 謙者, 矜之反也. 謙, 德之柄, 進善, 亦盡在這裡.(『疾書』)

『강록간보』7-4-f.

○ 「'병통(病痛)'에서 '저리(這裏)'까지」 : 주자가 말하였다. "사씨는 재능이 뛰어나서 뻐기는 병통이 있었다." 또 말하였다. "상채는 이후에도 여전히 스스로 뻐기는 마음이 있었다." 「안복득(按伏得)」 :

'안'의 음은 '알(遏)'이다.(『강록간보』)

○ 「病痛 止 這裏」: 朱子曰, "謝氏才高, 所以有矜病." 又曰, "上蔡後來, 依舊有矜底意思." 「按伏得」: '按'音遏.(『講錄刊補』)

『집해』7-4-g

○ 「'어재(語在)'에서 '자야(者也)'까지」: 자하의 말이며 「자장」편에 나온다.(『요해』) ○ 진씨가 말하였다. "'절문(切問)'은 절실하고 비근한 일로 남에게 묻는 것이다. '근사(近思)'는 마음이 고원한 것에 내달리지 않고 일상의 절실하고 비근한 것에 나아가 생각하는 것이다."(『본집』)(『집해』)

○ 「語在 止 者也」: 子夏語, 出「子張」篇.(『要解』) ○ 眞氏曰, "切問, 謂以切近之事, 問於人也. 近思, 謂不馳心高遠, 就其切近者而思之."(『本輯』)(『集解』)

『차록』7-4-h

○ 생각건대, 자만과 교만은 본래 동일한 병통이라고 말할 수 있으므로, 주자는 『논어』 '교인'장을 해석하는 주(註)에서 '교는 기운이 넘치는 것이다'고 하였다. 대개 재능이 뛰어나면 기운이 넘치기 쉽다. 하지만 기운이 넘치면 반드시 교만하고 자만하는 것이 많아진다. 사씨는 재능과 기운이 뛰어나고 왕성하였기 때문에 자만하는 병통이 있었다.(『차록』)

○ 竊謂 說矜與驕, 自是一病, 故朱子釋論語驕吝章註曰, '驕, 氣盈'. 大底才高者, 易於氣盈, 而氣盈者, 必多驕矜. 謝子才氣高邁, 故所以有矜病.(『箚錄』)

『비망록』7-4-i

○ 혹자가 말하였다. "자만을 제거하는 것이 이처럼 중요합니까?" 대답하였다. "자만은 교만하게 자신을 높여서 자랑하는 것을 말한다. 배우는 사람이 조금이라도 이런 마음이 있으면 덕을 해칠 뿐만 아니라, 그 기량에 가득 차 넘쳐 끝내는 유해무익하다. 사람의 병통 가운데 이보다 심한 것이 어디 있겠는가?"(『비망록』)

○ 或曰, "去矜若是其大歟?" 曰, "矜者, 驕矜自伐之謂. 學者一有是心, 則不唯害德, 其器已盈溢, 終是有損無益, 人之病痛, 孰甚於是耶?"(『備忘錄』)

『부주』7-5

○ 주자가 말하였다. "선으로 옮겨가는 것은 바람처럼 빨라야 하고, 허물을 고치는 것은 우레처럼 맹렬해야 한다."266)

○ 朱子曰, "遷善當如風之速, 改過當如雷猛."

『경의』7-5-a

○ '속(速)'자와 '맹(猛)'자는 글자는 뜻이 본래 다르다. '속'은 단지 따르기만 하지 말라는 뜻이다.(순식간에 행한다는 의미이다.) '맹'은 것은 대단히 용맹스럽게 힘쓰라는 것이다. '천(遷)'은 것은 교목으로 옮긴다고 할 때의 '천'이다. 이것에서 저것으로 옮기는 것을 말한다. '개(改)'는 승묵(繩墨)을 바꾼다고 할 때의 '개'와 같다. 잘못을 알아서 바른 것으로 돌리는 것을 말한다. '천'자는 담담하고, '개'자는 준엄하다. 선으로 옮겨가는 것은 평지에서 앞으로 움직이는 것과 같으나, 허물을 고치는 것은 구덩이로부터 나오는 것과 같다. 선으로 옮겨가는 것은 자기가 행하는 것이어서 비록 이치에 크게 어그러지지 않는다고 해도 충분하지 않은 점이 있음을 느끼면 바로 옮겨서 지극한 선에 머무르고자 한다. 허물을 고치는 것은 큰 잘못과 허물을 교정하고 다스리는 요체이다. 그러나 충분하지 않은 부분 또한 잘못이므로 함께 융합하여 일관되어야 한다.(『경의』)

○ '速'字'猛'字意思自別. '速', 只是勿因循之意(卽間斯行之之意). '猛', 是大段勇猛着力. '遷', 如遷于喬木之遷. 自此移彼之稱. '改', 如變改繩墨之改, 鐫誤反正之謂. '遷'字淡, '改'字峻. 遷善如平地上搬移向前, 改過如陷坑中拔出來. 遷善者, 已之所行, 雖不大段悖理, 覺有未盡分處, 卽遷而要止於至善. 改過者, 是大段過惡矯治之要正. 然未盡分處, 卽亦是過, 竝宜融貫.(『經義』)

『밀험』7-5-b

○ 생각건대, 「익괘」가 「비괘」에서 왔다는 것은(초효가 사효로 갔다)

266) 『朱子語類』 권66, 「易二·綱領中·象」.

이 「진괘」의 선(진괘는 인(仁)이 된다)을 본 것이고, 강효가 밖에서 왔다는 것은(사효가 초효로 갔다.) '선을 보면 따른다'는 것이다. 「건괘」의 강함이 지나친 것을 변화하여 부드럽게 하는 것은 허물이 있으면 고친다는 것이다.(『밀험』)

○ 案, 益自否來(一之四), 視此震善(震爲仁), 剛自外來(四之一), 見善則遷也. 乾剛太過, 變而柔之, 有過則改也.(『密驗』)

『비망록』7-5-c

○ 이것은 「익괘」 '대상전'에 나온다. '속'은 빨리하는 것을 말하고, '맹'은 결단하는 것을 말한다. 배우는 사람이 공부를 하는 데 있어 신속한 것은 선을 따르는 것보다 좋은 것은 없으며, 맹렬한 것은 허물을 고치는 것보다 좋은 것은 없다.(『비망록』)

○ 此出於「益」之大象. '速'謂汲汲, 猛謂斷斷. 學者用功, 速莫善於遷善, 猛莫善於改過.(『備忘錄』)

『부주』7-6

○ 질문하였다. "선을 따르는 것이 바로 허물을 고치는 것 아닙니까?" 대답하였다. "그렇지 않다. '선을 따른다'는 글자는 가볍고, '허물을 고친다'는 글자는 무겁다. 선을 따르는 것은 젖은 물건을 희게 하는 것과 같고, 허물을 고치는 것은 검은 물건을 희게 하는 것과 같다. 힘쓰는 것이 본래 같지 않다. 선을 따르는 것은 단지 다른 사람이 어떤 일을 하는데 나보다 뛰어난 것을 보면 마음이 편치 않아 곧바로 그것을 따르는 것이다. 허물을 고치는 경우는 모름지기 크게 용감해야 할 수 있다."267)

○ 問, "遷善便是改過否?" 曰, "不然. '遷善'字輕, '改過'字重. 遷善如滲淡之物, 要使之白. 改過如黑之物, 要使之白. 用力自是不同. 遷善者, 但見人做得一事强我, 心有所未安, 卽便遷之. 若改過, 須是大段勇猛始得."

---

267) 『朱子語類』 권72, 「易八·益」.

『강록』7-6-a

○ 「삼담(滲淡)」: 이덕홍이 기록하였다. "'삼(滲)'은 헹구어 씻는다는 뜻이며, 씻으면 깨끗해진다. 그러나 '유(流)'자의 뜻은 상세하지 않다. '삼(滲)'은 '삼'으로 평성이다." 「천선개과(遷善改過)」: 이덕홍이 기록하였다. "자기에게 잘못이 없어도 다른 사람에게 선이 있음을 보고 그것을 따르는 것을 '천선'이라고 말한다. 자신에게 과실이 있어서 징계하고 다스려 그 잘못을 고치는 것을 '개과'라고 말한다. 「강(强)」: 더한다고 말하는 것과 같다.(『강록』)

○ 「滲淡」: 李錄云, 滲訓流洗也. 洗則淡矣. 但流字義未詳. 滲, 삼, 平聲. 「遷善改過」: 李錄云, 己未有過, 見人有善而從之謂之遷善. 己有過失而懲艾改過之謂改過. 「强」: 猶言加也.(『講錄』)

『석의』7-6-b

○ 「담(淡)」: '삼'은 '샌다'는 뜻이다. 무릇 사물은 새면 엷어지고 적어진다. 그래서 속어에서는 맛이 없는 것을 '삼삼(滲滲)'이라고 한다. 「강아(强我)」: '내게서 나음을'이다.(『석의』)

○ 「淡」: 滲是漏意. 凡物漏失, 則薄少, 故俗語味薄者謂之滲滲. 「强我」: 내게셔 나으믈.(『釋疑』)

『표제』7-6-c

○ 「삼담(滲淡)」: '삼'은 소잠(疏簪)의 반절이다. 헹구어 씻는 것이다.(『운회』) ○ 씻으면 깨끗해진다. 그러나 '유'자의 뜻은 자세하지 않다.(『질의』) ○ '삼담'은 반쯤 물들어 색깔이 엷다는 뜻이다.(『어록』)(『표제』)

○ 「滲淡」: 滲, 疏簪切. 流洗也.(『韻會』) ○ 洗則淡矣. 但流字義未詳.(『質疑』) ○ 滲淡, 半染色淺之意.(『語錄』)(『標題』)

『질의고오』7-6-d

○ 「강아(强我)」: 『질의』에서 '강'은 더한다는 것이다. '내게 넘은 줄을'이다. '강(强)'자는 이른바 반년이 강하거나 일년이 강하다고 하는 경우와 같다. '강'자에서 구절을 끊는 것이 좋다.(『질의고오』)

○ 「强我」: (『質疑』) 强猶加也. 내게 너믄 줄을. '强'字, 如所謂半强一年强之類, 强字句絶, 好.(『質疑考誤』)

『발휘』7-6-e

○ 주자가 말하였다. "이른바 한 칼에 두 조각을 낸다고 하였으니, 잘못을 고치는 용기는 본디 이와 같아야 한다. 잘못을 고치는 것은 용기가 중요하고 근심을 막는 데는 조심성이 중요하여, 두 가지가 서로 의지한 후에 진실로 사특함을 다스리고 의혹을 판별하여, 의로 옮겨가고 덕을 높이는 공을 이룰 수 있다. 지금 이후로 참으로 한 칼에 두 조각을 낼 수 있다고 해도 이것으로 스스로 믿어서는 안 되고 평소에 일이 없을 때에도 늘 두려워하고 공경하는 마음을 가지고 그 근원을 막으면 그 가능성을 기대할 수 있다." ○ 동래여씨는 말하였다. "「손괘」와 「익괘」의 두 상은 배우는 사람에게 가장 절실하다. 덜 것에는 분노와 욕망만한 것이 없고, 더할 것에는 선을 따르고 허물을 고치는 것 만한 것이 없다. 매우 알기 쉬운 것 같지만 정밀한 것에 미루어가는 것은 매우 어렵다. 징계하고 막으며, 따르고 고치는 것은 모두 힘을 써야 할 곳이다."(『발휘』)

○ 朱子曰, "所謂一劍兩段者, 改過之勇, 固當如此. 改過貴勇而防患貴怯, 二者相須, 然後眞可以修慝辨惑, 而成徙義崇德之功. 自今以往, 眞能一劍兩段, 亦不可以此自恃, 而平居無事, 常存祗畏警懼之心, 以防其源, 則庶乎其可耳." ○ 東萊呂氏曰, "損益二象, 最切學者. 損, 无如忿慾, 益, 无如遷改. 若甚易知, 推到精密處甚難, 懲窒遷改, 皆是用力處."(『發揮』)

『강록간보』7-6-f

○ 「삼담(滲淡)」: 삼(滲)의 음은 '삼(森)'이고 헹구어 씻는 것이다. 씻으면 깨끗해진다.(『강록간보』)

○ 「滲淡」: '滲', 音森, 流洗也. 洗則淡矣.(『講錄刊補』)

『심경설』7-6-g

○ 질문하였다. "'강'자는 힘쓴다는 의미입니까?" 대답하였다. "내 생각으로는 이렇게 보면 전혀 의미가 없다. 대체로 이 '강'자는 우월

하고 낫다는 뜻이다. 평성으로 읽어야 한다. 대체로 남이 선을 행하는 것이 나보다 우월함을 보면 도리어 흠모하는 생각이 생기는데, 스스로 자신이 남보다 못한 것을 돌아보면 마음이 크게 편치 않아 곧바로 그곳으로 옮아가서 선을 따른다. 이른바 '어진이를 보면 본받고자 생각하고' '자기보다 나은 사람을 벗삼는다'고 하는 것이 모두 이런 뜻이다."(『심경설』)

○ 問, "'强'字, 是勉强之意歟?" 曰, "愚意, 則如此看, 全無意味. 蓋此强字, 卽優過之意, 當讀以平聲. 蓋言見人之爲善, 優過於我, 却生欽豔之意, 而自顧我之不及人, 於心大不安, 卽便遷之, 而從其善. 如所謂'見賢思齊', '勝己者友', 皆此意也."(『心經說』)

『부주』7-7

○ 면재황씨가 말하였다. "손괘와 익괘의 뜻은 중대하다. 성인이 유독 분노를 억누르고, 욕망을 막으며, 선으로 나아가고 허물을 고치는 것에서 취한 것은 무엇 때문입니까? 마음을 바르게 하고 몸을 닦는 일은 학문의 중요한 단서이며, 가정을 가지런히 하고 나라를 다스리며 천하를 평화롭게 하는 근본이다. 옛날의 학자들은 한 생각을 마음속에 두지 않은 적이 없다. 후대의 학자들은 한 생각을 몸과 마음밖에 두지 않은 적이 없다. 이것이 어진 사람과 어리석은 사람이 나누어지는 까닭이며, 성인이 깊이 경계한 까닭이다."268)

○ 勉齋黃氏曰, "損益之義, 大矣. 聖人獨有取於懲忿窒慾遷善改過, 何哉? 正心脩身者, 學問之大端, 而齊家治國平天下之本也. 古之學者, 無一念不在身心之中. 後之學者, 無一念不在身心之外, 此賢愚所由分, 而聖人之所以爲深戒也."

---

268) 『勉齋集』 권22, 「書晦菴先生所書損益大象」.

『표제』7-7-a

○ 「정심수신(正心修身)」 : 박세채(朴世采)의 생각: '정심(正心)'은 '분노를 억누르고 욕망을 막는 것'을 가리키고, '수신(修身)'은 '선으로 옮겨가고 허물을 고치는 것'을 가리킨다.(『표제』)

○ 「正心修身」 : 按: '正心', 指'懲忿窒慾', '修身', 指'遷善改過'.(『標題』)

『질서』7-7-b

○ 억누르고 막는 것은 마음에 속하는 것이고, 나아가고 고치는 것은 몸에 속하는 것이다.(『질서』)

○ 懲窒屬心, 遷改屬身.(『疾書』)

『강록간보』7-7-c

○ 「정심수신(正心脩身)」 : 「정자중에게 답하는 글」에서 말하였다. "징계하고 막는 것은 마음을 바르게 하는 것과 비슷하고, 옮겨가고 고치는 것은 몸을 닦는 것과 비슷하지만, 또한 서로 통하는 것으로 말할 수 있다. 그래서 손괘의 상을 정자와 주자는 모두 수신으로 말하였으며, 익괘의 상은 정심으로 말한 것을 알 수 있다.(『강록간보』)

○ 「正心脩身」 : 「答鄭子中」曰, "懲窒似正心, 遷改似修身. 然亦可以通言之. 故損之象, 程朱皆以修身爲言, 則益之象, 可以正心爲言, 可知矣."(『講錄刊補』)

『비망록』7-7-d

○ 「'고지학자(古之學者)'에서 '심계야(深戒也)'까지」 : 윗 구절은 정심과 수신의 학이고, 아래 구절은 사물을 쫓아 감정에 맡겨버리는 것을 말한다. 이른바 '생각이 달려있다'는 것은 같지만, 안[內]과 밖[外]이라는 두 글자는 서로 매우 다르다. 면재 선생이 후인들에게 보이고자 한 뜻이 깊다.(『비망록』)

○ 「古之學者 止 深戒也」 : 上句, 是正心修身之學, 下句, 是逐物放情之謂. 所謂'念在', 一矣, 而'中外'二字, 相遠去矣. 勉齋所以示後人也, 深矣.(『備忘錄』)

제8장: 멀리 가지 않고 돌아오다 [不遠復]

◯「복괘」 초구효에서 말한다. "멀리 가지 않고 돌아와서 후회하는 데 이르지 않으니 크게 길하다." 공자가 말하였다. "안연은 거의 도에 가까울 것이다. 선하지 않음이 있으면 일찍이 알지 못한 적이 없었고, 알고서는 다시 행한 적이 없었다."269)

◯「復」之初九曰, "不遠復, 無祇悔, 元吉" 子曰, "顏氏之子, 其殆庶幾乎! 有不善, 未嘗不知, 知之, 未嘗復行也."

『강록』8-A

- 「복괘(復卦)」: 진괘가 아래에 있고 곤괘가 위에 있어 다섯 음효 아래에 하나의 양효가 생긴 괘이다. 시간으로는 동짓날 한밤중에 하나의 양이 처음 생긴 때에 해당하고, 사람으로는 선하지 않음이 있으나 선으로 돌아온 것이다. 「초구(初九)」: 주공이 지은 효사의 말이다. 「서기(庶幾)」: 성인의 지위에 가깝다는 것이다.(『강록』)
- 「復卦」: 震下坤上, 五陰下一陽生. 於時屬冬至夜半一陽初生也, 在人則有不

---

269) 『周易』, 「復卦初九爻辭」

善而復於善也. 「初九」 : 周公爻辭言也. 「庶幾」 : 庶幾於聖人地位也.(『講錄』)

『질의고오』8-B

○ 「무지회(無祇悔)」 : 『질의』에서 '지(祇)는 음이 뎌이다'고 하였다. '祇'는 음이 '지(支)'이다. 『정전』에서 '음이 柢가 되어야 한다'고 하였다. '柢'자는 고음(古音)이 또한 '지(支)'이다. '음이 뎌이다'고 말한 것은 옳지 않다.(『질의고오』)

○ 「無祇悔」 : 『質疑』'祇音뎌'. '祇'音支. 『程傳』'宜音柢', 柢字, 古音亦支, 曰'音뎌'者, 非是.(『質疑考誤』)

『심법』8-C

○ 내가 생각건대, 오직 성인만 잘못이 없다. 성인보다 못하면 잘못이 없을 수 없다. 잘못하더라도 돌아오면 그 잘못은 없어진다. 그래서 선하면서 길하다. 그러나 멀리 가고 나서 돌아오면 그 잘못이 이미 드러나므로 돌아옴이 비록 선하다고 해도 후회를 면하기 어렵다. 멀리 가지 않고 돌아올 때에만 잘못이 아직 드러나지 않을 때 고쳐서 후회가 있음을 처음부터 알지 못하므로 크게 선하고 길하다. 멀리 가지 않고 돌아올 수 있는 것은 밝으면서 굳세기 때문이다. 대개 잘못이 멀리 이르는 까닭은 그 기미를 살필 수 없고 그것이 잘못임을 알더라도 사욕에 이끌려 결단할 수 없기 때문이다. 밝으면 기미를 비춰 볼 수 있어 잘못이 멀리 이르기 이전에 안다. 굳세면 사욕을 이겨서 이끌리지 않을 수 있기 때문에 결단하여 없애는 것이 어렵지 않다. 안연이 선하지 않음이 있자마자 바로 모르는 것이 없었던 것은 매우 총명한 것이고, 그것을 알고서 바로 끊어서 다시 행하지 않은 것은 지극히 굳센 것이다. 이 때문에 안연이 상도를 잃는다고 해도 바로 돌아와서 잘못이 밝게 드러나는 데 이른 적이 없다. 그래서 도에 가까운 것이다. 성인은 잘못이 없기 때문에 도와 하나가 된다. 안연은 잘못이 없을 수 없었지만, 잘못하자마자 바로 돌아오기 때문에 도에 가까웠다. 이른바 '약간의

차이가 있다'고 말한 것이 이것이다. 이 효의 뜻은 안연만이 여기에 해당할 수 있었기 때문에 공자가 특별히 그것을 말했으니, 진실로 만세에 걸쳐 본받아야 할 것이다. ○ 나는 일찍이 '불복(不復)'으로 사는 방에 이름을 짓고 다음과 같이 기문(記文)을 지었다. "공자가 안연을 칭찬하여 '선하지 않은 것이 있으면 알지 못한 적이 없었고, 알고서는 다시 행한 적이 없었다'라고 말하였다. 대개 선하지 않은 것이 있을 때 알지 못한 적이 없었다는 것은 살피는 것이 밝은 것이고, 알고서는 다시 행한 적이 없었다는 것은 고치는 것이 용감한 것이다. 사람의 근심거리는 그 선하지 않은 것을 몰랐을 때는 살피지 못하는 것에 있고, 이미 알고 나서는 고치지 않는데 있다. 실로 살피는 것을 밝게 하고 고치는 것을 용감하게 하는 것을 이와 같이 한다면 선하지 않은 것이 어찌 조금이라도 남아 있을 수 있겠는가? 이것이 안연이 안연다운 까닭이다. 대개 모든 선악과 어질고 어질지 않음이 나뉘는 것은 오직 살피느냐 살피지 않느냐 고치느냐 고치지 않느냐에 달려 있을 뿐이다. 그러므로 살피지 않고 고치지 않는 것이 아마 천하의 커다란 걱정거리일 것이다. 그러나 살피는 것이 미치지 못한다면, 이것은 아직 희망이 있다. 그것을 알게 하면 고칠 수도 있다. 이미 아는 데도 고칠 수 없다면 이것은 더 이상 희망이 없다. 그것은 선하지 않은 것으로 끝나게 될 것이다. 그러므로 두 가지 중에 고치지 않는 것의 해로움이 또한 가장 심할 것이다. 내가 학문에 뜻을 둔 지가 오래되었으나, 지금까지 이룬 것이 없는데 그 이유를 궁구해보면 실로 이 두 가지가 문제가 된다. 대개 천하의 커다란 걱정거리를 내가 가지고 있었으니, 그 이루는 것이 없는 것도 당연하다. 아! 전날에 학문이 진전되지 않은 것은 실로 여기에 말미암는다. 지금에도 여전히 그러하다면 또한 이렇게 마칠 뿐이니, 어찌 크게 두려워할 만한 일이 아니겠는가? 하지만 고치지 않는 것이 가장 심각한 문제이므로 이에 '불복(不復)'으로 나의 방을 이름 지어 안연의 '다시 행한 적이 없는 것'으로 준칙을 삼고자 하였다. 여러 벽에 적고 나서 다시 마음에 다짐하며 지금부터 실로 선하지 않음이 있음을 깨달으면 바로 떨쳐서 과감하게 제거해야 하고 어려움을 남기는 일이 없기를 기대하였다.(『심법』)

○ 愚謂, 惟聖人無失, 下聖人則不能無失, 失而復則其失亡矣. 故善而吉也. 然遠而後復者, 其失已形, 復雖爲善, 悔則難泯. 惟不遠而復, 則其失未形而改, 初不知有悔, 故大善而吉也. 所以能不遠而復, 由明而剛也. 凡失之所以遠, 由不能察其幾, 及雖知其爲過, 牽於私, 不能決爾. 明則能照見幾微, 失未遠而知之. 剛則能勝其私欲, 不爲所牽, 決去無難也. 顔子纔有不善, 卽無不知, 至明也. 知之, 輒斷絶, 不復行, 至剛也. 以是其失常, 不遠而復, 未嘗至於形顯, 所以庶幾也. 聖人無失, 故與道爲一, 顔子則不能無失, 而纔失輒復, 庶幾乎道, 所謂'未達一間', 是也. 此爻之義, 惟顔子可以當之, 故夫子特言之, 眞萬世之所當法也. ○ 愚嘗以'不復'名所居之室而記之曰, 孔子稱顔子曰, 有不善未嘗不知, 知之, 未嘗復行也. 夫有不善, 未嘗不知, 察之之明也. 知之, 未嘗復行, 改之之勇也. 人之患, 未知其不善, 在於不察. 旣知之, 在於不改. 苟察之明改之勇如是, 則不善豈有毫髮之容留乎. 此顔子所以爲顔子也. 蓋凡善惡賢不肖之分, 唯在察不察改不改而已. 然則不察不改, 其天下之大患乎! 然察之有所不及, 是猶有可望也. 使知之, 則或能改也. 旣知之而不改者, 是更無可望也. 其終於不善而已矣. 然則二者之中, 不改之害, 又最甚者乎! 余志學久矣. 迄今無所成就, 深究厥由, 實此二者爲患. 夫天下之大患而余有之, 宜其無所成也. 噫, 前之所以不進, 旣由於此矣. 若今而猶然, 則亦終於此而已矣. 豈非大可懼乎! 而不改爲最甚, 玆以'不復'名吾室, 思以顔子'未嘗復行'爲法也. 旣書諸壁, 又志於心, 庶自今苟覺有未善, 當卽奮然決去, 無留難也云.(『心法』)

『석의』8-D

○ 「'불원(不遠)'에서 '지회(祗悔)'까지」 : 지(祗)는 '대'이다. 『본의』에서는 '후회에 이르지 않는다'고 하였다.[270] 「태서기」 : 주자의 설에

---

270) 이 구절은 『程傳』에 나오는 말이고, 『本義』에는 '不抵於悔'라고 되어 있다.

근거하면 '태'와 '서기'는 모두 가깝다는 뜻이다.(『석의』)

○ 「不遠 止 祗悔」 : '祗', 댜. 『本義』'不至於悔也'. 「殆庶幾」 : 據朱子說, '殆'與'庶幾', 皆近義.(『釋疑』)

『표제』8-E

○ 「복괘」는 진(震)이 아래에 있고, 곤(坤)이 위에 있다. 괘가 이루어진 것은 하나의 양이 다섯 개의 음 아래서 생겨나 음이 다하고 양이 돌아오는 것이다. 양은 군자의 도이다. 양이 소멸되었다 다시 돌아오는 것은 군자의 도가 다 소멸되었다가 다시 자라나는 것이다. 그래서 선을 회복하는 뜻이 된다.(『역전』[271]) 「초구」 : 괘의 가장 아래 양효의 명칭이다. 주공이 붙인 문장으로 한 효의 길흉을 판단하는 것이니 이른바 '효사'라는 것이다.(『본의』) 「'불원(不遠)'에서 '원길(元吉)'까지」 : 처음 강건한 양이 다시 돌아와서 괘의 처음에 위치하여 가장 먼저 돌아온 것이다. 이것이 멀리 가지 않고 돌아온다는 것이다. 지(祗)는 음이 지(祗) 또는 저(抵)이다. '무지회(無祗悔)'는 '후회하는 데 이르지 않는다'는 것이다. '원(元)'은 크고 선한 것이다.(『역전』) 「서기」 : 안연은 현저하게 드러난 허물이 없어서 공자가 '도에 가깝다'고 말하였으니, 후회에 이르지 않는 것이다. ○ '서기'는 가깝다는 뜻으로 도에 가까운 것을 말한다.(『본의』) ○ 박세채(朴世采)의 생각: 이것은 정자와 주자 두 사람의 학설이 서로 다른 곳이다. 그러나 여기에서는 『정전』을 위주로 삼아야 한다.(『표제』)

○ 「復」 : 震下坤上. 爲卦一陽生於五陰之下, 陰極而陽復也. 陽, 君子之道. 陽消而復反, 君子之道, 消極而復長. 故爲反善之義.(『易傳』) 「初九」 : 卦下陽爻之名. 周公所繫之辭, 以斷一爻之吉凶, 所謂'爻辭'也.(『本義』) 「不遠 止 元吉」 : 初剛陽來復, 處卦之初, 復之最先者, 是不遠而復也. 祗音祗, 抵也. 無祗悔, 不至於悔也. '元', 大而善也.(『易傳』) 「庶幾」 : 顔子無形顯之過. 夫子謂'其庶幾', 乃無祗悔也. ○ 庶幾, 近意, 言近道也.(『本義』) ○ 按 :

271) 이것은 『程傳』의 구절이다.

此乃程朱二說各異處. 然此則當以『程傳』爲主.(『標題』)

『질서』8-F

○ 안연은 거의 도에 가까워서 공부하는 것이 이미 함축된 의미도 깨닫는다. 증자는 단속하여 마디마디 마음을 엄격히 한다.(『질서』)

○ 顔氏庶幾, 用功已覺歇後. 曾子約束, 節節猛心.(『疾書』)

『경의』8-G

○ 혹자가 질문하였다. "안연이 만약 잘못하는 것이 없다면 바로 성인이니, 정이의 설이 그렇습니다. 이것으로 보면 세 달 동안 인(仁)을 어기지 않을 때는 성인과 다름이 없으나, 세 달이 지나 어기는 일이 없을 수 없게 되고 나서야 비로소 성인과 틈이 있게 됩니다. 그렇지 않습니까?" 대답하였다. "그렇지 않다. '인을 어기지 않는 것'과 '마음이 하고 싶은 대로 한다'의 기상은 본래 같지 않다. '어기지 않는 것'은 단지 어기지 않을 수 있을 뿐으로 노력한다는 뜻이 있다. '마음이 하고 싶은 대로 한다'는 것은 바로 힘쓰지 않아도 적중한다는 뜻이다. '즐거움을 바꾸지 않는다'거나 '즐거움이 그 가운데 있다'고 하는 등도 그 뜻이 이와 같으니, 어찌 차이가 없다고 할 수 있겠는가? 대체로 반드시 '지극히 커져서 질적으로 변화된'272) 후에 비로소 잘못하는 것이 없게 된다. 이런 경지에 이를 수 없으면 끝내 잘못하는 경우가 있음을 피하지 못한다. 안연이 잘못이 있는 것은 바로 단지 어기지 않을 수 있을 뿐 질적으로 변화될 수 없기 때문이다. 그러므로 그가 성인과 다른 점은 반드시 잘못이 있고 나서가 아니라 단지 이 '어기지 않는다[不違]'는 두 글자가 바로 같지 않는 곳이다. 만약 인을 어기지 않는 때가 바로 성인과 차이가 없다면 이미 변화한 것이니, 다시 어찌 잘못이 있겠는가? '잘못이 없으면 바로 성인이다'고 말한다면 만약 잘못이 없을 때는 이미 지극히 커져서 변화된 것이라고 말하는 것이

272) 『孟子』, 「盡心下」. "浩生不害問曰, 樂正子, 何人也. 孟子曰, "善人也, 信人也. 曰何謂善, 何謂信. 曰可欲之謂善, 有諸己之謂信, 充實之謂美, 充實而有光輝之謂大, 大而化之之謂聖, 聖而不可知之之謂神, 樂正子, 二之中, 四之下也."

된다. 지금 안연이 아직 잘못하는 경우가 있는 것은 바로 지극히 커져서 질적으로 변화될 수 없어서 성인과 같지 않기 때문이라고 하겠다."(『경의』)

○ 或問 : "顔子若無差失, 則便是聖人, 程說然也. 以此觀之, 三月不違仁時, 便與聖人無分別, 而至三月之後, 不能無違然後, 乃與聖人有間也. 然否?" 曰, "不然. '不違仁'與'從心所欲'氣象, 自是不同. '不違'者, 僅能不違而已, 有勉强之意. '從心', 便是不勉而中之意. 如'不改其樂', '樂在其中', 意亦如此, 豈可謂之無分別乎? 蓋必大而化之然後, 始無差失. 不能及此地位, 則終不免或有差失也. 顔子之有差失, 正由於僅能不違而不能化之之故也. 然則其所以異於聖人者, 非必待有差失. 只這'不違'二字, 便是不同處. 若使不違仁時, 便與聖人無分別, 則是已化矣. 又安有差失乎? '無則便是聖人'云者, 言若無差失時, 已是大而化之矣. 今顔子猶或有差失, 正由於不能大而化之, 而與聖人不同也云爾."(『經義』)

『강록간보』8-H

○ 「서기」 : 주자는 "'서기'는 가깝다는 뜻으로, 도에 가까운 것이다"고 말하였다.(『강록간보』)

○ 「庶幾」 : 朱子曰, "'庶幾', 近意, 近道也."(『講錄刊補』)

『원주』8-1

◯ 정이천 선생이 말하였다. "잃은 후에 회복하는 것이 있다. 잃지 않았으면 무슨 회복할 것이 있겠는가? 잃고 나서도 멀리 가지 않고 회복하기만 하면 후회하는 데까지 이르지 않으므로 크게 선하면서 길하다."273)

◯ 伊川先生曰, "失而後有復, 不失則何復之有? 惟失之, 不遠而復, 則不至於悔. 大善而吉也."

273) 『伊川易傳』, 「復卦」, 初九爻辭에 대한 伊川注.

『발휘』8-1-A

○ 또 말하였다. “잘못이 아직 드러나지 않았을 때 고치면 무슨 후회가 있겠는가? 힘쓰지 않아도 중도에 맞거나 하고 싶은 대로 하는 것이 법도에 넘어서지 않을 수 없다면 이것은 잘못이 있는 것이다. 그러나 밝으면서 굳세기 때문에 선하지 않음이 조금이라도 있으면 알지 못한 적이 없고, 알고는 바로 고치지 않은 적이 없기 때문에 후회하는 데 이르지 않으니, 멀리가지 않고 돌아오는 것이다.”[274](『발휘』)

○ 又曰, “過旣未形而改, 何悔之有? 旣未能不勉而中, 所欲不踰矩, 是有過也. 然其明而剛, 故一有不善, 未嘗不知, 旣知未嘗不遽改, 故不至於悔, 乃不遠復也.”(『發揮』)

『밀험』8-1-B

○ 생각건대, ‘지’는 많다는 뜻이다. ‘무지회’는 후회하는 일이 많지 않은 것이다. ○ 안연의 배움이 나아감은 있으나 물러남이 없는 것은 이 때문이다.(『밀험』)

○ 案, 祇者, 多也. 無祇悔者, 無多悔也. ○ 顔子之學有進無退者, 以此.(『密驗』)

『비망록』8-1-C

○ 군자는 잘못하지 않는 것을 귀하게 여긴다. 비록 잘못하더라도 바로 그것을 알고, 알고는 신속히 고쳐서 선으로 돌아오니 다시 무슨 후회가 있겠는가?(『비망록』)

○ 君子貴不失, 雖或有失卽知之, 旣知之卽速改, 以復於善, 則更何悔之有乎?(『備忘錄』)

『원주』8-2

○ 또 말하였다. “멀리 가지 않고 돌아오는 것은 군자가 자신의 몸을 닦는 도리이다. 학문의 도에는 다른 방법이 없다. 오직 선하지 않은 것을 알았으면 신속하게 고쳐서 선을 따를 뿐이다.”[275]

---

274) 『伊川易傳』, 「復卦」, 初九爻辭에 대한 伊川注 .

○ 又曰, "不遠而復者, 君子所以修其身之道也. 學問之道無他, 惟知其不善, 則速改以從善而已."

『원주』8-3

○ 횡거선생이 말하였다. "선하지 않은 것을 알고 다시 행한 적이 없으니, 잘못을 반복하지 않는 것이다."276)

○ 橫渠先生曰, "知不善, 未嘗復行, 不貳過也."

『부주』8-1

○ 정자가 말하였다. "안연 같은 지위에서 어찌 선하지 않은 것이 있겠는가? 선하지 않다는 것은 단지 경미한 잘못이 있다는 것이다. 잘못이 있으면 바로 그것을 알 수 있고, 그것을 알고는 바로 더 이상 싹을 돋게 하지 않는다. 안연은 대체로 성인과 모두 같지만 오직 이 점에서 차이가 있다. 만약 없다면 바로 성인일 것이다. 증자가 세 번 반성한 것은 단지 긴밀하게 단속한 것이다."277)

○ 程子曰, "如顏子地位, 豈有不善? 所謂不善者, 只是微有差失. 才差失, 便能知之. 知之, 便更不萌作. 顏子大率與聖人皆同, 只這便有分別. 若無則便是聖人. 曾子三省, 只是緊約束."

『강록』8-1-a

○ '대솔'은 대개이다. '증자'와 관련하여 안연의 일을 말하면서 증자를 언급한 것은 비록 증자가 도통의 기상을 얻었지만 안연에 미치지 못하였다. 그래서 다만 세 번 반성하는 것으로서 긴밀하게 단

275) 『伊川易傳』, 「復卦」, 初九爻辭에 대한 伊川注 .

276) 『橫渠易說』 권3.

277) 『二程外書』 권5, 「馮氏本拾遺」.

속했을 뿐이다.('속'은 법규로 묶는 것이다.)(『강록』)

○ 「大率」: 大概也. 「曾子」: 言顔子事, 而及於曾子者, 雖曾子得道統氣象, 不及於顔子. 故只以三省繫約束也.(束, 撿束也.)(『講錄』)

『석의』8-1-b

○ '대솔'은 '대개'와 같다. '지저'에서 '저'는 약간의 잘못이 있다고 운운한 것을 가리킨다. '증자삼성'은 안연의 일을 말하면서 증자에게 미친 것이다. ○ 증자는 비록 도통을 얻었지만 그 자질은 안연에 미치지 못하여 단지 세 번 반성하는 것으로 자신을 단속했을 뿐이다. '약속'은 점검하고 단속하는 것이다.(『석의』)

○ 「大率」: 與大概同. 「只這」: 這指微有差失云云也. 「曾子三省」: 言顔子事而及於曾子. ○ 曾子雖得道統, 其資質不及於顔子, 故只以三省繫約束. 約束, 檢束也.(『釋疑』)

『질서』8-1-c

○ 선하지 않은 것이 있는데도 바로 알지 못하고, 알고서도 빨리 고치지 않으면 모두 멀리 가지 않고 돌아오지 못한다.(『질서』)

○ 有不善, 知之不速, 旣知, 改之不急, 皆無以不遠復也.(『疾書』)

『부주』8-2

○ 소옹이 말하였다. "입으로 말하는 것은 몸소 행하는 것만 못하고, 몸으로만 행하는 것은 마음으로 다하는 것만 못하다. 입으로 말하는 것은 사람이 들을 수 있고, 몸으로 행하는 것은 사람이 볼 수 있다. 마음으로 다하면 신명이 이를 알 수 있다. 사람의 밝은 눈과 귀도 오히려 속일 수 없는데 하물며 신명의 밝은 눈과 귀에 있어서이리오! 이로써 입으로 하는 말에 부끄러움이 없는 것은 몸소 행하는 것에 부끄러움이 없는 것만 못하며, 몸소 행하는 것에 부끄러움이 없는 것은 마음에 부끄러움이 없는 것만 못하다는 것을 알만하다. 입으로 행하는 잘못이 없기는 쉬우나, 몸소 행하는 데 잘못이 없기는 어려우며,

몸으로 행하는 잘못이 없기는 쉽지만, 마음에 잘못이 없기는 어렵다."278)

○ 邵子曰, "言之於口, 不若行之于身. 行之于身, 不若盡之于心. 言之于口, 人得而聞之. 行之于身, 人得而見之. 盡之于心, 神得而知之. 人之聰明, 猶不可欺, 況神之聰明乎! 是知無愧于口, 不若無愧于身, 無愧于身, 不若無愧于心. 無口過易, 無身過難, 無身過易, 無心過難."

『강록』8-2-a

○ '신'은 조화의 신이다. ○ 질문하였다. "신에게 귀 밝고 눈 밝은 곳이 있기 때문에 들을 수 있다." 비평하여 말하였다. "소리와 형체가 없어도 들어서 알지 못하는 것이 없으니, 총명한 것이 아니겠는가?"(『강록』)

○ 「神」: 造化之神. ○ 問, "神之有聰明處, 可得聞也." 批云, "無聲無形, 無不聞知, 非聰明乎?"(『講錄』)

『석의』8-2-b

○ 신은 조화의 신이다. 보려고 해도 보이지 않고 들으려고 해도 들리지 않지만, 근간이 되지 않는 것이 없으니, 이것이 총명함이다. (『석의』)

○ 神, 造化之神. 雖視不見, 聽不聞, 而無所不體, 是乃聰明也.(『釋疑』)

『비망록』8-2-c

○ '입으로 말하는 것은 몸으로 행하는 것만 못하고 … 신이 그것을 알 수 있다'에서 '입으로 말하는 것'은 필시 선한 것은 적고 선하지 않는 것은 많다. 몸으로 행하는 것은 선한 것이 많고 선하지 않은 것은 적다. 마음으로 다하는 것은 선한 것은 있으나 선하지 않은 것은 없다. 사람이 들을 수 있는 것은 대체로 보통 사람의 일이다. 사람이 볼 수 있는 것은 중인의 일이다. 신이 알 수 있는 것은 실로 대인의 일이다. 공부하는 차례와 순서로 말하면 입에서

278) 『皇極經世書』 권12, 「「觀物篇五十七」.

부터 몸으로, 심으로 나아가는데 이렇게 나아가면 신명이 이르는 경지에 도달해도 아무도 그것을 헤아릴 수 없다. 만약 입에서 그치고 몸에서 그칠 뿐이라면 이것은 스스로 한계지우는 것에 가까우니, 어찌 향상되는 날을 기대할 수 있겠는가? '입에 부끄러움이 없는 것은 몸에 부끄러움이 없는 것만 못하고, 몸에 부끄러움이 없는 것은 마음에 부끄러움이 없는 것만 못하다'에서 몸이나 입은 외적인 것이고 말단이다. 마음은 내면적인 것이고 근본이다. 입에 부끄럽지 않다는 것은 말주변만 좋은 사람을 겨냥한 것이고, 몸에 부끄러움이 없다는 것은 안색만 엄숙하게 하는 데 힘쓰는 사람이다. 마음에 부끄러움이 없는 것은 안과 밖이 모두 바른 사람이다. 그러므로 배우는 사람은 이 세 가지에 있어서 무엇을 결정하여 택할지를 알아 처리하기만 하면 된다. '입으로 잘못하지 않기는 쉬우나, 몸으로 잘못이 없기는 어렵고, 몸으로 잘못하지 않기는 쉽지만 마음의 허물이 없기는 어렵다'에서 두 가지가 쉽고 두 가지가 어려운 것은 대체로 넓게 말하여 보통사람들을 경계하기 위한 것이다. 성대한 덕을 갖춘 군자의 경우에는 일상사에 이미 스며들고 짙고 융성하니 어찌 쉽고 어려움의 구별이 있겠는가?(『비망록』)

○ 「言之於口, 不若行之于身. 行之于身, 不若盡之于心. 言之于口, 人得而聞之. 行之于身, 人得而見之. 盡之于心, 神得而知之.」 : 言之於口者, 是必善少而不善多. 行之于身者, 乃其善多而不善少. 盡之于心者, 是有善無不善也. 人得而聞之, 蓋凡人事也. 人得而見之, 是中人事也. 神得而知之, 誠大人事也. 以其用工之次序言之, 則自口而身而心, 以是進進, 則將以至神至之地, 而人莫能測矣. 若止於口, 止於身而已, 則是近於畫矣. 豈有向上之日乎? 「無愧于口, 不若無愧于身, 無愧于身, 不若無愧于心.」 : 身口, 外也, 末也. 心, 內也, 本也. 無愧于口, 主辯給者也. 無愧于身, 務色莊者也. 無愧于心者, 寔表裏交正者也. 然則學者於此三者, 知所決擇而處之而已. 「無口過易, 無身過難, 無身過易, 無心過難.」 : 此二易二難, 蓋泛言而所以戒衆人也. 唯盛德君子, 日事已浸漬濃郁, 安有易難之分耶?(『備忘錄』)

『부주』8-3

○ 주자가 말하였다. "병산선생(屛山先生)[279]이 병이 들었을 때 나는 어린 소년으로 병시중을 들었다. 하루는 옛날에 도에 입문한 순서를 여쭈니, 선생께서는 흔쾌히 '나는 『역』에서 덕에 들어가는 관문을 얻었다. 이른바 '오래지 않아 돌아온다'는 것이 나의 삼자부(三字符)이다. 너도 이것에 힘쓰기 바란다'고 말씀하셨다."[280]

○ 朱子曰, "屛山先生病時, 熹以童子侍疾. 一日請問平昔入道次第. 先生欣然告曰, '吾於『易』, 得入德之門焉. 所謂'不遠復'者, 乃吾之三字符也. 汝尙勉之.'"

『강록』8-3-a

○ '병산' : 위재공이 임종 때에 병산의 형인 유자우에게 처자식을 맡기고, 주자에게 일러 말하였다. "병산 유자우, 백수 유면지, 적계 호원중 세 사람은 나의 벗이었다. 너는 가서 그들을 섬겨라. 말한 것을 잘 따른다면 나는 죽어도 한이 없겠다"고 말하였다. 그래서 주자는 병산에서 병시중을 들었다. ○ 아버지가 금나라의 포로가 되어 죽은 것을 원통해 하면서 삼 년 동안 여막에서 상례를 행하면서 허약하게 되어 눈병이 들었다. 통판흥화군을 제수받았으나, 관직을 감당하지 못하는 것을 이유로 사양하고 무이산으로 돌아갔다. 처가 죽었으나 재취하지 않고 모친과 형을 섬기는 데 효성

---

279) 병산선생(屛山先生, 1101~1147) : 남송 건주(建州) 숭안(崇安) 사람. 이름은 자휘(子翬), 자는 언충(彦沖), 호는 병옹(病翁) 또는 병산(屛山)이며, 시호는 문정(文靖)이다. 음보로 승무랑(承務郞)이 되고, 흥화군통판(興化軍通判)을 지냈다. 병으로 사직하고 무이산(武夷山)으로 돌아가 강학에 전념하면서 호헌(胡憲), 유면지(劉勉之) 등과 도의(道義)로 교유했다. 주희(朱熹)가 그의 문하에서 배웠다. 저서에 『병산집(屛山集)』이 있다.

280) 『晦庵集』 권90, 「屛山先生劉公墓表」.

과 우애를 다하였으며, 학문을 강론하는 것을 게을리하지 않았다. 그에게 배우는 사람이 많았으며 호는 병산 선생이고 숭안인이다. 「부(符)」: 대개 공문서를 부라고 한다. '부'를 얻으면 공문서에 따라 받들어 행하여 감히 어기거나 소홀히 해서는 안 된다. 그래서 이것을 부(符)라고 말하니, '공문서가 도착하면 바로 간다'고 하는 것과 같다. ○ 이덕홍이 기록하였다. "부는 부임해 갈 때 죽편(竹片)에 글을 적어 중간을 나누어 하나는 서울에 남겨 놓고 하나는 수령에게 주었는데, 조정에서 군사를 출병시키려고 할 때 사신을 파견하여 부절이 맞으면 그의 명령을 들었으니, 믿고서 받들어 행한다는 뜻이 있으니, 세 글자를 신표로 삼아 그것을 받들어 행하여 감히 어기지 않는다는 것을 말한다. 소동파가 병산에 폄적(貶謫)되었을 때 사람에게 글을 보내 '생노병사는 부절[281]이 도착하면 바로 행해진다'고 말하였다."(『강록』)

○ 「屛山」: 韋齊臨卒, 托妻子於屛山之兄劉子羽, 告朱子曰, "屛山劉子羽, 白水劉勉之, 籍溪胡原仲, 三人吾友也. 汝往事之. 唯其言之聽, 吾死不恨矣." 故朱子侍疾於屛山. ○ 痛憤父死金虜, 廬墓三年執喪. 致羸疾眼. 除授通判興化軍, 以不堪吏事辭, 歸武夷山. 妻死不再娶, 事母兄, 盡孝友, 講學不倦, 學者多從之遊, 號屛山先生, 崇安人. 「符」: 凡移文謂之符, 得符則依文奉行, 不敢違慢, 故此以謂之符, 猶關到卽行之謂. ○ 李錄云, 符以行竹片書字, 中分, 一留京師, 一與守令, 將發兵則遣使合符, 乃聽之, 乃有信而奉行之義. 謂以三字爲信, 而奉行之, 不敢違也. 東坡謫屛, 與人書云, 生老病死, 符到便行.(『講錄』)

『장도』8-3-b

○ 오른쪽 그림에서 말하였다. "「건괘」 구이효에서 공자는 '말은 신실하고 행동은 삼간다'고 말하였다. 「곤괘」 육이효에서는 '군자는 경하여 안을 곧게 하고 의로워서 밖을 단정하게 한다'고 하였으며, 「손괘」의 상전에서는 '분노를 억누르고, 욕심을 막는다'고 하

281) 하늘의 명령을 뜻한다.

였고, 「익괘」의 상전에서는 '선을 따르고 허물을 고친다'고 말하고서, 군자는 이것들을 본받는다. 복괘의 초구효에서 '오래지 않아 회복하며 후회하는데 이르지 않으니 크게 길하다'고 말하였다. 공자는 '안자는 거의 도에 가깝구나'라고 말하였다. 아! 안연은 성인문하의 고제(高弟)로 건괘와 곤괘의 덕을 몸으로 본받고 본받아 사사로움을 이기고 예를 회복하였고, 「손괘」와 「익괘」를 써서 분노를 다른 일에 옮기지 않고 허물을 반복하지 않았으니, 만약 학문을 깊이 좋아하는 사람이 아니었다면 어찌 누추한 시골에 사는 것을 즐거워할 수 있었겠는가?"(『장도』)

○ 右書圖曰, "「乾」之九二, 子曰'言信行謹', 「坤」之六二, 曰'君子敬直義方'. 「損」之象, 曰'懲忿窒慾', 「益」之象, 曰'遷善改過'而君子以. 復之初九, 曰'不遠復, 無祗悔, 元吉.' 子曰, '顔氏之子, 其殆庶幾乎.' 噫! 顔子以聖門高弟, 體法「乾」「坤」, 勝私復禮, 以用「損」「益」, 不遷怒而不貳過, 如非好學之深, 豈可樂處陋巷哉!"(『章圖』)

『석의』8-3-c

○ 「삼자부」 : '부(符)'는 사람이 차는 것이다. 병산이 이 세 글자를 몸에 찬 적이 있기 때문이라고 하겠다.(『석의』)

○ 「三字符」 : 符, 人之所佩也. 屛山嘗佩服此三字故云.(『釋疑』)

『표제』8-3-d

○ 「삼자부」 : '부'는 신표이다. 일설에는 "'부'는 돕는 것으로, 믿음을 돕는 것이다"라고 말하였다.(『운회』)(『표제』)

○ 「三字符」 : 符, 信也. 一曰, "符者, 輔也. 所以輔信."(『韻會』)(『標題』)

『기문록』8-3-e

○ 주자가 가서 유병산을 모실 때는 나이가 14세였는데도 오히려 이전에 도에 입문하였던 순서를 여쭈어 보았으니, 고인의 훌륭한 자질은 후대의 학자들이 미칠 수 있는 것이 아니었다. 고인이 공부할 때는 각각 핵심처에 힘써 하나의 말을 얻고 나면 마음깊이 새겨 잃지 않았다. 배우는 사람이 실로 진실하게 공부할 수 있으면

성현의 가르침은 중요한 부절이 아닌 것이 없을 것이다.(『기문록』)

○ 朱子往侍劉屛山時, 年十四, 尙以平昔入道次第爲問, 古人大力量, 非後學所可企及. 古人用工, 各於緊要處從事, 旣得一語, 服膺勿失. 學者苟能眞實下工, 則聖賢垂訓, 莫非要符也.(『記聞錄』)

『질서』8-3-f

○ '세 글자 부절'이라는 것은 앎을 극진히 하고 힘써 행하는 것을 말한다. 병산은 평소 사물에 대하여 반드시 먼저 그 작은 일에 안주하는 것을 살펴서 이를 이어 용감하게 행하였기 때문에 큰 허물에 이르지 않았다. 만약 그렇지 않고 세 글자의 절도에만 힘을 썼다면 방만하여 요점을 얻지 못하는 데 가깝지 않았겠는가? 병산 같은 이는 안연을 배운 사람이라고 하겠다.(『질서』)

○ '三字符'者, 致知力行之謂也. 屛山平日, 於事物, 必將先究其小安, 因以勇行, 故不至大過. 若不然而徒用力於三字節度, 不幾於汗漫不要耶? 若屛山, 可謂學顔子者矣.(『疾書』)

『부주』8-4

○ 또 말하였다. "요즈음 사람은 안연이 알고서 다시 행한 적이 없다는 것이 어려운 것만 알고, 선하지 않은 점이 있을 때 모른 적이 없다는 것이 어려운 곳이라는 것은 전혀 모른다. 요즈음 사람은 또한 이러한 도리를 안다고 말하면서도, 일이 눈앞에 닥치면 다시 오히려 사욕에 따라서만 행하고, 이전에 알고 있었던 것은 모두 스스로 망각해 버린다. 이것은 단지 일찍이 알지 못하기 때문이다. 선하지 않는 것이 있으면 모른 적이 없고, 알고서 다시 행한 적이 없는 것은 바로 안연의 타고난 자질이 훌륭한 것으로 지극히 맑은 물에서 미세한 티끌도 반드시 드러나는 것과 같다."282)

282) 『朱子語類』 권76, 「周易十二·下繫」.

○ 又曰, "今人只知顔子知之未嘗復行爲難, 殊不知有不善未嘗不知是難處. 今人亦有說道知得這道理, 及事到面前, 又却只隨私欲做去, 前所知者都自忘了. 只爲是不曾知. 有不善未嘗不知, 知之未嘗復行, 直是顔子天資好, 如至淸之水, 纖芥必見."

『강록』8-4-a

○ 「지위시불증지」 : '오직 일찍이 알지 못하기 때문이니라'이다. '위(爲)'는 거성이다. 『운회』는 '입었다[被]'로 해석하였다. 오직 이런 도리를 일찍이 알지 못함을 입어서이다.(『강록』)

○ 「只爲是不曾知」 : 오직 이일즉 아디 몯호믈 爲ᄒᆞ예니라. '爲', 去聲. 『韻會』訓被也. 只爲是不曾知這道理也.(『講錄』)

『석의』8-4-b

○ 「'금인(今人)'에서 '도리(道理)'까지」 : '요즈음 사람 또한 이 도리를 안다고 말하되'이다. 「지위시불증지」 : '오직 이 일찍이 알지 못하기 때문이니라'이다. ○ '위(爲)'는 거성이다. 『운회』에서는 피(被)로 해석하였다.(『석의』)

○ 「今人 止 道理」 : 今人 또ᄒᆞᆫ 이 道理를 아노라 說道ᄒᆞ되. 「只爲是不曾知」 : 오직 이 일즉 아디 몯호믈 爲ᄒᆞ야니라. ○ 爲, 去聲. 『韻會』被也.(『釋疑』)

『표제』8-4-c

○ 「섬개」 : '개(芥)'는 채소이다. 강수(江水)와 회수(淮水)의 남쪽 초나라에서는 '소(蘇)'라고 말하고, 민땅 서쪽에서는 '초(草)'라고도 말하며, '섬개(纖芥)'라고도 말한다. '개(芥)'는 미세한 것이다.(『운회』)(『표제』)

○ 「纖芥」 : '芥', 菜也. 江淮南楚曰'蘇', 自閩以西. 或曰'草', 或曰'纖芥'. '芥', 微細也.(『韻會』)(『標題』)

『비망록』8-4-d

○ 「'금인(今人)'에서 '난처(難處)'까지」 : 성인의 마음은 공평무사하기

때문에 자신에게 허물이 있는 것을 알 수 있다. 보통사람은 사사로운 뜻에 가려져서 자신의 허물을 알지 못한다. 또 성인이 '다시 행한 적이 없고' '모른 적이 없는' 것은 손을 뒤집는 것처럼 쉽다. 보통 사람은 두 가지 모두 어려워하며 늘 스스로 잘못하지 않을까 근심한다. 성인과 일반인의 구분이 어찌 분명하지 않겠는가? 「'유불선(有不善)'에서 '필견(必見)'까지」 : 혹자는 말하였다. "지극히 맑은 물에서는 미세한 티끌도 반드시 보인다는 것은 비유하여 말한 것이다. 이것은 타인에 근거하여 말한 것입니까? 자신의 입장에서 타인을 말한 것입니까?" 말하였다. "안연과 같은 큰 성현은 설사 잘못이 있더라도 반드시 미세하여 다른 사람들이 그것을 알 수 없다. 오직 안연만이 사리에 밝아서 그 잘못을 사사로이 하지 않기 때문에 바로 보는 것이 지극히 맑은 물에서 비록 티끌이라도 반드시 비춰서 덮여질 수 없는 것과 같다. 그러므로 '필견(必見)' 두 글자는 자신을 가리켜 말한 것이니, 남이 어찌 거기에 간여하겠는가?(『비망록』)

○ 「今人 止 難處.」 : 聖人心公無私, 故能知己之有過. 衆人爲私意所掩, 故不知己之過咎. 且夫聖人未嘗復行, 及未嘗不知, 如反覆手也. 衆人則二者俱難, 每患於自失. 聖凡之分, 豈不較然乎! 「有不善 止 必見.」 : 或曰, 至淸之水, 纖芥必見, 譬而言之也. 是據人而言耶, 在自家而言他耶? 曰, 大聖如顔子, 設使有過, 必細微, 他人所不能知之. 唯顔子明於事理, 不私其過, 故輒見之. 如至淸之水, 雖纖芥必照察而不能掩爾. 然則必見二字, 指自家而言, 他人何與焉!(『備忘錄』)

『부주』8-5

○ 남헌장씨가 말하였다. "대개 학습에 단절이 있는 것은 마음의 허물이 그것을 해치기 때문이다. 마음의 허물은 더욱 막기 어렵다. 일단 마음에서 싹트면 비록 보고 들을 수 없지만 내가 수시로 익히는 공부는 이미 끊어지고 마는데, 살피는 것이 완

만하면 더욱 자라게 된다. 오직 사람은 옛 습관에 안주하여 별 것 아닌 것으로 여겨 소홀히 하니, 이러한 상황에서 어떻게 그 것을 무르익게 할 수 있겠는가? 오늘 조금의 잘못된 생각을 고통스럽더라도 고치려 하지 않으면, 다음날에는 이런 생각이 다시 생길 것이다. 이것들이 쌓여서 무르익게 되면 수시로 익힌 공부는 사라져서 이들은 양립하지 못한다. 그래서 군자는 이 점을 두려워하여 마음에서 싹트면 반드시 깨닫고 깨달으면 마치 오동나무 잎을 자르면 다시 이을 수 없는 것처럼 통렬히 징계하여 끊어버린다. 이렇게 하면 허물을 짓는 상황이 저절로 드물어지고, 수시로 익히는 공부는 전일해져서 덕으로 도를 이루는데 이를 것이다. 안연이 허물을 반복하지 않는 것은 한 번 끊어서 다시 생겨나지 않는 것이다. 그래서 나의 거실을 '불이(不貳)'라고 명명하였다."[283]

○ 南軒張氏曰, "夫習之有斷絕者, 心過有以害之也. 心過尤難防, 一萌于中, 雖非視聽所及, 而吾時習之功, 已間斷矣. 察之緩, 則滋長矣. 惟人安於故常, 以爲微而忽焉. 此豈可使之熟也哉. 今日一念之差而不痛以求改, 則明日玆念重生矣. 積而熟, 時習之功銷矣, 不兩立也. 是以君子懼焉. 萌于中必覺, 覺則痛懲而絕之, 如分桐葉然, 不可復續. 如此則過境自踈, 時習之功專, 以至於德以凝道. 顏子之不貳, 一絕不復生也, 故名吾室曰'不貳'."

『표제』8-5-a

○ 「심과우난방」: 이덕홍이 기록하였다. "'마음의 허물'을 한 생각의 잘못으로 이해하는 것은 실로 합당하다. 이를 미루어 말하면 『대학』에서 '스스로를 속이는 것', '아무도 알지 못한다', '네 가지의 마음 작용', '다섯 가지 치우침'이나, 『논어』에서 '사의, 기필, 고착, 아집', 『맹자』에서 '교제를 바라고', '명예를 바라며', '비난하는 소

283) 『南軒集』 권13, 「名軒室記」. * 『西山讀書記』 권3, 「心」.

리를 싫어하는' 등과 같은 것은 모두 마음의 허물이다. 마땅히 일일이 다스려야 한다." 「여분동엽」 : 이덕홍이 기록하였다. "'오동나무 잎을 자른다고 하는 것은 성왕이 숙우를 봉할 때 쓴 말이다. 그러나 그 일을 취한 것이 아니고, 그 말을 써서 한 번 끊으면 다시 이을 수 없다는 뜻을 말했을 뿐이다. 「덕이응도」 : '몸소 실천하고 마음으로 체득하고 나면 덕으로써 도를 형성함에 이르리니' 이다.(『강록』)

○ 「心過尤難防」 : 李錄云, 以'心過'爲一念之差固當然. 推而言之, 如『大學』之自欺莫知四者五僻, 『論語』之'意必固我', 『孟子』之'內交''要譽''惡其聲'之類, 皆是心過. 當一一揆治. 「如分桐葉」 : 李錄云, '分桐葉'用成王封叔虞語. 然非取其事, 但用其語, 以言一斷不可復續之意耳. 「德以凝道」 : 躬行心得之餘, 德으로쌋 道를 凝聚호매 니르리니.(『講錄』)

『질의고오』8-5-b

○ 「분동엽」 : 당나라 덕종 때에 이회광이 자신을 배반했다가 항복하기를 요청하자 덕종이 그를 받아들이려고 하였다. 이필(李泌)은 오동나무 잎을 따서 그것을 반으로 갈라가지고 나아가 "회광은 폐하에 대하여 군주와 신하의 나뉨이 있는 것이 이 잎과 같습니다"라고 하였다. 성왕이 오동나무를 잘랐다는 일은 이 뜻과 서로 가깝지 않다.(『질의고오』)

○ 「分桐葉」 : 唐德宗時, 李懷光叛已而請降, 德宗欲納之. 李泌取桐葉, 割而分之, 以進曰, 懷光於陛下, 君臣之分, 如此葉矣. 成王剪桐之事, 與此義不相近.(『質疑考誤』)

『석의』8-5-c

○ 「심과」 : 마음의 허물을 한 마음의 잘못으로 이해하는 것은 실로 합당하다. 이를 미루어 말하면 『대학』에서 '스스로를 속이는 것', '아무도 모르는 것', '네 가지 문제점', '다섯 가지 치우침', 『논어』에서 '사의, 기필, 고착, 아집', 『맹자』에서 '교제를 바라고', '명예를 바라며', '비난하는 소리를 싫어하는' 등과 같은 것이 모두 이

렇다. 「불양립」 : '양(兩)'은 '한 마음의 잘못'과 '때때로 익히는 공부'를 가리킨다. 「분동엽」 : 당나라 이회광이 자신에게 반란을 일으켰으나, 항복하기를 바라자 덕종이 그를 받아들이려고 하였다. 이필은 오동나무 잎을 따서 그것을 반으로 갈라가지고 나아가 말하였다. "회광은 폐하에 대하여 군주와 신하의 나뉨이 있는 것이 이 잎과 같습니다." 장식은 대개 이 말을 이용하여 다시 이을 수 없다는 뜻을 밝히고 있다. 「덕이응도」 : 『중용』에서 말하였다. "실로 덕을 극진히 하지 않으면 극진한 도가 이루어지지 않는다"고 하였다. 주에서 '응(凝)'은 '모은다', '이룬다'는 것이다.(『석의』)

○ 「心過」 : 以'心過'爲一念之差, 固當然. 推而言之, 如『大學』之'自欺''莫知''四有''五僻', 『論語』之'意必固我', 『孟子』之'內交''要譽''惡其聲'之類, 皆是. 「不兩立」 : '兩'指'一念之差'及'時習之功'也. 「分桐葉」 : 唐李懷光叛己而請降, 德宗欲納之. 李泌取桐葉, 剖而分之, 以進曰, "懷光於陛下, 君臣之分, 如此葉矣." 張氏蓋用此語, 以明不可復續之意. 「德以凝道」 : 『中庸』曰, "苟不至德, 至道不凝焉." 註, '凝', 聚也, 成也.(『釋疑』)

『표제』8-5-d

○ 「여분동엽」 : 박세채(朴世采)의 생각: 장식은 대개 이 말을 써서 다시 이을 수 없는 의미를 밝혔다. 「과경」 : 마음으로 허물 짓는 경계이다.(『표주』)(『표제』)

○ 「如分桐葉」 : 按: 張氏蓋用此語以明不可復續之意. 「過境」 : 心過之境界也.(『標注』)(『標題』)

『강록간보』8-5-e

○ 「덕이응도」 : 김종덕(金宗德)의 생각: 덕은 도를 행하여 마음에 얻은 것이다. 이미 얻은 것이 있으면 이 도리는 모여서 응결된다. 그래서 『중용』에서 '진실로 덕을 극진히 하지 않으면, 지극한 도가 응결되지 않는다'고 하였다.(『강록간보』)

○ 「德以凝道」 : 按: 德是行道而得於心者也. 旣有所得, 則此道湊合凝聚. 故『中庸』曰, 苟不至德, 至道不凝焉.(『講錄刊補』)

『발휘기의』8-5-f

○ 「불원복」장에서 남헌장씨의 '마음의 허물은 더욱 막기 어렵다'는 말은 본래 소옹의 '마음의 허물을 없애는 것은 어렵다'고 한 데서 나온 것이다. 그러나 『발휘』는 소옹 본래의 말을 제거하고 유독 남헌의 설만을 받아들였으니 의심스럽다. 아마도 『부주』에 의거하여 소옹의 말을 보존해 두는 것이 좋을 것 같다.284)(『발휘기의』)

○ 「不遠復」章, 南軒張氏'心過尤難防'之語, 本出於邵子'無心過難', 而『發揮』刪去邵子本語, 獨取南軒說, 可疑. 恐依『附註』, 因存邵子語, 似好.(『發揮記疑』)

『질서』8-5-g

○ 마음의 허물을 통렬하게 고친다는 것은 신독(愼獨)의 지극한 공부이다.(『질서』)

○ 痛改心過, 卽愼獨之極功.(『疾書』)

『비망록』8-5-h

○ 「'남헌장씨왈(南軒張氏曰)'에서 '숙야재(熟也哉)'까지」 : 소옹의 말에 의하면 허물에는 세 가지가 있다. 입으로 하는 잘못, 몸으로 행하는 잘못, 그리고 마음으로 짓는 잘못이다. '마음으로 짓는 잘못'이라고 말한 것은 그 허물이 깊다. 입으로 짓는 잘못, 몸으로 하는 잘못 또한 그로부터 얽히는 것이니, 그 해로움이 한두 가지에 그치지 않는다. 배우는 사람이 이 점에 대하여 스스로 점검하지 못

284) 『발휘』에서 장식의 말을 인용하였으나, 소옹이 말한 것을 의도적으로 제거한 것이라고 할 수는 없다. 소옹은 입으로 말하는 것, 몸으로 행동하는 것, 그리고 마음으로 행하는 것에 부끄러움이 없는 것 가운데 남이 보지 못하는 만큼 마음으로 행하는 것에 부끄러움이 없는 것이 가장 어려운 것임을 강조하였다. 반면 장식은 마음의 허물은 옛 습관에 영향이 커서 막고 제거하기 매우 힘든 만큼 통렬하게 끊어서 공부가 전일하게 될 수 있도록 해야 함을 강조하였다. 소옹이 '마음의 허물'의 실상을 언급하였다면, 장식은 마음의 허물을 끊어내는 공부를 어떻게 해야 하는가에 초점을 두고 있는 점이 구별된다. 그래서 정구는 『발휘』에서 장식이 언급한 단락을 인용하고 나서 바로 뒤에 서산진씨의 "남헌이 마음의 허물을 막고 끊어버리는 데 노력한 것이 이와 같았으니 배우는 사람의 본보기가 될 만하다.(西山眞氏曰, 南軒之用力於遏絶心過也如此, 可爲學者法)"라는 견해를 인용하였다.

하고, 옛 습관에 안주하면 때때로 익히는 공부는 이미 의지할 곳이 없어진다. 그래서 식견이 날로 더욱 막히고 상실되어 품부받은 것을 보존하는 것이 드물게 될 것이다. 이것이 모두 인심은 오로지 위태롭다는 것의 증거가 아니겠는가? 「'맹우중(萌于中)'에서 '이절지(而絶之)'까지」 : 마음의 허물을 가리켜 말하는 것이다. 사람이 마음을 보존하고 본성을 기를 수 없으면, 비록 잘못이 마음에서 싹트는 데도 스스로 느끼지 못하고, 느낀다고 해도 통렬히 고칠 수가 없다. 그래서 배움을 중시한다.(『비망록』)

○ 「南軒張氏曰 止 熟也哉」 : 依邵子言, 則過有三, 口過身過心過也. 旣謂心過, 則其過深也. 口過身過, 亦從而纏繞, 其爲害不止一二. 學者於此不能自檢安於故常, 則時習之功, 已無所着. 而知見日益沮喪. 其於所賦, 存者幾希. 此皆人心非唯危之驗耶? 「萌于中 止 而絶之」 : 此指心過而言. 人不能存心養性, 則雖過萌於中, 而不自覺. 雖覺之, 不能痛改, 所以貴乎學也.(『備忘錄』)

『부주』8-5-1

○ 서산진씨는 말하였다. "남헌이 마음의 허물을 막고 끊어버리는 데 노력한 것이 이와 같았으니 배우는 사람의 본보기가 될 만하다."

○ 西山眞氏曰, 南軒之用力於遏絶心過也如此, 可爲學者法.

제9장: 공자에겐 네 가지[의·필·고·아]가 없다[子絕四]

◯ "공자는 네 가지를 끊었다. 의도함이 없고, 기필함이 없고, 고집함이 없고, 내 것에 집착함이 없다."285)

◯ "子絕四, 毋意, 毋必, 毋固, 毋我."

『강록』9-A

- 「의필고아」 : 비유컨대, 어떤 사람이 어떤 물건을 취하려고 하는 것이 의(意)라면, 그것을 얻기를 기대하는 마음이 필(必)이다. 그것을 얻으려는 마음을 굳게 하는 것이 고(固)이고, 끝내 얻어서 자기 것으로 하는 것이 아(我)이다.(『강록』)
- 「意必固我」 : 譬猶一種之人, 欲取某物者, 意也. 期欲得之者, 必也. 固其期得之心者, 固也. 終乃得之爲私, 是乃我也.(『講錄』)

『발휘』9-B

- 정자는 말하였다. "의는 마음이 발하여 움직이는 곳이다. 생각이 일어나 합당하면, 바로 이것이 이(理)이다. 발하여 합당하지 않으면 이것은 사사로운 생각이다." 질문하였다. "성인은 이(理)에 맡기고 의(意)에 맡기지 않는 것이 아니겠습니까?" 대답하였다. "그렇

285) 『論語』, 「子罕」

습니다."[286] ○ 주자는 말하였다. "의는 이와 같이 하려고 하는 것이다. 성인은 단지 이치를 보아서 해야 할 것이면 하고, 해서는 안 될 것이면 하지 않는다. 일찍이 내가 하려고 한다, 하려 하지 않는다라고 말한 적이 없다. 단지 하나의 나를 허용하면 바로 의가 되어버린다."[287] ○ 또 말하였다. "이 '의'자는 바로 계산하고 비교하는 사사로운 생각이다."[288] ○ 또 말하였다. "의도함이 없다는 것은 온전히 천리여서 사사로운 생각에 맡기지 않는 것이다. '기필하지 않는다'는 것은 일마다 이치에 따르며 미리 기필하지 않는 것이다. '고집함이 없다'는 것은 지나가면 마음에 두지 않아 엉기어 머물러 있는 것이 없는 것이다. '내 것에 집착함이 없다'는 것은 크게 사물과 화합하여 일신에 사사롭지 않은 것이다. 네 가지는 의에서 시작하여 필로 진행되고, 고로 남겨서 아로 이루어진다."[289] ○ 또 말하였다. "성인의 마음은 허공처럼 넓어서 전혀 어떤 것도 없다."[290] ○ 또 말하였다. "네 가지를 끊었다고 하는 것에는 두 가지 설이 있다. 하나의 설은 공자 스스로 이 네 가지가 없다는 것이니, '무(毋)'는 곧 '무(無)'자이다. 또 하나의 설은 공자가 배우는 사람들이 이 네 가지를 가져서는 안 된다고 금지했다는 것이다. 두 가지 설이 모두 의미가 있다. 그러나 문장의 의미로 생각해 보면, 다만 앞의 설을 쓰는 것이 가장 분명하고 평이한 것 같다."[291] ○ 황씨가 말하였다. "천리가 유행하게 되면 탁 트여 크게 공적이 되니, 사물마다 각각 본성에 맡겨서 담백하게 순응한다. 이 마음은 마치 깨끗한 거울 또는 고요한 물과 같아서 조금의 얽매임도 용납함이 없다. 이것이 처음부터 끝까지 이 네 가지의 병

---

286) 『二程外書』 권3, 「陳氏本拾遺」.
287) 『朱子語類』 권36, 「論語十八·子罕篇上」.
288) 『朱子語類』 권36, 「論語十八·子罕篇上」.
289) 『四書或問』 권14, 「論語·子罕第九」.
290) 『西山讀書記』 권3, 「心」.
291) 『晦庵集』 권42, 「答吳晦叔」.

통이 전혀 없는 까닭이다." 정자는 말하였다. "의필고아의 네 가지가 없어진 후에 '반드시 일삼음이 있으니', 이것은 배우는 사람이 마음을 다해야 하는 것이다." ○ 주자가 말하였다. "네 가지를 끊는 것은 철두철미한 것이다."[292] ○ 남헌장씨가 말하였다. "배우는 사람의 입장에서 말하면, 네 가지는 반드시 공부하여 제거해야 하는데, 네 가지가 없어진 후에 천리가 얻어진다."[293](『발휘』)

○ 程子曰, "意, 是發動處. 意發而當, 卽是理也. 發而不當, 是私意也." 問, "聖人莫是任理而不任意否?" 曰, "是." ○ 朱子曰, "意, 是要如此. 聖人只看理, 當爲便爲, 不當爲便不爲, 不曾道我要做, 我不要做. 只容一箇我, 便是意了." ○ 又曰, "這意字, 正是計較底私意." ○ 又曰, "毋意者, 渾然天理, 不任私意. 毋必者, 隨事順理, 不先期必也. 毋固者, 過而不留, 無所凝滯也. 毋我者, 大同於物, 不私一身也. 四者, 始於意而行於必, 留於固而成於我." ○ 又曰, "聖人之心, 曠然如太空, 了無一物." ○ 又曰, "絶四有兩說. 一說爲孔子自無此四者, 毋卽無字. 一說爲孔子禁絶學者, 毋得有此四者. 兩說皆有意思. 然以文意考之, 似不若只用前說之, 爲明白平易也." ○ 黃氏曰, "天理流行, 廓然大公, 物各付物, 泊然順應. 此心如鑑空水止, 而一毫之繫累, 無所容焉. 此其所以自始至終, 而絶無四者之病也. 程子曰, 意必固我旣亡之後, '必有事焉'. 此學者, 所宜盡心也." ○ 朱子曰, "絶四是徹上徹下." ○ 南軒張氏曰, "在學者而言, 四者必用工以克去之, 四者亡而後天理得."(『發揮』)

『질서』9-C

○ '의(意)'에는 공적인 것이 있고 사적인 것이 있다. 이것은 다시 사적인 것을 가지고 말하는 것이다. '의'는 처음에 길이 어긋나는 것이다. 이미 의(意)가 없는데 어찌 다시 필(必)과 고(固), 아(我)가 있겠는가? 이 장은 공자가 평생 공부하여 나아간 경지를 일반적으로 말한 것이 아니다. 대개 보통 사람을 볼 때, 의도함이 있는데 막지

292) 『朱子語類』 권36, 「論語十八·子罕篇上」.

293) 『西山讀書記』 권4, 「志」.

않으면 기필하는 데 이르고, 기필하는 것을 막지 않으면 다시 고(固)와 아(我)에 이른다. 이에 따라 공자를 표준으로 삼아서 '공자는 이 네 가지 문제점을 모두 끊었다'고 말했을 뿐이다.(『질서』)

○ 意有公底, 有私底. 此特因私底而言也. 意是初頭錯路, 旣無意焉, 又安有必與固我? 此章非汎論夫子平生功夫所造. 蓋見凡人意而不防, 至於必, 必而不防, 又至於固我, 因以夫子爲準曰, '子都絶此四病'云爾.(『疾書』)

『강록간보』9-D

○ 「절사장」 : 『논어』 '자한편'에 보인다. 「의필고아」 : 비유컨대, 어떤 사람이 어떤 물건을 취하려고 하는 것이 의(意)라면, 그것을 기어이 얻으려고 하는 것이 필(必)이다. 완고하게 얻고자 하는 마음이 고(固)이고, 끝내 얻어서 자기 것으로 하는 것이 아(我)이다. ○ 김경인이 말하였다. "주자는 일이 이미 이루어진 것으로 '고'자를 말하였는데, 이것은 같지 않은 듯하다." ○ 김종덕(金宗德)의 생각: 어떤 사물을 바란다는 것은 도리가 아닌 것으로 취하고자 하는 것이다.(『강록간보』)

○ 絶四章 : 見『論語』子罕篇. 「意必固我」 : 譬猶一種之人, 欲取某物者, 意也. 期欲得之者, 必也. 固其期得之心者, 固也. 終乃得之爲私, 是乃我也. ○ 金景仁曰, "朱子則以事旣成說'固'字, 此似不同. ○ 按 : 欲某物以非理圖取也.(『講錄刊補』)

『원주』9-1

○ 「무」 : 『사기』에서는 무(無)로 썼다.

○ 「毋」 : 『史記』作無.

『원주』9-2

○ 주자가 말하였다. "의는 사사로운 생각이고, 필은 기필하는 것이고, 고는 집착하여 머무는 것이며, 아는 사사로운 자기이다."294)

○ 朱子曰, "意, 私意也. 必, 期必也. 固, 執滯也. 我, 私己也."

『품질』9-2-A

○ 주자가 말하였다. "의는 사사로운 생각이고, 필은 기필하는 것이다. 고는 집착하여 머무는 것이고, 아는 사사로운 자기이다. 네 가지는 서로 처음과 끝으로 이어지니, 의에서 일어나 필에서 이루어지고, 고에서 머물러 아에서 이루어진다. 대개 의와 필은 보통 일이 있기 이전에 있는 것이고, 고와 아는 통상 일이 발생한 후의 일이다. 아에 이르러 다시 의를 낳으면 물욕이 마음을 이끌어 끊임없이 순환한다." ○ 장자는 말하였다. "네 가지 가운데 하나라도 있으면 천지의 도리와 비슷하지 않게 된다."(『품질』)

○ 朱子曰, "意, 私意. 必, 期必. 固, 執滯. 我, 私己. 四者, 相爲終始, 起於意, 遂於必, 留於固, 而成於我也. 蓋意必常在事前, 固我常在事後. 至於我, 又生意, 則物欲牽引, 循環不窮矣." ○ 張子曰, "四者有一焉, 則與天地不相似.."(『稟質』)

『밀험』9-2-B

○ 주자가 말하였다. "의는 사사로운 생각이다." ○ 생각건대, '의'는 '억(億)'과 같으니, 억측한다는 것이다. 공자가 자공에게 "헤아릴 때는 종종 적중한다"고 말하였다. '억(億)'은 생각하고 헤아리는 것이다. 가의의 복부(服賦)에서 "생각해 보아 대답하겠습니다"고 말한다. 이때 의(意)는 헤아리는 것이다. 「예운」에 "억측한 것이 아니다"고 하였다. '의지(意之)'라는 것은 '헤아리는 것이다.' 사람이 늘 말하여 '생각건대 이와 같은 것이겠지요?'라고 하였다. 이 말은 망령됨이 심하니, 성인이 행하지 않은 것이다. ○ 단지 '의'라는 한 글자가 반드시 사사로운 생각은 아니다.(『밀험』)

○ 朱子曰, "意, 私意也." ○ 案, 意, 若億也, 臆也. 孔子謂子貢曰, "億則屢中", 億者, 意度也. 賈誼服賦曰, "請對以意", 意者, 臆也. 「禮運」曰, "非意

294) 『論語集註』, 「子罕」, 絶四章에 대한 朱子注.

之也", 意之者, 億之也. 人有恒言曰, 意者, 其如是乎? 此語妄甚, 聖人之所不爲也. ○ 只意一字, 未必是私意.(『密驗』)

『부주』9-1

○ 정자가 말하였다. "경이 예에 맞을 때는 이겨내야 할 내가 없다. 처음에는 반드시 네 가지를 끊어야 한다."[295)]

○ 程子曰, "敬卽是禮, 無己可克, 始則須絶四."

『표제』9-1-a

∘ 「시즉수절사」 : 박세채(朴世采)의 생각: 이것은 단지 배우는 사람의 공부를 논한 것이며, 『논어』본문에서 '네 가지를 끊는다'는 뜻은 아니다. 아래 웅씨의 성의장에 관한 설과 같다.(『표제』)

∘ 「始則須絶四」 : 按: 此特論學者之功, 非本文絶四之意也. 與下熊氏誠意章之說同.(『標題』)

『강록간보』9-1-b

∘ 「'경즉시(敬卽是)'에서 '절사(絶四)'까지」 : 최견숙에게 답하여 말하였다. "지금 『논어』에서 언급한 것은 성인의 일임을 보여주는데, 정자의 말은 배우는 사람의 일로 바로 이와 같은 것이다." ○ 김종덕(金宗德)의 생각: 여기에서 '경(敬)'자는 차지하는 경지가 높다. 주자가 말하였다. "'이겨야 할 자기가 없다'는 것은 경하지 않음이 없는 것이다. 그래서 자기를 이길 필요가 없으니, 이것은 커다란 경[大敬]이다. 예컨대, '성스러움과 경건함이 나아간다'[296)]거나, '아! 끊임없이 빛나고 공경하여 그친다'[297)]고 할 때의 '경'과 같다." 또 말하였다. "경한데 순수할 수 있으면 잘못되고 치우침이 본래 없을 것이니, 자기를 이길 필요가 무엇이 있겠는가? 만약 사특하고

---

295) 『二程遺書』 권15, 「入關語錄」. *『西山讀書記』 권19, 「敬上」.

296) 『詩經』, 「商頌·長發」.

297) 『詩經』, 「大雅·文王」.

편벽됨이 있는 것은 다만 경건한 마음이 순수하지 못한 것이다. 경하면 이겨내야 할 자기가 없게 된다. 처음 배울 때는 반드시 공부하여 그러한 지극함을 쓰지 않음이 없어야 한다. ○ 진씨 웅씨의 설은 모두 배우는 사람의 입장에서 말한 것이라는 점에서 정자와 같다.(『강록간보』)

○ 「敬卽是 止 絶四」 : 答崔見叔曰, "今示『論語』所云, 卽聖人事. 程子之言, 學者事. 正是如此." ○ 按: 此'敬'字, 占地位高. 朱子曰, "'無己可克'者, 是無所不敬, 故不用克己, 此是大敬. 如'聖敬日躋', '於緝熙敬止'之敬." 又曰, "能純於敬, 則自無非僻, 何用克己? 若有邪僻, 只是敬心不純. 敬則無己可克. 初學則須是工夫, 無所不用其極." ○ 眞氏熊氏說, 皆就學者分上說, 與程子同.(『講錄刊補』)

『관계』9-1-c

○ 「시즉수절사」 : '끊는다[絶]'고 하고, '말라'고 하는 것은 모두 금지하는 말이다. 그래서 정자는 배우는 자의 일로 말하였다. 진씨와 웅씨의 설도 그렇다. 그러나 주자가 성인에게는 이 네 가지가 전혀 없다는 것을 바른 뜻으로 간주한 것은 실은 맞는 말이다. 그러나 배우는 사람의 입장에서는 아주 잘 힘써서 금지하고 끊어야 한다.(『관계』)

○ 「始則須絶四」 : 曰絶, 曰毋, 皆禁止之辭. 故程子以學者事言之. 眞氏熊氏之說亦然, 而朱子以聖人絶無此四者爲正意, 故爲得之. 但在學者煞好着力禁絶.(『竅啓』)

『부주』9-1-1

○ 서산진씨가 말하였다. "네 가지를 끊는 것은 자기를 이기는 일이다. 경(敬)할 수 있으면 예는 회복된다. 그래서 '이겨야 하는 자기가 없다'라고 한다."[298]

○ 西山眞氏曰, "絶四者, 克己之事. 能敬則禮復矣. 故曰'無己可克'."

298) 『西山讀書記』 권19, 「敬上」.

『부주』9-2

○ 어떤 사람이 '무심(無心)'에 대하여 말하였다. 정자가 말하였다. "'무심'이라고 하면 옳지 않으니, 단지 사심이 없다고 말해야 한다."299)

○ 有人說無心. 程子曰, "無心便不是, 只當云無私心."

『부주』9-2-1

○ 주자가 말하였다. "이른바 무의(毋意)라는 것은 자기 생각에 맡기지 않는 것으로, 단지 도리가 어떠한가를 보아서 도리상 이렇게 해야 한다면 이치에 따라 해 나아가면 스스로 조금의 사심도 없는 것이다. 그래서 이것을 '무의(毋意)'라고 말한다. 만약 조금이라도 인위적으로 조정하여 배치하는 마음이 있으면, 이는 곧 사사로운 생각에 맡기는 것이니, 설령 의념이 드러나서 우연히 이치에 맞는다고 해도 사사로운 생각일 뿐이다."300)

○ 朱子曰, "所謂毋意者, 是不任己意, 只看道理如何, 道理當如此, 便順理做去, 自家無些子私心, 所以謂之毋意. 若纔有些安排布置底心, 便是任私意, 縱使發而偶然當理也, 只是私意."

『강록』9-2-1-a

◦ 「안배포치」: 이덕홍이 기록하였다. "포치는 '베쳐놀타'는 것으로, 대개 자연스러운 의리를 따르지 않고 사사로운 생각으로 꾀를 내어 여러 방면으로 처리하는 것이다." ○ 비평하여 말하였다. "'안배'에서 '안(安)'은 배치할 때의 안이고, '배'는 늘어놓는다는 것이다. 배치하고 늘어놓는 것은 모두 의도적으로 처리하는 것을 말한다."(『강록』)

◦ 「安排布置」: 李錄云, "布置, 베처놀타. 蓋不循義理之自然, 以私意計較, 多方措置也." ○ 批云, "安排, 安是安頓之安. 排, 排布也. 安頓排布, 皆用

299) 『二程外書』 권12, 「傳聞雜記」.

300) 『朱子語類』 권36, 「論語十八·子罕篇上」.

意措置之謂."(『講錄』)

『석의』9-2-1-b

○ 「안배포치」 : 사사로운 생각으로 안배하여 펼쳐 늘어놓는다는 뜻이다. 대개 이치를 따르지 않는 것을 말한다.(『석의』)

○ 「安排布置」 : 以私意安置鋪排之意. 蓋是不循理之謂也.(『釋疑』)

『표제』9-2-1-c

○ 「안배포치」 : 신안진씨가 말하였다. "안배는 사사로운 생각으로 억측하여 그 자연스러움을 따르지 않는 것이다."(『맹자주』)(『표제』)

○ 「安排布置」 : 新安陳氏曰, 安排者, 以私意揣度之而不順其自然也.(『孟子注』)(『標題』)

『부주』9-3

○ '네 가지 끊었다'는 것에 대하여 질문하니, 주자가 말하였다. "모름지기 네 가지가 서로 이어지는 것임을 알아야 한다. 무릇 사람이 일을 할 때는 반드시 먼저 생각을 일으켜서 이치의 옳고 그름을 묻지 않고 반드시 그 일을 이룬 후에야 멈추고자 한다. 일이 이루어지고 나서는 다시 집착하여 바꾸지 않는 것을 고(固)라고 말한다. 세 가지는 단지 하나의 '아'를 이룰 따름이지만, 아의 뿌리가 더욱 커지게 되는데 이르면 이윽고 세 가지는 다시 이 속으로부터 생겨난다. 아(我)는 의(意)를 낳고, 의는 다시 필(必)을 낳으며, 필은 다시 고(固)를 낳은 후에 다시 아로 돌아간다. 이것은 마치 원형이정에서 원하고 나면 형하고, 형이 다하면 이하고 이가 다하면 정하여 끊임없이 순환하는 것과 같다. 다만 선과 불선의 구분이 있을 뿐이다."301)

○ 問絶四. 朱子曰, "須知四者之相因. 凡人作事, 必先起意, 不問理之是非, 必欲其成而後已, 事旣成, 又復執滯不化, 是之謂固. 三者只成就得一箇

301) 『朱子語類』 권36, 「論語十八·子罕篇上」. * 『西山讀書記』 권4, 「志」.

我, 及至我之根源愈大. 少間三者又從這裏生出. 我生意, 意又生必, 必又生固, 又歸宿於我. 正如元亨利貞, 元了亨, 亨了又利, 利了又貞, 循環不已. 但有善不善之分爾."

『강록』9-3-a

○ 「소간」 : '이윽고'이다.(『강록』)

○ 「少間」 : 이윽고.(『講錄』)

『석의』9-3-b

○ 「소간」 : 잠시 사이로, '이윽고'이다. 「선불선지분」 : '선'은 원형이정이고, '불선'은 '의필고아'이다.(『석의』)

○ 「少間」 : 須臾也. 이윽고. 「善不善之分」 : 善, 元亨利貞. 不善, 意必固我.(『釋疑』)

『표제』9-3-c

○ 「사자상인」 : 신안진씨가 말하였다. "이것은 보통 사람의 사욕을 세밀하게 나눈 것으로 공자의 마음을 말하는 것이 아니다. 사사로움이 없는 것에도 이 세 종류의 마디가 있다.(『논어주』) '귀숙'은 마지막에 멈추어 정착하는 곳이라는 말과 같다.(『질의』)(『표제』)

○ 「四者相因」 : 新安陳氏曰, "此以常人之私欲細分之, 非謂夫子之心. 無私亦有此三件節數也."(『論語注』) 「歸宿」 : 猶言終所止定處也.(『質疑』)(『標題』)

『관계』9-3-d

○ 「사기성우부집」 : 일이 아직 이루어지기 전에는 얻으려고 기약하는 생각이 매우 완고하다. 그래서 일이 이루어지고 나서도 다시 집착하여 바꾸지 못하는 병통이 있다. 『강록』의 설도 통한다. 그러나 고(固)하고 나면, 아(我)가 되니, 주자의 해석이 이와 같은 이유이다. 대개 '의(意)'는 '아(我)'로부터 생기기 때문에 곧바로 사사로운 생각을 일으킨다. 아는 의로써 이루어지기 때문에 사사로운 아(我)만 안다. 만약에 그렇지 않다면 '마음으로 뜻을 받아들인다'라고 할 때의 '의(意)'나, '반드시 성실하고 반드시 미덥다'고 할 때

의 '필(必)', '선을 가려서 확고히 지킨다'고 할 때의 '고(固)', 그리고 '나를 넓히고 나를 단속한다' 할 때의 '아(我)'가 무슨 문제가 된 적이 있겠는가?(『관계』)

○ 「事旣成又復執」: 事未成, 而期得之念甚固. 故事旣成, 又有執滯不化之病. 『講錄』說亦通, 但固了便我, 朱訓所以如此. 大抵意從我生, 故便起私意. 我以意成, 故只知私我. 苟其不然, 則以意逆志之意, 必誠必信之必, 擇善固執之固, 博我約我之我, 何嘗做病!(『冢啓』)

『부주』9-3-1

○ 물헌웅씨(勿軒熊氏)[302]가 말하였다. "이것은 성의장의 일로 안연의 '네 가지 하지 말라[四勿]'과 함께 가장 깊이 음미해야 한다. '의(意)'는 사사로운 생각이 막 일어나는 것이고, '아'는 사사로운 생각이 이미 이루어진 것이다. 성인은 완전히 변화하여 더 이상의 찌꺼기가 없으나, 안연은 여전히 약간의 미진한 것이 있어서 한 간격 도달하지 못하였다."

○ 勿軒熊氏曰, "此誠意章事, 與顔子四勿章, 最宜潛玩. 意是私意方起, 我是私意已成. 聖人混化, 更無查滓. 顔子則尙有些未盡, 所以未達一間."

『석의』9-3-1-a

○ 「성의장사」: '네 가지를 끊은 것'은 성인의 일이다. 그래서 장재(張載)는 "네 가지 가운데 하나라도 있으면 천지와 비슷하지 않게 된다"고 말하였다. 지금 성의장의 일로 말하면 뜻을 성실하게 하는 것은 배우는 자의 일로 본문의 뜻이 아닌 것 같다. 그 위의 진씨의 설도 그렇다.(『석의』)

302) 물헌웅씨(勿軒熊氏, 1253~1312): 남송 건녕(建寧) 건양(建陽) 사람. 이름은 화(和), 자는 거비(去非) 또는 위신(位辛)이며, 호는 물헌(勿軒) 또는 퇴재(退齋)다. 도종(度宗) 함순(咸淳) 10년(1274) 진사(進士)가 되고, 정주(汀州) 사호참군(司戶參軍)에 올랐다. 원나라에 들어서는 벼슬하지 않았다. 주희(朱熹)의 문인 보광(輔廣)에게 수학하면서 염락관민(濂洛關閩)의 학문에 뜻을 두었다. 송나라가 망하자 고향으로 돌아가 무이산(武夷山)에 오봉서당(鰲峰書堂)을 세우고 학생들을 가르쳤다. 저서에 『물헌집(勿軒集)』, 『삼례고이(三禮考異)』, 『춘추논고(春秋論考)』, 『시문(詩文)』, 『보유(補遺)』 등이 있다.

○ 「誠意章事」: ‘絶四’是聖人事, 故張子曰, “四者有一焉, 則與天地不相似.” 今以誠意章事言之, 誠意是學者事, 恐非本文之意. 其上眞氏說亦然.(『釋疑』)

『표제』9-3-1-b

○ 「혼(混)」: ‘혼(渾)’으로도 쓴다.(『운회』) 「일간」: 신안진씨가 말하였다. “간은 평성이며, 사이[際]이다. 예컨대, 『맹자』에서 ‘그 간격이 한 촌도 되지 않는다’고 하였는데, 이 ‘일간(一間)’이란 말은 본래 『양자』「문신편」에 나온다.”(『논어주』)(『표제』)

○ 「混」: 或作渾.(『韻會』) 「一間」: 新安陳氏曰, “間, 平聲, 際也. 如『孟子』‘其間不能以寸’. 此語本出於『楊子』「問神篇」.”(『論語注』)(『표제』)

『부주차의』9-3-1-c

○ 한원진(韓元震)의 생각: 웅씨의 말은 실로 본문의 의미가 아니다. 『석의』에서 그것을 잘못으로 여긴 것은 옳다. 그러나 ‘절(絶)’자는 성인의 입장에서 결코 없다는 뜻이 되지만, 학자의 입장에서는 그것을 힘써 끊어야 한다. 네 개의 ‘무(毋)’자는 성인에 있어서는 단지 ‘무(無)’자의 의미이지만, 배우는 자에 있어서는 ‘물(勿)’자로 써야 한다. 이 일은 대개 성인에 있어서는 생각이 성실하고 마음이 올바른 일이 되지만, 배우는 사람에 있어서는 생각을 성실히 하고 마음을 바르게 하는 일이 된다. 웅씨는 성인이 덕성을 이룬 일을 계기로 배우는 사람이 공부를 하는 곳에 나아가서 말하는 것으로 바꾸었다. 배우는 사람에 있어서 경계하고 도움이 되는 점이 있으니, 이 또한 몰라서는 안 된다.(『부주차의』)

○ 按: 熊氏之言, 果非本文之意, 『釋疑』非之, 是矣. 然絶字, 在聖人分上爲絶無之意, 在學者分上, 當用力絶之. 四毋字, 在聖人只是無字意, 在學者當作勿字用. 此事, 蓋在聖人爲意誠心正之事, 在學者爲誠意正心之事. 熊氏因聖人成德之事, 轉就學者用功處言之, 於學者有所警益. 此又不可不知也.(『附註劄疑』)

『강록간보』9-3-1-d

○ 「‘성의장’에서 ‘잠완’까지」: 질문하였다. “무엇 때문에 성의장의

일이라고 말하면서 '네 가지 말라'는 장과 함께 통관하여 보아야 한다고 말합니까?" 대답하였다. "함께 살펴보면, 성의장의 일은 생각이 막 일어날 때, 그것을 끊을 수 있으면 생각을 성실히 할 수 있다고 생각하였기 때문에 그렇게 말하였다. 또 네 가지를 끊을 수 있으면 자기를 이길 수 있게 된다. 자기를 이길 수 없는데 어떻게 네 가지를 끊을 수 있겠는가? 그래서 '사물장'과 함께 충분히 의미를 음미해야 한다고 했으니, 그 뜻이 모두 정밀하다."(『강록간보』)

○ 「誠意章 止 潛玩」: 問, "何以謂誠意章事, 而謂宜與四勿章, 通看耶?" 答曰, "通考以爲誠意章事者, 當其起於意, 而能絶之, 則爲能誠其意, 故云云. 又能絶四, 則爲克己. 不能克己, 安能絶四. 故云與四勿章潛玩, 其義皆精."(『講錄刊補』)

『강의』9-3-1-e

○ 공자가 네 가지를 끊고 안연이 네 가지를 말라고 한 것은 '약간의 간격'만이 아니다. '절(絶)'은 결코 없다는 말이지만, '물(勿)'은 금지한다는 말이다. 그러므로 '의필고아'에 있어서 완전히 끊어 이겨내야 할 자기가 없는 것은 공자이다. 반면 보고 듣고 말하고 행동할 때 그것을 이겨서 못하게 하는 것은 안연이다. 그러니 경중과 천심의 설을 그 사이에 둘 수 없다.(『강의』)

○ 夫子之絶四, 顔子之勿四, 不是一間而已. 絶者, 絶無之謂, 而勿者, 禁止之辭, 則其於意必固我之間, 絶之盡而無己之可克者, 夫子也. 視聽言動之際, 欲其克而禁止者, 顔氏也. 輕重淺深之說, 着不得於兩間也.(『講義』)

『집해』9-3-1-f

○ 「사재」: 주자가 말하였다. "사재는 사사로운 생각에 따른 인욕이 소멸되지 않은 것이다."(『집해』)

○ 「査滓」: 朱子曰, "査滓是私意人欲之未消者."(『集解』)

『비망록』9-3-1-g

○ 혹자가 말하였다. "안연이 한 칸 미치지 못했다고 한 것은 어느 곳

에서 볼 수 있습니까?" 대답하였다. "안연은 세 달 동안 인을 어기지 않았고, 분노를 옮기지 않았으며 허물을 반복하지 않았다. 성인은 원래 인에 편안하고 또 옮길 만한 분노가 없으며, 반복할 허물이 없다. 이른바 '한 칸 미치지 못했다'는 것은 역시 여기에서 짐작해 보는 것이 어떻겠는가?"(『비망록』)

○ 或曰, "顔子未達一間, 何處見之乎?" 曰, "顔子三月不違仁, 不遷怒, 不貳過. 聖人元是安仁, 又無怒可遷, 無過可貳, 所謂未達一間, 亦於此酌而觀之, 或如何?"(『備忘錄』)

제10장: 자기를 이기고 예를 회복하면 인이 된다[克己復禮爲仁]

○ 안연이 인(仁)에 대하여 질문하였다. 공자가 대답하였다. "자기를 이기고 예를 회복하는 것이 인(仁)이 된다. 하루라도 자기를 이기고 예를 회복하면 세상 사람들이 어진 사람으로 인정할 것이다. '인'을 행하는 것은 자기로부터 말미암으니 남으로부터 말미암겠는가?" 안연이 질문하였다. "그 조목을 여쭈어 봅니다." 공자가 대답하였다. "예가 아니면 보지 말고, 예가 아니면 듣지 말며, 예가 아니면 말하지 말고, 예가 아니면 행하지 마라." 안연이 말하였다. "제가 비록 불민하지만 이 말대로 행해보겠습니다."303)

○ 顔淵問仁. 子曰, "克己復禮爲仁, 一日克己復禮, 天下歸仁焉. 爲仁由己而由人乎哉!" 顔淵曰, "請問其目?" 子曰, "非禮勿視, 非禮勿聽, 非禮勿言, 非禮勿動." 顔淵曰, "回雖不敏, 請事斯語矣."

303) 『論語』, 「顔淵」.

『품질』10-A

○ 주자가 말하였다. "'인(仁)'은 본심의 온전한 덕이고 '기(己)'는 육체적인 사욕이며, 예는 천리(天理)의 절도와 형식이다. 대개 마음의 온전한 덕은 천리 아닌 것이 없으나, 인욕에 의해 무너지지 않을 수 없다. 그래서 인(仁)을 행하는 사람이 반드시 사욕을 이기고 예를 회복하면 행하는 일이 모두 천리이고, 본심의 덕은 나에게서 다시 온전해진다. 또 '하루라도 자기를 이기고 예를 회복하면 세상 사람들이 모두 그가 어짊을 인정한다'고 말하는 것은 그 효과가 매우 빠르고도 지극히 큰 것을 강조하여 말한 것이다. 또 '인을 행하는 것이 자신으로부터 말미암으며 남이 간여할 수 있는 것이 아님'을 말한 것은 또 그 계기가 나에게 달려 있어 어려움이 없음을 보여준다. 날마다 그것을 이겨서 어렵게 여기지 않으면 사욕은 깨끗하게 없어지고 천리가 두루 운행되어 인(仁)을 이루 다 쓸 수 없을 것이다." ○ 주자가 말하였다. "안연이 공자의 말을 들었을 때는 천리와 인욕간에 구별이 이미 분명해졌다. 그래서 다시 의문을 제기하지 않고 바로 그 조목을 질문하였다. 예가 아닌 것은 자기의 사욕이다. '마라[勿]'는 것은 금지하는 말이다. 이것은 사람의 마음이 주인이 되어 사욕을 이기고 예를 회복하는 기틀이 되는 것이다. 사욕이 극복되면 모든 행동거지가 예에 맞지 않음이 없고 일상적인 생활에서 천리가 두루 행해지지 않는 경우가 없을 것이다. '이 말을 행해보겠습니다' 라는 것은 안연이 그 이치를 묵묵히 이해하고 또 스스로 자신의 역량으로서 그것을 이길 수 있음을 알고서 바로 자신의 임무로 삼아 의심하지 않은 것이다." 주자가 말하였다. "이 장의 질문과 대답은 심법을 전수하는데 절실하고 중요한 말로 지극히 밝은 사람이 아니면, 그 기미를 살필 수 없고, 지극히 강건한 사람이 아니면 그 결단을 이룰 수 없다. 그래서 오직 안자만이 그것을 들을 수 있었으나, 모든 학자들 또한 힘쓰지 않을 수 없다. 정자의 사물잠(四勿箴)은 발휘하여 밝힌 것이

가깝고 절실하니 배우는 자가 더욱 깊이 완미해야 한다.(『품질』)

○ 朱子曰, "仁者, 本心之全德, 己謂身之私欲, 禮者, 天理之節文. 蓋心之全德, 莫非天理, 而亦不能不壞於人欲. 故爲仁者, 必有以勝私欲而復於禮, 則事皆天理, 而本心之德, 復全於我矣. 又言'一日克己復禮, 則天下之人, 皆與其仁', 極言其效之甚速而至大也. 又言'爲仁由己而非他人所能預', 又見其機之在我而無難也. 日日克之, 不以爲難, 則私欲淨盡, 天理流行, 而仁不可勝用矣." ○ 朱子曰, "顏淵聞夫子之言, 則於天理人欲之際, 已判然矣. 故不復有所疑問, 而直請其條目也. '非禮'者, 己之私也. '勿'者, 禁止之辭. 是人心之所以爲主, 而勝私復禮之機也. 私勝則動容周旋, 無不中禮, 而日用之間, 莫非天理之流行矣. '請事斯語', 顏淵默識其理. 又自知其力有以勝之, 故直以爲己任而不疑也." ○ 朱子曰, "此章問答, 乃傳授心法, 切要之言, 非至明, 不能察其幾, 非至健, 不能致其決. 故惟顏子得聞之, 而凡學者亦不可以不勉也. 程子之箴, 發明親切, 學者尤宜深玩."(『稟質』)

『강록』10-B

○ 「천하귀인(天下歸仁)」: 이전의 유학자들은 모두 '세상 사람들이 모두 나의 인(仁)에 돌아온다'고 하였는데, 정자는 옳지 않다고 여겼다. 그러나 그의 문인이었던 절중(浙中)의 신백(信伯) 왕빈(王蘋)[304]이 오로지 '천하귀인'으로 사람들을 가르치면서 사람들을 보기만 하면 '천하귀인'만 말하고 더 이상 '극기복례'를 말하지 않게 되었다. 주자는 한 때 그가 이천(伊川) 선생을 직접 만나고도 이후로 가르침을 베풀 때 괴이한 말을 한 것을 탄식하였다. ○ 해석하여 말하였다. "천하가 인을 귀하나니이다." 「물동(勿動)」: 동(動)은 몸과 마음, 팔과 다리를 들어서 말하는 것이기 때문에 '생각하는 것에서 성실히 하고 행위에서 지킨다'고 말하였다. 이덕홍이 기록한 곳에 나온다.(『강록』)

304) 왕빈(王蘋, 1082∼1153) : 송나라 복주 복청인(福淸人)이며, 오중(吳中)으로 옮겨 살았다. 자는 신백(信伯), 호는 진택(震澤)이다. 정호(程顥) 정이(程頤)에게 배워 고제(高弟)가 되었다. 고종 소흥 4년에 진사로 벼슬에 나아가 비서성정자에 제수되었고, 『신종실록(神宗實錄)』을 편수하는 데 참여하였다. 저술에 『왕저작집(王著作集)』이 있다.

○ 「天下歸仁」 : 向來諸儒皆云‘天下皆歸於吾仁’, 程子以爲不可. 而其門人浙中王蘋信伯專教人以天下歸仁, 才見人, 便說天下歸仁, 更不說克己復禮. 朱子嘗嘆其親見伊川, 後來設教作怪. ○ 釋云, “天下이 仁을 歸ᄒᆞ나니.” 「勿動」 : 動, 擧心身手足而言, 故曰誠之於思, 守之於爲. 出李錄.(『講錄』)

『석의』10-C

○ 「천하귀인(天下歸仁)」 : 천하가 인(仁)을 돌릴 것이니.(『석의』)

○ 「天下歸仁」 : 天下이 仁을 歸ᄒᆞ리니.(『釋疑』)

『표제』10-D

○ 「비례물동(非禮勿動)」 : 휘암정씨가 말하였다. “동(動)은 「홍범」의 사색과 용모를 겸하여 말하는 것이다.”(『논어주』) ○ 각헌채씨가 말하였다. “동잠(動箴)에 사색은 마음에서 움직이는 것을 말하고, 행위는 몸에서 움직이고자 하는 것이다.”(『논어주』)(『표제』)

○ 「非禮勿動」 : 徽菴程氏曰, “動, 兼「洪範」思貌而言.”(『論語注』) ○ 覺軒蔡氏曰, “動箴, 思, 言動於心, 爲, 欲動於身.”(『論語注』)(『標題』)

『심법』10-E

○ ‘비례’는 그것이 이(理)와 어긋나는 것을 말한다. 이(理)와 어긋나는 것은 바로 사욕이기 때문에 자기를 이기는 공부는 오직 예가 아닌 것을 금지하는 데 있다. 사람의 한 몸의 동작과 쓰임은 보고 듣고 말하고 행동하는 이 네 가지에 다 포괄된다. 그래서 자기를 이기는 조목은 오직 이 네 가지가 발현되는 데 있어 그들이 모두 이(理)와 어긋나는 것을 막는 것이다. 이(理)에 어긋나는 것이 제거되면 곧 이(理)에 부합된다. 진실로 이 네 가지가 발현할 때 그 이가 아닌 것을 모두 제거할 수 있으면, 한 몸의 활동은 올바른 천리가 아닌 것이 없게 된다. 그래서 자기를 이길 수만 있으면 저절로 예를 회복하여 인하게 된다. 『집주』에서는 ‘안연이 공자의 말을 들었을 때는 천리와 인욕간에 구별이 이미 분명하여 다시 의심스러운 것이 없어서 바로 그 조목에 대하여 질문하였다’고 말하였다. 대개 안연이 이기고 회복하는 이치에 대하여 말하면 바로 이해하

여 이미 스스로 명백하여 의심이 없었다. 그리고 또 그것을 공부하는데 조목이 있어야 하는 것을 알고 바로 그 조목을 질문하였다. 그래서 공자가 이 네 가지를 알려 주게 되었다. 주자가 또 말하기를 "'물(勿)'은 사람의 마음이 주인이 되어 사욕을 이기고 예를 회복하는 기틀이다. '물(勿)'은 곧 이기는 것이다. 그 이기는 기틀은 오로지 자기의 마음에 달려 있을 뿐이다"라고 말하였다. 그래서 윗 문장에서 '인(仁)을 행하는 것은 자신으로부터 말미암는다'고 말하였으니, 여기에서 '사람의 마음이 주인이 된다'는 것은 바로 『논어』 윗 문장의 '자신으로부터 말미암는다'는 뜻에 근본하여 '하지 말아야 한다'는 것으로 요점이 되는 기틀을 미루어 낸 것이다. 대체로 예가 아닌 것이 싹트는 것에 대해서는 반드시 이 마음이 주재가 되어 그것을 제어할 수 있어야 한다. 만약 마음이 주재할 수 없다면 그에 따라 잘못에 흐르게 될 것이니, 누가 그것을 다스릴 수 있겠는가? 그러므로 '하지 마라'고 하는 것은 오로지 마음이 주재할 수 있는가 하는 점에 있을 뿐이다. '마라'는 것을 일삼고자 하는 것은 오직 이 마음이 스스로 열심히 힘쓰는 데 있을 뿐이다. 또 "'이 말대로 해보겠습니다'고 말한 것은 안연이 묵묵히 그 이치를 인식하고 또 스스로 그의 역량으로 감당할 수 있음을 알아서 바로 자신의 임무로 삼아 의심하지 않은 것이다. 안연이 네 가지 하지 말라는 이치에 있어서 또 말하자마자 이해하고 다시 스스로 자신의 역량을 돌아보아 이겨낼 수 있기 때문에, 바로 그 일대로 해보겠다고 한 것이다. 대개 총명하고 지혜로운 자질로 널리 배우는 공부를 다하여 하나를 듣고도 열 가지를 아는 데 이르렀으므로 안연은 공자의 말을 듣고서 묵묵히 이해하여 마음에 녹아들고, 분명하여 의심이 없었다. 그래서 그 지식이 여기에 이르렀기 때문에 역량이 저절로 이르러서 사사로움을 이기는 데 있어서 마치 오확(烏獲)의 힘을 떨쳐서 마른 것을 꺾고 썩은 것을 떼어내는 것과 같은 것이다. 대개 공자가 문인들에게 언급한 인

(仁)을 행하는 방법은 많았지만 이와 같이 절실한 것은 없었다. 이것은 그 사사로운 욕망을 곧바로 공격하여 여력을 남기지 않아 마치 도적의 난리를 물리치는데, 북소리에 하나가 되어 성에 올라가 날카로움을 다하여 적을 물리치는 계책을 세우는 것과 같으니 그 절박함이 매우 심하다. 대개 순임금이 우임금에게 전한 것은 인심과 도심을 상대하여 말하였고, 여기에서는 '자기[己]'와 '예(禮)'를 상대하여 말하였으니, 순임금과 우임금, 공자와 안연이 주고받은 것은 천여 년이 지났지만 그 법도는 같다. 그러므로 이것은 바로 성학에서 마음을 다스리는 가장 바른 방법이다. 그래서 공자는 다른 제자에게 말하지 않고 오직 안연에게만 말하였다. 그 조목을 말하는 단계에서는 단지 몸으로 두루 해야 할 것을 모두 제시하여 빠뜨린 것이 없어서 공부를 함에 이르지 않는 곳이 없게 하였다. 그 완벽하고 철저한 것이 이와 같은데 『집주』에서 해석한 것 또한 요점과 미묘한 뜻을 철저히 추구하여 구절마다 모두 묘미가 있다. 이것이 대개 공자가 성심을 다하여 안연에게 말하고, 주자가 성의를 다하여 해석한 것이니, 배우는 자는 마땅히 이 점에 노력을 다해야 할 것이다.(『심법』)

○ '非禮', 謂其與理違者也. 與理違者, 卽是私欲. 故克己之功, 惟在禁其非禮也. 視聽言動, 人之一身運用盡乎此四者矣. 故克己之目, 惟於此四者之發, 皆禁其與理違者也. 違理者去, 斯合於理. 誠能於此四者之發, 皆去其非理, 則其一身運用, 無非天理之正矣. 故只能克己, 便自復禮而爲仁矣. 『集註』謂'顏子聞夫子之言, 則於天理人欲之際, 已判然矣. 故不復有所疑問, 而直請其條目也.' 蓋顏子於克復之理, 言下輒解, 已自曉然無疑. 而又知其用功當有條目, 故直請其目, 而夫子果告以是四者也. 又曰, "'勿'是人心之所以爲主而勝私復禮之機也." 勿卽克也. 其克之之機, 惟在己心耳," 故上文云. "爲仁由己". 此人心爲主, 卽本上文由己之意, 而推出勿之機要也. 蓋非禮之萌, 必此心爲主宰, 乃能制之. 若心不能主宰, 則從而流焉, 誰得治之? 然則所以'勿', 專在心之能主宰耳. 欲事乎勿, 惟在此心自奮勵也. 又曰, "'請事斯語', 顏子默識其理, 又自知其力, 有以勝之, 故直以爲己任而不疑也." 顔子於四勿之理, 又言下輒解, 而又自顧其力, 可以勝之, 故直請事之也. 蓋以其明睿之資, 又致博文之功, 至於聞一而知十, 故其聞夫子之言, 嘿識心融, 洞然無疑. 而其知識至此, 故力量自到, 其於勝私, 如奮烏獲之力. 而摧枯拉朽也. 夫夫子所告門人爲仁之方, 亦多矣, 然未有如此迫切者也. 此則直攻其私欲, 不遺餘力, 如攘除寇亂, 爲一鼓登城, 盡銳撲滅之計, 其迫切甚矣. 蓋舜之授禹, 以人心道心對言, 此以己與禮對言, 舜禹孔顔授受千載而一揆. 然則此乃聖學心術第一正法也. 故夫子不以告他弟子, 而惟以告顔子也. 至言其目, 又盡擧一身所運用者, 無所遺漏, 使其用功, 無不到之處. 其全盡又如此, 而『集註』所釋, 又極其要妙, 句句皆有味. 此蓋孔子所盡意以告顔子, 而朱子所盡意解釋者也. 學者, 所當盡力焉者也.(『心法』)

『발휘』10-F

○ 주자가 또 말하였다. "자기를 이기는 것은 역시 별달리 좋은 방법이 없다. 비유하면, 얼마 안 되는 군사가 졸지에 강한 적을 만난 것과 같으니, 단지 힘을 다해 죽음을 무릅쓰고 앞으로 향해 갈 뿐 다시 무엇을 의심하겠는가?"305) ○ 또 말하였다. "'극기복례(克己復禮)'에서 '예(禮)'를 말한 까닭은 규칙이 있으면 규범을 지키는 것이 저절로 엄격해져서 다시 간과하거나 빠뜨리지 않는 것을 말한다."306) ○ 또 말하였다. "일상생활 중 단지 일에 나아가서 세밀히 생각하여 어떤 것이 천리이고 어떤 것이 인욕인가를 체득하여, 사욕을 힘써 제거하여 행하지 않도록 하고 한결같이 이(理)에 나아가 공부해 나아가되, 점진적으로 순서에 따라 도리를 이해하는 것이 저절로 순수하고 익숙해지면, 인(仁) 또한 볼 수 있을 것이다."307) 또 말하였다. "대개 자기를 이기는 공부는 스스로 힘써 행하는 일이어서 다른 사람과 별 상관이 없다. 문을 굳게 잠그고 스스로 자기에게 나아가 세밀하게 체험하여 깨달으면 사사로운 생각

---

305) 『朱子語類』 권41, 「論語二十三·顔淵篇上」.

306) 『朱子語類』 권41, 「論語二十三·顔淵篇上」.

307) 『朱子語類』 권41, 「論語二十三·顔淵篇上」.

을 가지자마자 바로 제거할 수 있다. 그래서 '인(仁)을 행하는 것은 자기로부터 말미암으니 남으로부터 말미암겠는가?'라고 말하였으니, 공자가 말한 것이 매우 분명하다."308) ○ 질문하였다. "극기복례 공부는 전적으로 '이긴다[克]'는 글자에 달려 있으니, 대체로 마음이 움직이는 곳에 나아가 이겨나가는 것이니, 반드시 움직임이 있은 후에 천리와 인욕의 기미가 나누어지는 것을 계기로 하여 비로소 어떤 것을 결단하고 선택해야 할지를 알아 힘쓰기 때문이겠지요?" 대답하였다. "만약 움직여 드러난 이후에 이긴다면 너무 늦지 않겠는가? 발현할 때는 당연히 이겨야 하지만, 발현되지 않은 때에도 반드시 정밀히 하고 분명히 하여 활활 타는 불이 침범할 수 없는 것처럼 해야 한다."309) ○ 또 말하였다. "'극기(克己)'는 크게 행하는 공부이고, '복례(復禮)'는 일마다 모두 제자리에 맞게 되는 것이다. 극기하기만 하면 복례할 수 있어서 단계마다 모두 법규에 맞을 수 있으니, '극기' 이외에 별달리 '복례' 공부는 없다."310) ○ 또 말하였다. "요즈음 사람은 '마라[勿]'는 글자에서 차이난다. 언제나 호시랑(胡侍郎)은 '나는 안연과 오로지 '마라'는 글자에서 차이난다. 안연은 예가 아니면 보지 않는데, 나는 예가 아닌데도 보니, 이것이 내가 안연에 미치지 못하는 까닭이다'고 말한 것을 기억한다."311) ○ 「극재기」에서 말하였다. "성정의 덕은 갖추고 있지 않은 것이 없으나, 한 마디로 그 묘리를 다할 수 있는 것은 인(仁)뿐이라고 하겠다. 인을 추구하는 방법에도 대개 여러 가지 방도가 있으나, 한 마디로 그 요점을 든다면 '극기복례'일 뿐이다. 대개 인이라는 것은 인간다운 것이며, 천지가 사물을 낳는 마음으로서 사람과 사물이 얻어서 마음으로 삼은 것이다. 저 천지가 사물을 낳는 마음을 얻어서 마음으로 삼기 때문에 미발의 때에

308) 『朱子語類』 권41, 「論語二十三·顔淵篇上」.
309) 『朱子語類』 권41, 「論語二十三·顔淵篇上」.
310) 『朱子語類』 권41, 「論語二十三·顔淵篇上」.
311) 『朱子語類』 권41, 「論語二十三·顔淵篇上」.

는 네 가지 덕목이 거기에 갖추어져 있어 '인의예지'라고 말하지만, 인이 통괄하지 않음이 없다. 이발 때에는 사단이 거기에 드러나 측은·수오·사양·시비라고 말하지만, 측은한 마음이 두루 관통하지 않음이 없다. 이것이 인(仁)의 체와 용이니 그래서 온전한 것을 갖추고 있으며 두루 유행하고 관통하여 오로지 한 마음의 묘리로서 한결같이 하여 모든 선의 우두머리가 되는 까닭이다. 그러나 사람에게는 이 몸이 있어서 이목구비의 감각과 육체의 욕망이 있기 때문에 때로 저 인(仁)을 해침이 없을 수 없다. 사람으로서 어질지 않으면 저 천리를 없애고 인욕을 다하는 자가 장차 못하는 일이 없게 될 것이니, 이것이 군자의 학문이 인을 구하는 것을 시급하게 여기는 까닭이다. 그러나 인을 추구하는 요점은 또한 인을 해치는 원인이 되는 것을 제거하는 것일 뿐이다. 대개 예가 아닌데도 그것을 보면 인욕이 인을 해치고, 예가 아닌데도 들으면 인욕이 인을 해친다. 예가 아닌데도 말하거나 행동하면 인욕이 인을 해치게 되니, 인욕이 인을 해치는 것이 여기에 달려 있음을 알게 된다. 여기에서 근본을 뽑아내고 근원을 막아서 확충하고 이기며, 다시 이겨서 어느 날 확 트이는 경지에 이르러 욕망이 다하고 이치가 순수해지게 되면 그 마음에 가지고 있는 것이 어찌 천지가 사물을 낳는 마음이 순수하여 봄날과 같은 따뜻함이 피어오르지 않겠는가? 묵묵히 그것을 이루면 실로 어떤 이(理)도 구비되지 않음이 없고, 어떤 사물도 아우르지 못하는 것이 없게 된다. 감응하여 통하면 이(理)를 얻지 못하는 일이 없으며, 사랑을 받지 않는 사물이 없을 것이다."312) 또 말하였다. "이기고 실천한다는 것은 비록 독립적인 두 가지 일 같지만 실질적으로 천리와 인욕은 상대적으로 성장 쇠퇴하기 때문에 자기를 이기는 것이 곧 예를 회복하는 방법이며, 극기 이외에 별달리 복례 공부가 있는 것이 아니다."313) ○ 남헌장씨가 말하였다. "마라[勿]는 것은 금지하는 말

312) 『晦庵集』 권77, 「克齋記」.

로서, 버려둔 마음을 거두어들이는 요점이다. 배우는 자는 반드시 시청언동을 할 때에 스스로 보는 것에 따라서 그것이 예가 아님을 깨닫는다면 그것을 이기는 데 인색함이 없어야 한다. 사색하고 힘써 행하여 거친 것에서 정밀한 것에 이르고, 드러난 것에서 은미한 것에 이르면 이른바 '비례'라는 것을 이겨내지 못할 것이 있겠는가? 이기는 것이 극진해지면 천리는 순수하고 온전하여 시청언동이 한결같이 법칙에 따르게 된다. '인을 행하는 것은 자신에 말미암는 것이지, 남에게 달려 있는 것이겠는가?'라는 것은 힘써서 방치하지 말라는 것을 중시한 말일 뿐이다."314) 또 말하였다. "자신의 편벽됨을 이겨내는 것이 어려울 때는 크게 왕성한 노력을 해야 한다. 그러나 힘은 왕성한 것이 중요하지만, 공부는 정밀한 것이 중요하다. 만약 공부가 정밀하지 않으면 비록 잠시 사이는 잘할 수 있지만 끝에는 오랫동안 지속하여 단서를 없앨 수 없을 것이다. 안연이 침잠하고 축적하며 익힌 공부가 어떠하였는지 보자. '선하지 않음이 있으면 모른 경우가 없고, 알고서는 다시 행한 적이 없다.'고 했으니, 공부가 독실하고 지극하며 오래하고 익숙하지 않았다면 어떻게 이와 같을 수 있었겠는가?"315)(『발휘』)

○ (朱子)又曰, "克己, 亦別無巧法. 譬如孤軍猝遇强敵, 只得盡力舍死向前而已, 尙何問哉?" ○ 又曰, "克己復禮, 所以言禮者, 謂有規矩, 則防範自嚴, 更不透漏." ○ 又曰, "日用間, 只就事上, 子細思量, 體認那箇是天理, 那箇是人欲, 着力除去了私底, 不要做, 一味就理上做去, 次第漸漸, 見得道理, 自然純熟, 仁亦可見." 又曰, "大率克己工夫, 是自着力做底事, 與他人殊不相干. 緊緊閉門, 自就身上, 子細體認覺得, 才有私意, 便克去, 故曰'爲仁由己而由人乎哉?' 夫子說得大段分曉." ○ 問, "克復工夫, 全在克字上. 蓋是就發動處, 克將去, 必因有動而後, 天理人欲之幾始分, 方知所決擇而用力也." 曰, "若待發見而後克, 不亦晚乎? 發時固是用克, 未發時, 也須致其精明, 如烈火

---

313) 『晦庵集』 권77, 「克齋記」. * 『西山讀書記』 권6, 「仁」.

314) 『南軒集』 권18, 「勿齋說」.

315) 『南軒集』 권27, 「答喬德瞻」.

之不可犯, 始得." ○ 又曰, "克己是大做工夫, 復禮是事事皆落腔窠, 克己便能復禮, 步步皆合規矩準繩, 非是克己之外, 別有復禮工夫也." ○ 又曰, "今人只爭箇勿字, 常記胡侍郞云, '與顔子, 只爭一箇勿字. 顔子非禮便勿視, 我非禮亦視, 所以不及顔子.' ○ 「克齋記」曰, "性情之德, 無所不備, 而一言足以盡其妙, 曰仁而已. 所以求仁者, 蓋亦多術, 而一言足以擧其要, 曰克己復禮而已. 蓋仁也者, 人也, 天地所以生物之心, 而人物所得以爲心者也. 惟其得夫天地生物之心以爲心, 是以未發之前, 四德具焉, 曰仁義禮智, 而仁無不統. 已發之際, 四端著焉, 曰惻隱羞惡辭讓是非, 而惻隱之心, 無所不通. 此仁之體用, 所以涵育混全, 周流貫徹, 專一心之妙, 而爲衆善之長也. 然人有是身, 則有耳目鼻口四肢之欲, 而或不能無害夫仁. 人而不仁, 則其所以滅天理窮人欲者, 將無所不至. 此君子之學, 所以汲汲於求仁. 而求仁之要, 亦曰去其所以害仁者而已. 蓋非禮而視, 人欲之害仁也. 非禮而聽, 人欲之害仁也. 非禮而言且動焉, 人欲之害仁也. 知人欲之所以害仁者在是, 於是乎, 有以拔其本, 塞其原, 充之克之, 而又克之, 以至於一旦豁然, 欲盡而理純, 則其胸中之所存者, 豈不粹然天地生物之心, 而藹乎其若春陽之溫哉! 黙而成之, 固無一理之不具, 而無一物之不該也. 感而通焉, 則無事不得於理, 而無物不被其愛矣." 又曰, "克復之云, 雖若各爲二事, 其實天理人欲, 相爲消長, 故克己者, 乃所以復禮, 而非克己之外, 別有復禮之功也." 南軒張氏曰, "勿者, 禁止之辭, 收放心之要也. 學者, 當於視聽言動之間, 隨吾所見, 覺其爲非禮, 則克之無愛焉. 慮思力行, 由粗以及精, 由著而及微, 則所謂非禮, 蓋將有不可勝克者? 克之之至, 則天理純全, 而視聽言動, 一循其則矣. '爲仁由己而由人乎哉', 貴夫勉之勿舍而已." 又曰, "克己之偏之難, 當用大壯之力. 然而力貴於壯, 而工夫貴於密. 若工夫不密, 雖勝於暫, 而終不能持於久, 而銷其端. 觀諸顔子沈潛積習之功, 爲如何哉. 有不善, 未嘗不知, 知之, 未嘗不行. 非功夫篤至久且熟也, 其能若是乎?"(『發揮』)

『집의』10-G

○ 정자가 말하였다. "안연이 '자신을 이기고 예를 회복하는 것'의 조목을 질문하였을 때, 공자는 '예가 아니면 보지 말고, 예가 아니면

듣지 말며, 예가 아니면 말하지 말고, 예가 아니면 행동하지 말라' 고 말하였다. 네 가지는 몸의 작용이다. 안에서 말미암아 밖에 반응하는 것이며, 밖을 제어하여 그 안을 기르는 것이다. 안연은 이 말을 행하여 성인의 경지에 나아갔다. 후대에 성인을 배우는 자는 마음에 간직하여 잃지 말아야 한다. 잠언(箴言)을 통해 스스로 경계하고자 한다. 시잠(視箴)에서 말하였다. '마음은 본래 텅비어 사물에 응함에 자취가 없다. 그것을 잡는데 요점이 있으니 보는 것이 그 준칙이 된다. 눈앞의 사물에 접하여 가려지면 안은 이끌려 간다. 밖에서 그것을 제어하여 마음을 안정시키고 자신을 이기고 예를 회복하는 것을 오래 지속하면 성실해진다.' 청잠(聽箴)에서 말하였다. '사람이 법도를 지키는 것은 천성에 근본한다. 지각이 사물에 이끌려 변화되면 마침내 그 올바름을 잃는다. 저 뛰어난 현인들은 멈출 곳을 알아 안정됨이 있고, 사특함을 막고 본성을 보존하여 예가 아니면 듣지 않는다.' 언잠(言箴)에서 말하였다. '마음의 움직임은 말을 통해 펼쳐진다. 드러내는 데 조급하고 망령된 것을 막으면 안이 고요하고 한결같아진다. 하물며 이것은 중추가 되니 적의도 일으키고 호의도 낳는다. 길흉과 영욕은 오직 말이 초래하는 것이다. 경솔함을 범하면 신빙성이 없어지고 번쇄함에 빠지면 지리멸렬하게 된다. 자신이 방만하면 사물은 거스르며, 나오는 것이 거스르면 돌아오는 것도 어긋난다. 법도가 아닌 것은 말하지 않아야 하니 언사를 공경스럽게 해야 한다.' 동잠(動箴)에 말하였다. '명철한 사람은 기미를 알아 생각함에 성실하고, 지조 있는 선비는 실천에 힘쓰므로 행동에 지키는 것이 있다. 이치를 따르면 여유가 있으나, 욕망을 따르면 위태롭다. 잠시라도 생각을 극진히 하고 두렵게 스스로를 지켜서, 습관이 본성과 함께 이루어지면 성현과 같이 될 것이다.' ○ 정자가 말하였다. "사람이 자기를 이길 수 있으면 마음은 넓어지고 몸은 윤택하게 되며, 우러러서 부끄럽지 않고 굽어보아도 부끄럽지 않으면 그 즐거움을 알만

하니, 아래에서는 쉬게 되면 굶주리게 된다."(『외서(外書)』, '근사(近思)')(『집의』)

○ 程子曰, "顔子問'克己復禮之目', 子曰, '非禮勿視, 非禮勿聽, 非禮勿言, 非禮勿動.' 四者, 身之用也. 由乎中而應乎外, 制於外, 所以養其中也. 顔淵事斯語, 所以進於聖人. 後之學聖人者, 宜服膺而勿失也. 因箴以自警. 其視箴曰, '心兮本虛, 應物無迹. 操之有要, 視爲之則. 蔽交於前, 其中則遷. 制之於外, 以安其內. 克己復禮, 久而誠矣.' 其聽箴曰, '人有秉彛, 本乎天性. 知誘物化, 遂亡其正. 卓彼先覺, 知止有定. 閑邪存性, 非禮勿聽.' 其言箴曰, '人心之動, 因言以宣. 發禁躁妄, 內斯靜專. 矧是樞機, 興戎出好. 吉凶榮辱, 惟其所召. 傷易則誕, 傷煩則支. 己肆物忤, 出悖來違. 非法不道, 欽哉訓辭.' 其動箴曰, '哲人知幾, 誠之於思. 志士勵行, 守之於爲. 順理則裕, 從欲惟危. 造次克念, 戰兢自持. 習與性成, 聖賢同歸.'" ○ 程子曰, "人能克己, 則心廣體胖. 仰不愧, 俯不怍, 其樂可知. 有息則餒矣."(外書, 近思.)(『集義』)

『질서』10-H

○ 자기를 이기고 나서 아(我)가 없어진다.(『질서』)

○ 克己而後無我.(『疾書』)

『강록간보』10-I

○ 「천하귀인(天下歸仁)」: '귀(歸)'는 인정하는 것으로, 세상 사람들이 모두 그의 어짊을 인정하는 것을 말한다.(『강록간보』)

○ 「天下歸仁」: '歸', 許也. 言天下皆許其仁也.(『講錄刊補』)

『기문록』10-J

○ '자기를 이기고 예를 회복하는 것이 인이 된다[克己復禮爲仁]'에서 '위(爲)'자는 내가 일찍이 '인을 행하는 것은 자기에 말미암는다[爲仁由己]'라 할 때의 '위(爲)'자와 같은 의미라고 생각하였다. 그러나 뒤에 보았을 때는 『중용』에서 이른바 '도가 될 수가 없다'[316] 할 때의 '위(爲)'자와 같은 의미 같았다. 왜냐하면 자기를 이기고 예를

316) 『중용』 13장, "공자께서 말씀하셨다. 도는 사람에게서 멀지 않다. 사람이 도를 행하면서 사람으로부터 멀어진다면 도가 될 수 없다."(子曰道不遠人. 人之爲道而遠人, 不可以爲道.)"

회복하는 것이 바로 인이기 때문이다. 여기에서 '위(爲)'자는 힘을 쓰는 것으로 보아서는 안 될 것 같다.(『기문록』)

○ '克己復禮爲仁'之'爲'字, 嘗竊以爲與'爲仁由己'之'爲'字同. 而後來看了, 似與『中庸』所謂'不可爲道'之'爲'字同. 蓋以克己復禮便是仁矣. 此'爲'字, 恐不可用力看也.(『記聞錄』)

『원주』10-1

○ 양웅(楊雄[317])이 말하였다. "자기의 사욕을 이기는 것을 '극(克)'이라고 한다."[318]

○ 楊子曰, "勝己之私謂之克"

『강록』10-1-A

○ 이것은 양웅의 말이다. '양(楊)'은 수(扌)변으로 써야 한다. 『주자어류』에는 장식(張栻)이 양웅의 이 말을 석각에 함께 집어넣지 않은 것에 대해 주자가 탄식하면서 애석해한 말이 있다.(『강록』)

○ 是楊子雲之語也. 當從扌. 『語類』有張敬夫不與此語幷入石刻, 朱子嘆惜之辭.(『講錄』)

『표제』10-1-B

○ 「'승기(勝己)'에서 '극(克)'까지」: 질문하였다. "자기를 이긴다는 것은 자기의 사욕을 이긴다는 것 아닙니까?" 주자가 대답하였다. "그렇다" 질문하였다. "어떻게 사욕임을 알아서 다시 이겨 나갈까요?" 대답하였다. "그 아는 것만큼 따라서 점차로 이겨나가면 된다."(『語類』)(『표제』)

○ 「勝己 止 克」: 問, "克己, 是勝己之私否?" 朱子曰, "然." 曰, "如何, 知

---

317) 양웅(楊雄, BC53~18) : 이름은 웅(雄)이고, 자는 자운(子雲)이며, 성도(成都)사람이다. 어릴 때부터 배우기를 좋아했고, 사부(辭賦)에도 뛰어났다. 저술로는 『방언(方言)』, 『태현경(太玄經)』, 『법언(法言)』, 『훈찬편(訓纂篇)』 등이 있다.

318) 『四書或問』 권17, 「論語顔淵第十二」.

得是私, 復克將去?" 曰, "隨其所知者, 漸漸克去."(『語類』)(『標題』)

『강록간보』10-1-C

○ 『어류』에 어떤 사람이 물었다. "장식이 「극기재명(克齋記銘)」을 지으면서 양웅의 설을 받아들이지 않은 것은 무엇 때문입니까?" 대답하였다. "남헌이 왜 이렇게 이야기했는지 모르겠다. 아마도 단지 붓가는 대로 적다보니, 별달리 생각하지 못한 것 같다." 질문하였다. "듣자하니 학교에서 지금 이미 돌에 새겼다고 합니다." 대답하였다. "후회해 보아도 소용이 없겠군."(『강록간보』)

○ 『語類』或曰, "南軒作「克己齋銘」, 不取子雲之說, 如何?" 曰, "不知, 南軒何故如此說? 恐只信筆寫去, 殊欠商量." 曰, "聞學中今已開石." 曰, "悔不及矣!"(『講錄刊補』)

『원주』10-2

○ 이천 선생이 말하였다. "예가 아닌 곳은 바로 사사로운 생각이니 어떻게 '인仁'이 되겠는가? 무릇 사람은 반드시 자기의 사욕을 다 이겨서 모두 예로 돌아가야 비로소 인(仁)이 된다."[319]

○ 伊川先生曰, "非禮處, 便是私意, 如何得仁? 凡人須是克盡己私, 皆歸於禮, 方始是仁."

『발휘』10-2-A

○ (이천선생은) 또 말하였다. "사람이 자기를 이길 수 있으면 마음은 넓어지고 몸은 윤기가 있고, 위로 우러러보아 부끄럽지 않고 아래로 굽어보아도 부끄럽지 않으니 그 즐거움을 알만 하다. 쉬게 되면 굶주리게 된다."[320] 주자가 말하였다. "이 말은 매우 묘미가 있다." ○ 또 말하였다. "자신을 이기면 사사로운 마음이 제거되어 자연히 예를 회복할 수 있게 된다."[321] ○ 또 말하였다. "자신의

319) 『二程遺書』 권22상, 「伊川語録」.

320) 『二程外書』 권3, 「陳氏本拾遺」.

사욕만큼 이기기 어려운 것은 없다. 배우는 자가 이것을 이길 수 있다면 커다란 용기가 아니겠는가?"[322] ○ 또 말하였다. "시청언동이 예로 귀일되는 것을 인(仁)이라고 한다."[323](『발휘』)

○ (伊川先生)又曰, "人能克己, 則心廣體胖, 仰不愧, 俯不怍, 其樂可知, 有息則餒矣." 朱子曰, "此語極有味." ○ 又曰, "克己則私心去, 自然能復禮." ○ 又曰, "難勝莫如己私, 學者能克之, 非大勇乎?" ○ 又曰, "視聽言動, 一於禮之謂仁."(『發揮』)

『원주』10-3

○ 사씨가 말하였다. "극기란 모름지기 성질 가운데 치우쳐서 이기기 어려운 곳으로부터 극복해 가는 것이다."[324]

○ 謝氏曰, "克己須從性偏難克處, 克將去."

『발휘』10-3-A

○ 주자가 말하였다. "치우친 것은 실로 극복해야 하지만, 치우치지 않더라도 종사하여 행동에 온당하지 않은 것이 있는 것도 이겨내야 한다. 가령 엄격한 데 치우치면 이겨서 관대하게 하고, 관대한 가운데서도 약간이라도 좋지 않는 점이 있으면 이겨야 한다."[325](『발휘』)

○ 朱子曰, "偏底, 固是要克也, 有不偏而事爲有不穩當底, 也當克. 且如偏於嚴, 克而就寬, 那寬中, 又有多少不好處, 要克."(『發揮』)

『석의』10-3-B

○ 「'성편(性偏)'에서 '장거(將去)'까지」 : 사씨의 이 말은 몸소 경험한 것으로부터 말하는 것이다. 사씨는 옛적에 두려워하는 일이 많아

---

321) 『二程遺書』 권2상, 「元豊己未呂與叔東見二先生語」.

322) 『二程粹言』 권상, 「論學篇」.

323) 『二程遺書』 권25, 「暢潛道本」.

324) 『上蔡語録』 권3. * 『西山讀書記』 권6, 「仁」.

325) 『朱子語類』 권41, 「論語二十三·顔淵篇上」.

서 늘 조심하는 태도로 학습하였다. 또 집에 좋은 벼루가 있어 그것을 매우 아꼈는데, 뒤에 그것을 남에게 주었다. 또 오래전에는 병통이 긍(矜)자에 있었다. 뒤에 이천이 무슨 공부를 하고 있는가를 질문하였을 때, 사씨는 '다만 긍자를 제거하는 것입니다'고 말하였다.(『석의』)

○ 「性偏 止 將去」 : 謝氏此語, 從身所經歷處說出. 謝氏舊多恐懼, 常於危階上習, 又家有好硯, 甚愛之, 後來亦把與人. 又舊時病痛在矜字, 後伊川問'所做工夫', 謝氏曰'只得去箇矜字.'(『釋疑』)

『표제』10-3-C

○ 「성편난극처(性偏難克處)」 : 질문하였다. "이 성은 기질의 성이 아닙니까?" 주자가 말하였다. "그렇다. 하지만 쉽고 어려움을 가릴 것이 없다. 대개 기질이 치우친 곳은 모름지기 처음부터 극복해 나가야 한다. 사씨는 사람이 단지 마음속의 소소하게 좋지 않은 곳을 알기만 하고 그 이기기 어려움을 망각하는 것을 염려했기 때문에 그렇게 말한 것이다."(『논어주』)(『표제』)

○ 「性偏難克處」 : 問 : "此性, 是氣質之性否?" 朱子曰, "然. 然亦無難易. 凡氣質偏處, 須從頭克去. 謝氏恐人只知裏面小小不好處而忘其難故云."(『論語注』)(『標題』)

『경의』10-3-D

○ 「성편난극처(性偏難克處)」 : 성(性)은 곧 기질지성이다. '편(偏)'은 지나치게 강하여 악한 것과 지나치게 약하여 악한 것과 같은 것이다. 음기를 많이 품수 받은 자는 유약한 데 치우치고, 양기를 많이 얻은 자는 강건한 데 치우친다. 유약한 자의 병통은 대개 유약함에서 나오는 것으로 나약하고 의심 많은 등과 같은 것이다. 강건한 자의 병통은 대개 강건함에서 나오는 것으로 잔인하고 사나우며 괴팍한 것 등과 같은 것이다. 만약 강건한 자에게 유약한 병통이 있고, 유약한 자에게 강건한 병통이 있는 것은 열에 둘 또는 셋에 지나지 않는다. 반드시 자세하게 살펴서 유약하면 강건함으

로 이기고 강건하면 유순함으로 이겨야 한다. 「홍범」에 '고명은 부드러움으로 이기고, 침잠은 강건함으로 이긴다'는 것은 바로 자신을 이기는 방법이다. '이기기 어려운 곳'은 기질의 병통 가운데 가장 이겨내고 다스리기 어려운 것을 말하니, 예컨대 여조겸이 말한 '조악하고 난폭함'이나 사상채의 '긍'자와 같은 것이다. 먼저 어려운 것을 이기고 나서 나머지를 차례로 이길 수 있다. ○ '극기'는 반드시 마음을 전념하여 착실하게 공부해야 한다. 또 때때로 스스로 점검하고 어느 정도인지를 헤아린다. 예컨대, 어제 10%를 이길 수 있고, 오늘 또 10%를 이길 수 있으며 내일 또 10%를 이길 수 있어서 병통이 점차로 어느 정도 해소되고 천리가 점차로 어느 정도 회복되는 것을 느끼면 이것은 바로 매우 좋은 소식이다. 마음의 실마리가 점차로 한결같고 온전해져서 충분히 극진한 경지에 이르면 더욱 쾌활하게 되어 이겨야 할 자기가 없어진다. 만약 오늘이 어제와 같고 내일이 오늘과 같아서, 전혀 진전되는 것이 없다면 단지 공허한 말일 뿐이니, 다시 어떤 공부를 이루겠는가? 분수(分數)에 관한 설에는 매우 절차와 순서가 있고, 매우 조리가 있어서 수많은 공부를 모두 이와 같이 힘쓸 때 비로소 착실하게 성장해 나아갈 것이다.(『경의』)

○ 「性偏難克處」: 性, 卽氣質之性. 偏, 如剛惡柔惡之類. 稟得陰氣多者, 偏於柔; 稟得陽氣多者, 偏於剛. 柔者病痛, 大抵皆出於柔, 如懦弱疑貳之類. 剛者病痛, 大抵皆出於剛, 如殘忍忿愎之類. 若剛者有柔病, 柔者有剛病, 什不過二三矣. 須仔細點檢, 柔則克之以剛; 剛則克之以柔. 「洪範」'高明柔克, 沈潛剛克', 正是克己之法. 難克處, 謂氣質之病, 最深難於克治者, 如東萊'粗暴', 上蔡'矜字'之類. 先克難處, 然後其餘可次第克之也. ○ 克己, 須專意, 著實做工夫, 又時自點檢, 較量其分數. 如昨日克得一分, 今日又克得一分, 明日又克得一分, 覺病痛漸漸放下了幾分數, 天理漸漸回復得幾分數, 則此正極好消息. 意緖當漸專穩, 至於十分極盡地頭, 則更當快活, 無己可克矣. 若或今日似昨日, 明日似今日, 了無所進, 則只是空言, 更成甚工夫? 分數之說,極有次序, 極有條理. 凡百工夫, 皆如此用力, 始著實長進.(『經義』)

『기문록』10-3-E

○ 사씨가 '극기수종성편운운' 한 것은 실로 스스로 경험한 것에 나아가 말한 것이다. 무릇 배우는 자가 이기고 다스리는 공부에 있어 매우 힘이 있어서 이천의 학설과 각각 합당한 부분이 있으므로 두 가지 설을 함께 둔 후에 그 뜻이 비로소 갖추어진다.(『기문록』)

○ 謝氏說'克己須從性偏云云', 實就自家經歷上說去,. 於凡學者克治之工, 極有力, 與伊川說, 各有攸當, 兩說竝存, 然後其義始備.(『記聞錄』)

『관계』10-3-F

○ 「성편난극(性偏難克)」: 이것은 기질지성을 말한다. 인(仁)이 치우치면 고식적이 되고, 의(義)가 치우치면 잔인해지며, 예가 치우치면 감정이 방만해지며, 앎이 치우치면 교묘하게 속인다. 치우친 것을 스스로 알면 바로 이겨내야 한다.(『관계』)

○ 「性偏難克」: 此言氣質之性. 仁偏而姑息, 義偏而殘忍, 禮偏而情慢, 智偏而巧詐. 自知所偏, 便合克去.(『窾啓』)

『비망록』10-3-G

○ 대개 사람의 감정은 희로애락애오욕에 있어서 반드시 편벽된 부분이 있다. 이것이 이른바 '극복하기 어려운 곳'이다. 이 점을 특히 분연히 제거하면 나머지 일은 모두 한꺼번에 다하게 된다.(『비망록』)

○ 蓋人情於喜怒哀樂愛惡欲, 必有偏辟, 是所謂'難克處'. 於此特奮然除絕, 則其餘皆一網而盡之矣.(『備忘錄』)

『부주』10-1

○ 이천선생이 말하였다. "하늘과 땅이 정기를 모아 오행(五行) 중에 빼어난 것을 얻은 것이 사람이 된다. 그 뿌리는 참되고 고요하며, 미발 시에는 다섯 가지 본성이 갖추어져 있어서 인의예지신이라고 말한다. 형체가 생겨나고 나서는 외물이 그 형체

에 닿아서 그 마음을 움직인다. 그 마음이 움직이면서 칠정이 나오니 이것을 희노애락애오욕이라고 말한다. 감정이 불타올라 더욱 요동하게 되면 그 본성은 깎인다. 그래서 깨달은 사람은 그 감정을 단속하여 중에 맞도록 하고 그 마음을 바르게 하며 본성을 기를 따름이다. 그러나 반드시 먼저 마음에서 밝혀서 나아갈 곳을 알고 나서 힘써 행하여 지극하게 하기를 구해야 한다. 안연이 예가 아닌 것에 대하여 보고 듣고 말하고 행위하지 않고 분노를 옮기지 않고 허물을 반복하지 않은 경우와 같은 것은 그 좋아하는 것은 독실하고 배우는 것은 바른 도리를 얻은 것이다. 그러나 아직 성인에 이르지 못한 자는 도를 지킨 것이지 완전히 변화한 것이 아니다. 몇 년을 더 살았다면 어느 사이에 완전히 변화될 것이다. 요즈음 사람은 성인은 본래 타고나면서 아는 자로서 배워서 이를 수 있는 것이 아니라고 말한다. 그러나 배우는 것이 외우고 문장을 짓는 것에 불과하다면 그 또한 안연의 학문과 다를 것이다."[326)]

○ 伊川先生曰, "天地儲精, 得五行之秀者爲人. 其本也眞而靜, 其未發也五性具焉, 曰仁義禮智信. 形旣生矣, 外物觸其形而動其中矣. 其中動而七情出焉, 曰喜怒哀樂愛惡欲. 情旣熾而益蕩, 其性鑿矣. 故覺者約其情, 使合於中, 正其心·養其性而已. 然必先明諸心, 知所往然後, 力行以求至焉. 若顏子之非禮勿視聽言動, 不遷怒貳過者, 則其好之篤, 學之得其道也. 然其未至於聖人者, 守之也, 非化之也. 假之以年, 則不日而化矣. 今人乃謂聖本生知, 非學可至. 而所以學者, 不過記誦文辭之間, 其亦異乎顏子之學矣."

『강록』10-1-a

○ 이천은 나이 열여덟 살에 대학(大學) 과정에 있었는데 당시에 대장

326) 『二程文集』 권9, 「伊川文集·顏子所好何學論」.

인 호원(胡瑗)이 학관(學官)이 되어 '안자소호하학론'이란 주제를 명하여 이천은 이 문장을 기술하였다. ○ 정자는 결국 과거시험에 나아가지 않았다. 「저정(儲精)」: 이덕홍이 기록하여 말하였다. "'정(精)'은 「태극도설」에서 말한 '이기오행의 정기'이다. 여기에서 유독 '정(精)'만 말한 것은 정기를 말해도 '무극의 진원'이 그 속에 있기 때문이다." ○ '저정'은 이른바 '신묘하게 합하여 엉기는' 모습이다. 「기본야진이정(其本也眞而靜)」: 이덕홍은 기록하여 말하였다. "주자가 말하였다. '본은 본체이다. 진(眞)은 인위(人僞)가 섞이지 않은 것이다. '정(靜)'은 사물에 감응하지 않는 때이다. 오성(五性)이 바로 참된 것이고, 미발의 때가 바로 고요함이다.'" 「칠정(七情)」: 이덕홍이 기록하여 말하였다. 질문하였다. '호학론에서 사단에 대해서는 말하지 않고 칠정에 대해서만 말한 것은 무슨 이유입니까?" 대답하였다. "여기에서 혼융하게 칠정을 말하면 사단은 그 가운데 있다" 「악(樂)」: "『중용』에서 희노애락(喜怒哀樂)을 말하면서 희노애구(喜怒哀懼)를 말하지 않은 것은 무엇 때문입니까?" 대답하였다. "자사가 『중용』을 지을 때 희로애락을 말하면서 '구'를 빼놓은 것이 어떤 이유인지를 몰랐다. 그래서 『예기』에서 처음으로 희노애구애오욕을 말하여 칠정이 갖추어졌다. 「착(鑿)」: 착은 끌이다. 감정이 그 본성을 깎아버리는 것이 끌이 사물을 깎아내는 것과 같다." 「'약기정(約其情)'에서 '구지언(求至焉)'까지」: 이덕홍이 기록하여 말하였다. "마음에서 밝혀 나아갈 곳을 아는 것은 궁리의 일이고, 마음을 바르게 하고 본성을 기르는 것은 실천하는 일이다. 중에 합한다고 할 때의 '중'은 절도에 맞게 하는 것이 바로 중이라는 것이다. 「수(守)」: 한 마음으로 지키는 것이다. 「화(化)」: 억지로 힘쓸 것이 없이도 저절로 절도에 맞을 수 있는 것이다."(『강록』)

○ 伊川年十八在大學. 當時大仗胡瑗爲學官, 命題<顔子所好何學論>. 伊川乃述此文. ○ 程子竟不就科. 「儲精」: 李錄云, "精卽「太極圖說」所謂'二五之

精’. 此獨言精者, 言精而無極之眞在其中故也.” ○ 儲精卽所謂‘妙合而凝;之象. 「其本也眞而靜」 : 李錄云, “朱子曰, ’本, 本體也. 眞是不雜人僞. 靜是未感物時, 五性卽是眞, 未發便是靜.’” 「七情」 : 李錄云, “問‘「好學論」不言四端, 而只言七情如何?’ 答曰, ‘此渾淪之言七情而四端在其中.’” 「樂」 : 問“『中庸』言喜怒哀樂, 而不言喜怒哀懼者, 何耶?” 答曰, “子思作『中庸』, 言喜怒哀樂而遺懼, 不知如何, 故『禮記』始言喜怒哀懼愛惡欲而七情備.” 「鑿」 : 鑿, 끌也. 情之鑿去其性, 猶鑿之鑿物. 「約其情 止 求至焉」 : 李錄云, ‘明諸心, 知所往, 窮理之事, 正心, 養性, 踐履之事. 合中之中, 使中於節, 則便是中也.’ 「守」 : 一意持守. 「化」 : 無所勉强, 而自能中節.(『講錄』)

『석의』10-1-b

○ 「‘천지저정(天地儲精)’에서 ‘오성구언(五性具焉)’까지」 : 안정(安定) 호원 선생이 한때 학관이었을 때 ‘안자소호하학론’이란 주제를 명하였다. 그래서 이천이 이 문장을 기술하였다. 당시 나이 18세였다고 한다. ○ ‘정’은 「태극도설」에서 말하는 ‘이기오행의 정기’이다. 여기에서 ‘정’만 말한 것은 ‘정’을 말해도 ‘무극의 진리’가 그 속에 들어 있기 때문이다. ‘저’는 이른바 ‘신묘하게 합하여 엉긴다’는 의미이다. 본(本)은 본체이다. ‘진’은 인위(人僞)가 섞이지 않은 것이다. ‘정’은 사물에 아직 접하지 않은 때이다. 다섯 가지 성이 진이고, 미발은 고요함이다. 「‘약기정(約其情)’에서 ‘구지(求至)’까지」 : 마음을 밝히고 나아갈 곳을 아는 것은 궁리의 일이고, 마음을 바르게 하고 본성을 기르는 것은 실천하는 일이다. 「수(守)」 : 한 마음으로 지키는 것이다. 「화(化)」 : 억지로 힘쓰는 곳 없이도 저절로 절도에 맞는 것이다.(『석의』)

○ 「天地儲精 止 五性具焉」 : 安定先生胡瑗, 嘗爲學官, 命題<顔子所好何學論>. 伊川乃述此文. 時年十八云. ○ ‘精’卽「太極圖說」所謂‘二五之精’. 此獨言精者, 言精而無極之眞, 在其中矣. ‘儲’卽所謂‘妙合而凝’之意. 本, 本體也. 眞是不雜人僞. 靜是未感物時, 五性是眞, 未發是靜. 「約其情 止 求至」 : 明心, 知所往, 窮理之事. 正心, 養性, 踐履之事. 「守」 : 一意持守. 「化」

: 無所勉强, 而自能中節.(『釋疑』)

『표제』10-1-c

○ 「이천선생왈(伊川先生曰)」 : 박세채(朴世采)의 생각: 이 단락은 '호학론'이므로 그 논의한 것이 이와 같다. 「기본(其本)에서 지신(智信)가지」 : 퇴계는 말하였다. "그 근본과 그 미발은 본래 두 가지로 나누어지는 일이 아니다. 그러나 그 설명한 것은 실로 두 가지가 중첩된다. 첫째는 단지 본연의 성이 인위적인 것과 섞이지 않아 고요하고 깊으며 신묘한 곳을 가리켜 말하기 때문에 그렇게 운운하였다. 둘째는 다시 앞에서 이른바 '고요한 곳'에 나아가서 이른바 '참된 것'의 명목이라는 것을 논파하였기 때문에 그렇게 운운하였다. 주자가 채원사와 함께 이것을 논하여 '이천의 글은 단락이 많다.' 또 '중복하여 말한 것이다'고 한 것이 이것이다."(본집) ○ 「'외물(外物)'에서 '중의(中矣)'까지」 : 경원보씨가 말하였다. "마음은 살아 있는 것으로 외물에 접촉하여 움직인다. 위에서 그 근본이 고요함을 말했기 때문에 여기에서는 움직임을 말하였다."(『논어』) ○ 「칠정(七情)」 : 무엇을 인정(人情)이라고 말하는가? 희로애구애오욕 일곱 가지는 배우지 않고도 할 수 있는 것이다.(『예기』) ○ 「'고각(故覺)'에서 '이이(而已)'까지」 : 운봉호씨는 말하였다. "정자의 이 단락의 의론은 모두 주돈이의 「태극도설」에서 온 것이다. '천지저정'에서 이 '정'자는 곧 이기오행의 정기이다. '그 근본 또한 참되고 고요하다'는 것에서 '진'자는 곧 '무극의 진리(眞理)이다.' 단지 주돈이는 태극으로부터 말하였기 때문에 '진'을 앞세우고 '정'을 뒤에 두었다. 정자는 단지 천지로부터 논의를 제기했기 때문에 '정'을 앞세우고 '진'을 뒤에 두었다. '저'자는 곧 '응'자이다. 옛부터 성을 말할 때 오성을 말한 적이 없었으나, 「도설」에서 '오행이 생겨나면서 각각 그 본성을 달리 한다'[327]고 말하였기 때문

327) 진영첩은 이 구절을 '오행이 발생하면서 각각은 그 특수한 본성을 가진다(The Five Agents arise, each with its specific nature.)'고 해석하였다.

문에 여기에서 '오성이 거기에 갖추어진다'고 말하였다. 「도설」에서 '오성이 감응하여 움직여서 선과 악이 나뉘고, 만사가 출현한다'고 말하는 것이 곧 '그 안이 움직여서 칠정이 거기에서 나온다'고 하는 것이다. 대개 오성이 감응하여 움직인 후에 선이 있고 악이 있어 감정이 타오르고 나서 더욱 거칠게 되면 그 본래의 선함을 완전히 상실하게 된다. 「도설」에서 '중정인의로 감정을 안정시키고 고요함을 주로 한다'는 것은 성인이 인륜의 표준을 세우는 일이고, 여기에서 '그 감정을 단속하여 중에 맞게 한다'고 한 것은 배우는 자가 자기를 이기는 일이다."(『논어』)(『표제』)

○ 「伊川先生曰」: 按: 此段乃好學論, 故其說如此. 「其本 止 智信」: 退溪曰, "其本, 其未發, 固非兩截事. 但其爲說, 則實作兩重. 第一番, 只指本然之性, 不雜人僞, 湛然淵妙處說, 故曰云云. 第二番, 再就前所謂'靜處', 說破所謂'眞者'名目, 故曰云云. 朱子與蔡元思論此云, '伊川文字, 多頭項', 又謂'疊說', 是也."(本集) ○ 「外物 止 中矣」: 慶源輔氏曰, 心是活物, 觸之而動. 上言其本靜, 故於此言動.(『論語』) ○ 「七情」: 何謂人情? 喜怒愛懼哀惡欲七者, 不學而能.(『禮記』) ○ 「故覺 止 而已」: 雲峰胡氏曰, "程子此段議論, 皆自周子「太極圖說」來. '天地儲精', 此'精'字卽是'二五之精'. '其本也, 眞而靜', '眞'字卽是'無極之眞'. 特周子自太極說來, 故先眞而後精. 程子只是天地說起, 故先精而後眞. '儲'字卽是'凝'字. 自古言性, 未嘗言五性, 而說謂五行之生也, 各一其性, 故此曰'五性具焉'. 圖說謂'五性感動而善惡分, 萬事出', 此卽曰'其中動而七情出焉'. 蓋五性感動之後, 有善有惡, 至於情旣熾而益蕩, 則全失其本來之善矣. 「圖說」'定之以中正仁義而主靜', 聖人立人極之事, 此曰'約其情, 使合於中', 學者克己之事也."(『論語』)(『標題』)

『석의보유』10-1-d

○ 「'기본야진(其本也眞)'에서 '오성구언(五性具焉)'까지」: 황중거가 질문하였다. "그 근본이 또한 참되고 고요하다고 한 것에 대해 오성이 바로 참된 것이고, 미발이 정이니, 두 가지로 나누어 보아서는 안 될 것 같습니다. 참되면서 고요한 것으로 보기 때문에 오성이

거기에 갖추어지는 것이 아닙니까?" 또 말하였다. "'진'은 무극의 진리이고, '정'은 처음 사물에 감응하지 않은 때를 말합니다. 이것은 명을 받아 생명을 처음 내려 받을 때를 가리켜 말합니다. 이른바 '미발이라는 것'은 고요하여 움직이지 않는 것으로, 사물과 아직 접하지 않은 때를 가리키는 것이니, '미발의 중'이 아니고 본연의 성이니, 아래 문장에서 '형체가 생겨나면서 정이 움직인다'는 것은 성(性)이 움직여 정(情)이 되는 것 아닙니까?" 퇴계가 말하였다. "이 단락은 잘못 보고 있네. '기본야진이정(其本也眞而靜)'과 '기미발야오성구언(其未發也五性具焉)'은 실로 두 가지로 나뉘는 일이 아니네. 하지만 그 설명을 두 가지로 중복하여 구성하였네. 첫째는 단지 본연의 성은 인위적인 것을 섞지 않고 고요하고 깊으며 신묘한 곳을 가리켜 말하기 때문에, '그 근본이 참되고 고요하다'고 말하였다. 둘째는 다시 앞에서 언급한 '고요한 곳'에 나아가 이른바 '참된 것'의 명목을 말하고자 하였기 때문에, '그 미발의 때에 다섯 가지 본성이 갖추어졌다 운운'하고 말하였다. 이것이 있음으로 해서 저것이 있다는 논리는 아니다. 그래서 주자가 채원사에게 이것을 논하여 '이천의 글은 이처럼 단서가 많으니, 그렇게 얽어 나가지 않는다' 또 '중복된 설이라고 말한다'고 한 것이 이것이다. 보내준 글에서 '참되면서 고요한 것으로 보기 때문에 다섯 가지 본성이 갖추어졌다'고 보고자 하는 것은 '진정(眞靜)'과 '오성(五性)'을 두 가지 사물이 되어 상대적으로 존재하는 것으로 보는 것이니, 가능하겠는가? 보내준 글에서는 '진은 무극의 진수이고, 정은 초기에 사물에 감응하지 않을 때를 말하므로, 이것은 명을 받아 생명을 처음 내려받은 때를 가리켜 말한다. 이른바 미발이라는 것은 고요하여 움직이지 않는 것을 가리킨다. 사물과 아직 접촉하기 이전은 이른바 미발의 중이 아니고 본연의 성이다'고 하였다. (보내준 견해를 자세히 살펴보면 참되고 고요한 것은 사람이 처음 태어나 사물에 아직 감응하지 않은 때로 생각하여 이른바 '미발의 중'을 그에 해당시켰다. 미발시에 오성이 갖추어져 있는 것을 이후에 일을 살피는 사람이 아직 사물에 접하지 않아 고요하여 움직이지 않는 때로 간주하여 이른바 '본연지성'을 그것에 해당시켰으니, 이 뜻은 매우 어긋난다.) 대개 사람이 처음 태어나 사물에 접하지 않을 때는 본래 참되고 고요하다. 그러나 일을 살피는 사람이 사물과 접하지 않을 때도 참되고 고요하다. 그러므로 사물과 감응하기 이전의 미발의 중이 바로 처음 생명을 받았을 때의 본연의 성이다. 이 일에는 앞뒤도 없고 대소도 없이 오로지 하나의 이로 관통하니, 단지 사물에 접하자마자 바로 감응하는 것은 사람뿐이다." ○ 내가 생각건대, '그 근본은 또한 참되고 고요하다'고 말한 것은 단지 총체적인 태극을 말한 것이다. '그 미발의 때에는 오성이 갖추어져 있다'고 한 것은 아래 문장에서 '그 마음이 움직여 칠정이 거기에서 나온다'고 말하고자 하였기 때문에 먼저 이 단락을 세워서 논의 전개의 근원으로 삼았으니, 별달리 의심해서는 안 될 것 같다.(『석의보유』)

○ 「其本也眞 止 五性具焉」: 黃仲擧問, "其本也眞而靜, 五性便是眞, 未發便靜, 恐不可作兩截看. 看作眞而靜, 故五性具焉否?" 又曰, "眞是無極之眞, 靜言其初未感物時. 此指受命降生之初而言也. 所謂'未發'者, 指寂然不動, 未與物接之前, 則非所謂'未發之中'也, 乃本然之性也. 下文'形生情動', 是性動爲情否?" 退溪曰, "此段看得有病. '其本也眞而靜', 與'其未發也五性具焉'者, 固非兩截事. 但其爲說, 實作兩重說了. 第一番, 只指本然之性, 不雜人僞, 湛然淵妙處說, 故曰'其本也, 眞而靜'. 第二番, 再就前所謂'靜處', 說破所謂'眞者'之名目, 故曰'其未發也, 五性具焉'云云. 非因此而有彼也. 故朱子與蔡元思論此云, '伊川文字, 如此多頭項, 不恁纏去', 又謂之'疊說', 是也. 來諭欲看作'眞而靜, 故五性具' 是眞靜與五性爲兩物, 相待而有, 其可乎? 來諭'眞是無極之眞, 靜言其初未感物時, 則此指受命降生之初而言也. 所謂未發者, 指寂然不動, 未與物接之前, 則非所謂未發之中也, 乃本然之性也.' (竊詳來意, 以眞而靜爲人之始生, 未感物之時, 而以所謂未發之中者, 當之. 以未發也五性具爲後來省事之人, 未與物接, 寂然不動之時, 而以所謂'本然之性'者, 當之, 此意甚差.) 蓋人始生未感物時, 固眞而靜. 其省事之人, 當其未感物也, 亦眞而靜矣. 故未與物接之前, 未發之中, 卽降生之初, 本然之性也. 此事無前無後, 無小無大, 貫通只一理, 只是纔感物後感之者, 人耳." ○ 愚謂, "'其本也, 眞而靜', 只是統體大綱說. '其未發也, 五性具'云者, 下文將說'其中動而七情出焉', 故先設此段, 以爲張本, 恐不可別生疑晦."(『釋疑補遺』)

『질서』10-1-e

- ○ '하늘과 땅이 정기를 모은다'는 것은 '음양과 오행의 정기(精氣)이다.' '그 근본이 참되고 고요하다'는 것은 '무극의 진리이며' 이미 주정(主靜)을 말하는 근본으로 삼았다. '오행 가운데 순수한 것을 얻었다'는 것은 '그 순수한 것을 얻어 가장 영명하다'는 것이다. '오성이 감응하여 움직인다' 이하는 또 '형체가 생기고 지각이 발생한다'는 말과 합한다. '감정이 격해지면 성이 깎인다'는 것과 '감정을 단속하고 본성을 기른다'는 것은 곧 '선악이 갈리고 만사가 출현한다'는 것이다. 정자의 학문은 한결같이 주돈이에게서 나온 것으로 증명할 수 있다.(『질서』)
- ○ '天地儲精', '二五之精'也. '其本也眞而靜', '無極之眞也'. 已說主靜張本也. '得五行之粹者', 卽'得其粹而最靈也.' '五性感動'以下, 又與'形生神發'等語吻合. '情熾性鑿'及'約情養性', 便是'善惡分而萬事出矣.' 程子之學, 一出於濂溪, 可以左契.(『疾書』)

『강록간보』10-1-f

- ○ 「'기본야(其本也)'에서 '구언(具焉)'까지」 : 황중거에게 답하여 말하였다. "이것은 실로 두 가지 일이 아니다. 그러나 이야기한 것은 실로 두 가지로 중첩하여 구성하였다. 첫째는 본연의 성으로 인위가 섞이지 않아 맑고 깊어 신묘한 곳을 가리켜서 말하기 때문에 '기본야, 진이정(其本也, 眞而靜)'이라고 말하였다. 둘째는 다시 앞에서 언급한 '고요한 곳'에 나아가서 이른바 '참된 것의 명칭'을 논파하기 때문에 '오성이 거기에 갖추어진다 운운'한 것이지, 이것이

있음으로 해서 저것이 있다는 논리는 아니다. 보내온 편지에서 '참되고 고요하기 때문에 오성이 갖추어졌다고 하였는데, 이것은 '진정'과 '오성'이 두 가지가 되어 서로 상대하여 존재하게 되는 것이니 가능한 것이겠는가? 그대의 뜻은 '참되고 고요한 것'을 사람이 처음 태어난 때로 보아 사물에 아직 감응하지 않은 때로서, 이른바 '미발의 중'을 그에 해당시키고 있다. 또 '미발의 때에 오성이 갖추어지는 것'을 뒤에 일을 처리하는 사람이 사물과 접하지 않고 고요하여 움직이지 않는 때로 여겨서, 이른바 '본연지성'을 그에 해당시켰는데, 이런 견해는 매우 잘못이다. 사람이 처음 태어나 아직 사물에 감응하지 않을 때는 실로 참되고 고요하지만, 일을 처리하는 사람이 아직 사물에 감응하지 않았을 때도 역시 참되고 고요하다. 그러므로 사물에 아직 접하기 이전의 미발의 중이 바로 사람이 처음 태어날 때의 본연의 성이다. 이 일은 앞뒤와 무관하게 대소를 막론하고 오로지 하나의 이치가 관통하고 있다. 오직 사물에 감응한 후에 그것을 잃어버리는 것은 사람일 따름이다." 「착(鑿)」 : 김종덕(金宗德)의 생각: 추착의 착과 같다. 본성이 발현하여 정이 되고, 감정이 격화되어 요동하면 그 본성은 곧바로 깎이게 된다. 감정이 거칠게 된 후에 다시 그 본성을 깎는 것이 아니다. 「'약기정(約其情)'에서 '지언(至焉)'까지」 : '마음에서 밝혀 향할 바를 아는 것'은 궁리의 일이고, '마음을 바르게 하고 본성을 기르는 것'은 실천의 일이다. ○ 김종덕(金宗德)의 생각: '깨달은 사람이 감정을 단속하여 중에 맞게 하는 것'이 마음을 바르게 하고 본성을 기르는 것일 뿐이다. 그러나 단속하고 맞게 하며 바르게 하고 기르는 도리는 마음을 밝혀 향할 바를 알고 힘써 행하여 이르기를 구하는 데 달려 있다. '마음을 밝히고 지향할 곳을 아는 것'은 앎에 속하고, '힘써 행하고 극진함을 구하는 것'은 실천에 속한다.(『강록간보』)

○ 「其本也 止 具焉」 : 答黃仲擧曰, "此固非兩截事. 但其爲說, 實作兩重說.

第一番, 只指本然之性, 不雜人僞, 湛然淵妙處說, 故曰'其本也, 眞而靜'. 第二番, 再就前所謂'靜處', 說破所謂'眞者之名目', 故曰'五性具焉云云', 非因此而有彼也. 來諭欲看作'眞而靜, 故五性具' 是眞靜與五性爲兩物, 相待而有, 其可乎? 來意, 以'眞而靜'爲人之始生未感物之時, 而以所謂'未發之中'者, 當之. 以'未發也五性具'爲後來省事之人, 未與物接, 寂然不動之時, 而以所謂本然之性者, 當之. 此意甚差. 人始生未感物時, 固眞而靜, 其省事之人, 當其未感物也, 亦眞而靜矣. 故未與物接之前, 未發之中, 卽降生之初, 本然之性也. 此事無前無後, 無小無大, 貫通只一理, 只是纔感物後, 喪之者人耳." 「鑿」: 按: 與椎鑿之鑿同. 性發爲情, 情熾而蕩, 則其性當下便被鑿了, 非情蕩後又去鑿其性. 「約其情 止 至焉」: '明諸心·知所往', 窮理之事; '正心·養性', 踐履之事. ○ 按: '覺者約情合中', 正心養性而已. 然其所以約合正養之道, 在'明心·知往', '力行·求至'. '明心·知往'屬知, '力行·求至'屬行.(『講錄刊補』)

『기문록』10-1-g

○ 「호학론」에서 이른바 '마음에서 밝혀 향할 곳을 안다'는 것은 위의 '각(覺)'자에 속하는 것으로 궁리의 일이다. '힘써 행하여 이를 바를 추구한다는 것'은 위의 '그 감정을 단속하여에서 그 본성을 기른다'는 것까지에 속하며, 실천해 나아가는 일이다.(『기문록』)

○ 「好學論」所謂'明諸心, 知所往', 屬上'覺'字, 窮理之事也. '力行以求至', 屬上'約其情 止 養其性', 踐履之事也.(『記聞錄』)

『심경설』10-1-h

○ 「기중동이칠정출(其中動而七情出)」: 질문하였다. "칠정은 다섯 가지 본성이 발현한 것 아닙니까?" 대답하였다. "주자는 '희로애락은 감정이고, 그것이 아직 발현하지 않은 것은 성이다'고 말하였다. 이것에 근거해 보면 칠정이 발현하는 것은 다섯 가지 본성에 말미암지 않는다고 말할 수 없다. 그러나 일곱 가지 감정은 결국에는 형체의 기질에 감촉하여 생기는 것이니, 또한 기쁨은 인이 발현한 것이고, 분노는 의가 발현한 것이라고 말할 수 없다. 그래서 퇴계

선생은 '사단칠정 논변 가운데서 희노애구애오욕은 어디로부터 나오는 것인가? 외부의 일이 그 형체의 기질에 감촉하여 속에서 움직여 외부 대상을 계기로 하여 나오는 것이다'고 말하였다. 또 말하였다. '외물이 닥칠 때 쉽게 감응하여 먼저 움직이는 것 가운데는 형체상의 기질만한 것이 없는데, 일곱 가지 감정이 그 싹이고 갈래이다.' 반드시 이 점을 깊이 음미해 보면 사단과 칠정이 발현하는 싹을 미루어 헤아려서 알 수 있다. 그러나 칠정은 비록 형체상의 기질에서 나오는 것이지만 발현한 것이 모두 절도에 맞으면 또한 순수하게 선하여 악함이 없는 사단과 차이가 없다. 그래서 이전의 학자들은 칠정을 다시 사덕에 나누어 대응시킨 일이 있는데, 이런 뜻 또한 몰라서는 안 된다."(『심경설』)

○ 「其中動而七情出」: 問, "七情非五性之發歟?" 曰, "朱子云'喜怒哀樂, 情也. 其未發卽性也.' 據此則七情之發, 不可謂不由於五性, 然七者之情, 畢竟是形氣上感觸而發者, 則亦不可謂喜是仁之發, 怒是義之發也. 故退陶先生四七辨中云, '喜怒哀懼愛惡欲, 何從而發乎? 外物觸其形而動於中, 緣境而出焉.' 又曰'外物之來, 易感而先動者, 莫如形氣而七者其苗脈也.' 須就此深味之, 則四端七情之所發苗脈, 可以推測而知矣. 然七情雖是形氣上發, 而發皆中節, 則亦無間於四端之純善無惡. 故先輩又嘗以七情分配四德, 此意亦不可不知也."(『心經說』)

『관계』10-1-i

○ 「기본진이정(其本眞而靜)」: 주자는 본디 인위(人僞)를 섞지 않고 아직 사물에 감응하기 이전으로 해석하였으나, 나의 생각으로 이 이론은 「태극도설」로부터 왔다. '정'은 음양오행의 정기이고, '수'는 '빼어난 것을 얻었다'고 할 때 수(秀)이며, '진'은 무극의 진리이고, '정(靜)'은 '태극이 고요하다' 할 때의 정(靜)이다. 이것은 바로 다섯 가지 본성에 나아가서 그 본원을 가리킨 것이다. '참된 것'과 '고요한 것'은 천리로 말한 것이고, '미발'은 사람의 측면에서 말한 것이다. 사람에게 있는 것으로 말하면 다섯 가지 본성이 본래

참된 것이나, 미발은 고요한 것이지만 입장이 조금 다르다. ○「칠정(七情)」: 칠정 가운데 '즐거움'을 말하면서 '두려움'을 말하지 않은 것은 대개「예운」에만 의거하여 오직 형기에서 나온 것만을 가리킨 의혹이 있다. 그래서『중용』을 참고하여 의리에서 발현한 것을 함께 가리켰으니, 이것이 바로「태극도」에서 '다섯 가지 본성이 감응하고 움직여 거기에서 선과 악이 나온다'고 하는 것이다.(그 중이 움직이는 것은 선이 곧게 나오는 것이고, 격화되어 요동하는 것은 악이 곁에서 나오는 것이다.) ○「'약정(約情)'에서 '지지(知至)'까지」: '감정을 단속하여 절도에 맞게 하는 것'은 곧『중용』에서 말한 '홀로 아는 마음을 삼가고', '화(和)를 이루는' 일로서, 반성하고 살피는 것[省察]에 속한다. '마음을 바르게 하고 본성을 기르는 것'은 곧『중용』에서의 '조심하고 두려워하여' '중을 이루는 일'로서 보존하고 기르는 일[存養]에 속한다. '마음에서 밝혀 향할 바를 아는 것'은 앎[知]이고, '힘써 실천하여 이를 바를 구하는 것'은 행동이다. 성찰과 존양이 바른 도리를 얻는 것은 실로 지식과 실천이 극진함에 나아가는 데서 말미암는다. ○「사합어중(使合於中)」: '기중(其中)'의 중(中)은 바로 큰 근본으로서 중(中)이다. 사물이 이르러 이(理)를 움직이고, 이가 움직여서 사물에 응하는 것은 그 이치가 같다. 여기에서 '중도에 맞다'고 한 것은 중절의 중이며, 큰 근본이 발동한 것이다. 중은 단지 재중(在中)의 뜻인데, 혹자가 '그 중'을 심중(心中)으로 이해하는 것은 무슨 뜻인가?(『관계』)

○ 「其本眞而靜」: 朱子固以不雜人僞未感物時釋之, 而竊意此論從「太極圖說」來. '精'卽'二五'之精, '秀'是'得其秀'之秀, '眞'卽無極之眞, '靜'卽'太極靜'之靜, 此乃卽五性而指其本原也. '眞''靜', 以天理言, '未發', 以人分言, 以在人者言, 則五性固是眞, 未發固是靜, 而地頭微異. ○「七情」: 七情之言樂而不言懼, 蓋以單據「禮運」, 疑於專指其發於形氣, 故參用『中庸』, 兼指其發於義理, 此乃「太極圖」'五性感動而善惡分焉'者也.(其中動, 善之直出. 熾而蕩, 惡之橫生) ○「約情 止 知至」: '約情合中', 卽『中庸』'謹獨''致和'之事, 屬省察. '正心養性', 卽『中庸』'戒懼''致中'之事, 屬存養. '明心知往', 知也. '力行求至', 行也. 察養之得正實, 由知行之造極. ○「使合於中」: 其中之中, 便是大本之中. 物來而動理, 理動而應物, 其理則一也. 此言合於中, 中節之中, 大本之所發也. 中只是在中之義, 而或以其中爲心中, 何意?(『竊啓』)

『비망록』10-1-j

○ 「'형기(形旣)'에서 '출언(出焉)'까지」: '형체가 이미 생겼다'는 것은 천지가 정기를 모은 것에 말미암아 이루어진 것이다. '외물이 그 형체에 접촉한다'는 것은 대개 사람의 일상생활에서 어느 하나도 사물에서 나오지 않는 것이 없다는 것이고, '그 가운데를 움직인다'는 것은 기가 발출하는 것을 말하는 것으로 사람마다 모두 같지만, 군자와 소인이 나눠어지는 것은 오직 칠정이 그 조짐이 되니, 삼가지 않을 수 있겠는가? ○ 「'미지(未至)'에서 '화지야(化之也)'까지」: 혹자가 질문하였다. "이것은 안연을 가리켜 말하는 데 '지키는 것'과 '완전히 변화된 것'을 어떻게 구별합니까?" 대답하였다. "'지키는 것'은 마음을 진실하게 하고 선을 좋아하여 마음에 새겨 잃지 않는 것이다. '완전히 변화되었다'는 것은 생각하지 않고 힘쓰지 않아도 저절로 도리에 맞는 것이다. 모름지기 미세한 차이일 뿐이다."(『비망록』)

○ 「形旣 止 出焉」: '形旣生', 是天地儲精之所由施. '外物觸其形', 蓋人之日用無一非事物中出來. '動其中', 謂氣之發也. 皆人人所同, 而至於君子小人之分, 唯七情爲之兆矣. 可不謹哉? ○「未至 止 化之也」: 或曰, "此指顔子言, 守之化之, 何以辨之?" 曰, "'守之'謂實心好善, 拳拳弗失者也. '化之'謂不思不勉, 自然中道者也. 須毫釐之間耳."(『備忘錄』)

『부주』10-1-1

○ 서산진씨가 말하였다. "이 장의 요점은 '깨달은 사람이 자신의 감정을 단속하여 절도에 맞게 한다'고 하는 한 마디에 있다. 대개 정(情)은 본래 선하지만 발현하면서 절도에 맞지 않으면 선하지 않

은 데로 흐른다. 그래서 반드시 그 감정을 점검하고 제어하여 절도에 맞게 해야 한다. 이른바 '중이라는 것'은 곧 『중용』에서 '절도에 맞다'고 하는 것이다. '단속한다'는 말은 바로 『중용』에서 '홀로 아는 곳을 삼가는' 공부이다. 마음은 바르지 않음이 없고 본성은 선하지 않음이 없는데, 그 바름을 해치고 그 선함을 잃는 것은 감정에 얽매이기 때문이다. 그래서 반드시 먼저 그 감정을 단속하고 나서 마음을 바르게 하고 본성을 기를 수 있다. 아래 문장에서 다시 '반드시 먼저 마음에서 밝혀 나아갈 바를 안다'고 말한 것은 대체로 '앎을 극진히 한 후에 뜻을 성실히 하여', '선을 밝힌 후에 몸을 성실히 하는 것'이니, 그 순서가 본래 이와 같기 때문이다."328)

○ 西山眞氏曰, "此章之要, 在'覺者約其情, 使合於中'一語. 蓋情本善, 發不中節, 乃流於不善, 故必檢制其情, 使合於中. 所謂'中者', 卽『中庸』所謂'中節也'. '約'之爲言, 正『中庸』'愼獨'之功也. 心無不正, 性無不善, 所以害其正·喪其善者, 爲情所累也. 故必先約其情, 然後能正心而養性. 下文又言'必先明諸心, 知所往者', 蓋'致知而後誠意', '明善而後誠身', 其序固如此也."

『기문록』10-1-1-a

○ 질문하였다. "「호학론」 아래 소주(小註)에서 서산이 '마음은 바르지 않음이 없다'는 것에 대하여 설한 구절에서 『강록』에서 상세하지 않다고 생각한 것은 무슨 이유인가요?" 대답하였다. "서산의 이 설에는 한두 군데 만족스럽지 못한 부분이 있다. 하지만 (중은 『중용』의 '절도에 맞음'을 말하는 것이고, 약은 『중용』의 '홀로 아는 곳을 조심함'을 말하는 것이다.) '마음은 바르지 않음이 없다'는 한 구절은 병통이 없다고 보아도 해가 없다." ○ 질문하였다. "어떻게 하는 것이 그 감정을 단속하는 것인가?" 대답하였다. "홀로 아는 곳을 조심함을 말하는 것입니다." 말하기를 "서산이 이 설이 있지만, '단속[約]'이란 글자에 대해 뜻이 빠져 있어서 그 감정을 단속하고 제어하는 것으로 보는 것만 못하다."(『기문록』)

328) 『西山讀書記』 권2, 「性情」.

○ 問, "「好學論」下小註西山說'心無不正'一句, 『講錄』以爲未詳, 未知如何?" 曰, "西山此說中, 有一二未安處, 而若(中是『中庸』'中節'之謂, 約是『中庸』'愼獨'之謂)'心無不正'一句, 作無病, 看亦無害." ○ 曰, "何如是約其情?" 對曰, "愼獨之謂也." 曰"西山有此等說, 而於'約'字上, 義些欠後, 不如作檢制其情看."(『記聞錄』)

『비망록』10-1-1-b

○ 「'개정(蓋情)'에서 '합어중(合於中)'까지」 : 정은 성이 발동한 것으로 처음에는 선하지 않음이 없다. 그러나 발동하면서 절도에 맞기도 하고 절도에 맞지 않기도 하여 이에 선과 불선의 차이가 생긴다. 이른바 '인심은 오로지 위태롭다'고 하는 것이 또한 이것이다. 반드시 그 감정을 단속하고 욕망을 끊어 마음을 잠잠하고 단정하게 하여 자기를 이기고 예를 회복하는 경지를 목표로 삼지 않을 수 없다. 열심히 노력하여 멈추지 않으면 기질은 변화되고, 감정과 본성은 바름을 얻게 되어, 날로 행하는 일이 절도에 맞지 않을까를 걱정하지 않을 것이다. 「그 바름을 해치고 그것의 선함을 잃게 하는 것은 감정에 얽매이기 때문이다」 : '바름'은 마음을 가리켜 말한 것이고, '선(善)'은 성(性)을 가리켜 말한 것이다. 그것을 해치고 잃는 것은 단지 감정의 죄일 뿐이다. 비유컨대, 배가 제자리를 잃어서 마침내 실은 것을 썩히는 것과 같으니, 어찌 염려하지 않겠는가? 「앎을 극진히 한 후에 뜻을 성실히 하고, 선을 밝힌 후에 몸을 성실히 한다」 : 혹자가 질문하였다. "치지(致知)와 명선(明善)은 그 차이가 어떤 것입니까? 성의(誠意)와 성신(誠身)도 그 차이가 무엇입니까?" 대답하였다. "치지(致知)는 앎을 극진하게 하지 않음이 없고자 하는 것이고, 명선(明善)은 이치를 궁구하고 나서 세밀하게 살피지 않음이 없는 것이다. 성의(誠意)는 마음에서 발현한 것을 진실하게 하여 반드시 스스로 만족하게 여기고 스스로 속임이 없고자 하는 것이고, 성신(誠身)은 선을 가려 확고히 지키는 것으로부터 어떤 일도 진실하지 않음이 없는 것이다. 앎을 극진히

하여 미루어 확대해 갈 수 있으면 명선(明善)이 되고 뜻을 성실히 하고 진실되게 그것을 따라 가면 성신(誠身)이 된다. 그러므로 치지(致知)와 성의(誠意)는 배우는 자의 일이며, 명선(明善)과 성신(誠身)은 어진 사람의 일이다."(『비망록』)

○ 「蓋情 止 合於中」: 情者, 性之所發, 初無不善. 但發之中節不中節, 斯有善不善之異. 所謂'人心唯危'者, 亦是也. 不可不約其情而折其慾, 使方寸湛然整齋, 期於克己復禮之地. 孜孜不已焉, 則氣質變而情性得其正, 日用事爲, 不患不合於中矣. 「所以害其正·喪其善者, 爲情所累也.」: '正', 指心而言. '善', 指性而言. 其害之喪之, 唯情之罪耳. 譬如舟楫失所, 遂臭厥載矣, 豈不念哉? 「致知而後誠意, 明善而後誠身」: 或曰, "致知與明善, 其同異如何? 誠意與誠身, 其間又如何哉?" 曰, "致知, 欲其所知無不盡, 明善, 旣得於窮理, 無不精察也. 誠意, 實其心之所發, 欲其必自慊而無自欺. 誠身, 由擇善固執, 無一事不眞實也. 能致知而推廣焉, 則爲明善, 旣誠意而允蹈焉, 則爲誠身. 夫然則致知誠意是學者事, 明善誠身是賢者事."(『備忘錄』)

『부주』10-2

○ 장자가 말하였다. "천(天)이 사물의 근간이 되어 빠뜨림이 없는 것은 인(仁)이 일의 근간이 되어 없는 곳이 없는 것과 같다. '삼백 가지의 예의(禮儀)와 삼천 가지의 위의(威儀)이다'라고 했으니, 어느 것도 인이 아닌 것이 없다. '호천이 밝으니 그대가 나아가는 곳에 이르고, 호천이 비추니 그대가 노니는 곳에 미친다'고 하니, 어떤 사물에도 체가 되지 않음이 없다."[329]

○ 張子曰, "天體物而不遺, 猶仁體事而無不在也. 禮儀三百, 威儀三千, 無一物之非仁也. '昊天曰明, 及爾出王. 昊天曰旦, 及爾游衍,' 無一物之不體也."

329) 『正蒙』, 「天道」.

『강록』10-2-a

○ 「예의(禮儀)」 : '관혼상제'나 '대사례', '향음주례'와 같은 것이다. 「위의(威儀)」 : 나아가고 물러나며 올라가고 내려가며 절하고 엎드리는 것과 같은 것이다. ○ 삼천과 삼백이라고 한 것은 숫자가 반드시 여기에 이르는 것은 아니지만 그 자세한 절목이 많음을 총괄하여 말한 것이다. 「'호천왈(昊天曰)'에서 '이유연(爾游衍)'까지」 : 『시경』 「대아」 '판' 편에 나온다. '왕(王)'은 간다[徂]와 같다. '단(旦)'에 대해서는 '밝은' 것으로 해가 뜨는 때는 밝게 된다고 말하였고, 「유연(游衍)」에 대해서는 '놀고 즐긴다는 뜻이다'라고 말하였다. ○ 질문하였다. "이 단락의 위에서 천(天)을 말한 다음에 인(仁)을 말하고, 뒤에서는 인(仁)을 먼저 말한 뒤에 천(天)을 말한 것은 극진하게 밝힌 것이 아닙니까?" 선생이 비평하여 대답하였다. "그렇다" (『강록』)

○ 「禮儀」 : '冠婚喪祭''大射禮''鄕飮酒'之類. 「威儀」 : 進退升降拜伏之類. ○ 言三千三百者, 數未必至此也. 總言其曲節多也. 「昊天曰 止 爾游衍」 : 出「大雅」'板'篇. '王'與徂同. '旦', 批云明也, 日出之時爲明也. '游衍', 批云游樂之意. ○ 問, "此段上面言天次言仁, 而後面先言仁後言天者, 互言之以極發明否?" 先生批云, "是."(『講錄』)

『질의고오』10-2-b

○ 이것은 범백(凡伯)이 여왕(厲王)을 비판한 시이다. '연(衍)'은 노닌다는 뜻이다. 본래 뜻은 천은 없는 곳이 없으므로 경건하지 않을 수 없다는 것을 말한다.(『질의고오』)

○ 此凡伯刺厲王之詩. '衍', 寬縱之意. 本意謂天無所不在, 不可不敬也.(『質疑考誤』)

『석의』10-2-c

○ 「예(禮)」 : '관혼상제', '대사례', '향음주례'와 같은 것이다. 「위의(威儀)」 : 나아가고 물러나며 오르고 내려오는 것과 같은 것이다. 삼천삼백이라고 한 것은 수가 반드시 여기에 이르지는 않으나 그

수가 많음을 총괄하여 말한 것이다. 「'호천(昊天)'에서 '유연(游衍)' 까지」 : 단(旦)[330]은 득안(得案)의 반절이다. 『시경』 본주에서는 밝음이라고 하였다. '연(衍)'은 느긋하게 논다는 뜻이다.(『석의』)

○ 「禮」 : 冠婚喪祭大射鄕飮酒之類. 「威儀」 : 進退升降之類. 言三千三百者, 數未必至此, 總言其多也. 「昊天 止 游衍」 : '朝', 得案切. 詩本註, 明也. '衍', 寬縱之意.(『釋疑』)

『석의』10-2-d

○ '일에 근간이 되어 없는 곳이 없다'는 것은 인(仁)이 포괄하지 않는 것이 없음을 말한다.(『심경질서』)

○ '體事無不在', 謂仁無所不包.(『心經疾書』)

『강록간보』10-2-e

○ 김종덕(金宗德)의 생각: 이 단락의 본래 뜻은 천이 사물의 체가 되는 것을 위주로 말하고 있는데, 인(仁)을 가지고 천도를 밝히기 때문에 뒤에서의 결론은 결국 천도에 있게 되었다.(『강록간보』)

○ 按: 此段本旨, 主天體物而言, 將仁來以明天道, 故後面歸結畢竟在天道上.(『講錄刊補』)

『밀험』10-2-f

○ 장재가 말하였다. "삼백 가지 예의와 삼천 가지 위의는 어느 것도 인이 아닌 것이 없다." ○ 생각건대, 장재의 이 말은 진실하고 절실하게 체험하여 깨달은 것으로 일반 사람이 말할 수 있는 것이 아니다. 대개 '인(仁)'은 인간다운 것으로 사람과 사람 사이에 본분을 다하는 것이다. 아비와 아들이 두 사람이고, 군주와 신하도 두 사람이다. 대개 부자 군신 사이에 행하는 예절은 어느 것이 인을 행하는 방법이 아니겠는가? 형제, 손님과 주인, 부부, 어른과 어린이 등도 무릇 그 예절은 모두 사람과 사람이 서로 사귀는 방법이다. 예를 회복하여 인이 되는 것이 이것을 말하는 것이 아니겠는가? ○ 다른 일들은 논할 것이 없이 "함께 앉았을 때는 함부로 뻗

330) 【교감】 : '朝'는 '旦'자를 잘못 쓴 글자이다.

지 말라"[331]는 한 가지 일만 이야기해도 바로 인을 행하는 방법이다.(『밀험』)

○ 橫渠曰, "禮儀三百, 威儀三千, 無一物之非仁." ○ 案, 張子此言, 眞切體貼, 非衆人所能道也. 蓋仁者, 人也, 人與人之盡分也. 父與子, 二人也. 君與臣, 二人也. 凡父子君臣之間, 所行禮節, 孰非所以爲仁之方乎? 兄弟賓主夫婦長幼, 凡其禮節, 皆人與人相與之法也. 復禮爲仁, 非謂是乎? ○ 未論他事, 只論'竝坐不橫肱'一事, 便是爲仁之法.(『密驗』)

『비망록』10-2-g

○ 「'천체(天體)'에서 '부재야(不在也)'까지」 : 천은 만물을 낳는 시조이며, 인은 모든 선의 우두머리이다. 대개 만물은 천의 광대한 은택을 입지 않은 것이 없으며, 만사는 인이 두루 관통하는 것에 미루어 근원하지 않는 것이 없다. 그래서 '사물에 체가 되어 빠지는 것이 없으며, 일에 체가 되어 없는 곳이 없다'고 말하였다. (『비망록』)

○ 「天體 止 不在也」 : 天是萬物之祖, 仁爲衆善之長. 大抵無物不蒙澤於天之洪鈞, 無事不推原於仁之該貫. 所以謂體物不遺, 體事無不在也.(『備忘錄』)

『부주』10-2-1

○ 주자가 말하였다. "체물(體物)은 만물의 체가 되는 것을 말한다. 대개 물물마다 천리가 있다. 체사(體事)는 일마다 인으로 행하는 것을 말한다. 예컨대, 삼백 가지의 예의와 삼천 가지의 위의를 반드시 이 인으로 행해야 비로소 되는 것과 같다. 보통 '체'라고 말한 것은 곧 그것의 골자가 된다는 것이다."[332]

○ 朱子曰, "體物, 猶言爲物之體也. 蓋物物有箇天理. 體事, 謂事事是仁做出來, 如禮儀三百, 威儀三千, 須是仁做, 始得. 凡言體, 便是做他那骨子."

『강록』10-2-1-a

331) 『禮記』, 「曲禮上」.

332) 『朱子語類』 권98, 「張子書之一」.

○ 「'사사(事事)'에서 '출래(出來)'까지」 : 이덕홍이 기록하여 말하였다. 질문하였다. "모든 일은 각각 그 이치가 있어서 서로 빌리거나 더해주지도 않는데 이제 인(仁)으로부터 만들어져 나온다고 하는 것은 무슨 말입니까?" 대답하였다. "이치는 본래 서로 빌릴 수 없다. 그러나 이 한 가지 일을 하는데 마음이 거기에 있지 않으면 이런 일을 이룰 수 없다. 『대학』에서 '보아도 보이지 않고, 들어도 들리지 않는다'고 하는 것이나, 『중용』에서 '성실하지 않으면 사물은 없다'고 하는 것이 모두 이것을 일컫는 것이다. 마음이 보존되면 어질고, 보존되지 않으면 어질지 않다. 만약 어질지 않으면 어떻게 성실하며 또한 어떻게 사물이 있겠는가?" 「주타나골자(做他那骨子)」 : 이덕홍이 기록하였다. "그 저것의 으뜸이 되다"이다.(『강록』)

○ 「事事 止 出來」 : 李錄云, 問"'事事'各一其理而不相假借, 不相增益也, 今自仁做出來云云者如何?" 答云, "理固不相假借, 然做這一事而心若不在, 則不得成就這箇事. 『大學』之'視不見, 聽不聞', 『中庸』之'不誠無物'者, 皆此之謂也. 心存則仁, 不存則不仁, 若不仁則如何而誠, 亦如何而有物乎?" 「做他那骨子」 : 李錄云, 타 那뎌에 骨子읏듬 做도익夕.(『講錄』)

『석의』10-2-1-b

○ 「주타나골자(做他那骨子)」 : '주(做)'는 '된다'는 것이다. '타나(他那)'는 '저것'으로 일을 가리켜 말한 것이다. 골자는 근본이다. ○ 저것의 근본이 되다.(『석의』)

○ 「做他那骨子」 : 做, 作也. 他那, 彼也, 指事言. 骨子, 根本也. ○ 뎌의 根本되다.(『釋疑』)

『표제』10-2-1-c

○ 「'범언(凡言)'에서 '골자(骨子)'까지」 : 박세채(朴世采)의 생각: 이것은 또한 골자라는 뜻을 일반적으로 말한 것이다.(『어록』) '타(他)'와 '나(那)'는 모두 저것이다. 이른바 '체(體)'라는 것은 저것의 골자가 되는 것을 말하는 것으로 일이 천(天)에 대해서나 일이 인(仁)에 대한 것과 같다.(『표제』)

○ 「凡言 止 骨子」 : 按: 此又泛言骨子之義(『語錄』). 他那, 皆彼也, 言所謂 ‘體’者便爲彼之骨子, 如物之於天, 事之於仁也.(『標題』)

『강록간보』10-2-1-d

○ 「주타나골자(做他那骨子)」 : ‘타(他)’와 ‘나(那)’는 저것이다. 저것의 골자가 된다는 것은 곧 『역』에서 이른바 ‘일의 근간’이라는 뜻으로, 천(天)과 인(仁)이 물과 일의 골자가 되는 것을 말한다.(『강록간보』)

○ 「做他那骨子」 : 他那, 彼也. 做他骨子, 猶『易』所謂幹事, 言天仁作物與事之骨子也.(『講錄刊補』)

『집해』10-2-1-e

○ 『역』의 ‘확고하면 일을 주관할 수 있다’는 구절의 주석에서 주자는 ‘확고한 것은 일에 있어서 그 골격을 세우는 것이므로 일의 근간이 된다’고 말하였다. ○ 『요해』에 윗 문장에서 물의 체가 되고, 일의 체가 되는 뜻을 말하고서 여기에서는 대개 이른바 ‘체’라는 것이 곧 그것의 골자가 됨을 말하였으니, 사물이 천에 대해서나 일이 인에 대한 것과 같다.(『집해』)

○ (易) ‘貞固足以幹事’註, 朱子曰, “貞固在事, 是與立箇骨子, 所以爲事之幹.” ○ (『要解』) 上文旣言體物體事之義, 此又凡言其所謂體者, 便爲彼之骨子, 如物之於天, 事之於仁也.(『集解』)

『부주』10-2-2

○ 질문하였다. “이 단락은 사람이 사람답게 되는 까닭은 모두가 천이 그렇게 하는 것이므로 비록 일상의 행위를 하는 순간에도 이른바 ‘천은 있지 않은 때가 없다’는 것을 말하는 것이 아닙니까?” 대답하였다. “공이 천은 어떤 사물도 빠뜨리지 않고 그 체가 된다고 말한 것은 이미 옳게 말하였으니 이른바 ‘인(仁)이 사물에 체가 되어 없는 곳이 없다’고 한 것도 이와 같을 뿐이다. 지금 투철하게 이해하지 못하는 까닭은 다만 천과 인을 두 가지로 보기 때문이다. 이제 반드시 성현이 인에 관하여 말한 곳을 가지고 스스로 자신에

게 나아가 헤아려서 오래되면 저절로 알게 될 것이다."333)

○ 問, "此段莫是言人之所以爲人者, 皆天之所爲, 故雖起居動作之頃, 而所謂'天者, 未嘗不在也.'" 曰, "公說天體物不遺, 旣說得是, 則所謂'仁體事而無不在'者, 亦不過如此. 今所以理會不透, 秪是以天與仁爲有二也. 今須將聖賢言仁處, 就自家身上思量, 久之自見."

『강록』10-2-2-a

○ 「막시(莫是)」: 이덕홍의 기록에 '아니'라고 하였는데, 의심하는 말이다. 「지(秪)」: '오직'이란 말이다.(『강록』)

○ 「莫是」: 李錄, 아니, 疑辭. 「秪」: 오직.(『講錄』)

『석의』10-2-2-b

○ 「막시(莫是)」: 의심하는 말이다. ○ '아니'이다. 「설득시(說得是)」: 합당한 방향이다. ○ 니르기를 옳게 하였는지라. 「지(秪)」: '오직'이다. 「구지자견(久之自見)」: 천과 인(仁)이 하나가 되는 도리임을 스스로 알게 되는 것을 말한다.(『석의』)

○ 「莫是」: 疑辭. ○ 아니. 「說得是」: 當向. ○ 니르기를 올히 ᄒᆞ엿ᄂᆞᆫ디라. 「秪」: 오직. 「久之自見」: 謂自見天與仁爲一之理.(『釋疑』)

『부주』10-2-3

○ 또 말하였다. "장재의 이 말은 정성스러운 마음으로 남에게 자세하게 말해 준 것이니, 순자와 양웅에게 어찌 이런 말이 있겠는가?"334)

○ 又曰, "橫渠此語, 是將赤心片片說與人. 荀楊何曾有此?"

『강록』10-2-3-a

○ 「'장적(將赤)'에서 '여인(與人)'까지」: 이덕홍이 기록하였다. "자세하지 않지만 그 마음을 극진히 하는 것인 것 같다. '편편'은 시동

333) 『朱子語類』 권81, 「詩二·板」.

334) 『西山讀書記』 권7, 「仁下」.

처럼 진실하게 남에게 말해 주는 것이다. ○ '편편'은 조각조각이다. 비평하여 말하면 '낱낱이'와도 같다. 이덕홍이 "여자막여자막"이라고 기록하였다. 「순양하증유차」 : 이덕홍이 기록하였다. 질문하였다. "여기에서 특별히 순자와 양웅 두 사람을 들어서 장자의 설을 증명한 것은 무슨 이유입니까?" 대답하였다. "한당대의 사람은 모두 순자와 양웅이 공자와 맹자를 계승했다고 생각하였다. 그래서 특별히 두 사람을 들어서 이들이 공자와 맹자를 계승할 수 없었을 뿐만 아니라, 장자의 말이 간략하면서도 이치가 구비되어 천년 사이에 끊어졌던 학문을 이은 것만 못하다는 것을 밝혀주었다."(『강록』)

○ 「將赤 止 與人」 : 李錄云, "未詳, 疑盡其心也. '片片', 尸說與人." ○ '片片', 猶조갓조갓. 批云, 亦猶낫낫. 李錄云, "여ᄌᆞ막여ᄌᆞ막." 「荀楊何曾有此」 : 李錄云, 問, "於此特擧二子, 證張子之說者, 如何?" 答曰, "漢唐人皆以荀楊繼孔孟云爾, 故特擧二子, 以明非徒不得繼孔孟, 亦未若張子之言約而理備, 以嗣千載之絶學也."(『講錄』)

『석의』10-2-3-b

○ 「장적심(將赤心)」 : '장'은 가지는 것이다. '적심'은 성실한 마음이다. 「편편(片片)」 : '낱낱'과 같다. 「순양하증유차(荀楊何曾有此)」 : 한당 이후 사람들은 모두 순자와 양웅을 위대한 유학자로 생각하였다. 그래서 특별히 이 두 사람을 들었다.(『석의』)

○ 「將赤心」 : 將, 持也. 赤心, 誠心也. 「片片」 : 猶낫낫. 「荀楊何曾有此」 : 漢唐以來, 皆以荀楊爲大儒, 故特擧二子.(『釋疑』)

『표제』10-2-3-c

○ 「'장적(將赤)'에서 '여인(與人)'까지」 : 박세채(朴世采)의 생각: 적심은 성실한 마음이다. '편편'은 조각조각이다. 남에게 분명히 말해주는 것을 말한다.(『표제』)

○ 「將赤 止 與人」 : 按: 赤心, 誠心也. 片片, 猶段段, 言其分明說與人也.(『標題』)

『강록간보』10-2-3-d

○ 「'장적(將赤)'에서 '여인(與人)'까지」 : 마음을 다하여 다른 사람에게 말한다는 의미이다.(『강록간보』)

○ 「將赤 止 與人」 : 盡其心以告人之意.(『講錄刊補』)

『기문록』10-2-3-e

○ 주자가 장재의 설을 논하면서 '순자와 양웅에게 어찌 이런 말이 있겠는가? 라고 말한 것은 순자와 양웅이 본래 이와 같은 지위에 이르지 못했기 때문이다." 응대하여 질문하였다. "순자와 양웅은 천이 사물의 체가 되고 인이 일의 체가 되는 도리를 몰랐기 때문에 '본성이 악하다' 또는 '본성은 선과 악이 섞여 있다'는 등의 학설이 있지 않았습니까?" 대답하였다. "그렇다"(『기문록』)

○ 朱子論橫渠說, 曰, "荀楊何嘗有此? 以荀楊本不到此地位故也." 對曰, "荀楊不知天體物仁體事底道理, 故有性惡善惡混等說否?" 曰, "然".(『記聞錄』)

『집해』10-2-3-f

○ (『요해』에서) 편편은 '조각조각'이라는 뜻으로 남에게 분명하게 말해주는 것을 말한다.(『집해』)

○ (『要解』) 片片, 猶段段, 言其分明說與人也.(『集解』)

○ 「정민정의 생각」4: 장재의 이 말은 바로 '자신을 이기고 예를 회복하는 것이 인(仁)이 된다'는 뜻을 밝혀 주는 것이다.

○ 「按」: 張子此言, 正是發明'克己復禮爲仁'之義.

『부주』10-3

○ 또 말하였다. "배우는 사람은 모름지기 예를 살펴야 한다. 대개 예는 사람의 덕성을 길러 주는 것이고, 또 사람으로 하여금 일정한 일이 있게 해서 안정되게 지키는 것이니 '예가 아니면 말하지 말고 예가 아니면 행동하지 말라'는 것이 바로 덕성을 기르는 방도이다."[335)]

○ 又曰, "學者且須觀禮. 蓋禮者, 滋養人德性, 又使人有常業守得定. '非禮勿言, 非禮勿動', 卽是養之之術."

『강록』10-3-a

○ 「차(且)」 : '아직'이라는 뜻이다.(『강록』)

○ 「且」 : 아직.(『講錄』)

『석의』10-3-b

○ 「차(且)」 : '아직'의 뜻이다.(『석의』)

○ 「且」 : 아직.(『釋疑』)

『부주』10-3-1

○ 또 말하였다. "내가 배우는 사람에게 먼저 예를 배우게 하는 까닭은 오로지 예를 배울 때만이 세속에서 마음을 얽어매고 있던 하나의 인습을 제거할 수 있기 때문이다. 비유컨대, 덩굴로 뻗어나가는 것이 얽어매고 있는 것을 풀면 올라가는 것과 같다. 실로 세속의 인습을 제거할 수 있다면 자연히 시원하게 될 것이다."336)

○ 又曰, "載所以使學者先學禮者, 只爲學禮, 則便除去世俗一副當習熟纏繞. 譬之, 延蔓之物, 解纏繞將上去. 苟能除去世習, 則自然脫灑也."

『강록』10-3-1-a

○ 「일부당(一副當)」 : 이덕홍이 기록하여 말하였다. "어조사이며, 상징하는 뜻이 자세하지 않다. 문장의 흐름으로 본다면 '한 가지'라고 말할 수 있을 것 같다. ○ 이문(吏文)에서 무릇 사물 하나를 '일부'라고 말한다. 「연만지(延蔓之)에서 장상거(將上去)」 : '비지(譬之)' 아래에는 '피(被)'자가 탈락한 것 같다. '사물이 가니'라고 토를 달아야 한다. ○ 이덕홍이 기록하여 말하였다. "나도 평소에 이 말을 의심한 적이 있다. 윗 문장과 그 아래 '세속의 습관을 버릴 수 있

335) 『張子全書』 권6, 「學大原上」.

336) 『張子全書』 권12, 「語錄」.

으면 자연히 시원할 것이다'는 등의 말로 살펴보면 덩굴로 뻗어나가는 사물을 세속의 인습으로 비유하여, 배우는 자가 세속의 인습에 휘감겨 있는 것을 말하는 것 같다. 만약 예를 배워서 세속 인습의 얽매임을 제거할 수 있으면 자연히 시원하게 성장해 나아갈 수 있다. 마치 덩굴로 뻗어가는 식물에 휘감겨 있는 초목에 대하여 만약 어떤 사람이 그 덩굴식물을 제거하면 바로 자연히 자라서 커지는 것과 같을 것이다. 그렇다면 '덩굴로 뻗어가는 식물을 그 휘감은 것을 제거하면 커 올라갈 수가 있다'고 읽어야 한다. 그러나 위에 '초목'이란 글자가 없고, 또 '피'자도 없는데 아래에서만 올라갈 것이다고 말하니, 문리가 매우 온당하지 않다." ○ 함형이 질문하였다. "제가 기록한 것과 같지 않은 것은 어떻습니까?" 비평하여 말하였다. "공이 기록한 것을 기억하지 못하겠으나, 무슨 설이 이것과 같지 않은가?"(김일이 살피건대, '같지 않다'고 하는 것은 '物이'와 '物을'의 토를 가리키는 것 같다.)(『강록』)

○ 「一副當」: 李錄云, "語辭. 其象未詳, 以文勢觀之, 則恐云ᄒᆞᆫ가지." ○ 吏文, 凡物一件謂之一副. 「延蔓之 止 將上去」: '譬之'下恐脫'被'字, 當吐曰, '物이 去니.' ○ 李錄云, "某亦尋常有疑於此言. 以上文及其下'能除去世習, 自然脫灑'等語觀之, 似以延蔓之物, 比世習, 言學者被世習纏繞. 若能學禮而除去世習纏繞, 則自然脫洒長進, 猶草木被延蔓之物纏繞, 若有人解去蔓物, 則卽自然長大上去也. 然則當讀曰'延蔓之物을 解纏繞ᄒᆞ면 將上去, 可也.' 但上無草木字, 又無被字, 而其下只云, '將上去', 文理甚不穩當." ○ 咸亨問, "與咸亨所錄不同如何?" 批云, "公所錄不記, 何說與此不同?"(金日竊考, 所謂'不同', 似指'物이' '物을'之吐.)(『講錄』)

『석의』10-3-1-b

○ 「일부당(一副當)」: 대개 물건 하나를 '일부'라고 한다. '당(當)'은 어조사이다. 「'비지(譬之)'에서 '탈쇄(脫灑)'까지」: '비지' 아래에 '피(被)'자가 탈락된 것 같다. ○ 덩굴로 뻗는 것으로 오랜 인습을 비유하였다. 배우는 사람이 오랜 인습에 얽매였더라도 만약 예를

통해 그것을 제거하면 자연히 시원하게 성장해 나아가는 것이 마치 초목이 덩굴식물에 얽혀 있더라도 그것을 제거하면 자연히 크게 자라 올라가는 것과 같음을 말하였다. ○ 덩굴에 얽힌 초목에서 휘감은 것을 풀어내면 ○ 송시열(宋時烈)의 생각: 연만(延蔓) 앞에 피(被)자를 억지로 덧붙이는 것은 합당하지 않은 것 같다. 또 '초목'이란 글자를 끼워 넣는 것은 더욱 불필요한 것 같다. 또 '덩굴이 뻗는 것'은 '휘감는 것'과 같은 뜻이지만 글자가 같지 않다. 생각건대, 덩굴이 뻗는 것은 칡이나 등나무와 같은 것으로 이런 식물들은 스스로 서로 휘감는다. 이제 풀어주면 저절로 올라갈 수 있다.(『석의』)

○ 「一副當」: 凡物一件謂之一副. 當, 語辭. 「譬之 止 脫灑」: 譬之下恐脫'被'字. ○ 以延蔓比世習. 言學者被世習纏繞, 若禮而除去之, 則自然脫灑長進, 猶草木被物之纏繞, 若解去之, 則卽自然長大上去也. ○ 延蔓을 被ᄒᆞᆫ 物을 纏繞ᄒᆞᆫ 거ᄉᆞᆯ 解ᄒᆞ면. ○ 按: 延蔓上勒加被字, 似未安. 又攙入草木字, 尤似剩. 又'延蔓'與'纏繞'是一意而文字不同. 竊意, 延蔓之物, 如葛藤之類, 此物自相纏繞. 今旣解去, 則自能上去也.(『釋疑』)

『표제』10-3-1-c

○ 「사학자선학례(使學者先學禮)」: 주자가 말하였다. "사량좌는 장재의 잘못을 말하면서 용모를 바르게 하고, 절도에 삼갈 수 있기를 바란 것이라고 생각하였다. 이것은 그대로 좋지만 어떻게 말단적인 것을 그만 둘 수 있겠는가? 만약 오로지 형률과 제도만 생각하면 실로 안 되지만, 이것을 완전히 폐기해도 안 된다. 상채 설의 경우는 곧 증자가 '제사의 일에는 유사가 있다'고 하여 본말을 함께 보여 주는 뜻이 아니다."(『표제』)

○ 「使學者先學禮」: 朱子曰, "上蔡說橫渠之非, 以爲欲得正容謹節. 這自是好, 如何廢這箇得? 如專去理會刑名度數, 固不得, 又全廢了這箇, 也不得. 如上蔡說, 便非曾子'籩豆則有司存', 本末並見之意."(『語類』)(『標題』)

『질서』10-3-1-d

○ 예를 배우려면 먼저 인습의 얽매임을 제거해야 하는데, 이것이 자신을 이기고 예를 회복하는 것이다. 덕성을 기른다는 것은 곧 인(仁)이 된다는 것이다. ○ 덩굴이 뻗는 식물이 다른 사물에 얽혀서 위로 올라갈 수 없는 것이 마치 사람이 인습에 고질이 되어 나아갈 수 없는 것과 같다. 휘감긴 것을 풀면 덩굴이 위로 올라가게 된다. 인습을 제거하면 덕성이 진전된다.(『질서』)

○ 欲學禮, 先要除去習俗纏繞, 此克己而復禮也. 滋養德性, 便是爲仁. ○ 延蔓之物纏繞於物而不能上行, 如人痼於習俗而不能進也. 解纏繞, 則延蔓上行矣. 除習俗, 則德性進矣.(『疾書』)

『부주』10-3-2

○ 정자가 말하였다. "장재가 예(禮)로 배우는 자들을 가르치는 것이 가장 좋았으니, 배우는 자가 먼저 지키는 것이 있게 하였다."337)

○ 程子曰, "子厚以禮教學者, 最善, 使學者先有所據守."

『부주』10-4

○ 주자가 말하였다. "안연의 극기는 마치 타오르는 화로에 눈 한 점과 같다."338)

○ 朱子曰, "顏子克己, 如紅爐上一點雪."

『강록』10-4-a

○ 「홍로상일점설(紅爐上一點雪)」: 이덕홍이 기록하여 말하였다. "이것은 본래 선가(禪家)의 말인데, 선생이 차용하여 밝힌 것이다.(『강록』)

○ 「紅爐上一點雪」: 李錄云, "此本禪語而先生借明之也."(『講錄』)

『석의』10-4-b

○ 「홍로(紅爐)」: 숯이 활활 타는 화로이다.(『석의』)

○ 「紅爐」: 熾炭之爐也.(『釋疑』)

---

337) 『二程遺書』 권2상, 「元豐己未呂與叔東見二先生語」.

338) 『朱子語類』 권41, 「論語二十三·顏淵篇上」.

『질서』10-4-c

○ '기(己)'는 남에 대한 상대적인 명칭이다. '기'를 말했다고 하여 반드시 모두 사적인 것은 아니다. '악은 곧 인심이다'는 것과 같은 표현이다. 오로지 악에 흐르기 쉽기 때문에 반드시 먼저 제거해야 한다. 성인과 같은 지위에서는 '기(己)'가 바로 도리이니, 극복할 일이 없다. 여기에서 일컬은 것은 단지 극복해야 할 '자기[己]'이므로 사사로운 욕구일 뿐이다. 서산의 설이 합당하다.(『질서』)

○ 己者, 對人之稱. 言己則未必皆私. '惡卽人心', 是也. 惟其易流於惡, 故便須先去. 若聖人地位, 己便是道理, 將無事乎克之. 此所云者, 只是可克之己也, 則私慾而已. 西山說得正當.(『疾書』)

『비망록』10-4-d

○ 성인의 수준에서는 본래 이렇다 할 사사로움이 없다. 비록 있다고 하더라도 조금에 지나지 않는다. 비유컨대, 한 점의 눈을 붉게 타는 화로에 놓으면 바로 없어져 찾을 수 있는 흔적이 없는 것과 같다. 주자의 이 말은 안연의 극기를 잘 묘사하였다.(『비망록』)

○ 聖人分上, 本無私可言. 雖或有之, 卽些子也. 譬之, 一點雪當紅爐, 卽消殘無痕跡可覓矣. 朱子此言善形容顏子之克己也.(『備忘錄』)

『부주』10-5

○ 또 말하였다. "안연은 일생동안 다만 '극기복례' 네 글자만을 받아들여 행하였다."339)

○ 又曰, "顏子生平, 只是受用克己復禮四箇字."

『강록』10-5-a

○ 「수용(受用)」 : 이덕홍이 기록하여 말하였다. "자기에게 받아들여 쓸 바로 삼는 것이다. 지금 불교에서 많이 쓴다."(『강록』)

○ 「受用」 : 李錄云, "受着於己而爲所用也. 今佛家多用之."(『講錄』)

---

339) 『朱子語類』 권41, 「論語二十三·顏淵篇上」.

『부주』10-6

○ 또 말하였다. “공자가 안연에게 ‘극기복례’를 일러주었는데, 말은 비록 절실하지만, 번지에게 ‘평소에는 공손하고, 일을 처리할 때는 경(敬)하며, 사람을 사귈 때에는 충실하게 하라’고 말해 준 것이 더욱 자세한 것과 같지 않은 것처럼 보인다. 대개 번지는 ‘기’가 무엇이고, 예가 무엇인지를 이해하지 못하였기 때문에, 다만 분명히 말해 주어서 이렇게 실천하도록 한 것이다.”340)

○ 又曰, “孔子告顏子以‘克己復禮’, 語雖切, 看見不似告樊遲‘居處恭執事敬與人忠’更詳細. 蓋爲樊遲未會見得箇己是甚, 禮是甚, 只分曉說教恁地做去.”

『석의』10-6-a

○ 「간견(看見)」: ‘봄에’이다. 「‘불사(不似)’에서 ‘상세(詳細)’까지」: 자상하게 풀어준 것과 같지 않다. 「‘개위(蓋爲)’에서 ‘예시심(禮是甚)’까지」: 번지가 ‘자기’가 무엇이며, 예가 무엇인 줄을 볼 수 없었기 때문이라 한 것이다.(『석의』)

○ 「看見」: 보매. 「不似 止 詳細」: 不似釋於詳細. 「蓋爲 止 禮是甚」: 樊遲 능히 己이 므어시며 禮이 므어신 줄을 보디 못홈을 爲ᄒᆞ신디라.(『釋疑』)

『석의보유』10-6-b

○ 「미회견득(未會見得)」: ‘회견’은 ‘알아보다’는 것이다. 혹자는 ‘회(會)’는 ‘증(曾)’자의 잘못이 아닌가 생각하였으나, ‘회’자로 읽어도 무방하다.(『석의보유』)

○ 「未會見得」: 會見, 아라보다. 或疑‘會’乃曾字之誤, 然作會字讀, 亦無妨.(『釋疑補遺』)

---

340) 『朱子語類』 권41, 「論語二十三·顏淵篇上」.

『부주』10-7

○ 또 말하였다. “예는 자신이 본래 가지고 있는 것이다. 그래서 ‘복’이라고 말하였다. 자기를 완전히 이기기를 기다려 비로소 예를 회복하는 것이 아니다. 저 10%만큼의 인욕을 이길 수 있으면 이 10%만큼의 천리를 회복하게 된다.”341)

○ 又曰, “禮是自家本有底, 所以說箇‘復’, 不是待克了己方去復禮. 克得那一分人欲去, 便復得這一分天理來.”

『비망록』10-7-a

○ 「‘예시(禮是)’에서 ‘개복(箇復)’까지」 : 예는 다섯 가지 본성 가운데 하나로서 본래 가지고 있는 것이다. 대개 그 사사로운 생각 때문에 예는 마침내 가려진다. 그 가려진 것을 이길 수 있으면, 이것을 ‘회복한다’고 하는 것으로 인이 바로 여기에 있게 된다. 주자는 일찍이 “저 10%만큼의 인욕을 이길 수 있으면 바로 10%의 천리를 회복한다”고 말한 적이 있다. 이것은 본래 가지고 있는 실제를 밝힌 것이다.(『비망록』)

○ 「禮是 止 箇復」 : 禮, 五性之一, 是本有底. 蓋因其私意, 禮遂以掩蔽. 能克去其掩蔽, 則是謂‘復’, 而仁便在此. 朱子嘗曰, “克得那一分人欲去, 便復得一分天理來”, 是明其本有之實.(『備忘錄』)

『부주』10-8

○ 질문하였다. “평소에 일을 만날 때에는 이것이 천리요, 저것이 인욕이라는 것은 알고 있지만, 일을 실제로 행할 때에 미쳐서는 인욕에 이끌렸다가 일이 끝나면 오히려 후회하니, 어떻게 해야 합니까?” 대답하였다. “이것은 곧 자기를 이기는 공부가 없기 때문이다. 이 부분은 매우 중요한데 그것에 당하여 적절

341) 『朱子語類』 권41, 「論語二十三·顏淵篇上」.

히 처리해야 한다. 예컨대, 한 갈래의 큰 길에 다시 한 갈래의 작은 길이 있으면 큰 길로 가야 한다는 것을 분명히 알면서도 눈앞에 작은 길에 유인하는 사물이 있으면 자기도 모르는 사이에 작은 길을 따라가게 되는데, 눈앞에 거친 가시덤불에 이르고 나서야 다시 후회를 한다. 이것이 바로 천리와 인욕이 서로 싸우는 중요한 기틀이니, 모름지기 이런 일을 만났을 때는 바로 이겨야지 지나가서는 안 된다."[342]

○ 問, "尋常遇事時, 也知此爲天理, 彼爲人欲, 及到做時, 乃爲人欲引去, 事已却悔, 如何?" 曰, "此便是無克己工夫. 這樣處極要, 與他打疊方得. 如一條大路, 又有一條小路, 明知合行大路, 然小路面前, 有箇物引著. 自家不知不覺, 行從小路去, 及至前面荊棘蕪穢, 又却生悔. 此便是天理人欲交戰之機, 須遇事之時, 便與克下, 不得苟且放過."

『강록』10-8-a

- 「문심상우사(問尋常遇事)」: 비평하여 말하였다. "이것은 심장중의 질문이다. 심장중의 이름은 '한(僩)'이고 주자의 문인이다." 「'저양(這樣)'에서 '방득(方得)'까지」: 이러한 곳을 극진히 하되 그것에 당하여 알맞게 처리하여야 비로소 될 것이다. ○ '여(與)'는 당면하다[當]와 같다. 뒤에 이러한 문세를 말한 곳에서도 이렇게 하는 것으로 보아야 한다.(『강록』)
- 「問尋常遇事」: 批云, "此沈莊仲問. 沈莊仲, 名僩, 朱門人." 「這樣 止 方得」: 이樣處을 極태오ᄃᆡ, 他ᄅᆞᆯ 當ᄒᆞ여, 打疊ᄒᆞ여 뵈아흐로 得ᄒᆞ리라. ○ '與'猶當也. 後凡言如此文勢處, 亦當倣此看去.(『講錄』)

『석의』10-8-b

- 「'저양(這樣)'에서 '방득(方得)'까지」: 이런 곳이 극히 중요하니 그것에 대하여 잘 처리해야 한다. 「구차(苟且)」: 구차하게 버려두지

342) 『朱子語類』 권116, 「朱子十三·訓門人四」.

못하다. ○ '구차'는 그 안 되는 것을 알면서도 인습을 따라 고치지 않는 것을 말한다.(『석의』)

○ 「這樣 止 方得」 : 이런 곳을 극히 브듸뎔로 더브러 텨 편히 ᄒᆞ여야 보야호로 得ᄒᆞ리라. 「苟且」 : 苟且히 放過티 못ᄒᆞ다. ○ 苟且, 知其不可而因循不改之謂.(『釋疑』)

『표제』10-8-c

○ 「구차(苟且)」 : 거칠고 경솔한 것이다.(『운회』) ○ 일이 무리하고 의로움이 없음을 알면서도 인습을 따라 고식적으로 행하는 것을 일컫는다.(『이록』) 「방과(放過)」 : 살펴보지 않고 내버려 두고 지나쳐 버리는 것을 말한다.(『어록』)(『표제』)

○ 「苟且」 : 草率也.(『韻會』) ○ 知事之無理無義, 而因循姑爲之稱.(『李錄』) 「放過」 : 不照管, 舍置而過之之謂.(『語錄』)(『標題』)

『강록간보』10-8-d

○ 「타첩(打疊)」 : '처리해 나간다'고 말하는 것과 같으며, 『대전』의 '중첩하여 모이다[疊鍾]'의 뜻과 서로 비슷한 것 같다. 「구차(苟且)」 : 사람이 일이 무리하고 의로움이 없음을 알면서도 인습에 따라 고식적으로 행하는 것을 일컫는다. 『논어』 「자로」편의 '구완(苟完)'에 관한 주석에서 주자는 '미진하고 소략하다는 뜻이다'[343]고 말하였다. 「방과(放過)」 : 살펴보지 않고 내버려두어 지나쳐 버리는 것을 말한다.(『강록간보』)

○ 「打疊」 : 猶言'打去疊', 與『大典』'疊鍾'之意, 恐相似. 「苟且」 : 人知事之無理無義, 而因循姑爲之稱. 語'苟完'註曰, "聊且粗略之意." 「放過」 : 不照管, 舍置而過之之謂.(『講錄刊補』)

『석의보유』10-8-e

343) 『論語』, 「子路」. "공자께서 위나라 공자 형(荊)에 대하여 평가하여 말하였다. 집안 살림을 잘 했다. 처음 갖추었을 대는 '대략 모았다'고 말하고, 조금 갖추어졌을 때는 '대체로 구비되었다'고 말하였고, 부유하게 갖추었을 때는 '대체로 아름답게 되었다'고 하였다.(子謂衛公子荊, 善居室. 始有曰苟合矣, 少有曰苟完矣. 富有曰苟美矣)" 주희주, "구(苟)는 미진하고 소략하다는 뜻이다.(苟, 聊且粗略之意)"

○ 「여타타첩(與他打疊)」: '타'는 인욕을 말한다.(『석의보유』)

○ 「與他打疊」: '他', 謂人欲.(『釋疑補遺』)

『부주』10-9

◯ 또 말하였다. "『설문』에서는 '물(勿)자는 깃대와 비슷하다'고 하였다. 이 기를 한 번 휘두르면 삼군이 모두 물러난다. 공부도 오로지 '물(勿)'자에 달려 있다. 예가 아닌 것을 보자마자 이를 금지하여 바로 이기고, 이기자마자 바로 예를 회복할 수 있다."344)

◯ 又曰, "『說文』謂勿字似旗脚. 此旗一麾, 三軍盡退. 工夫只在勿字上, 纔見非禮來, 則禁止之, 便克去, 纔克去, 便能復禮."

『강록』10-9-a

○ 『설문』: 동한 때 허신이 지은 것이다.(『강록』)

○ 『說文』: 東漢許愼所著.(『講錄』)

『석의』10-9-b

○ 『설문』: 동한 때 허신이 지은 것이다.(『석의』)

○ 『說文』: 東漢許愼所著.(『釋疑』)

『질서』10-9-c

○ '기'는 오른 손에 있으며 그 깃대는 왼 쪽으로 돌며, 기를 눕히는 것이 아니다. 곧 기를 흔드는 상이므로 물러나게 된다.(『질서』)

○ '旗'在右手而其脚左轉, 非偃旗也. 乃揮旗之象, 故爲退也.(『疾書』)

『밀험』10-9-d

○ 삼군으로 나에게 있는 보고 듣고 말하고 행동하는 것에 비유하여, 때가 지나서 싸우면 깃발을 휘둘러서 물리치는 것처럼, 예가 아닌데 응하려 하면 '물'자로 그것을 금지한다.(『밀험』)

---

344) 『朱子語類』 권41, 「論語二十三·顔淵篇上」.

○ 三軍比在我之視聽言動, 過時而戰, 則勿旗而退之, 非禮而應, 則勿字以禁之.(『밀험』)

『관계』10-9-e

○ 「삼군진퇴(三軍盡退)」 : 삼군으로 나에게 있는 보고 듣고 말하고 행동하는 것을 비유하여, 때가 지나서 싸우면 깃발을 휘둘러서 물리치는 것처럼 예가 아닌데 응하면 '물'자로 그것을 금지한다.(『관계』)

○ 「三軍盡退」 : 三軍比在我之視聽言動, 過時而戰, 則勿旗而退之, 非禮而應, 則勿字以禁之.(『窾啓』)

『비망록』10-9-f

○ 『설문』 : 동한 때 허신의 저작이다. 혹자가 말하였다. "'물'자와 '극'자는 각각 의미가 있지 않습니까?" 대답하였다. "'물'과 '극'은 모두 공부이다. 문장의 의미에 따라 글자를 쓴 것이 각기 다르다. '극'은 이긴다는 것이며, '물'은 금지하는 말이다. 자기에게 있는 것을 다스리는 것을 '극'이라고 한다면, 외부의 것을 막는 것을 '물'이라고 한다. 두 가지는 모두 마음이 하는 것이다. 비록 통하는 것으로 보아도 어찌 어그러지는 것이 있겠는가?"(『비망록』)

○ 『說文』, 東漢許愼所著. 或曰, "勿字與克字, 各有意否?" 曰, "勿與克, 俱是工夫. 隨文義, 下字各異. '克', 勝也. 勿, 禁止之辭. 在己則治曰'克'. 以防外則曰'勿'. 二者皆心之爲也. 雖通看, 又何悖之有乎?"(『備忘錄』)

『부주』10-9-1

○ 서산진씨가 말하였다. "기자는 「홍범」을 설명할 때 오사(五事)가 '용모, 언어, 봄, 들음, 생각'이라고 말하였다. 안연이 인을 여쭈었을 때 공자는 '자신을 이겨 예를 회복하면 인이 된다'고 이야기했다. 그 조목을 질문하는 데 이르러서는 다시 안연에게 일러서 '예가 아니면 보고 듣고 말하고 행동하지 말라'고 말하면서 '생각[思]'을 거기에 넣지 않은 것은 무슨 이유인가? '물'이라는 말은 금지하는 것을 말한다. 이목구비가 외물에 따라 움직이는데 마음이 그것

의 주재가 되지 않으면 그 누가 그것을 저지할 수 있겠는가? 그러므로 '물(勿)'이라고 하는 것은 바로 '마음'을 가리켜 말하는 것인데, 단지 배우는 자들이 그것을 살피지 못할 뿐이다."345)

◯ 西山眞氏曰, "箕子陳「洪範」五事曰'貌言視聽思.' 顔淵問仁, 夫子告之以'克己復禮爲仁'. 至問其目, 則又告之曰'非禮勿視聽言動'而思不與焉, 何哉? '勿'之爲言, 禁止之謂也. 耳目口鼻, 因物而動, 非心爲之主宰, 其孰能止之? 然則'勿'云者, 正指心而言也, 特學者弗之察耳."

『강록』10-9-1-a

○ 「기자진홍범(箕子陳洪範)」 : 기자는 구주를 진술하여, 오행을 앞세우고 다음에 오사에 미쳤다. 기자의 '사(思)'자와 서산의 '심(心)'자는 모두 쓰임으로 말한 것이다.(『강록』)

○ 「箕子陳洪範」 : 箕子陳九疇, 先五行, 次及五事. 箕子'思'字, 西山'心'字, 皆以用言.(『講錄』)

『석의』10-9-1-b

○ 「사불여언(思不與焉)」 : 「동잠」에서 말하였다. "명철한 사람은 기미를 아니, 생각에서 성실히 한다"고 하였다. 정자는 '사(思)'를 '움직임[動]'에 소속시켰으나 진씨는 '물(勿)'자를 '사(思)'자에 해당시켜 시청언동을 겸하는 것으로 말하였으니, 정자의 뜻과 대체로 같지 않은 것 같다. 또 비록 '마음의 기능은 생각함이다'라고 말하지만, 진씨는 단지 '심'자만 말하여 끝내 '사'자를 말하지 않았으니 말이 완비되지 않았다.(『석의』)

○ 「思不與焉」 : 「動箴」曰, "哲人知幾, 誠之於思" 程子以'思'屬之'動', 而眞氏以'勿'字當'思'字, 兼視聽言動而言, 似與程子之意, 略有不同. 且雖曰, '心之官則思', 而眞氏只言'心'字, 終不說破'思'字, 語涉未備.(『釋疑』)

『질서』10-9-1-c

○ 말과 행동은 보고 듣는 것에 비하여 그 자취가 더욱 분명하다. 그래서 예를 배울 때 먼저 말과 행동으로부터 시작하는 것은 거기에

345) 『西山文集』 권33, 「勿齋箴」.

의거하여 지킬 것이 있기 때문이다. 주자는 “말과 행동은 안으로부터 밖으로 표출되는 것이다”고 하였다.(『질서』)

○ 言動比視聽, 其迹又著, 所以學禮, 先從言動始, 爲其有據守也. 朱子曰, “言動, 自內而出於外也.”(『疾書』)

『부주차의』10-9-1-d

○ 한원진(韓元震)의 생각: 진씨는 ‘말라[勿]’는 글자에서 ‘심(心)’자를 드러내 밝혀서 이 마음이 주관하지 않는 것이 없이 하나로 일관하는 묘리를 보여주었으니, 경전의 뜻을 보충하면서도 처음부터 정자의 생각과 서로 어긋나지 않는다고 말할 수 있다. 또한 그 뜻은 다만 네 가지 조목에 마음이 없던 적이 없는 것은 다섯 가지 일[五事]에 ‘생각[思]’이 있는 것과 같지 않음이 없음을 밝히고자 한 것일 뿐이다. 어찌 ‘사(思)’자를 해석하기 위하여 이런 말을 했겠는가? 『석의』에서 이것을 흠잡은 것은 아마도 진씨의 뜻을 다 이해하지 못했기 때문인 것 같다.(『부주차의』)

○ 按: 眞氏於‘勿’字上, 發明‘心’字, 以見此心之無所不管而一以貫之之妙, 可謂有補於經旨而初不與程子之旨相妨矣. 且其意, 只要明四目之未嘗無心, 與五事之有思, 未嘗不同也. 豈爲訓釋‘思’字而發此言哉? 『釋疑』疵之, 恐未悉眞氏之意也.(『附註箚疑』)

『경의』10-9-1-e

○ 서산은 ‘물’자를 ‘생각[思]’에 해당시켰는데, 퇴계는 정이의 잠에서 ‘생각을 성실히 한다’는 구절을 들어서 그것이 그렇지 않음을 밝혔다. 임성주(任聖周)의 생각: 백운허씨는 ‘보고 듣고 말하는 것은 각각 하나의 일을 가리키지만 행동은 몸 전체를 들어 말하는 것이다. 그래서 「동잠」에서 마음을 함께 말하였다’고 말하였다. 주자는 “생각은 행동이 은미한 곳이며, 실천[爲]은 행동이 드러난 것이다. 이것은 행동의 정밀한 부분과 드러난 부분을 포괄한 것이다”346)고 말하였다. 이 두 설에 근거해 보면, 퇴계의 이론이 맞다. 또 생각

346) 『朱子語類』 권41, 「論語二十三·顔淵篇上」.

건대, 주자가 「진명중에게 답하는 글」에서 말하였다. "극기의 조목은 생각에 미치지 않는다. 대체로 잡아 보존하는 것의 점진적인 단계는 반드시 볼 수 있는 것에서부터 그것의 법으로 삼으면 절실하고 비근하며 분명하여 지키기 쉽다. 그래서 오사의 차례에서 '사(思)'는 가장 뒤에 있다. 그러나 공자는 여기에서 또한 '네 가지 하지 말 것(四勿)'을 두루 들었지만 저 '사(思)'에 미치지 않았다."[347] 이것은 위의 설과 같지 않다. 생각건대, 위의 설은 구절의 의미를 바르게 해석하였는데, 아래 설은 대의에 근거하여 총괄적으로 말하여 배우는 자에게 가르친 것인 듯하다. 정자는 「사물잠서(四勿箴序)」에서 '밖을 제어하여 그 안을 기른다'고 운운하면서도 「동잠」에 이르러서는 곧 '생각을 성실히 한다'고 하는 구절을 두었다. 뜻이 바로 이러하니, 서로 지장을 주어 그 본래의 의미를 혼란시켜서는 안 될 것이다.(『경의』)

○ 西山以'勿'字當'思', 退溪擧程箴'誠思'之句, 以明其不然. 按: 白雲許氏言視聽言各指一事, 動則擧一身而言. 故動箴兼心說. 朱子曰, "思是動之微, 爲是動之著, 這箇是該動之精粗." 據此兩說, 退溪之論得之. 又按, 朱子「答陳明仲書」曰, "克己之目, 不及思. 蓋操存之漸, 必自其可見者, 而爲之法, 則切近明白, 易以持守, 故五事之次, 思最在後, 而夫子於此, 亦徧擧四勿, 而不及夫思焉." 此與上說不同. 意上說則正釋句意, 而下說則據大意, 統言以敎學者歟. 程子「四箴序」云, "制於外, 所以養其中云云", 而至「動箴」, 乃有誠思之句. 意正如此, 不可相礙而亂其本意也.(『經義』)

『관계』10-9-1-f

○ 「사불여언(思不與焉)」 : 오사 중에 '사'를 말하지 않고 '물'로 '사'에 해당시킨 것은 대체로 '말라[勿]'는 것이 마음에 있는 것이며, 마음의 기능은 '생각[思]'이기 때문이다. 공자는 일찍이 '태도는 공손할 것을 생각하고, 말은 성실할 것을 생각하며, 견해는 밝을 것을 생각하고, 듣는 것은 명철할 것을 생각한다'고 말한 적이 있다. 또

---

347) 『晦庵集』 卷43, 「答陳明仲」.

'배우고서 생각하지 않으면 조리가 없게 된다'고 말하였다. 그러나 여기에서 다만 말하지 않은 것은 안연의 마음에는 애초에 예에 맞지 않는 생각이 없었기 때문이다. 만약 보고 듣고 말하고 행동하는 것 등이 때로 어긋남이 있었다면 이것은 바로 무심코 행한 허물이다. 이목의 감각기관은 생각하지 못하여 사물에 가려진다. 하지만 예가 아닌 것을 알기만 하면 바로 생각하여 예에 맞게 되는 것은 마음이 그 주재가 되어 못하게 하기 때문일 뿐이다. 그래서 '생각'을 말하지 않고 다만 보고 듣고 말하고 행동하는 것에만 미친 것이다. 정자가 「동잠」에서 '사(思)'를 말한 것은 이것으로 오사를 채우고자 한 것도 아니요, 공자가 드러내지 않은 것을 드러내기 위한 것도 아니다. 만약 「동잠」에서의 '생각'이 합당하다고 한다면 보고 듣고 말하는 것에 '생각'이 없을 수 있겠는가?(『관계』)

○ 「思不與焉」: 此以五事之不言思而以'勿'當'思', 蓋勿之在心, 而心之官則思故也. 孔子嘗言, '貌思恭, 言思忠, 視思明, 聽思聰.' 又曰, '學而不思則罔'. 此特不言者, 顔子心上初無非禮之思. 若乃視聽言動之或有差失者, 乃其無心之過也. 耳目之官, 不思而蔽於物. 然纔知其非禮, 則便是思而得之也. 心爲主宰, 勿之而已. 所以不言思, 而但及於視聽言動者也. 程子於「動箴」言'思', 非以是足五事, 非以發孔子之所未發. 若謂「動箴」之'思'可以了當, 則視聽言, 可無所'思'乎?(『竅啓』)

『부주』10-10

○ 혹자가 질문하였다. "안연이 인에 대하여 질문하였는데, 공자가 이렇게 말한 것은 무엇 때문입니까?" 대답하였다. "사람은 천지의 '중'을 받아 태어나서 인의예지의 본성이 그 마음에 갖추어져 있다. 인(仁)은 비록 전적으로 사랑을 위주로 하지만 실은 마음 본체의 온전한 덕이고, 예는 오로지 공경을 위주로 하지만 실로 천리의 절도와 형식이다. 그러나 사람에게 이 몸이 있어서 이목구비나 육체 사이에 사욕의 얽매임이 없을 수 없어서

이치에 어긋나고 저 인을 해친다. 사람으로 어질지 않으면 그 한 몸에 스스로 주인이 되는 때가 없어서 사물을 대하는 사이에 전도되고 어긋나며 어지러워져서 더욱 이르지 않는 곳이 없게 된다. 그러나 '기(己)'는 인욕의 사사로움이며, 예는 천리의 공정함이다. 한 마음 속에서 이 두 가지는 동시에 양립할 수 없지만 그들 사이의 거리는 조금의 틈도 있을 수 없어 이것으로부터 벗어나면 저것으로 들어가고, 저것에서 벗어나면 이것으로 들어온다. 이것이 이기거나 이기지 못하며, 회복하거나 회복하지 못하는 것이 마치 손을 뒤집거나 팔을 굽히거나 펴는 것과 같은 것이니, 진실로 그렇게 하고자 하면 그 기틀은 본래 나에게 있을 뿐이니, 어찌 다른 사람이 관여할 수 있겠는가? 안연의 자질은 성인에 가까웠기 때문에 그가 인(仁)에 대하여 질문하여 공자가 그것을 말해 줄 때 유독 요점이 되고 절실한 것을 아주 상세하게 했을 뿐이다. 또 예가 아니면 보고 듣지 말라는 것은 밖으로부터 들어와서 안을 움직이는 것을 막는 것이지만, 예가 아니면 말하거나 행하지 말라는 것은 안으로부터 나와 밖으로 접하는 것을 삼가는 것이다. 안과 밖을 번갈아 진전시켜서 인을 행하는 공부에 못 다한 노력이 없었다. 안연은 여기에서 공자의 말에 따라 열심히 행해보겠다고 하였으며, 이렇게 하여 세 달 동안 인을 어기지 않고 결국 성인의 경지에 나아갔다. 그러나 성인의 말을 충분히 음미하여 안연이 힘쓴 곳을 찾아보면, 그 핵심관건은 단지 '말라[勿]'는 것과 '말지 않는 것[不勿]' 사이에 있을 뿐이다. 이것으로부터 돌이키면 천리가 되고, 이것으로부터 벗어나면 인욕이 된다. 이로부터 생각을 다하면 성인이 되고, 이로부터 생각하지 않아 광인이 되는 것은 단지 미세한 차이일 따름이다. 배우는 사람이 마음을 보존하는 일에 조심하지 않을 수 있겠는가?"[348]

○ 或問, "顏淵問仁而夫子告之以此, 何也?" 曰, "人受天地之中以生, 而仁義禮智之性, 具於其心. 仁雖專主於愛而實心體之全德, 禮則專主於敬而實天理之節文也. 然人有是身則耳目口體之間, 不能無私欲之累, 以違於理而害夫仁. 人而不仁, 則自其一身莫適爲主, 而事物之間顚倒錯亂, 益無所不至矣. 然己者, 人欲之私也, 禮者, 天理之公也. 一心之中, 二者不容竝立, 而其相去之間, 不能以毫髮, 出乎此, 則入乎彼, 出乎彼, 則入於此矣. 是其克與不克, 復與不復, 如手反覆, 如臂屈伸. 誠欲爲之, 其機固亦在我而已, 夫豈他人之所得與哉! 顏子之質, 幾於聖人, 故其問仁, 夫子告之, 獨爲要切而詳盡耳. 且非禮而勿視聽者, 防其自外入而動於內者也. 非禮而勿言動者, 謹其自內出而接於外者也. 內外交進, 爲仁之功, 不遺餘力矣. 顏子於是, 請事斯語而力行之, 所以三月不違而卒進乎聖人之域也. 然熟味聖言, 以求顏子之所用力, 其機特在勿與不勿之間而已. 自是而反, 則爲天理, 自是而流, 則爲人欲. 自是而克念, 則爲聖, 自是而罔念, 則爲狂, 特毫忽之間耳. 學者可不謹其所操哉!"

『강록』10-10-a

○ 「天地之中(천지지중)」 : 『서경』 「탕고(湯誥)」에서 "위대한 상제가 세상의 백성에게 '충(衷)'을 내렸다"고 하였다. 「익(益)」 : 비평하여 말하였다. "사경은 '익(益)'이 '개(蓋)'자가 아닌가 의심하였다." ○ 뒷날 "하지만 다시 세밀히 보니, 익자는 의미가 다함이 없다"고 말하였다. ○ 함형이 생각건대, "『논어혹문』에는 이 조 위아래에 문장이 있으나, 황돈이 구절을 잘라서 문장을 만든 것이다. '익'자가 옳은 것이라 하니, 감히 질문 드립니다." 비평하여 "그것을 따라야 한다"고 말하였다. 「호홀(毫忽)」 : 누에고치가 실을 토해낸 것으로 가늘기가 비할 데가 없다. 한 마리가 뽑아내는 것이 홀(忽)이고, 열 홀이 사(絲)이고, 열 사가 호(毫)이며, 열 호가 리(釐)이며,

348) 『四書或問』 권17, 「論語·顏淵第十二」.

열 리가 분(分)이고, 열 분이 촌(寸)이다.(『강록』)

○ 「天地之中」: 『書』「湯誥」"惟皇上帝, 降衷于下民." 「益」: 批云, "士敬疑益爲蓋字." ○ 後日云, "然更詳之, 則益字意味無窮." ○ 咸亨謹按, "『論語或問』此條上下有文, 而箕敬裁節成文者也. 益字爲是, 故敢稟." 批云, "當從之." 「毫忽」: 蟲之吐絲, 其細無比, 一蟲爲忽, 十忽爲絲, 十絲爲毫, 十毫爲釐, 十釐爲分, 十分爲寸.(『講錄』)

『석의』10-10-b

○ 「혹문안연(或問顔淵)」: 이 단락은 『논어혹문』에 나온다. 「천지지중(天地之中)」: 백성이 천지의 중을 받았다는 것은 『춘추전(春秋傳)』에 나오는 유자(劉子)의 말이다. 『서경』에서도 말하였다. "일반 백성에게 충(衷)을 내렸다"고 말하였다. 「호홀(毫忽)」: 누에벌레가 실을 토한 것으로 가늘기가 그에 비할 것이 없다. 한 마리에서 나온 것이 홀이고, 10홀이 사이며, 10사가 호(毫)이다.(『석의』)

○ 「或問顔淵」: 此段出『論語或問』. 「天地之中」: 民受天地之中, 『春秋傳』劉子語. 『書』亦曰, '降衷于下民.' 「毫忽」: 蟲之吐絲, 其細無比, 一蟲爲忽, 十忽爲絲, 十絲爲毫.(『釋疑』)

『표제』10-10-c

○ 「천지지중(天地之中)」: 유자는 말하였다. "나는 백성이 천지의 중을 받아 태어난 것을 이른바 '명(命)'이라고 한다고 들었다. 그러므로 행동하는 데 예의와 위의의 규칙을 두어 명을 정한다."(『좌전』)(『표제』)

○ 「天地之中」: 劉子曰, "吾聞之民受天地之中以生, 所謂命也. 是以有動作禮義威儀之則, 以定命也."(『左傳』)(『標題』)

『강록간보』10-10-d

○ 「천지지중(天地之中)」: 『고오』에서는 유강공의 말로 『좌전』에 보인다고 하였다.(『강록간보』)

○ 「天地之中」: 『考誤』, 劉康公語, 見『左傳』.(『講錄刊補』)

『기문록』10-10-e

○ 『부주』 '혹문'조에서 사람이 천지의 중을 받았다는 데서 '더욱 이르지 않음이 없다'는 데까지는 '자신을 이기고 예를 회복한다'는 것을 해석한 것이고, '자기는 인욕'에서 '어찌 남이 관여할 수 있겠는가?'까지는 '인을 행하는 것은 나로부터 말미암는 것이다'는 것을 해석한 것이며, 또 '예가 아닌 것'에서부터 '성인의 경지'까지는 '예가 아니면 보고 듣고 말하고 행동하지 말라'는 것을 해석한 것이다. '성인의 말을 충분히 음미한다'는 아래부터는 '물(勿)'자의 뜻을 해석한 것이다. 바로 단락에 따라 보는 것이 좋다.(『기문록』)

○ 『附註』或問條, 自'人受天地之中', 止'益無所不至', 解'克己復禮'. 自'己者人欲', 止'豈他人所得與', 解'爲仁由己'. 自'且非禮', 止'聖人之域也', 解'非禮勿視聽言動'. 自'熟味聖言'以下, 解勿字之義, 正好逐段看.(『記聞錄』)

『비망록』10-10-f

○ 「'기자(己者)'에서 '호발(毫髮)'까지」 : 혹자는 말하였다. "기(己)와 '예(禮)'는 모두 하늘로부터 받았는데, 어찌하여 '기'는 인욕의 사사로움이고, '예'는 천리의 공정함이라고 말하면서 깎아내리고 높이는 것이 이와 같이 현격하게 다릅니까?" 대답하였다. "자기는 사사롭게 가진 것으로, 대개 사적인 것을 '사(私)'로 보기 때문에 '인욕의 사사로움'이라고 말하였다. 예는 공적이고 보편적인 것으로 자기의 독점물이 아니므로 '천리의 공정함'이라고 말하였다. 똑같이 나에게 있으나, 천리와 인욕은 서로 용납할 수 없다. 사사로움에서 벗어나면 공정함으로 들어가고, 공정함에서 벗어나면 사사로움 들어간다. 오직 공정함에 들어갈 수만 있다면 안과 밖이 번갈아 진전되어, 행동하기만 하면 바로 예가 되어 선하지 않음이 없게 된다. 만약 한결같이 사사로움에 들어가면 치우치고 얽매이며 규범을 벗어나서 허물과 모욕이 잇달아 이른다. 그 실제는 모두 한 번 생각하는 순간에 이것과 저것이 구분되어 반드시 천양의 차이가 난다."(『비망록』)

○ 「己者 止 毫髮」: 或曰, "己與禮, 皆受之於天, 何以謂'己者, 人欲之私, 禮者, 天理之公', 而貶隆之若是其懸絶耶?" 曰, "己者, 私有之物, 蓋以私爲私, 故曰'人欲之私'也. 禮者, 公共之物, 非己之所獨, 故曰'天理之公'也. 均是在我, 而但天理人欲不能相容. 出乎私則入於公, 出於公則入於邪. 唯能入於公則內外交進, 動輒爲禮無事不善矣. 若一入于私, 則偏辟繫滯, 脫於規範, 毀辱踵至, 其實皆一念之際, 彼此之分, 須宵壤矣."(『備忘錄』)

『부주』10-10-1

○ 서산진씨가 말하였다. "요순임금 이래 주공·공자에 이르기까지 그들 서로 간에 전한 도의 대강을 공자가 안연에게 전해줄 때에는 본말에서 성인의 깊은 뜻을 모두 드러내어 다시 못 다한 내용이 없었다. 대개 안연의 경지를 바라는 것으로 공자의 경지를 기대하면 요·순·우·탕·문무·주공의 도는 미루어 알 수 있다. 대저 '정밀하고 한결같이 하여 중을 잡는 것'은 요·순·우 임금이 이어서 전한 핵심적인 가르침이다. 자기를 이기고 예를 회복하는 것은 공자와 안연이 주고받은 핵심적인 가르침이다. 말로써 살펴보면, 대체로 크게 같지 않다. 그러나 공자가 '기(己)'라고 한 것은 바로 순임금이 '인심(人心)'이라고 한 것이지만, 공자가 '예'라고 한 것은 바로 순임금이 말한 '도심'이다. 이기고 회복하는 것은 곧 정밀히 하고 한결같이 하는 공부이며, 인과 중은 또 명칭은 다르지만 내실은 같은 것이다. 대개 바른 의리에 맞아 지나치거나 미치지 못함이 없는 것이 중이고, 올바른 의리를 순수하여 사욕으로 혼탁하게 하지 않은 것이 인이다. 절도에 맞으면서 어질지 않거나, 어질면서 절도에 맞지 않는 경우는 아직 없었다. 이것으로 미루어 보면 성인과 현인이 서로 전한 마음을 다스리는 방법은 모두 하나로 관통하는 것이다."349)

○ 西山眞氏曰, "堯舜以及周孔, 其相傳之大槩, 至孔子授顔子, 則本末盡見聖人之蘊, 無復遺餘. 蓋希顔所以希孔, 而堯舜禹湯文武周公之道, 從可知矣. 夫精一執中, 堯舜禹相傳之要指也. 克復爲仁, 孔顔相傳之要指也. 以言語求

---

349) 『西山讀書記』 권28, 「堯舜禹湯文武傳授」.

之, 蓋甚不同矣. 然孔子之所謂'己', 卽雖舜之所謂'人心', 孔子之所謂'禮', 卽舜之所謂'道心'. 克而復, 卽精一之功, 而仁之與中, 又名異而實同者也. 蓋合乎義理之正, 而無過不及者, 中也. 純乎義理之正, 而不雜之以私欲者, 仁也. 未有中而不仁, 亦未有仁而不中者. 卽此推之, 凡聖賢相傳之心法, 皆可一以貫之矣."

『강록』10-10-1-a

○ 「본말(本末)」: 머리와 끝으로 앞과 뒤의 구분이 있는 것이 아니다. 「온」: 속에 쌓여 있는 것을 말한다. 「'공자(孔子)'에서 '인심(人心)'까지」: 함형이 삼가 생각건대, "서산의 학설은 공자의 이른바 '기'는 바로 순임금이 '인심'이라고 일컬은 것이다 운운 하였는데, 나는 그렇지 않다고 생각합니다. 주자가 '인심은 인욕이 아니지만, 사람이 마음에 전혀 없지는 않은 것이다. 그러나 정밀하고 한결같이 하는 노력을 하여 섞이지 않게 할 수 있을 뿐이다'고 말하였습니다. 또 '기는 인욕의 사사로움이다'고 말하였는데, 서산은 이러한 학설을 따르지 않고 '기'를 인심으로 보아 또한 극복해야 한다고 하였으니, 그 학설이 또한 잘못되지 않았습니까? 하지만 서산이 어찌 아무 의견없이 망령되게 말했겠습니까? 어떤 뜻이었는지 들어보고 싶습니다." 선생께서 대답하였다. "서산의 학설은 정자와 주자의 초년의 학설과 같다. 완전히 잘못된 것으로 볼 수는 없을 것 같다. 그러나 주자의 『중용』 「서」는 만년의 정설인데, 서산이 정설을 따르지 않고 초년설을 따랐으니, 이것을 이해할 수 없을 뿐이다."(『강록』)

○ 「本末」: 首末也. 非有先後之分. 「蘊」: 中藏之謂. 「孔子之 止 人心」: 咸亨謹按, "西山說, 孔子所謂'己'卽舜之所謂'人心'云云. 愚以爲不然. 朱子旣云, '人心非人欲, 人所不一中無者, 而但能加精一之功, 而不爲所雜.' 又云, '己者, 人欲之私也', 而西山不從此等說, 而以'己'爲'人心', 亦當克去也. 其爲說, 亦不謬乎! 然西山豈無所見而妄說也. 請聞其義." 先生答云, "西山之說與程子及朱子初說同矣. 似不可全以爲非. 然朱子『中庸』序, 乃晩年定說,西山不從定說, 而從初說, 此不可曉耳."(『講錄』)

『석의』10-10-1-b

○ 「'공자(孔子)'에서 '인심(人心)'까지」 : '기'를 인심으로 간주한 것은 정자와 주자의 초년의 학설과 동일하므로, 전적으로 잘못이라고 할 수는 없다. 그러나 『중용』 「서」는 만년의 정론인데, 서산이 정론을 따르지 않고 초년의 학설을 따랐으니, 이것을 이해할 수 없을 따름이다.(『석의』)

○ 「孔子 止 人心」 : 以'己'爲'人心', 與程子及朱子初年說同. 不可專以爲非. 然『中庸』序, 乃晩年定論, 西山不從定論, 而從初說, 此不可曉耳.(『釋疑』)

『강록간보』10-10-1-c

○ 「'공자(孔子)'에서 '인심(人心)'까지」 : 김종덕(金宗德)의 생각: 서산은 그 뜻을 개괄적으로 말하여 이처럼 분류하여 나누었는데 '기'를 극복해야 하는 것으로 보는 것처럼 '인심'을 예가 아니라고 생각한 것은 아닌데, 그런지 아닌지 모르겠습니다.(『강록간보』)

○ 「孔子 止 人心」 : 按 : 西山概言其義, 類分屬如此, 非以人心爲非禮, 如'己'之當克也. 未知是否.(『講錄刊補』)

『관계』10-10-1-d

○ 「기즉인심(己卽人心)」 : 안연이 이기는 '기'는 바로 다른 날 언급한 '인을 행하는 것은 자기로부터 말미암는다' 할 때의 '기'이다. 이기기 이전의 '기'는 인욕이고, 이긴 다음의 '기'는 바로 천리이다. 이른바 '인심은 사적인 형기이므로 조절하고 제어하지 않으면 욕심에 흐르게 되고, 우연히 절도에 맞으면 이치에 합하게 된다'는 것은 '기'와 '인(人)'은 똑같이 형기라는 것이다. 인심은 비록 인욕은 아니지만 '기'에 속하는 것은 같다. ○ 「극기편능복례(克己便能復禮)」 : 안연에 있어서는 평소에 늘 때 예를 따랐는데, 예가 아닌 점이 있다고 해도 일시적으로 우연히 잘못한 것으로 실로 자신을 이기는 것 이외에 따로 예를 회복함이 있는 것이 아니라고 할 수 있다. 그러나 배우는 자에 있어서는 자신을 이기고도 다시 예를

회복해야 한다. '자신을 이기는 것'은 '허물을 고치는 것'과 같고, '예를 회복하는 것'은 '선을 따르는 것'과 같다.(『관계』)

○ 「己卽人心」: 顔子所克之'己', 卽他日'爲仁由己'之'己'. 未克之前, 己固人欲, 而旣克之後, 己乃天理. 所謂'人心形氣之私, 不以節制, 則流於欲. 偶或中節, 則合乎理', '己'之與'人', 等是形氣. 人心雖非人欲, 而屬己則同. ○ 「克己便能復禮」: 在顔子, 則居常由禮, 其有非禮者, 一時之偶失也. 固可曰'克己之外, 非別有復禮', 而在學者, 則克己又須着復禮. '克己'似'改過', '復禮'似'遷善'.(『窾啓』)

『비망록』10-10-1-e

○ 「'자개합(自蓋合)'에서 '인야(仁也)'까지.」: 똑같이 올바른 의리로서 지나치거나 미치지 못함이 없는 것이 중이고, 사욕으로 어지럽히지 않는 것이 인이 된다. 그러므로 '의리' 두 글자는 중과 인의 뼈대이다. 절도에 맞으면 사욕이 없음을 알 수 있고, 어질면 또한 지나치거나 미치지 못함이 없음을 알게 된다. 이른바 '명칭은 다르지만 의미는 실로 서로 같다'는 것이다.(『비망록』)

○ 「自蓋合 止 仁也.」: 均是義理之正, 而無過不及底爲中, 不雜之以私欲底爲仁. 然則'義理'二字爲中與仁之骨梗. 旣中則可知其無私欲, 仁則亦知其無過不及. 所謂'名異而意實相同'者也.(『備忘錄』)

제11장: 자기가 바라지 않는 것을 남에게 베풀지 말라[己所不欲, 勿施於人]

○ 중궁이 인에 대하여 물었다. 공자가 대답하였다. "문을 나서서는 귀한 손님을 만나듯이 하고, 백성을 부릴 때는 큰 제사를 받들듯이 하며 자신이 바라지 않는 것을 남에게 베풀지 말아야, 나라에도 원망이 없고 가정에도 원망이 없다." 중궁이 말하였다. "제가 비록 명민하지는 못하지만 이 말을 실천해보겠습니다."350)

○ 仲弓問仁, 子曰, "出門如見大賓, 使民如承大祭, 己所不欲, 勿施於人, 在邦無怨, 在家無怨." 仲弓曰, "雍雖不敏, 請事斯語矣."

『강록』11-A

- 「'재방(在邦)'에서 '원(怨)'까지」: '경(敬)'과 '서(恕)'가 바른 도리를 얻을 수 있으면 피차가 서로 상대할 때 사사로운 생각이 용납될 곳이 없기 때문에 나라에서나 가정에서나 모두 원망이 없다.(『강록』)
- 「在邦 止 怨」: 敬恕能得其道, 則彼此相接之際, 私意無所容, 故在邦在家皆無怨.(『講錄』)

---

350) 『論語』, 「顏淵」.

『발휘』11-B

○ 유씨가 말하였다. "문을 나서서 귀중한 손님을 만나듯이 하면 공경하지 않는 때가 없게 되고, 백성을 부릴 때 큰 제사를 받들듯이 하면 공경하지 않는 일이 없게 된다."351) ○ 질문하였다. "문밖을 나서거나 백성을 부리기 이전에도 공부가 있지 않습니까?" 주자가 말하였다. "문을 나서거나 백성을 부리기 이전에도 오로지 이와 같이 한다. 문을 나서고 백성을 부릴 때에는 잘못되기 쉽기 때문에 더욱 힘을 쓴다."352) ○ 성인의 말을 보면, 단지 서너 구절만으로도 바로 말한 것이 매우 조심스럽고 치밀하다. '문을 나서서는 귀한 손님을 만나듯이 하고 백성을 부릴 때에는 큰 제사를 받들듯이 한다'고 말하고서, 아래에서는 다시 '자신이 바라지 않는 일을 남에게 베풀지 말라'고 말하였으니, 모두 조금도 빠진 곳이 없다. 질문하였다. "이 뜻을 보면 체와 용이 함께 갖추어져 있습니까?" 대답하였다. "그렇다. 이와 같이 자기 스스로의 몸으로부터 언제나 지켜서 사물을 대하는데 이르러서도 이렇게 하면 일상생활 중에 틈이 없게 되니, 사사로운 생각이 어찌 그대로 용납됨이 있겠는가? 성인이 말한 것이 이처럼 매우 치밀함을 알 수 있다."353) ○ 「경서재명」에 말하였다. "문을 나서서는 손님을 만나듯이 하고, 일을 받들 때는 제사지내는 것처럼 한다고 하니, 이렇게 보존하면 감히 잘못할 수 있겠는가? 자신이 바라지 않는 일을 남에게 베풀지 말라하니, 이렇게 행하면 남과 함께 화평하게 되리라. 어지러운 지금 시대 사람이 스스로 멋대로 하여 남을 곤궁하게 하고, 오직 내가 편하면 되지 저들을 무엇하러 돌보냐고 하네. 누가 이것을 되돌려 자신의 몸에서 수렴하는가 하니, 담장에서 국에서 중니와 자궁을 볼까! 안으로 가정에 화순하고 밖으로 나라에 화합하니, 큰 일이나 작은 일이나 할 것 없이 아무도 원통해하는 사람이 없

351) 『西山讀書記』 권18, 「敬上」.
352) 『朱子語類』 권42, 「論語二十四顔淵篇下」.
353) 『朱子語類』 권41, 「論語二十三·顔淵篇上」.

을 것이다. 인을 행하는 효과가 이렇게 지극하다고 하니, 경(敬)하고 서(恕)하는 것이 길이길이 싫증냄이 없을 것이다."[354] ○ 남헌 장씨가 말하였다. "평소에 마음을 함양할 때 경(敬)에 한결같기 때문에 문을 나서고 백성들을 부릴 때에도 모두 이 마음이다. 대개 사람이 욕심을 가지고 있는데 얻지 못하면 원망한다. 만약 평이하고 공정하여 욕심이 남아 있지 않으면 자신이 남을 원망하는 것이 없이 화평이 드러나니, 남 또한 어찌 자기를 원망하겠는가?"[355] ○ 주자는 또 말하였다. "책을 읽을 때는 반드시 성현의 말을 몸에 체험해야 한다. 예컨대, '자신을 이기고 예를 회복하거나, 문을 나서면 귀한 손님을 만나듯이 하는 것'과 같은 것은 반드시 자기 몸에 나아가서 내가 실로 자기를 이겨내고, 경(敬)을 주로 하거나 서(恕)를 행할 수 있는가 않는가를 체험해 보아야 한다. 일마다 이렇게 해야 비로소 유익함이 있을 것이다."[356] ○ 또 말하였다. "안연은 국량이 커서 성인은 그에게는 한마디로 잘라 말했다. 중궁의 경우에는 문을 닫고 스스로를 지켜서 적이 들어오지 못하게 하였다. 경과 서에 대해서는 더욱 공부하기가 좋다."[357](『발휘』)

○ 游氏曰, "出門如見大賓, 則無時而不敬. 使民如承大祭, 則無事而不敬." ○ 問, "未出門使民之前, 更有工夫否?" 朱子曰, "未出門使民之時, 只是如此. 惟是到出問使民時, 易得走失, 故愈著用力也." ○ 看聖人言, 只三四句, 便說得極謹密. 說'出門如見大賓, 使民如承大祭', 下面便又說'己所不欲, 勿施於人', 都無些闕處. 問, "看此意思, 則體用兼備?" 曰, "是. 如此自家身己上, 常是持守, 到接物又如此, 則日用之間, 無有間隙, 私意直是何所容? 可見聖人說得如此極密." ○ 「敬恕齋銘」曰, "出門如賓, 承事如祭, 以是存之, 敢有失墜? 己所不欲, 勿施於人, 以是行之, 與物皆春. 胡世之人, 恣己窮物, 惟我所便, 謂彼奚恤. 孰能反是. 斂焉厥躬, 于墻于羹, 仲尼子弓. 內順于家,

354) 『晦庵集』 권85, 「敬恕齋銘」.

355) 張栻, 『癸巳論語解』 권6, 「先進篇」.

356) 『朱子語類』 권42, 「論語二十四顔淵篇下」.

357) 『朱子語類』 권42, 「論語二十四顔淵篇下」.

外同于邦, 無小無大, 罔是怨恫. 爲仁之功, 曰此其極, 敬哉恕哉, 永永無斁.”
○ 南軒張氏曰, “平日之涵養一於敬, 故出門使民之際, 皆是心也. 凡人有欲而不得則怨. 若夫平易公正, 欲不存焉, 則已無所怨於人, 和平之效, 人亦何所怨於己哉?” ○ (朱子)又曰, “讀書, 須要將聖賢言語, 體之於身. 如‘克己復禮’與‘出門如見大賓’, 須就自家身上, 體看我實能克己與主敬行恕否. 件件如此, 方始有益.” ○ 又曰, “顏子力量大, 聖人便就他, 一刀截斷. 若仲弓, 則是閉門自守, 不放賊入來底. 然敬恕上, 更好做工夫.”(『發揮』)

『표제』11-C

○ 「재방무원(在邦無怨)」 : 주자는 말하였다. “‘나라에도 원망이 없고 가정에도 원망이 없다’는 것은 저 ‘자기가 바라지 않는 것을 남에게 베풀지 말라’고 하는 것과 밀접하게 연관된다. 밖에서 그를 원망하는 사람이 한 사람이라도 있으면 바로 철저하지 않는 것이다.”358)(『논어주』) ○ 질문하였다. “원망에도 옳고 그름이 있으니, 어찌 저렇게 원망이 없을 수 있겠는가?” 대답하였다. “이것은 단지 원망을 바르게 하기를 바랄 뿐이다.”(『표제』)

○ 「在邦無怨」 : 朱子曰, “‘在邦無怨, 在家無怨’, 緊接著那己所不欲勿施於人. 外間纔有一人怨他, 便是未徹.”(『論語注』) ○ 問, “怨有是非, 如何都得他無怨?” 曰, “此只欲怨得是底.”(『標題』)

『강록간보』11-D

○ 「재방무원(在邦無怨)」 : 경(敬)과 서(恕)가 바른 도리를 얻으면 피차간에 서로 대할 때 사사로운 뜻이 용납될 곳이 없기 때문에 나라에서나 가정에서 모두 원망이 없게 된다. ○ 김종덕(金宗德)의 생각: 경(敬)으로 스스로를 지키고 서(恕)로 남에게 미치면 사사로운 뜻이 안과 밖에서 용납됨이 없어 마음의 덕이 온전해진다. 그래서 그 효과는 나라에서나 가정에서 모두 원망이 없는데 이르게 된다. 이것이 『집주』의 뜻이다.(『강록간보』)

○ 「在邦無怨」 : 敬恕得其道, 則彼此相接之際, 私意無所容, 故在邦在家皆無

358) 『朱子語類』 권42, 「論語二十四顏淵篇下」.

恕. ○ 按: 敬以持己, 恕以及物, 則私意無所容於內外而心德全矣. 故其效驗至於在邦在家皆無怨. 此『集註』之意.(『講錄刊補』)

『질서』11-E

○ '문을 나서서는 귀한 손님을 만나듯이 하고 백성을 부릴 때는 제사를 지내듯이 한다'고 한다면, 아직 문을 나서지 않고 백성을 부리지 않았을 때의 경(敬)함을 알 수 있다. 이것이 『중용』에서 이른바 '홀로 아는 마음을 삼감[愼獨]'이다. 이것으로 미루어 보면, '예가 아니면 보지 말고, 예가 아니면 듣지 말라'고 하는 것에서 보고 듣기 이전을 알 수 있다. 이것이 『중용』에서 이른바 '조심하고 두려워 한다'는 것이다.(『질서』)

○ '出門如賓, 使民如祭', 則未出門使民, 其敬可知, 此『中庸』所謂'愼獨'也. 因此推之, '非禮勿視, 非禮勿聽', 未有視聽可知, 此『中庸』所謂'戒懼'也.(『疾書』)

『관계』11-F

○ 「경서재명(敬恕齋銘)」 : '자기를 멋대로 한다'는 것은 경하지 않는 것이다. '남을 곤궁하게 한다'는 것은 서(恕)하지 않는 것이다. '나만 편하면 된다'는 것은 '자기를 멋대로 하는 것'과 연관되고, '저들을 돌 볼 필요가 무엇이 있는가'라는 것은 남을 곤궁하게 하는 것과 연관된다. '자신의 몸을 추스린다'는 것에는 경(敬)을 주로 하고 충(忠)을 주로 하는 뜻이 있다.('충'은 '서'의 근본이 된다.)(『관계』)

○ 「敬恕齋銘」 : '恣己', 不敬也. '窮物', 不恕也. '惟我所便', 貼恣己. '謂彼奚恤', 貼窮物. '斂焉厥躬', 有主敬主忠之意.(忠爲恕本.)(『窾啓』)

『원주』11-1

○ 이천선생이 말하였다 "귀한 손님을 만나듯이 하고, 큰 제사를 받들듯이 하는 것은 경이다. 경하면 사사롭지 않다. 조금이라도 경하지 않으면 사욕이 만 갈래로 일어나 인을 해치게 된다."[359]

○ 伊川先生曰, "如見大賓, 如承大祭, 敬也. 敬則不私. 一不敬, 則私欲萬端, 害於仁矣."

『원주』11-2

○ 주자가 말하였다. "경(敬)으로 자기를 지키고 서(恕)로 남에게 미치면 사사로운 생각이 용납됨이 없어서 마음의 덕이 온전해진다."

○ 朱子曰, "敬以持己, 恕以及物, 則私意無所容而心德全矣."

『석의』11-2-A

○ 「'경이(敬以)'에서 '급물(及物)'까지」: 경(敬)으로 자신을 지키는 것은 '문을 나서서는 귀한 손님을 만나듯이 하고 백성을 부릴 때 큰 제사를 받들듯이 한다'는 것을 가리킨다. 서로 남에게 미치는 것은 '자신이 바라지 않는 일을 남에게 베풀지 말라'는 것을 가리킨다.(『석의』)

○ 「敬以 止 及物」: 敬以持己, 指'出門如見大賓, 使民如承大祭'. 恕以及物, 指'己所不欲, 勿施於人.'(『釋疑』)

『부주』11-1

○ 정자가 말하였다. "공자가 인을 말할 때 단지 '문을 나서서는 귀한 손님을 만나듯이 하고, 백성을 부릴 때는 큰 제사를 받들듯이 한다'고만 말하였다. 그 기상을 보면 반드시 마음은 넓고 몸은 윤택하며, 용모를 움직이고 응대하는 것이 예에 맞는 것이다. 오직 '혼자 아는 마음을 삼가는 것'이 곧 이것을 지키는 방법이다."[360]

359) 『二程遺書』 권15, 「入關語錄」.

360) 『二程遺書』 권6.

○ 程子曰, "孔子言仁, 只說'出門如見大賓, 使民如承大祭'. 看其氣象, 便須心廣體胖, 動容周旋中禮. 唯'愼獨', 便是守之之法."

『강록』11-1-a

○ 「편수(便須)」: '수'는 '반드시'로 해석한다. 뒤에도 이와 같다.(『강록』)

○ 「便須」: '須'釋曰'必'. 後倣此.(『講錄』)

『석의』11-1-b

○ 「'신독(愼獨)'에서 '지법(之法)'까지」: '문을 나서고' '백성을 부리며' '베풀지 말라'는 등의 일은 모두 밖으로 드러난 것이다. '독(獨)'은 마음이 홀로 아는 곳인데, 이곳을 삼가지 않으면 물욕이 행해져서 천리가 단절된다. 어찌 그 마음이 넓고 몸이 윤택한 기상을 보존할 수 있겠는가? '수(守)'는 그 마음이 넓고 몸이 윤택한 기상을 지켜서 보존하는 것을 말한다.(『석의』)

○ 「愼獨 止 之法」: '出門''使民''勿施'等事, 皆是見於外者也. '獨', 心所獨知之地, 不愼乎此, 則物慾行而天理間斷矣. 安能保其心廣體胖之氣象乎? '守', 謂保守其心廣體胖氣象也.(『釋疑』)

『표제』11-1-c

○ 「편수(便須)」: '편'은 '곧'이며, '수'는 '반드시'이다.(『어록』)(『표제』)

○ 「便須」: '便', '卽'也. '須', 必也.(『語錄』)(『標題』)

『집해』11-1-d

○ 신안진씨가 말하였다. "정자는 사람들이 '손님을 만나고', '제사를 받드는 것'을 억지로 얽매여서 하는 경(敬)으로 생각할까 염려하여 이렇게 말하였다. 이른바 '혼자 아는 마음을 삼가기 때문에 마음은 넓고 몸은 윤택할 수 있고, 마음이 넓어지고 몸이 윤택해질 수 있기 때문에 용모를 움직이고 응대하는 것이 예에 맞을 수 있다'는 것은 손님을 만나고 제사를 받드는 마음을 언제나 보존하면 그 기상이 어찌 마음이 넓고 몸은 윤택하며 용모를 움직이고 응대하는 것이 예에 맞지 않겠는가?(『한강집』) ○ 「'유신독(唯愼獨)'에서

'지법(之法)'까지」 : 여기에서 '수(守)'자는 잡아 보존하고 담궈 기른다는 뜻이다.(『한강집』)(『집해』)

○ 新安陳氏曰, "程子恐人認'見賓''承祭'作勉强拘束之敬, 故云然. 所謂'愼獨, 故能心廣體胖. 能心廣體胖, 故能動容周旋中禮'者, 是常存見賓承祭之心, 則其氣象豈非心廣體胖而動容周旋中禮乎?"(寒岡集) ○「唯愼獨 止 之法」: 此守字, 操存涵養之意.(寒岡集)(『集解』)

『비망록』11-1-e

○ 문을 나서서는 귀한 손님을 만나듯이 하고 백성을 부릴 때는 큰 제사를 올리듯이 하는 것은 경인데, 어찌 마음이 넓고 몸은 윤택하다고 말하는가? 경하면 사욕이 없어지며, 사욕이 없어지면 몸을 움직이고 말하고 행동할 때 천리가 두루 행해져서, 처하는 곳마다 여유 있고 태평하게 된다. 그래서 마음은 넓고 몸은 윤택하니, 이것은 인(仁)의 공로이고 경(敬)의 효과이다.(『비망록』)

○ 出門如見大賓, 使民如承大祭, 敬也, 何以謂心廣體胖乎? 敬則無私欲, 無私欲, 則動靜云爲之際, 天理流行, 隨所處而綽乎裕泰. 所以心廣體胖, 是仁之功而敬之效也.(『備忘錄』)

『부주』11-2

○ 질문하였다. "문을 나서거나 백성을 부릴 때에는 이와 같이 하면 되지만, 문을 나서지 않거나 백성을 부리기 이전에는 어떻게 합니까?" 대답하였다. "이는 생각하는 듯 엄숙한 때이다. 마음속에 갖춘 다음에 밖으로 드러나니 문을 나서거나 백성을 부릴 때 그 경(敬)이 이와 같은 것을 보면 이것 이전의 경(敬)을 알 수 있다. 문을 나서거나 백성을 부리고 난 후에 비로소 이 경이 있는 것이 아니다."[361]

○ 問, "出門使民之時, 如此可也. 未出門使民之時, 如之何?" 曰, "此'儼若

361) 『論語集註』, 「顔淵」.

思'時也. 有諸中而後見於外, 觀出門使民之時其敬如此, 則前乎此者敬可知矣. 非因出門使民, 然後有此敬也."

『강록』11-2-a

○ 「엄약사(儼若思)」 : 『예기』 「곡례」의 첫 번째로 나오는 말로, '생각하는 듯 엄숙한'이라는 말이다.(『강록』)

○ 「儼若思」 : 『禮記』「曲禮」第一語, 儼然하야 思하ᄂᆞ ᄃᆞ시.(『講錄』)

『석의』11-2-b

○ 「엄약사(儼若思)」 : 『예기』의 말이다. ○ '생각하는 듯 엄숙한'이라는 말이다.(『석의』)

○ 「儼若思」 : 『禮記』語. ○ 儼然ᄒᆞ야 思ᄒᆞᄂᆞᆫ ᄃᆞ시.(『釋疑』)

『표제』11-2-c

○ 「엄약사(儼若思)」 : 「곡례」에서 "생각하는 듯이 엄숙하다"고 하였으니, 이것은 고요한 때의 경이다.(『논어』)(『표제』)

○ 「儼若思」 : 曲禮曰, "儼若思", 此靜時敬也.(『論語』)(『標題』)

『부주』11-2-1

○ 동가사씨(東嘉史氏)[362]가 말하였다. "문을 나섰을 때와 백성을 부릴 때의 모습은 누구나 보고 아는 것이지만, 경(敬)이 지극하고 지극하지 못한 것은 자신만 홀로 아는 것이다. 정자는 '문을 나서거나 백성을 부리는데 바로 손님을 만나듯이 제사를 받들듯이 하는 경(敬)이 있을 때, 그 기상을 보면 반드시 마음은 넓고 몸은 윤택하여 용모를 움직이고 응대하는 것이 예에 맞는다'고 생각하였다. 그러나 여기에서 자기만 아는 마음을 삼갈 수 없으면 누구나 아는 곳은 단지 모습만 공경하고 얼굴빛만 장중한 것일 뿐이니, 이것이 '홀로 아는 마음을 삼가는 것[謹獨]'이 움직일 때 경(敬)을 위

362) 동가사씨(東嘉史氏, ?~?) : 원나라 온주(溫州) 평양(平陽) 사람이다. 이름은 선준(伯璿), 자는 문기(文璣)다. 평생 은거하며 벼슬하지 않았다. 경사(經史)에 두루 정통했고, 학문은 주희(朱熹)를 종주로 삼았다. 저서에 주희의 사상을 계승한 『사서관규(四書管窺)』가 있고, 경서(經書)와 역사, 천문, 지리 및 고금의 제도를 변론한 『관규외편(管窺外編)』이 있다.

주로 하는 바가 되는 것이다. 생각하는 듯이 엄숙한 데 이르러서는 다시 문을 나서지 않거나 백성을 부리기 이전에 안으로 경을 위주로 하여 처음부터 태만하고 게으르며 멋대로 하는 습관이 없어서 비록 사물을 대하지 않을 때에도 언제나 단정하고 엄숙하여 생각이 있는 듯이 할 뿐이니, 고요할 때 경을 위주로 하는 것을 말하는 것이 아니겠는가? 요컨대 두 가지는 바로 『중용』의 '계근'과 '신독' 두 절과 서로 비슷하다."

○ 東嘉史氏曰, "出門使民, 雖人所同知之地, 敬之至與不至, 則己之所獨知者也. 程子以爲'出門使民, 便有見賓承祀'之敬, 看其氣象, 便須心廣體胖·動容周旋中禮. 然此不能謹之於己所獨知之地, 則人所同知者, 特'象恭''色莊'耳.' 特'象恭''色莊'耳. 此謹獨所以爲動時主敬者然也. 至於儼若思, 又未出門使民之前, 內主於敬, 初無怠惰放肆之習, 雖未與物接, 常整齊嚴肅, 若有所思耳, 非靜時主敬之謂乎? 要之, 二者正與『中庸』'戒謹''愼獨'二節相類."

『강록』11-2-1-a

○ 비평하여 말하였다. "사씨가 '연차(然此)'라고 말할 때의 '차(此)'는 '이(而)'자의 잘못인 것 같다. 또 이러한 설명은 정자 본래의 뜻이 아닌 것 같으니, 다시 상세히 살펴보아야 한다." ○ 또 말하였다. "귀한 손님을 만나고 큰 제사를 받드는 것에 대하여, 정자는 '이와 같이 손님을 만나듯이 제사를 받들듯이 하는 기상을 보면 이미 덕을 온전히 이룬 사람으로 화순함이 안에 쌓이고 아름다움이 밖으로 드러나[363] '안색은 윤기가 있고 등에 가득해'[364] 자연스럽게 도리에 맞는 사람이니, 처음 배우는 자가 갑자기 미칠 수 있는 것이 아니다. '홀로 아는 마음을 삼가는 것만이 그것을 지키는 방법이다'는 것은 이 법을 지킬 수 있으면 훗날 그 효과는 절로 이와

363) 『禮記』, 「樂記」

364) 『맹자』, 「盡心上」. "군자가 본성으로 삼는 인의예지는 마음에 근본하여 그것이 형색으로 표현되면 윤기 있게 얼굴에 드러나고 등에 가득차서 온몸에 베풀어지니, 온몸은 말하지 않아도 안다.(君子所性, 仁义利智根于心. 其生色也, 睟然见于面, 盎于背, 施于四體, 四體不言而喻.)"

같이 될 것이다 …'라고 말한 것이다. 그런데 사씨가 '밖의 모습이 비록 이와 같다고 해도, 안으로 철저히 삼가지 않으면 단지 모습만 공경하고 얼굴빛만 장중한 것일 뿐이라'고 한 것은 정자의 본래의 뜻을 크게 잃은 것이다. 「상공(象恭)」 : 『서경』에서 공공(共工)을 말한다. 「색장(色莊)」 : 『논어』에 나오는 말이다.(『강록』)

○ 批云, "史氏說'然此'之'此', 恐'而'字之誤. 且此說似非程夫子本意, 更詳之." ○ 又曰, "見大賓, 承大祭, 程子謂, '看此如賓如祭氣像, 便是已成就底人, '和順積中, 英華發外', '睟面盎背, 從容中道'者也. 非初學所能遽及. 惟愼獨乃是守之之法. 能守此法, 則後日其效自然如此云云.' 而史氏謂'外雖如此, 內不致謹, 特象恭色莊云云', 大失程子本旨也." 「象恭」 : 『書』謂共工也. 「色莊」 : 『論語』之辭.(『講錄』)

『석의』11-2-1-b

○ 「초무(初無)」 : 원래 없다는 뜻이다. 「'『중용(中庸)』'에서 '상류(相類)'까지」 : 『중용』의 '경계하고 삼가는 것'은 고요할 때의 공부이고, '홀로 아는 마음을 삼가는 것'은 움직일 때의 공부이기 때문에 그렇게 말했다.(『석의』)

○ 「初無」 : 元無之意. 「『中庸』 止 相類」 : 『中庸』'戒謹'是靜時工夫, '愼獨'是動時工夫故云.(『釋疑』)

『강록간보』11-2-1-c

○ 『고오』에서 "이 설이 정자의 본래의 뜻이 아닌 곳을 보지 못하겠다"고 하였다. ○ 김종덕(金宗德)의 생각: 손님을 만나듯이 제사를 받들듯이 하여 비록 안색이 윤택하고 등에 가득해 자연히 도리에 맞는 기상이라고 해도, 만약 다른 사람이 모르고 자기만 아는 곳에 조금이라도 삼가지 못함이 있다면 보존하고 지킬 수 없다. 반드시 마음속에 주관하고 지키는 실질이 있은 후에야 잃어버리지 않을 수 있다. 그래서 '홀로 아는 마음을 삼가는 것만이 그것을 지키는 방법이라'고 하였다. 모습만 공경하고 얼굴빛만 장중하다는 설이 반드시 본래 뜻에 바로 부합하는 것은 아니지만, 그러나

또한 반드시 깊이 비난할 필요는 없으니, 어떤지 모르겠다.(『강록간보』)

○ 『考誤』此說未見非程子本義處.365) ◯ 按: 如賓如祭, 雖是睟面盎背, 從容中道底氣像, 而若於人所不知己所獨知之處, 有一毫不謹, 則不能保守. 必有裏面主宰保守之實而後, 可以不失. 故曰'惟謹獨便是守之之法', 象恭色莊之說, 未必其正合本意, 然亦不必深非, 未知如何.(『講錄刊補』)

『심경설』11-2-1-d

○ 정자의 두 가지 조목 가운데 '신독'과 '엄약사'는 모두 문을 나서지 않고 백성을 부리기 전을 가리키지만, '신독'은 움직이는 곳에 나아가 말한 것이고, '엄약사'는 고요한 곳에 나아가 말한 것이다. 사씨의 '모습만 공경하고 얼굴빛만 장중하다'는 설은 비록 감히 따를 수 없지만 그 마지막 단락에서 이른바 '『중용』의 계근·신독의 두 절과 서로 비슷하다'고 한 것은 이런 뜻을 지적해 낸 것으로 보아야 할 것이다.(『심경설』)

○ 程子兩條中, '愼獨''儼若思', 皆指未出門使民之時, 而'愼獨'則是就動處言, '儼若思'則是就靜處言. 史氏'象恭色莊'之說, 雖不敢從, 而其末端所謂'與『中庸』戒謹愼獨二節相類'者, 則當以此意拈出看.(『心經說』)

『집해』11-2-1-e

○ 『중용』의 '경계하고 두려워하는 것'은 고요할 때의 공부이고, '홀로 아는 마음을 삼가는 것'은 움직일 때의 공부이다. 그래서 '바로 두 절과 비슷하다'고 말하였다.(『신석』) ◯ '홀로 아는 마음을 삼간다'는 한 단락은 문을 나서고 백성을 부릴 때 그것을 지키는 방법을 가리키는 것이며, 이른바 '훗날 그 효과가 절로 이와 같다'는 뜻이 아니다. 하물며 모습만 공경하고 얼굴빛만 장중한 것 또한 진씨가 이른바 '억지로 얽맨다'는 설과 같은데 지나지 않는 것이니, 지나치게 표현하는 잘못을 한 것이다. 『질의』의 설은 다시 상세히 살펴야 할 것이다.(『요해』)(『집해』)

---

365) 【교감】: 『고오』 원문에는 '未見'이 마지막 '處'자 뒤에 있다.

○ 『中庸』'戒懼'是靜時工夫, '愼獨'是動時工夫, 故云'正與二節相類.'(『新釋』)

◯ 謹獨一段, 乃指出門使民時所以守之之法, 非所謂'後日其效自然如此'之意也. 況象恭色莊, 亦不過如陳氏所謂'勉强拘束'之說, 而傷於太過耳. 『質疑』說, 恐當更詳之.(要解)(『集解』)

『관계』11-2-1-f

○ 「사씨설(史氏說)」: '마음이 넓고 몸이 윤택한 것'은 참으로 뜻을 성실히 하고, 홀로 아는 마음을 삼간 것의 지극한 효과이다. 그러나 홀로 아는 마음을 삼가서 지키는 것은 넓고 윤택하다고 하여 이완되는 것이 아니니, 이것이 바로 문왕이 이른바 '싫증내지 않고 보존한다'고 한 것이다. 정자의 말뜻은 이와 같은 것이었는데, 사씨가 마음이 넓어지고 몸이 윤택해진 후에도 여전히 홀로 아는 마음을 삼갈 수 없는 잘못이 있다고 생각한 것은 합당하지 않다. 모습만 공경하고 얼굴빛만 장중한 사람이 무엇을 통해 마음이 넓어지고 몸이 윤택해지겠는가? 정자가 아랫 단락에서 말한 것은 자체로 『논어』의 바른 뜻이다. 대개 문을 나서지 않고 백성을 부리지 않을 때에 경건할 수 없는 사람은 문을 나서고 백성을 부릴 때 분명 큰 손님을 만나는 것처럼 하고 큰 제사를 받들듯이 할 수 없다. 그러므로 공자는 문을 나설 때와 백성을 부릴 때만 말하고, 그러므로 정자가 단지 이렇게 하기 이전의 경(敬)을 알 수 있다고만 말한 것이니 애초에 윗 단락의 '홀로 아는 마음을 삼간다'는 뜻과 서로 연결되지 않는데, 사씨가 유독 이것을 말한 것이다.(『관계』)

○ 「史氏說」: 心廣體胖, 固是誠意謹獨之極功. 而謹獨之守, 則不以廣胖而弛, 此正文王所謂'無射亦保'者也. 程子語意則如此, 而史氏以爲心廣體胖之後, 猶有不能謹獨之失, 則未安. 象恭色莊者, 何緣心廣而體胖? 若程子說下段, 則自是論語正意. 蓋未出門使民時, 不能敬者, 出門使民, 必不能如見大賓, 如承大祭. 所以夫子只說出門使民時, 所以程子只說前乎此者敬可知, 初不與上段'謹獨'之義相蒙, 而史氏(獨?)說之.(『窾啓』)

『부주』11-3

○ 질문하였다. “자신이 바라지 않는 일을 남에게 시키지 않는 것이 서(恕)입니까?” 주자가 말하였다. “이천은 ‘서(恕)자는 반드시 충(忠)자를 겸해야 한다’고 말하였는데, 대개 충은 자신을 극진히 하는 것이며, 자신을 극진히 하고 나서 서가 되는데, 이제 사람들이 충을 이해하지 못하고 서만 하게 되면 그 폐단은 단지 방편적이 된다는 것이다. 장자소(張子韶)[366]는 『중용해』에서 ‘성인은 자기를 이기는 것이 어렵기 때문에 천하 사람은 모두 용서할 만한 사람이라는 것을 안다’고 말하였다. 이것에 나아가 논하면, 내가 행할 수 없다고 하여 모든 천하 사람들이 행하지 못하게 하는 것이니, 이렇게 하면 서로 태만해질 따름이니, 이 말은 도리에 가장 해롭다.”[367]

○ 問, “己所不欲勿施於人是恕?” 朱子曰, “伊川云‘恕字須兼忠字’說, 蓋忠是盡己, 盡己而後爲恕. 今人不理會忠而徒爲恕, 其弊只是姑息. 張子韶『中庸解』云‘聖人因己之難克而知天下皆可恕之人.’ 卽是論之, 因我不會做, 皆使天下之人不做, 如此則相爲懈怠而已, 此言最害理.”

『석의』11-3-a

○ 「즉시(卽是)」 : ‘즉(卽)’은 나아가는 것이다.(『석의』)

○ 「卽是」 : 卽, 就也.(『釋疑』)

『표제』11-3-b

○ 박세채(朴世采)의 생각: 『주자대전』의 「잡학변」 중에 보인다.(『표제』)

---

366) 장자소(張子韶, 1092~1159) : 남송 항주(杭州) 전당(錢塘) 사람이다. 이름은 구성(九成), 자는 자소(子韶), 호는 횡포거사(橫浦居士) 또는 무구거사(無垢居士), 시호는 문충(文忠)이다. 젊었을 때 경사(京師)에 와서 정자(程子)의 제자 양시(楊時)에게 배웠다. 고종(高宗) 소흥(紹興) 2년(1132) 진사(進士)가 되고, 저작랑(著作郞)과 태상박사(太常博士), 예부(禮部)와 형부(刑部)의 시랑(侍郞) 등을 지냈다. 저서에 『횡포심전(橫浦心傳)』, 『횡포일신(橫浦日新)』, 『맹자전(孟子傳)』, 『중용설(中庸說)』 등이 있다.

367) 『朱子語類』 권42, 「論語二十四顔淵篇下」.

○ 按: 見『朱子大全』「雜學卞」中.(『標題』)

『밀험』11-3-c

○ 「'이천(伊川)'에서 '고식(姑息)'까지」 : ○ 생각건대, '자기 마음을 다하는 것을 '충'이라고 하고, 자기 마음을 미루어 나가는 것을 '서'라고 한다'는 것이 지금은 확고한 말이 되었다. 그러나 이전에 『이아』, 『설문』, 『삼창』[368] 등의 학파에서는 이러한 해석이 없었다. 이른바 '충서'라는 것은 '진실한 마음으로 서를 행하는 것'을 말하는데 지나지 않는다. 만약 '자기 마음을 다하고'·'자기 마음을 미루어 나가는 것'을 반드시 두 방면의 공부가 된다고 하면 이것은 공자의 도가 두 가지로 관통하는 것이고 하나로 관통하는 것이 아니다. 만약 '자기 마음을 다하여 근본을 세우고 이로부터 미루어 나가서 두 가지로 공부함이 없다'고 한다면, 이것은 충은 주인이 되고 서는 손님이 되며, 충은 근본이 되고, 서는 말단이 되는 것으로, 이른바 '하나로 관통한다'는 것은 충으로 일관하는 것이지, 서로 일관하는 것이 아니다. 공자가 자공의 질문에 대답하여 하나의 '서(恕)'자로 일관하는 것을 밝혔다고 하는 것도 통하지 않는다. ○ 서(恕)에는 두 가지 뜻이 있으니, 하나는 미루어 나가는 것으로서 서[推恕]를 말하고, 또 하나는 용서로서의 서[容恕]를 말한다. 옛 경전에서 말하는 것은 모두 '추서(推恕)'인데 선유(先儒)들이 대부분 '용서'의 뜻으로 본 경우가 많았다. 그래서 '그 폐단은 단지 방편적이라는 것이다'고 말하였다. 만약 서(恕)를 인식하는 데 착오가 없었다면 어찌 '폐단이 있다'고 말할 수 있겠는가? 서(恕)의 덕은 만인에게 베풀어도 폐단이 없고, 만세에 베풀어도 폐단이 없어서, 사방팔방 어디를 가든 마땅하지 않음이 없으니, 어찌 폐단이 생기

368) 삼창(三倉): 중국의 옛 자서(字書)의 이름이다. 한나라 초기에 이사(李斯)의 『창힐편(倉頡篇)』, 조고(趙高)의 『애력편(愛歷篇)』, 호무경(胡母敬)의 『박학편(博學篇)』을 합하여 한 편으로 만들어 '삼창(三倉)'이라고 일컬었으며, 『창힐편』이라고 통괄하여 일컫기도 한다. 위진(魏晉)시대 이후에는 이사의 『창힐편』을 상권, 양웅(揚雄)의 『훈찬편(訓纂篇)』을 중권, 가방(賈訪)의 『방희편(滂喜篇)』을 하권으로 하여 이를 '삼창'이라고 일컬었다.

겠는가? ○ 서는 무엇인가? 아들로부터 받기를 바라지 않는 것을 부모에게 행하지 말고, 부모에게서 받기를 바라지 않는 것을 아들에게 베풀지 말라. 동생으로부터 받기를 바라지 않는 것을 형에게 행하지 말고, 형에게 받기를 바라지 않는 것을 동생에게 베풀지 말라. 신하에게 받기를 바라지 않는 것을 임금에게 행하지 말고, 임금에게 받기를 바라지 않는 것을 신하에게 베풀지 말라. 젊은 사람에게서 받기를 바라지 않는 것을 어른에게 행하지 말고, 어른에게서 받기를 바라지 않는 것을 젊은 사람에게 베풀지 말라. 대개 사람과 사람이 서로 교제할 때 모두 이 방도를 쓰는 것이 이른바 '혈구지도(絜矩之道)'369)이다. 이 도리가 어떻게 폐단을 낳게 되었는가를 한번 살펴보기로 하자. 『경』에서는 '자신이 바라지 않는 것을 남에게 베풀지 말라'고 하였는데, 선유들은 이 문장을 언뜻 보고서는 인(人)자를 너무 먼 것으로 생각하여, 일반인들 가운데 소원하고 천한 사람으로 보아, 인(人)자가 천륜에 따른 골육의 친족이나 부자형제 사이와 긴밀한 것임을 몰랐기 때문에, 인(仁)을 추구하는 방법이 날로 멀어진 것이다. 한대(漢代) 이래 역사나 전기에서 말한 것은 모두 '용서'로서 서를 보았으니, 이것이 전대 성인의 도가 어두워진 한 가지 이유이다. 선유들이 이 문장을 익숙하게 보고서는 마침내 '미루어 나가는 것으로서 서(恕)의 폐단이 반드시 방편적인 것이 되는 데 이르렀다'고 말하고서 '자기 마음을 미룬다'는 것 앞에 '자기 마음을 다한다'는 한 구절을 더해서 보충하고 구제하고자 했다. 그러나 서는 자신을 다하는 것이 지극한 것이니 어찌 다시 다른 덕을 가지고 보충할 필요가 있겠는가? ○ 요즈음 사람이 충서를 읽을 때는 모두 충으로 자신을 다스리고, 서로 남을 다스리고자 하였으니, 크게 잘못되고 대단히 잘못된

369) 『대학장구』 전(傳) 10장에 나오는 말이다. '絜'은 '잰다'는 뜻이고, '矩'는 곱자이다. 따라서 혈구지도(絜矩之道)는 '곱자로 재는 도리' 또는 '재는 자의 방법'이다. 그러나 '구'는 곱자로서 '척도'나 '표준'의 의미와 '규칙'이나 '법도'의 의미를 가지므로 '법도를 헤아리는 도리'로 해석할 수 있다.

것이다. 서로 자기를 닦고 오직 진실한 마음으로 서를 하는 것을 '충서(忠恕)'라고 한다.(『밀험』)

○ 「伊川 止 姑息.」: ○ 案, 盡己之謂忠, 推己之謂恕, 於今便成鐵鑄語. 然從來爾雅說文三倉之家, 無此訓詁. 所謂'忠恕者, 不過曰實心以行恕耳. 若'盡己'·'推己', 必當兩下工夫, 則是夫子之道, 二以貫之, 非一貫也. 若云'盡己以立根本, 自此推去, 無兩下工夫', 則是忠爲主, 恕爲客, 忠爲本, 恕爲末, 所謂'一貫', 是忠以貫之, 非恕以貫之也. 夫子答子貢之問, 明以一恕字爲一貫, 又不通矣. ○ 恕有二義, 一曰推恕, 一曰容恕. 古經所言, 皆是推恕, 而先儒多作容恕看. 故曰'其弊只是姑息.' 若認恕無錯, 何得曰'有弊'. 恕之爲德, 施之萬人而無弊, 流之萬世而無弊, 四面八方無適不宜, 何以生弊? ○ 恕者, 何也? 不欲受於子者, 勿施於父, 不欲受於父者, 勿施於子. 不欲受於弟者, 勿施於兄, 不欲受於兄者, 勿施於弟. 不欲受於臣者, 勿施於君, 不欲受於君者, 勿施於臣. 不欲受於幼者, 勿施於長, 不欲受於長者, 勿施於幼. 凡人與人相與之際, 皆用此道, 所謂'絜矩之道'也. 試觀此道將何生弊. 經曰'己所不欲, 勿施於人.' 先儒瞥見此文, 認人字太遠, 看作衆人之疏賤者, 不知人字密貼在天倫骨肉之親, 父子兄弟之間, 故求仁之方, 日以遠矣. 自漢以來, 史傳所言, 皆以容恕爲恕, 此先聖道晦之一案. 先儒習見此文, 遂云'推恕之弊, 必至姑息.' 欲於'推己'之上, 增置'盡己'一節, 以圖補救. 然恕之爲盡己也至矣, 又何必需他德以補之哉? ○ 今人讀忠恕, 皆欲忠以修己, 恕以治人, 大誤大誤. 恕以修己, 惟實心行恕者, 謂之'忠恕'.(『密驗』)

『부주』11-4

○ 질문하였다. "'자기를 이기고 예를 회복하는 것'과 '경을 위주로 하여 서를 행하는 것'을 어떻게 건괘의 도[乾道]와 곤괘의 도[坤道]로 나눕니까?" 대답하였다. "그대가 보듯이 안연은 상당히 역량이 크니 한번 자기를 이기고 예를 회복하면 되지만, 중궁은 단지 차례대로 실천해 갈 뿐이니, 어찌 안연과 같은 용기를 가지겠는가? 이를 도둑이 침입하는 데 비유하면, 안연에게는

나아가서 그와 맞서 죽이게 한 것이고, 중궁에게 가르친 것은 성을 쌓고 들의 곡식을 없애고 길목을 끊어서 도둑이 침입하지 못하게 하는 것이다. 또 '극기복례'는 약을 한 번 복용하여 이 병을 다스리는 것이고, 주경행서는 약을 점진적으로 복용하여 이 병을 소멸시키는 것이다."370)

○ 問, "'克己復禮', '主敬行恕', 何以分乾道坤道?" 曰, "公看顏子多少大力量, 一克己復禮便了, 仲弓只是循循做將去底, 如何有顏子之勇? 譬如賊來, 顏子是進步與之厮殺, 教仲弓是堅壁淸野截斷路頭, 不教賊來, 又'克己復禮'是一服藥, 打疊了這病. 主敬行恕, 是漸漸服藥, 消磨了這病."

『강록』11-4-a

◦ 「문극기복례일단고증(問克己復禮一段考證)」 : 선생이 일찍이 비평하여 말하였다. "주자가 「주비경(朱飛卿)371)에게 답하는 편지」에서 '안연은 이러한 사사로운 뜻이 있어서 반드시 한결같이 극복하여 모두 제거해야 하는 것을 면하지 못한다'는 말을 본 적이 있다. 이것을 증거로 삼으면, '교(敎)'자 아래 '진(盡)'자가 탈락된 것 같지만, 다시 『어류』를 살펴보면 그렇지 않다. 이 조목은 곧 황돈이 주자가 말한 몇 단락 구절을 합해서 편집하여 문장을 만든 것이다. '공간(公看)' 이하는 증조도(曾祖道)372)가 기록한 것이고, '비여적래(譬如賊來)' 이하는 동수가 기록한 것이다. 또 '극기' 이하는 만인걸과 증조도의 기록을 합하여 많이 첨삭하였다. 동수의 기록에서 말한 부분은 안연의 역량은 커서 성인이 바로 그로 하여금 가장 먼저 제거하게 하였다. 도적이 침입하는 것에 비유하면 안연은 나아가서 그와 죽게 한 것이고, 중궁은 충과 서로 그로 하여금 성

---

370) 『朱子語類』 권42, 「論語二十四顏淵篇下」.

371) 주비경(朱飛卿) : 주자의 문인이며, 그 이름과 거소가 상세하지 않다.

372) 증조도(曾祖道) : 자는 정순(正淳)이고, 주자 문하의 고제이다. 월국 사람이고, 월국은 무창의 별호이다.

을 견고하게 쌓고 들에 군량미를 비우고 길을 끊어서 적이 침입해 오지 못하게 한 것이다. 여기에서 '중궁으로 하여금 이라고 한 등'의 부분을 자세히 보면, '교(敎)'자는 당연히 아래로 붙여야 한다. 그리고 안연이 나가서 서로 싸우는 것도 윗 문장의 '교타'라는 말에 이어지는 것으로 보는 것은 공자의 가르침이 그렇게 하도록 한 것이다. 황돈은 안연에 대해서 '교타' 이하의 몇 마디를 빼버렸고, 중궁에 대해서는 다시 '이경서시교타(以敬恕是敎他)' 등의 말을 제거하고, 이 '교중궁(敎仲弓)'만을 남겨 두었다. 이 '교' 한 글자의 본래 의미를 잃어버린 것이 사람들이 이해하기 어렵게 한 것이다. 그러므로 '교' 아래에 글자가 탈락된 것이 아니고, 그 위아래에 궐문이 있을 뿐이다." ○ 사경(士敬)이 '교'자를 불필요한 글자가 아닌가 의심한 것도 잘못이다. ○ 보통 '복(復)'은 『논어』에서 '복(服)'으로 적는다. 「다소대(多少大)」: '얼마나'의 뜻이다. ○ 『이정전서』에는 '얼마나'로 하였고, 혹은 '대소대(大小大)'라고 말하였다. 「순순(循循)」: 순서가 있는 모양이다. 「시(厮)」: '서로'이다. ○ '시살'은 서로 죽인다는 것이다. 『어류』에는 이와 같이 쓰는 경우가 많다. 「청야(淸野)」: 비평하여 말하였다. "들의 곡식을 없애 적들이 군량미를 취하지 못하여 스스로 물러나게 하는 것이다." 「색성(索性)」: '가장'이란 말이다. 때로는 '성'자가 없이 이 '색'자만 쓴 곳도 있다. 「황돈(篁墩)」: '황(篁)'은 대나무이고, '돈(墩)'은 언덕이다. 생각건대, 그가 거주하던 곳인데, 언덕에 대나무를 심어서 이에 따라 이것을 호로 삼았다.(『강록』)

○ 「問克己復禮一段考證」: 先生嘗有批云, "嘗見朱子答朱飛卿處, 有'顔子未免有此私意, 須一向克除敎盡'之語. 以此爲證, 疑敎字下脫一盡字. 更按『語類』則不然. 此條乃篁墩合朱子說數段, 裁節成文. '公看'以下, 曾祖道所錄, '譬如賊來'以下, 董銖所錄. 又'克己'以下, 合萬人傑曾祖道錄, 而多增損. 其董錄云云, 他力量大, 聖人便敎他索性先[373]去. 比如賊來, 顔子是進步, 與之厮

373) 【교감】: 원문에 '先'자로 되어 있으나, '克'자가 되어야 할 것이다.

殺, 教仲弓以敬恕, 是教他堅壁淸野, 裁斷路頭, 不教賊來. 詳此'教仲弓云云', 則'教'字當屬下句, 而顔子之進步廝殺, 亦蒙上文'教他'語看, 乃夫子教使然也. 篁墩於顔子, 旣去'教他'以下數語, 於仲弓又去'以敬恕是教他'等語, 而獨存此'教仲弓'. 一'教'字失其本意, 所以使人難曉. 然則非'教'下脫字, 乃其上下有闕文耳." ○ 士敬疑'教'字爲衍, 亦非也. ○ 一般復『論語』作'服'. 「多少大」 : 언매나. ○『二程全書』언매나, 或云'大小大.' 「循循」 : 有次序貌. 「廝」 : 서르. ○ 廝殺, 相殺也. 『語類』多用如此. 「淸野」 : 批云, "掃淸田野, 使敵無取資而自退也." 「索性」 : ㄱ장, 或有無'性'字, 只下'索'字處. 「篁墩」 : '篁', 竹也, '墩', 阜也. 意其所屋之地也, 種竹于阜, 而因以自號.(『講錄』)

『품질』11-4-b

○ 주자가 말하였다. "'극기복례'는 건괘의 도이고, '주경행서'는 곤괘의 도이다. 안연과 중궁의 학문 수준의 높고 낮음, 깊고 옅음을 여기에서 볼 수 있다. 그러나 배우는 자가 진실로 경(敬)과 서(恕)에 종사할 수 있어서 얻는 것이 있다면 또한 이겨야 할 '자기'가 없게 될 것이다." ○ 또 말하였다. "건괘의 도는 분발하여 행함이 있는 것이고, 곤괘의 도는 고요하고 신중하게 지키는 것이다. 중궁의 자질은 온화하고 순수하며, 안연의 자질은 강건하고 밝다. 안연은 인에 있어서 강건하고 과감하며 결단성이 있어서 천지가 순환하고 우레가 치며 바람이 몰아치는 것처럼 해 나아간다. 중궁은 장중하고 엄숙함으로부터 해 나아간다. 이천은 '자질이 뛰어난 자는 명철함이 다하면 잔재는 바로 완전히 변화하여 천지와 한 몸이 되고, 다음 수준의 사람은 장중하고 경건하게 기를 뿐이다. 안연이 밝음이 지극한 사람이라면, 중궁은 장중하고 경건하게 잡아 기르는 자이다. 안연은 창업하는 군주와 같고, 중궁은 수성하는 군주와 같다'고 말하였다."374) ○ 질문하였다. "'극기복례'와 '주경행서'는 어떤 것입니까?" 대답하였다. "'극기복례'는 천리와 인욕을 자르듯

374)『朱子語類』권42,「論語二十四顔淵篇下」.

이 구별하여 옳으면 행하고 옳지 않으면 제거하는 것으로, 경과 서는 오히려 여기에서 보존하고 기르는 것이다. 그것을 보존하여 인욕을 없게 할 수는 없지만, 만약 장래에 보존하고 기르는 것이 극진해지면 또한 온전히 천리가 된다." ○ 또 말하였다. "'극기복례'는 안으로 정사를 닦고 밖으로 왜적을 물리치는 것과 같으며, 문을 나섰을 때와 백성을 부릴 때의 모습은 스스로 다스리는 것이 최선의 방책인 것과 같다."375) ○ 질문하였다. "경을 유지하고 자신을 이기는 공부는 서로 바탕이 되어 서로를 이루는 것 아닙니까?" 대답하였다. "행하는 것은 같지만 공자가 안연과 중궁에게 말한 것은 그들의 기질의 수준에 따라서 말했을 뿐이다. 만약 경(敬)하지 않으면 이 마음이 산만하여 어떻게 자기를 이길 수 있겠는가? 만약 자기를 이기지 못하면 예가 아닌 것을 보고 듣고 말하고 행동할 때 어떻게 경을 할 수 있겠는가?"376) ○ 또 말하였다. "경이 극진하여 실로 이겨야 할 '자기'가 없게 되며, 자기를 이기는 것이 극진하면 경을 말할 필요도 없다. 경하면 이겨야 할 자기가 없게 되니, 이것은 경하지 않음이 없는 것이므로 자기를 이길 필요가 없다. 이것은 위대한 경(敬)으로 마치 '성(聖)과 경(敬)이 날로 상승하고'377), '아! 끊임없이 밝혀서 공경스럽게 머무른다'378)고 할 때의 경이다.379)(『품질』)

○ 朱子曰, "克己復禮, 乾道也. 主敬行恕, 坤道也. 顔冉之學, 其高下淺深, 於此可見. 然學者誠能從事於敬恕之間, 而有得焉, 亦將無己之可克矣." ○ 又曰, "乾道奮發而有爲, 坤道靜重而持守. 仲弓資質溫粹, 顔子資質强明. 顔子於仁, 剛健果決, 如天旋地轉, 雷厲風行做將去. 仲弓則自斂莊嚴謹做將去. 伊川云質美者, 明得盡, 査滓便渾化却與天地同體. 其次惟莊敬以持養之. 顔

375) 『朱子語類』 권42, 「論語二十四·顔淵篇下」.
376) 『朱子語類』 권42, 「論語二十四·顔淵篇下」.
377) 『詩經』, 「商頌·長發」.
378) 『詩經』, 「大雅·文王」
379) 『朱子語類』 권42, 「論語二十四·顔淵篇下」.

子則明得盡者, 仲弓則莊敬以持養之者也. 顔子如創業之君, 仲弓如守成之君." ○ 問, "克己復禮與主敬行恕, 如何?" 曰, "克己復禮是截然分別箇天理人欲, 是卽行之, 非則去之. 敬恕則猶是保養在這裏, 未能保他無人欲在, 若將來保養得至, 亦全是天理矣." ○ 又曰, "'克己復禮', 如內修政事, 外攘夷狄. '出門使民', 如上策莫如自治." ○ 問, "持敬克己工夫, 相資相成否?" 曰, "做處則一. 但孔子告顔子仲弓, 隨他氣質地位而告之耳. 若不敬則此心散漫, 何以能克己? 若不克己, 非禮而視聽言動, 安能爲敬?" ○ 又曰, "敬之至, 固無己可克. 克己之至, 亦不消言敬. 敬則無己可克者, 是無所不敬, 故不用克己. 此是大敬, 如'聖敬日躋'·'於緝熙敬止'之敬也."(『稟質』)

『질의고오』11-4-c

○ 「시살교(廝殺敎)」: 『질의』에 '싸워 죽이고'라 하였고, '시(廝)'는 '서로'이다. ○ 조호익(曺好益)의 생각: 『어류』에서 '교'자는 중궁에 속하는 것 같지만, '비여(譬如)' 위에 '성인교타(聖人敎他), 색성극거(索性克去)' 등과 같은 글자가 있으니, 공자가 그렇게 시키는 것을 말한다. 그러나 황돈의 생각은 마치 '시살교료'라고 쓴 것처럼 어사로 쓴 것 같다.(『질의고오』)

○ 「廝殺敎」: 『質疑』에서는 '사화주기고'라 하였다. '廝', 싀리. ○ 按: 『語類』'敎'字, 似屬仲弓, 而'譬如'上亦有'聖人敎他', '索性克去'等字, 謂夫子敎使然也. 然篁墩之意, 似作語辭, 如曰廝殺敎了.(『質疑考誤』)

『석의』11-4-d

○ 「건도곤도(乾道坤道)」: 주자는 '건괘의 도는 분발하여 행함이 있는 것이고, 곤괘의 도는 고요하고 신중하게 지키는 것이다'고 말하였다. 「다소대(多少大)」: '얼마나 큰 역량인가'라는 말이다. ○ 대개 큰 것을 말한다. 「순순(循循)」: 질서 있는 모양이다. 「시살교(廝殺敎)」: '시살'은 서로 죽이는 것이다. '교'는 아래로 '중궁'이라는 글자에 붙여야 한다. ○ 주자의 「답주비경서」에는 '안연이 이기고 제거하는 것을 다하게 하였다'는 말이 있다. 여기에 근거하면, '교'자 아래에 '진'자가 탈락된 것 같다. 그러나 『어류』에는 '중궁으로

하여금 경(敬)과 서(恕)로 하게 하였는데, 이것은 그로 하여금 성을 견고히 쌓고 들의 곡식을 비우게 하는 것이다'고 말하였다. 여기에 따르면, '교'자는 마땅히 중궁에 이어서 읽어야 한다. 「청야(淸野)」 : 들을 깨끗이 치워 벼나 곡식을 적들이 얻지 못하게 하는 것이다. 「불교(不敎)」 : '교'는 시키는 것이다.(『석의』)

○ 「乾道坤道」 : 朱子語'乾道奮發而有爲, 坤道靜重而持守.' 「多少大」 : 언마나 大훈 力量고. ○ 蓋言大也. 「循循」 : 有次序貌. 「廝殺敎」 : 廝殺, 相殺也. 敎, 當下屬仲弓字. ○ 朱子「答朱飛卿書」, 有'顏子克除敎盡'之語. 據此則疑'敎'字下脫'盡'字. 然『語類』云, "敎仲弓以敬恕, 是敎他堅壁淸野." 據此則'敎'字當連仲弓讀. 「淸野」 : 掃淸田野, 禾穀使敵無所得. 「不敎」 : '敎', 使也.(『釋疑』)

『표제』11-4-e

○ 「청야(淸野)」 : 퇴계는 말하였다. "들을 깨끗이 청소하여 적들이 곡식을 얻지 못하여 스스로 물러나게 하는 것이다.(『질의』)(『표제』)

○ 「淸野」 : 退溪曰, "掃淸田野, 使敵無取資而自退也."(『質疑』)(『標題』)

『질서』11-4-f

○ 범충선이 말하였다. "자기를 서(恕)하는 마음으로 남에게 서(恕)한다'고 한 것이 바로 자소(子韶)의 생각이다. 반드시 자기를 극진히 한 후에 남에게 서(恕)하면 비록 지극히 정미한 요점에는 이르지 못하더라도, 나의 본분을 극진히 하는 데 비추어 남에게 미룰 때 비로소 병이 없게 될 것이다. 『중용』에서 충서가 도에서 멀지 않다고 말한 것은 서(恕)를 말하고자 하여 먼저 충(忠)을 함께 말한 것으로 또한 이런 의미이다."(『질서』)

○ 范忠宣云, "以恕己之心恕人", 卽子韶之意. 須盡己而後恕人, 則雖未必至精微之極要, 視盡吾分而推及, 方是無病. 『中庸』'忠恕爲道不遠云云', 將說恕而先以忠兼言, 亦此意.(『疾書』)

『강록간보』11-4-g

○ 「다소대(多少大)」 : '얼마간'이라고 말하는 것과 같다. 혹은 '대소대'

라고도 한다. 「순순(循循)」 : 차례가 있는 모양이다. 「시살(厮殺)」 : 서로 죽이는 것이다.(『강록간보』)

○ 「多少大」 : 猶言幾許也. 或云'大小大'. 「循循」 : 有次序貌. 「厮殺」 : 相殺也.(『講錄刊補』)

『비망록』11-4-h

○ 안연은 하나를 들으면 열 가지를 알아 재능과 지식이 뛰어나 중궁이 미칠 바가 아니었다. 그래서 한번 예에 복종하는 것을 듣고 문득 깨달았으니 중궁과 같이 순서에 따르게 할 필요가 없었다.(『비망록』)

○ 顔子聞一而知十, 才識穎悟, 非仲弓所及. 故一聞克服便曉得, 不必如敎仲弓之循循也.(『備忘錄』)

제12장: 하늘이 명한 것을 성이라고 한다[天命之謂性]

○ 『중용』에서 "하늘이 명한 것을 '성(性)'이라고 하고, 본성에 따르는 것을 '도(道)'라고 하며, 도를 마름질한 것을 '교(敎)'라고 말한다. 도라는 것은 잠시도 떠날 수 없다. 떠날 수 있으면 도가 아니다. 그래서 군자는 보지 못하는 곳을 경계하여 삼가고 듣지 못하는 곳을 두려워한다. 은미한 것보다 잘 드러나는 것은 없으며, 미미한 것보다 현저한 것은 없다. 그래서 군자는 홀로 아는 곳을 삼간다. 희로애락이 아직 드러나기 이전을 '중(中)'이라 하고, 발하여 모두 절도에 맞는 것을 '화(和)'라 한다. 중이라는 것은 천하의 큰 근본이고, 화라는 것은 천하에 두루 통하는 도이다. 중과 화를 극진히 하면 천지는 자리잡히고 만물은 생육된다"380)라고 하였다.

○ 『中庸』"天命之謂性, 率性之謂道, 修道之謂教, 道也者, 不可須臾離也, 可離非道也. 是故君子戒慎乎其所不睹, 恐懼乎其所不聞. 莫見乎隱, 莫顯乎微, 故君子慎其獨也. 喜怒哀樂之未發謂之中, 發而皆中

380) 『中庸』, 首章.

節謂之和. 中也者, 天下之大本也. 和也者, 天下之達道也. 致中和, 天地位焉, 萬物育焉."

『강록』12-A

○ 「'천명(天命)'에서 '수유리(須臾離)'까지」 : 선생은 『중용정석』에서 "본성에 따르는 것을 도라고 하는 것은 '성을 따름을 이른다"고도 하고, 한편으로는 "'성대로 따름을'이라고 보기도 한다"고 하였다. ○ 지금 생각건대, 두 가지 설은 모두 옳다. 주에서 주자는 "본성에 따르는 것은 사람이 그것을 따르는 것이 아니다"고 말하였고, "이 '솔'자는 힘써야 할 글자는 아니다"고 하였으며, 또 "따르는 것[循者]은 도를 행하는 사람에 나아가서 말하는 것이 아니다"고 말하였다. 그래서 '본성대로'라는 설은 교묘한 것 같지만 실은 옳다. ○ '잠시도 떨어질 수 없다'는 것은 '도라는 것은 잠시도 떨어짐이 가능하지 아니'라는 뜻이다. ○ 지금 생각건대, 이 설은 잘못이니, '도는 잠시도 떨어지지 못할 것이니'라고 말해야 한다. 대체로 이 '도'자는 곧 윗 문장의 '본성에 따르는 도' '떨어질 수 없다'는 것은 도를 행하는 사람에 나아가서 말하는 것이 아니다. '만약에 떨어지는 것이 가능하지 않다'고 말한다면 이것은 도를 행하는 사람에게 나아가서 경계하고 조심하게 하는 말이니 본래의 뜻이 아니다. 또 비평하여 "'가리비도(可離非道)'의 토를 한편으로는 '떨어지면'이라고도 하고, 한편으로는 '떨어지는 것은'이라고도 한다"고 하였다. ○ 이제 생각건대, 본래의 주에서 '만약 떨어질 수 있는 것이라고 한다면'과 『혹문』에서 '만약 잠시 합하고 잠시 떨어진다 운운'하는 것에 따른다면 '면'이라고 말해야 한다. 만약 『혹문』 아래 문장의 소주에 남전려씨의 설에서와 같이 '도가 나에게 있는 것은 마치 음식과 거처를 떠날 수 없는데 떠날 수 있다면 모두 밖의 사물이라고 하는 것과 같다'고 한다면 '는'이라고 말해야 한다. 두 가지 토는 함께 취해도 좋다. ○ '하늘이 명한 것을 성이

라고 말한다'는 것은 본체이고, 중이며, 은미한 것으로 곧 『대학』에서 '명덕'이다. '본성에 따르는 것을 도라고 말한다'는 것은 작용이고, 화이며 지이고 드러난 것으로 곧 『대학』에서 '명명덕'이다. '도를 마름질한 것을 교라고 말한다'는 것도 용이고, 화이며, 지이고 드러난 것으로 곧 『대학』에서 부연한 '신민'이다. 또 "세 가지 스스로 힘쓰는 것'은 곧 『중용』에서 '용(勇)'이다"고 하고, 또 "성·도·교의 이치는 곧 지선이다"라고 말하였다. ○ 지금 생각건대, 이 몇 가지 설을 요즘 사람들은 모두 신중히 지켜서 다른 말이 없다. 그러나 성은 '체'라 하고, '중'이라 하며 '은'이라고 말하고, 도를 '용'이라 하고 '화'라 하며 '비'라고 말하며, 교 또한 '용'이라 하고 '비'라고 말하는 것을 그렇다고 본다. 그런데 '지인용'의 경우 자사가 일컬은 것은 곧 지행의 측면을 가리켜 말하는 것이니, 어찌 이것에 억지로 끌어서 맞추는가? 성(性)은 그 마음을 단속할 줄 모르지만, 인은 행위를 닦는 데 속한다. 그러므로 인을 성에 짝하는 것은 잘못이다. 주자가 "본성에 따른다는 것은 도를 행하는 사람의 측면에서 말하는 것이 아니다"고 하고, 또 "따른다는 것은 사람이 그것을 따르는 것이 아니다"고 한 것은 곧 사람과 사물이 각각 자연의 본성에 따르는 것을 말하는 것이다. 그러나 지는 앎에 속하는 것으로 중용을 선택하는 일이다. 그러므로 지를 도에 짝하는 것도 잘못이다. 교(敎)를 지(智)로 간주하는 점에 이르러서는 비록 사물을 이루는 지(智)와 서로 비슷하다고 해도 후자는 자기를 이루는 인에 대응하여 말하는 것으로 이 의미와 같지 않다. 그러나 세 가지는 모두 사람이 덕을 닦고 도를 행하는 뜻이 아니니, 다시 어찌 멈추지 않고 용기를 행하는 의미가 있겠는가? 또 이 세 가지를 『대학』의 세 가지 강령에 배당하는 것도 무리이다. 여기에서 성을 명덕이라고 말하는 것은 비슷하기는 하다. 그러나 성은 사람과 사물이 품수받은 공공의 것으로 심원하며 은미한 이치이고, 명덕은 사람이 얻어서 텅비고 밝으며 포괄적인 것을 가리키는 이름이다. 그러므로 비록 이치는 본래 같지만 이름지어진 까닭은 조금 차이가 없지 않다. 본성에 따르는 것의 경우는 그것을 밝히는 노력이 있는 것이 아니며, 도를 닦는 가르침도 그들을 새롭게 하는 의미는 아니다. 성·도·교의 명칭이 이루어진 까닭은 모두 평이하게 이(理)를 표상한 명칭이므로, '지선에 머물러 그 극진함을 쓰지 않음이 없다'고 하는 것과 뜻이 또한 같지 않다. ○ 또 존양을 인(仁)으로 보고, 성찰을 지(智)로 보아 이 두 가지에 스스로 힘쓰는 것을 용(勇)이라고 하는데, 이것은 그럴 듯하다. 그러나 자사의 본래 생각은 여기에서 아직 세 가지 보편적인 덕에 관한 생각을 가지지 않았다. 대개 의리는 본래 근원이 동일하다. 만약 비슷하고 서로 가까운 것을 취하여 말하면서 일치한다고 하면 일치하지 않는 것이 무엇이 있겠는가? 단지 명칭상의 이치나 언어상의 뜻은 각각 가능하거나 그렇지 않은 구분이 있는 것이다. 또 그 말을 행한 본래의 뜻과 문장의 의미 및 취지에 각각 합당한 것이 있어서 미세한 부분에 있어서도 같음이 있고 차이가 있는 것이다. 이제 사람들이 그 다른 부분을 억지로 합하여 동일시하기 때문에 천착할수록 더욱 어긋나며 어지럽고 어둡게 합하여 도리어 대의를 잃는다. 또 이 머리의 세 구절은 천도로 '계구와 신독'을 인도로 간주하였는데, 여기서도 천도와 인도로 나누어서는 안 된다.(『강록』)

○ 「天命 止 須臾離」: 先生『中庸正釋』云, "率性之謂道, 性을 率홀슬 닐은", 一云, "性다이 率홀슬." ○ 今按, 兩說皆是, 註. 朱子曰, "率性, 非人率之也." 曰, "此率字不是用力字." 又曰, "循者非就行道人上說", 故'性다이'之說, 雖似巧, 實是. ○ '不可須臾離', 道란거 순, 臾도 離호미 可티아니ᄒᆞ니. ○ 今按, 此說非, 當云, '道는 可히 須臾도 離티 몯홀 거시니.' 蓋此'道'字, 卽上文'率性之道', '不可離', 非就行道人說. 若云'離乎미 可티 아니타', 則是就行道人戒飭之辭, 非本旨也. 又批云, "可離非道吐, 一曰離면, 一曰離는." ○ 今按, 從本註'若其可離則'及『或問』'若其可

以暫合暫離云云', 則當曰'면'. 若以『或問』下文小註, 藍田呂氏說, '道之在我, 猶飮食居處之不可去, 可去皆外物也云', 則當曰'는', 兩存其吐, 可也. ○ '天命之謂性', 體也, 中也[381], 隱也, 卽『大學』'明德'. '率性之謂道', 用也, 和也, 智也, 費也, 卽『大學』'明明德'. '修道之謂敎', 亦用, 亦和, 亦智, 亦費, 卽『大學』衍'新民'. 又云, "自强於三者, 卽『中庸』勇." 又云, "性道敎之理, 卽至善." ○ 今按, 此數說, 今人皆謹守之無異辭. 然謂性爲'體'爲'中'爲'隱', 謂道爲'用'爲'和'爲'費', 謂敎亦爲'用'亦爲'費', 則然矣. 若'智仁勇', 子思所稱, 乃是指知行處言, 安可强牽而附會於此乎? 性不知檢其心, 而仁則屬乎修行, 然則配仁於性, 非也. 朱子曰, "率性, 非就行道人說." 又曰, "率, 非人率之也", 乃是人物各循自然之性之謂也. 而智則屬乎知, 乃擇乎中庸之事. 然則配智於道, 亦非也. 至於以敎爲智, 雖與成物之智相近, 然彼對成己之仁而言, 與此意不同. 而三者皆非人修德行道之義, 又安有不息爲勇之意乎? 且以此三者, 分配『大學』三綱領, 又無理. 其謂'性'爲明德雖近, 然性者人物所稟公共淵微之理, 明德乃指人之所得虛昭該括之名, 則理雖本同, 而所以得名者, 則不無少異. 若率性, 則非有明之之功, 修道之敎, 又非新之之意, 性道敎之所以得名, 皆平鋪地象理之名, 則與止至善無所不用其極者, 義亦不同焉. ○ 又以存養爲仁, 省察爲智, 自强於二者爲勇. 此則似然矣. 但子思本意, 於此未有三達德意思耳. 大抵義理本同一原. 若取其依俙[382]相近者而說, 合之, 則何所不合. 第其名理言義, 各有能與不能之分. 又其所以立言本意, 文義志趣, 各有攸當, 豪釐之微, 有同有異. 今人必欲强其異者合而同之, 是以愈鑿愈乖, 紛拏晦蝕, 而反失大義也. 又以首三句爲天道, '戒懼愼獨'爲人道, 於此亦不當分天道人道也.(『講錄』)

『강록간보』12-B

○ 「솔성지위도(率性之謂道)」: 김종덕(金宗德)의 생각: '본성에 따르는 도'는 사람과 사물을 통틀어 말한다. 사람의 본성에 따라서 사람의 도가 있고, 사물의 본성에 따라서 사물의 도가 있다. 대개 인

381) 【교감】: 이덕홍의 『中庸質疑』에는 '中也' 뒤에 '仁也'가 있다.
382) '依俙'는 '依稀' 또는 '依希'와 같은 뜻으로, '유사한'이란 뜻이다.

(仁)의 본성에 따르면 친친·인민·애물의 도가 되고, 의(義)의 본성에 따르면 충군·경장·존현의 도가 되며, 예는 공경·사양이 되고, 지는 시비를 구별하는 것이 된다. 일상생활 가운데 온갖 수많은 일은 이 본성에 따라 이 도가 되지 않는 것이 없다. 벌이나 개미의 군신관계에서나 시랑과 수달이 근본에 보답하는 것, 닭이 시간을 알리는 것, 개가 도둑을 지키는 것, 그리고 그 지각운동이나 영고성쇠하는 자들은 어느 것 하나 그 본성에 따라서 각각 자연의 이치를 가지지 않는 것이 없다. ○「'도야(道也)'에서 '수유리(須臾離)'까지」: 김종덕(金宗德)의 생각: 도라는 것은 없는 사물이 없고 그렇지 않은 때가 없어서 본래 떨어질 수 있는 것이 아니다.(이것은 도를 위주로 말한 것이다.) 그러므로 그것을 몸으로 삼으면 합하고, 그것을 버려두면 떨어지게 된다. 떨어지고 합하는 계기는 나의 한 마음에 있어서 본래 잠시 사이에 일시적으로 떨어질 수 없는 것이다.(이것은 도를 행하는 사람을 주로 하여 말한 것이다.) 두 가지 설이 함께 있을 때 그 의미가 비로소 갖추어진다. 그러나 『장구』는 아래 한 절에 중점이 있는 것 같은데, 이것이 『강록』 끝부분의 의미이다. ○「계신공구신독(戒愼恐懼愼獨)」: 김종덕(金宗德)의 생각: 도라는 것은 천에 근원하여 마음에 갖추어져 있으며 일상의 사물 가운데 흩어져 있어 잠시의 멈춤도 없고 조금의 틈도 없다. 그래서 군자는 도를 체인하는 데 경계하고 삼가며 두려워하는 생각을 잠시도 그치지 않고, 평소에 행동하는 데서부터 남이 보고 듣지 못하는 곳에 이르기까지 감히 경건하고 두려워하는 마음을 늦추지 않는다. 대개 그것을 극진히 말하여 여기에 이른 것일 뿐이다. '신독'이라고 하는 것은 또 보건대 다시 한 생각이 움직이는 곳이 선악이 나뉘는 곳이며, 만사의 근본이다. 그래서 전체의 계구(戒懼) 가운데 대체로 성찰(省察)하는 공부를 한다. 대개 단지 경계하고 두려워하는 가운데의 절도이니 본래 상대시킬 수 없다. 그러나 '신독'은 전적으로 움직이는 곳에서 말한 것인 반면,

'계구'는 고요한 때를 함께 포함한다. 그래서 혹자는 두 가지를 연관시켜 대립적으로 말하여 동정의 공부를 나눈다. 대개 통째로 말해도 두 단계의 공부인 점에 지장이 없고, 대립하여 말해도 단지 하나의 도리일 따름이다. 그래서 통째로 말하면 '계구는 전체 공부이다'고 말하고, 또 '계구는 보편적인 설이다'라고 말한다. 대립하는 것으로 말하면, '계구'는 정공부라고 말하고, 또 '계구'는 미발 이전에 함양하는 것이라고 말한다.(모두 주자설이다.) 그것이 가리키는 것에 따라 의미가 각각 같지 않다. 지금 『장구』를 음미해보면 경과 의를 항상 보존하여 비록 보고 듣지 못하는 곳에도 감히 소홀히 하지 않는다. 「답호계수서」에서 보지 못하는 곳을 조심하고, 듣지 못하는 곳을 두려워하는 것은 처음과 끝을 관통하는 것으로 어떤 상황에서도 공부하지 않음이 없는 것이다. 그 말을 행한 취지는 대체로 '도는 없는 곳이 없어서, 비록 이들 이목이 미치지 못하는 곳이라고 해도 비추어서 수렴하고 추스려야 한다'고 하는 것일 뿐이며, 보고 듣지 못하는 곳을 가려서 따로 하나의 공부를 하는 것을 말하는 것이 아니다. 그래서 '불도불문' 네 글자를 붙인다고 해도, 그 통체 공부가 되는 것은 본래 같은 것이다.(『강록간보』)

○ 「率性之謂道」 : 按: '率性之道', 通人物而言. 循人之性而有人之道, 循物之性而有物之道. 夫循仁之性而爲親親仁民愛物之道, 循義之性而爲忠君敬長尊賢之道, 禮之爲恭敬辭讓, 智之爲辨別是非. 日用間百千萬事, 無非所以循是性而爲是道. 以至蜂蟻之君臣, 豺獺之報本, 鷄知時, 犬守禦, 凡其知覺運動, 榮悴開落, 莫非循其性而各有自然之理焉. ○ 「道也 止 須臾離」 : 按: 道也者, 無物不有, 無時不然, 本非可離底物事.(此主道而言) 然體之則合, 舍之則離, 離合之幾, 在吾一心, 固不可暫離於須臾之頃.(此主行道人說) 二說具在, 其義方備, 而『章句』似重在下一節. 此『講錄』末端之義. ○ 「戒愼恐懼愼獨」 : 按: 道也者, 原於天而具於心, 散諸日用事物之間, 無一息間斷, 無一隙空闕. 故君子之體之也, 其戒謹恐懼之意, 無須臾之或息, 自平常動作之處,以至不睹不聞之時, 不敢弛其敬畏之心. 蓋極言之, 以至此耳. '愼獨'云者, 又見一念動處, 是善惡界分, 萬事根本. 故於全體戒懼之中, 略加提省檢察之工. 蓋只是戒懼中節度, 本不可以對待. 然'愼獨'是全言動處, 而'戒懼'却兼包靜時. 故或雙關對說, 以分動靜之工. 蓋統體而言, 而不害爲兩端工夫, 對待爲說, 而又只是一項道理也. 故以統體言, 則曰'戒懼是全體工夫', 又曰'戒懼是普說'. 以對待言者, 則曰'戒懼是靜工夫', 又曰'戒懼是涵養於未發之前.'(並朱子說). 隨其所指, 意各不同. 今玩『章句』, 常存敬畏, 雖不見聞, 亦不敢忽. 「答胡季隨書」戒愼不睹恐懼不聞, 乃是徹頭徹尾, 無時無處, 不下工夫. 其立言命意, 蓋曰'道理無乎不在, 雖此等耳目不及之地, 亦加照管收拾云'爾, 非謂揀所不睹不聞之地, 而別下一段工夫也. 故雖著不睹不聞四字, 其爲統體工夫者, 固自若也.(『講錄刊補』)

『심법』12-C

○ 「'중용천명(中庸天命)'에서 '위교(謂敎)'까지」 : '천'은 만물의 근본이며, 사람과 생물이 태어난 것은 천지에서 받은 것으로 그 이(理)는 천의 이(理)이다. 천의 이가 만물에 부여되어 각각 일정한 천분이 있는 것은 바로 하늘이 부여한 것이며, 이것을 '성(性)'이라고 말한다. 성은 언제나 사물 가운데 두루 운행하여 그 자연을 따르면서 각각 당연한 법칙이 있으니, 이것을 '도(道)'라고 말한다. 성인은 그 당연한 법칙에 따라서 그것을 마름질하여 천하에 법도로 삼아 천하 사람들 가운데 이 도를 가진 자들이 모두 그것에 말미암게 하니 이것을 '교(敎)'라고 말한다. 일설에서는 스스로 닦는 것으로 말하여, 도를 닦을 수 있으면 천하의 법도가 될 수 있기 때문에 '교'라고 말한다고 했는데 또한 통한다. 성이 천에서 나오고, 도가 성에서 나오는 것은 자연스러운 천리이고, 가르침이 성인으로부터 나오는 것은 사람이 행하는 일이다. 그러나 모두 그 자연에 따라 닦아서 털끝만큼도 더하거나 덜어낼 것이 없으니, 이 또한 천에서 나오는 것일 뿐이다. 이 세 구절은 천지 만물의 근원이고, 성인의 도의 뿌리이다. 자사의 저술은 장차 이것으로 천하 만세에 도를

밝히고자 하여, 책의 서두에 이것을 드러내어 배우는 자들로 하여금 먼저 그 근원이 유래하는 것을 알게 하였으니, 계발하여 보여주는 뜻이 매우 깊고 절실하다. ○ 「'도야자(道也者)'에서 '기소불문(其所不聞)'까지」 : 도는 고요할 때는 하나의 근본이지만, 움직이면서 만 갈래로 달라진다. 크게는 군신부자 사이에, 작게는 하찮은 사물에 이르기까지 이 도 아닌 것이 없다. 자연스런 천성에서 나와 없는 곳이 없으므로 잠시도 벗어날 수 없다. 벗어날 수 있다면 도가 아니다. 대개 도에서 벗어나면 도가 아니다. 도는 이(理)이고, 도가 아닌 것은 욕심이다. 도는 선이고, 도가 아닌 것은 악이다. 도는 떠날 수 없으니, 도가 아닌 것은 떠나지 않을 수 없다. 경계하고 두려워하는 것은 도에서 떠나 도가 아닌 것이 끼어들까를 두려워한다. 도는 떠날 수 없기 때문에 군자는 언제나 경계하고 삼가며 두려워한다. 잠시도 떠날 수 없기 때문에 보이고 들리지 않는 곳에서 경계하고 삼가며 두려워한다. 대개 경계하고 삼가며 두려워하는 것은 잃어버릴까 두려워하여 잃어버리지 않기를 구하는 것이다. 보이지 않고 들리지 않는 곳은 사물이 형성되기 이전에 응대하고 접촉하는 것이 없는 때를 말한다. 사물에 응대할 때에 경계하고 두려워하지 않고 홀로 이때만 경계하고 두려워하는 것을 말하는 것은 아니다. 대개 사물에 응대할 때 그 도가 떠날 수 없는 것이라는 점은 알기 쉽지만, 사물이 아직 형성되지 않았을 때 도는 볼 수 없어서 떠날 수 있는 것으로 의심된다. 그래서 특별히 이 점에 주목하여 말하였다. 비록 이 때에도 도를 떠날 수 없으며 경계하고 두려워해야 한다. 대개 이때에 비록 볼 수 있는 사물이 없다고 해도 치우치거나 기울지 않는 이(理)가 거기에 있다. 이것이 떠날 수 없는 것으로서 실로 도의 근본이다. 이것을 떠나면 도가 아니게 된다. 그래서 군자는 비록 이 때에도 오히려 혹 잃어버리지 않을까 걱정하면서 늘 삼가고 두려워한다. 그래서 도의 근본을 보존하여 잠시도 떠남이 없기를 구한다. ○ 「'막현(莫見)'에서

‘독야(獨也)’까지」 : 어두운 곳은 실제로 매우 드러나며, 미세한 일은 실제로는 매우 밝고 현저하다. 대개 비록 은미한 곳과 미세한 일이라고 해도 싹이 만들어지고 나면 이미 여기에 선은 아름답고 악은 추한 것이 실로 분명히 드러남이 있어 속일 수 없기 때문에 그보다 더 드러나고 분명한 것은 없다. 또 그 기미가 움직이고 나면 그 일이 저절로 밝게 드러나므로 군자는 보이지 않는 것을 드러난 것으로 미세한 것을 분명한 것으로 여긴다. 실로 스스로 아는 것에 대해서는 반드시 삼가면서 남이 알지 못한다고 하여 삼가지 않아서는 안 된다. 삼가면 악은 반드시 제거되고 선은 반드시 보존되니 미세한 것이라도 감히 소홀히 할 수 없다. 그래서 도가 아닌 것을 금지하여 도에서 벗어나지 않게 해야 한다. ○ 「‘희로애락(喜怒哀樂)’에서 ‘달도야(達道也)’까지」 : 칠정이 아직 움직이지 않을 때 이 마음은 고요하니 이것을 중이라고 말한다. ‘중’은 치우치거나 기울지 않는 것을 말한다. 대개 이 마음이 움직인 후에 치우침이 있게 된다. 고요하면 치우치거나 기우는 것이 없이 지극한 중(中)일 뿐이다. ‘절(節)’은 한계지우는 것으로 지극히 합당하고 딱 좋은 것을 말한다. 마음이 발현한 것이 모두 지극히 합당한 한계에 맞는 것을 화(和)라고 일컫는다. 화는 합당한 것이고, 적절한 것이다. 지나친 것은 적절한 것이 아니고, 미치지 못하는 것도 적절한 것이 아니다. 오직 합당한 한계에 맞는 것만이 적절한 것이 된다. 중(中)인 때에 칠정이 아직 움직이지 않고 만사가 싹트지 않았을 때 치우치거나 기울지 않은 이(理)가 거기에 있으니, 이것이 바로 칠정과 만사의 이(理)의 근원이다. 그래서 ‘천하의 커다란 근본이다’고 말하였다. 발현하여 화(和)가 되면 그것이 만 가지 사물에 응하더라도 모두 지극히 당연한 도리에 합한다. 천하고금에 걸쳐서 모두 그것을 따라 바꿀 수 없는 것이다. 그래서 ‘천하에 두루 통하는 도이다’라고 말하였다. 대개 하늘이 명한 이(理)는 사람에 있어서는 성이 되고, 그것에 따르면 도가 된다. 미발의 중은 이

이(理)의 본체로 이것이 바로 하늘이 명한 성이다. 절도에 맞는 화는 이 이(理)가 두루 실현되는 것으로 이것이 바로 본성에 따르는 것을 말한다. 이 한 절은 첫머리의 이 두 구절에 근본하여 그 실체로 나에게 있는 것은 바로 천하의 지극한 이(理)임을 말한 것으로 그 명칭과 뜻을 정밀하고 합당하게 하고 명백히 드러내 밝힌 것이 이와 같도다. ○「'치중화(致中和)'에서 '육언(育焉)'까지」: 중과 화는 본래 갖추어져 있는 것이지만 보통사람은 품부 받은 기가 순수하지 못하고, 습관에 물든 것이 오래되어 사물에 접하기 이전에 사사로운 생각과 망령된 생각이 어지러이 뒤섞이므로 편안하고 고요할 때가 없어 중(中)의 체가 보존되지 않는다. 그래서 사물에 감응하기 이전이 이와 같기 때문에 그 사물에 감촉하여 움직이더라도 합당함을 잃지 않는 일이 드물게 되고, 화(和)의 작용도 잘못된다. 오직 보이지 않고 들리지 않는 곳에서 경계하고 두려워할 때만이 사물에 감촉하기 이전에 어지럽게 뒤섞이는 근심이 없어져 중(中)을 보존할 수 있다. 홀로 아는 곳을 극진히 삼가면 사물에 응할 때 성찰하고 제어하는 것이 있어서 화(和)를 얻을 수 있다. 고요할 때 중(中) 아님이 없고 움직일 때 화(和) 아님이 없게 되면 이것이 바로 중화를 극진히 하여 천지가 그로써 제자리를 얻고 만물이 길러지는 것이다. 대개 중은 체이고, 화는 용이다. 천지 만물로 말하면 천지가 체이고, 만물은 용이다. 중을 극진히 하면 본체가 잘못되지 않기 때문에 곧 천지가 제 자리에 편안한 이(理)가 있게 되고, 화를 극진히 하면 그 작용이 어긋나지 않기 때문에 만물들이 그 생명을 이루는 이가 있게 된다. 이 장의 첫머리에서 '천명지성'과 '솔성지도'를 말했는데, 이것은 이(理)의 본원이다. 이어서 '경계하고 두려워하며 홀로 아는 것을 삼간다'고 말한 것은 이 이를 체득하는 공부이다. 다음으로 중과 화를 말했는데, 이것은 이(理)의 실체이다. 마지막으로 중화를 다하고 천지가 자리 잡고 만물이 발육한다는 것을 말하였는데, 이것은 곧 이 이(理)를 체득한 지극한 효과이다. 배우는 자에게 그 본원이 유래하는 바와 실체가 있는 곳을 알아서 힘써서 그 지극한 경지에 이르기를 구하게 하였으니, 그 공부에 힘쓰는 요점은 오직 경(敬)일 뿐으로 경의 도리는 지극하구나!(『심법』)

○ 「中庸天命 止 謂敎」: '天'者, 萬物之本也, 人物之生, 受之天地. 其理卽天之理也. 天之理賦與萬物, 各自有一定之分, 卽是天命之也, 是謂之'性'也. 性常流行於事物之間, 循其自然, 各有當然之則, 是謂'道'也. 聖人因其當然而裁制之, 以爲法於天下, 使天下之有是道者, 皆由之, 是謂'敎'也. 一說, 以自修言也, 能修道, 則可以爲法於天下, 故謂之'敎', 亦通. 性出於天, 道出於性, 是天理之自然也. 敎出於聖人, 是人事之所爲也. 然皆因其自然者而修之, 非有毫末之加損也, 是亦出於天而已. 此三句, 天地萬物之原, 而聖道之本也. 子思著書, 將以明道於天下萬世, 故首發此, 使學者卽先知其原本之所自, 其開示之意, 至深切矣. ○「道也者 止 其所不聞.」: 道者, 靜而一本, 動而萬殊. 大則君臣父子, 小則事物細微, 無非是道. 出於天性之自然, 而無乎不在, 所以不可須臾離也. 其所可離者, 非道也. 蓋出於道, 則非道矣. 道則理, 非道則欲. 道則善, 非道則惡. 道則不可離, 非道則不可不離也. 戒愼恐懼, 乃懼其離道而非道或間之也. 道不可離, 故君子常戒愼恐懼. 不可須臾離, 故戒愼恐懼乎不睹不聞. 蓋戒愼恐懼, 懼失而求以不失之謂. 不睹不聞, 謂事物未形, 無所應接之時也. 非謂不戒懼乎事物應接之處, 而獨戒懼乎此也. 蓋事物應接之處, 其道之不可離者易見, 而當其事物未形之時, 則疑乎道之無可見而若可離也. 故特拈此而言. 雖於此時, 亦不可離道而當戒懼也. 蓋當此之時, 雖無事物可見, 有不偏不倚之理在焉. 此其不可離者而實道之本也. 離此則爲非道矣. 故君子雖於此時, 猶懼或失之, 而常兢畏焉. 所以求存夫道之本, 而無須臾之離也. ○「莫見 止 獨也.」: 暗處, 實甚著見. 細事, 實甚明顯. 蓋雖是隱處微事, 旣已萌作, 則已是實有其善之爲美, 惡之爲惡, 昭不可誣, 故莫見顯焉. 且其幾已動, 則其事自當彰露, 故君子以隱爲見, 以微爲顯. 苟所自知, 卽必謹焉, 不以人不及知而不謹也. 謹則惡必去, 善必存, 不敢毫釐忽焉. 所以禁其非道, 而不使離於道也. ○「喜怒哀樂 止 達道也.」: 七情未動, 此心寂然, 此之謂中. 中者, 不偏不倚之謂. 蓋此心動而後, 有所偏向. 寂然則無所偏倚, 至中而已. 節猶限也, 謂至當恰好之處也. 其發皆當於至當恰好之限, 此之謂和. 和猶合也, 適也. 過, 非適也, 不及, 非適也. 惟當於恰好之限爲適也. 當中之時, 七情未動, 萬事未萌, 而有不偏不倚之理在焉. 卽是七情萬事之理之原也. 故曰'天下之大本'. 發而爲和, 則其應萬殊, 而皆合於至當之道. 天下古今皆當由之而不可易也. 故曰'天下之達道'. 蓋天命之理, 在人爲性, 而循之爲道. 未發之中, 此理之本體, 卽是天命之性也. 中節之和, 此理之流行, 卽是循性之謂也. 此一節本首節此兩句而言. 其實體之在我, 乃天下之至理, 而其名義精當, 發明明白, 有如是夫. ○「致中和 止 育焉.」: 中和雖所固有, 然常人氣稟未粹, 習染已久, 未感之前, 私意妄念, 紛紛擾擾, 無有寧靜之時, 中之體不存. 而其未感也如是, 故其感物而動, 又鮮不失當, 和之用亦失矣. 惟戒懼乎不睹不聞, 則未感之前, 無紛擾之患, 而可以存其中矣. 致謹於獨, 則應物之際, 有所省察裁制, 而可以得其和矣. 至於靜無不中, 動無不和, 則卽是致中和, 而天地以位, 萬物以育矣. 蓋中, 體也. 和, 用也. 以天地萬物言之, 則天地體也, 萬物用也. 致中, 則本體無失, 故便有天地安其所之理. 致和, 則其用不差, 故便有萬物遂其生之理. 此章首言天命之性, 率性之道, 此理之本原也. 繼言戒懼謹獨, 所以體此理之工夫也. 次言中和, 此理之實體也. 終言致中和位育, 卽體此理之極功也. 欲令學者, 知其原本之所自, 實體之所在而用力焉, 以求至乎其極, 而其用力之要, 只是敬而已. 敬之爲道, 其至矣乎!(『心法』)

『발휘』12-D

○ 주자가 말하였다. "도는 떠날 수 없는 것으로 군자는 반드시 보이고 들리지 못하는 곳을 경계하고 삼가며 두려워해야 한다는 것을 먼저 말하여 도는 없는 곳이 없고 그렇지 않는 때가 없으므로 배우는 사람은 마땅히 잠시 순간에도 삼가지 않음이 없이 주밀하게 대비하여 그 본연의 체를 온전히 해야 함을 말하였다. 또 은미한 것보다 더 드러나는 것이 없고, 미세한 것보다 더 분명한 것이 없으니, 군자는 반드시 홀로 아는 곳을 삼간다고 말함으로써, 보이지

않고 미세한 것에 있어서 남은 보지 못하지만 자기만 홀로 알고 있다면, 그 일의 미세한 부분이 분명히 드러나지 않음이 없으며 또 다른 사람이 아는 것보다 심하니, 배우는 사람은 더욱 그 생각이 막 싹트는 것에 따라 철저히 살펴서 선악이 갈리는 기미를 삼가야 한다는 것을 말하였다. 대개 '도'라는 것은 본성에 따르는 것일 뿐인데, 본성이 없는 곳이 없기 때문에 도가 없는 곳이 없다. 크게는 부자군신의 관계와 작게는 행동거지와 먹거나 숨쉬는 것이 인위적인 노력에 의지하지 않고도 각각 불변의 합당한 이치 아닌 것이 없는 것이 이른바 '도'이다. 이것은 천하 사람과 사물들이 공통으로 따르는 것으로서 천지에 가득 차 있고 고금을 관통하나, 아주 가까운 데서 취하면 언제나 한 마음을 벗어나지 않는다. 그것에 따르면 다스려지고, 그것을 잃으면 어지러워진다. 대개 잠시 동안도 떠날 수 없다. 만약 잠시 합했다가 어느 순간 떠나 일에 도움이 되는 것이 없다면 이것은 인위적인 힘과 사사로운 꾀로 행하는 것으로 '본성에 따른다'고 하는 것이 아니다. 성인이 마름질하여 교화로 삼는 것은 그 떠날 수 없는 것에 따라 그것을 구별하고 질서지운다. 군자가 말미암아 배움으로 삼는 것은 그 떠날 수 없는 것에 따라서 그것을 유지하여 지킨다. 그래서 일상생활 가운데서 잠시 동안이라도 유지하여 지키는 공부가 조금이라도 이르지 못하게 되면 이른바 '떠날 수 없는 것'은 비록 나에게 있지 않은 적이 없지만, 인욕이 끼어들면 또한 두 가지 로 쪼개져서 서로 관련이 없게 될 것이다. 이렇게 되면 비록 사람의 모습을 하고 있을지라도 금수와 다른 점이 얼마나 되겠는가? 그래서 군자는 눈이 보지 못하는 곳을 경계하고 삼가며 귀가 듣지 못하는 곳을 두려워한다. 마음으로 분명하게 지각하는 사이에 늘 그 떠날 수 없는 것을 보는 듯이 하여 감히 잠시 사이라도 인욕의 사사로움에 흐르고 금수와 같은 지경에 빠져서는 안 된다. 『서경』에서 원망을 막을 것을 말하면서 '드러나지 않았을 때를 대비해야 한다'[383]고 말하고, 『예』에서 부모를 섬길 것을 말하면서 '음성이 없는 것에서 듣고, 형체가 없는 것에서 본다'[384]고 말한 것은 대개 형색으로 드러나거나 소리로 발성된 이후에 힘쓰는 것이 아니라는 것이다. 대개 이처럼 하고 나면 또한 거기에서 도는 본래 없는 곳이 없으나, 어두워 은미한 일은 다른 사람은 보지 못하지만 자기만 홀로 보고, 도는 실로 그렇지 않은 때가 없지만, 미세한 일을 남은 듣지 못하나 자기만 홀로 듣는다고 생각한다. 이것은 모두 보통 사람의 마음이 소홀히 하는 것으로 하늘을 속이고 사람을 속이면서 삼갈 필요가 없다고 생각하게 되니, 내 마음의 영명함이 일월과 같이 밝음을 모르는 것이다. 그것을 알고 나서는 아주 미세한 부분도 숨기거나 은닉할 곳이 없으니 또 다른 사람이 아는 것보다 더욱 엄함이 있는 것이다. 또 하물며 이런 마음을 오랫동안 품어 간직하고 있으면 그것이 음성이나 안색, 태도 등으로 드러나고, 일을 행하고 베푸는 실제로 발현되어 반드시 드러나 숨길 수 없는 점이 있게 될 것이니, 다시 생각과 사려의 잘못에 그칠 뿐만이 아니다. 그러므로 군자가 귀와 눈이 미치지 못하는 것을 경계하고 두려워하면, 이 마음은 항상 밝아 사물에 가려지지 않게 되는데도 이 점에 감히 더욱 철저히 삼가지 않음이 없다. 반드시 그 기미의 순간에 조금의 인욕의 싹도 없이 순수하게 의리가 발현되도록 하면 일상에서 행하는 학문 공부가 지극히 선하고 완전히 아름다워 잠시

383) 『書經』, 「五子之歌」. "내가 천하를 보니 어리석은 지아비와 부인들도 한결같이 나를 이길 수 있다. 한 사람이 세 가지 잘못을 하였으니 원망이 어찌 밝은 데 있겠는가? 보이지 않는 때를 대비해야 한다. 내 조민(兆民)들을 대하는데, 위태롭기가 썩은 새끼줄로 여섯 말을 모는 것과 같으니 백성의 위에 있는 임금으로서 어찌 공경하지 않겠는가?(予視天下, 愚夫愚婦, 一能勝予. 一人三失, 怨豈在明, 不見是圖. 予臨兆民, 凜乎若朽索之馭六馬, 爲人上者, 柰何不敬.)"

384) 『禮記』, 「曲禮上」. "봉양과 향응, 제수 준비에는 수량을 미리 정하지 않고 제사 때에는 시동이 되지 않는다. 부모의 음성이 없는 것에서 듣고, 형체가 없는 것에서 본다. 높은 곳에 올라가지 않고 깊은 곳에 들어가지 않으며 구차하게 남을 비난하지 않고, 구차히 웃지 않는다.(食饗不爲槩, 祭祀不爲尸, 聽於無聲, 視於無形. 不登高, 不臨深, 不苟訾, 不苟笑.)"

의 틈도 없게 될 것이다. 두 가지는 서로 의존하는 것으로 모두가 몸을 반성하고 자신을 위하는 것이며, 인욕을 막고 천리를 보존하는 실제의 일이다. 대개 도를 체득하는 공부는 이보다 앞서는 것이 없으며, 또한 이보다 절실한 것이 없다. 그래서 자사(子思)는 여기에서 먼저 입론으로 삼아서 군자의 학문은 반드시 여기에서부터 들어가야 하는 것을 보여주었다."[385] 또 말하였다. "도가 떠날 수 없는 것이라고 말한 이상, 이것은 어디를 가도 없는 곳이 없다는 것이다. 그러나 또 '숨은 것보다 더 드러나는 것이 없고, 미세한 것보다 분명한 것이 없다'고 말한 것은 절실하고 요점이 되는 곳이 더욱 은미한 데 있다는 것이다. '보이지 않은 것을 경계하고 삼가며 들리지 않는 곳을 두려워한다'고 말한 것은 삼가지 않을 곳이 없다는 것이다. 또 '홀로 아는 곳을 삼간다'고 말한 것은 바로 그 삼갈 곳이 '홀로 아는 곳'이라는 것이다."[386] 또 말하였다. "경계하고 삼가며 두려워하는 것은 말하는 데 지나치게 중점을 두어서는 안 된다. 다만 언제나 이런 일들을 인식하도록 이끌어서 늘 보존하여 잃지 않을 뿐이다. 요즈음 사람은 단지 그것을 말하는 것을 볼 뿐이다. 이 네 글자의 중점은 바로 일에 행하는데 임하여 두렵게 보는 것이니, 마치 증자가 깊은 못에 임하듯이 하고 얇은 얼음을 밟듯이 하는 것이다. 다만 이런 도리에 순응하여 언제나 그대로 파악해 나아갈 뿐이다."[387](『발휘』)

○ 朱子曰, "先言道不可離, 而君子必戒謹恐懼乎其所不睹不聞者, 所以言道之無所不在, 無時不然, 學者當無須臾毫忽之不謹而周防之, 以全其本然之體也. 又言莫見乎隱, 莫顯乎微, 而君子必謹其獨者, 所以言隱微之間, 人所不見而已獨知之, 則其事之纖悉, 無不顯著, 又有甚於他人之知者, 學者尤當隨其念之方萌, 而致察焉, 以謹其善惡之幾也. 蓋所謂'道'者, 率性而已, 性無不有, 故道無不在. 大而父子君臣, 小而動靜食息, 不假人力之爲, 而莫不各有當然

385) 『四書或問』 권3, 「中庸·第一章至第十一章」.

386) 『四書或問』 권3, 「中庸·第一章至第十一章」.

387) 『西山讀書記』 권18, 「敬上」.

不易之理, 所謂'道'也. 是乃天下人物之所共由, 充塞天地, 貫徹古今, 而取諸至近, 則常不外乎吾之一心. 循之則治, 失之則亂. 蓋無須臾之頃可得而暫離也. 若其可以暫合暫離, 而於事無所損益, 則是人力私智之所爲者, 而非'率性'之謂矣. 聖人之所修以爲教者, 因其不可離者, 而品節之也. 君子之所由以爲學者, 因其不可離者, 而持守之也. 是以日用之間, 須臾之頃, 持守工夫, 一有不至, 則所謂'不可離'者, 雖未嘗不在我, 而人欲間之, 則亦判然二物, 而不相管矣. 是則雖曰有人之形, 而其違禽獸也, 何遠哉? 是以君子戒愼乎其目之所不及見, 恐懼乎其耳之所不及聞. 瞭然心目之間, 常若見其不可離者, 而不敢有須臾之間, 以流於人欲之私, 而陷於禽獸之域. 若『書』之言防怨, 而曰'不見是圖', 『禮』之言事親, 而曰聽於無聲, 視於無形. 蓋不待其徵於色, 發於聲, 然後有以用其力也. 夫旣已如此矣, 則又以謂道固無所不在, 而幽隱之間, 乃他人之所不見, 而己所獨見, 道固無時不然, 而細微之事, 乃他人之所不聞, 而己所獨聞. 是皆常情所忽, 以爲可以欺天罔人, 而不必謹者, 而不知吾心之靈, 皎如日月. 旣已知之, 則其毫髮之間, 無所潛遁, 又有甚於他人之知矣. 又況旣有是心藏伏之久, 則其見於聲音容貌之間, 發於行事施爲之實, 必有暴著而不可揜者, 又不止於念慮之差而已也. 是以君子旣戒懼乎耳目之所不及, 則此心常明, 不爲物蔽, 而於此尤不敢不致其謹焉. 必使其幾微之際, 無一毫人欲之萌, 而純乎義理之發, 則下學之功, 盡善全美, 而無須臾之間矣. 二者相須, 皆反躬爲己, 遏人欲存天理之實事. 蓋體道之功, 莫有先於此者, 亦莫有切於此者. 故子思於此首以爲言, 以見君子之學必由此而入也." 又曰, "旣言道不可離, 則是無適而不在矣. 而又言 '莫見乎隱, 莫顯乎微', 則是要切之處, 尤在於隱微也. 旣言'戒謹不睹, 恐懼不聞', 則是無處而不謹矣. 又言'謹獨', 則是其所謹者, 尤在於'獨'也." 又曰, "戒謹恐懼, 不須說得太重, 只是常常提撕認得這物事, 常常存得不失. 今人只見它說得, 此四箇字重便作臨事, 驚恐看了. 如臨深淵, 如履薄氷, 曾子也. 只是順這道理, 常常恁地把捉去."(『發揮』)

『집해』12-E

○ 본주. "'경계하고 두려워하는 것'은 통체(統體)로 행하는 공부이고, '홀로 아는 곳을 삼가는 것'은 그 가운데 긴절한 곳에서 행하는

공부이다." ○ 또 말하였다. "보존하고 기르는 것은 고요할 때의 공부이고, 반성하고 살피는 것은 움직일 때의 공부이다." ○ (요해) 두 가지 설이 같지 않은 것은 대개 『장구』와 『혹문』의 대체(大體)로 말했기 때문인데, 이른바 '통체공부'라는 것이 이에 해당한다. 그러나 비록 존양과 성찰을 두 측면으로 나누어서 말해도 무방하다.(『집해』)

○ 本註. "'戒懼'是統體做工夫, '謹獨'是又於其中緊切處加工夫." ○ 又曰, "存養是靜工夫, 省察是動工夫." ○ (要解) 兩說不同, 蓋以『章句』·『或問』, 大體言之, 所謂'統體工夫'者, 當是矣. 然雖以存養省察, 分兩邊說, 亦無妨.(『集解』)

『원주』12-1

○ 주자가 말하였다. "자사는 서두에서 도(道)의 근원은 천(天)에서 나와 바꿀 수 없는 것이며, 그 실체는 자기에게 갖추어져서 떠날 수 없는 것임을 밝혔다. 다음으로는 존양과 성찰의 요점을 말하고, 마지막에는 성스러움과 신묘함의 효과와 조화의 극치를 말하였다. 대개 배우는 사람이 이 점에 대해 몸에서 돌이켜 구하고 자득하여 저 외부의 사사로운 유혹을 제거하고 그 본연의 선을 확충하기를 바란 것이다."388)

○ 朱子曰, "子思首明道之本原出於天而不可易, 其實體備於己而不可離. 次言存養省察之要, 終言聖神功化之極. 蓋欲學者, 於此反求諸身而自得之, 以去夫外誘之私, 而充其本然之善."

『석의』12-1-A

○ 「'본원(本原)'에서 '가역(可易)'까지」: '하늘이 명한 것을 성이라고 말한다'는 것을 해석한 것이다. 「'실체(實體)'에서 '가리(可離)'까지」

388) 『中庸章句』, 1장, 朱子注.

: '도라는 것은 잠시도 벗어날 수 없다'는 것을 해석한 것이다. 「존양(存養)」 : '조심하고 두려워하는 것'을 해석한 것이다. 「성찰(省察)」 : '홀로 있을 때를 조심하는 것'을 해석한 것이다. 「성신공화지극(聖神功化之極)」 : '중과 화를 다하여 천지가 자리잡히고, 만물이 자라난다'는 것을 해석한 것이다.(『석의』)

○ 「本原 止 可易」 : 釋'天命之謂性'. 「實體 止 可離」 : 釋'道也者, 不可須臾離'. 「存養」 : 釋'戒愼恐懼'. 「省察」 : 釋'謹獨'. 「聖神功化之極」 : 釋'致中和天地位·萬物育.'(『釋疑』)

『부주차의』12-1-B

○ '본원이 하늘에서 나와 바꿀 수 없다'는 것은 『석의』에서 '하늘이 명한 것을 성이라고 한다'는 것을 해석한 것이고, '실체가 자기에게 갖추어져 떠날 수 없다'는 것은 『석의』에서 '도라는 것은 잠시도 떠날 수 없다'는 것을 해석한 것이다. 한원진(韓元震)의 생각: 윗 구절은 '명'자를 해석한 것이고, 아래 구절은 '성'자를 해석한 것이다.(『부주차의』)

○ '本原出於天而不可易', 『釋疑』釋'天命之謂性'. '實體備於己而不可離', 『釋疑』釋'道也者, 不可須臾離也'. 按: 上句釋'命'字, 下句釋'性'字.(『附註箚疑』)

『집해』12-1-C

○ 본주. 신안진씨가 말하였다. "외부의 사사로운 유혹을 제거하는 것은 홀로 아는 곳을 삼가서 인욕을 막는 것일 뿐이고, 그 본연의 선을 확충하는 것은 커다란 근본으로서 중과 보편적인 도로서 화를 극진히 하는 것이다.(『집해』)

○ 本註. 新安陳氏曰, "去外誘之私, 愼獨以遏人欲而已. 充其本然之善, 致大本之中, 達道之和也."(『集解』)

『원주』12-2

○ 또 말하였다. "군자의 마음은 언제나 경(敬)과 두려움을 보존하

여 비록 보고 듣지 못하는 곳이라도, 또한 감히 소홀히 하지 않아 천리의 본연을 보존하여 잠시 사이라도 떠나지 않게 해야 한다.389)

○ 又曰, "君子之心常存敬畏, 雖不見聞, 亦不敢忽, 所以存天理之本然, 而不使離於須臾之頃也."

『석의』12-2-A

○ 「상존경외(常存敬畏)」: '계신공구'를 해석한 것이다. 「어차」: '차(此)'는 '독(獨)'자를 가리킨 것이다.(『석의』)

○ 「常存敬畏」: 釋''戒愼恐懼''. 「於此」: '此'指'獨'字.(『釋疑』)

『집해』12-2-B

○ 「상존경외(常存敬畏)」: 본주. '경'은 계신을 말하고, '두려움'은 공구를 말한다.(『집해』)

○ 「常存敬畏」: 本註. '敬'謂戒愼, '畏'謂恐懼.(『集解』)

『원주』12-3

○ 또 말하였다. "'은(隱)'은 어두운 곳이고, '미(微)'는 미세한 일이다. '독'은 남은 모르고 나만 홀로 아는 곳이다. 이것은 어두운 가운데 미세한 일은 자취는 비록 드러나지 않지만, 기미는 이미 움직여서 남은 모르더라도 나만 홀로 그것을 안다면 이것은 천하의 일 중에 드러나 분명한 것이 이보다 더한 것이 없음을 말한다. 그래서 군자는 항상 경계하고 두렵게 여기면서 이곳에 더욱 삼간다. 그래서 장차 싹트려고 하는 데서 인욕을 막아 그것이 은미한 가운데서 암암리에 불어나고 성장하여 도로부터 멀리 떠나는 데 이르지 못하게 해야 한다."390)

---

389) 『中庸章句』, 1장, 朱子注.

390) 『中庸章句』, 1장, 朱子注.

○ 又曰, "'隱', 暗處也. '微', 細事也. '獨'者, 人所不知而己所獨知之地也. 言幽暗之中, 細微之事, 跡雖未形, 而幾則已動, 人雖不知而己獨知之, 則是天下之事, 無有著見明顯而過於此者, 是以君子旣常戒懼, 而於此尤加謹焉. 所以遏人欲於將萌, 而不使其潛滋暗長於隱微之中, 以至離道之遠也."

『강록』12-3-A

- 본주. 「'독(獨)'에서 '지야(地也)'까지」: 비평하여 말하였다. "『중용』에서 '기(己)' 아래에는 '소(所)'자가 있다.(『강록』)
- 本註. 「獨 止 地也」: 批云, "『中庸』'己'下有'所'字."(『講錄』)

『강록간보』12-3-B

- 「'적수(跡雖)'에서 '이동(已動)'까지」: 정자의 뜻을 취하여 남이 아는 곳을 따라 말하였다. 「'인수(人雖)'에서 '지지(知之)'까지」: 유씨와 양씨의 뜻을 취하여 자기가 아는 곳을 따라 말하였다.(『강록간보』)
- 「跡雖 止 已動」: 取程子意, 從人知處說. 「人雖 止 知之」: 取游楊氏意, 從己知處說.(『講錄刊補』)

『집해』12-3-C

- 『신석』에 의하면 '차(此)'는 독(獨)자를 가리킨다. (『중용혹문』의 주에서) 유씨가 말하였다. "남이 보지 못하는 곳이니 '은미하다' 할 만하다. 그러나 내 마음만 홀로 그것을 아니 또한 드러나지 않는가? 남이 듣지 못하는 곳이니 '은미하다' 할 만하다. 그러나 내 마음만 유독 그것을 들으니 또한 분명하지 않은가?" 양씨가 말하였다. "'독'은 사물과 아직 접하지 않을 때에 마음에서 움직임이 있지만 그 어긋남이 멀지 않은 것이다. 비록 보고 듣는 것이 미치지 않더라도 그 기미는 이미 마음에 분명하여 그 분명히 드러나는 것이 무엇이 그보다 더하겠는가? 비록 스스로 덮으려 하지만 내가 누구를 속이겠는가? 하늘을 속이겠는가? 이것이 군자가 반드시 그 홀로 아는 곳을 삼가는 것이다."(『집해』)

○ 新釋, '此'指獨字. (中庸或問註) 游氏曰, "人所不睹, 可謂'隱'矣, 而心獨知之, 不亦見乎? 人所不聞, 可謂'微'矣, 而心獨聞之, 不亦顯乎?" 楊氏曰, 獨, 非交物之時, 有動于中, 其違未遠也. 雖非視聽所及, 其幾固已瞭然心目之間矣. 其爲顯見, 孰加焉. 雖欲自蔽, 吾誰欺, 欺天乎. 此君子必愼其獨也.(『集解』)

『관계』12-3-D

○ 「근상가근(謹上加謹)」: '근(謹)'자에 대한 공부는 순리에 따라 미루어 가면 먼저 미발의 때에 삼가서 중(中)을 극진히 한 후에 비로소 이발의 때에 삼갈 수 있다. 먼저 홀로 아는 곳을 삼가서 화를 극진히 한 후에 비로소 많은 사람이 있을 때 삼갈 수 있다. 하나라도 없어서는 안 되며, 홀로 아는 곳을 삼가는 것은 핵심 요체이고, 경계하고 조심하는 것은 본령이다.(많은 사람이 있을 때도 홀로 아는 것이 있다. 이것은 홀로 아는 곳을 삼가는 가장 정밀한 곳이다.)(『관계』)

○ 「謹上加謹」: 謹字工夫, 順推之, 則先謹於未發之時, 以致其中然後, 方能謹之於旣發之時. 先謹於獨處之時, 以致其和然後, 方能謹之於衆處之時. 闕一不可, 而謹獨是箇樞要, 戒謹是個本領.(衆處之時, 亦有獨知. 此謹獨之最精處也.)(『竅啓』)

『부주』12-1

○ 질문하였다. "은미한 것보다 더 잘 드러나는 것은 없고, 미세한 것보다 더 분명한 것은 없다는 것은 무슨 뜻입니까?" 정자가 대답하였다. "사람은 오직 눈과 귀로 보고 듣는 것만 분명히 드러나는 것으로 여기며, 보고 듣지 못하는 것은 은미한 것으로 간주한다. 그러나 이것은 이(理)가 오히려 매우 드러나는 것임을 모르는 것이다. 또 예컨대 옛날에 사람이 거문고를 타면서 사마귀가 매미를 잡는 것을 보았는데, 듣던 사람이 살생(殺生)의 음이 있다고 생각하였다. 마음에 있는 살기(殺氣)를 사람이 그 거문고 소리를 듣고서 알았으니, 어찌 드러나는 것이 아

니겠는가? 사람에게 선하지 않음이 있어도 스스로는 남이 이것을 알지 못한다고 생각한다. 그러나 천지의 이치는 매우 분명하여 속일 수가 없다." 질문하였다. "양진[391]의 사지(四知) 같은 것이 그렇습니까?" 대답하였다. "물론 그렇다. 그러나 남과 나를 말하면 나눌 수 있으나 천지를 말하면 단지 하나의 앎일 뿐이다."[392]

○ 問, "莫見乎隱, 莫顯乎微, 何也?" 程子曰, "人只以耳目所見聞者爲顯見, 所不見聞者爲隱微, 然不知理却甚顯, 且如昔人彈琴, 見螳螂捕蟬, 而聞者以爲有殺聲. 殺在心, 人聞其琴而知之, 豈非顯乎? 人有不善, 自謂人不知之, 然天地之理甚著不可欺也." 曰, "如楊震四知然否?" 曰, "亦是. 然而若說人與我固分得, 若說天地, 只是一箇知也."

『강록』12-1-a

- 「차여(且如)」: '아무튼'이다. 「견당랑포선(見螳螂捕蟬)」: 비평하여 말하였다. "채옹이 진유에 살았는데, 이웃 사람이 술과 음식을 차려 초대하였다. 채옹이 갔는데 병풍 밑에서 거문고를 타는 객이 있었다. 채옹이 가만히 듣고서 '살심(殺心)이 있는 것은 무슨 까닭인가?'라고 말하였다. 마침내 돌아오자 주인이 뒤늦게 채옹에게 묻고서 그것을 거문고 타는 사람에게 이야기 하니, '전에 거문고를 타다가 사마귀가 울고 있는 매미를 향해 가는 것을 보았다. 매미가 날아가려고 하였지만 아직 날아가지 않을 때 사마귀는 한 걸음 한 걸음 다가갔다. 나는 두근거리는 마음으로 매미가 목숨을 잃을

---

391) 양진(楊震, ?~124) : 후한 홍농(弘農) 화음(華陰) 사람이다. 자는 백기(伯起)다. 나이 쉰에 무재(茂才)로 천거되어 형주자사(荊州刺史)와 동래태수(東萊太守)를 지냈다. 전에 그에 의해 형주무재(荊州茂才)로 천거를 받은 왕밀(王密)이 창읍령(昌邑令)이 되었는데, 밤에 몰래 찾아와 금 10근을 주면서 늦은 밤이라 아무도 모른다고 말했다. 그러자 양진이 "하늘이 알고 귀신이 알며, 내가 알고 그대가 안다.(天知 神知 我知 子知)"고 대답하면서 거절했다. 이를 사지(四知)라 한다.

392) 『二程遺書』 권18, 「劉元承手編」.

지 모른다고 걱정하였다'고 말하였다. 채옹이 웃으면서 '이것은 그럴만 하군요'라고 말하였다."(『강록』)

○ 「且如」 : 아ᄆᆞ나. 「見螳螂捕蟬」 : 批云, "蔡邕在陳留, 隣人以酒食召, 邕往, 客有彈琴於屛, 邕潛聽曰, '有殺心, 何也?' 遂反, 主人追問邕, 以告彈琴者, 曰, '向鼓琴見螳螂向鳴蟬, 蟬將去而未飛, 螳螂一前一却, 吾心聳然恐其失也.' 邕笑曰, '此足以當之矣.'"(『講錄』)

『석의』12-1-b

○ 「견당랑포선(見螳螂捕蟬)」 : 당랑은 '당귀아비'이다. 채옹이 진유에 살았는데, 이웃 사람이 술과 음식을 차려 초대하였다. 채옹이 갔는데 병풍 사이에서 거문고를 타는 객이 있었다. 채옹이 가만히 듣고서 '살심(殺心)이 있는 것은 무슨 까닭인가?'라고 질문하였다. 마침내 돌아오자 주인이 뒤늦게 채옹에게 묻고서 그것을 거문고 타는 사람에게 전하니, '전에 거문고를 타다가 사마귀가 울고 있는 매미를 향해 다가가는 것을 보았다. 매미가 날아가려고 하며 아직 날아가지 않았을 때 사마귀는 한 걸음 한 걸음 다가갔다. 나는 두근거리는 마음으로 매미가 목숨을 잃을지 모른다고 걱정하였다"라고 말하였다. 채옹이 웃으면서 '이것은 그럴 만하군요'라고 말하였다. 「양진사지(楊震四知)」 : 양진의 자는 백기(伯起)이다. 양진이 천거하였던 창읍령 왕밀(王密)이 밤에 금 열 근을 품고 와서 양진에게 주었다. 양진은 '고인은 그대를 알아주는데, 그대는 고인을 모르는 군요'라고 말하였다. 밀은 "밤이 되어 아는 사람이 없습니다"고 말하였다. 양진은 '하늘이 알고 땅이 알며, 내가 알고 그대가 압니다. 어찌 아는 사람이 없다고 말합니까?'고 말하였다. 밀은 부끄러워하며 나갔다. 「'약설(若說)'에서 '개지(箇知)'까지」 : 천지와 사람의 앎은 단지 하나의 앎이라는 것을 말한다. 주자는 시에서 '이 마음은 원래부터 천지와 통한다'고 말하였다.(『석의』)

○ 「見螳螂捕蟬」 : 螳螂, 당귀아비. 蔡邕在陳留, 隣人以酒食召, 邕往, 客有彈琴於屛間, 邕陰聽曰, '有殺心, 何也?' 遂返主人追問之, 邕以告彈琴者曰,

‘鼓琴見螳螂向鳴蟬, 蟬將去而未飛, 螳螂一前一卻, 吾心聳然, 恐其失也.’邕笑曰, ‘此足以當之.’「楊震四知」: 震, 字伯起, 所擧, 昌邑令王密, 夜懷金十斤以遺震. 震曰, ‘故人知君, 君不知故人.’ 密曰, ‘暮夜無知者.’ 震曰, ‘天知, 地知, 我知, 子知, 何謂無知.’ 密愧而出. 「若說 止 箇知」: 謂天地與人之知, 只是一箇知. 未[393]子詩曰, ‘此心元自通天地.’(『釋疑』)

『표제』12-1-c

○ 「사지(四知)」: 왕밀이 품고 있던 금 열 근을 양진에게 주면서 ‘밤이라 아무도 아는 사람이 없다’고 말하였는데, 양진은 말하기를 ‘하늘이 알고 땅이 알며, 내가 알고 그대가 안다. 어찌 아는 사람이 없다고 말하는가?’라고 하였다.(『표제』)

○ 「四知」: 王密懷金十斤, 以遺震曰, ‘暮夜無知’者. 震曰, ‘天知, 神知, 我知, 子知, 何謂無知?’(『標題』)

『강록간보』12-1-d

○ 「당랑(螳螂)」: 곤충이름이며, 일명 ‘기부(斫父)’라고도 하고 또 ‘천마(天馬)’라고도 한다.(『강록간보』)

○ 「螳螂」: 蟲名, 一名‘斫父’, 又曰‘天馬’.(『講錄刊補』)

『관계』12-1-e

○ 「인여아고분득(人與我固分得)」: 『중용』의 본래 뜻은 남이 몰라도 나만 홀로 아는 것을 말한다. 거문고를 탈 때 살성(殺聲)을 들었다는 것은 자기가 이미 알고 남이 반드시 아는 것을 말한다. 만약 서로 비슷하지 않아 홀로 아는 곳을 삼가지 않는다고 해도 반드시 드러난 것을 가리기는 어렵다. ‘소인은 한가하게 있을 때 선하지 않는 일을 한다’[394]는 단락이 이것이다. 그러나 일로 말하면 또한 진실로 남은 아는데 내가 모르는 것도 있고, 나는 아는데 남이 모르는 경우도 있다. 그러므로 ‘나와 남은 본래 구분될 수 있다’고 말하였다. 천지의 경우는 천(天)은 아는데 지(地)가 모르거나, 지는

393) 【교감】: ‘未’자는 ‘朱’자의 잘못인 듯하다.

394) 『大學』, 전6장.

아는데 천이 모르는 경우는 없다. 그러므로 '단지 하나의 앎이다'고 말하였다.(주자가 '사람이 반드시 안다'고 말한 것은 이치로서 말한 것으로, '근독'의 본래 뜻이 아니다.)(『관계』)

○ 「人與我固分得」: 『中庸』本旨, 是說人不知而己獨知. 彈琴殺聲, 是說己旣知而人必知. 若不相似而不謹於獨者, 亦必難掩於顯. '小人閒居爲不善'一段, 是也. 但以事言, 則亦固有人知而我不知, 我知而人不知者. 故曰'人與我固分得'. 若天地, 則未有天知而地不知, 地知而天不知者. 故曰'只是一箇知'.(朱子說'人必知', 以理言, 非謹獨本旨.)(『窽啓』)

『부주』12-1-1

○ 질문하였다. "정자의 '거문고를 타는데 살기의 마음이 있다'고 한 일은 남에게 알려진 곳에 나아가 말한 것이고, 소씨와 양씨가 말한 것은 자기가 아는 곳에 나아가 말한 것입니다. 선생께서는 두 가지를 합하여 말하였는데, 그렇지 않습니까?" 대답하였다. "두 가지 일은 단지 하나의 이치이다. 기미가 움직이자마자 자기는 반드시 그것을 알고 자기가 알고 나면 남도 반드시 그것을 안다. 그래서 정자는 양진의 사지(四知)를 논하여 '천이 알고 지가 아는 것은 단지 하나의 앎이다'고 말하였다."

○ 問, "程子'彈琴殺心'事, 是就見知處言. 蘇楊氏所說, 是就己知處言. 先生合而論之, 是否?" 曰, "兩事只一理, 幾纔動則己必知之. 己旣知則人必知, 故程子論楊震四知曰'天知地知, 只是一箇知.'"

『강록』12-1-1-a

○ 「취견지처언(就見知處言)」: 비평하여 말하였다. "'견지'는 자기가 남에게 알려지는 것을 말한다. '알려진 것에 나아가 말한다'는 것은 자기의 마음이 남에게 알려진 것의 측면에서 말하는 것이다. 「소양씨소설(蘇楊氏所說)」: 소병(蘇炳)·양시(楊時)의 설로 『중용혹문』에 보인다. 「선생(先生)」: 주자를 가리킨다. 「왈양사(曰兩事)」: 비평하여, "'왈'자 위에는 '주자'란 두 글자가 있어야 한다"고 말하였다. 「'기기지(己旣知)'에서 '일개지(一箇知)'까지」: 이덕홍이 기록하여

말하였다. 질문하였다. “정자는 ‘남과 나는 실로 구분할 수 있다’고 말하였습니다. 그러나 주자는 혹자의 설에 대답하여 ‘자기가 알면 남은 반드시 그것을 안다’고 말했습니다. 그래서 정자는 ‘천지의 앎은 단지 하나의 앎이다’고 라고 말했으니, 정자와 주자의 이 설이 서로 모순되는 것 같은데 어떻습니까?” 대답하였다. “이러한 곳은 마땅히 생동하는 관점에서 보아야 하며 얽매이고 정체되어서는 안 된다. 정자는 일로써 말하였고, 주자는 이치로 말하였다. 그러니 어찌 서로 모순됨이 있겠는가? 또 덕홍은 ‘천이 알고 신이 알고 상제 귀신 등의 설에 대해 마음이 그것을 아는 것 같지만, 결국 의심이 없을 수 없으니, 어찌 오래 가겠습니까?’라고 질문하였다. 대답하였다. “주자는 일찍이 ‘처음에는 오히려 적확하고 분명한 곳에서 공부해야 하며, 빠른 길을 찾아 알기 어려운 곳에 힘써서는 안 된다. 만약 이것을 오랫동안 하면 반드시 이상한 일이 생길 것이다’고 말한 적이 있다.’ 주자의 이 뜻은 바꿀 수 없는 것이다.”(『강록』)

○ 「就見知處言」: 批云, “‘見知’, 言己見知於人也. ‘就見知處言’, 謂以己心爲人所知處言也.” 「蘇楊氏所說」: 蘇昞楊時之說, 見『中庸或問』. 「先生」: 指朱子也. 「曰兩事」: 批云, “‘曰’上當有‘朱子’二字.” 「己旣知 止 一箇知」: 李錄云, 問, “程子曰, ‘人與我固分得’, 然而朱子答或說曰, ‘己旣知則人必知之’, 故程子曰, ‘天地之知, 只是一箇知.’ 程朱此說似有相妨, 如何?” 答曰, “如是處, 當着活法看, 不可拘滯. 程以事言, 朱以理言. 然則豈有相妨乎?” 又問德弘“於天知·神知·上帝·鬼神等說, 心似知之, 而竟未能無疑, 奈何久之.” 曰, “朱子嘗云, ‘始却就的實明白處, 做工夫, 不可徑就難知處着力. 若此久久則必生怪異.’ 朱子此意, 不可易矣.”(『講錄』)

『석의』12-1-1-b

○ 「‘견지처(見知處)’에서 ‘기지처(己知處)’까지」: 『중용』의 주에서는 “‘형적이 아직 드러나지 않았지만, 기미는 이미 발동한 것’이라는 것은 알려지는 것의 근본 싹이다. ‘남은 비록 모르지만 나만 홀로

그것을 안다'는 것은 자기가 아는 곳이다."라고 말하였다. 「소양(蘇楊)」 : 소병과 양시이다. ○ 『어류』를 살펴보면, '소(蘇)'는 '유(游)'로 써야하며, 곧 정부(定夫)이다. 「선생(先生)」 : 주자를 가리킨다. 「왈양사(曰兩事)」 : '왈(曰)'자 앞에는 '주자'란 두 글자가 있어야 한다. 「'기기지(己旣知)'에서 '일개지(一箇知)'까지」 : 정자는 '남과 나는 구별할 수 있다'고 말한 반면, 주자는 '내가 알면 남도 반드시 그것을 안다'고 말하였다. 정자는 일로써 말하였고, 주자는 이치로써 말하였다. 두 설은 비록 같지 않은 듯하지만 실은 서로 모순되지 않는다. 「'천지지(天知地)'에서 일개지(一箇知)까지」 : 질문한 사람의 뜻은 남과 나였으나, 답한 말에서는 이에 천이 알고 지가 아는 것을 인용하여 말하였으니, 그 뜻은 대개 천이 알고 지가 아는 것은 이미 하나의 앎이므로 내가 아는 것과 또한 하나의 앎이 되어야 한다는 것을 말한다.(『석의』)

○ 「見知處 止 己知處」 : 『中庸』註曰, "'跡雖未形而幾則已動', 此見知之苗脉也. '人雖不知而己獨知之', 此己知處也." 「蘇楊」 : 蘇昞楊時. ○ 按考『語類』, '蘇'當作'游', 卽定夫也. 「先生」 : 指朱子. 「曰兩事」 : '曰'上當有'朱子'二字. 「己旣知 止 一箇知」 : 程子曰, '人與我固分得'. 朱子曰, '己旣知則人必知'. 程子以事言, 朱子以理言. 二說雖若不同, 而實不相妨. 「天知地 止 一箇知」 : 問者之意, 是人與己, 而答語乃引天知地知爲言. 其意蓋曰天知地知, 旣是一箇知, 則與己之知, 亦當爲一箇知也.(『釋疑』)

『표제』12-1-1-c

○ 「'기필(己必)'에서 '필지(必知)'까지」 : 남과 나는 실로 나눌 수 있으나, 천과 지는 나눌 수 없으니, 이천의 설은 이와 같다. 주자의 생각은 나와 남, 천과 지가 단지 하나의 이치로 모두 두 개의 앎으로 볼 수 없다고 생각하였다. 그래서 자기가 알고 남이 아는 것을 말하고 나서 다시 이천의 말을 인용하여 그것을 밝혔다. 『역전』에서 '천지의 오묘한 작용을 '신(神)'이라고 말한다'[395]고 하였으니,

395) 『伊川易傳』, 「乾卦」.

천이 알고 신이 아는 것 또한 어찌 하나의 앎이 아니겠는가?(『퇴계집』)(『표제』)

○ 「己必 止 必知」 : 人與我固可分, 天與地不可分, 伊川說如此. 若朱子意, 則以爲己與人, 天與地, 只此一理, 皆不可做二箇知看, 故旣說己知人知, 又引伊川語以明之. 『易傳』'天地之妙用謂之神', 則天知神知亦豈非一箇知乎? (『退溪集』)(『標題』)

『강록간보』12-1-1-d

○ 「취견지처(就見知處)」 : '견지(見知)'는 자기가 남에게 알려지는 것을 말한다. 『고오』에서는 '견(見)'을 '인(人)'자로 썼다고 하였는데, 이것은 여러 판본이 모두 그렇다. 「소양씨소설(蘇楊氏所說)」 : 주장이 『중용혹문』에 보인다. 생각건대, 『어류』에는 '유양씨(游楊氏)'라고 적었다. 「'기기지(已旣知)'에서 '일개지(一箇知)'까지」 : 황중거에게 대답하였다. "남과 나는 실로 구분할 수 있으나, 천과 지는 구분할 수 없으니, 이천의 설은 이와 같다. 주자의 생각은 나와 남, 천과 지는 단지 이 하나의 이치이니, 모두 두 가지 앎으로 볼 수 없다고 생각하였다. 그래서 자기의 앎과 남의 앎을 말하고 나서 다시 이천의 말을 인용하여 밝혔다." ○ 『중용혹문』을 살펴보면, 이치로 말한 것은 세 학자가 정자의 극진함만 못하고, 마음으로 말한 것은 정자가 세 학자의 정밀함만 못하니, 이 조와 함께 참고하여 보아야 한다.(『강록간보』)

○ 「就見知處」 : '見知', 言己見知於人也. 『考誤』'見'作'人'字, 是諸本皆然. 「蘇楊氏所說」 : 說見『中庸或問』. 按, 『語類』作'游楊氏'. 「已旣知 止 一箇知」 : 答黃仲舉曰, "人與我固可分, 天與地不可分. 伊川說如此. 若朱子意, 則以爲己與人, 天與地, 只此一理, 皆不可做二箇知看. 故旣說己知人知, 又引伊川語以明之." ○ 按『中庸或問』, 以理言之, 則三家不若程子之盡, 以心言之, 則程子不若三家之密, 與此條當參看.(『講錄刊補』)

『부주』12-2

○ 도향추씨(道鄕鄒氏)[396]가 말하였다. "신독은 도에 들어가는 최고

의 요체이다. 이른바 '독'이라는 것은 한가로이 있어 고요한 곳일 뿐만 아니라, 마음에서 싹튼 것을 '독'이라고 말한다. 이것에 힘쓸 수 있으면, 지나치게 행동할 까닭이 없기 때문에 『중용』에서 이 말을 편장의 머리에 둔 것이다."397)

○ 道鄕鄒氏曰, "愼獨最爲入道之要. 所謂'獨'者, 非獨閒居靜處而已, 萌於心之謂'獨'. 能於此著力, 無由有過擧, 故『中庸』以此言爲篇首."

『강록』12-2-a

○ 「과거(過擧)」 : 이덕홍의 기록에는 "'거'는 '일'과 같다"고 말하였다.(『강록』)

○ 「過擧」 : 李錄云, "'擧'猶事也."(『講錄』)

『석의』12-2-b

○ 「도향추씨(道鄕鄒氏)」 : 이름은 호이고, 자는 지완이다. 「과거(過擧)」 : '거'는 일과 같다. 「여씨(呂氏)」 : 이름은 대림이고, 자는 여숙으로 정자와 장재의 문인이다.(『석의』)

○ 「道鄕鄒氏」 : 名浩, 字志完. 「過擧」 : '擧'猶事也. 「呂氏」 : 名大臨, 字與叔, 程張門人.(『釋疑』)

『부주』12-2-1

○ 서산진씨가 말하였다. "추씨가 '신독'을 말한 것은 가장 깊은 의미가 있다."398)

○ 西山眞氏曰, "鄒氏之言愼獨, 最有深味."

『부주』12-3

○ 소병은 "희로애락이 아직 발하기 이전에 중(中)을 구할 수 있지

---

396) 도향추씨(道鄕鄒氏) : 이름은 호(浩)이고 자는 지완(志完)이며 상주(常州) 진릉(晉陵) 사람이다. 의리를 행하는 것으로 유명하였고, 진사로 출사하여, 우정언(右正言)이 되었다.

397) 『西山讀書記』 권18, 「敬上」.

398) 『西山讀書記』 권18, 「敬上」.

않습니까?"라고 질문하였다. 정자가 말하였다. "안 된다. 희로애락이 아직 발하기 이전에 생각하여 구하면 이것도 오히려 생각이다. 이미 생각한 것은 바로 이발이며, 막 발현한 것은 '화(和)'라고 말하며, '중(中)'이라고 말해서는 안 된다." 질문하였다. "여씨[399]의 말은 희로애락이 발하기 이전에 중을 구해야 한다는 것인데, 이 말을 믿는다면 의탁할 곳에 없는 것 같으니 어떻게 하면 좋겠습니까?" 대답하였다. "희로애락이 발하기 전에 존양(存養)을 말하는 것은 가능하지만, 만약 희로애락이 아직 발하기 이전에 중(中)을 구한다고 말하면 안 된다."[400]

○ 蘇昞問, "於喜怒哀樂之前, 求中可否?" 程子曰, "不可. 旣思於喜怒哀樂未發之前, 求之, 又却是思也. 旣思卽是已發, 才發謂之和, 不可謂之中也." 問, "呂氏言當求中於喜怒哀樂未發之前, 信斯言也, 恐無著摸, 如之何而可?" 曰, "言存養於喜怒哀樂未發之時則可, 若言求中於喜怒哀樂未發之前則不可."

『강록』12-3-a

ㅇ 「착모(著摸)」: 이덕홍이 기록하여 말하였다. "선생께서 비평하여 ''착(著)'은 착수하는 것이다. '摸'의 음은 '모(模)'이고, 하나의 음은 '막(莫)'으로 손으로 잡는 것이다. 손으로 잡아서 가지는 것을 말한다." 「'존양(存養)'에서 '지시(之時)'까지」: 비평하여 말하였다. "'시

399) 여씨(呂氏, 1046~1092) : 북송 경조(京兆) 남전(藍田, 섬서성) 사람이다. 이름은 대림(大臨), 자는 여숙(與叔)이다. 여대균(呂大鈞)의 동생이다. 처음에 장재(張載)에게 배웠고 나중에 정이(程頤)에게 배웠다. 사좌량(謝良佐), 유조(游酢), 양시(楊時)와 함께 '정문사선생(程門四先生)'으로 일컬어진다. 태학박사(太學博士), 비서성정자(秘書省正字)를 지냈다. 주자는 일찍이 그의 글이 천병만마가 배불리 먹고 굳세게 맞서는 것처럼 설득력이 있다고 칭찬하였다. 저서에 『역장구(易章句)』, 『대역도상(大易圖象)』, 『맹자강의(孟子講義)』, 『대학중용해(大學中庸解)』 등이 있었지만 산실되었고, 지금은 『고고도(考古圖)』와 『속고고도(續考古圖)』, 『석문(釋文)』이 사고전서(四庫全書)에 수록되어 있다. 문집에 『옥계집(玉溪集)』이 있다.

400) 『二程遺書』 권18, 「劉元承手編」.

(時)'는 『근사록』에서는 '전(前)'으로 썼다. 그러나 『유서』에는 '시'로 적었다. '시'자가 옳은 것 같다."(『강록』)

○ 「著摸」 : 李錄云, "先生批云, "'著', 著手也. 摸音模, 一音莫, 手捉也. 謂著手而捉持也.'" 「存養 止 之時」 : 批云, "'時', 『近思錄』作'前', 然『遺書』作'時', 恐'時'字爲是."(『講錄』)

『석의』12-3-b

○ 「착모(著摸)」 : 『어록해』에서는 '어루만지다'라고 하였다.(『석의』)

○ 「著摸」 : 『語錄解』, 어르믄지다.(『釋疑』)

『표제』12-3-c

○ 「재발위지화(才發謂之和)」 : 수몽이 말하였다. "이것은 기록에 잘못이 있는 것 같다. 발하여 절도에 맞는 것을 화라고 말하는데, 어찌 막 발하여 중절과 불중절을 논하지 않은 것을 모두 화라고 말할 수 있겠는가?"(『근석』) ○ 박세채(朴世采)의 생각: 이것은 단지 미발과 이발로 말한 것으로 변화의 측면에서 보아야 할 것 같다.(『표제』)

○ 「才發謂之和」 : 守夢曰, "此恐記錄有誤. 發而中節謂之和. 豈可以才發, 不論中節不中節, 皆謂之和乎?"(『近釋』) ○ 按: 此只以未發已發言, 恐當活看.(『標題』)

『질서』12-3-d

○ '중을 구한다'에서의 '구(求)'를 만약 생각하는 것으로 보면 본래 이발이지만, 만약 단지 예전 그대로 잡고 있을 뿐이라면 미발이다. 마음의 각성이 단지 내가 힘써 보존하는 것에 의존한다면 이것은 바로 중을 구하는 것이다. '구'자를 단지 생각하는 것과 연관되지 않는 것으로 가볍게 말한다면, 본래 문제가 없다. 그러나 여씨의 뜻이 이와 같을 수 없었기 때문에 정자는 그것을 비판하였다.(『질서』)

○ 求中之'求', 若作思量看, 則固是已發. 若只是提掇恁地依舊, 是未發也. 心之嘗惺只賴吾之力存, 便是求中也. '求'字只輕輕說不涉思度, 則固自無病, 但呂氏之意, 不能如此, 故程子非之.(『疾書』)

『밀험』12-3-e

○ 「'소병(蘇昞)'에서 '지중(之中)'까지」 : 생각건대, 희로애락이 아직 발하지 않은 상태는 마음의 지각, 사려가 발하지 않은 것이 아니다. 천하의 일은 평상심으로 처리하고 대응할 수 있는 것이 많다. 그러나 그 중에 간혹 일상적인 일과 특별히 다른 것이 있을 때 여기에서 희로애락이 있게 된다. 그러나 기뻐하고 분노하고 슬퍼하고 즐거워할 만한 일은 모두 뜻하지 않게 나타나고 무심결에 이르므로, 사람이 그것에 대응하는 것도 절도에 맞게 하기가 가장 어렵다. 반드시 미발의 때에 마음가짐이 아주 고르고 덕을 지키는 것이 아주 확고하여 중정의 체를 잃어버리지 않은 후에 갑자기 기뻐하고 분노하며 슬퍼하거나 즐거워할 만한 일을 만나더라도, 그것에 대응하는 자는 정(情)을 발하여 절도에 맞을 수 있다. 그래서 '중'이라고 하고 '화'라고 하는 것은 모두 천지를 제자리에 놓고 만물을 조화 발육시키는 커다란 덕이 될 수 있다. 이것은 오로지 덕을 삼가는 군자만이 이런 덕을 가질 수 있다. 만약 고요하게 움직이지 않아 사려가 없는 것을 미발의 모습이라고 한다면, 삼림에서 면벽하는 데서 바야흐로 천지를 제자리에 놓고 만물을 기를 수 있을 것이니, 어찌 이런 일이 있을 수 있겠는가?(『밀험』)

○ 「蘇昞 止 之中」 : 案, 喜怒哀樂之未發, 非心知思慮之未發. 天下之事, 多可以平心酬應者. 其或特異於常例者, 於是乎, 有喜怒哀樂. 然而可喜可怒可哀可樂之事, 皆乘於不意, 到於無心. 故人之應之也, 最難中節. 必其未發之時, 秉心至平, 執德至固, 不失中正之體, 然後猝遇可喜可怒可哀可樂之事, 其所以應之者, 能發而中節. 故曰'中'曰'和', 皆得爲位天地, 育萬物之大德. 此惟愼德之君子, 能有是德. 若寂然不動, 無思無慮, 爲未發之光景, 則少林面壁, 方可以位天地而育萬物, 其有是乎?(『密驗』)

『부주』12-3-1

○ 주자가 말하였다. "정자가 '생각하자마자 바로 이발이다'라고

말한 한 구절은 자사가 말하지 않은 뜻을 드러내 밝힐 수 있다. 대개 희로애락이 발하는 것을 기다리지 않고 단지 생각하는 것이 있기만 하면 곧 이발이라는 것을 말한다. 이 뜻은 정밀하고 은미하여 미발의 경지가 지극한 것이 매우 철저한 데 이르러 그 이상 더할 수가 없다."401)

○ 朱子曰, "程子'才思卽是已發'一句, 能發明子思言外之意. 蓋言不待喜怒哀樂之發, 但有所思, 卽是已發. 此意精微, 到未發界至, 十分盡頭, 不可以有加矣."

『강록』12-3-1-a

○ 「계지(界至)」 : '지(至)'자는 요즈음 사람은 아래 구절에 붙이는 경우가 많은데 옳지 않다. 당연히 '미발의 경지가 지극한 것에 이른 것이'라고 읽어야 한다. 이덕홍이 기록하여 말하였다. "계지는 곧 경지로 어떤 경지에서 어떤 경지에 이르는 것을 말하는 것이고, 미발의 경지가 극진함에 이른 것을 말한다."(『강록』)

○ 「界至」 : '至'字, 今人多屬下句, 非是. 當讀曰'到未發界至이'. 李錄云, "'界至'卽地境也. 言自某界至某界也. 言到未發之界至也."(『講錄』)

『석의』12-3-1-b

○ 「계지(界至)」 : 『어록해』에 '어떤 경지에서 어떤 경지에 이르는 것이다'고 하였다.(『석의』)

○ 「界至」 : 『語錄解』 自某地界至某地界.(『釋疑』)

『부주』12-4s

○ 혹자가 질문하였다. "희로애락의 발하기 이전에는 동(動)자를 써야 합니까? 정(靜)자를 써야 합니까?" 대답하였다. "정이라고 말하는 것이 좋다. 그러나 고요한 가운데도 반드시 사물이 있어야 한다. 이 부분이 바로 어려운 곳이다. 배우는 사람은 또한

401) 『晦庵集』 권48, 「答呂子約」.

먼저 경을 이해하는 것이 가장 좋으니, 경(敬)할 수 있으면 이 것은 저절로 알게 된다."

○ 或問, "喜怒哀樂之前, 下動字下靜字?" 曰, "謂之靜則可, 然靜中須有物, 始得. 這裏便是難處. 學者莫若且先理會得敬, 能敬則自知此矣."402)

『강록』12-4-a

○ 「정중수유물(靜中須有物)」 : 이덕홍이 기록하여 말하였다. 질문하였다. "마음에 주인이 있으면 비게 된다. 그렇다면 '고요한 가운데 사물이 있다'고 말하는 것은 무슨 뜻입니까?" 대답하였다. "지극히 텅빈 가운데 지극히 알찬 것이 보존되어 있기 때문에 그렇게 말했다." 「저리(這裏)」 : 바로 그렇다. 「난(難)」 : 이덕홍은 기록하였다. "'난(難)'은 아는 것이 어려운 것이다. 그러나 고요한 가운데 사물이 있도록 행하는 것 또한 어렵다." 「막약차선(莫若且先)」 : 비평하여 말하였다. "위의 '자(自)'는 '차(且)'로 써야 한다. 소주(小註)에서 주자는 '아직 발현하기 이전에는 실마리를 찾을 수 없다'고 말하였다."(『강록』)

○ 「靜中須有物」 : 李錄云, 問, "心有主則虛, 然則謂'靜中有物'者如何?" 答曰, "至虛之中, 至實者存故云." 「這裏」 : 便是, 「難」 : 李錄云, "'難'是知之難, 而做到靜中有物底亦難矣." 「莫若且先」 : 批云, "上自當作且. 小註朱子曰, '未發之前, 不可尋覓.'"(『講錄』)

『석의』12-4-b

○ 「정중수유물(靜中須有物)」 : 지극히 텅 빈 가운데 지극히 알찬 것이 보존되어 있기 때문에 '사물이 있다'고 말하였다. 「편시난(便是難)」 : '난(難)'은 아는 것이 어렵다는 것이다.(『석의』)

○ 「靜中須有物」 : 至虛之中, 至實者存, 故云'有物'. 「便是難」 : '難'是知之難.(『釋疑』)

『표제』12-4-c

---

402) 『二程遺書』 권18, 「劉元承手編」.

○ 「정중수유물(靜中須有物)」 : 주자가 말하였다. “‘사물이 있다’고 하는 것이 단지 지각이라고 말하면 옳다” 또 말하였다. “이천은 오히려 ‘지각을 말하는 순간이 곧 움직임이다’라고 말하였다.” 또 말하였다. “이것은 말한 것이 너무 지나친 것 같다. 이제 아직 일에 착수하지 않고 지각만 있을 뿐이라면 그것이 고요함이 되는데 무슨 지장이 있겠는가?” 질문하였다. “지각은 비록 움직임이지만 희로애락이 아직 발하지 않은 것이 아닙니까?” 대답하였다. “그렇습니다.” 「저리편시난(這裏便是難)」 : ‘난(難)’은 아는 것이 어려운 것이고 고요한 가운데 사물이 있도록 행하는 것 또한 어렵다.(『표제』)

○ 「靜中須有物」 : 朱子曰, “謂謂有物者只知覺, 便是.” 曰 “伊川却云‘才說知覺, 便是動.’” 曰, “此恐說得太過. 今不曾着於事, 但有知覺在, 何妨其爲靜.” 曰, “知覺雖是動, 而喜怒哀樂, 却未發否?” 曰, “是.” 「這裏便是難」 : ‘難’是知之難, 而做到靜中有物底, 亦難矣.(『標題』)

『질서』12-4-d

○ 대개 어떤 사물이 눈앞에 있으면 그것이 어떤 사물인지 안다. 여기에서 희로애락을 말한다면, 이것을 얻지 못한다고 하여 단지 지각이 어둡지 않음을 말하지 못하겠는가? 기뻐하고 화내는 감정은 선한 것을 기뻐하고 선하지 않은 것을 화내는 데 이르러 비로소 시작된다. 이런 감정 또한 얕고 깊은 차이가 있다. 마음에 영명한 지각이 있지만 아직 사려하는 데 미치지 않았다면, 이것은 실로 어둡지 않은 본체로서 이발(已發)이라고 말할 수 없다. 만약 사려하여 그것이 어떤 것인지 안다면, 비록 기쁨과 분노에 미치지 않았다고 해도 미발이라고 말할 수 없다. 이것이 자사가 말하지 않은 뜻을 드러낸 것이다. ○ 주자가 말하였다. “지극히 고요할 때는 단지 지각할 수 있는 능력은 있지만, 지각의 대상은 아직 없다. 그래서 고요한 가운데 사물이 있다고 생각하는 것은 좋지만, 이것을 ‘막 생각하는 순간이 바로 이발이다’는 것과 견준다면 옳지 않다.” 이런 관점에서 말하면 모든 지각이 있는 것은 이발이 아닌 것이

없다. 그러나 주자가 또 말하였다. "고요한 가운데 사물이 있는 것은 단지 지각이 이것이다. 이천은 오히려 '지각을 말하는 순간이 바로 움직임이다'고 언급하였는데, 이것은 너무 지나치게 말한 것 같다. 지금 일에 접하지 않고 단지 지각만이 있다면 그것이 고요함이 되는데 무슨 지장이 있겠는가? 고요히 앉아 있는 것이 단지 수면상태가 되는 것은 아니다." 이런 관점에서 말하면 마음이 비록 움직이지 않아도 지각은 본래부터 존재한다. 두 가지 설이 같지 않으니, 장차 어떤 것을 따라야 하는가? 이치로 말하면 뒤의 학설이 보다 나으니, 「연평행장」과 같은 것이 또 증거가 될 수 있다. 여기에서 '화'는 희로애락이 절도에 맞은 것이다. 생각은 비록 이발에 속하지만 단지 지각이 이럴 뿐이다. 이른바 중절여부가 없으면, 어찌 바로 화라고 말할 수 있겠는가? 화(和)의 반대는 불화(不和)이다. 불화가 있을 때만 '화(和)'라는 이름이 있다. 예컨대, 추위를 지각하고 따뜻함을 느끼는 곳에서 다시 조화롭지 않은 것이 남아 있는데도 화(和)로 말할 수 있겠는가? 이것은 알 수 없다. 또 생각건대, 주자가 추위를 지각하고 따뜻함을 느끼는 것을 이발로 생각하였는데, 이것은 본래 그렇다. 대개 추위와 따뜻함이 자기에게 닥치면 나에게는 바로 추워하고 따뜻해 하는 마음이 생기기 때문에 '발'이라고 말하였다. 예컨대, 눈앞에 사물이 있어 눈을 떠서 볼 때 흰 것을 만나면 그것이 희다는 것을 알고, 검은 것은 그것이 검다는 것을 안다. 이것은 사물이 와서 서로 비추더라도 마음은 움직인 적이 없는 것이니, 어찌 이발이라고 말할 수 있겠는가? 정자가 말하였다. "귀는 들어야 하고, 눈은 보아야 합니다. 보고 듣는다고 하는 것은 보아도 보이지 않고 들어도 들리지 않는 것을 말하는 것이 아니다. 만약에 형색이 눈에 들어가고 소리가 귀에 들어가는데도, 마음이 막연하게 그것들을 접하지 않는 것이 가능하겠는가? 아니면 그것을 어떻게 할지를 알아서 응해야 할 때 응하고, 응하지 말아야 할 때 응하지 않는 것이 가능하겠는가? 성인은 비록 언제나 편안하지만 응해야 할 때는 반드시 응하고, 응하기 전에도 막연하게 만나지 않는 것은 아니다. 그러므로 바야흐로 응하지 않을 때에도 지각은 이미 있음을 알 수 있다." 예컨대 또 말하였다. "사물이 와서 접촉하고 마음도 움직이고 나면 외물은 그대로 있어도 귀와 눈은 닫히지 않는다. 그렇다면 마음이 어찌 움직이지 않을 때가 있겠습니까? 그 수많은 사물에 있어서 응하지 말아야 할 것을 알아서 응하지 않는 것은 이발이라고 말할 수 없지만, 미발의 시점에도 이미 지각이 있음은 분명하다." ○ 정자가 말하였다. "도로 말하면 중이 아닌 때가 없으며, 일로 말하면 상황에 따라 적중한다" 대개 중(中)에 있는 이치는 비록 하늘이 명한 병이(秉彛)라고 말하지만, 한번 절도에 맞지 않으면, 또한 요동치고 휩쓸려 보존해야 할 바를 모르게 된다. 그래서 '잘 살피는 사람은 오히려 이발의 때에 그것을 본다'고 하였으니, 주자가 「남헌에게 답한 글」에 상세하다.(『질서』)

○ 凡有物在前, 便知其爲何物. 於此說喜怒哀樂, 不得此, 只是知覺不昧不及乎? 喜怒之情, 至於善者喜之, 不善者怒之, 方始. 是情也亦有淺深之不同. 若心有靈覺, 而猶未及乎思量, 此實本體之不昧, 不可道已發. 若思量而知其爲何物, 則雖未及於喜怒, 而不可道未發. 此所以發子思言外之意. ○ 朱子曰, "至靜之時, 但有能知覺, 而未有所知覺也. 故以爲靜中有物則可, 而便以纔思即是已發爲比, 則未可." 以此言之, 凡有知覺, 莫非已發. 然朱子又曰, "靜中有物者, 只是知覺便是." 伊川却云, "纔說知覺便是動, 此恐說得太過. 今不曾著於事, 但有知覺在, 何妨其爲靜. 不成靜坐便只是瞌睡." 以此言之, 心雖未動, 知覺自在. 二說不同, 將何適從? 以理言之, 後說尤長, 而「延平行狀」之類, 又可以爲證也. 此和者, 喜怒哀樂之中節也. 思則雖屬已發, 只是知覺如此而已. 未有所謂中節與否, 則安可便謂之和乎? 和之反, 則不和是也. 惟有不和, 故有和之名. 如知寒覺暖處, 更有不和者存, 而以此爲稱耶. 是未可知耳. 又按: 朱子以爲知寒覺暖爲已發, 此固然矣. 凡寒暖逼己, 我便有寒之暖之之心. 故曰發. 如物之在前, 開目便會白者, 知其爲白, 黑者, 知其爲黑.

是物來相照, 而心固未嘗動也, 何可謂已發? 程子曰, "耳須聞, 目須見, '見聞'云者, 非視不見聽不聞之謂也. 若使有色入眼, 有聲入耳, 心則漠然不會, 可乎? 抑知其爲如何, 當應而應, 不當應而不應, 可乎? 聖人雖常寧, 然當應必應, 未應之前, 非漠然不會者矣. 然則方其未應, 已有知覺, 可見." 如又曰, "物之來接, 心亦已動, 則外物自在, 而耳目不閉矣. 若然心豈有不動時節耶? 其於千條萬品, 知其不當應而不應者, 不可謂已發, 未發之前, 已有知覺, 明矣." ○ 程子曰, "以道言之, 無時而不中. 以事言之, 有時而中. 蓋在中之理, 雖曰天命之秉彝, 一不中節, 亦且漂蕩淪胥, 而不知所存矣. 故又曰, '善觀者, 却於已發之際, 觀之.' 朱子「答南軒書」詳之."(『疾書』)

『강록간보』12-4-e

○ 「정중유물(靜中有物)」: 『어류』를 살펴보면, "고요한 가운데 사물이 있다"고 하는 것에 대해 질문하자, (주자가) "듣고 보는 이치가 있는 것이다"라고 말하였다. 또 "단지 태극일 따름이다"라고 말하였다.(이 두 설은 이를 위주로 말하였다.) 또 "단지 경(敬)하기만 하면 항상 각성된 지각이 이 속에 있다"라고 말하였다. 또 "단지 지각일 뿐이다"라고 말하였다.(이 두 설은 마음을 위주로 말하였다.) 대개 지극히 고요한 가운데 지각이 어둡지 않으면서 온갖 이치가 속에 갖추어져 있으니, 이것이 이른바 '사물이 있는 것'이다. 「저리편시난(這裏便是難)」: 김종덕(金宗德)의 생각: 미발 이전에는 형체가 없고 의탁할 것이 없으므로 정(靜)이라고 해도 된다. 그러나 고요함 가운데 반드시 사물이 있으니, 이것은 말로 형용하기 어렵다. 그래서 '먼저 경을 이해하는 것 만한 것이 없다. 경(敬)할 수 있으면 이것을 저절로 알게 된다'고 말하였다.(『강록간보』)

○ 「靜中有物」: 按『語類』, 問"靜中有物." 曰"有聞見之理在", 又曰"只太極也."(右二說主理而言.) 又曰"只是敬, 則常惺惺在這裏", 又曰"只是知覺"(右二說主心而言.) 蓋至靜之中, 知覺不昧而萬理含具, 是則所謂'有物'者也. 「這裏便是難」: 按: 未發之前, 無形體無著摸, 謂之靜則可也. 而靜中須有物, 此難於下言形容, 故曰'莫若先理會敬, 能敬自知此矣.'(『講錄刊補』)

『관계』12-4-f

○ 「정중유물(靜中有物)」 : 주자가 이것을 해석하여 태극으로 말한 것도 있고, 지각으로 말한 것도 있다. 그러나 이들은 모두 지극히 알찬 이(理)가 이 마음을 주재하는 것을 가리키고, 지각 또한 단지 지(智)의 이(理)가 한 마음에 전일한 것을 가리킨다. 만약 경건하면 이 실제의 이(理)를 보존하게 되지만, 경건하지 않으면 사물은 없다.(『관계』)

○ 「靜中有物」 : 朱子釋此, 有以太極言, 有以知覺言. 而皆指至實之理主宰此心者, 知覺亦只是智之理專一心者. 若敬則乃所以存此實理, 不敬則無物矣.(『竅啓』)

『부주』12-4-1

○ 주자가 말하였다. "미발 이전은 실마리를 찾을 수가 없다. 이미 지각한 후에는 조절할 수 없다. 단지 평소에 장중하고 경건하며, 함양하는 공이 지극하여 사사로운 인욕이 어지럽히지 않으면, 미발의 때에는 거울이 밝고 물이 고요한 것과 같고, 발현해서도 절도에 맞지 않음이 없다. 이것이 일상에 있어서 본령이 되는 공부이다. 일에 따라 반성하고 살피며, 사물에 나아가 미루어 밝히는 데 이르러서도 반드시 이것을 근본으로 한다. 그러나 이발의 상황에서 보면 미발 이전에 갖추어져 있는 것은 진실로 묵묵히 인식할 수 있다. 그래서 정자가 소계명에게 답한 곳에서 반복하여 논변하면서, 단지 경을 말하는 데 지나지 않는 것으로 끝낸 것은 대체로 이 때문이다. 지난번에 강론하고 사색할 때 마음을 바로 이발이라고 보아, 일상에서의 공부도 단지 마음의 실마리를 반성하고 살피는 것을 가장 먼저 시작할 곳으로 보았다. 그래서 평소의 함양이라는 한 단계의 공부를 오히려 빼먹어 사람의 마음을 어지럽게 하고, 깊이 잠심하여 순수하고 한결같은 맛이 없게 하였으며, 말하고 일삼아 행동하는 가운데 발휘할 때에도 늘 급박하고 들떠서 다시는 온화하고 깊고 두터운 기풍이 없다. 대개 견해가 조금이라도 어긋나면 그 해로움이 여기에 이르니 살피지 않을 수 없다."403)

○ 朱子曰, "未發之前, 不可尋覓, 已覺之後, 不容安排. 但平日莊敬涵養之功至, 而無人欲之私以亂之, 則其未發也, 鏡明水止, 而其發也無不中節矣. 此是日用本領工夫. 至於隨事省察, 卽物推明, 亦必以是爲本. 而於已發之際觀之, 則其具於未發之前者, 固可嘿識. 故程子之答蘇季明反覆論辨, 而卒之不過以敬爲言, 蓋爲此也. 向來講論思索, 直以心爲已發, 而日用工夫亦止以察識端倪, 爲最初下手處. 以故闕却平日涵養一段工夫, 使人胸中擾擾, 無深潛純一之味, 而發之言語事爲之間, 亦常急迫浮露, 無復雍容深厚之風. 蓋所見一差, 其害至此, 不可不審也.."

『강록』12-4-1-a

◦ 「일단(一段)」 : 비평하여 말하면 「여호남제공논중화서」이다. ○ 또 말하였다. "호남은 옛날의 장사인데, 지금의 담주는 호남도에 속하는 곳으로 장남헌이 거주하던 곳이다." ○ 또 말하였다. "주자의 이 글은 정밀하고 절실하며 간명하고 합당하여 사람의 지혜를 깊이 열어주는 점이 있다." 「심멱(尋覓)」 : 조장하는 병이다. 「안배(安排)」 : 계산하고 비교하는 병이다. 「경명수지(鏡明水止)」 : 밝은 거울과 같고 흐르지 않는 물과 같아 고요하게 머물러 있어 사물을 비출 수 있는 것이다. 「본령공부(本領工夫)」 : 이덕홍이 기록하여 말하였다. "장중하고 경건하게 함양하는 공부를 가리키는 것으로 나무의 뿌리와 같고 옷의 깃과 같은 것이다." 「향래(向來)」 : '알패'이다. 「직(直)」 : 한갓이다. 「이심위이발(以心爲已發)」 : 질문하였다. "정자는 문인에게 심은 이발이라고 말하고서 바로 다시 '옳지 않다'고 말하였다.(정자의 이 말은 『유서』 등의 저서에 보인다.) 주자는 초년에 어떻게 이렇게 생각하다가 후에 비로소 그것의 잘못을 깨닫고 이런 논의를 하였습니까?" 선생이 비평하여 말하였다. "주자 선생의 초년 견해는 우연히 정자의 초기설과 합치하였으나 뒤에 그것이 편안하지 않음을 깨닫고, 고치는 데 인색하지 않고 선을 따랐으니, 이것이 또한 어려운 점이다." 「단예(端倪)」 : 실마리

403) 『晦庵集』 권64, 「與湖南諸公論中和第一書」.

를 드러낸 때를 말하는 것으로 마치 인이 발현한 것이 측은함인 것과 같다. 「단(段)」 : 세속에서 풀단, 섶단이라 할 때의 '단'이다. 세속에서는 '단'이 조각을 나누는 것을 말하는 것으로 잘못 생각하였다. 「풍(風)」 : 질문하였다. "당연히 『시전』에서 해석한 것으로 본 것 아닙니까?" 대답하였다. "저것은 비록 해석이 이와 같지만, 그러나 여기에서 그것을 끌어들여 해석해서는 안 된다. 마땅히 나의 두터운 덕이 두루 펼쳐지고 빛나서 사람을 감동시키기에 족하다는 것으로 보아야 한다."(『강록』)

○ 「一段」 : 批云, 「與湖南諸公論中和書」. ○ 又曰, "湖南古長沙, 今潭州, 屬湖南道, 張南軒所居之處. ○ 又謂之曰, "朱先生此書, 精切簡當, 深有啓發人處. 「尋覓」 : 助長之病. 「安排」 : 計較之病. 「鏡明水止」 : 如鏡之明, 如水之不流, 淵停能鑑物也. 「本領工夫」 : 李錄云, "指莊敬涵養工夫, 如木之本, 如衣之領也. 「向來」 : 알피. 「直」 : ᄒᆞᆫ갓. 「以心爲已發」 : 問"程子謂門人, 心是已發, 而卽又曰非是.(程子此言見『遺書』等書) 朱子初年, 如何恁地認得, 後來方覺其非, 而有此論乎?" 先生批云, "朱先生初年所見, 偶與程子初說契合. 後來乃覺其未安, 不吝於改而從善, 此尤所難處也." 「端倪」 : 謂發端之際, 如仁發是惻隱之類. 「段」 : 猶俗云草段柴段之'段'也. 俗誤以爲'段'謂分作片段也. 「風」 : 問, "當以『詩傳』所釋看否?" 答曰, "彼雖釋如此, 然於此不當引他釋, 當以吾之德厚流光, 足以感動人處看."(『講錄』)

『석의』12-4-1-b

○ 「심멱(尋覓)」 : 조장하는 병폐이다. 「본령공부(本領工夫)」 : 장중하고 경건하게 함양하는 공부를 가리키는 것으로 나무의 뿌리와 같고, 옷의 깃과 같다. 「향래(向來)」 : '지난번'이다. 「직(直)」 : 한갓이다. 「풍(風)」 : '풍습'이나 '풍운'과 같다.(『석의』)

○ 「尋覓」 : 助長之病. 「本領工夫」 : 指莊敬涵養工夫, 如木之本, 如衣之領. 「向來」 : 曩時. 「直」 : ᄒᆞᆫ갓. 「風」 : 如'風習', '風韻'也.(『釋疑』)

『표제』12-4-1-c

○ 「심멱(尋覓)」 : 조장한다는 뜻이다. ○ 곧 이른바 중을 구하는 뜻은

조장하는 병통이 아니다.(『고오』) 「‘향래(向來)’에서 ‘이발(已發)’까지」 : 그 의미는 희로애락이 아직 발하지 않은 것을 마음의 이발로 보는 것을 말한다. 그래서 고요할 때의 공부가 없다고 이야기하였다.(『고오』) ○ 박세채(朴世采)의 생각: 정자가 대개 마음을 말한 것은 모두 이발설임을 알 수 있다. 그래서 주자가 초년에 남헌과 중화에 관하여 논한 글에서 모두 이것을 전거로 삼은 것이 이것이다. 「단예(端倪)」 : ‘단’은 시작이고, ‘예’는 끝부분이다. 『장자』에서는 ‘자연의 경계로 조화한다’고 하였다.(『운회』) ○ 단서를 발하는 순간을 말하는 것으로 예컨대, 인(仁)이 발하는 것이 측은(惻隱)과 같은 것이다. 「풍(風)」 : ‘기상’이라고 말하는 것과 같다.(『고오』)(『표제』)

○ 「尋覓」 : 助長之義. ○ 卽所謂‘求中’之意, 非助長之病也.(『考誤』) 「向來 止 已發」 : 其意謂以喜怒哀樂之未發爲心之已發. 故無靜時工夫云云.(『考誤』) ○ 按: 程子有凡言心者, 皆知已發之說. 故朱子初年, 與南軒論中和書, 皆以此爲據, 是也. 「端倪」 : ‘端’, 始也. ‘倪’, 極際也. 『莊子』, 和以天倪.(『韻會』) ○ 謂發端之際, 如仁發是惻隱之類(『質疑』) 「風」 : 猶言氣象也.(『考誤』)(『標題』)

『강록간보』12-4-1-d

○ 「심멱(尋覓)」 : 조장하는 병통이다. ○ 『고오』에서 바로 이른바 ‘중을 구하는 의미이다’. 「본령공부(本領工夫)」 : 장중하고 경건하게 함양하는 공부를 가리키는 것으로 나무의 뿌리와 같고, 옷의 깃과 같다. 「직(直)」 : ‘다만’이다. 「이심위이발(以心爲已發)」 : 김종덕(金宗德)의 생각: 정자가 ‘심은 이발이다’라고 한 말은 적자(赤子)의 마음을 논한 것을 계기로 언급한 것이다.(『강록간보』)

○ 「尋覓」 : 助長之病. ○ 『考誤』, 卽所謂‘求中之意’. 「本領工夫」 : 指莊敬涵養工夫, 如木之本, 如衣之領也. 「直」 : 但也. 「以心爲已發」 : 按: 程子‘心爲已發’之語, 因論赤子心而發.(『講錄刊補』)

『부주』12-5

○ 혹자는 말하였다. “정좌하고 있을 때 사물이 앞으로 지나가면 보아야 합니까, 보지 말아야 합니까?” 대답하였다. “어떤 일을 보느냐에 달려 있다. 만약 제사와 같은 큰일이라고 한다면, 눈 앞에서 관끈이 밝은 시력을 가리고, 솜으로 귀를 막아 지나가는 사물을 보지도 듣지도 못한다. 아무 일도 없을 때는 눈으로는 보고 귀로는 들어야 한다.”404)

○ 或曰, “當靜坐時, 物之過乎前者, 還見不見?” 曰, “看事如何? 若是大事如祭祀, 前旒蔽明黈纊充耳, 凡物之過者不見不聞也. 若無事時, 目須見耳須聞.”

『강록』12-5-a

○ 「주(黈)」: 타두(他斗)의 반절이다. 면류관 옆에 달아 놓은 황색 솜방울을 ‘주(黈)’라고 말한다.(『강록』)

○ 「黈」: 他斗切. 以黃色纊冕傍曰‘黈’.(『講錄』)

『석의』12-5-b

○ 「환(還)」: 어조사이다.(『석의』)

○ 「還」: 語辭.(『釋疑』)

『표제』12-5-c

○ 「주(黈)」: 타두(他斗)의 반절이다. 황색이며, 또 면류관 옆의 솜방울을 ‘주(黈)’라고 말한다.(『운회』)(『표제』)

○ 「黈」: 他斗切. 黃色, 又冕傍纊曰‘黈’.(『韻會』)(『標題』)

『강록간보』12-5-d

○ 「목수견이수문(目須見耳須聞)」: 최견숙에게 답하여 말하였다. “바로 이것은 들음이 없고 봄이 없는 것을 질문한 데 답한 것이다. 그래서 부득이하게 ‘수(須)’자를 썼다. 그러나 ‘필(必)’자의 뜻으로 심각

---

404) 『二程遺書』 권18, 「劉元承手編」.

하게 볼 필요는 없고, 단지 '당(當)'자의 뜻과 같은 것으로 보면 된다."(『강록간보』)

○ 「目須見耳須聞」: 答崔見叔曰, "乃是答無聞無見之問, 故不得已下'須'字. 然不必深看爲'必'字之義. 只以'當'字之意類看."(『講錄刊補』)

『관계』12-5-e

○ 「여제사(如祭祀)」: 눈앞의 면류관으로 밝은 시력을 가리는 것은 망령된 것을 보지 않기 위한 것이고, 귀막이 솜으로 귀를 막는 것은 망령된 말을 듣지 않기 위한 것이니, 보지 못하고 듣지 못하게 하기 위한 것은 아니다. 대개 제사를 지낼 때는 제물을 올리고 잔을 바치는 것이 일정한 장소가 있으며, 절하고 엎드리는 데는 호명(呼名)하는 것이 있다. 듣지 않고 보지 않으면 어떻게 절도에 맞겠는가? 제사를 지낼 때 마음을 보존하면 보아야 하고 들어야 하는 것이 더욱 정밀하고 밝아진다. 지나쳐버리는 사물은 한가한 사물이기 때문이라고 하겠다.(『관계』)

○ 「如祭祀」: 前旒蔽明, 所以不妄見, 黈纊塞耳, 所以不妄聽, 非欲其不見不聞也. 蓋祭祀之時, 奠獻有常處, 拜伏有臚唱, 非聞非見, 何以中度也. 當祭而存心, 則其當見當聞者, 必愈益精明矣. 物之過者, 是閑物故云耳.(『窾啓』)

『부주』12-5-1

○ 여자약(呂子約)[405]이 "아직 듣거나 보지 않은 것이 미발이다"고 말하니, 주자가 말하였다. "자사는 희로애락만을 말했는데, 이제 오히려 방향을 바꾸어 보고 듣는 것으로 나아가니, 말이 많을수록 견해는 더욱 어지럽게 갈려서 도대체 연관되는 것이 없다. 이것은 바로 정자의 문하에서 묻고 기록한 사람의 죄이지만, 후세 사람들도 제대로 읽지 못한 것이다. 만약 반드시 보고 듣지 않은 것을 미발

---

405) 여자약(呂子約, ?~1196): 남송 무주(婺州) 금화(金華) 사람이다. 이름은 조검(祖儉), 자는 자약(子約), 호는 대우(大愚), 시호는 충(忠)이다. 여조겸(呂祖謙)의 동생이다. 여조겸에게 수학했고, 대주통판(臺州通判)·대부승(大府丞)을 지냈다. 양간(楊簡), 심환(沈煥), 원섭(袁燮)과 함께 '명주사선생(明州四先生)'으로 불렸다. 학문적으로는 정자(程子)를 계승하면서 주희(朱熹)와 육구연(陸九淵)의 설을 절충하려 했다. 저서에 『대우집(大愚集)』이 있다.

로 본다면 이것은 단지 일종의 정신이 혼미한 사람이 충분히 수면을 취하지 못할 때에 사람에 의해 놀라 깨어 순간적으로 사방을 인식하지 못할 때 이런 현상이 있게 된다. 성현의 마음은 침잠하여 깊고 고요하며 눈과 귀의 밝음은 사물을 꿰뚫어 결코 이와 같지 않다. 만약 반드시 이와 같다면 『홍범』의 오사(五事)에서는 당연히 '외모는 넘어질 듯하다 하고, 말하는 것은 벙어리라고 말하며, 눈은 먼 것으로 말하고, 귀는 먹은 것으로 말하며, 생각은 꽉 막혔다'고 말해야 본성을 얻은 것이 되는 반면, 앎을 극진하게 하고 경건함에 머물러서 마음을 다하는 공부는 오히려 단지 한 사람의 어리석고 허황된 사람을 길러내는 것에 지나지 않는다고 말해야 했을 것이다."406)

○ 呂子約謂, "未有聞未有見爲未發." 朱子曰, "子思只說喜怒哀樂, 今却轉向見聞上去, 所以說得愈多, 愈見支離紛冗都無交涉. 此乃程門請問記錄者之罪, 而後人亦不善讀也. 若必以未有見聞爲未發處, 則只是一種神識昏昧底人, 睡未足時, 被人驚覺, 頃刻之間不識四到時節, 有此氣象. 聖賢之心, 湛然淵靜, 聰明洞徹, 決不如此. 若必如此, 則「洪範」五事當云, '貌曰僵, 言曰啞, 視曰盲, 聽曰聾, 思曰塞.' 乃爲得其性, 而致知居敬, 費盡工夫, 却只養得成一枚癡獃罔兩漢矣."

『강록』12-5-1-a

○ 「일종(一種)」 : 한 가지이다. 「'불식(不識)'에서 '시절(時節)'까지」 : 이덕홍이 기록하여 말하였다. 선생께서 비평하여 말하였다. "황홀하여 사방에서 이르는 일을 모를 때이다." 또 비평하여 말하였다. "지금의 속어에도 '사방에서 이른다'고 하는 설이 있다." 「홍범오사(洪範五事)」 : "용모는 공손할 것이라고 하고, 말은 순종적이라고 하며, 눈은 밝다고 하고, 귀는 것은 총명하다고 하며, 생각은 통명하다"고 하는 것으로, '예(睿)'는 두루 밝은 것을 말한다. 「양득성(養得成)」 : 이와 같이 말하는 사람을 길러서 일으킨다는 것이다. '득'자는 해석할 필요가 없다. 「일매(一枚)」 : 일개(一箇)와 같다. 「치

406) 『晦庵集』 권48, 「答呂子約」.

애(癡獃)」 : '獃'의 음은 '애'이고, 흐리멍덩한 것[罔兩]이다. 「한(漢)」 : 모두 어리석은 자이다. ○ 이덕홍이 기록하여 말하였다. "망양(罔兩)은 속어로 '망녕'이라는 뜻이다. '한(漢)'은 사람을 천하게 부르는 것이다. 세속에서 '놈이다'고 하는 것과 같다.(『강록』)

○ 「一種」 : 호 가지. 「不識 止 時節」 : 李錄云, 先生批云, "恍惚不知從四方所到之事時節也." 又有批云, "如今俗語亦有四到之說." 「洪範五事」 : "貌曰恭, 言曰從, 視曰明, 聽曰聰, 思曰睿", '睿', 通明之謂. 「養得成」 : 如此云云之人乙 養ᄒᆞ야 일오다. '得'字不必釋. 「一枚」 : 一箇同. 「癡獃」 : 이, 罔兩. 「漢」 : 皆愚騃也. ○ 李錄云, '罔兩'猶俗망녕之義. '漢', '人之賤稱, 猶俗言놈이라.(『講錄』)

『석의』12-5-1-b

○ 「여자약(呂子約)」 : 이름은 조검이고, 호는 대우이다. 「'불식(不識)'에서 '시절(時節)'까지」 : '사도(四到)'는 사방을 말한다. 어지러워 사방을 알아보지 못하는 때를 말한다. 「일매(一枚)」 : '일개(一箇)'와 같다. 「치애(癡獃)」 : '애(獃)'는 애이다. ○ 어리석도다. 「망양(罔兩)」 : 『장자』곽상(郭象) 주에서 '그림자 주변에 생기는 흐린 음영이다'고 한 것으로 대개 분명하지 않다는 뜻이다. 「한(漢)」 : 사람을 천하게 부르는 것으로, 세속에서 '놈이다'고 말하는 것과 같다.(『석의』)

○ 「呂子約」 : 名, 祖儉, 號大愚. 「不識 止 時節」 : 四到謂四方也. 言恍惚不知四方之時也. 「一枚」 : 一箇同. 「癡獃」 : 獃, 이. ○ 어리미욕다. 「罔兩」 : 『莊子』郭象註, 影外之微陰. 蓋是不分明之意. 「漢」 : 人之賤稱, 猶俗云, '놈이라.'(『釋疑』)

『표제』12-5-1-c

○ 「일매(一枚)」 : 매(枚)는 '개(箇)'이다. 물건을 셀 때는 '매'라고 말하고, 일을 셀 때는 '조'라고 말한다.(『운회』)(『표제』)

○ 「一枚」 : '枚', 箇也. 數物曰'枚', 數事曰條.(『韻會』)(『標題』)

『강록간보』12-5-1-d

○ 「‘청문(請問)’에서 ‘지죄(之罪)’까지」 : 김종덕(金宗德)의 생각: 소계명이 이천에게 배울 때 미발에 관한 질문을 많이 하였는데, 끝에 이르러 “중(中)의 때에는 귀는 듣는 것이 없고 눈은 보는 것이 없는 것 아닙니까?”라고 질문하였다. 대답하였다. “비록 귀가 듣는 것이 없고, 눈이 보는 것이 없더라도 보고 듣는 이치는 있어야 한다 운운”(『고오』에서 자약의 설은 대체로 이 때문에 잘못되었다.) 『중용혹문』에 말하였다. “소계명의 뒷장의 기록은 참된 뜻을 많이 잃어서 질문과 대답이 서로 맞지 않는다. 아래 문장에서 아무 일이 없을 때는 보고 들어야 한다는 설로 참조해 보면, 그 잘못은 틀림없다.” ○ 『고오』: 주자가 말하였다. “대개 마음에 지각이 있는 것은 귀에 듣는 것이 있고 눈에 보는 것이 있는 것과 같은 맥락이다. 비록 미발이라고 해도 마음에 생각이 없은 적이 없는 것은 바로 귀에 듣는 것이 있고, 눈에 보는 것이 있는 것과 같은 맥락이 된다. 조금이라도 이런 것이 있으면 미발이 될 수 없다. 그래서 정자가 생각이 있는 것을 이발이라고 본 것은 괜찮지만, 기록자가 보고 들은 것이 없는 것을 미발로 본 것은 안 된다.” ○ 김종덕(金宗德)의 생각: 생각이 발하지 않고 만사가 모두 아직 싹트지 않을 때 볼 수도 없고 들을 수도 없어서 눈과 귀로 보고 듣는 것에 나아가 말하지 못한다. 「망양한(罔兩漢)」 : 모두 어리석은 것이다. ‘망양’은 ‘망양(魍魎)’을 함께 쓴다. 의심컨대, 허황되고 괴이하다는 뜻인 것 같다. ‘한’은 사람을 천하게 일컫는 것이다.(『강록간보』)

○ 「請問 止 之罪」 : 按: 蘇季明學於伊川, 多有未發之問, 至末端, 問曰“當中之時, 耳無聞, 目無見否?’ 曰“雖耳無聞, 目無見, 見聞之理在, 始得云云”. (『考誤』, 子約之說, 蓋因此而誤.) 『中庸或問』曰“蘇季明後章記錄, 多失本眞. 答問不相對値, 以下文無事時須見須聞之說參之, 其誤必矣.” ○ 『考誤』, 朱子曰, “蓋心之有知, 與耳之有聞, 目之有見, 爲一等時節. 雖未發而未嘗無心之有思, 乃與耳之有聽, 目之有視, 爲一等時節. 一有此, 則不得爲未發. 故程子以有思爲已發, 則可, 記者以無聞無見爲未發, 則不可.” ○ 按: 思慮未發, 萬事皆未萌芽, 便是無可睹, 無可聞, 不是就耳目見聞上說. 「罔兩漢」: 皆愚騃也. '罔兩', 通作魍魎, 疑是虛無荒怪之意. '漢'者, 人之賤稱.(『講錄刊補』)

『부주』12-6

○ 또 말하였다. "미발에서 다시 무엇을 구하겠는가? 다만 평소에 함양하면 되니, 오랫동안 함양을 하면 희로애락이 발하여 모두 절도에 맞게 된다."407)

○ 又曰, "未發更怎生求, 只平日涵養便是. 涵養久, 則喜怒哀樂發而中節."

『비망록』12-6-a

○ 마음을 보존하고 본성을 기르는 것을 함양(涵養)이라고 말한다. 지나치거나 미치지 못함이 없는 것을 절도에 맞다고 말한다. 함양은 절도에 맞는 것의 원인이고, 중절은 함양을 미루어 간 것이니, 요점은 '지속한다[久]'는 글자에 있다.(『비망록』)

○ 存心養性之謂涵養, 無過無不及之謂中節. 涵養是中節之因, 中節是涵養之推. 要在久字.(『備忘錄』)

『부주』12-6-1

○ 질문하였다. "아무 일이 없을 때 어떻게 경계하고 삼가며 두려워해야 할지 모르겠습니다. 만약 단지 이와 같이만 하면 지키는 것이 지나친 것이 염려되고, 이와 같이 하지 않으면 또 모두 잊어버릴까 염려됩니다." 주자가 말하였다. "무슨 잡을 것이 있겠는가? 단지 그것에 어둡지 않으면 곧 경계하고 두려워하는 것이다"408)

○ 問, "不知無事時, 如何戒謹恐懼. 若只管如此, 恐執持太過, 若不如此, 又恐都忘了?" 朱子曰, "有甚矜持, 只不要昏了他, 便是戒懼."

407) 『晦庵集』 권67, 「已發未發說」.

408) 『朱子語類』 권62, 「中庸一」.

『강록』12-6-1-a

○ 「집지(執持)」 : 조장하고 얽매이는 병통이다. 「유심긍지(有甚矜持)」 : 엄숙하고 장중함으로 모두 지나치게 엄숙한 것을 말한다. ○ '무슨 잡는 것이 있으리오'라고 하여, 구애되고 얽매여서는 안 된다는 말이다.(『강록』)

○ 「執持」 : 助長繫累之病. 「有甚矜持」 : 矜嚴矜莊, 皆言過嚴也. ○ 므슴 矜持ㅎ미 이시리오, 言不可拘迫也.(『講錄』)

『석의』12-6-1-b

○ 「집지(執持)」 : 조장하고 얽매이는 병통이다.(『석의』)

○ 「執持」 : 助長繫累之病.(『釋疑』)

『표제』12-6-1-c

○ 「긍지(矜持」 : '긍'은 장중한 것이고, '긍지'는 스스로 꾸미는 모양이다.(『운회』)(『표제』)

○ 「矜持」 : '矜', 莊也. '矜持', 自餙貌.(『韻會』)(『標題』)

『부주』12-7

○ 또 말하였다. "잘 보는 사람은 오히려 이발의 때에 그것을 본다."409)

○ 又曰, "善觀者, 却於已發之際觀之."

『강록간보』12-7-a

○ 「'선관(善觀)'에서 '관지(觀之)'까지」 : 주자가 말하였다. "양시·여조겸 등의 여러 학자들은 희로애락 아직 발현하지 않은 때에 구하였는데, 이천은 다시 이미 발한 곳에서 보아야 한다고 말하였으니, 이것은 미발의 때가 전혀 없이 놔두는 것이다. 만약 이발한 것에서 다시 미발을 찾아 도리어 한 층을 많게 하는 것은 오히려 거울을 반대로 놓고 보는 것과 같다. 이 말은 단지 성인의 머무름은

409) 『二程遺書』 권18, 「劉元承手編」.

군주는 인에 머물고 신하는 경에 머문다는 것과 같음을 말한 것이다. 이것은 사물에 나아가 이(理)를 말한 것으로 오히려 미발시의 마음을 말한 것이 아니다. 뒤에 이천도 이를 스스로 온당치 않다고 생각하였다."[410] ○ 김종덕(金宗德)의 생각: 미발에서는 볼 수 있는 자취가 없으며, 발한 후에 비로소 볼 수 있는 것이 있다. 잘 보는 사람은 반드시 여기에서 보아서 성찰하고 삼가는 토대로 삼는다.(『강록간보』)

○「善觀 止 觀之」: 朱子曰, "楊呂諸公求之於喜怒哀樂未發之時, 伊川又說於已發處看, 則是全無未發時放下. 若於已發了, 又去尋未發, 展轉多了一層, 却是反鑑看來. 此語只說得聖人之止, 如君止於仁, 臣止於敬, 是就事物上說理, 却不曾說得未發時心. 後來伊川亦自以爲未當." ○ 按: 未發時, 無形跡可見, 發後便有可觀. 善觀者, 須於此觀之, 以爲省察謹愼之地.(『講錄刊補』)

『부주』12-7-1

○ 질문하였다. "미발의 시초에 함양하여 선하지 않은 실마리가 즉시 없어지게 하면 힘쓰기가 쉽다. 만약 발현한 이후라면 통제하기가 힘들다." 주자가 말하였다. "성현은 반드시 발현한 곳에 나아가 제어해야 한다. 자사는 오직 희로애락이 아직 발하지 않은 것을 중이라고 한다고 말하였다. 공자와 맹자가 사람을 가르칠 때에는 발한 곳으로부터 말한 것이 많다. 미발의 때에는 본래 함양해야 하지만, 발한 후라 하여 바로 전혀 주관하지 못하는 것은 아니다."[411]

○ 問, "涵養於未發之初, 令不善之端旋消則易爲力. 若發以後則難制." 朱子曰, "聖賢正要就發處制. 惟子思說喜怒哀樂未發謂之中. 孔孟教人, 多從發處說. 未發時固當涵養, 不成發後, 便都不管."

『강록』12-7-1-a

○「선(旋)」: 갓갓이다.「불관」: 이덕홍은 기록하여 말하였다. "관은 주관하는 것이다."(『강록』)

---

410) 『朱子語類』 권62,「中庸一」.

411) 『朱子語類』 권113,「朱子十·訓門人一」.

○「旋」: 곧곧「不管」: 李錄云, "管, 主之也."(『講錄』)

『석의』12-7-1-b

○「선(旋)」: '즉시'라는 뜻이고 또 '곧바로'이다. 「불성(不成)」: 아래 문장을 가리키면서 이와 같이 될 수 없음을 말하는 것이다.(『석의』)

○「旋」: 즉제 又 곧곧. 「不成」: 指下文而言不得爲如此也.(『釋疑』)

『표제』12-7-1-c

○「불성(不成)」: 아래 문장을 가리켜서 이와 같이 될 수 없음을 말한 것이다.(『표제』)

○「不成」: 指下文而言不得爲如此也.(『語錄』)(『標題』)

『강록간보』12-7-1-d

○「불관(不管)」: '관'은 보살핀다는 뜻이다.(『강록간보』)

○「不管」: '管', 猶照管之意.(『講錄刊補』)

『부주차의』12-7-1-e

○「'문함양(問涵養)'에서 '위력(爲力)'까지」: 한원진(韓元震)의 생각: '미발(未發)'이라고 하였으니, 어찌 선하지 않은 실마리가 있겠는가?(『부주차의』)

○「問涵養 止 爲力」: 按: 旣云'未發', 則安有不善之端.(『附註箚疑』)

『부주』12-8

○ 연평이씨(延平李氏)412)가 주자에게 보내는 서신에서 말하였다. "내가 이전에 나종언413) 선생께 배웠는데, 하루 종일 서로 마

---

412) 연평이씨(延平李氏, 1093~1163) : 남송 남검주(南劍州) 검포(劍浦, 복건성 南平) 사람이다. 이름은 동(侗), 자는 원중(願中), 호는 연평(延平)이며, 시호는 문정(文靖)이다. 나종언(羅從彦)에게 정자(程子)의 이학(理學)을 배워 이정(二程)의 삼전제자(三傳弟子)가 되었다. 평생 과거를 단념하고 40여 년 동안 산야에 은거한 채 제자를 양성했다. 그의 문하에서 주희(朱熹)와 나박문(羅博文), 유가(劉嘉) 등이 배출됨으로써 이정(二程)의 학문이 주희에게 이어지는 교량의 역할을 했다. 저서에 주희가 편찬한 『이연평집(李延平集)』이 있다.

413) 나선생(羅先生, 1072~1135) : 송나라 검주(劍州) 검포(劍浦, 복건성 南平) 사람이다. 이름은 종언(從彦), 자는 중소(仲素), 호는 예장(豫章), 시호는 문질(文質)이다. 양시(楊時)의 학문을 계승하여 문인(門人) 이동(李侗)에게 전했고, 이동은 다시 주희에게 전했다. 저서에 『준요록(遵堯錄)』, 『춘추지귀(春秋指歸)』, 『춘추해(春秋解)』, 『중용설(中庸說)』, 『논어해

주하고 정좌하고 있다가 몇 시가 되었는지 알지 못하고 물러나 방에 들어가서도 단지 정좌할 뿐이었다. 선생은 고요함 가운데서 희로애락이 아직 발하지 않은 것을 중이라고 할 때, 이 미발이 어떤 기상인지를 보게 하였다. 이 뜻은 학문을 진전시키는데 효과가 있을 뿐 아니라, 동시에 마음을 기르는 요체이기도 하다. 그대가 우연히 마음의 병통이 있어 사색할 수 없다면, 다시 이 구절에서 정좌법을 찾아보면 어떻겠습니까? 가끔씩 도움이 없지 않을 것입니다."414)

○ 延平李氏與朱子書曰, "某曩時從羅先生學問, 終日相對靜坐, 某時未有知. 退入室中, 亦只靜坐而已. 先生令靜中看喜怒哀樂未發之謂中, 未發作何氣象. 此意不惟於進學有力, 兼亦是養心之要. 元晦偶有心恙, 不可思索, 更於此句內, 求之靜坐看如何, 往往不能無補也."

『강록』12-8-a

○ 「우유심양(偶有心恙)」: 이것을 논하고 이어서 말하였다. "나는 나이 열일곱 열여덟 살 때 기묘(己卯) 명인이 전적으로 『소학』을 높이면서 성리(性理)를 탐색하였는데, 고을에 선학(先學)들이 없어 묻고 배우는 요점을 따를 만한 사람이 없었다. 그래서 단지 고서를 읽고 진실한 마음을 구하고 행동할 때 한 마음으로 지킬 뿐이었다. 때로 한 밤중에 침소에서 일어나 단정히 앉아서 마음을 잡아 보존하였다. 매일 이렇게 하면서 마음을 지나치게 쓰자 도리어 마음의 병을 낳아 거의 본성을 잃는 지경에 이르러 여러 방면으로 치료하였다. 이렇게 성년이 되어 전혀 글을 읽지 않고 성인의 사업을 그만두고 다스리지 않았다. 만약 조금이라도 생각이 미치면 병이 재발할 것 같았기 때문이다. 몸이 쇠퇴할 나이가 되어 성인

(論語解)』, 『맹자해(孟子解)』, 『모시해(毛詩解)』, 『의론요어(議論要語)』, 『예장문집(豫章文集)』 등이 있다.

414) 『延平答問』.

의 길이 분명한 것을 보았으나, 해질녘의 그림자만 거두어들일 뿐 전적으로 힘을 다할 수 없었다. 내가 볼 때, 그대가 말하고 행동하는 사이에 조급한 병통이 있고 여유로운 생각이 없는 경우가 많으니, 옛날에 이른바 '도리에 속박된다'고 하는 것과 무엇이 다르겠는가? 마음의 질병을 낳을까 염려되니 삼가야 한다." 함형이 대답하여 말하였다. "저는 근년에 음식으로 몸을 심하게 상하였습니다." 대답하였다. "그대의 용모를 보면 젊은 나이에 몸이 살져야 하는데, 매우 허약한 것 같으니 심기를 지나치게 써서는 안 된다. 바야흐로 옛 글을 읽는 것을 당연한 것으로 생각하면서 정자·주자의 이론을 보지 않았는데, 뒤에 『심경』 등의 책을 본 후에 전날 행했던 일이 어그러진 것임을 깨닫고 나서 비로소 눈 녹듯이 의심이 풀렸다. 독서하여 도를 구하고자 할 때에도 나이가 들어 몸이 쇠퇴하고 만에 하나라도 힘을 쓸 수 없지만, 마음이 이(理)와 한 조각이 되면 괜찮다. 그러나 이제 이와 같이 할 수 없으니 탄식하지 않을 수 있겠는가?" 남언경은 나이가 젊어서 심력만 낭비하여 마침내 병든 사람이 되었으니, 경계할 만하다. 옛말에 있으니, 구애되고 급박하면 오래 지속하기가 어렵다. 경(敬)하면서도 구애되거나 조급함을 피하여 텅비고 여유 있는 체를 늘 보존케 할 수 있으면 날로 새로워지는 데 지장이 없을 것이다. 「숙흥야매잠」에 "'독서를 하고 나서 그 사이에 노닐고 즐겨서 정신을 펴고 성정을 한가롭게 기른다'고 말하였으니, 이것이 본보기가 될 수 있다."(『강록』)

○ 「偶有心恙」 : 論此仍謂之曰, "某年十七八, 聞己卯之人, 全尙『小學』, 探賾性理, 鄕無先前, 無從問學之要, 只管讀古書, 而求其實心, 有走作一意持守. 或夜半起寢, 危坐操存, 日常如此, 極用心力, 反生心疾, 幾至失性, 多般調治. 以此盛年, 專不講讀, 棄聖賢事業而不理. 若一念及, 則重致其疾故耳. 至衰年, 見聖途之分明, 僅收桑楡之景, 故不能專一致力. 吾見公言語動作之際, 多有急迫之病, 無寬裕之意, 何異於古所謂'爲道理所縛'. 恐生心疾, 愼之." 咸亨對曰, "小子年來食傷深重." 答曰, "觀公容貌, 年少所宜豐肥, 而極似虛弱, 不可過用心氣. 方其讀古書, 以爲當然, 而不見程朱之論, 後見『心經』等書然後, 悟前日所爲之乖, 方釋然解疑. 欲讀書求道, 年齡衰晚, 不能用力於萬一. 心與理打成一片可也. 而今不能如此, 可勝嘆哉? 南彦經年少, 徒用心力, 遂成病人, 亦可戒也. 古語有之, 拘迫則難久, 能敬而免於拘迫, 使虛閑之體常存, 則無害而日新. 「夙興夜寐箴」云, '讀書之餘, 間以游泳, 發舒精神, 休養情性' 此可爲法."(『講錄』)

『석의』12-8-b

○ 「연평이씨(延平李氏)」: 이름은 동이고, 자는 원중이며 주자의 스승이다. 「왕왕(往往)」: '이따금'이다.(『석의』)

○ 「延平李氏」: 名, 侗, 字, 愿仲, 朱子之師. 「往往」: 므되므되.(『釋疑』)

『표제』12-8-c

○ 박세채(朴世采)의 생각: 연평이 '마음의 병'이라고 말한 것이 어찌 주자가 스스로 기질의 병은 성내는 것에 원인이 있는 경우가 많다고 말한 것과 같겠는가?(『표제』)

○ 按: 延平所謂'心恙', 豈如朱子所自謂氣質之病多在忿懥之類耶.(『標題』)

『강록간보』12-8-d

○ 「우유심양(偶有心恙)」: 남시보에게 답하여 말하였다. "약으로 병을 치료하는 방법은 반드시 먼저 세상의 궁통(窮通)·득실(得失)·영욕(榮辱)·이해(利害) 등 모든 것을 도외시하고, 사람과 상대하는 것을 줄이고, 기호와 욕구를 조절하여 마음을 텅빈 가운데 담담하게 내버려 두어야 한다. 그림이나 책, 화초를 완미하거나 산과 계곡, 고기와 새들과 같은 즐거움도 일상적으로 대하는 것을 싫증내지 않고 심기를 항상 순조롭게 한다. 책을 볼 때는 많이 보는 것을 절대로 금하여 단지 생각에 따라 그 의미를 즐긴다. 이치를 궁구함에 있어서는 반드시 일상의 평이하고 분명한 곳에 나아가서 파악하여 익숙하게 하고 이미 알고 있는 것에 여유 있게 푹 빠져야 한다. 오로지 뜻을 두지도 않고 뜻을 두지 않는 것도 아닌 가운데 보살펴서 잊지 않으면 자연히 풀려서 얻는 것이 있게 될 것이니,

더욱 집착하고 얽매여서 빨리 체험하고자 해서는 안 된다." ○ 정자중에게 답하여 말하였다. "마음의 근심을 마음에서 버리고자 하면 버리려 할수록 더욱 얽매이니, 안배하려고 모색해서는 안 된다. 이른바 '잡아 보존하고 반성하고 살피는 것'은 '헤아리고[權]' '말라[勿]'는 것에서 생각하여 단지 일상의 평이하고 분명한 곳에서 보아 여유 있게 생각하고 그 사이에 흠뻑 빠져서 마음을 비운 가운데 담담하게 스스로를 길러서 오랫동안 쌓고 나면 마음의 병에 효과가 있을 뿐만 아니라, 수렴하고 잡아 보존하는 데 있어서도 여기에서 효력을 얻음이 없을 수 없다.(『강록간보』)

○ 「偶有心恙」 : 答南時甫曰, "治藥之方須先將世間窮通·得失·榮辱·利害一切置之度外. 少酬酢, 節嗜欲, 虛間恬愉以消遣. 至如圖書花草之玩, 溪山魚鳥之樂, 不厭其常接, 使心氣常在順境中. 看書切忌多看, 但隨意而悅其味. 窮理須就日用平易明白處看破敎熟, 優游涵泳於其所已知. 惟非著意, 非不著意之間, 照管勿忘, 自然融會而有得, 尤不可執捉制縛以取速驗也." ○ 答鄭子中曰, "心患若就心上求去, 愈去而愈擾, 不須探索安排. 所謂'操存省察', 權且勿上念, 只看日用平常明白處, 寬著意思, 游泳其間, 虛間恬愉以自養. 積久之餘, 非徒心恙有效, 收斂操存, 亦不能無得力於此矣."(『講錄刊補』)

『밀험』12-8-e

○ 생각건대, 나종언 선생은 선학에 깊이 물들어 이 말을 하였다. 대개 본 것이 모두 선법이었다.(『밀험』)

○ 案, 羅先生深染禪學, 有此言也. 凡觀皆禪法.(『密驗』)

『부주』12-8-1

○ 주자가 「하숙경(何叔京)415)에게 답하는 글」에서 말하였다. "이연평 선생이 사람을 가르칠 때는 대개 고요한 가운데 대본 미발의 기상을 분명히 체득하여 일을 처리하고 사물에 응하는 데 자연히

415) 하숙경(何叔京, ?~?) : 이름은 호(鎬), 자는 숙경(叔京), 호는 대계(台溪)로 남송 복건(福建) 소무(邵武)사람이다. 주자와 친구로 지냈다. 저서에 『역학설어(易學說語)』, 『대계집(台溪集)』 수십 권이 있다.

절도에 맞게 하였으니, 이것이 바로 구산문하에서 서로 전해온 깊은 가르침(旨訣)이다. 그러나 당시에 직접 배울 때에는 강론을 듣는 데 욕심을 낸데다 다시 바야흐로 몰래 문장과 훈고를 익히기를 좋아하여 여기에 마음을 다할 수 없었다. 지금은 있는 듯 없는 듯하여 조금도 적확하고 알차게 본 곳이 없어 가르치고자 하는 뜻을 저버렸으니, 이 일을 한번 생각할 때마다 부끄럽게 진땀을 흘려 옷깃을 적시지 않은 적이 없었다."416)

○ 朱子「答何叔京書」曰, "李先生教人, 大抵令於靜中體認大本未發時氣象分明, 卽處事應物, 自然中節, 乃龜山門下相傳旨訣. 然當時親炙之時, 貪聽講論, 又方竊好章句訓詁之習, 不得盡心於此. 至今若存若亡, 無一的實見處, 辜負教育之意, 每一念此, 未嘗不愧汗沾衣也."

『강록』12-8-1-a

○ 「체(體)」 : 체험이다. 「인(認)」 : 변별하여 인식하는 것이다. 옛날에 어리석은 백성이 그의 소를 잃은 적이 있는데, 어떤 사람이 수레를 맨 소를 끌고 나타나자 수레에 나아가 그것을 확인하고 '나의 소이다'고 말하였다. 그 사람은 확인하지 않고 그것을 주었다. ○ 물건을 잃었다가 그 물건을 얻고서 분간하여 그것을 확인하고 '이것은 내가 잃은 물건이다'고 말하였다. 이것이 '인(認)'자의 뜻이다. ○ 체험[體]하여 인식[認]하다. '체(體)'는 곧 이른바 '그것의 뼈대가 된다'는 것이다. '인(認)'은 변별하는 것이다. 「결(訣)」 : 말로 서로 전하는 것을 '결(訣)'이라고 한다. 「친자(親炙)」 : 감화를 받는 것이다. 「고(辜)」 : '고(孤)'와 통용한다.(『강록』)

○ 「體」 : 體驗. 「認」 : 辨識也. 古有蚩氓失其牛. 出現一人駕車牛, 就車中認之曰'吾牛也.' 其人不卞而與之. ○ 失物而得其物, 分辨而識之曰, '此吾失物也.' 此'認'字之義也. ○ 李錄云, '體ᄒᆞ야 認ᄒᆞ다.' '體'卽所謂'做他那骨子'. '認', 卞識也. 「訣」 : 以言相傳曰'訣'. 「親炙」 : 薰炙也. 「辜」 : 與'孤'通用.(『講錄』)

---

416) 『晦庵集』 권40, 「答何叔京」.

『석의』12-8-1-b

○ 「체인(體認)」 : '체'는 이른바 '그것의 뼈대가 된다'는 것이다. 「인(認)」 : 변별하여 인식하는 것이다. ○ 체험하여 인식하다. ○ 송시열(宋時烈)의 생각: 주자는 연평의 '체험'이란 글자를 논하여 말하였다. "이것은 생각이 있는 것이다." 여기에서 '체인'이란 글자도 사려로 보아야 한다. 이른바 '그 뼈대가 된다'는 것은 의미가 착실하지 않은 것 같다. 「결」 : 말을 서로 전하는 것이다. 「고(辜)」 : '고(孤)'와 통용되는 것으로 저버리는 것이다.(『석의』)

○ 「體認」 : '體'卽所謂'做他那骨子'. '認', 辨識也. ○ 體ᄒᆞ야 認ᄒᆞ다. ○ 按: 朱子論延平'體驗'字曰, "是有箇思量了". 此'體認'字, 亦當以思量看. 所謂'做他那骨子', 恐不着. 「訣」 : 以言相傳. 「辜」 : 與'孤'通, 負也.(『釋疑』)

『표제』12-8-1-c

○ 「체인(體認)」 : '체'는 체험하는 것이고, '인'은 변별하여 인식하는 것이다. 아래도 같다.(『어류』)(『표제』)

○ 「體認」 : '體', 體驗也. '認', 辨識也. 下同.(『語錄』)(『標題』)

『부주』12-8-2

○ 서산진씨가 말하였다. "주자가 여씨가 중을 구하는 학설과 양시가 이른바 '중'을 체인하는 설에 대해 모두 깊이 비판하였다. 그리고 연평선생의 행장을 쓸 때에 '종일 단정하게 앉아서 미발 때의 기상을 체험하여 이른바 '중'을 구하였다'고 말한 것 또한 여씨의 설이다. 또 '선생께서 사람을 가르칠 때 고요한 가운데서 대본 미발 때의 기상을 체인해야 한다'고 말하고, 그 후에 배우는 사람과의 서신에서 다시 '대본달도에 대하여 두 선생도 누차 말하였으나, 양구산이 이른바 '미발의 때에는 이른바 중을 체험할 수 있고, 이발의 때에는 이른바 화를 체득할 수 있다'고 하였는데, 이 말도 그것에 가깝다"고 말하였다. 그러나 그 설이 또 같지 않으니, 장차 어느 것을 따라야 할 것인가? 대개 일찍이 생각건대, 미발의 이전에는 단지 경으로 존양해야 하며, 마음으로 구해서는 안 된다. 그러나 사려가 아직 드러나지 않았으나 지각은 어둡지 않고 성의 체

단(體段)은 본래부터 가려질 수 없는 것이 있다. 정자가 이른바 '고요한 가운데 사물이 있다'고 한 것은 대개 배우는 자가 깊이 음미하고 실제로 체험한 것을 말한다. 스스로 보는 것이 있어야 하며, 언어로만 구해서는 안 된다."417)

○ 西山眞氏曰, "朱子於呂氏求中之說, 楊氏體所謂'中'之說, 皆深非之. 及爲延平行狀, 謂'其危坐終日, 驗未發時氣象, 而求其所謂中', 則亦呂氏之說也. 又云'先生教人, 於靜中體認大本未發時氣象', 其後與學者書, 又謂'大本達道, 二先生蓋屢言之, 而龜山所謂'未發之際, 能體所謂中, 已發之際, 能得所謂和', 此語爲近之'. 其說又不同. 將何所適從邪? 蓋嘗思之, 未發之前, 但當敬以存養, 而不可有心求, 然思慮未形而知覺不昧, 性之體段自有不可揜者. 程子所謂'靜中有物'者. 蓋謂凡學者深味而實驗之. 自當有見, 未可專以言語求也.

『강록』12-8-2-a

○ 「구중(求中)」: 이덕홍이 기록하여 말하였다. 질문하였다. "정자와 주자는 모두 중을 구하는 것을 잘못된 것으로 보았다. 그러나 양시, 나종언, 이연평은 모두 이것으로 이해한 것은 어째서입니까?" 대답하였다. "의심하는 것은 당연하다. 그러나 양시, 나종언, 이연평 등 세 선생은 모두 성품이 본래 가라앉고 고요하여 찾고자 하지 않는 것으로 구하였기 때문에 병통이 없이 얻는 것이 있었다. 다른 사람의 성품은 시끄럽고 조급한 것이 많아 억지로 힘써 찾으려 하므로 다만 병이 되어 끝내 얻은 것이 없을 뿐이다." ○ 주자의 문인이 질문하였다. "연평선생이 정좌로 중을 구하였는데 조장하고 얽매이는 문제가 있는 것 아닙니까?" 선생이 대답하였다. "보고자 하지 않는 것으로 보고자 하였다."(『강록』)

○ 「求中」: 李錄云, 問, "程朱皆以求中爲非, 而楊羅李皆以此得之者, 如何?" 答曰, "所疑果然. 然楊羅李三先生, 皆性本沈靜, 而以不求求之, 故無病而有得. 他人性多鬧躁而强探力求, 則徒爲病而卒無得耳." ○ 朱門人問, "延平靜坐求中, 無乃有助長繫累之病否?" 先生答之曰, "以不見見之."(『講錄』)

---

417) 『西山讀書記』 권2, 「性情」.

『석의』12-8-2-b

○ 「구기소위중(求其所謂中)」 : 나종언과 이통 선생은 성품이 본래 침착하고 고요하여 구하고자 하지 않는 것으로 구했기 때문에 병이 없다. ○ 『어류』를 살펴보면, "나종언 선생이 배우는 자를 가르칠 때 고요함 가운데서 미발의 중을 구했겠지요"라고 질문하자, 주자가 대답하였다. "나종언 선생의 설은 결국 병통이 되는 것 같다." 또 "연평 선생은 미발 이전에 그 기상을 보려고 했습니까?"라고 질문하자, 대답하였다. "이것에도 약간 병통이 있다. 저 '체험'이라는 글자에는 사려가 있게 되니, 이것은 곧 이발이다." 또 말하였다. "단지 이와 같이 보려고 할 뿐이지만, 또한 병통이 있다." 이제 이와 같은 설로 보면 여기에서 '병통이 없다'고 하는 것은 아마 주자의 본래 생각이 아닌 것 같다.(『석의』)

○ 「求其所謂中」 : 羅李二先生, 性本沈靜, 以不求求之, 故無病. ○ 按『語類』, 問, "羅先生教學者, 靜中求未發之中" 朱子曰, "羅先生說, 終恐做病." 又問, "延平欲於未發之前, 觀其氣象". 曰, "這箇亦有些病. 那體驗字, 是有箇思量了, 便是已發". 又曰, "但欲見其如此耳, 然亦有病". 今以此等說觀之, 則此所謂'無病'云者, 恐非朱子本意.(『釋疑』)

『표제』12-8-2-c

○ 「구중지설(求中之說)」 : 양씨는 "미발의 때에 마음으로 체험하면 중의 뜻이 저절로 드러난다. 잡아서 잃지 않아 사사로운 인욕이 없으면, 발현하는 것이 반드시 절도에 맞게 된다"고 말하였다. 또 말하였다 "반드시 미발의 때에 이른바 '중'을 체험할 수 있어야 한다." 주자가 말하였다. "증험하고 체험하며 잡는 것은 또한 여씨의 학설이다."(『발휘』)(『표제』)

○ 「求中之說」 : 楊氏謂"未發之時, 以心驗之, 則中之義自見. 執而勿失, 無人欲之私焉, 則發必中節矣." 又曰, "須於未發之際, 能體所謂'中'." 朱子曰, "驗之, 體之, 執之, 則亦呂氏之說也."(『發揮』)(『標題』)

『부주차의』12-8-2-d

○ 「'서산(西山)'에서 '적종(適從)'까지」 : 한원진(韓元震)의 생각: 선생께서 만년에 「연평행장」의 말을 옛날에 지나치게 중점을 둔 것으로 생각하여, 다시 "여기에는 약간의 병통이 있다"고 말하였다. 이 말에 따르면 배우는 자가 무엇을 따라야 할지를 알 수 있다. 양시의 설이 가깝다고 하는 것은 가까운 것 같지만 실은 가깝지 않다고 하는 것을 말하는 것으로, 진실로 가까울 수 있다고 생각하는 것은 아니다. 그래서 그 아래에서 그것의 잘못을 적극적으로 말하였다. 이제 진씨는 아래 문장을 잘라버리고 단지 '가깝다'고 하는 한 마디만을 들어서 마치 선생이 참으로 가까운 것으로 생각한 것처럼 하였다. 그러나 성현의 말을 보면 지나치게 거칠다고 말할 수 있다.(『부주차의』)

○ 「西山 止 適從」 : 按: 先生晩年以「延平行狀」中語爲舊日下得太重. 又曰'這箇有些病'. 據此則學者之所適從者, 可知矣. 至於以楊說爲近者, 謂似近而實不近云也, 非以爲眞能近之也. 故其下極言其非. 今眞氏截去下文, 只擧'近之'一語爲若先生眞以爲近者, 然可謂看聖賢言語太草草矣.(『附註箚疑』)

『관계』12-8-2-e

○ 「구기소위중(求其所謂中)」 : 나종언과 이통이 중을 구하고 체인한 일은 구하고자 하지 않는 것으로 구하는 것이다. 양씨와 여씨가 중을 구하고 더듬어 찾는 것의 병통은 구하려고 하는 것으로 구하는 것이다. 그러나 구하려 하지 않는 구함은 오히려 구하지 않는 것과 같지 않다. 주자는 「연평행장」에서 중을 구하는 효과를 적극 말하였으나, 뒤에 「방수에게 주는 글」에서 "아마도 또한 일시에 들어가는 곳을 피하지 못한다면 다시 생각이 있는 것이다"라고 말하고, 또 "이 이론은 결국 조금 치우쳤다고 하겠다"라고 하였으니, 나종언과 이통의 침착하고 고요한 성품으로 인식하자마자 지나버리고 도리어 내버려 두는 것이 아니면 반드시 중에 속박될 것이다.(하숙경은 을미년에 죽었으며, 이 또한 초년설이다.)(『관계』)

○ 「求其所謂中」 : 羅李之求中, 體認之事, 以不求求之者也. 楊呂之求中, 尋覓之病, 以欲求求之也. 然不求之求, 猶不如不求. 朱子於「延平行狀」, 極言求中之效, 而後「與方誰書」曰, "恐亦是一時入處未免, 更有商量." 又曰, "此論終是少偏云", 則苟非羅李之性本沈靜, 而纔認得過, 旋卽放下, 則爲中制縛必矣.(何叔京卒於乙未, 此亦初年說.)(『窾啓』)

『비망록』12-8-2-f

○ 「'주자(朱子)'에서 '소위중(所謂中)'까지」: 혹자가 말하였다. "미발은 기상이 어떠합니까?" 대답하였다. "이 때는 단지 본체만을 잡아 지켜서 자취가 드러나지 않고 단지 스스로 볼 뿐이다. 그러나 굳이 이야기하자면, 그 기상은 대개 몸을 장중하고 엄숙하게 하는 것에 지나지 않는다. 다른 사람이 그를 볼 때 정연하게 사색하듯이 엄숙하고, 스스로 체험하면 기쁘게 얻는 것이 있는 듯하니 어떤 것이 옳은지 모르겠다."(『비망록』)

○ 「朱子 止 所謂中」: 或曰, "未發時氣象何如?" 曰, "此時但持守體段, 不露形迹, 只自觀而已. 然苟必言之, 其氣象蓋不過齊莊嚴肅. 自他人見之, 井井然儼若思, 在自家驗之, 怡怡然, 如有得矣, 未知如何是."(『備忘錄』)

○ 「정민정의 생각」5: 송대 유학자인 낙평의 정시등(程時登)418)은 일찍이 정자와 주자가 논한 미발이발에 관한 설을 두루 모아 「중화설집편」 6권을 편집하였다. 배우는 자들은 상세히 고찰해야 할 것이다. 여기에는 다 수록하지 않는다.

○ 「按」: 宋儒樂平程時登, 嘗類聚程朱所論已發未發者, 爲「中和說集編」六卷. 學者宜詳考之, 玆不盡錄.

『부주』12-9

○ 질문하였다. "홀로 아는 곳을 삼가는 것은 생각이 처음 싹트는 곳 아닙니까?" 주자가 대답하였다. "이것은 두루 통하는 학설이다. 생각이 처음 싹트는 데 그치지 않고, 단지 스스로 아는 곳

418) 정시등(程時登) : 그 출처가 자세하지 않으며, 『중화집편(中和集編)』에도 보이지 않는다. 낙평(樂平)은 파양(鄱陽)의 속현이다.

이다. 만약 조금이라도 긴요한 곳을 잃고 함부로 해가면 곧 삼가지 못하는 것이다. '근독'은 이미 사물에 접하고 난 것이다. '보이지 않는 곳을 경계하고 삼가며, 들리지 않는 곳을 두려워하는 것'은 아직 사물이 있지 않아, '그대가 방에 있는 것을 보니 어둑한 방 모퉁이에서도 부끄러움이 없다'고 할 때이다. '근독'은 이미 형적이 있는 것으로, "잠겨서 비록 숨어 있지만, 매우 밝다"고 하는 것이다. 시인의 말은 단지 대강을 말한 것이다. 자사는 시 가운데 나아가 이런 말을 이끌어냈으니 사람을 가르치는 것이 또한 비교적 정밀하였다."419)

○ 問, "謹獨是念慮初萌處否?" 朱子曰, "此是通說, 不止念慮初萌, 只自知處. 如小可沒緊要處, 胡亂去, 便是不謹. '謹獨'是已接物了. '戒謹不睹, 恐懼不聞', 是未有事在, '相在爾室, 尙不愧于屋漏'之時. '謹獨', 便已有形迹了, '潛雖伏矣, 亦孔之昭.' 詩人言語, 只是大綱說. 子思就裏面剔出這話來, 教人又較緊密."

『강록』12-9-a

- 「'여소(如小)'에서 '난거(亂去)'까지」: 선생이 비평하여 말하였다. "조금 가히 긴요함이 없는데도 함부로 해 가는 것이. '소가몰긴요처(小可沒緊要處)'는 세속에서 "그렇도록 긴요치 아니한 곳이라"라고 말하는 것과 같다." ○ 이덕홍이 기록하였다. "'몰(沒)'은 없다는 것이다. '호란(胡亂)'은 어지러이 섞여 있다는 뜻이다. 「이면(裏面)」: 시(詩) 가운데이다. 「척출(剔出)」: 풀어낸다는 뜻이다.(『강록』)
- 「如小 止 亂去」: 先生批云, 져기 可히 緊要호미 업슨딕도 간대로 ᄒᆞ야가미. 小可沒緊要處, 猶俗言"그리도녹다 긴티 아니ᄒᆞᆫ 짜히라." ○ 李錄云, '沒', 無也. '胡亂', 雜亂之意. 「裏面」: 詩之中. 「剔出」: 글희텨 내다.(『講錄』)

419) 『朱子語類』 권62, 「中庸一」.

『석의』12-9-b

○ 「‘여소가(如小可)’에서 ‘난거(亂去)’까지」 : ‘조금 무던하여 긴요함이 없는 곳에’이다. ○ ‘호란’은 섞여 어지럽다는 뜻이다. 「이면(裏面)」 : 시의 가운데이다. 「척출(剔出)」 : 풀어낸다는 것이다.(『석의』)

○ 「如小可 止 亂去」 : 져기 므던ᄒᆞ야 緊要ㅣ 업슨 고대. ○ 胡亂, 雜亂之意. 「裏面」 : 詩之中. 「剔出」 : 글희텨내다.(『釋疑』)

『표제』12-9-c

○ 「척출(剔出)」 : ‘척(剔)’은 해체하는 것인데, 간혹 ‘사(肆)’로도 쓴다. 『주례(周禮)』에서 ‘할(割)’은 ‘사(肆)’이다고 하였는데, 고기를 자르는 것이다.(『운회』)(『표제』)

○ 「剔出」 : ‘剔’, 解也. 或作‘肆’. 『周禮』, 割者, 肆, 解肉也.(『韻會』)(『標題』)

『강록간보』12-9-d

○ 「척(剔)」 : ‘척(剔)’은 간혹 ‘사(肆)’로도 적는다. 『주례』에서는 “‘사(肆)’는 고기를 자르는 것이다”라고 하였다. 『시』의 주석에서는 “그 뼈를 해쳐내는 것이 마치 고기를 잘라 그 뼈를 빼내는 것과 같은 듯하다”고 하였다.(『강록간보』)

○ 「剔」 : 剔, 或作‘肆’. 『周禮』; ‘肆’, 解肉也..’ 『詩』註, “有肆其骨剔出, 疑如解肉而出其骨.”(『講錄刊補』)

『밀험』12-9-e

○ 시에 “잠겨서 비록 숨어 있지만, 매우 분명히 드러난다”고 말하였다. 그래서 군자는 안으로 반성하여도 허물이 없다.” 서산(西山)이 말하였다. “깊숙한 곳에 머무는 것을 드러난 곳과 같이 하고, 혼자 아는 곳을 살피기를 여러 사람이 있는 곳처럼 하여 자기 몸에 돌이켜보아 허물과 부끄러움이 없어야 한다.” ○ 나의 생각: 드러남[顯]과 은미함[微]이라는 것은 귀신의 실체(實體)를 논한 것인데 선유(先儒)들이 이를 거처하는 방으로 해석하였으며, ‘신독(愼獨)’이라는 것은 혼자만 아는 일을 경계하는 것인데 선유들은 이를 홀로 거처하는 곳으로 해석하였으니 그 어긋난 것이 적지 않다. 사람이

악을 행하는 것이 반드시 늘 보이지 않는 외진 곳에서만 일어나지는 않으며, 사람이 악을 행하는 것이 반드시 모두 홀로 있는 방에서만 일어나지는 않으며, 사람이 악을 행하는 것이 반드시 모두 은미하고 사소한 일만은 아니다. 성인이 경계한 것이 어찌 이와 같이 치우치고 온전하지 못한 것이겠는가! 사람이 종묘·조정의 자리처럼 밝게 드러나고 크게 밝은 곳에서 그 안색을 바르게 하고 그 말을 잘하여 그 뜻이 하고 싶은 것을 행한다. 그러나 그 행하는 것이 간혹 사사로움을 따르고 공익을 없애며, 혹은 파당을 지어 위엄을 세우고, 혹은 현인을 죽이고 백성을 해친다면, 이와 같은 것들이 유독 이른바 '소인들이 악을 행한다'는 것이 아니겠는가? 그들이 마음을 운용하고 지혜를 부려서 간사하고 음험한 짓을 할 때 다른 사람들은 그를 충직하다고 여기더라도 스스로는 그 자신의 간사함을 아는 경우가 매우 많다. 이와 같은 것이 이른바 '남들은 알지 못하지만 자기는 혼자서 안다'는 것이 아니겠는가? 선유(先儒)들은 '한거(閑居)'·'옥루(屋漏)'와 같은 여러 문장들[420]을 보는데 차질이 있어서 마침내 신독(愼獨)을 '홀로 있는 곳[獨處]'이라고 여겼다.(『밀험』)

○ 詩曰, "潛雖伏矣, 亦孔之昭." 故君子內省不疚.. 西山曰, "處幽如顯, 視獨如衆, 反之於己, 無所疚惡." ○ 案: 顯微者, 所以論鬼神之體, 而先儒解之爲所處之室. 愼獨者, 所以戒獨知之事, 而先儒解之爲獨處之地, 其所差不小. 人之行惡, 未必每在於隱辟之處, 人之行惡, 未必皆在於獨處之室, 人之行惡, 未必皆微細之事. 聖人所戒, 豈如是偏而不全哉! 人於宗廟朝廷之上, 光顯高明之地, 正其顏色, 善其辭令, 以行其志之所欲爲, 而乃其所行, 或殉私而滅公, 或樹黨而立威, 或戕賢而害民. 若是者獨非所謂'小人之行惡'乎? 其運心役智, 憸邪陰險, 人以爲忠, 而自知其奸者甚多. 若是者非所謂'人所不知而已所獨知'乎? 先儒於閑居屋漏諸文, 看得有差. 遂以愼獨爲獨處.(『密驗』)

---

420) '한거(閑居)'는 『대학』 전(傳) 6장의 '小人閒居, 爲不善, 無所不至'를, '옥루(屋漏)'는 『시경』 「대아(大雅)·억(抑)」의 '相在爾室, 尙不愧于屋漏' 등을 가리킨다.

『부주』12-10

○ 또 말하였다. "계신공구는 너무 무겁게 말할 필요가 없다. 맹자가 '잡으면 보존된다'고 하는 것도 힘써 잡는 것이 아니고, 단지 한번 잡으면 바로 여기에 있게 된다. 예컨대 사람의 호흡은 내쉬면 나가고 들이쉬면 들어온다. 보이지 못하고 들리지 않는 것은 귀를 막고 눈을 감는 때가 아니다. 단지 만사가 모두 아직 싹트지 않을 때 스스로 먼저 그대로 계신공구하는 것이다. 보고 듣지 못하는 때는 곧 희로애락이 아직 발하지 않은 때로서 언제나 이 마음을 잡아서 이 속에 두어 미연에 막는 것이 이른바 '드러나지 않는 곳을 대비한다'는 것이다."421)

○ 又曰, "戒愼恐懼, 不須說太重, 孟子曰, '操則存', 亦不是著力把持, 只是操一操, 便在這裏. 如人之氣, 呼便出, 吸便入, 所不睹所不聞, 不是閉耳合眼時. 只是萬事, 皆未萌芽, 自家便先恁地戒愼恐懼, 不睹不聞之時, 便是喜怒哀樂未發處, 常要提起此心在這裏, 防於未然, 所謂'不見是圖'也."

『강록간보』12-10-a

○ 「조일조(操一操)」: '한 번 본다', '한 번 살핀다'는 것과 같은 구문법으로 모두 가볍게 말한 것이다. ○ 아마도 단지 한 번 잡는다는 뜻이다. 「'여인(如人)'에서 '편입(便入)'까지」: 잡으면 보존되고, 잡지 않으면 없어진다는 뜻을 비유한 것이다.(『강록간보』)

○ 「操一操」: 與'看一看', '審一審', 同一句法, 皆輕輕地說. ○ 恐只是才一操之意. 「如人 止 便入」: 喩纔操便存, 不操便亡之意.(『講錄刊補』)

『밀험』12-10-b

○ 「'주자(朱子)'에서 '태중(太重)'까지」: 살피건대, 「경재잠(敬齋箴)」에 "삼가고 신중히 하여 조금도 소홀함이 없다. 밝게 살피고 단계적으로 하여 조금도 경솔함이 없다"고 말하였으니, 계신공구는 마땅

421) 『朱子語類』 권62, 「中庸一」.

히 이렇게 해야 하며 지나치게 무겁다는 혐의가 있어서는 안 될 것 같다.(『밀험』)

○ 「朱子 止 太重」: 案, 「敬齋箴」云, "戰戰兢兢, 罔敢或易, 洞洞屬屬, 罔敢或輕". 戒愼恐懼, 當如是, 恐不可嫌其太重.(『密驗』)

『부주』12-10-1

○ 질문하였다. "희로애락이 아직 발하지 않은 시초에 경계하고 두려워하는 마음을 어디에 둘지 모르겠습니다." 잠실 진씨가 말하였다. "이 질문은 가장 정밀하다. 이전의 학자들도 이 경지에 대해서는 말을 하기가 가장 어려웠다. 이미 미발인데 공부를 하기만 하면 곧 발한 것이다. 대체로 미발의 초기라고 하더라도 체는 이미 온갖 작용을 여기에 포함하고 있어서 선불교에서 고요하고 텅빈 것과 같지 않다. 그래서 의식이 깨어 있는 주인은 언제나 어두운 가운데서도 돌보아, 완전히 내버려 둔 적이 없다. 대개 비록 본체를 잡고 있으면서도 흔적을 드러내지 않는다."422)

○ 問, "喜怒哀樂未發之初, 不知戒懼心, 何處著落?" 潛室陳氏曰, "此問最精, 前輩於此境界, 最難下言. 旣是未發, 才著工夫, 便是發了. 蓋雖是未發之初, 體已含具萬用在此, 不比禪家寂如空如, 所以惺惺主人, 常在冥漠中照管, 都不曾放下了. 蓋雖是持守體段, 却不露痕跡."

『강록』12-10-1-a

○ 「하처착락(何處著落)」: 선생이 비평하여 말하였다. "어느 곳에다 내리겠는가!" 「'수시(雖是)'에서 '재차(在此)'까지」: 이덕홍이 기록하여 말하였다. "'체가 온갖 작용을 포함하여 여기에 있으니'이다. 대개 모든 작용의 이(理)는 이미 미발 전에 갖추어져 있다." 「주인(主人)」: 마음이다. 「명막중조관(冥漠中照管)」: 이덕홍이 기록하여 말하였다. "명막은 고요하여 미묘한 것이다. 이것은 비록 고요하여 발하지 않았을 때에도, 보살펴서 내버려두지 않는 것으로 선불교의 적막한 것에 비할 바가 아님을 말한 것이다." ○ 비록 이 잡고

422) 『木鍾集』 권8, 「禮記·天命之謂性」.

있는 본체나 형적은 드러나지 아니하니라.(『강록』)

○ 「何處著落」 : 先生批云, "어늬 고대다 하디ᄂᆞ니잇고." 「雖是 止 在此」 : 李錄云, "體이 萬用乙 含具ᄒᆞ야 此애 在ᄒᆞ니, 蓋萬用之理, 已具於未發之前也." 「主人」 : 心也. 「冥漠中照管」 : 李錄云, "冥漠, 寂然微妙也. 此言雖寂然未發, 而照管不放下, 非禪家寂然之比也." ○ 비록 이 持守ᄒᆞᆫ 體段이나 跡은 露티 아니ᄒᆞ니라.(『講錄』)

『석의』12-10-1-b

○ 「하처착락(何處着落)」 : '어느 곳에다 내리겠는가!'이다. 「'수시(雖是)'에서 '재차(在此)'까지」 : 체가 온갖 작용을 구비하여 여기에 있으니 라는 것이다. ○ 대개 온갖 작용의 이치가 이미 미발의 이전에 갖추어져 있는 것이다. 「주인(主人)」 : 마음이다. 「'명막(冥漠)'에서 '흔적(痕跡)'까지」 : '명막'은 고요하여 조짐이 없는 것이다. 비록 고요하여 아직 발하지 않았지만, 보살펴서 그대로 놔두지 않으므로 공적하여 실체가 없는 선불교에 비할 바가 아니다. ○ 이렇듯이 내버려두지 않으니 비록 지키는 본체나 흔적이 드러나지 아니하니라.(『석의』)

○ 「何處着落」 : 어늬 고대다 하디ᄂᆞᆫ고. 「雖是 止 在此」 : 體ㅣ 萬用을 含具ᄒᆞ야 此애 在ᄒᆞ니. ○ 蓋萬用之理, 已具於未發之前也. 「主人」 : 心也. 「冥漠 止 痕跡」 : '冥漠', 寂然無眹也. 雖寂然未發, 而照管不放下, 非禪家寂滅之比也. ○ 이러ᄐᆞ시 放下티 아니ᄒᆞ니 비록 持守ᄒᆞᄂᆞᆫ 體段이나 痕跡은 露티 아니 ᄒᆞ니라.(『釋疑』)

『표제』12-10-1-c

○ 「착락(着落)」 : '돌아가 머무른다'는 뜻과 같다.(『어록』)(『표제』)

○ 「着落」 : 如歸宿意.(『語錄』)(『標題』)

『강록간보』12-10-1-d

○ 「하처착락(何處著落)」 : '어느 곳에 의탁할 것인가?'라고 말하는 것과 같다. 『어록해』에서 '착락'에는 돌아가 머무른다는 의미가 있다고 하였다. 「'수시(雖是)'에서 '흔적(痕跡)'까지」 : 비록 그 본체를 잡

아 지키지만 잡는 데 힘쓰지 않아 오히려 흔적이 없다.(『강록간보』)

ㅇ 「何處著落」 : 猶言寄著於何處也. 『語錄解』, '著落'有歸宿之意. 「雖是 止痕跡」 : 雖是持守之體段, 而不是著力把持, 却無痕跡.(『講錄刊補』)

『부주』12-11

○ 또 말하였다. "'근독'은 중(中) 가운데 한 생각이 싹트는 곳이 있어 비록 지극히 은미하여 남이 모르고 자기만 아는 곳에 더욱 삼가야 하는 것이다. 예컨대, 한 편의 정지한 물 가운데 한 점 움직이는 곳이 있는데, 이곳이 가장 중요하게 공부해야 할 곳이다."423)

○ 又曰, "謹獨是就中有一念萌動處, 雖至隱微, 人所不知而己所獨知, 尤當致謹. 如一片止水中, 間有一點動處, 此最緊要著工夫處."

『표제』12-11-a

ㅇ 「일점동처(一點動處)」 : 임탁이가 말하였다. "곧 한 생각이 싹트는 곳을 비유하였다."(『한강집』)(『표제』)

ㅇ 「一點動處」 : 任卓爾曰, "卽譬一念萌動處."(『寒岡集』)(『標題』)

『부주』12-12

○ 호씨계수(胡氏季隨)424)가 말하였다. "경계하고 두려워하는 것은 희로애락이 아직 발하기 이전에 함양하는 것이다."425)

○ 胡氏季隨曰, "戒懼者, 所以涵養於喜怒哀樂未發之前."

---

423) 『朱子語類』 권62, 「中庸一」.

424) 호계수(胡季隨, ?~?) : 남송 건녕(建寧) 숭안(崇安) 사람이다. 이름은 대시(大時), 자는 계수(季隨), 호는 반곡(盤谷)이다. 호굉(胡宏)의 아들이고, 호안국(胡安國)의 손자다. 처음에는 장식(張栻)에게 배웠고, 장식이 죽은 뒤에는 진부량(陳傅良)과 육구연(陸九淵)에게 배웠다. 장식의 사위가 되었고, 주희(朱熹)와 교유했다. 호상학파(湖湘學派)에서 오렵(吳獵)과 함께 명성이 높아 최고의 학자로 손꼽혔다. 어려운 문제에 봉착하면 여력을 남기지 않고 전력을 기울였다. 저서에 『호남답문(湖南答問)』 등이 있다.

425) 『晦庵集』 권53, 「答胡季隨」.

『강록』12-12-a

○ 비평하여 말하였다. "『대전』집본에는 '자(者)'자 아래 '소(所)'자가 없으나, '소(所)'자가 있어야 한다." ○ 또 생각건대, 이것은 계수가 여러 학우와 학문을 토론하다가 계수가 선생께 질문한 내용이다. 이 조 밑에 '우공(友恭)의 자는 공숙(恭叔)이다'라고 하는 구절이 있으니, 이것은 실제로 반공숙의 말이다. 황돈이 우연히 잘못 살펴보아 계수의 말이라고 생각했을 뿐이다.(『강록』)

○ 批云, 大全集, '者'下亦無'所'字, 然當有'所'字. ○ 又按, 此季隨與諸友論學, 而季隨以質諸先生者. 此條下有'友恭字恭叔'云, 則此實潘恭叔語. 篁墩偶失照管, 以爲季隨耳.(『講錄』)

『표제』12-12-b

○ 「'계구(戒懼)'에서 '지전(之前)'까지」: 퇴계가 말하였다. "이것은 계수가 여러 동료와 학문을 토론하면서 선생께 질문한 것이다. 이 조 아래에 '우공(友恭)의 자는 공숙(恭叔)이다'라는 구절이 있으므로 이것은 실제로 반공숙의 말인데, 황돈이 우연히 잘못 살펴서 계수의 말이라고 생각하였다.(『퇴계집』)(『표제』)

○ 「戒懼 止 之前」: 退溪曰, "此季隨與諸友論學, 而質於先生者. 此條下有友恭字恭叔, 則此實潘恭叔語, 篁墩偶失照管, 以爲季隨也."(『退溪集』)(『標題』)

『부주』12-12-1

○ 원주에 말하였다. "이 때에 고요하여 움직이지 않는 곳에서는 오직 함양공부를 할 수 있다. 함양은 천리를 보존하는 것이다."[426]

○ 元注云, "當此之時, 寂然不動, 只下得涵養功夫. 涵養者, 所以存天理也."

『강록』12-12-1-a

○ 「원주(元注)」: 이덕홍이 기록하여 말하였다. "원주는 본주이다."(『강록』)

○ 「元注」: 李錄云, "元注, 本註也."(『講錄』)

426) 『晦庵集』 권53, 「答胡季隨」.

『부주』12-13

○ 신독은 희로애락이 이미 발한 후에 성찰하는 것이다.427)

○ 愼獨者, 所以省察於喜怒哀樂已發之後.

『부주』12-13-1

○ 원주에 말하였다. "이 때에 조금이라도 지나쳐 버리면 욕심으로 흐르게 된다. 의(義)와 리(利)를 구별하는 것이 전적으로 이 때에 달려 있다. 성찰은 인욕을 막는 것이다."428)

○ 元注云, "當此之時, 一毫放過, 則流於欲矣. 判別義利, 全在此時. 省察者, 所以遏人欲也."

『부주』12-14

○ 주자는 말하였다. "이 설은 매우 좋다"429)

○ 朱子曰, "此說甚善."

『부주』12-14-1

○ 서산진씨가 말하였다. "옛부터 여러 유학자들이 『중용』을 해석할 때 모두 '계근공구'와 '근독'이라는 것을 하나의 일로 통하는 것으로 보았는데, 주자에 이르러 그것을 둘로 나누었다. 대개 부도불문(不睹不聞)은 내가 보지 못하고 듣지 못하는 것으로 생각하였는데, '독(獨)'은 남이 보거나 듣지 못하는 곳으로 생각하였다. 그 뜻이 두 가지가 아닐 수가 없다. 또 이것으로 평상시 중요하고 절실한 곳을 보아 그 삼가지 않음이 없으면, 천리는 보존되고 인욕은 사라질 것이니, 이것이 곧 이른바 중화(中和)를 극진히 한 효과이다."430)

○ 西山眞氏曰, "自昔諸儒之釋『中庸』, 皆以戒謹恐懼與謹獨云者, 通爲一事,

---

427) 『晦庵集』 권53, 「答胡季隨」.

428) 『晦庵集』 권53, 「答胡季隨」.

429) 『晦庵集』 권53, 「答胡季隨」.

430) 『大學衍義』 권29, 「誠意正心之要一-崇敬畏-操存省察之功」.

至朱子乃析而二之. 蓋以爲不睹不聞者, 我之所不睹不聞也, 獨者, 人之所不睹不聞也. 其義不容不二. 又以見平常之時要切之處, 無所不用其謹, 則天理存而人欲泯, 是乃所謂致中和之功也."

『강록』12-14-1-a

○ 「용(容)」: '저체히야'이다.(『강록』)

○ 「容」: 저체히야.(『講錄』)

『석의』12-14-1-b

○ 「불용불이(不容不二)」: 둘이 아닌 것을 용납치 못하니라.(『석의』)

○ 「不容不二」: 不二ᄒᆞ기를 容티 몯ᄒᆞ리라.(『釋疑』)

제13장: 물속에 잠겨서 숨어 있지만, 매우 분명히 드러난다[潛雖伏矣, 亦孔之昭]

○ 『시』에서 "물속에 잠겨서 비록 숨어 있지만 매우 밝게 드러난다"431)라고 말하였다. 그래서 군자는 안으로 반성하여 허물이 없고 뜻에 악한 것이 없다. 군자가 미칠 수 없는 곳은 오로지 남이 보지 못하는 곳일 뿐이다. 『시』에 "그대가 방에 있는 것을 보면 오히려 남이 보지 못하는 곳에서도 부끄러움이 없다"라고 말하였다. 그래서 군자는 움직이지 않아도 경건하며 말하지 않아도 미더움이 있다.432)

○ 詩云, "潛雖伏矣, 亦孔之昭", 故君子內省不疚, 無惡於志. 君子之所不可及者, 其惟人之所不見乎! 詩云, "相在爾室, 尙不愧于屋漏", 故君子不動而敬, 不言而信.

『강록』13-A

○ 「'내성(內省)'에서 '악어지(惡於志)'까지」 : 안으로 반성하되 병이 되지 아니하여 뜻에 악함이 없으니 ○ 『중용』 첫 장에서는 먼저 체

431) 『詩經』, 「小雅正月」.

432) 『中庸』 제33장.

로서 경계하고 삼가며 보존하고 기르는 것(戒愼存養)(천리를 보존한다)을 말하고, 뒤에 용으로 홀로 아는 곳을 삼가고 반성하여 살피는 것(愼獨省察)(인욕을 막는다)을 말하였다. 마지막 장에서는 먼저 용으로 '잠겨서 숨어있다(성찰)'는 것을 말하고, 뒤에 체로서 '그대가 집안에 있는 것을 본다(존양)'는 것을 말하였다.(『강록』)

○ 「'內省' 止 '惡於志'」: 안호로 省호매 병되디 아니ᄒᆞ여 志예 惡ᄒᆞ미 업ᄉᆞ니. ○『中庸』首章, 先言體, 戒愼存養(存天理), 後言用, 愼獨省察(遏人欲). 末章先言用, 潛雖伏矣(省察), 後言體, 相在爾室(存養).(『講錄』)

『발휘』13-B

○ (정자가) 또 말하였다. "방의 어두운 구석에서도 부끄럽지 않으면 마음은 안정되고 몸은 편안해 진다." ○ (주자가) 또 말하였다. "'그대가 방에 있는 것을 보는 것'은 존양을 행하게 하는 공부이고, '또한 매우 밝다'는 것은 홀로 아는 곳을 삼가는 뜻이다. '방의 어두운 구석에서도 부끄럽지 않다'는 것은 경계하고 두려워하는 뜻이다." ○ 또 말하였다. "잠겨서 비록 숨어 있지만 또한 매우 밝다'는 것은 시인의 말로 단지 대강을 말한 것이다. 자사는 그 속에서 이런 말을 이끌어냈으니, 사람을 가르친 것이 또한 비교적 긴밀하다." ○ 동래여씨가 말하였다. "어두운 방, 이곳은 배우는 데 가장 절실하고 중요한 곳이다. 『중용』, 『대학』도 단지 이런 도리일 뿐이다.(『발휘』)

○ (程子) 又曰, "不愧屋漏, 則心安而體舒." ○ (朱子)又曰, "'相在爾室', 是教做存養工夫. '亦孔之昭', 是謹獨意. '不愧屋漏', 是戒謹恐懼意." ○ 又曰, "潛雖伏矣, 亦孔之昭, 詩人言語, 只是大綱說. 子思就裏面,剔出這話來, 教人又較緊密." ○ 東萊呂氏曰, "暗室, 此最是爲學切要處. 『中庸』『大學』只是此道."(『發揮』)

『석의』13-C

○ 「'내성(內省)'에서 '무악어지(無惡於志)'까지」: '안으로 반성함에 병이 되지 아니하여 뜻에 악함이 없으니'이다. ○『중용』첫 장에서

는 먼저 체를 말하였고(계구, 존양, 존천리), 뒤에 용을 말하였다(신독, 성찰, 알인욕). 마지막 장에서는 먼저 용을 말하고(잠수복의, 성찰), 뒤에 체를 말하였다.(상재이실, 존양)(『석의』)

○ 「內省 止 無惡於志」 : '안흐로 省홈애 병되디 아니ᄒᆞ야 志예 惡홈이 업ᄉᆞ니.' ○ 『中庸』首章先言體(戒懼, 存養, 存天理), 後言用(愼獨, 省察, 遏人欲). 末章先言用(潛雖伏矣, 省察), 後言體(相在爾室, 存養).(『釋疑』)

『표제』13-D

○ 「시」 : 「소아」'정월'편이다. 『중용』의 아래 시도 같다. ○ 「'내성(內省)'에서 '어지(於志)'까지」 : '구(疚)'는 병통이다. ○ 북계진씨는 말하였다. "『중용』 첫 장에서는 먼저 경계하고 두려워하는 것을 말하였고, 뒤에서는 홀로 아는 곳을 삼가는 것을 말하였다. 이것은 안으로부터 발로해 나오는 것이다. 이곳에서는 먼저 홀로 아는 곳을 삼가는 것을 말하고, 뒤에 경계하고 두려워하는 것을 말하였다. 이것은 밖으로부터 말해 들어가는 것이다. ○ 『시』: 「대아」 '억'편이다. 생각건대, 윗 문장에 보인다.(『표제』)

○ 「詩」 : 「小雅」'正月'之篇. 『中庸』下同. ○ 「內省 止 於志」 : '疚', 病也. ○ 北溪陳氏曰, "『中庸』首章, 先說戒懼, 後說謹獨, 是從內面發出來. 此處先說謹獨, 後說戒懼, 是從外面說入." ○ 『詩』: 「大雅」'抑'之篇. 按, 見上文(『標題』)

『원주』13-1

○ 정자가 말하였다. "배움은 어두운 방에서 속이지 않는 것에서 시작한다."433)

○ 程子曰, "學始於不欺暗室."

『관계』13-1-A

○ 「불기암실」 : '불괴옥루(不愧屋漏)'는 이 마음이 비고 밝아 어두운

433) 『二程外書』 권1, 「朱公掞錄拾遺」.

방구석에서도 부끄럽지 않은 것을 말한다. '불기암실(不欺暗室)'은 어두운 방에서도 그 마음을 속이지 않는 것이다. 하나는 존양에 속하고, 또 하나는 근독에 속한다.(『관계』)

○ 「不欺暗室」: '不愧屋漏', 言此心虛明, 不愧於屋漏也. '不欺暗室', 是於暗室中, 不欺其心也. 一屬存養, 一屬謹獨.(『窾啓』)

『원주』13-2

○ 또 말하였다. "옥루에서 부끄럽지 않고 홀로 아는 곳을 삼가는 것은 지키고 기르는 기상이다."434)

○ 又曰, "不愧屋漏與謹獨, 是持養氣象."

『강록』13-2-A

○ 본주. 「지양(持養)」: 경(敬)으로 함양하는 것이다.(『강록』)

○ 本註. 「持養」: 敬以涵養.(『講錄』)

『석의』13-2-B

○ 「지양(持養)」: 경을 유지하여 함양하는 것이다.(『석의』)

○ 「持養」: 持敬以涵養.(『釋疑』)

『표제』13-2-C

○ 「지양(持養)」: 박세채(朴世采)의 생각: '지(持)'는 잡아 지키는 것이고, '양(養)'은 보존하여 기르는 것이다. 대개 이상의 두 가지 일은 동정을 관통하여 말하는 것이고, 함양만을 가리키는 것이 아니다.(『표제』)

○ 「持養」: 按:` '持', 持守. '養', 存養. 蓋以上二事, 通動靜而言, 非專指涵養也.(『標題』)

『강록간보』13-2-D

○ 김종덕(金宗德)의 생각: 송대 여러 유학자들은 모두 계근공구를 근독(謹獨)의 일로 보았으나, 주자에 이르러 비로소 두 가지 공부로

---

434) 『二程遺書』 권2상, 「元豐己未呂與叔東見二先生語」.

나누기 시작하였다. 그래서 주자는 일찍이 말하였다. "정자는 '불괴옥루여근독(不愧屋漏與謹獨)'이라고 말하면서 두 가지 사이에 특별히 '여(與)'자를 더하여 본래 이미 두 가지 일로 구분하였으나, 당시에 듣던 사람들이 살피지 못했을 뿐이다."(『강록간보』)

○ 按: 宋諸儒皆以戒謹恐懼爲謹獨之事, 至朱子, 始分爲兩段工夫. 而朱子嘗曰, "程子有'不愧屋漏與謹獨'之言, 二者之間特加'與'字, 固已分爲兩事, 而當時聽者未察耳.(『講錄刊補』)

『관계』13-2-E

○ 「지양(持養)」: '옥루에서도 부끄럽지 않다'는 것은 고요할 때의 일로 그 고요함을 지키고 기르는 것이다. 움직임을 삼가는 것은 움직임의 기미로 그 움직임을 잡아 기르는 것이다. '지양'은 동정을 아울러서 말한 것이다.(『관계』)

○ 「持養」: '不愧屋漏', 靜之事, 持養其靜. 愼動, 動之幾, 持養其動. '持養', 兼動靜而言.(『관啓』)

『비망록』13-2-F

○ 혹자가 말하였다. "이 두 구절은 공부인 듯한데, 기상을 말하면 어떻습니까?" 대답하였다. "이는 그런 것 같다. 하지만 공부로 말하면 단지 한 가지 일일 뿐이지만, 기상을 말하면 전체를 들어 공부가 그 가운데 있는 것이다."(『비망록』)

○ 或曰, "此二句似是工夫, 謂氣象, 何以耶?" 曰, "是似然, 然言工夫, 則只一事而已. 謂氣象, 則擧全體, 工夫在其中."(『備忘錄』)

『원주』13-3

○ 주자가 말하였다. "남이 보지 못하는 곳이 군자가 홀로 아는 곳을 삼가는 일이다. 윗 문장을 이어서 다시 군자가 삼가고 두려워하는 것이 그렇지 않을 때가 없어서 말과 행동을 기다리지 않고도 경건하고 미더우면 자기를 위한 공부가 더욱 정밀해질 것임을 말하였다."435)

○ 朱子曰, “人之所不見, 此君子謹獨之事也. 承上文, 又言君子之戒謹恐懼, 無時不然, 不待言動而後敬信, 則其爲己之功, 益加密矣.”

『강록간보』13-3-A

○ 「승상문우언」 : 김종덕(金宗德)의 생각: ‘승’자 위에는 마땅히 동그라미를 두고 ‘우왈(又曰)’ 두 글자를 붙여야 한다.(『강록간보』)

○ 「承上文又言」 : 按: ‘承’字上當置圈, 而有‘又曰’二字.(『講錄刊補』)

『부주』13-1

○ 사마온공이 일찍이 말하였다. “나는 남보다 뛰어난 것은 없지만 평생 행한 것을 남에게 말할 수 없었던 적이 없을 뿐이다.”436)

○ 司馬溫公嘗言, “吾無過人者, 但平生所爲, 未嘗有不可對人言者耳.”

『부주』13-2

○ 주자가 말하였다. “삼국시대 주연(朱然)437)은 종일토록 공경스러워 마치 군대의 진에 있는 것처럼 하였다. 배우는 자가 이런 태도를 유지하면 마음은 언제나 방만하지 않을 것이다.”438)

○ 朱子曰, “三國朱然終日欽欽, 如在行陣. 學者持此, 則心常不放矣.”

○ 「정민정의 생각」6: 신독은 배우는 자의 첫 번째 의리로 소홀히 할 수 없는 것이다. 진실로 온공의 일을 체득하여 역행(力行)의 스승으로 삼고, 주자의 말을 음미하여 보존하여 지키는 토대로 삼을

435) 『中庸章句』 33장, 朱子注.

436) 『宋史』 권336, 「列傳第九十五·司馬光」.

437) 주연(朱然, 182~249) : 삼국 시대 오(吳)나라 사람. 자는 의봉(義封)이고, 원래 성은 시(施)씨인데, 주치(朱治)의 양자가 되었다. 건안(建安) 24년(219) 관우(關羽)를 토벌하는 데 따라가 소무장군(昭武將軍)에 올랐다. 관우가 맥성(陌城)으로부터 포위를 뚫었을 때 군사를 이끌고 뒤를 따라가 불시에 습격하고 반장(潘璋)과 합세하여 관우를 사로잡았다. 좌대사마(左大司馬)와 우군사(右軍師)를 지냈다.

438) 『朱子語類』 권12, 「學六·持守」.

수 있으면 거의 얻는 것이 있을 것이다.

○ 「按」 : 愼獨, 乃學者第一義而不可忽者. 誠能體溫公之事, 爲力行之師, 味朱子之言, 爲持守之地, 則庶乎有以得之矣.

『부주』13-3

○ 서산진씨가 말하였다. "인심은 가장 영명하여 미세한 터럭처럼 조금이라도 스스로 속이는 것이 있으면 반드시 마음에 흡족하지 못한 것이 있게 되니, 이것이 이른바 '허물'이고, 이것이 이른바 '악'이다. 오로지 어두운 곳에 있어도 밝게 드러난 것처럼 하고, 홀로 아는 곳도 많은 사람이 있는 것처럼 생각하며, 자기에게서 반성하여 허물이나 악한 것이 없다. 이것이 군자가 남보다 크게 뛰어난 까닭이며 남이 미칠 수 없는 것이다. 또 『시』를 인용하여 '방에 있을 때는 어두운 구석에서도 부끄러움이 없어야 한다'고 말하였다. 그래서 군자는 고요할 때도 늘 경건하고, 말없이 있어도 항상 믿음이 있어 행동하고 말하는 것을 기다리지 않고도 드러난다. 존양의 효과가 여기에 이르는 것은 성대한 덕을 갖춘 자가 아니면 누가 그렇게 할 수 있겠는가?"439)

○ 西山眞氏曰, "人心至靈, 毫髮之微, 少有自欺, 必有不能慊於中者, 此所謂'疚'也, 此所謂'惡'也. 惟夫處幽如顯, 視獨如衆, 反之於己, 無所疚惡焉. 此君子之所以大過人, 而人之所不能及也. 又引『詩』謂, '處室之時, 當無愧於屋漏', 故君子靜而常敬, 嘿而常信, 不待動作言語而後見也. 存養之功至此, 非盛德, 其孰能之乎?"

『밀험』13-3-a

○ 「'서산(西山)'에서 '구악(疚惡)'까지」 : 생각건대, '현미(顯微)'는 귀신

439) 『大學衍義』 권29, 「誠意正心之要一崇敬畏·操存省察之功」.

의 체를 논한 것인데, 선유들은 그것을 거처하는 방으로 해석하였고, '신독(愼獨)'은 홀로 아는 일을 경계하는 것인데 선유들은 홀로 있는 곳으로 해석하였으니, 그 차이가 적지 않다. 사람이 악을 행하는 것이 매양 보이지 않는 외진 곳에 있을 필요는 없고, 사람이 악을 행하는 것이 매양 홀로 거처하는 방에 있을 필요는 없으며, 사람이 악을 행하는 것이 반드시 모두 미세한 일일 필요는 없다. 성인이 경계하는 것이 어찌 이처럼 치우쳐 온전하지 않은 것이겠는가? 사람은 종묘조정의 빛나고 고명(高明)한 곳에서 그 얼굴빛을 바르게 하고 그 언사(言辭)를 선하게 하여 뜻으로 하고 싶은 것을 행한다. 그러나 그렇게 행하는 것이 때로는 사적인 것을 따라 공적인 것을 없애기도 하고, 때로는 당파를 세워서 위세를 부리며 현인들을 해치고 백성들을 해롭게 한다. 이와 같은 것이 유독 이른바 소인이 악한 일을 하는 것이 아니겠는가? 마음을 움직이고 지능을 써서 사특하고 음험한데도 남들은 충실하다고 생각하지만, 스스로 자기의 간교함을 아는 자가 매우 많다. 이러한 것이 이른바 남은 모르지만 자신은 홀로 아는 것이 아니겠는가? 선유들은 '한거(閑居)', '옥루(屋漏)'와 같은 여러 문장을 보는데 오차가 있어서 마침내 신독(愼獨)을 '홀로 있는 곳[獨處]'으로 간주하게 되었다.(『밀험』)

○ 「西山 止 疚惡」: 案, '顯微'者, 所以論鬼神之體, 而先儒解之爲所處之室, '愼獨'者, 所以戒獨知之事, 而先儒解之爲獨處之地, 其所差不小. 人之行惡, 未必每在於隱辟之處. 人之行惡, 未必皆在於獨處之室. 人之行惡, 未必皆微細之事. 聖人所戒, 豈如是偏而不全哉? 人於宗廟朝廷之上, 光顯高明之地, 正其顏色, 善其辭令, 以行其志之所欲爲. 而乃其所行, 或殉私而滅公, 或樹黨而立威, 或戕賢而害民. 若是者, 獨非所謂小人之行惡'乎? 其運心役智, 憸邪陰險, 人以爲忠, 而自知其奸者, 甚多. 若是者, 非所謂'人所不知而己所獨知'乎? 先儒於'閑居''屋漏'諸文看得有差, 遂以愼獨爲獨處.(『密驗』)

『부주』13-3-1

○ 임천오씨가 말하였다. "대개 사람을 빠뜨리고 더럽히기 쉬운 것은 여색과 재물이다. 도리가 아니고 의(義)가 아닌 일에 대해서는 비록 매우 나쁜 사람도 종종 남이 알까 두려워서 감히 멋대로 하지 못한다. 그러나 남이 모르는 곳에서라면 일순간에 자신의 사적인 욕구를 이기지 못하니, 행해서는 안 될 것에 대하여 그것을 행하지 않는다고 보장하겠는가? 예컨대 안숙자가 '아침에까지 촛불을 잡은 것'이나, 양백기가 '야밤에 금을 물리친 일', 사마군실과 조열도(趙閱道)[440]가 행한 일들의 경우는 남에게 말해줄 수 없는 것이 조금도 없었고, 하늘에 알릴 수 없는 것이 전혀 없었으니, 참으로 혼자 아는 곳을 삼갈 수 있는 자들이었다. 그러나 이러한 일들은 유학자들도 오히려 어렵게 여긴다. 장자는 '밝은 곳에서 선하지 않은 일을 하면 사람들이 그를 벌줄 수 있고, 어두운 곳에서 선하지 않은 일을 하면 귀신이 그를 벌줄 것이다'고 말하였다. 군자가 사람을 말하고 귀신을 말하지 않았고, 시비를 말하고 화복을 말하지 않았으나, 장자가 그렇게 말한 것은 저 중인 이하의 사람들을 경계하고자 한 것이리라!"[441]

○ 臨川吳氏曰, "夫易以溺人汙人者, 色與貨也. 非理非義之事, 雖甚不良之人, 往往畏人之知而不敢肆. 苟人所不知之地, 一時不勝其利欲之私, 則於所不當爲, 保其不爲之乎? 若顔叔子之'達朝秉燭', 楊伯起之'暮夜卻金', 司馬君實趙閱道之所爲, 無一不可與人言, 無一不可與天知, 眞能愼獨者也. 然斯事也, 儒者猶或難之. 莊子曰, '爲不善乎顯明之中, 人得而誅之, 爲不善於幽闇之中, 鬼得而誅之.' 君子言人不言鬼, 言是非不言禍福, 而莊子云爾, 將以警夫中人以下者歟!"

『강록』13-3-1-a

○ 「'안숙자(顔叔子)'에서 '조열도(趙閱道)'까지」 : 비평하여 말하였다. "『사기』에 의하면 안숙자가 혼자 방에 있는데 밤에 큰 비가 내려

440) 조열도(趙閱道, 1008～1084) : 자는 열도(閱道), 자호는 지비자(知非子)이며, 시호는 청헌(淸獻)이다. 구주(衢州) 서안(西安) 사람이다. 저서에 『청헌집(淸獻集)』이 있다.

441) 『吳文正集』 권5, 「愼獨齋說」.

한 여인이 그에게 투숙하였다. 안숙자는 여인으로 하여금 촛불을 밝히게 하였다. 촛불이 다 타자 집의 기둥을 쪼개서 계속 불을 밝혀 날이 밝을 때까지 딴 마음을 가지지 않았다." ○ 백기가 금을 물리쳤다는 것은 『사서』에 보인다. ○ 사마군실은 윗 문장에 보인다. ○ 조변(趙抃)의 자는 열도(閱道)이다. 낮에 한 일에 대하여 밤이 되면 반드시 의관을 갖추고 밖에서 향을 피우고 아홉 번 절하며 하늘에 고하였으며, 마땅히 고할 수 없는 일은 감히 행하지 않았다. 「노향(露香)」 : '노'의 뜻은 '밖에 앉아 있다', '밖에서 숙박한다'는 뜻과 같다. 「구배(九拜)」 : '아홉 번 절한다'는 뜻은 분명치 않다. 아마도 경건함을 다하여 극진히 한다는 뜻인 것 같다. 「'응불가(應不可)'에서 '위야(爲也)'까지」 : 마땅히 하늘에 고할 수 없는 일은 감히 그 일을 행하지 않았다.(『강록』)

○ 「顏叔子 止 趙閱道」 : 批云, "『史記』叔子獨處一室, 夜大雨, 一女投之. 叔子令女秉燭, 燭盡破屋柱繼之, 至明不貳." ○ 伯起卻金, 見『史』. ○ 司馬, 見上文. ○ 趙抃, 字閱道. 日所爲事, 夜必衣冠露香, 九拜手告于天, 應不可告者, 則不敢爲也. 「露香」 : '露'意, 猶露坐露宿之意. 「九拜」 : 九拜之意, 未詳. 疑是致敬曲盡之意. 「應不可 止 爲也」 : 應不可告天之事, 則不敢爲其事也.(『講錄』)

『석의』13-3-1-b

○ 「안숙자(顏叔子)」 : 『사기』에 "안숙자가 혼자 방에 있는데 밤에 큰 비가 내려 한 여인이 그에게 투숙하였다. 숙자는 여인으로 하여금 촛불을 밝히게 하였다. 촛불이 다 타자 집의 기둥을 쪼개서 계속 불을 밝혀 날이 밝을 때까지 딴 마음을 가지지 않았다"고 하였다. 「양백기사마군실(楊伯起司馬君實)」 : 기사가 이미 앞의 글에 보인다. 「열도(閱道)」 : 이름은 변이다. 낮 동안에 행했던 일에 대하여 밤에 반드시 의관을 갖추고 밖에서 향을 피우고(밖에 앉아 향을 피운다) 아홉 번 절하면서 하늘에 고하고, 고할 수 없는 것은 감히 행하지 않았다.(『석의』)

○ 「顔叔子」:『史記』"叔子獨處一室, 夜大雨, 一女投之. 叔子令女秉燭, 燭盡破屋柱繼之, 至明不貳."「楊伯起司馬君實」: 事已見上.「閱道」: 名抃. 日間所爲之事, 夜必冠帶露香(露坐焚香也) 九拜手告于天, 應不可告者, 則不敢爲也.(『釋疑』)

제14장: 뜻을 성실하게 한다
[誠意]

○ 『대학』에서 다음과 같이 말하였다 "뜻을 성실히 하는 것은 스스로를 속이지 않는 것으로, 나쁜 냄새를 싫어하고 미인을 좋아하는 것처럼 하는 것이니, 이것을 일러 '스스로 만족한다'고 하는 것이다. 그래서 군자는 반드시 홀로 아는 곳을 삼간다. 소인은 한가하게 있을 때 선하지 않은 일을 하여, 이르지 못하는 곳이 없다가 군자를 보고 나서는 가리듯이 그 선하지 못한 것을 숨기고 선한 것을 드러내는데, 남이 자기를 보는 것을 마치 자기의 폐간(肺肝)을 속속들이 보는 것처럼 하니, 그렇다면 무슨 유익함이 있겠는가? 이것이 '마음속이 성실하면 밖으로 드러난다'고 하는 것이다. 그래서 군자는 반드시 홀로 아는 곳을 삼가야 한다. 증자는 말하였다. '열 사람의 눈이 보고 열 사람의 손가락이 가리키니 그 엄중함이여!'라고 말하였다. 부유함은 집을 윤택하게 하고, 덕은 몸을 윤택하게 하는데, 마음이 넓어지고 몸이 윤택해지므로 군자는 반드시 그 뜻을 성실히 한다."442)

○ 『大學』所謂"誠其意者, 毋自欺也, 如惡惡臭, 如好好色, 此之謂自謙, 故君子必愼其獨也. 小人閒居, 爲不善, 無所不至, 見君子而后, 厭然揜其不善, 而著其善. 人之視己, 如見己肺肝, 然則何益矣? 此謂誠於中形於外, 故君子必愼其獨也. 曾子曰, '十目所視, 十手所指. 其嚴乎!' 富潤屋, 德潤身, 心廣體胖, 故君子必誠其意."

『강록』14-A

○ 「칙하익의(則何益矣)」 : '곧 무엇이 유익하이오'라는 말이다. 「기폐간」 : 모두 소인을 가리킨다. 「신기독」 : 이덕홍은 기록하였다. 질문하였다. "첫머리 구절에서 '신기독'을 말하고 나서, 아래 문장에서 다시 그것을 말하였습니다. 요즈음 사람들이 위의 '독'자를 마음이 홀로인 곳으로 해석하였기 때문에 '독애(獨厓)'라고 하였고, 아래 '독'자는 몸이 홀로인 곳이기 때문에 '독을(獨乙)'이라고 하였습니다. 장근은 '이것은 그렇지 않은 것 같다. 머리 구절의 '독'자를 해석하는 데 진정우의 설은 '이것은 마음이 홀로 아는 곳을 가리켜 말한 것이고, 몸이 혼자 있는 곳을 가리켜 말하는 것이 아니다'고 말하였다. 또 '한가로이 있을 때[閑居]'를 해석할 때 '이것은 몸이 혼자 있는 곳으로 윗 문장의 '자기만 혼자 아는 곳'의 '독'과 같지 않다'고 말하였다. 요즘 사람들은 대다수가 이 설에 현혹되어 본래의 뜻을 살피지 못하고, 억지로 이런 설을 제시하면서, 유난히도 정우의 이 두 가지 설이 애초에 위아래의 '독'자의 뜻을 변별한 것이 아니라 단지 '한가로이 있다'는 뜻만을 구별하는 것으로 '신독'의 '독'과는 차이가 있음을 모른다. 이와 같이 말하는 것은 정우의 본래 생각이 아닐 뿐만 아니라, 주자 『장구』의 의미도 잃어버리는 것이다. 다음 절에서는 이 '신기독' 한 구절을 해석하여 '군자가 거듭 경계로 삼아서 반드시 홀로 아는 곳을 삼가는

442) 『大學章句』 傳6章.

것이다'고 말하였습니다. 지금 여기에서 '소이(所以)', '중(重)', 그리고 '필(必)'자를 자세히 살펴보면, 윗 구절에서는 이 '신기독'을 '스스로 속임이 없는 공부'로 삼고 있고, 아래 문장에서는 소인이 스스로를 속이는 폐단에 흐르는 것을 말하여 삼가지 않을 수 없다는 뜻으로 경계하고 있음을 알 수 있습니다. 그래서 말미에서 다시 '신기독'으로 끝맺었으며, 별다른 뜻이 있는 것은 아닙니다. 이 설은 믿을 만한지 모르겠습니다." 선생께서 대답하였다. "성의(誠意)장의 두 가지 '독'자는 요즈음 사람들이 진씨의 설을 잘못 보고 몸과 마음을 구분하였다. 나도 이전에는 그 설을 따랐으나 최근에 들어 비로소 그렇지 않음을 깨달았다. 지금은 장근의 설이 옳다고 본다." ○ 「함형에게 보내는 글」에서 말하였다. "지금 『중용』의 '신독'을 은미한 것으로 말한 것과 또 『장구』에서 깊고 어두운 가운데 미세한 일의 자취는 드러나지 않지만 기미는 이미 움직인 것으로 말하는 것을 살펴보면, 소주(小註)에서 주자는 혹자의 질문에 답하여 '여기에서 '독'은 혼자 있을 때만이 아니라, 여러 사람과 함께 있을 때도 마음의 생각이 바르고 바르지 않은 것, 이것도 홀로 있는 곳이다'고 말하였다. 이것에 근거하면 '어두운 가운데'와 '홀로 있을 때'는 '몸이 홀로 있는 것'이고, '은미한 일에 기미가 움직이는 것'과 '생각이 바르거나 바르지 않은 것'은 '마음이 홀로 아는 곳'이다. 그러므로 신독의 '독'은 본래 몸과 마음을 아울러 보아야 한다. 진씨는 윗 구절의 '스스로 속이는 것'을 세밀한 공부에 속한다고 보았기 때문에 반드시 마음이 홀로 아는 곳으로 말하였다. 이 절과 같은 곳에서는 마음과 몸을 아울러 보는 것이 좋다.(이 절의 설은 '소인이 한가하게 있는' 절을 가리킨다.)" 「증자왈」 : 증자가 평상시에 경계할 것을 노래한 말이다. 그래서 문인이 특별히 '증자왈(曾子曰)'이라는 세 글자를 붙여 만세에 걸친 경계책으로 삼은 것이다. 「십목십수」 : 열 사람이 보고 열 사람이 가리키는 것은 그 보고 가리키는 사람이 많은 것을 말한다. ○ 함형이 질문하였다. "이것은 하늘이 알고 귀신이 안다는 뜻과 같은데 그렇지 않은지요?" 선생께서 비평하여 대답하였다. "그렇다." 「부윤옥」 : '부유함'을 덕에 대응시켜 말한 것은 비유이다. 대체로 쓸모없는 일을 들어 지극히 진실한 이치를 드러낸 것이다.(『강록』)

○ 「則何益矣」 : 곳 므서시 益ᄒᆞ리오. 「己肺肝」 : 皆指小人. 「愼其獨」 : 李錄云, 問, "首節旣言愼其獨, 下文又重言之. 今人釋上'獨'字, 心所獨故'獨厓', 下'獨'字, 身所獨故'獨乙'. 張謹曰, '此恐不然. 首節'獨'字訓下, 有陳定宇之說曰, '此指心所獨知而言, 非指身所獨居而言.' 又於'閒居'訓下, 有曰, '此是身所獨居, 與上文己所獨知之'獨'不同'.' 今人多眩於此說, 不察本意, 而强爲此說, 殊不知此定宇兩說, 初非卞別上下'獨'字之義, 只辨閒居之義, 而愼獨之'獨'有别也. 若如此說, 則不但非定宇之本意, 亦失朱子『章句』之意也. 次節訓此'愼其獨'一句曰, '君子所以重以爲戒而必愼其獨也.' 今詳此'所以'字'重'字'必'字, 則可見上節以此'愼其獨'爲'無自欺'之工夫. 下文言小人所以自欺之流弊, 戒之以不可不愼之義爾. 故末又結以'愼其獨', 非別有他意也. 此說未知信否." 先生答云, "誠意章, 兩'獨'字, 今人誤看陳說, 而有身心之分. 某亦曩從其說, 近方覺其未然, 今示張說爲是." ○ 「與咸亨書」曰, "今詳『中庸』愼獨以隱微言, 而『章句』旣以幽暗之中細微之事跡未形而幾則已動爲言, 小註朱子答或問曰, '這'獨'也, 不只是獨自時, 如與衆人對坐, 心念正不正, 此亦是獨處.' 據此則'幽暗之中', 與'獨自時', '身所獨'也. '微事幾動'與'念正不正', '心所獨'也. 然則愼獨之'獨', 本當兼身心看. 陳氏以上節'自欺', 屬細密工夫, 故必以'心所獨'言之. 若此節等處, 兼心身看可也.(此節之說, 指小人閒居之節)" 「曾子曰」 : 曾子所常誦戒之辭. 故門人特加'曾子曰'三字, 以爲萬世之警策. 「十目十手」 : 十人之視, 十人之指, 言其視指者衆也. ○ 咸亨問, "此猶天知神知之義, 不知是否?" 先生批云, "是." 「富潤屋」 : 以富對德言者, 譬也. 蓋擧無用之事, 發至實之理.(『講錄』)

『심법』14-B

○ 「'『대학』(『大學』)'에서 '독야(獨也)'까지」 : '그 뜻을 성실히 한다'는 것은 한결같이 선을 행하고 악을 버리길 바라는 것이다. '뜻을 성

실히 하는 것은 스스로를 속이지 않는 것이다'라는 것은 뜻을 성실히 하는 공부는 오로지 그 스스로를 속이지 않는 것뿐임을 말하는 것이다. '스스로를 속이는 것'은 선을 알면서도 행하려 하지 않고, 악한 것을 알면서도 행하려 하는 것을 말한다. 대체로 선은 사람들이 행해야 하는 것이고, 악은 사람이 버려야 하는 것이다. 선을 행하고 악을 버리려고 하여, 그 뜻이 곧은 것이 '진실함[誠]'이다. 선을 알면서도 행하려 하지 않고 악을 알면서도 행하려 하여, 그 뜻이 곧지 않은 것은 '기만[欺]'이다. 대개 성은 진실함을 말하는 것이고, 곧은 것만이 참된 마음이니, 곧지 않은 것이 어찌 참된 마음이겠는가? 대개 사람의 본심은 선을 좋아하면서 악을 싫어하지 않음이 없다. 그래서 선을 행하고자 하여 처음에는 진실하지 않음이 없는데, 그 스스로를 속이는 것은 무엇 때문인가? 대개 선은 비록 사람이 마땅히 행해야 하는 것이지만, 또한 사욕에 방해를 받는 경우가 있고, 악은 비록 사람이 버려야 하는 것이지만, 또한 때로 욕망에 이끌린다. 사람은 오로지 사욕에 가려지기 때문에 마땅히 행해야 하는 것은 사사로움에 방해받아 하려 하지 않고, 버려야 할 것은 욕구에 이끌려 도리어 행하려고 한다. 이것이 사욕에 가려져서 선하고자 하는 그 본연을 잃는 것이다. 오직 선을 행하려 하지 않고 악을 행하려 하기 때문에 선은 언제나 폐기되지만 악은 언제나 결과로 드러난다. 대개 세상에 선하지 않은 일을 하는 것은 모두 스스로 속이는데 근원한다. 대개 사람의 뜻은 본래 진실하지만 오직 스스로 속이는 것에서 성실하지 않게 되고 여러 악이 이로 말미암아 생긴다. 스스로 속임이 없으면 성실하다. 그러므로 뜻을 성실히 하는 공부는 오로지 그 스스로를 속이지 않는 것일 뿐이다. '무(毋)'는 금지하는 말로 스스로 속이는 싹을 멈추게 하고 잘라내어 생존할 수 없게 하는 것을 말한다. 이 '무'자는 '예가 아니면 보지 말라'할 때의 '물'자와 동일한 맥락이다. 나쁜 냄새는 사람들이 모두 싫어하여 그것을 싫어하지 않는 경우가 없다. 미인은 사람들이 모두 좋아하여 좋아하지 않는 경우가 없다. 그래서 나쁜 냄새를 싫어하듯이 하면 그 악에 대하여 반드시 제거하고자 하여 조금도 하고 싶은 생각이 없게 되고, 미녀를 좋아하듯이 하면 그 선에 대하여 반드시 행하고자 하여 조금도 하고 싶지 않는 생각이 없을 것이다. 이것이 성(誠)과 하나가 되어 스스로를 속이지 않는 것이다. 이른바 '그 뜻을 성실히 한다'는 것은 이러한 것을 추구하는 것일 뿐이다. '자겸'은 마음이 그대로 상쾌하고 만족스러운 것을 말한다. 이와 같으면 그 마음이 상쾌하고 만족스러워 맹자가 이른바 '우러러 보아도 부끄럽지 않고, 굽어보아도 부끄럽지 않으니 즐겁고'443), '몸을 반성하여 성실하면 그만한 즐거움이 없다'444)고 한 것이 이것이다. 대개 이(理)에 성실하여 곧기 때문에 부끄러움이 없이 상쾌하고 만족스럽고, 이(理)를 속여 곧지 않기 때문에 부끄러워 만족스럽지 않게 된다. 대개 '스스로 속이지 말라'는 것은 성의의 실제적인 일이고, '스스로 흡족하다'는 것은 성의로 기대하는 것으로, 곧 공부와 그 효과이다. 그래서 '스스로 속이지 말라'는 것은 반드시 스스로 흡족한 데 이른 후에 극진하게 된다. 스스로 속이지 말아서 스스로 흡족한 데 이르는 방법은 오직 홀로 아는 곳을 삼가는 데 달려 있다. 대개 '속이는 것'과 '흡족한 것'은 모두 방촌(方寸: 마음) 가운데 남이 모르고 자기만 아는 곳에 달려 있다. 그러나 삼가는 것은 두려워하여 감히 자만하거나 소홀히 하지 않는 것을 일컫는다. 스스로를 속이는 생각이 싹트는 것을 두려워하면 감히 절대로 그것을 따르지 않고 저지하여 막겠지만, 자만하고 소홀히 하면 반드시 그것을 따르지 않을 수 없으니, 이것이 스스로 속이는 것을 막느냐 막지 못하느냐가 단지 삼가느냐 소홀히 하느냐에 달려 있는 것이다. 대개 스스로 속이는 것이 발하는 것은 홀로 아는 곳에서이지만, 그것을 막

443) 『孟子』, 「盡心上」.

444) 『孟子』, 「盡心上」 "맹자가 말하였다. "만물이 모두 나의 몸에 갖추어져 있으니, 몸을 돌이켜서 성실하면 그만한 즐거움이 없다."(孟子曰, 萬物皆備於我矣. 反身而誠, 樂莫大焉.)

는 것은 삼가는 데 있다. 그러므로 군자가 스스로 속이지 않는 것은 반드시 홀로 아는 곳을 삼가는 것이며, 삼가는 것은 기실 경건한 것이다. 그러니 뜻을 성실히 하는 공부는 그 귀결되는 곳은 또한 '경'이라는 한 글자에 있을 뿐이다. 이 장에서 성의 공부를 말한 것은 이 한 절이 극진하다. 그러나 그 힘쓰는 요점을 찾아보면, 단지 '스스로를 속이지 않고 홀로 아는 곳을 삼간다[毋自欺愼其獨]'는 여섯 글자뿐이다. 대개 성의는 선과 악이 갈리는 곳에서 스스로를 닦는 으뜸이 되는 것으로 덕을 밝히고 백성을 새롭게 하는 것이 실로 모두 이것을 근본으로 한다. 그 중요하고 시급한 것이 이와 같으며 힘쓰는 방법이 또한 이처럼 간명하니, 배우는 자가 힘쓰지 않을 수 있겠는가? ○ 「'소인(小人)'에서 '독야(獨也)'까지」 : 이것은 스스로 속이는 사람의 일을 말하여 소인에게 경계해 보인 것이다. 속으로는 선하지 않은 일을 행하면서도 겉으로는 그것을 가리려고 하는 것은 처음부터 그것이 악한 것을 모르는 것이 아니지만, 사사로운 욕망에 따라서 그것을 감행하는 것일 뿐으로, 이른바 '악한 것을 알면서도 그것을 행하려고 하는 것'으로 곧 스스로를 속이는 것이다. 군자를 보는 데 이르러 악을 덮고 선을 드러내는 것은 다시 남을 속이는 것이다. 대개 욕망을 따르는 것을 좋아하고, 스스로 악을 행하는 것을 즐겨하면서도 다시 악을 행한다는 소문은 싫어하고 남에게 천대받는 것을 두려워한다. 그래서 안 보이는 곳에서는 욕망을 멋대로 드러내면서도 남에게 보여질 때에는 그것을 숨기면서, 그 계책을 쓰는 것도 교묘하다. 그러나 남들은 자연히 그것을 환하게 알아서 끝까지 속일 수 없다. 대개 홀로 안 보이는 곳에서 행하면서 남에게 보여지는 것을 가리면 남이 알지 못하는 것도 당연하다. 단지 그 실상이 안에 있기 때문에 저절로 밖으로 드러나는 것이다. 대개 은미한 것이 반드시 드러나 실상을 숨기기 어려운 것은 필연적인 이치이다. 그래서 군자는 이것을 귀감으로 삼아 반드시 홀로 아는 곳을 극도로 삼가고 스스로를 속이는 싹을 막아서 언제나 환히 드러나 많은 사람 가운데 있는 것처럼 하여 여기에서 조금이라도 선하지 않은 것을 숨길 수 없도록 하는 것이다. ○ 「'증자왈(曾子曰)'에서 '엄호(嚴乎)'까지」 : 은미한 가운데 이루어지는 선하지 않은 행동은 남들이 모두 아는 것으로, 이것은 분명히 드러나는 것이 많은 사람들이 함께 보고 그것을 가리키는 것과 같음을 말하는 것이다. 이것을 인용하여 윗문장의 의미를 거듭 밝힌 것이다. ○ 「'부윤옥(富潤屋)'에서 '기의(其意)'까지」 : 이 문장은 스스로 흡족한 일을 말하여 권장한 것이다. 스스로 흡족하므로 마음이 넓어지고, 마음이 넓어지므로 몸이 윤택하게 된다. '광'은 편안하고 여유가 있는 것을 말한다. 오로지 마음이 유쾌하고 흡족하여 조금의 부끄러움도 없기 때문에 편안하고 여유가 있다. 그 마음이 편안하고 여유가 있기 때문에 몸이 편안하고 태연하다. 마음이 넓은 것은 덕이며, 몸이 비대해지는 것은 몸을 윤택하게 하는 것이다. 이 장의 첫머리 한 구절은 공부를 말하고, 그 뒤의 구절은 스스로 속이고 스스로 흡족한 일을 말하여 권장하고 경계한 것이다. 대개 첫머리 한 구절의 '스스로 속이지 않고' '홀로 아는 곳을 삼가는 것'은 공부이고, 스스로 흡족한 것은 '홀로 아는 곳을 삼가고 스스로 속이지 않는 것'의 표준이다. 그러나 한가하게 있을 때 선하지 않은 일을 하고 홀로 아는 곳을 삼가지 않으면 스스로를 속이는 일이고, 마음이 넓어지고 몸은 윤택해지면서 홀로 아는 곳을 삼가고 스스로를 속이지 않음으로써 스스로 흡족해 하는 일을 이루게 된다. 대개 그 공부를 말하고 나서 배우는 자들로 하여금 힘쓸 곳을 알게 하고 또 그것을 할 수 있고 할 수 없는 자의 일을 말하여 권장하고 경계하였으니, 그 사람을 가르쳐 선을 행하는 뜻이 매우 절실하다. 배우는 자가 참으로 이 점을 깊이 살핀다면 홀로 아는 곳을 삼가서 스스로 속이는 것을 막는 것을 저절로 그만둘 수 없을 것이다.(『심법』)

○ 「『大學』 止 獨也.」 : '誠其意者', 一其欲爲善去惡也. '誠其意者, 毋自欺也’, 言誠意之功, 唯毋其自欺而已也. ‘自欺’者, 知善而不欲爲, 知惡而欲爲之之謂也. 蓋善, 人所當爲, 惡, 人所當去. 欲爲善去惡, 其意直是‘誠’也. 知善而不欲爲, 知惡而欲爲之, 其意不直是‘欺’也. 蓋誠, 眞實之謂也. 唯直是眞心也, 不直者, 豈眞心哉? 夫人之本心, 未有不好善而惡惡. 故其欲善, 初無不誠也, 其有自欺, 何也? 蓋善, 雖人所當爲, 亦或妨於私. 惡, 雖人所當去, 亦或利於欲. 人惟爲私欲所蔽, 故其當爲者, 以妨於私而不欲爲, 其當去者, 以利於欲而反欲爲之. 是蔽於私欲, 而失其本然之欲善也. 惟其善不欲爲, 惡欲爲之, 故善常廢而惡常果. 凡天下之爲不善者, 皆源於自欺也. 夫人之意本誠, 而惟自欺爲不誠, 衆惡由是而生焉. 無自欺, 則誠矣. 故誠意之功, 唯毋其自欺而已也. ‘毋’者, 禁止之辭, 言自欺之萌, 止而絶之, 使不得存立也. 此‘毋’字, 與‘非禮勿視’之‘勿’字, 同一機要也. 惡臭, 人皆惡之, 而無或不惡也. 好色, 人皆好之, 而無或不好也. 故如惡惡臭, 則其於惡, 必欲去之, 而無一毫欲爲之意. 如好好色, 則其於善, 必欲爲之, 而無一毫不欲爲之意矣. 是一於誠而無自欺也. 所謂‘誠其意’者, 求夫如是而已. ‘自慊’, 謂自心快足也. 如是, 則其心快足, 卽孟子所謂‘仰不愧, 俯不怍, 則樂, 反身而誠, 樂莫大焉’, 是也. 蓋誠其理直, 故無愧而快足, 欺其理不直, 故爲愧而不足也. 夫‘毋自欺’, 誠意之實事, ‘自慊’, 誠意之所期也. 卽是工夫與功效也. 故‘毋自欺’, 必至於自慊而後爲盡也. 所以毋自欺, 以致自慊, 則唯在於謹獨也. 蓋‘欺’與‘慊’, 皆在於方寸之中, 人所不知, 己獨知之. 而謹者, 畏懼不敢慢忽之謂也. 自欺之萌, 畏懼, 則必不敢徇焉而禁止之. 慢忽, 則必不能不徇焉. 是其禁與不禁, 只在於謹忽之間也. 夫自欺之發, 在於獨知, 而其所以禁, 在謹. 故君子之毋自欺, 必謹乎其獨也, 而謹實敬也. 然則誠意之功, 其要歸亦只在一敬字也. 此章言誠意工夫, 此一節盡矣. 而求其所以用力之要, 則只是毋自欺, 謹其獨, 六字而已. 夫誠意, 善惡之開, 自修之首, 明德新民, 實皆以此爲本. 其大且急如此, 而其用力之方, 又簡約如此, 學者可不勉哉? ○「小人 止 獨也.」: 此言自欺者之事, 以示戒小人. 陰爲不善, 而陽欲掩之, 則是初非不知其爲惡也, 乃徇其私欲而冒爲之耳, 所謂‘知惡而欲爲之’者也, 卽是自欺也. 至於見君子, 掩惡而著善, 則又是欺人也. 蓋利於從欲, 自甘於爲惡, 而又惡爲惡之名, 恐見賤於人也. 故肆欲於隱微之中, 而掩蔽於見人之時也, 其爲計, 亦巧矣. 然人自昭然知之, 欺終不得也. 夫爲於幽獨, 而掩於見人, 則宜人之不知也. 惟其實有於內, 故自呈露於外也. 蓋微之必顯, 實之難掩, 理之所必然者也. 故君子監此, 必致謹於獨知之地, 禁其自欺之萌, 常如在顯然群處之中, 使其於此, 無毫髮不善之容匿也. ○ 「曾子 止 嚴乎!」 : 言隱微之中, 其所爲之不善, 人皆知之. 是其著見也, 如衆人所共觀而指之也. 此引之以重明上文之意. ○ 「富潤屋 止 其意」 : 此言自慊者之事, 以爲勸. 自慊故心廣, 心廣故體胖. '廣', 安平寬裕之謂. 惟其心快足, 無少愧怍, 故安平寬裕. 其心安平寬裕, 故其形舒泰. 心廣是德, 體胖是潤身. 此章首一節, 言工夫. 其後言自欺與自慊者之事, 以爲勸戒. 蓋首一節, '毋自欺''謹其獨', 是工夫, 自慊, 是謹獨毋自欺之準的也. 而閒居爲不善, 不謹其獨, 而自欺之事. 心廣體胖, 謹獨毋自欺, 以致自慊之事也. 夫旣言其工夫, 使學者, 知所用力, 而又言其能之與不能者之事, 以勸戒之, 其教人爲善之意, 至切矣. 學者苟深察乎此, 則其於謹獨以禁自欺, 自不能已矣.(『心法』)

『석의』14-C

○ 「성기의(誠其意)」 : '성(性)'은 마음의 본체이고 그 펼쳐지고 드러나 움직이는 것은 정이다. 그 정이 발함에 따라 이와 같고자 하여 운용하고 계산하며 주장하는 것은 의이다. 그러나 정은 저절로 발하는 것으로 인위적으로 할 수 있는 여지가 없다. 그러나 의는 사고 작용을 하는 것으로서 인위적으로 할 수 있다. 그래서 정(情)을 성실히 한다고 말하지 않고, 의(意)를 성실히 한다고만 말하였다. 「기폐간(己肺肝)」 : 모두 소인을 가리킨다. 「증자왈(曾子曰)」 : 이것은 증자가 일찍이 경계한 말로 경을 해석한 것이 아니기 때문에, 문인들이 특별히 '증자왈'이란 글자를 덧붙여 구별하였다. 「부윤옥(富潤屋)」 : 부를 덕에 대응하는 것으로 말한 것으로, 대개 지극히 거친 일을 들어서 지극히 내실 있는 이치를 드러낸 것이다.(『석의』)

○ 「誠其意」 : '性', 心之體也, 其敷施發用者, 情也. 因其情之發, 而經營計度主張要如此者, 意也. 然情是自然發出底, 無可施功處. 意是商量運用者, 可容人力, 故不言誠情, 而只言誠意. 「已肺肝」 : 皆指小人. 「曾子曰」 : 此曾子所嘗警戒之辭, 而非所以釋經者. 故門人特加'曾子曰'以別之. 「富潤屋」 : 以富對德言. 蓋擧至粗之事, 發至實之理.(『釋疑』)

『표제』14-D

○ 「무자기(毋自欺)」 : 모(母)는 '무(毋)'와 같지 않다. '모'는 '여(女)' 가운데 두 개의 점이 있는 것으로 유방 두 개의 형태를 상징한다. '무(毋)'는 여(女)자 안에 하나의 획이 있어서 간사함의 형태를 상징한다. 간사한 여자가 '무'가 되는 것으로 금지하는 것이다. 예전에는 "'무(毋)'는 지금의 '막(莫)'과 같다"고 말하였다.(『운회』) '자겸(自謙)'에서 '겸(謙)'은 겸(慊)으로 읽는다.(『발휘』) 「폐간(肺肝)」 : 모두 소인을 가리킨다.(『질의』) 「증자왈」 : 증자가 일찍이 노래하고 경계한 말이다. 그래서 문인이 특별히 '증자왈' 세 글자를 덧붙여 만세에 경계책으로 삼았다.(『입학』) ○ '송계(誦戒)'라고 한 것은 어떤 글에서 나온 것인지 모르겠다. 내가 보기에는 전 10장이 모두 증자의 뜻이며 성의(誠意)는 곧 충신(忠信)의 일로서 더욱 증자가 늘 경계하고 반성한 것이기 때문에 특별히 그 말을 인용하여 밝힌 것이라고 생각한다.(『고오』) 「'십목(十目)'에서 '소지(所指)'까지」 : 그 가리키고 보는 사람이 많은 것을 말한다.(『質疑』)(『표제』)

○ 「毋自欺」 : 母與'毋'不同. 母, 女中二點, 象兩乳之形. 毋, 女字內有一畫, 象奸之形, 奸女爲毋, 禁止之也. 古言毋猶今莫也.(『韻會』) 「自謙」 : 謙, 讀爲慊.(『發揮』) 「肺肝」 : 皆指小人(『質疑』) 「曾子曰」 : 曾子所嘗誦戒之辭, 故門人特加'曾子曰'三字, 以爲萬世之敬策.(『入學』) ○ '誦戒'云者, 不知出在何書. 愚意謂傳十章, 皆曾子之意而誠意乃忠信之事, 尤曾子所常戒省者. 故特引其語以明之.(『考誤』) 「十目 止 所指」 : 言其指視者, 衆也(『質疑』)(『標題』)

『강록간보』14-E

○ 「증자왈(曾子曰)」 : 증자가 일찍이 노래하여 경계한 말이다. 그래서 문인이 특별히 '증자왈' 세 글자를 덧붙여 만세의 경계책으로 삼

은 것이다. ○ 김종덕(金宗德)의 생각: 어떤 사람이 말하였다. "전 10장이 모두 증자의 뜻으로 문인이 그것을 기록한 것이다. 이 절은 곧 증자가 평소에 말하고 경계하여 가르친 말이기 때문에 특별히 '증자왈' 세 글자를 더했다고 하는데, 옳은 것인지 잘 모르겠다."(『강록간보』)

○ 「曾子曰」: 曾子所嘗誦戒之辭, 故門人特加'曾子曰'三字, 以爲萬世之警策. ○ 按: 或曰, "傳十章, 皆曾子之意, 而門人記之. 此節卽曾子平日立言訓戒之辭, 故特加'曾子曰'字, 未知是否."(『講錄刊補』)

『원주』14-1

○ 주자가 말하였다. "'독'은 남은 모르는데 자기만 아는 곳이다. 스스로 몸을 닦으려 하는 사람이 선을 행하여 악을 제거할 줄 알면 마땅히 실제로 그 힘을 써서 스스로를 속이는 것을 막아 악취를 싫어하는 것처럼 악을 싫어하게 하고, 여색을 좋아하는 것처럼 선을 좋아하게 하며, 모두 제거하는데 힘써서 구하면 반드시 그것을 얻어서 스스로 자신에게 흡족하여 단지 구차하게 외물을 따라서 남에게 보이기 위한 것이 되어서는 안 되는 것을 말하는 것이다. 그러나 그 진실함과 진실하지 못함은 대체로 남은 알지 못하고 자기만 알기 때문에 반드시 이 점에 삼가서 그 기미를 살펴야 한다."445)

○ 朱子曰, "獨者, 人所不知而己所獨知之地也. 言欲自脩者, 知爲善以去其惡, 則當實用其力而禁止其自欺, 使其惡惡, 則如惡惡臭, 好善則如好好色, 皆務決去, 而求必得之, 以自快足於己, 不可徒苟且以徇外而爲人也. 然其實與不實, 蓋有他人所不及知而己獨知之者, 故必謹之於此, 以審其幾焉."

『석의』14-1-A

445) 『大學章句』, 전6장, 朱子注.

○ 「이심기기(以審其幾)」 : '심'은 상세히 하고 신중히 한다는 뜻이 있다. '기'는 움직임의 기미로 진실함과 진실하지 못함이 처음 갈리는 곳이다.(『석의』)

○ 「以審其幾」 : '審', 有審而愼之之義. '幾', 動之微, 實與不實, 始分界處也.(『釋疑』)

『표제』14-1-B

○ 「심기기(審其幾)」 : '기'는 움직임의 기미로 선과 악이 그로부터 나뉘는 곳이다.(『통서』)(『표제』)

○ 「審其幾」: '幾'者, 動之微, 善惡之所由分也.(『通書』)(『標題』)

『원주』14-2

○ 정씨가 말하였다. "'염(厭)'은 '염(黶)'으로 읽는다. '염'은 닫아 감추는 모양이다."446)

○ 鄭氏曰, "'厭'讀爲黶. 黶, 閉藏貌也."

『원주』14-3

○ 주자가 말하였다. "염연(厭然)은 '소멸시키고 감추는 모양이다. 이것은 소인이 몰래 선하지 않은 일을 하면서도 겉으로는 그것을 가리고자 하는 것을 말하는 것이다. 그러니 이것은 선은 행해야 하고, 악은 제거해야 하는 것임을 모르는 것이 아니다. 단지 실제로 힘써 노력할 수 없어 여기에 이르는 것일 뿐이다. 그러나 그 악을 덮으려고 해도 끝내 덮을 수 없으며, 거짓되게 선을 하려고 해도 끝내 속이지 못하니, 또한 무슨 이로움이 있겠는가? 이것이 군자가 거듭 경계하여 홀로 아는 곳을 삼가는 까닭이다."447)

---

446) 『禮記注疏』, 鄭玄注.

447) 『大學章句』, 전6장, 朱子注.

○ 朱子曰, "厭然銷沮閉藏之貌. 此言小人陰爲不善, 而陽欲揜之. 則是非不知善之當爲, 與惡之當去也. 但不能實用其力, 以至此爾. 然欲揜其惡而卒不可揜, 欲詐爲善而卒不可詐, 則亦何益之有哉! 此君子所以重以爲戒而謹其獨也."

『원주』14-4

○ 또 말하였다 "마음에 부끄러움이 없으면 넓고 크며 여유롭고 평온하며 몸은 항상 편안하고 태연해진다."448)

○ 又曰, "心無愧怍, 則廣大寬平, 而體常舒泰."

『부주』14-1

○ 정자가 말하였다. "하늘의 덕이 있으면 왕도를 말할 수 있는데, 그 요점은 오로지 홀로 아는 곳을 삼가는 데 달려 있다."449)

○ 程子曰, "有天德, 便可語王道, 其要只在謹獨."

『비망록』14-1-a

◦ 홀로 아는 곳을 삼가지 않으면 하늘의 덕을 행하지 못하고, 하늘의 덕이 아니면 왕도를 이루지 못한다. 홀로 아는 곳을 삼가는 것은 하늘의 덕이 말미암는 것이고, 왕도는 하늘의 덕을 미룬 것이다.(『비망록』)

◦ 非謹獨, 無以做天德, 非天德, 無以致王道. 謹獨, 是天德之由, 王道, 是天德之推.(『備忘錄』)

『부주』14-1-1

○ 주자가 말하였다. "하늘의 덕을 갖추고 있으면 이것이 곧 천리로서 왕도를 이룰 수 있다. 하늘의 덕이 없으면 이것은 곧 사사로

---

448) 『大學章句』, 전6장, 朱子注.

449) 『二程遺書』 권14, 「亥九月過汝所聞」.

운 뜻이며, 이익을 헤아리는 것이다. 하늘의 덕이 없는 사람이 많기 때문에 왕도를 이루지 못한다.

○ 朱子曰, "有天德, 便是天理, 便做得王道. 無天德, 便是私意, 是計較, 人多無天德, 所以做王道不成."

『부주』14-1-2

○ 쌍봉요씨(雙峯饒氏)450)가 말하였다. "하늘의 덕은 곧 마음을 바르게 하고 몸을 닦는 것을 말하고, 왕도는 집안을 다스리고 나라를 다스리며, 천하를 안정시키는 것을 말한다. '홀로 아는 곳을 삼가는 것'은 곧 뜻을 성실히 하는 것을 말한다. 이 장은 바로 『대학』 한 편 가운데 매우 중요한 곳이다."

○ 雙峯饒氏曰, "天德, 卽正心脩身之謂. 王道, 卽齊家·治國·平天下之謂. '謹獨', 卽誠意之謂. 此章乃『大學』一篇緊要之處."

『표제』14-1-2-a

○ 「'천덕(天德)'에서 '지위(之謂)'까지」 : 박세채(朴世采)의 생각: 율곡은 "하늘의 덕은 곧 자기를 닦은 결과이며, 왕도는 집안을 바르게 하고 정사를 행하는 척도이다"고 말했는데, 이것을 정론으로 삼아야 할 것 같다.(『표제』)

○ 「天德 止 之謂」 : 按: 栗谷曰, "天德, 卽修己之功效, 王道, 卽正家爲政之規矩." 恐當以此爲正.(『標題』)

『부주』14-2

○ 또 말하였다. "사람의 가슴 속에는 언제나 두 사람이 있는 것과

---

450) 쌍봉요씨(雙峯饒氏, ?~?) : 남송 요주(饒州) 여간(餘干) 사람이다. 이름은 로(魯), 자는 백여(伯輿) 또는 중원(仲元)이고, 호는 쌍봉(雙峰)이며, 사시(私諡)는 문원(文元)이다. 황간(黃幹)과 이번(李燔)을 스승으로 섬겼다. 저서에 『오경강의(五經講義)』, 『춘추절전(春秋節傳)』, 『학용찬술(學庸纂述)』, 『학용십이도(庸學十二圖)』, 『논맹기문(論孟紀聞)』, 『태극삼도(太極三圖)』, 『서명도(西銘圖)』, 『근사록주(近思錄注)』 등이 있었지만 대부분 전하지 않는다. 지금은 『백록서원교규(白鹿書院教規)』와 『정동이선생학칙(程董二先生學則)』 등의 일부가 남아 있을 뿐이다. 그 밖의 저서에 『요쌍봉강의(饒雙峰講義)』가 있다.

같다. 선을 행하려고 하면 악이 있어 여기에 끼어드는 것으로 생각되고, 선하지 않은 일을 하려면 다시 부끄러워하고 미워하는 마음이 있는 것 같은 것은 본래 두 사람이 있는 것이 아니다. 이것은 바로 선과 악이 서로 싸우는 것을 증험하는 것이다. 그 의지를 지켜서 기가 어지러워지지 못하도록 하니 이것은 크게 증험할 만하다. 요컨대, 성현은 반드시 마음의 병으로 해를 당하지 않는다."451)

○ 又曰, "有人胸中常若有兩人焉. 欲爲善, 如有惡, 以爲之間. 欲爲不善, 又若有羞惡之心者, 本無二人. 此正交戰之驗也. 持其志, 使氣不能亂, 此大可驗. 要之, 聖賢必不害心疾."

『강록』14-2-a

○ 「차대가험(此大可驗)」 : 이덕홍이 기록하여 말하였다. "'차(此)'자는 서로 싸우는 곳을 가리켜 말한다. 그러나 '서로 싸우는 것을 증험함'이라는 것은 사리의 측면에서 말한 것이고, '그 의지를 지킨다'는 이하는 공부하는 것으로 말한 것이다. 의지를 지켜서 기가 어지러워지지 않도록 하려면 마땅히 이 서로 싸우는 곳에 나아가서 그 이치가 과연 욕망을 이기는가의 여부를 보아 증험으로 삼아야 한다. 「요지(要之)」 : 결론적인 요점으로 말하는 것이다. 「성현(聖賢)」 : '성현'이라고 일컬은 것은 생각건대, 이때 혹자가 마음의 질병을 먼저 말한 일이 있어서 이 일을 함께 거론하여 대답한 것이다. 「불해심질(不害心疾)」 : 이덕홍이 기록하여 말하였다. "마음의 질병으로 해로움을 얻지 아니한다."(『강록』)

○ 「此大可驗」 : 李錄云, "'此'字指交戰處言之. 但'交戰之驗', 以事理言之. '持其志'以下, 以做工夫言之, 謂欲持志使氣不能亂, 則當就此交戰處, 看其理果勝欲與否, 以爲驗也." 「要之」 : 要歸而言之. 「聖賢」 : '聖賢'之云,

---

451) 『二程遺書』 권2하, 「附東見錄後」.

意此時或人先言心疾之事, 故并擧此事以答之也.「不害心疾」: 李錄云, "心疾로 害티 아니ᄒᆞ시니라."「優裕」: 批云, "'優裕'『書』『近思錄』皆作有."(『講錄』)

『석의』14-2-b

○「차대가험(此大可驗)」: '차'자는 서로 싸우는 곳을 가리켜 말한다. 그러나 '서로 싸우는 것을 증험함'은 사리(事理)로 말한 것이고, '그 의지를 지킨다'는 이하는 공부하는 것으로 말한 것이다. 의지를 지켜서 기가 어지러워지지 않도록 하려면 마땅히 서로 이 싸우는 곳에 나아가서 그 이치가 과연 욕망을 이기는가의 여부를 증험해야 함을 말한 것이다.「요지(要之)」: 귀결을 요약하여 말한 것이다.「필불해심질(必不害心疾)」: '해(害)'는 당연히 우환의 뜻으로 보아야 한다. ○ 마음의 병을 상하게 하지 않는다.(『석의』)

○「此大可驗」: '此'字指交戰處言之. 但'交戰之驗', 以事理言之. '持其志'以下, 以做工夫言之, 謂欲持志, 使氣不能亂, 則當就此交戰處, 驗其理果勝欲否.「要之」: 要其歸而言之.「必不害心疾」: '害'當作憂患意看. ○ 心疾을 害티 아니리라.(『釋疑』)

『표제』14-2-c

○「불해심질(不害心疾)」: 퇴계는 "마음의 병통에 의해 손상되지 않는다"고 말하였다. ○ 율곡은 "'해(害)'는 '환(患)'자의 뜻으로 보아야 할 것 같다"고 말하였다.(『근석』) ○ 마음의 질병은 '서로 싸우는 것'을 가리킨다. 마음에 주인이 없기 때문에 이렇게 되니, 성현에게 어찌 이런 일이 있겠는가?(『고오』)(『표제』)

○「不害心疾」: 退溪曰, "不爲心疾所害也." ○ 栗谷曰, "'害'恐當作患字意看."(『近釋』) ○ 心疾, 指'交戰'. 心無主故如此, 聖賢豈有此事?.(『考誤』)(『標題』)

『질서』14-2-d

○ 기가 의지를 어지럽히는 것으로 서로 싸우는 것을 증험할 수 있다. 그 의지를 잡고 나면 기가 어지러워질 수 없게 하기 때문에 서

로 싸우는 근심이 없으니, 이것이 또한 크게 증험할 만하다. 성인은 의지가 이미 확고하니, 다시 무슨 마음의 질병을 근심하겠는가?(『질서』)

○ 氣之亂志, 交戰可驗. 旣持其志, 則使氣不能亂, 故無交戰之患, 此又大可驗也. 聖賢志已立矣. 又何患於心疾?(『疾書』)

『부주차의』14-2-e

○ 「'차정(此正)'에서 '부야(否也)'까지」 : 한원진(韓元震)의 생각: 본문의 뜻은 대체로 서로 싸우는 병통을 다스리고자 하면 반드시 의지를 잡아서 기가 어지러워지지 않게 해야 하는 것을 말한다. '크게 증험할 만하다'는 것은 그 의지를 잡는 것이 유력한 것임을 증험할 만하다는 것을 말한다. 『석의』에서는 뜻을 잡아서 기가 어지러워지지 않게 하려면 당연히 서로 싸우는 곳에 나아가 증험해야 한다고 생각하였는데, '뜻을 잡는 것'을 위주로 하면서 '서로 싸우는 것'을 의지력(意志力)을 증험하는 곳으로 생각하는 것은 아마도 본문의 의미와 서로 부합하지 않는 것 같다.(『부주차의』)

○ 「此正 止 否也.」 : 按: 本文之意, 蓋謂欲治交戰之病, 當持志, 使氣不亂. 其謂'大可驗'者, 謂可驗其持志之得力云也. 『釋疑』以爲欲持志使氣不亂, 當就交戰處驗之, 以'持志'爲主, 而以'交戰'爲驗持志之處, 恐與本文之意, 不相着.(『附註箚疑』)

『강록간보』14-2-f

○ 「차대가험(此大可驗)」 : 『고오』에서 '차(此)' 두 글자와 '험(驗)' 두 글자는 가리키는 것이 모두 같지 않다. 위의 '차'자는 '언제나 두 사람이 있는 것 같다'는 이하를 가리키고, 아래 '차'자는 '그 뜻을 잡는다' 이하를 가리킨다. 위의 '험'자는 악이 있어서 이간하면 마치 수오지심이 있는 것 같음을 말하는 것으로 이것이 증험이다. 아래의 '험'자는 의지를 잡아 기가 어지러워지지 않게 할 수 있으면 서로 싸움이 없을 수 있다는 것을 증험할 수 있음을 말한다. 「'성현(聖賢)'에서 '심질(心疾)'까지」 : 생각건대, 이때 어떤 사람이

마음의 질병에 대한 일을 먼저 언급하였기 때문에 함께 들어서 대답한 것이다. '마음의 병을 해치지 않는다'는 것은 마음의 병 때문에 스스로 지장을 초래하지 않는다고 말하는 것과 같다. ○ 김종덕(金宗德)의 생각: '마음의 병'은 서로 싸우는 것을 가리켜 말하는 것이다. 성현에게는 그렇게 서로 싸우는 장애가 없다.(『강록간보』)

○ 「此大可驗」: 『考誤』兩'此'字, 兩'驗'字, 所指皆不同. 上'此'字, 指'常若有兩人'以下. 下'此'字, 指'持其志'以下. 上'驗'字, 謂有惡爲間, 若有羞惡, 是驗也. 下'驗'字, 謂持志, 使氣不能亂, 則有得驗可無交戰也. 「聖賢 止 心疾」: 意, 此時或人先言心疾之事, 故竝擧以答之也. '不害心疾', 猶言不以心疾自致害也. ○ 按: '心疾'指交戰而言. 聖賢無那交戰之害.(『講錄刊補』)

『밀험』14-2-g

○ 「'정자왈(程子曰)'에서 '전지험(戰之驗)'까지」: 생각건대, 이것은 곧 『단서(丹書)』에서 이른바 '경건함과 태만함의 싸움'이요, 자하가 말한 '의리와 욕망 사이의 싸움'이며, 정자가 말한 '천리와 인욕의 싸움'이니, 두렵고 위태롭도다!(『밀험』)

○ 「程子曰 止 戰之驗.」: 案, 此卽『丹書』所謂'敬怠之戰', 子夏所謂'義欲之戰', 程子所謂'天理人欲之戰', 懍乎危哉!(『密驗』)

『관계』14-2-h

○ 「교전지험(交戰之驗)」: 악이 있어서 이간을 하는가 하면 다시 부끄러워하고 미워하는 마음이 있으니, 이것이 바로 이치와 욕망이 서로 싸우는 것이다. 이때의 '험'자는 사리를 징험하는 것으로 말한 것이다. '이것이 크게 징험할 만하다'든가 '서로 싸우는 일이 없음을 징험할 만하다'는 것은 공부의 효과로 말한 것이다. '해(害)'는 환란과 피해이다. '심질'이라는 것은 그 사람이 서로 싸우는 것을 마음의 질병으로 간주한 것이다. 그래서 이처럼 대답하였으니, 어찌 배움으로 인하여 마음의 질병을 초래하는 일이 있겠는가?(『관계』)

○ 「交戰之驗」: 有惡爲間, 又有羞惡之心, 此正理欲交戰之也. 此'驗'字, 以事理之徵驗言. '此大可驗', 可驗其無交戰也, 以工夫之效驗言. '害' 患害也. '心疾'云者, 其人以交戰爲心疾, 故答之如此. 豈有因學而致心疾者乎?(『竅啓』)

『부주』14-2-1

○ 혹자가 질문하였다. "막 뜻을 지키려 하는 때에도 두 가지가 마음속에서 여전히 서로 싸우면 어떻게 합니까?" 남헌장씨가 말하였다. "의지를 지키는 것은 하나됨에 주인이 되는 것을 말한다. 만약 뜻을 지키려 할 때 두 가지가 마음속에서 싸우면 하나됨에 주인이 될 수 없으니, 의지가 확립되지 않는다."452)

○ 或問, "方持志之時, 二者猶交戰于胸中, 則奈何?" 南軒張氏曰, "持志者, 主一之謂. 若持志之時, 二者猶交戰于胸中, 是不能主一也. 志不立也."

『비망록』14-2-1-a

- 이른바 '두 가지'라는 것은 선과 악을 가리킨다. 선과 악이 서로 싸우는 것에 대하여 그것을 제지할 수 있는 것은 오직 의지이다. 의지가 통솔하면 기는 바로 명령에 따라서 결코 이런 폐단이 없다.(『비망록』)
- 所謂'二'者, 指善惡也. 於善惡之交戰, 能使之制止者, 唯志也. 志爲帥, 則氣便從令, 決無此弊矣.(『備忘錄』)

『부주』14-3

○ 또 말하였다. "얻었는지 얻지 못했는지 알고자 하면 심기(心氣)에서 증험할 수 있다. 사려에서 얻음이 있을 때 마음속에서 기뻐하여 건잡을 수 없이 여유가 있으면 실제로 얻은 것이다. 사려에서는 얻은 것이 있지만 심기가 피로하고 수고로우면 실제로 얻지 못한 것으로 억지로 추측한 것일 뿐이다. 일찍이 어떤 사람이 '도를 배우는 것을 계기로 생각하다가 마음이 공허해졌

452) 『南軒集』 권32, 「答胡季隨」.

다'고 하여 말한 적이 있다. '사람의 혈기에는 실로 허한 것과 실한 것이 있다. 질병이 닥치는 것은 성인도 피할 수 없는 것이다. 그러나 예로부터 성인이 학문으로 인하여 마음의 병을 얻었다는 말을 들은 적은 없다'라고 말할 수 있다."453)

○ 又曰, "欲知得與不得, 於心氣上驗之, 思慮有得, 中心悅豫, 沛然有裕者, 實得也. 思慮有得, 心氣勞耗者, 實未得也, 强揣度耳. 嘗有人言, '比因學道, 思慮心虛', 曰'人之血氣, 固有虛實. 疾病之來, 聖賢所不免, 然未聞自古聖賢因學而致心疾者.'"

『강록』14-3-a

○ 「우유(優裕)」: 비평하여 말하였다. "'우유'는 『서경』과 『근사록』에 모두 '유'라고 적었다. 「심인(心因)」: 비평하여 말하였다. "'심인'의 '심'을 『유서(遺書)』에서는 '비(比)'로 적었다." 「'인지혈(人之血)'에서 '유허실(有虛實)'까지」: 이덕홍이 기록하여 말하였다. "기가 허하다는 것은 그대나 나 같은 사람을 두고 하는 말이다. 혈기가 허하므로 심기도 온전하고 실하지 못하여 질병이 틈타기 쉽다. 때로 각고의 노력으로 공부하면 마음과 정신이 모두 소모되는 것이 다른 사람들보다 심하게 된다. 사람들은 이 점을 항상 경계하며 욕망을 조절하고 정기를 보존하지 않을 수 없으며, 마음을 지나치게 쓰지 말고 스스로 온전하게 길러야 한다. 정자가 장사숙에게 답한 말은 간명하면서도 극진하다."(『강록』)

○ 「優裕」: 批云, "'優裕'『書』『近思錄』皆作'有'." 「心因」: 批云, "'心因'之'心', 『遺書』作'比'." 「人之血 止 有虛實」: 李錄云, "氣虛, 如君與我者, 是也. 血氣虛, 故心氣亦不完實, 疾病易乘, 或刻苦做工, 則心神耗損, 有甚於他人. 不可不戒常宜節嗜慾保精氣, 勿過用心力, 以自完養. 程夫子答張思叔之言, 約而盡矣"(『講錄』)

『석의』14-3-b

453) 『二程遺書』 권2상, 「元豐己未呂與叔東見二先生語」.

○ 「‘인지(人之)’에서 ‘허실(虛實)’까지」 : 혈기가 허하면 병이 있고, 실하면 병이 없다.(『석의』)

○ 「人之 止 虛實」 : 血氣虛則病, 實則不病.(『釋疑』)

『질서』14-3-c

○ ‘로(勞)’는 기쁜 것의 반대이고, ‘모(耗)’는 여유로운 것의 반대이다. ◯ 이익(李瀷)의 생각: 『근사록』에서 ‘교전(交戰)’ 한 조는 「존양(存養)」편에 있고, ‘열예(悅豫)’ 한 조는 「치지(致知)」편에 있으니, 모두 역행과는 관계가 없다. 그러나 앎이 이르지 못함이 있으면 실제로 그 힘을 쓸 수 없고 생각이 성실할 수 없게 된다. 존양은 또 지와 행의 사이에 있으니, 성의는 빠뜨릴 수 없는 것이다. 그래서 정씨는 합하여 성의의 일이라고 생각하였다.(『질서』)

○ ‘勞’, 悅豫之反, ‘耗’, 裕之反. ◯ 按: 『近思錄』‘交戰’一條, 在「存養」; ‘悅豫’一條, 在「致知」, 皆不涉於力行. 然知有未至, 則不能實用其力, 而意不得誠矣. 存養, 又在知行之間, 而誠意之所不可闕. 故程氏合以爲誠意事.(『疾書』)

『관계』14-3-d

○ 「심허(心虛)」 : ‘마음이란 본래 비었다[心兮本虛]’라 할 때의 ‘허(虛)’는 사특함이 없이 비어 있고, 비어 있으면서 충실하다. 충실한 것은 이(理)이다. ‘마음이 허하다[心虛]’ 할 때의 ‘허(虛)’는 비면서 소모된 것이다. 소모된 것은 기(氣)이다.(『관계』)

○ 「心虛」 : ‘心兮本虛’之‘虛’, 無邪而虛, 虛而實, 實者, 理也. ‘心虛’之‘虛’, 虛而耗, 耗者, 氣也.(『窽啓』)

◯ 「정민정의 생각」7: 뽑아낸 두 조[454]는 모두 「성의장」과 관련한 일이지만, 모두 마음의 병으로 말한 것은 아마도 배우는 자가 지키는 것이 지나치거나 또 그가 하는 일을 잃어서는 안 되기 때문이다. 반드시 『맹자』에서 이른바 ‘잊지도 말고 조장하지도 말아서’ 자연스럽게 마음은 넓고 몸은 윤택하게 되는데 이를 때 비로소 얻게 되는 것처럼 해야 한다.

---

454) 『부주』14-2와 『부주』14-3 두 조목을 말한다.

○ 「按」: 所摭二條, 皆「誠意章」事, 然皆以心病爲言. 蓋恐學者持之大過, 而又不可失其所有事. 必如孟子所謂'勿忘勿助', 而馴致于心廣體胖, 乃有得耳.

『부주』14-4

○ 유충정공(劉忠定公)455)이 온공을 보고 "마음을 다하여 자기를 닦는 요점으로 평생토록 행할 만한 것이 있습니까?"라고 질문하였다. 온공이 "아마도 성(誠)일 것이다"라고 대답하였다. 다시 "무엇을 먼저 행해야 합니까?"라고 질문하자, 공이 대답하였다. "말을 망령되게 하지 않는 데서 시작한다." 유공이 처음에는 매우 쉽게 생각하였으나 물러나서 날마다 행하는 것과 평소에 말하는 것을 스스로 바로 잡으려 할 때에는 서로 얽매이고 모순되는 것이 많았다. 칠 년 동안 열심히 행한 후에야 이루어, 이때부터 언행이 일치하고 겉과 속이 호응하여 일을 만나면 평탄하게 늘 여유가 있었다.456)

○ 劉忠定公見溫公, 問, "盡心行己之要, 可以終身行之者?" 公曰, "其誠乎!" 又問, "行之何先?" 公曰, "自不妄語始." 劉初甚易之, 及退而自檃括日之所行, 與凡所言, 自相掣肘矛盾者多矣. 力行七年而後成, 自此言行一致, 表裏相應, 遇事坦然, 常有餘裕.

『강록』14-4-a

◦「유충정(劉忠定)」: 비평하여 말하였다. "원성 유안세이다." ○ 안복 사람이다. 진사로 나아갔다. 일찍이 지우도현(知雩都縣)에 있을 때, 군의 관리 중에 솔선하여 남은 세금을 바치는 사람이 있었다. 안

---

455) 유충정공(劉忠定公, 1048~1125) : 이름은 안세(安世), 자는 기지(器之)로 대명부(大名府) 원성(元城) 사람이다. 관직은 간의대부(諫議大夫)에까지 이르렀다. 얼굴빛을 엄숙히 하고 조정에 서서 아는 것을 말하지 않음이 없었으므로 사람들이 그를 대전의 호랑이[殿上虎]라고 불렀다. 저서에 『원성어록(元城語錄)』, 『진언집(盡言集)』, 『행록(行錄)』 등이 있다.

456) 『名臣言行錄後集』 권12, 「劉安世元城先生」.

세가 "토양은 척박하고 세금은 무거운데 어디에 남은 곡식이 있을 수 있겠는가!"라고 말하고 마침내 벼슬을 그만두고 돌아가서 가르침을 베풀었다. 원근에서 수업을 듣는 사람들이 발길을 이어서 찾아왔다. 양만리도 그를 따라 배웠다. 안세가 죽자 양만리는 상복을 입었다. 사적으로 지은 시호는 청순이다.(『일통지』에 나온다) 「'공왈(公曰)'에서 '망어시(妄語始)'까지」 : 이덕홍이 기록하여 말하였다. "사람이 다른 사람을 대하고 접할 때 헛되고 망령된 것에 가장 빠지기 쉬운 것으로는 말이 유독 심하다. 그래서 성인은 사람을 가르칠 때 믿음[信]을 언사의 준칙으로 삼았다. 믿음과 성실함은 하나의 이치이다. 그래서 성(誠)을 실천할 때는 당연히 망령되지 않는 말로부터 시작해야 한다. 더욱이 망령된 말을 하지 않으려면 반드시 말과 행동을 닦아서 서로 돌아본 후에 그렇게 할 수 있으니 행동은 그 가운데 있음을 알 수 있다. 이것이 온공이 잘 가르치고 유공이 잘 배운 것이다. 「은괄(檃括)」 : 선생께서 비평하여 말하였다. "'괄'은 '목(木)'변으로 해야 한다." ○ 『운회(韻會)』 「진부(軫部)」에서 구부러진 것을 '은(檃)'이라고 하고, 바르고 곧은 것을 '괄(括)'이라고 한다고 하였다. 「문부(問部)」에서는 때로 '은'은 자세히 하는 것이고, '괄'은 단속하는 것이다고 적었는데, 굽은 것을 바로잡는 기구이다고 하였다. 순자는 "은괄의 옆에는 굽은 나무가 많다"고 말하였다. 「철주(掣肘)」 : '철'은 '잡아당기다'이고, '주'는 팔꿈치이다. ○ 춘추시대에 노나라는 복자천을 단보령(單父令)으로 삼았다. 자천은 글씨를 잘 쓰는 사람을 두 명 데리고 갔는데 또 옆에서 그 팔을 잡아끌면서 글씨가 나쁘면 화를 내었고, 글씨를 잘 쓰려고 하면 다시 팔을 끌어당겼다. 글씨 쓰는 사람은 사직하고 돌아와 임금에게 고하였다. 임금은 "자천이 나를 괴롭히고 흔들어대니 선정을 베풀 수 없다"고 말하면서, 글 쓰는 이를 징발하지 말 것을 명하였다. 단보에서는 얼마되지 않아 교화가 크게 행하여졌다. 「모순(矛盾)」 : '모'는 걸어 당기는 것이요, '순'은 방패이다.

창으로 제지하고 방패로 막는 것은 함께 쓰지 못한다.(『강록』)

○ 「劉忠定」 : 批云, 劉元城, 安世. ○ 安福人, 擧進士, 嘗知雩都縣, 有君官諷以獻羨餘人者. 安世曰, 土瘠賦重, 安得有羨餘, 遂不仕歸而設教. 遠近受業者, 踵至. 楊萬里, 從而師之. 安世沒, 萬里爲制服. 私謚, 淸純.(出(『一統志』) 「公曰 止 妄語始」 : 李錄云, "人有應接, 最易失於虛妄者, 惟言語爲甚, 故聖人敎人, 以信爲言語之則, 信之與誠, 一理也. 故行誠, 當自不妄語始. 況欲不妄語, 必修言行, 相顧而後能, 則行在其中可知. 此溫公所以善敎, 劉公所以善學也." 「櫽括」 : 先生嘗批云, "括當從木." ○ 『韻會』「軫部」, 揉曲者曰'櫽', 正方者曰'括'. 「問部」或作'櫽', 審也, '括', 檢括也, 正邪曲之器也. 荀子曰, "櫽括之側多曲木." 「掣肘」 : '掣', 자바돌이티다. '肘', 肱也. ○ 春秋時, 魯使宓賤爲單션父令. 子賤借善書者ᄒᆞ고二人, 又從旁引其肘, 書醜則怒之, 欲好書則又引之. 書者辭歸以告爲.大 魯君曰, "子賤苦吾擾之, 不得施善政." 命毋徵發, 單父未幾化大行. 「矛盾」 : '矛'ᄂᆞᆫ 거러돌이ᄂᆞᆫ 거시오, '盾', 防牌也. 矛以拘之, 盾以防之, 不相爲用也.(『講錄』)

『석의』14-4-b

○ 「'기성(其誠)'에서 '어시(語始)'까지」 : 사람이 헛되고 망령된 것에 가장 빠지기 쉬운 것으로는 언어가 유독 심하다. 그래서 성인은 사람을 교화하는 데 믿음을 말하는 것의 표준으로 삼았다. 믿음과 성실함은 하나의 이치이다. 그래서 성실함을 보존하는 것은 당연히 망령되지 않은 말로부터 시작한다. 더욱이 말을 망령되게 하지 않으려면 반드시 말과 행동을 닦아서 서로 돌아본 후에나 그렇게 할 수 있으니 이것이 온공이 잘 가르치고 유공이 잘 배운 까닭이다. 「은괄(櫽括)」 : '괄'은 '목(木)' 변으로 해야 한다. 『운회』에서는 구부러진 것을 '은(櫽)'이라고 하고, 바르고 곧은 것을 '괄(括)'이라고 하였다. 또 '은(櫽)'은 '은(隱)'으로 쓰기도 하는데, 자세하다는 것이다. '괄'은 단속하는 것인데, 굽은 것을 바로잡는 기구이다. ○ 순자는 "은괄 옆에는 굽은 나무가 많다"고 말하였다." 「철주(掣肘)」 : 철은 '자아당기다'는 것이다. '주'는 팔꿈치이다. ○ 춘추시대에

노나라는 복자천을 단부령(單父令)으로 삼았다. 자천은 글씨를 잘 쓰는 사람을 두 사람 데리고 갔다. 옆에서 그의 팔을 잡아끌면서 글씨가 나쁘면 화를 내었고, 글씨를 잘 쓰려고 하면 다시 팔을 끌어당겼다. 글씨 쓰는 사람은 사직하고 돌아와 임금에게 고하였다. 임금이 "자천이 나를 괴롭히고 흔들어 대니 선정을 베풀 수 없다"고 말하면서, 글 쓰는 이를 징발하지 말 것을 명하였다. 단보에서는 얼마 되지 않아 교화가 크게 행하여졌다. 「모순」 : '모'는 걸어당기는 것이다. ○ 순은 방패이다. 고리창으로 걸어당기고 방패로 막는 것은 함께 받아들일 수 없다.(『석의』)

○ 「其誠 止 語始」 : 人之易失於虛妄者, 惟言語爲甚. 故聖人敎人, 以信爲言語之則, 信與誠, 一理也. 故存誠當自不妄語始. 況不妄語, 必修言行相顧而後能. 此溫公所以善敎, 劉公所以善學也. 「檃括」 : 括當從木. 『韻會』 揉曲者曰'檃', 正方者曰'括'. 又'檃'或作'隱', 審也. '括', 檢括也. 卽正邪曲之器也. ○ 荀子曰, 檃括之側多曲木. 「掣肘」 : 掣, 자바둘의다. '肘', 肱也. ○ 魯使宓子賤爲單父令. 子賤借善寫者二人. 又從傍引其肘, 書醜則怒之, 欲好書則又引之. 書者辭歸以告魯君. 魯君曰, "子賤苦我擾之, 不得施善政." 命毋徵發. 「矛盾」 : 矛 거러둘이는 거시오. ○ '盾', 防牌也. 矛以鉤之, 盾以防之, 不相入也.(『釋疑』)

『질서』14-4-c

○ 마음을 다하여 자기를 실천하고 마음을 바르게 하고 몸을 닦은 것이 이것이다. 뜻을 성실히 하는 것은 어찌 힘써 행하고자 하는 것이 아니겠는가? 칠년 이후에 이룬다는 것은 마음을 다하여 자기를 실천하여 얻음이 있는 것이다. ○ 온공이 말을 망령되게 하지 말라는 가르침은 대체로 공자가 '말은 신중히 한다'457)는 가르침과

457) 『論語』, 「顔淵」. 사마우가 인에 대하여 질문하였다. 공자는 "인은 그 말을 신중히 하는 것이다"고 대답하였다. 사마우는 "그 말하는 것을 신중히 하여 이것을 인이라고 하면 그만입니까?"라고 말하였다. 공자는 "그것을 행하는 것이 어려우니, 그것을 말하는 것을 신중히 하지 않을 수 있겠는가?"라고 대답하였다.(司馬牛問仁. 子曰, 仁者, 其言也訒. 曰, 其言也訒, 斯謂之仁已乎? 子曰, 爲之難, 言之得無訒乎?)

같다.(『질서』)

○ 盡心行己, 正心修身, 是也. 誠意, 豈非其要力行? 七年而成者, 乃盡心行己之有得. ○ 溫公不妄語之敎, 蓋如夫子言訒之訓.(『疾書』)

『강록간보』14-4-d

○ 「은괄(檃括)」: '괄'은 '목(木)' 변으로 써야 한다. 『운회』에 따르면 굽은 것을 '은'이라고 하고, 곧은 것을 '괄'이라고 한다. 또 '은(檃)'은 '은(隱)'이라고 쓰기도 하는데, 살피는 것이다. '괄'은 틀에 맞추어 바르게 하는 것으로, 굽은 것을 바로잡는 기구이다. 순자는 말하였다. "은괄의 옆에는 굽은 나무가 많았다." 「모순」: 모두 병기이다. 『설문』에 따르면 '모'는 길이가 2장이며, 전쟁 수레에 세우고, 순은 '순(楯)'과 같으며, 몸을 가리는 기구이다. 『한비자』에는 초나라 사람 가운데 창을 파는 사람이 '내가 파는 창의 날카로움은 찔러서 뚫지 못하는 것이 없다'고 말하고, 다시 그의 방패를 자랑하면서 '나의 방패의 단단함은 어떤 것으로도 뚫을 수 없다'고 말하였다. 어떤 사람이 '그대의 창으로 그대의 방패를 찌르면 어떻게 됩니까?'라고 하였다. 그 사람은 그것에 대답할 수 없었다. (『강록간보』)

○ 「檃括」: 括當從木. 『韻會』, 揉曲者曰'檃', 正方者曰'括'. 又'檃'或作隱, 審也. '括', 檢括也, 正邪曲之器也. 荀子曰, "檃括之側多曲木." 「矛盾」: 皆兵器. 『說文』, '矛', 長二丈, 建於兵車. '盾', 楯同, 所以蔽身. 『韓非子』, 楚人有鬻矛者曰, "吾矛之利, 刺無不陷". 又譽其盾曰, "吾盾之堅, 物莫能陷." 或曰, "以子之矛, 陷子之盾, 則何如?" 其人不能應之.(『講錄刊補』)

『관계』14-4-e

○ 「칠년이후성(七年而後成)」: '성(成)'은 그 말을 망령되지 않게 하는 공부를 이루는 것이며, 성의(誠意)를 극진히 한 효과가 아니다.(『관계』)

○ 「七年而後成」: '成'者, 成其不妄語之工也, 非誠意之極功.(『窾啓』)

『부주』14-4-1

○ 주자가 말하였다. "'성(誠)'이라는 말은 진실함이다. 그러나 경전에서 사용할 때에는 각각 가리키는 뜻이 있어서 한 가지로 말할 수 없다. 예컨대, 주돈이가 '성(誠)은 성인의 근본이다'고 말한 것은 대체로 실리(實理)를 가리켜 말하는 것으로, 이는 바로 『중용』에서 이른바 '천하에 지극히 성실하다'는 것이 사람이 이 이(理)를 실제로 가지고 있는 것을 가리켜 말한다는 것이다. 온공이 말한 '성'은 곧 『대학』에서 이른바 '그 뜻을 성실히 한다'는 것으로 사람이 그 마음을 진실하게 하여 스스로 속이지 않는 것을 가리키는 것이다."458)

○ 朱子曰, "'誠'之爲言, 實也. 然經傳用之, 各有所指, 不可一槩論, 如周子謂"誠者, 聖人之本", 蓋指實理而言. 卽中庸所謂"天下至誠"者, 指人之實有此理者而言也. 溫公所謂'誠', 卽『大學』所謂誠其意者, 指人之實其心而不自欺者也."

『부주』14-4-2

○ 서산진씨가 말하였다. "온공이 말한 성은 속이지 않고 꾸미거나 거짓이 없는 것을 주로 하는 것이므로 바로 배우는 사람이 처음 마음을 세울 때 마땅히 행해야 하는 것이며, 성(誠)이 지극함을 가리켜 말하는 것이 아니다"459)

○ 西山眞氏曰, "溫公之所謂誠, 主於不欺詐無矯僞, 正學者立心之初, 所當從事者, 非指誠之至者而言也."

『강록』14-4-2-a

◦ 「교(矯)」: 그 바르지 않은 것을 속여 꾸미는 것이다. ○ 이 조목을 다 논하고 나서 질문하였다. "온공이 찬을 지어 '아래로 줄 것이 없다'고 하였으나 이제 유공의 독실한 행실을 보면 전해준다고 말하지 않을 수 없다고 하는 것이 어떻습니까?" 대답하였다. "온공의 유덕한 행위는 도의 정통을 전했다고 말할 수 없으며, 유공의

---

458) 『晦庵集』 권64, 「答或人」.

459) 『西山讀書記』, 권17.

독실한 실천도 아직 도의 정통을 계승했다고 말할 수 없으니, 어찌 도를 전하는 실상이 지극히 중요하고 커서 실로 가벼이 그것을 인정해서는 안 된다고 하지 않겠는가?" 또 질문하였다. "저는 매일 선생께서 베풀어주시는 가르침에 힘쓰고 있는데, 고금의 성현들이 행한 언행을 볼 때 조금도 더 나아가지 못하였으니 문제가 어디에 있어서 그런지 잘 모르겠습니다." 대답하였다. "몸소 행하는 일은 하루아침에 손쉽게 얻을 수 있는 것이 아니다. 오직 매일 열심히 하여 죽은 이후에 멈출 따름이다. 이것을 얻거나 얻지 못하는 것을 어찌 미리 생각하여 가볍게 말할 수 있겠는가? 비유하면, 환자가 약을 얻어서 아직 한 재도 복용하지 않고 갑자기 사람에게 '내가 약을 복용했는데 어찌 병이 낫지 않는가?'라고 질문하는 것과 같으니, 천하에 어찌 이런 이치가 있겠는가?" 또 질문하였다. "일을 생각하는 것이 투철하지 않고, 비록 정신이 어둡고 권태로운데도 반드시 얻은 후에 그만두기를 기대할 수 있겠습니까?" 대답하였다. "이천은 '만약 한 가지 일에서 궁구하지 못하면 다시 다른 한 가지 일을 궁구한다'고 말하였고, 연평은 '이 한 가지 일이 눈 녹듯이 확연하게 해명되기를 기다리고 나서 순서에 따라 조금씩 나아가 다른 한 가지 일을 궁구한다'고 말하였습니다. 주자 문인 가운데 이 설이 같지 않은 것은 무엇 때문인지를 질문하는 사람이 있었다. 주자는 '궁구하기 힘든 하나의 일로서 조화(造化)나 예악(禮樂), 법도와 분수[度數] 등과 같은 것들은 바로 이해하기 힘들어 단지 내버려 둘 따름이니, 이 선생이 말한 것은 궁리의 요점이다. 만약 일상에서 어떤 일을 만나서 이 한 가지를 투철히 이해하지 못하면서 다시 두 번째 일을 이해하려 하며, 두 번째 일을 이해하지 못하면서 세 번째 일을 이해하려 하면, 그대로 종신토록 크게 나아가지 못한다'라고 말하였다."(『강록』)

○ 「矯」: 以詐矯其不正. ○ 論此條畢問, "溫公贊云'下無所授'. 今看來, 劉公之篤行, 不可不謂傳授而云爾, 如何?" 答曰, "以溫公之德業, 不得謂之傳道之正統. 以劉之篤尙踐行, 亦未得謂之承道之正統者. 豈不以傳道之實, 至重至大, 固不可以輕許之也.” 又問, “小子日授先生敎誨諄勉, 看來古今聖賢言行, 小無加進, 未審病痛安在而然歟?” 答曰, “身行之事, 非一朝一夕率易而得. 只當惟日孜孜, 死而後已. 其得與不得, 何可逆料而輕言之耶. 比如病者得藥, 未嘗服一劑, 遽問人曰, ‘我何得藥而病不愈?’ 天下寧有此理?” 又問, “思事未透, 雖精神昏倦, 期於必得而後已乎?” 答曰, “伊川云, ‘若一事窮不得, 且別窮一事.’ 延平云, ‘待此一事, 融釋脫落然後, 循序少進而別窮一事’, 朱門人有問此說不同, 如何? 朱子答云, ‘一項難窮底事, 如造化·禮樂·度數等, 卒急難曉, 只得放住. 李先生說是窮理之要. 若平常遇事, 這一件理會未透, 又理會第二件, 二件理會未得, 又理會第三件. 恁地終身不長進.’”(『講錄』)

『석의』14-4-2-b

○ 「무교위(無矯僞)」 : ‘교’는 『운회』에 따르면 ‘망령되고 거짓되다’는 것이다.(『석의』)

○ 「無矯僞」 : ‘矯’, 『韻會』, ‘妄也, 詐也.’(『釋疑』)

『부주』14-5

○ 난계범씨(蘭溪范氏)460)가 말하였다. “사람의 마음을 헤아리기는 지극히 어렵다. 누가 자신을 군자라고 생각하고 싶지 않겠는가마는 평범한 사람이 되는 것을 피하지 못하는 경우가 많다. 때로 커다란 악에 빠지는 사람은 그 병통이 겉모습과 다른 마음으로 안일하게 스스로를 속이는데 있다. 무릇 사람에게 살심(殺心)이 있으면 바로 음성으로 드러나고, 맛보고자 하는 욕심이 있으면 안색에 나타난다. 두려워하는 마음이 있으면 눈은 움직이고 말은 떨리며, 딴 생각을 품고 있으면 눈은 먼 곳을 향하

460) 난계범씨(蘭溪范氏, 1102~1151) : 남송 무주(婺州) 난계(蘭溪) 사람이다. 이름은 준(浚), 자는 무명(茂明), 호는 향계(香溪)이다. 고종(高宗) 소흥(紹興) 원년(1131) 현량방정(賢良方正)으로 천거되었지만 진회(秦檜)가 정권을 쥐고 있어 나가지 않았다. 학문적 성향은 심학이 중심이었는데, 존심양성(存心養性)과 신독(愼獨), 지치지회(知恥知悔)를 강조했다. 저서에 『향계집(香溪集)』이 있다.

고 발걸음은 높아진다. 그 마음이 한번 움직인 것은 매우 은미하지만, 밖으로 드러나는 것은 이미 이처럼 숨길 수가 없다. 저 소인이 군자의 앞에서 자신의 선하지 못한 것을 숨기려고 할 때, 그 생각이 이미 선하지 않은 데도 그것을 숨기려고 하면 선하지 않은 생각은 이미 마음속에 진실이 된다. 마음속에 진실이 되고 나면 반드시 스스로 숨기면서도 꺼려지는 미세한 감정이 있어서 말이나 생각, 태도 가운데 드러난다. 스스로는 남이 나를 알지 못할 것이라고 생각하지만 남들은 이미 이른바 '숨길 수 없는 것'을 간파하고 폐간(肺肝)을 속속들이 보듯이 한다는 것을 모르니, 오호라! 스스로를 속이는 것이 이보다 심한 것이 있겠는가? 이것이 내가 두려워하며 조심할 것을 생각하여 반드시 '신독'을 좌우명으로 삼는 까닭이다."461)

○ 蘭溪范氏曰, "人心至難測也. 孰不欲謂己君子, 而多不免爲常人. 或陷于大惡者, 患在心違其貌而安於自欺也. 夫人有殺心, 輒形於聲. 有欲炙心, 輒形於色. 有懼心, 目動而言肆, 有異心, 視遠而足高. 其心一動, 雖甚微也, 而形於外者, 已不可揜如此. 彼小人乃欲揜其不善於君子之前, 當其念已不善而思揜之, 則不善之念已誠乎中, 旣誠乎中, 則必有自匿不慊之微情, 呈露于言意態度之間. 有自以爲人莫我知也, 而不知人已得其所謂'不可揜'者, 如見其肺肝, 嗚呼! 自欺孰甚焉? 此予之所以爲懼而思戒必以愼獨名座右也."

『강록』14-5-a

○ 「'유욕자(有欲炙'에서 '이족고(而足高)'까지」 : 비평하여 말하였다. "고영(顧榮)이 주연을 행할 때 구운 고기를 자르는 사람이 먹고 싶어 하는 기색이 있음을 알고 고기를 잘라 먹게 하면서 '어찌 하루 종일 고기를 자르면서 그 맛을 모를 수 있겠는가?'라고 말하였다.

461) 『香溪集』 권16, 「愼獨齋記」.

조왕윤이 난리를 일으켜 고영이 잡혔는데, 그 사람이 감독관이 되어 마침내 고영을 구해주어 죽음을 면할 수 있었다." ○ 진(秦)나라가 진(晉)을 치려할 때 진(晉)의 유병(臾騈)은 진지를 깊이 파고 군대를 강화하여 대응할 것을 요청하였다. 진(秦)나라 사람이 싸우기를 바라서 전쟁에 나가 싸우다가 물러났다. 진나라에서 보낸 사람이 밤에 진(晉)의 군사에게 경고하여 '두 나라 군사들이 모두 바라는 것이니 내일 다시 만나기를 요청한다.[서로 싸우는 것을 말한다]'고 말하였다. 유병이 '사신의 눈이 움직이고 말이 떨리는 것은 나를 두려워하는 것이다'고 말하였다. 진(秦)나라 군사는 그날 밤에 도망갔다. ○ 가릉(柯陵)의 회합에서 단양공은 노성공에게 "진의 제후가 눈은 먼 곳을 향하고 발은 높이 걸으니, 눈은 몸에 있지 않고 발은 눈을 따르지 않는다. 그 마음에 분명히 딴 생각이 있는 것이다. 눈과 몸이 서로 따르지 않으니 어찌 오래갈 수 있겠는가?"하였다.(고영은 진나라 원제 때의 사람이다. ○ 조왕륜은 혜제의 동생이며 가후(賈侯)의 난을 틈타 반역으로 난리를 일으켜 왕위를 찬탈하려다가 죽임을 당했다. ○ 유병은 춘추시대 진나라의 모사이다. 「교수(交綏)」 : 군사를 모아 싸우지 않고 물러나는 것을 '교수'라고 말한다. ○ 은(憖)은 '의근(疑靳)'의 반절이다. 마음으로는 바라지 않으면서 억지로 행한다는 말이다. 마음으로는 바라지 않으면서 전쟁을 하지 않고 억지로 그만두는 것을 말한다고 하겠다. 단양공은 주의 대부이고, 진후는 여공이다.)(『강록』)

○ 「有欲炙 止 而足高」 : 批云, "顧榮宴飮, 見執炙者有欲炙之色, 割炙啖之曰, '豈有終日執之, 而不知其味者.' 及趙王倫亂, 榮被執, 其人爲督, 卒捄榮得免." ○ 秦伐晉, 晉臾騈請深壘固軍以待之. 秦人欲戰, 乃出戰交綏. 秦行人夜戒晉師, 曰'兩軍之士, 皆不憖也., 明日請相見(謂相戰也).' 臾騈曰, "使者目動而言肆, 懼我也." 秦師夜遁. ○ 柯陵之會, 單襄公謂魯成公曰, "晉侯視遠而足高, 目不在體而足不步目, 其心必異矣. 目體不相從, 何以能久?" (顧榮, 晉元帝時人. ○ 趙王倫, 惠帝之弟, 乘賈后之亂, 逆亂簒位, 誅死. ○

臾騈, 春秋時, 晉之謨士. 交綏, 合兵不戰而退曰'交綏'. ○ 憖, 疑僅切. 心不欲而强爲之辭, 謂心不欲不戰而强止云也. 單襄公, 周大夫. 晉侯, 厲公也.)(『講錄』)

『석의』14-5-b

○ 「유욕자(有欲炙)」 : 진(晉)의 고영이 주연을 행할 때 구운 고기를 자르는 사람이 먹고 싶어 하는 기색이 있음을 알고 고기를 잘라 먹게 하면서 "어찌 하루 종일 고기를 자르면서 그 맛을 모를 수 있겠는가?"라고 말하였다. 조왕윤이 난리를 일으켜 고영이 잡혔는데, 그 사람이 감독관이 되어 마침내 고영을 구해주어 죽음을 면할 수 있었다. 「목동이언사(目動而言肆)」 : 진(秦)나라가 진(晉)을 치려할 때 진(秦)나라에서 보낸 사람이 밤에 진(晉)의 군사에게 경고하여 "두 나라 군사들이 모두 바라는 것이니, 내일 다시 싸우기를 요청한다"고 말하였다. 유병이 '사신의 눈이 움직이고 말이 떨리는 것은 나를 두려워하는 것이다'고 말하였다. 진(秦)나라 군사는 그날 밤에 도망갔다. ○ '은(憖)'은 '의근(疑斳)'의 반절이다. 마음은 하고 싶지 않으면서 억지로 행한다는 뜻이다. '모두 억지로 하려는 것이 아니다'는 것은 그 마음이 모두 싸우기를 바라는 것을 말한다. '상견(相見)'은 서로 싸우는 것을 말한다. 「시원이족고(視遠而足高)」 : 가정의 회합에서 단양공이 노성공에게 말하였다. "진후가 먼 곳을 보고 다리를 높이 하여 눈이 몸에 있지 않고 발이 눈에 있지 않으니, 필시 그 마음이 딴 곳에 있다. 눈과 몸이 서로 따르지 않으니 어찌 오래갈 수 있겠는가?"라고 말하였다. ○ 단양공은 주나라의 대부이고, 진후는 여공이다.(『석의』)

○ 「有欲炙」 : 晉顧榮宴飮, 見執炙者有欲炙之色, 割炙啖之曰, "豈有終日執之, 而不知其味者乎." 及趙王倫亂, 榮被執, 其人爲督, 卒捄榮得免. 「目動而言肆」 : 秦伐晉, 秦行人夜戒晉師, 曰, "兩軍之合師, 皆不憖也. 明日請相見." 臾騈曰, "使者目動而言肆, 懼我也." 秦師夜遁. ○ 憖, 疑斳切. 心不欲爲而强作之意. '皆不憖'謂其心皆欲戰也. '相見'謂相戰也. 「視遠而足高」 : 柯亭之會, 單襄公謂魯成公曰, "晉侯視遠而足高, 目不在體而足不在目, 其心必異矣. 目體不相從, 何以能久?" ○ 單襄公, 周大夫. 晉侯, 厲公也.(『釋疑』)

『관계』14-5-c

○ 「불선성호중(不善誠乎中)」 : 여기에서는 또한 '마음속에 진실이 된다'는 것을 오로지 악을 가리키는 것으로 보았다. 그러나 경문에서는 '소인은 선하지 않으면 그것을 가리고자 한다'고 말하였으나, 선한 것이라 하여 누가 그것을 드러내고자 하겠는가? 또한 결국은 이로움이 없는 것이니, 선하지 않은 것이 과연 성실함이라면 반드시 가리고자 할 필요가 없다. 가리고자 하면 그 악이 진실하지 않은 것임을 알 수 있다. 드러내고자 해도 이익이 없다면 그 진실함을 드러낼 수 없음을 알 수 있다. 진실함이 마음에 있어서 밖으로 드러난다는 것은 아마도 반어사인 것 같다. 진실함이 안에 있을 때 비로소 밖으로 드러날 수 있음을 말하는 것이다. 진실함에 어찌 악함이 있겠는가? 주자는 처음에 이 설을 따랐으나, 이후 『집주』에서는 오직 선이 마음속에 충실할 때 밖으로 드러난다고 말하였다.(『관계』)

○ 「不善誠乎中」 : 此亦以'誠於中'爲專指惡. 然經文言'小人不善, 則欲掩之', 善則誰欲著之. 而亦終於無益, 不善果誠則必不欲掩, 掩之則其惡之不誠可知. 欲著而無益則其誠之不能形可知. 誠於中形於外, 恐是反結之辭. 言其誠於中者, 方得形於外也. 誠豈有惡? 朱子初從此說, 而後於集註, 但言善之實於中, 形於外.(『窾啓』)

○ 「정민정의 생각」8: 범씨는 그 사승관계는 알 수 없지만 주자는 그의 「심잠」에서 취한 것이 있다. 그의 학문은 참으로 맹자에게서 얻은 것이 있기 때문에 마음을 논한 곳에는 경계가 되고 절실한 것이 많아 염락(濂洛)의 주장과 서로 소통하니, 이것은 「심잠」뿐만이 아니다.

○ 「按」 : 范氏莫知其師承, 而朱子於其「心箴」有取焉. 其學誠有得于孟子, 故於論心處多警切, 與濂洛之語相出入, 蓋不獨「心箴」也.

『강록』8-1

○ 「범씨왈」 : '왈(曰)'자는 잘못된 것 같다.

○ 「范氏曰」 : '曰'字恐誤.

『부주』14-6

○ 질문하였다. "유동이 『대학』의 '스스로 속인다'는 설을 이해한 것은 어떤가?" 대답하였다. "의리를 모르면서도 내가 의리를 안다고 말하는 것이 스스로를 속이는 것입니다." 주자가 말하였다. "'스스로 속이는 것'은 반은 알고 반은 모르는 사람이다. 선은 내가 행해야 하는 것임을 알면서도 오히려 또한 충분히 선을 행하지 않고, 악은 지어서는 안 되는 것임을 알면서도 오히려 또한 스스로 애착을 가진다. 그것을 버리지 못하면 이것이 바로 '스스로 속이는 것'이다. 부지불식은 단지 부지불식이라고 부를 뿐, 스스로를 속이는 것이라고 부르지 않는다."462)

○ 問, "劉棟看『大學』'自欺'之說, 如何? 曰'不知義理, 却道我知義理, 是自欺.'" 朱子曰, "'自欺'是箇半知半不知底人, 知道善我所當爲, 却又不十分去爲善, 知道惡不可作, 却又是自家所愛. 舍他不得, 這便是'自欺'. 不知不識, 只喚做不知不識, 却不喚做自欺."

『강록』14-6-a

○ 「문유동(問劉棟)」 : 비평하여 말하였다. "'문(問)'은 주자가 질문한 것이다. 유동은 주자의 문인이다." 「지도(知道)」 : '안다'는 것이다. 「'각우불십분(却又不十分)'에서 '사타불득(舍他不得)'까지」 : 이덕홍이 기록하여 말하였다. "경을 위주로 하여 그 근본을 세우고, 이치를 궁구하여 그 앎을 극진히 하며, 몸을 반성하여 그 진실함을 실천하니, 이 세 가지 공부가 번갈아 진전되고 오래 쌓여서 그 이와

462) 『朱子語類』 권16, 「大學三·傳六章釋誠意」.

같음을 참되게 알고 또한 이와 같을 수 없는 것을 참되게 알게 되면 거의 면할 수 있을 것이다." 「불지불식(不知不識)」 : '지'는 이 일을 아는 것이고, '식'은 이 이치를 인식하는 것이다. 「환주(喚做)」 : '불러 이름짓다'는 것이다.(『강록』)

○ 「問劉棟」 : 批云, "問, 朱子問之也. 劉棟, 朱子門人." 「知道」 : 아다. 「知又不十分 止 舍他不得」 : 李錄云, "主敬以立其本, 窮理以致其知, 反躬而踐其實, 三者之功, 互進積久, 而至於眞知其如此, 眞知其不可亦如此, 則庶可免矣." 「不知不識」 : '知', 知此事. '識', 識此理. 「喚做」 : 블러일홈지타.(『講錄』)

『석의』14-6-b

○ 「문유동(問劉棟)」 : '문'은 주자의 질문이다. 유동은 주자의 문인이다. '동(棟)'은 간(柬)을 따른다. 「'지도(知道)'에서 '불득(不得)'까지」 : '선(善)을 내 마땅히 행할 만한 줄을 안다고 하면서도 또 충분히 선(善)을 행하지 아니하며, 악을 가히 짓지 못하는 것임을 안다고 하면서도 또 이제 애착하는 것이라, 저것을 버리지 못함이'라는 것이다. 「불지불식(不知不識)」 : 『맹자』의 주에 따르면 "'지'는 이 일을 아는 것이고, '각'은 이 이치를 깨닫는 것이다"라고 하였으니, '지식' 두 글자 또한 이것에 따라 볼 수 있다. 「환주(喚做)」 : '불러 짓는다'는 것이다.(『석의』)

○ 「問劉棟」 : '問', 朱子問. 劉棟, 朱門人. 棟從柬. 「知道 止 不得」 : 善을 내 맛당히 ᄒᆞ염즉 ᄒᆞᆫ 줄을 아노라 호되 ᄯᅩ 十分히 善을 ᄒᆞ디 아니ᄒᆞ며 惡을 可히 作디 못ᄒᆞᆯ 줄을 아노라 호되 ᄯᅩ 이제의 愛ᄒᆞᄂᆞᆫ 배라 뎌를 舍티 못ᄒᆞ미. 「不知不識」 : 『孟子』註, '知'謂知此事, '覺'謂覺此理. '知識'二字, 亦倣此看. 「喚做」 : 블러짓다.(『釋疑』)

『강록간보』14-6-c

○ 「환주(喚做)」 : 이 일을 행하는 것을 일컫는 것이라고 말하는 것과 같다. ○ 이 단락은 아래 문장의 '불지불식'의 조에서 '스스로 속인다'고 말한 것과 얕고 깊은 차이가 있다.(『강록간보』)

○ 「喚做」: 猶言稱爲此事也. ○ 此段與下文'不知不覺'條說'自欺', 有淺深之不同.(『講錄刊補』)

『부주』14-6-1

○ 또 말하였다. "'스스로 속인다'는 것은 단지 스스로 분수를 결여한 것이 마치 순도가 낮은 금을 금이라고 말하지 않을 수는 없지만, 오로지 분수가 결여된 것과 같다. 선을 행하는 경우에도 하고 싶은 마음이 10분의 8이고 하고 싶지 않은 마음이 10분의 2라면 이것은 스스로 속이는 것이고, 분수를 잃은 것이다. 순자는 말하였다. '마음은 내버려 두면 몽상을 하고, 훔칠 때에는 멋대로 행하고 부리려면 꾀를 피운다'고 말하였다. 나는 16, 17세부터 글을 읽을 때 이 뜻을 깨달았다. 대개 훔치는 마음은 부지불식간에 저절로 달려가서 스스로도 어찌할 수 없는 것이다. 불교에서도 이른바 '유주상(流注想)'이라는 것이 있는데, 그들은 이것을 가장 두려워한다. 위산 선사는 말하였다. '나는 몇 년 동안 참선하였는데, 지금도 아직 유주상을 끊을 수가 없다'고 하였으니, 이것은 바로 순자가 말한 '훔치려면 멋대로 행한다'는 마음이다."463)

○ 又曰, "'自欺'只是自欠了分數, 恰如淡底金, 不可不謂之金, 只是欠了分數. 如爲善, 有八分欲爲, 有兩分不爲, 此便是自欺, 是自欠了分數. 荀子曰, '心臥則夢, 偸則自行, 使之則謀.' 某自十六七讀時, 便曉得此意. 蓋偸心是不知不覺自走去, 不由自家使底. 佛家亦有所謂'流注想', 他最怕這箇. 潙山禪師云, '某參禪幾年, 至今不會斷得流注想', 此卽荀子所謂'偸則自行'之心也."

『강록』14-6-1-a

○ 「유동하소주(劉棟下小註)」: 비평하여 말하였다. "'우왈' 이하는 자(字)가 경자(敬子)인 사람의 질문에 답한 말로 『어류』 성의(誠意) 장에 보인다. '시자흠료분수' 아래는 어떤 사람이 질문한 문장이 있으며, 순자의 설을 인용하여 답하였다. 황돈이 마디를 끊어 한 단락을 만들었기 때문에 그 뜻이 서로 일관하지 않는다." ○ 이덕홍

463) 『朱子語類』 권16, 「大學三·傳六章釋誠意」.

의 기록에 말하였다. "문제된 『순자』의 한 단락은 '조존(操存)' 장으로 옮기면 의미가 합당할 것 같다." 「투(偸)」 : '투(偸)'는 훔치는 것이다. 사람의 마음이 어쩔 수 없이 은연중에 멋대로 행하는 것이 마치 물건을 훔치는 것과 같다. 「불회단득(不會斷得)」 : 이덕홍이 기록하여 말하였다. "'불회'는 이해하지 못한다는 것과 같다."(『강록』)

○ 「劉棟下小註」 : 批云, "'又曰'以下, 答字敬子所問, 見『語類』誠意章處. '是自欠了分數'下, 有或人問辭, 而答引荀子說. 篁墩刪節爲一段, 故意不相貫." ○ 李錄云, "問荀子一段, 若移附操存章, 則似爲穩當耳." 「偸」 : '偸', 盜也. 人心不由自家, 而隱然自行, 如偸竊然也. 「不會斷得」 : 李錄云, "'不會', 猶不解."(『講錄』)

『석의』14-6-1-b

○ 「담저금(淡底金)」 : 금 가운데 아연이나 철이 섞이면 금의 색이 엷어진다. 「순자왈(荀子曰)」 : 황돈이 『어류』의 이 조의 문답에 나아가 많은 부분을 잘라내고 하나의 설로 합했기 때문에 말이 서로 이어지지 않는다. 이 한 단락은 만약 '조존' 장으로 옮기면 합당할 것 같다. 「투(偸)」 : 훔치는 것으로, 사람의 마음이 어쩔 수 없이 휩쓸려 행하여 마치 훔치는 것처럼 하는 것이다. 「박(怕)」 : '두렵다'는 것이다. 「불회(不會)」 : 할 수 없다고 하는 것과 같다.(『석의』)

○ 「淡底金」 : 金中夾雜鉛鐵, 則金色淡也. 「荀子曰」 : 篁墩就『語類』此條問答中, 刪節許多, 合爲一說, 故語不相屬. 此一段, 若移附於操存章, 則似穩. 「偸」 : 盜也. 人心不由自家而流注以行, 如偸竊然也. 「怕」 : 두렵다. 「不會」 : 猶言不能.(『釋疑』)

『표제』14-6-1-c

○ 「유주상(流注想)」 : 주자가 말하였다. "불가에 '유주상'이라는 말이 있다. 물이 본류로 흘러가는데 조금이라도 스며드는 곳이 있으면, 흐르지 않게 된다."(『어류』) 「박(怕)」 : 두려운 것이다.(『운회』) 「위산선사(潙山禪師)」 : '위'는 물 이름으로 하동 우경현 역산에서 발

원한다.(『운회』) ○ 박세채(朴世采)의 생각: 선사는 분명 이곳 사람이다. 그래서 그것을 호로 삼았다. 「불회(不會)」 : '이해하지 못한다'고 말하는 것과 같다.(『퇴계집』 아래도 같다.)(『표제』)

○ 「流注想」 : 朱子曰, "佛家有'流注想'. 水本流將去, 有些滲漏處, 便留滯." (『語類』) 「怕」 : 懼也(『韻會』) 「潙山禪師」 : '潙', 水名, 出河東虞鄉縣歷山.(『韻會』) ○ 按: 禪必此地人. 故以爲號焉. 「不會」 : 猶言不解(『退溪集』 下同)(『標題』)

『강록간보』14-6-1-d

○ 「담저금(淡底金)」 : 금 가운데 아연이나 철이 많이 섞여 있고, 금이 적으면 금의 색깔이 엷어진다.(『강록간보』)

○ 「淡底金」 : 金中夾雜鉛鐵多而金少, 則金色淡矣.(『講錄刊補』)

『부주』14-7

○ 질문하였다. "스스로 속이는 것이 무엇인지요?" 대답하였다. "마음이 발할 때 부지불식간에 스스로 속이는데 빠지는 것을 말하며, 모르게 악을 행하려는 마음을 가지고서도 거짓되게 선을 행하는 것으로 스스로 속이는 것이 아니다. 그대의 말과 같다면 반드시 사사로운 돈을 만들어서 관청의 지폐로 삼아야 스스로 속이는 것이 된다. 형편없는 소인들을 어찌 스스로 속인다고 말할 수 있겠는가? 이곳의 공부는 매우 세밀함이 있어 거친 곳은 말하지 않았다. 그래서 이전과 후대의 학자들이 잘못 말한 경우가 많았던 것은 대개 아래 문장의 '소인은 한가하게 있을 때 선하지 않은 일을 한다'는 한 단락을 잘못 보았기 때문이다."464)

○ 問, "自欺." 曰, "謂心之所發, 不知不覺地陷於自欺, 非是陰有心於爲惡, 而詐於爲善, 以自欺也. 如公之言, 須是鑄私錢, 做官會, 方爲自欺. 無狀

464) 『朱子語類』 권16, 「大學三·傳六章釋誠意」.

小人, 豈自欺之謂邪? 此處工夫極細在, 未便說到粗處. 所以前後學者多說差了, 蓋爲賺却下文'小人閒居爲不善'一段看了."

『강록』14-7-a

○ 「관회(官會)」 : 관청에서 만든 지폐로 송나라 때의 지폐 이름이다. 지금의 저화(楮貨)와 같다. 「조처(粗處)」 : 곧 돈을 주조하고 지폐를 위조하는 일을 가리킨다. 「잠(賺)」 : 비평하여 말하였다. "'잠(賺)'은 '직함(直陷)'의 반절이다. 비싼 가격으로 사는 것이며, 또 물건을 파는 것이 실정을 잃은 것이다."(『강록』)

○ 「官會」 : 官作之會子, 宋之貨名, 如今楮貨也. 「粗處」 : 乃指鑄錢假會之類. 「賺」 : 批云, "賺, 直陷切, 重買也. 又市物失實也."(『講錄』)

『석의』14-7-b

○ 「수(須)」 : 기다리는 것이다. 「주관회(做官會)」 : '주(做)'는 위조하는 것이다. '관회'는 관청에서 만든 지폐로 송나라의 화폐이름이며, 지금의 '저화'와 같다. 「극세재(極細在)」 : '극히 미세한 것이 있다'는 것이다. 「조처(粗處)」 : 동전을 주조하거나 지폐를 만드는 등의 일을 가리킨다. 「'다설(多說)'에서 '간료(看了)'까지」 : '많이 잘못 설하는 것은'이다. 아래 문장의 '소인이 한가할 때 선하지 않은 것을 행한다'는 한 단락을 잘못하여 보는 것이다. ○ 물건을 잘못 팔아 실정을 잃은 것을 '스스로 속이는 것'이라고 말하는 것은 극히 세밀한 일인데, '한가하게 있는 소인'의 극히 거친 곳과 연결하여 보았으니, 이것은 마치 물건을 파는 자가 실정을 잃은 것과 같은 것이다. '잠(賺)'은 '직함(直陷)'의 반절이다.(『석의』)

○ 「須」 : 待也. 「做官會」 : '做', 僞造也. '官會', 官作之會子, 宋之貨名, 猶今楮貨也. 「極細在」 : 極이 細ᄒᆞᆫ 거시 잇다. 「粗處」 : 指鑄錢·做會之類. 「多說 止 看了」 : 만히 그릇 說ᄒᆞ기는 下文'小人閒居爲不善'一段을 賺ᄒᆞ야 看홈이라. ○ 賺市物失實謂'自欺', 是極細事, 乃'連閑居小人'極麤處看, 是如市物者之失實也. '賺', 直陷切.(『釋疑』)

『표제』14-7-c

○ 「조처(粗處)」: 이에 돈을 주조하고 지폐를 만드는 종류를 가르킨다.(『질의』) 자기의 중요한 것을 미루는 것으로 소인이 스스로 속이는 것을 말한다(『고오』)(『표제』)

○ 「粗處」: 乃指鑄錢做會之流(『質疑』). 推自己之重者, 謂小人之自欺.(『考誤』)(『標題』)

『강록간보』14-7-d

○ 「잠(賺)」: 「이중구에게 답하는 글」에서 말하였다. "'잠(賺)'은 직함(直陷)의 반절이고, 물건을 사는데 실정을 잃은 것이다"고 말하였다. 또 말하였다. "'물건을 비싸게 산다'는 것은 본래는 물건의 가격이 싼데 잘못하여 비싼 가격으로 사는 것이다. 스스로를 속이는 악이 마음속의 정밀한 곳에 있는 것은 싼 물건에 비유되며, 한가로이 머무를 때의 악을 행하는 것은 형편없는 소인이라는 것은 비싼 가격을 비유하여 말한 것이다. 요즈음 사람이 잘못하여 '스스로 속이는 것'을 아래 문장의 '형편없는 소인'이라는 예에 연결하여 보기 때문에 '스스로를 속이는 것'을 대단히 형편없는 악을 짓는 것으로 간주하여 본 것이다. 이것은 마치 사람이 오해하여 싼 물건을 비싼 가격에 산 것으로 생각하는 것과 같다."(『강록간보』)

○ 「賺」: 「答李仲久」曰, "'賺', 直陷切, 買物失實也." 又云, "'重買物', 謂物本輕而誤以重價買之也. 自欺之惡在心術精微處, 比輕物; 閒居之惡是無狀小人, 比重價言. 今人誤將'自欺'連下文'無狀小人'一例看, 故認'自欺'作大段無狀之惡看了. 如人誤把輕物認爲重價而買之也."(『講錄刊補』)

『부주』14-8

○ 또 말하였다. "마음 가운데가 진실하면 밖으로 드러난다고 한 것은 저 밖의 안색이나 태도로 드러난 것은 결코 남을 속일 수 없으며 단지 스스로를 속일 뿐이다. 이러한 것으로 영원히 좋

은 사람이 될 수 없는 것은 그가 선을 행하는 바탕이 없기 때문이다."465)

○ 又曰, "'誠於中, 形於外', 那箇形色氣貌之見於外者, 決不能欺人, 祇自欺而已. 這樣底, 永無緣做得好人, 爲其無爲善之地也."

『강록』14-8-a

○ 「지(秖)」 : 비평하여 말하였다. "'지(秖)'는 때로 '지(祇)'와 '지(秪)'인데, 모두 아래 한 획이 없어도 좋다.(『강록』)

○ 「秖」 : 批云, "'秖', 或'祇秪', 皆無下一劃, 可也."(『講錄』)

『석의』14-8-b

○ 「지(秖)」 : '지(祇)' 혹은 '저(抵)'로 모두 아래 한 획이 없다.(『석의』)

○ 「秖」 : 或祇或抵, 皆無下一劃.(『釋疑』)

『부주차의』14-8-c

○ 「'주자(朱子)'에서 '이이(而已)'까지」 : 한원진(韓元震)의 생각: 앞 단락에서 논한 '스스로를 속인다'는 것을 보면, 이 단에서 '단지 스스로를 속인다'고 말한 것은 정론이 아닌 것 같다.(『부주차의』)

○ 「朱子 止 而已.」 : 按: 觀前段所論'自欺', 則此段'祇自欺'云者, 恐非定論也.(『附註箚疑』)

『강록간보』14-8-d

○ 김종덕(金宗德)의 생각: 이것은 곧 '한가하게 머문다'는 한 단락의 일이다. 그리하여 '단지 스스로를 속일 뿐이다'고 말한 것은 위의 주석에서 해석한 것과 약간 같지 않다.(『강록간보』)

○ 按: 此卽'閒居'一段事, 而曰'祇自欺而已', 與上註所訓, 微不同.(『講錄刊補』)

『강록』14-8-e

○ 「지자기이이(祇自欺而已)」 : 이것은 실제 악한 것이 마음속에 실상으로 보는 것이지만, 또 그것에 대해 '단지 스스로 속인다'고 하였으니, 『장구』의 정론과 부합하지 않는 것 같다. 이것이 바로 스스

465) 『朱子語類』 권16, 「大學三·傳六章釋誠意」.

로 속이는 것으로부터 말미암아 빠지는 것이 여기에 이르는 것이다.(진실하지 못함이 심한 것이다.)(『관계』)

○ 「祗自欺而已」: 此以實爲惡誠於中, 而又爲之'祗自欺', 恐與『章句』定論不合. 此乃由自欺而淪陷至此.(不誠之甚.)(『窾啓』)

『부주』14-9

○ 또 말하였다. "배우는 사람은 반드시 자기를 위하는 공부를 해야 한다. 비유하면, 밥을 먹는데 조금씩 먹어서 배부르게 하는 것이 옳은가? 아니면 문밖에 벌려 놓고 사람들에게 알려서 우리 집에 밥이 많이 있다고 알리는 것이 옳은가? 요즈음 학자들은 대다수가 자신이 해 나아가야 하는 일을 남에게 알리면서 다만 의리는 대략 마음에서 지나치면서 도리어 말만 뒤집어 많이 한다. 이와 같이 하는 것은 단지 자기를 위한 것이 아니고 남에게 잘 보이고자 하는 것이다. 이것은 마치 남월왕이 '천자의 수레 덮개와 깃털장식을 사용하는 것은 그저 혼자서 즐기고자 한 것일 뿐이다'고 하는 것과 같을 뿐이다."466)

○ 又曰, "學者須是爲己, 譬如喫飯, 寧可逐些喫令飽爲是乎? 寧可鋪攤放門外, 報人道我家有許多飯爲是乎? 近來學者, 多是以自家合做底事報與人, 只是將義理略肚裏從過, 却翻出許多說話. 如此者只是不爲己, 圖好看. 如南越王, 黃屋左纛, 聊以自娛耳."

『강록』14-9-a

○ 「우왈학자운운(又曰學者云云)」: 비평하여 말하였다. "이과재가 『어류』에서 듣고 본 것은 학문을 행하는 자의 방법을 총괄적으로 논하였다." 「'영가축(寧可逐)'에서 '위시호(爲是乎)'까지」: 이덕홍이 기록하여 말하였다. "차라리 가히 조금씩 먹게 하여 배부름이 옳은가

466) 『朱子語類』 권8, 「學二·總論爲學之方」.

이다. 이것으로 위기지학은 안으로 마음을 써서 점차로 쌓아 체득하는 것이 있는 것임을 비유하였다." 「포탄(鋪攤)」: '탄(攤)'은 펼치는 것이다. 「방문외(放門外)」: '문밖에 두고'이다. 「두리(肚裏)」: 이덕홍은 '곧 뱃속이다'고 말하였다. 「불위기도호간(不爲己圖好看)」: 비평하였다. "'본래는 단지 이익을 구하지 않으면서 자기를 위하지 않고, 단지 명예를 좋아하여 잘 보이기를 도모한 것일 뿐이다'고 적었다."(『강록』)

○ 「又曰學者云云」: 批云, "李果齋所聞見『語類』, 總論爲學者之方." 「寧可逐止 爲是乎」: 李錄云, "출하리 可히져져 머거 ᄒᆞ여곰 飽ᄒᆞ미 올ᄒᆞ냐. 以此譬爲己之學, 用心於內, 銖累寸積而有得也." 「鋪攤」: '탄', 鋪設也. 「放門外」: 門外예 두고. 「肚裏」: 李錄云, "卽腹裏也." 「不爲己圖好看」: 批云, "本作只是不爲己不求益, 只是好名圖好看.'"(『講錄』)

『석의』14-9-b

○ 「'영가(寧可)'에서 '시호(是乎)'까지」: 차라리 가히 조금씩 먹게 하여 배부름이 옳은가이다. ○ 이것으로 '자기를 위하는 학문을 비유하였는데, 안으로 마음을 써서 조금씩 쌓아 얻음이 있는 것이다. 「포탄(鋪攤)」: '탄'은 손으로 펼친다는 것이다. 「방문외(放門外)」: '문 밖에 두고'라는 뜻이다. 「보(報)」: 알리는 것이다. 「두리(肚裏)」: 뱃속이다. 「불위기도호간(不爲己圖好看)」: 『어류』에서는 "단지 이익을 구하지 않으면서 자기를 위하지 않고 단지 명예를 좋아하여 잘 보이려고 하는 것일 뿐이다"고 하였다. 「'남월(南越)'에 '오이(娛耳)'까지」: 한나라 때 조타는 천자의 수레덮개와 깃털장식을 사용하며 길을 깨끗이 하고 행인이 다니는 것을 막으며 출입하였다. 문제(文帝)는 육가(陸賈)를 시켜 명령을 전하여 "하늘에는 두 개의 해가 없고, 백성에게는 두 임금이 없으니, 백성들이 도탄의 고통을 받지 않게 하라"고 말하였다. 조타는 "황옥과 좌현은 그저 스스로 즐기는 것일 뿐입니다"라고 말하였다.(『석의』)

○ 「寧可 止 是乎」: 출아리 可히 젹젹 먹어 ᄒᆞ여곰 飽ᄒᆞ욤이 올ᄒᆞ냐.

○ 以此譬爲己之學, 用心於內, 銖累寸積而有得也. 「鋪攤」: 攤난 手布也. 「放門外」: 門外예 두고. 「報」: 告也. 「肚裏」: 卽腹內. 「不爲己圖好看」: 『語類』作"只是不爲己不求益, 只是好名圖好看." 「南越 止 娛耳」: 漢趙佗用黃屋左纛, 出警入蹕. 文帝使陸賈致命, 曰'天無二日, 民無二王, 無使生民受塗炭之苦.' 佗曰, '黃屋左纛, 聊以自娛耳.'(『釋疑』)

『표제』14-9-c

○ 「포탄(鋪攤)」: '포'는 진열하는 것이고, '탄'은 손으로 펼치는 것이다.(『운회』 아래도 같다.)(『표제』)

○ 「鋪攤」: '鋪', 陳也. '攤', 手布也.(『韻會』下同)(『標題』)

『강록간보』14-9-d

○ 「'남월왕(南越王)'에서 '자오이(自娛耳)'까지': 남월왕의 이름은 타이고, 조나라 사람이다. 진나라 때 남해위가 되었는데, 황제가 쓰는 수레덮개와 깃털장식을 쓰고 길을 깨끗이 하고 행인이 다니는 것을 막으며 드나들었다. 문제(文帝)가 즉위하자 육가(陸賈)에게 명령을 전하여 "내가 고황제 측실의 아들로서 왕실에 들어가 대통을 이었으나, 부덕하여 그대들을 교화시키기 어려웠다. 그러나 하늘에는 두 해가 없고, 백성에게는 두 임금이 없으니, 백성들이 도탄의 고통을 받지 않게 하라"라고 말하였다. 조타는 그 말에 굴복하여 "황옥과 좌둑은 그저 스스로 즐기고자 한 것일 뿐입니다"라고 말하였다.(『강록간보』)

○ 「南越王 止 自娛耳」: 南越王, 名佗, 趙人. 秦時爲南海尉, 因王之用黃屋左纛, 入警出蹕. 文帝卽位, 使陸賈致命, 若曰'某以高皇帝側室子, 入承大統, 否德難能化汝. 然天無二日, 民無二王, 無使生民受塗炭之苦.' 佗伏其言曰, '黃屋左纛, 聊以自娛耳.'(『講錄刊補』)

『관계』14-9-e

○ 「포탄문외(鋪攤門外)」: 이것 또한 사람을 속이는 일이다. 만약 스스로를 속인다면 자기만 아는 곳일 경우가 많다.(『관계』)

○ 「鋪攤門外」: 此亦欺人之事. 若自欺則多在於己所獨知.(『窾啓』)

『부주』14-10

○ 또 말하였다. "뜻을 성실히 하는 것은 삶과 죽음의 관건이니, 이런 관건을 넘어서야 비로소 나아갈 수 있다."467)

○ 又曰, "誠意, 是人鬼關, 過此一關, 方會進."

『표제』14-10-a

∘ 「인귀관(人鬼關)」 : 박세채(朴世采)의 생각: 생과 사의 관건이 된다고 말하는 것과 같은 것으로, 선악 두 가지 사이의 경계를 가리킨다.(『표제』)

∘ 「人鬼關」 : 按: 猶言生死關, 指善惡二者之界也.(『標題』)

『부주』14-10-1

○ 운봉호씨(雲峯胡氏)468)가 말하였다. "이 장은 군자와 소인을 구별하는 것이 매우 엄격하다. 대개 성의는 선악의 관건이 되니, 이런 관건을 넘어야 비로소 군자이다. 이런 관건을 넘어서지 못하면 여전히 소인이다. 전 마지막 장에서 '국가에 우두머리가 되어 재물에 힘쓰는 소인'469)은 곧 여기에서 한가롭게 지내면서 선하지 않은 일을 하는 소인이다. 뜻이 성실하지 못하면 이미 스스로의 마음을 해치는 것이니, 다른 때에 그것을 쓰면 반드시 천하와 국가에 해가 될 것이다."470)

---

467) 『朱子語類』 권15, 「大學二·經下」.

468) 운봉호씨(雲峯胡氏: 1250∽1333) : 원나라 휘주(徽州) 무원(婺源) 사람이다. 이름은 병문(炳文), 자는 중호(仲虎), 호는 운봉(雲峰), 시호는 문통(文通)이다. 주희(朱熹)의 종손(宗孫)에게 『주역』과 『서경』을 배워 주자학에 잠심했다. 저서에 『주역본의통석(周易本義通釋)』, 『서집해(書集解)』, 『춘추집해(春秋集解)』, 『예서찬술(禮書纂述)』, 『사서통(四書通)』, 『대학지장도(大學指掌圖)』, 『오경회의(五經會義)』, 『이아운어(爾雅韻語)』 등이 있다.

469) 『大學』 傳10章. "국가의 우두머리가 되어 재물에 힘쓰는 것은 반드시 소인으로부터 말미암는다. 그는 그들을 선하게 할 수 있지만, 소인이 국가를 다스리게 하면 재앙과 피해가 동시에 이를 것이다. 비록 선한 사람이 거기에 있다고 하더라도 그것을 어찌할 수 없을 것이다. 이것이 바로 국가는 이익을 이롭게 여기지 않고 의리를 이롭게 여긴다고 말하는 것이다.(長國家而務財用者, 必自小人矣. 彼爲善之, 小人之使爲國家, 菑害竝至, 雖有善者, 亦無如之何矣. 此謂國不以利爲利, 以義爲利也.)"

○ 雲峯胡氏曰, “此章分別君子小人, 甚嚴. 蓋誠意爲善惡關, 過得此關, 方是君子. 過不得此關, 猶是小人. 傳末章, ‘長國家而務財用之小人’, 卽此閒居爲不善之小人也. 意有不誠, 已害自家神術, 他日用之, 爲天下國家害也, 必矣.”

『강록』14-10-1-a

ㅇ 「술(術)」 : 마음 쓰는 것이다.(『강록』)

ㅇ 「術」 : 心之所用也.(『講錄』)

『석의』14-10-1-b

ㅇ 「술(術)」 : 도리이다.(『석의』)

ㅇ 「術」 : 道也.(『釋疑』)

『부주』14-11

○ 조치도(趙致道)[471]가 주자에게 질문하였다. “주돈이가 ‘성(誠)은 무위(無爲)이고, 기미에서 선악이 갈린다’고 하였습니다. 이것은 인심 미발(未發)의 체를 밝히고 이발(已發)의 실마리를 가리킨 것입니다. 대개 배우려는 사람은 싹터 움직이는 기미에서 극진히 성찰하고, 결단하고 가려서 버리고 취할 줄 알아서 본심의 체를 잃지 않을 따름입니다. 어떤 사람이 의심하여 호자(胡子)[472]가 동체이용(同體異用)이라고 말한 것과 비슷한 점이 있다고 생각하여 마침내 망령되게 자의적으로 헤아려 후단과 같이 도표를 그렸습니다. 선과 악이 비록 상대하지만 당연히 손님과 주인으로 나뉘며, 천리와 인욕이 비록 물길을 나누지만 반드시 원줄기와 지류를 살펴야 합니다. 성이 움직이는 것으로부터 선

---

470) 『大學章句大全』 전6장, 細注.

471) 조치도(趙致道) : 이름은 사하(師夏), 자는 치도(致道), 호는 원암(遠庵)이다. 조봉대부(朝奉大夫), 지남강군(知南康軍)을 역임하였다. 朱子에게서 배웠다.

472) 호오봉(胡五峯) : 그가 지은 것에 『지언』이란 책이 있는데 “천리와 인욕은 체가 같고 용이 다르다”고 하였다.(其所作, 『知言』書, 曰‘天理人欲, 同體而異用.)

으로 나아가는 것은 마치 나무가 뿌리에서 줄기로 줄기에서 지엽으로 나아가 상하가 서로 통하는 것과 같으니, 도심이 발현하고 천리가 두루 행해지는 것은 마음의 본래 주인이고 성(誠)의 적통입니다. 어떤 것은 옆으로 자라서 무성하게 되어 마치 사마귀나 혹처럼 붙어 기생하니, 이것은 비록 성이 움직인 것이지만 인심의 발현이요 사욕이 두루 행해진 것으로 이른바 '악'이라는 것입니다. 마음에 본래 있는 것이 아니고, 대개 일시적으로 붙어 있는 것이며, 성의 적통이 아니고 대개 서자입니다. 실로 빨리 분별하지 않고 정밀하게 가려내지 않으면 객이 때로 주인에게 올라타고, 서자가 때로 적통을 대신할 것입니다. 배우는 사람은 싹이 움직이는 기미에서 그 발하는 방향을 살필 수 있습니다. 대개 곧게 나오는 것은 천리가 되고, 옆으로 발현하는 것은 인욕이 됩니다. 곧게 나오는 것은 선이 되고 옆으로 나오는 것은 악이 됩니다. 그래서 곧게 나오는 것은 잘 인도하고 옆으로 나오는 것은 막고 끊어내어 그 공부의 노력이 극진해지고 나면, 이 마음이 발현하는 것은 자연히 하나의 길로 나와서 천명을 보존할 것입니다. 여기에서 미발 이전에는 선만 있고 악이 없음을 알 수 있습니다. 그래서 정자가 이른바 '성 가운데 본래 이 두 가지가 상대하여 생긴 것은 아니다'고 한 것은 대개 이것을 말하는 것입니다. 만약 선과 악을 동서로 서로 대립하는 것으로 세우면 천리와 인욕이 하나의 근원에서 같이 나오는데, 미발 이전에 이미 두 가지가 갖추어져 있는 것이니, 이른바 '천명의 성'은 매우 오염되고 섞이게 됩니다. 이것이 호씨의 '체는 같으나 작용이 다르다'고 하는 학설입니다." 주자는 "맞다"고 말하였다.[473]

473) 『晦庵集』 권59, 「答趙致道」.

○ 趙致道問於朱子曰, "周子云"誠無爲, 幾善惡", 此明人心未發之體, 而指已發之端. 蓋欲學者, 致察於萌動之微, 知所決擇而去取之, 以不失乎本心之體而已. 或疑之, 以謂有類於胡子同體異用之云者, 遂妄以意揣量爲圖如后. 善惡雖相對, 當分賓主, 天理人欲, 雖分派, 必省宗孽. 自誠之動而之善, 則如木之自本而榦, 自榦而末, 上下相達者, 則道心之發見, 天理之流行, 此心之本主而誠之正宗也. 其或旁榮側秀若寄生疣贅者, 此雖亦誠之動, 則人心之發見, 私欲之流行, 所謂'惡'也. 非心之固有, 蓋客寓也, 非誠之正宗, 蓋庶孽也. 苟辨之不早, 擇之不精, 則客或乘主孽或代宗矣. 學者能於萌動幾微之間, 察其所發向背. 凡直出者爲天理, 旁出者爲人欲. 直出者爲善, 旁出者爲惡, 而於直出者利道之, 旁出者遏絶之, 功力旣至, 則此心之發, 自然出於一途, 而保有天命矣. 於此可見未發之前有善無惡, 而程子所謂'不是性中元有此兩端相對而生者', 蓋謂此也. 若以善惡爲東西相對, 彼此角立, 則是天理人欲同出一原, 未發之前, 已具兩端, 所謂'天命之性', 亦甚汙雜矣. 此胡氏同體異用之說也." 朱子曰, "得之."

『강록』14-11-a

○ 「기생우췌(寄生疣贅)」 : 이덕홍이 기록하여 말하였다. "'기생'은 나무의 겨우살이이다. '우'는 혹이고, '췌'는 '되살'이다." 「차수역성지동」 : 질문하였다. "조치도의 말을 보면 비록 또한 성이 움직인 것이지만 인심의 발현이고, 사욕이 흘러가는 것으로 이른바 '악'입니다. 선은 하늘이 부여한 바른 이치이고, 악은 물욕으로부터 생긴 더럽고 사특한 것입니다. 악은 성의 움직임이라고 말할 수 없는데 조씨가 그렇게 말한 것입니다. 주자가 '맞다'고 한 것에는 반드시 그 뜻이 있을 것이니 듣고 싶습니다." 선생께서 대답하였다. "'조치도의 말에서 악도 성의 움직임이라고 한 것은 그 학설의 유래가 오래되었다. 하숙경이 일찍이 글을 써서 이 문제를 논하면서 '어디로부터 이런 인욕이 생기는 것인지 모르겠습니다'라고 하였을 때, 주자가 '이 질문은 매우 긴요하고 절실하다. 내가 생각건대,

‘인욕’이라고 하는 것은 천리에 반대되는 것이다. 천리에 따르면서도 이러한 인욕이 있다고 말하면 괜찮지만, 인욕 또한 천리라고 말하면 안 된다. 대개 천리 가운데는 본래 인욕이 없으나, 오직 그것이 유행할 때 어긋나면서 마침내 인욕이 생겨난다. 정자가 ‘선악이 모두 천리이다.(주자의 주에서는 ‘이 구절은 매우 놀랄 만하다’고 하였다.) 악이라고 하는 것은 본래 악한 것이 아니다.(이 구는 모두 거꾸로 된 것이다.) 단지 지나치고 미치지 못하면 이와 같이 된다.(어디로부터 이 인욕이 있는가 하는 물음에 대해, 이 구절은 악에 대해 답한 것이다. 이 아래의 두 주석은 모두 주자의 설이다.)’고 말하였다. 인용한 바 ‘악 또한 성이라고 말하지 않을 수 없다’는 뜻 또한 이와 같으니, 이것이 조씨의 설이 나온 유래이다.”(지금 생각건대, 정자의 설은 『근사록』에 보인다.) ○ ‘악도 성이라고 말하지 않을 수 없다’고 한 것 또한 정자의 설인데, 하숙경이 그것을 인용하였기 때문에 주자가 함께 거론하여 답한 것이다.)” 「인심지발현(人心之發見)」 : 질문하였다. “인심이 인욕이 아니라는 것은 주자의 설에서 이미 말하였다. 조치도의 말에서 ‘인심의 발현이 곧 사욕이 유행하는 것이라’고 했을 때 주자가 ‘맞다’고 했는데, 이것은 분명히 주자가 초년에 아직 정설이 되기 이전에 말한 것이 아닙니까?” ○ 비평하여 말하였다. “이것은 고증할 수 없다”(『강록』)

○ 「寄生疣贅」 : 李錄云, “‘寄生’, 木之겨으사리. ‘疣’, 혹. ‘贅’, 쁴술. 「此雖亦誠之動」 : 問: “觀趙致道謂, 雖亦誠之動, 則人心之發見, 私欲之流行, 所謂‘惡’也. 善者, 天賦之正理, 惡者, 物欲所生之邪穢. 惡不可謂誠之動, 而趙氏云爾. 朱子曰‘得之.’ 是必有其義, 請聞之.” 先生答曰, “趙致道謂, 惡亦誠之動, 其說所從來, 遠矣, 何叔京嘗有書論此, 且云, ‘不知自何而有此人欲.’ 朱子答曰, ‘此問甚緊切. 熹竊以爲‘人欲’云者, 天理之反也. 謂因天理而有此人欲則可, 謂人欲亦是天理則不可. 蓋天理中本無人欲, 惟其流之有差, 遂生出人欲來. 程子謂, ’善惡皆天理(朱子註云, ‘此句若甚可駭’). 謂之惡者,

本非惡也(此句便都轉了). 但過與不及便如此'(自何而有此人欲之問, 此句答了惡下. 此下兩註, 亦皆朱子說). 所引'惡亦不可不謂之性', 意亦如此, 此趙氏之說所從出也.'"(今按: 程子說見『近思錄』. ○ '惡亦不可不謂之性', 亦程子說, 而叔京引之, 故朱子竝擧而答之.) 「人心之發見」: 問, "人心非人欲, 朱子說旣已言之. 趙致道謂, 人心之發見, 乃私欲之流行, 朱子曰, '得之'. 此必朱子早年未定說之前之言否." ○ 批曰, "此未有考也."(『講錄』)

『석의』14-11-b

○ 「기생(寄生)」: 나무의 겨우살이이다. 「우(疣)」: 혹이다. 「췌(贅)」: '되살'이다. 「차수역성지동(此雖亦誠之動)」: 선은 천명으로 부여한 바른 이치이고, 악은 물욕에 의하여 생긴 나쁘고 더러운 것이다. 지금 악 또한 성의 움직임이라고 한 것은 무슨 말입니까? 주자는 한 때 "천리 가운데는 본래 인욕은 없는데, 그 선하지 않은 것으로 흘러 마침내 인욕을 낳는다. 정자는 '선악이 모두 천리이다. 악이라고 하는 것은 본래 악이 아니다. 단지 지나치고 미치지 못하면 이렇게 될 뿐이다'고 하였다"고 말한 적이 있다. 「인심지발현(人心之發見)」: 인심이 사욕이 아니라는 것은 주자가 이미 말하였다. 지금 치도가 인심을 사욕이라고 하였는데, 주자가 '맞다'고 말하였으니, 이것은 분명히 초년의 문답일 것이다.(『석의』)

○ 「寄生」: 木之겨으사리. 「疣」: 혹. 「贅」: 뙤솔. 「此雖亦誠之動」: 善者, 天命所賦之正理, 惡者, 物欲所生之邪穢. 今以惡亦以爲誠之動, 何也? 朱子嘗曰, "天理中本無人欲, 惟其流之不善, 遂生出人欲來. 程子謂, '善惡皆天理. 謂之惡, 本非惡. 但過與不及, 便如此.'" 「人心之發見」: 人心非私欲, 朱子旣已言之. 今致道以人心爲私欲, 而朱子曰'得之'. 此必初年問答.(『釋疑』)

『표제』14-11-c

○ 「동체이용(同體異用)」: 천리와 인욕은 체는 같으나 작용이 다르다. (『지언』) 「기생(寄生)」: 담쟁이덩굴은 살아있는 초목에 기생하는데, 뽕나무 위에 사는 것은 '상기생(桑寄生)'이라고 부른다. 또 버들

이나 단풍나무에서 사는 것도 있는데, 각각 그 나무의 이름을 따라 부른다.(『운회』 아래도 같다.) 「우췌(疣贅)」 : '우'는 본래 '우(肬)'로 적는다. ○ 한때 잘 몰랐으나, ''우췌'는 살이 뭉친 곳이다'라고 주석하였다. 장자는 "삶을 혹을 지고 사미귀를 매단 것으로 여겼다"고 말하였다.(『순자』) 「인심지발현(人心之發見)」 : 박세채(朴世采)의 생각: 조씨는 곧 주자의 만년의 문인인데, '인심 운운한 것'을 배척하지 않은 것은 어찌 인심과 사욕을 스스로 본말로 삼아 치우친 한 쪽으로 돌아가는 데 지장이 없기 때문이 아니겠는가?(『표제』)

○ 「同體異用」 : 天理人欲, 同體而異用.(『知言』) 「寄生」 : 蔦寄生草, 生桑上者, 名'桑寄生', 亦有生楊及楓上者, 各隨其樹名.(『韻會』下同) 「疣贅」 : '疣'本作肬. ○ 曾未知肬贅註'結肉'也. 莊子曰, "以生爲負贅懸肬."(『荀子』) 「人心之發見」 : 按: 趙氏卽朱子晩年門人而不斥'人心云云'者, 豈以人心與私欲自爲本末, 不害歸於一邊故耶?(『標題』)

『질서』14-11-d

○ 성(誠)의 무위는 유위와 상대한다. 대개 인욕의 발생은 행함이 있는 것 아님이 없다. 미발은 이미 행하는 것이 없으니, 다시 어찌 선하지 않음이 있겠는가? 조씨는 사욕을 성실함이 움직인 것으로 여겼는데, 이것은 아주 편안하지 않다. 마음을 물에 비유하면, 성실함은 맑은 것에 비유된다. 맑은 것은 곧 물을 형용한 것이고, 물에 찌꺼기가 없는 것으로서 물을 일컫는 것이 아니다. 물이 움직이는 데 이르러 때로 먼지와 찌꺼기가 흐리게 한다. 이 때문에 물이 맑음을 유지할 수 없으며 맑은 것이 움직여 그런 것이 아니다.(『질서』)

○ 誠之無爲與有爲相對. 凡人欲之生, 莫非有所爲者也. 未發, 旣無所爲, 又安有不善? 趙氏以私欲爲誠之動, 此甚未安. 心比如水, 誠比如淸. 淸者, 卽水之形容, 水之無滓, 非水之名也. 至於水動, 而或塵滓濁汚, 是水不能保其淸也, 非淸之所動者然也.(『疾書』)

『강록간보』14-11-e

○ 「동체이용(同體異用)」 : 『지언』에서 말하였다. "천리와 인욕은 체는 같으나 작용이 다르다." 「기생(寄生)」 : 나무 위에서 겨울에 기생하는 것이다. 「우췌(疣贅)」 : '우'는 본래 '우(肬)'라고 쓰는데, 언덕이다. 피부위로 돌출하여 높이 뭉친 것으로 땅에 언덕이 있는 것과 같다. '췌'는 '주예(誅芮)'의 반절이며, 살이 뭉친 것이다. 『장자』에 말하였다. "사마귀를 매달고 혹을 붙인다"(『강록간보』)

○ 「同體異用」 : 『知言』曰, "天理人欲, 同體而異用." 「寄生」 : 木上冬寄生. 「疣贅」 : '疣'本作肬, 丘也. 出皮上聚高, 如地之有丘也. '贅', 誅芮切, 結肉也. 莊子曰, "縣疣附贅."(『講錄刊補』)

誠幾圖

성 기 선한 기미 이것은 주돈이의 뜻을 밝혔다.
악한 기미

誠 幾 善幾 此明周子之意
惡幾

성 기 선한 기미 / 악한 기미 이것은 호씨의 설을 증명하였다.

誠 幾 善幾 / 惡幾 此證胡氏之說

○ 「정민정의 생각」9: 주돈이가 말한 '성'은 비록 『대학』의 뜻과 다르지만, 이른바 '기미에서 선과 악이 갈린다'고 한 것은 주자가 이른바 '홀로 아는 곳을 조심하여 그 기미를 잘 살핀다'고 한 것과 한 가지이다. 이 도표는 뜻을 성실히 하는 학문을 하는 사람에게 극히 도움이 될 것 같아 삼가 덧붙였다.

○ 「按」 : 周子之所謂'誠', 雖與『大學』指異, 然其所謂'幾善惡', 與朱子所謂'謹獨'而審其幾, 一也. 此圖極有益于誠意之學者, 謹附著之.

『석의』9-1

○ 「성기도호씨지설(誠幾圖胡氏之說)」 : ‘설’은 『통서』에서는 ‘실(失)’로 적었다. 「‘안주자(按周子)’에서 ‘지이(指異)’까지」 : 주돈이가 말한 ‘성’은 실리자연을 가지고 말한 것으로 체이다. 『대학』에서 말한 것은 성실하게 하는 일로서 용이다. 그래서 ‘다르다’고 말하였다.(『석의』)

○ 「誠幾圖胡氏之說」 : 說『通書』作失. 「按周子 止 指異」 : 周子所謂‘誠’, 以實理自然而言, 是體也. 『大學』所謂, 則是誠之之事, 是用也. 故曰‘異’.(『釋疑』)

『표제』9-2

○ 「성기도(誠幾圖)」 : 박세채(朴世采)의 생각: 조씨의 본래 설은 왼쪽과 같이 도를 그릴 때 선악을 상대시킨 가운데 있는데 다시 주자가 그것을 개정하였다. 지금 『대전』에 보인다.(『표제』)

○ 「誠幾圖」 : 按: 趙氏本說在爲圖如左善惡相對之間, 又朱子爲之改定. 今見『大全』.(『標題』)

『강록간보』9-3

○ 「성기도차증호씨지설(誠幾圖此證胡氏之說)」 : ‘설(說)’은 『통서소주』에 따르면, ‘실(失)’로 써야 한다.(『강록간보』)

○ 「誠幾圖此證胡氏之說」 : ‘說’依『通書小註』當作‘失’.(『講錄刊補』)

『밀험』9-4

○ ‘조치도가 주자에게 질문하였다. “주돈이는 ‘성은 무위(無爲)이고, 기미에서 선악이 갈린다’고 하였는데, 이것은 인심 미발(未發)의 체를 밝히고, 이발(已發)의 단서를 가리키는 것이다. (중간생략) 천리와 인욕은 비록 물갈래가 나뉘지만 반드시 본줄기와 곁가지를 살펴야 한다.” ○ 「‘우운’에서 ‘무악’까지」 : 생각건대, 주렴계가 미발의 체를 성이라고 말한 것은 깊이 이해하지 못한 것이다. 성은 신독의 극진한 공부인데, 어찌 고요하여 움직이지 않고 사고나 생각이 없는 것을 가리켜 ‘성(誠)’이라고 할 수 있는가? 또 성은

그 뜻을 성실히 하는 것이다. 의(意)가 있을 때는 그 발한 것이 오래된 것이므로 어찌 다시 '무위(無爲)'라고 하겠는가? 또 그 위의 도표에서 '기미[幾]'라는 글자 아래에 '선한 기미'라는 말이 있으니, 이것은 본줄기는 있으나 곁가지가 없는 것이고, 아래 도표는 비록 선과 악을 함께 배열했으나 '기미[幾]'라는 글자는 한 층이 되고, 선한 기미와 악한 기미가 또 한 층이 되니, 이것은 아마도 주돈이의 생각이 아닌 듯하다. 『역』에서 '기미는 움직임이 은미한 것이다'고 말하였다. 그 움직임이 비록 은미하다고 해도 바야흐로 움직일 때 선과 악이 이미 나뉘니, 움직인 후에 다시 움직여서 선한 기미와 악한 기미가 되는 것이 아니다. 그러므로 제 2층의 두 '기(幾)'자는 군더더기 말 같다. ○ 또 생각건대, 미발은 『중용』의 미발인가? 『중용』에서 미발의 때는 이미 분명히 중(中)을 잡아서, 천지를 바르게 위치시키고 만물을 길러 주는 근본 토대가 되어, 그 발현한 것에는 오직 절도에 맞는 화가 있을 뿐이니, 어찌 선악이 있겠는가? 이것은 『통서』의 미발인가? 『통서』에서 미발의 때는 분명히 '무위'를 말하였다. '무위'인 이상 어찌 선이 있을 수 있겠는가?(『밀험』)

○ 趙致道問於朱子曰, "周子云'誠無爲, 幾善惡', 此明人心未發之體, 而指已發之端. 節 天理人欲, 雖分派, 必省宗孽.." ○ 又云, "未發之前, 有善無惡." ○「又云 止 無惡」: 案, 濂溪以未發之體, 名之曰'誠', 深所未曉. 誠者. 愼獨之極工, 豈可以寂然不動, 無思無慮者, 指之爲誠乎? 且誠者, 誠其意也. 有意之時, 其發已久, 又何云'無爲'乎? 且其上圖'幾'字之下, 只有'善幾', 此有宗而無孽也. 其下圖雖善惡雙列, '幾'字爲一層, '善幾惡幾'又爲一層, 此恐非濂溪之意. 『易』曰, '幾者, 動之微', 其動雖微, 方其動也, 善惡已分, 不是旣動之後又再動而爲善幾惡幾也. 然則第二層兩'幾'字似贅. ○ 又案, 未發者, 『中庸』之未發乎? 『中庸』未發時, 明已執中, 爲位天地育萬物之根基. 其發但有中節之和, 安有善惡? 是『通書』之未發乎? 『通書』未發時, 明云'無爲'. 旣無爲矣, 安得有善?(『密驗』)

제15장: 몸을 닦는 것은 마음을 바르게 함에 있다[脩身在正其心]

○ 이른바 '몸을 닦는 것이 그 마음을 바르게 하는데 달려 있다'는 것은 몸에 분노와 원망이 있으면 그 올바름을 얻지 못하고, 두려움이 있으면 그 올바름을 얻지 못하며, 기호와 쾌락이 있으면 그 올바름을 얻지 못하며, 근심이 있으면 그 올바름을 얻지 못한다. 마음을 두지 않으면 보아도 보이지 않고, 들어도 들리지 않으며 먹어도 그 맛을 알지 못하니, 이 것이 '몸을 다스리는 것이 그 마음을 바르게 하는 데 달려 있다'는 것이다.474)

○ 所謂'脩身在正其心'者, 身有所忿懥, 則不得其正, 有所恐懼, 則不得其正, 有所好樂, 則不得其正, 有所憂患, 則不得其正. 心不在焉, 視而不見, 聽而不聞, 食而不知其味, 此謂'脩身在正其心'.

『강록』15-A

○ 「유소분치(有所忿懥)」: 예상되는 것이라면 '분노하고 원망할 것을'

474) 『大學章句』 傳7章.

로 해석하고, 치우쳐 얽매이는 것은 '분노하는 것을'이라고 해석하며, 머물러 막힌 것이라면, '분노한 바를'이라고 해석한다. 「분공호우(忿恐好憂)」 : 김경인은 『대학질의록』에서 말하였다. "'이 네 가지는 칠정이 아닙니까?'라고 질문하자, 대답하여 말하였다. '네 가지는 칠정 가운데 세 가지를 얻은 것이다. '근심'이라고 하는 것만 없는데 그러나 그것도 칠정 밖에 있는 것은 아니다.'" 「심부재언(心不在焉)」 : 마음을 두지 아니하면, 혹자는 '몸속에 있다'고 말하고, 혹자는 '보고 듣는 데 있다'고 말하였다. ○ 지금 생각건대, 이 두 가지 설은 통괄하여 보아야 한다. 대개 마음이 몸 안에 있어야 비로소 보고 듣는 것 가운데 있을 수 있으니, 곧 안에서 주인이 되어야 밖에서 듣게 되니, 두 군데가 있는 것이 아니다. 만약 마음이 몸 안에 있지 않으면 보고 듣는 데 있을 수 있는 이치가 없게 된다. 마음이 이미 사물을 쫓아 주재할 수 없기 때문이다. 명도선생이 말하였다. "안을 옳게 여기고 밖을 도외시하는 것보다는 안과 밖을 함께 잊는 것이 낫다." ○ 본문의 뜻과 『장구』를 자세히 보면 '마음에 본존하지 못하는 것이 있다'는 설을 '마음을 두지 않으면'이라고 해석하는 것은 온당치 않다. 당연이 '마음이 있지 아니하면'이라고 해야 한다. 그래서 또한 이러한 해석이 있다. 대체로 이것은 바로 마음이 주재를 잃었을 때를 가리켜 그 병통을 말했을 뿐이다. 처음부터 사람이 마음을 잡을 수 없어 이런 병통을 초래하였음을 경계한 것이 아니다. 그래서 『장구』에서는 단지 마음이 보존되지 못하면 그 몸을 단속하지 못하는 것으로 바로 뜻을 바르게 하는 것으로 해석하면서 그것을 경계하여 '그러므로 군자는 반드시 이 점을 살펴 경으로 안을 곧게 한 후에 운운'라고 말하였다. 여기에 이르러 비로소 본문에서 말하지 않은 뜻을 미루어 사람으로 하여금 살피고 보존하는 노력을 하게 하여 저 마음이 주재를 잃어버리는 병통을 피하고자 하였다. 『장구』에서의 정밀하고 세밀한 것이 이런 만큼 통상적으로 마음을 두어 보존하지 않는다는 설로 그것을 해석해서는 안 된다. ○ 몸에 있다는 설에 대하여 『통고』를 다시 살펴보니, 오계자는 말하였다. "금전을 빼앗으려 상인을 찾게 되면 마음은 상인에 있지 않게 되고, 옛 음악을 들으면서 눕기를 두려워하면 마음은 옛 음악에 있지 않는 것이며, 식사를 할 때 수저를 놓치는 것은 마음이 수저에 있지 않기 때문이다. 이것으로 보면 몸을 닦고자 하면 이 마음을 거두어들이고 모아 그것을 방촌(方寸) 사이에 두지 않을 수 있겠는가 운운" 하였다. 이것으로 증명해 보면, 위에서 이른바 '마음속에 주체를 확립하여 밖에 대응한다'는 설은 더욱 믿을 만하다. ○ 반드시 이것을 살펴야 한다고 할 때 '이것'은 마음이 거기에 있지 않은 병통이 되는 곳을 가리킨다. ○ 생각건대, 주공천이 "백형 극리가 '『대학』의 경에서 마음을 바르게 한다고 말한 것은 체용을 함께 말한 것이고, 전에서 마음을 바르게 하는 도리를 말한 것은 용으로만 말한 것이다'고 말한 것은 대개 외면을 제어하는 것으로 그 가운데 마음을 기르는 것이다. 운봉호씨가 '그 마음을 바르게 하는 데 달려 있다고 할 때, 이 '바르다[正]'는 글자는 바로 잡는 공부를 말한 것이다'고 말하였는데, 이것은 대개 마음의 작용이 때로 바르지 않으면 그것을 바로 잡지 않을 수 없음을 말하는 것이다. '그 바름을 얻지 못한다' 할 때 '바르다[正]'는 글자는 마음의 본체는 본래 바르지 않음이 없으나, 사람이 스스로 그것을 잃는 것을 말하는 것이다. 나정암은 『곤지기』에서 또 말하였다. '이 장에서 이른바 '그 바름을 얻지 못한다'고 한 것은 단지 마음의 체를 가리켜 말하는 것 같다. 『장구』에서 마음의 작용이 행해지는 것이 바름을 잃지 않을 수 없다는 것은 제2절의 일이라고 보았는데, 아마도 마음의 본체 상에서 몇 마디 말을 빼먹은 것 같다'고 말하였다. 대체로 '마음이 거기에 있지 않다'는 이하는 바야흐로 감응하여 작용하는 것의 잘못을 말한 것이다. 호씨와 나씨의 두 가지 설이 주자의 설과 이처럼 다르다"고 말하였다. 또 생각건대, 휘암정씨는 말하였다. “『장구』에서 ‘작용이 행해지는 것이 때로 그 바름을 잃는다’고 말하고, 『혹문』에서 ‘이 마음의 작용이 그 바름을 얻지 못한다’고 말하여, 체가 바르지 않음을 말한 적이 없다. 오직 경(經)을 해석한 『혹문』에서만, ‘그 본연의 바름을 얻지 못했다’고 말하고, 또 마음의 본체는 사물이 움직일 수 없으며 바르지 않음이 없다고 말한 것이 있다. 혹자가 마침내 그것을 잡아서 마음을 바르게 하는 것은 『중용』에서 미발의 중이나, 『태극도』에서 주정(主靜)과 같은 것으로 경(經)에서 이른바 ‘안정되고 고요하며 편안하다’는 것이고, 전에서 ‘마음이 거기에 있지 않다’는 것이 마음이 속에 있지 않은 때라고 생각한 것은 단지 성인이 사람을 가르칠 때 마음이 움직이는 데서 공부하는 것이 많음을 모르는 것이다. 격물·치지·성의·정심·수신은 모두 사람을 가르칠 때, 움직이는 곳에서 힘쓰는 것이고, ‘안정되고 고요하고 편안하다’는 것도 마음의 고요함만 말한 것은 아니다. 고요할 때의 공부라면 계신공구일 뿐이니, 그 바르지 않은 것을 바르게 할 필요가 없다. 성현의 마음의 움직임은 본시 고요함을 주로 할 때는 원형(元亨)으로 성(誠)이 통하는 것이고, 본래 움직임을 주로 할 때에는 이정(利貞)으로 성(誠)이 회복된다. 그러나 ‘성실히 하고 바르게 하며 닦는다’고 한 것은 바로 성실함이 통하는 일로서 성실히 하고 바르게 하며 닦고 나서 비로소 성이 회복되는 명철함이 있게 된다.(‘명(明)’자는 잘못된 것 같다.) 만약 뜻을 성실히 한 후에 움직임에 싫증내고 고요함을 추구하여 보고 듣는 것을 거두어서 ‘나는 마음을 바르게 하려 한다’고 말하면, 이것은 이단의 일이고 우리 유학의 일이 아니다. 하물며 ‘마음이 거기에 없다’는 것에 대해 ‘보는 데 마음을 두지 않으면 보아도 보이지 않고, 듣는 데 마음을 두지 않으면 들어도 들리지 않을 것이다’라는 것이 어찌 고요함이 몸속에 있는 것을 말하는 것이겠는가? 『혹문』에서 이른바 ‘본연과 본체’ 또한 이 마음의 의리를 가리켜 말한 것이다. 맹자가 ‘본심’이라고 말한 것도 인의의 마음을 가리켜 말한 것이니, 어찌 한결같이 고요함을 일컫는 것이겠는가?" 내가 생각건대, "인심이 아직 발하기 이전에 본체(本體)가 치우치지 않는 것을 본래 '바르다'고 말할 수 있다면, 이발 이후에 쓰임이 각각 합당한 것을 어찌 유독 '바르다'고 말할 수 없겠는가? 그래서 『장구』에서는 '바른 마음을 유지하지 못한다'고 할 때의 '정(正)'자를 작용으로 말하였으니, 주극리가 이른바 '오로지 작용으로 말했다'고 한 것은 바로 적절한 뜻을 얻었다. 휘암이 비판한 혹자의 설은 곧 운봉과 정암의 뜻이다. 그 가운데 호씨의 설은 비록 환하게 빛나서 사람을 깨우쳐 주는 곳이 있지만, 전의 뜻은 반드시 그렇지는 않다. 휘암이 혹설의 잘못을 힘써 논변한 것은 당연하니, 운봉과 정암 모두 잘못되었다. 다만 나의 생각으로 볼 때 휘암의 학설은 병통이 없을 수 없는 것 같다. 대개 성(誠)이 통하고, 회복하는 것을 이끌어 증거로 삼아서는 안 된다. 또 혹인이 마음이 몸안에 있지 않다고 한 설을 잘못된 것으로 보면서 반드시 '보고 듣는 데 마음을 두지 않으면 보이지 않고 들리지 않는다'고 하였는데, 이것도 치우친 것 같다. 대개 마음이 몸속에 없는데 보고 듣는 데 달려 있을 수 있는 이치는 없다. 오직 혹자의 생각에 고요함이 몸속에 있다고만 말하면서, 안에서 주인이 되어 외부에 대응하는 이치를 두루 볼 줄을 모른다면 실로 잘못일 뿐이다."('심불재언' 조목에서부터 선생의 『대학정석』에 나온다.)(『강록』)

○ 「有所忿懥」 : 期待釋忿懥하욜바ᄅᆞᆯ, 偏繫釋忿懥ᄒᆞᄂᆞᆫ바ᄅᆞᆯ, 留滯釋忿懥ᄒᆞ온바ᄅᆞᆯ. 「忿恐好憂」 : 金景仁『大學質疑錄』云, "問, '是四者, 七情否?' 答曰, '四者就七情而得其三. 唯無所謂憂患者, 然亦非在七情之外也.'" 「心不在焉」 : 心을 두디 아니면. 或云, '在軀殼內', 或云, '在視聽上.' ○ 今按, 此兩說當通看. 蓋心在軀殼, 方能在視聽上, 乃主於內而聽於外, 非兩在也. 若心不在軀殼, 則未有能在視聽上之理. 心已逐物而不能主宰故也. 明道先生曰, "與其是內而非外, 不若內外之兩忘." ○ 細玩本意及『章句』, 心有不存之說, 釋云, '心을 두디 아니면', 未穩也. 當云, '心이 잇디 아니

면', 可也. 故亦有此釋. 蓋此乃直指心失主宰之時而言其病耳. 初非戒人不能操心而致此病也, 故『章句』只以心有不存, 則無以檢其身, 直解正意而戒之曰, '是以君子必察乎此, 而敬以直之然後云云.' 至是, 方推本文言外之意, 使人加省察操存之功, 以求免夫心失主宰之病. 『章句』之精審如此, 不可經以不著意操存之說解之也. ○ 在軀殼之說再按『通考』, 吳季子曰, "攫金而覓市人, 心不在市人也, 聽古樂唯恐臥, 心不在古樂也, 當食而失匕著, 心不在匕著也. 由是觀之, 欲修身者, 其可不收斂此心, 而使之在吾方寸間乎云云." 以此證之, 上所謂'主乎內應於外'之說, 益信矣." ○ 必察乎此, '此'字指心不在之病處也. ○ 按, 朱公遷曰, "伯兄克履云, '『大學』經言正心, 是兼體用言. 傳言所以正心之道, 是專以用言.' 蓋制於外, 所以養其中. 雲峰胡氏則曰, '在正其心, 此'正'字說正之之工夫.' 蓋謂心之用, 或有不正, 不可不正之. '不得其正', 此'正'字, 是說心之體本無不正, 而人自失之者也. 羅整菴『困知記』又謂, '此章所謂'不得其正'者, 似只指心體而言. 『章句』以爲, 用之所行不能不失其正, 乃第二節事, 似於心體上欠卻數語.' 蓋'心不在焉'以下, 方是說應用之失. 胡羅二說, 異於朱說如此." 又按, 徽菴程氏曰, "『章句』曰, '用之所行, 或失其正.' 『或問』曰, '此心之用, 不得其正', 未嘗言體之不正也. 唯經之『或問』有曰, '不得其本然之正', 曰, '心之本體, 物不能動而無不正.' 或者遂執之以爲, 正心乃靜時工夫, 如『中庸』未發之中, <太極圖>之主靜, 而經之所謂'定靜安'也. 傳之'心不在焉', 乃心不在腔子裏時也. 殊不知聖人敎人, 多於動處用功. 格致誠正修, 皆敎人用功於動者, 定靜安亦非但言心之靜也. 若靜時工夫, 戒愼恐懼而已, 不待乎正其所不正也. 聖賢之動, 固主乎靜, 元亨, 誠之通, 固主乎利貞, 誠之復. 而'誠正修'云者, 正誠通之事, 旣誠正而修矣. 始有誠復之明('明'字疑誤). 若當誠意之後, 厭動而求靜, 收視及聽曰, '吾將以正心', 此乃異端之事, 非吾儒事也. 況心不在焉亦曰, 心不在視, 則視而不見, 心不在聽, 則聽而不聞, 豈'靜在腔中'之謂哉. 『或問』所謂'本然本體', 亦指此心之義理而言. 孟子言'本心', 亦指仁義之心而言, 豈一於靜之謂乎?" 某謂, "人心未發之前, 體之不偏, 固可謂之'正', 已發之後, 用之各當, 獨不可謂之'正'乎? 故『章句』以用說, '不得其正'之'正'字, 朱克履所謂, '專以用言'者,

正得其義. 徽菴所譏或者之說, 卽雲峰整菴之意. 其中胡氏之說, 雖精采有警發人處, 然傳者之意, 未必然也. 徽菴力辨或說之誤, 當矣, 則雲峰整菴皆爲誤矣. 但以愚見竊恐徽說亦不能無病. 蓋不當引誠之通復爲證也. 且以或人'心不在腔子裏'之說爲非, 而必曰, '心不在視聽則不見不聞', 此亦恐偏也. 蓋未有心不在腔裏, 而能在視聽之理也. 惟是或人意只謂'靜在腔子中', 而不知通看主內應外之理, 則果爲誤耳"(自'心不在焉'條, 出先生『大學正釋』).(『講錄』)

『발휘』15-B

○ 정자가 말하였다. "인심에는 매이는 것이 있을 수 없다."[475] ○ 질문하였다. "화내고 두려워하고 좋아하며 근심하면 마음이 그 바름을 얻지 못한다. 이 몇 가지가 없으면 마음은 바르게 됩니까?" 대답하였다. "그렇지 않다. 생각건대, 단지 이것으로 그 마음을 움직이지 못하게 할 수는 없다. 배우는 사람은 확고부동한 경지에 이르지 못하면 반드시 그 의지를 잡아 지켜야 한다."[476] ○ 질문하였다. "화내고 근심한다고 말했는데, 어떻게 그의 마음을 끌어 움직이지 못하게 합니까?" 주자가 말하였다. "일에는 화내고 근심해야 하는 경우가 있지만, 지나버리면 내버려 두고 마음에 남겨 두어서는 안 된다. 안연은 화내지 않은 적이 없지만, 단지 옮기지 않았을 뿐이다."[477] ○ 또 말하였다. "두려워하는 마음이 있는 것은 이(理)를 분명히 밝히지 못한 것이고, 또 기가 부족한 것이다."[478] ○ 또 말하였다. "정심은 오히려 이 마음을 가지고 저 마음을 바르게 하는 것이 아니다. 다만 이 마음을 속에 보존하기만 하면 이른바 화내고 두려워하고 애착을 가지고 근심하는 것이, 저절로 생기지 않게 된다."[479] ○ 또 말하였다. "인심은 본래 고요하게 텅비고 밝아서 사물이 이르면 감촉함에 따라 응하여 자연스럽게 높고

475) 『二程遺書』 권11, 「師訓」.

476) 『二程遺書』 권19, 「楊遵道錄」.

477) 『朱子語類』 권16, 「大學三·傳七章釋正心脩身」.

478) 『二程遺書』 권3, 「謝顯道記憶平日語」.

479) 『朱子語類』 권16, 「大學三·傳七章釋正心脩身」.

낮음, 무겁고 가벼움을 알 수 있지만, 일이 지나버리면 이전처럼 그대로 텅 비어야 된다."480) ○ 또 말하였다. "기쁘고 화내고 근심스럽고 두려워하는 것은 모두 사람이 가지고 있는 것이다. 단지 기뻐해야 할 것을 기뻐하고 화내야 할 것을 화내면 바름을 얻게 된다. 만약 이러한 기뻐하고 화내고 근심하고 두려워하는 것이 없기를 바란 후에 도를 행할 수 있다면 이러한 이치는 없다. 소인은 곧 단지 이러한 기뻐하고 화내고 근심하고 두려워하는 것에 따르기만 하기 때문에 좋지 않게 된다."481) ○ 또 말하였다. "혈기에 따른 분노는 있어서는 안 되지만, 의리에 따른 분노는 없어서는 안 된다."482) ○ 또 말하였다. 질문하였다. "'『혹문』에서 '반드시 먼저 뜻을 유지하고 기를 지켜서 그 마음을 바르게 한다'고 한 것은 무슨 말입니까?' 대답하였다. '이것은 단지 마음의 측면에서 말한 것이다. 사려를 멋대로 하지 않으면 이것이 바로 뜻을 견지하는 것이고, 행위를 멋대로 하지 않으면 이것이 기를 지키는 것이다. 기를 지키는 것은 '그 기를 사납게 함이 없는 것'으로, 단지 멋대로 하지 않는 것이다.'"483)(『발휘』)

○ 程子曰, "人心不得有所繫." ○ 問, "有所忿懥恐懼好樂憂患, 心不得其正, 是要無此數者, 心乃正乎?" 曰, "非是. 謂無只是不以此動其心. 學者未到不動處, 須是執持其志." ○ 問, "旣謂之忿懥憂患, 如何不牽動他心?" 朱子曰, "事有當怒當憂者. 但過了則休, 不可常留在心. 顔子未嘗不怒, 但不遷耳." ○ 又曰, "有恐懼心, 亦是燭理不明, 亦是氣不足." ○ 又曰, "正心却不是將此心去正那心. 但存得此心在這裏. 所謂忿懥恐懼好樂憂患, 自來不得." ○ 又曰, "人心本是湛然虛明, 事物之來, 隨感而應, 自然見得高下輕重, 事過便當依前恁地虛, 方得." ○ 又曰, "喜怒憂懼, 都是人合有底. 只是喜所當喜, 怒所當怒, 便得其正. 若欲無這喜怒憂懼, 而後可以爲道, 則無是理. 小

480) 『朱子語類』 권16, 「大學三·傳七章釋正心脩身」.

481) 『朱子語類』 권16, 「大學三·傳七章釋正心脩身」.

482) 『朱子語類』 권13, 「學七·力行」.

483) 『朱子語類』 권18, 「大學五·傳七章」.

人便只是隨這喜怒憂懼去, 所以不好了." ○ 又曰, "血氣之怒不可有, 義理之怒不可無." ○ 又曰, "問, '『或問』云, '必先持志, 守氣以正其心.' 何也?' 曰, '此只是就心上說. 思慮不放肆, 便是持志; 動作不放肆, 便是守氣. 守氣是'無暴其氣', 只是不放肆.'"(『發揮』)

『석의』15-C

○ 「분공호우(忿恐好憂)」 : 이 네 가지는 칠정에서 세 가지를 얻었는데, '우환'이란 것만 없으나, 또한 칠정 밖에 있는 것이 아니다. 「불득기정(不得其正)」 : 주극리는 "경에서 말한 '정심'은 체와 용을 겸하여 말한 것이고, 전에서 말한 정심은 용만으로 말한 것이다"고 말하였다. 호오봉이 말하였다. "'그 마음을 바르게 하는 데 있다'에서 '정'자는 바르게 하는 공부를 말한 것이고, '그 바름을 얻지 못한다'고 할 때 '정'자는 마음의 본체를 말하는 것이다." 나정암이 말하였다. "이른바 '그 바름을 얻지 못했다'고 한 것은 마음의 체를 가리켜 말한 것 같다." ○ 휘암정씨는 『장구』와 『혹문』에 의거하여 주극리, 호운봉, 나흠순 등 세 학자의 설을 비판하여 말하였다. "『장구』에서 '작용이 행해지는 것은 때로 그 바름을 잃는다'고 말하고, 또 『혹문』에서도 '이 마음의 작용이 그 바름을 얻지 못한다'고 말한 데서 체가 바르거나 바르지 않다고 말한 적이 없다"(『석의』)

○ 「忿恐好憂」 : 四者, 就七情而得其三. 唯無所謂'憂患'者, 然亦非在七情之外也. 「不得其正」 : 朱克履云, "經言正心, 兼體用言; 傳言正心, 專以用言." 胡雲峯云, "'在正其心'之'正'字, 說正之之工夫; '不得其正'之'正'字, 說心之體." 羅整庵云, "所謂'不得其正', 似指心體而言." ○ 徽庵程氏據「章句」「或問」, 非斥朱胡羅三說曰, "「章句」曰, '用之所行, 或失其正', 其「或問」亦曰, '此心之用, 不得其正', 未嘗言體之正不正也."(『釋疑』)

『강록간보』15-D

○ 「'소위(所謂)'에서 '기미(其味)'까지」 : 김종덕(金宗德)의 생각: "주극리가 '전에서 '마음을 바르게 한다'고 말한 것은 오로지 작용으로

말한 것이다'라고 말한 것은 합당하다. 그러나 경에서 '마음을 바르게 한다'고 한 것은 체와 용을 함께 말한 것이다고 하여, 경과 전을 두 가지 뜻으로 나눈 것은 본래의 뜻이 아닌 것 같으니, 다시 생각해 보아야 할 것이다." 「분치공구호락우환(忿懥恐懼好樂憂患)」: (『고오』에서는) '분체'는 화내는 것이고, '공구'는 두려워하는 것이며, '호락'은 기뻐하는 것이고, '우환'은 슬퍼하는 것이다. 허씨는 "근심 걱정은 슬퍼하는 류가 이것이다. 칠정 가운데 세 가지를 얻은 것이 아니다"라고 말하였다.(『강록간보』)

○ 「所謂 止 其味」: 按: "朱克履所云, '傳言正心, 專以用言', 固當. 但曰, '經言正心, 兼體用言', 分經傳爲二義, 恐非本旨, 當更商." 「忿懥恐懼好樂憂患」: (『考誤』); 忿懥是怒, 恐懼是懼, 好樂是喜, 憂患是哀. 許氏曰, "憂患是哀之類, 是也. 非是就七情得其三."(『講錄刊補』)

『관계』15-E

○ 「경문정심(經文正心)」: 성의와 비교하면 '뜻'은 작용이고, 심은 체이다. '수신'과 비교하면 마음은 몸의 주인이다. 그러나 정심을 말하자마자 비단 마음의 체를 바르게 할 뿐만 아니라(경하여 안을 곧게 한다.), 마음의 작용도 바르게 해야 한다. 주극리(朱克履)가 이른바 '마음을 바르게 하는 것은 체용을 포괄한다'고 한 것은 실로 합당하다. 그러나 전의 문장에서 '네 가지 … 치우친 곳이 있다'고 한 것으로 그 바르지 않은 작용을 밝힌 것은 그 작용이 때로 치우치는 것을 조심하여 그 본체가 바름을 회복하도록 하기 위한 것이다. 실로 그 화내는 것이 없고 두려워하는 것이 없으며, 기뻐하는 것이 없고 근심하는 것이 없어서 마음이 그 바름을 얻으면 어찌 체가 서는 것이 아니겠는가? 체가 서지 않으면 보아도 마음은 보는 데 있지 않고, 들어도 마음은 듣는 데 있지 않다. 작용에 행해지지 않는 것이 있고 체가 그 바름을 얻지 못하기 때문에 주자는 여기에서 안을 곧게 하는 경을 말하였으니, 경이 어찌 움직이기만 하고 고요하지 않은 것이겠는가? 호운봉과 나정암 두 사람은 '그

바름을 얻지 못한다'는 곳에서는 체를 역설하면서 그 마음을 바르게 하는 데 있다는 곳에서는 용만 말하였으니, 뜻이 심하게 전도되었다. 마음이 몸속에 있지 않으면 반드시 보고 듣는 데 달려 있다고 하는 이치는 없게 될 것이다. 그러나 휘암은 억지로 '바름을 얻지 못한다'는 한 구절로서 정심에는 고요할 때의 공부가 없음을 말하면서 몸속에 있다는 설을 전적으로 공격하는 것도 매우 치우치고 막힌 것 같다. 그러나 주자가 설한 전문 또한 잘못이 있는 것 같다. 전에서 '그 바름을 얻지 못한다'고 말한 것은 실로 작용의 병통이지만, 그런 점이 있을 때 없애고, 마음을 두지 않을 때 두는 것, 이것이 바로 마음을 바르게 하는 도리이니, 또한 어찌 용만을 쓴 적이 있겠는가?(전문으로 말한 것은 그 마음을 바르게 하는 데 있기 때문이다.)(『관계』)

○ 「經文正心」: 對誠意則意用而心體, 對修身則心爲身之主. 然纔說正心, 非徒正其心之體(敬以直內), 尤當正其心之用. 朱克履所謂'正心兼體用'者, 固爲得之. 但傳文以四'有所', 明用之不正, 戒其用之或偏, 欲以復其體之正. 苟其無所忿懥, 無所恐懼, 無好樂, 無憂患, 而心得其正, 豈不是體之立乎? 體苟不立, 則視而心不在視, 聽而心不在聽. 用有所不行, 而體不得其正, 故朱子於此, 便說直內之敬, 敬豈偏動不靜之物乎? 胡羅二公於'不得其正'處, 硬說體, '在正其心'處, 單說用, 顚錯甚矣. 心不在腔中, 則必無在視聽之理. 而徽庵硬將用'不得正'一句, 謂正心無靜時工夫, 而全攻在腔裏之說, 亦甚偏滯. 而朱說傳文亦恐有差. 傳言'不得其正', 固是用之病, 而有所而無之, 不在而在之, 此方是正心之道, 亦何嘗專言用乎!(以傳文而言, 在正其心故也.)(『冢啓』)

『원주』15-1

○ 주자가 말하였다. "네 가지는 모두 마음의 작용으로서 사람에게 없을 수 없는 것이다. 그러나 하나라도 있으면서 그것을 살피지 못하면 욕망이 움직이고 정욕이 솟구쳐 그 마음의 작용으로

행해지는 것은 때로 그 바름을 잃지 않을 수 없을 것이다."[484]

○ 朱子曰, "四者皆心之用, 而人所不能無者. 然一有之而不能察, 則欲動情勝, 而其用之所行, 或不能不失其正矣."

『강록』15-1-A

○ 「인소불능무(人所不能無)」 : 이덕홍이 기록하였다. "배고플 때 먹고 목마를 때 마시는 등의 일은 평범한 사람만이 그런 것이 아니라, 가장 지혜로운 사람도 없을 수 없습니다. 그러나 없을 수 없는 것은 천리의 바른 것입니다. 치우침이 있는 것과 관련되기만 하면 이미 사사로운 인욕에 빠지는 것입니다." 「일유지(一有之)」 : 이덕홍이 기록하여 말하였다. 질문하였다. "'하나라도 있으면서 살필 수 없다'고 할 때 '하나'는 네 가지 가운데 하나입니다. '유'는 곧 사물이 와서 기뻐하고 분노할 만한 것이 있다고 할 때는 '하나라도 있거든'이라고 해석해야 합니다. 대개 하나라도 기뻐하고 분노할 만한 사물이 있는데도 살피지 못하여, 욕망이 움직이고 정욕이 일어나는 데 이르게 되면, 이 마음의 작용은 얽매이기 시작하여 그 바름을 얻지 못하게 됩니다. '유지(有之)' 두 글자는 '...에 치우친 것이 있다'는 뜻으로 해석한 것은 아닙니다. 조상사는 ''하나라도 있다'는 것은 '단순히 있다'고 말하는 것으로 '한갓 두고'라고 해석해야 한다'고 말하였습니다. 그 의미는 대개 '그것이 있다'고 말하는 것은 '...에 치우친 것이 있다'는 의미로 해석하는 것으로, 배우는 사람이 만약 이 네 가지가 사람에게 없을 수 없는 것이라고 보아도, 하나라도 있으면서 그 사이에서 그것을 철저히 살필 수 없다고 운운함을 말하는 것입니다. 그러나 '그것이 있다'고 하는 뜻은 '...에 치우친 것이 있다'고 하는 앞에 있으나, '...에 치우친 것이 있다'고 하는 것의 병통은 '그것이 있다'는 것 뒤에 생깁니다. 그러므로 '유지'라는 글자에는 문제가 없으나, '유소'라는 글

484) 『大學章句』 傳7章, 朱子注.

자에 이르러 비로소 문제가 있는 것입니다. 이 장의 『혹문』에서는 이 한마디 말을 서술하여 말하였습니다. '오로지 사물이 이를 때 살피지 못하는 것이 있고, 그것에 응하는데 간혹 잘못이 없을 수 없고, 또 그와 더불어 함께 가지 않을 수 없으므로 그 기뻐하고 화내고 근심하고 두려워하는 것이 반드시 마음속에서 움직여 이 마음의 작용이 비로소 바름을 얻지 못하게 된다.' 지금 이 학설을 가지고 본다면 살필 수 없게 된 후에 비로소 잘못하는 점이 있게 되고, 비로소 마음속에서 움직이면서 이 마음의 작용이 그 바름을 얻지 못하게 됩니다. 그러므로 살필 수 없기 이전에는 이 네 가지 치우쳐 있는 병통이 있는 것이 아님을 알 수 있습니다. 김인산도 말하였습니다. '지금 전의 문장으로 볼 때, 첫째도 '…에 치우친 것이 있다'고 말하고, 둘째도 '…에 치우친 것이 있다'고 말하니, 이것은 마음이 주인으로 삼는 것이 여기에서 잘못되는 것이 확실하다. '분'으로 '분치'라고 말하고, '구'를 '공구'라고 말한 것은 중첩된 말이므로, 이것은 정욕이 일어나는 것이 여기에 이르러 깊이 막히는 것이다.' 이 말에서 볼 때 네 가지 있는 것을 마음에 의한 잘못으로 여기고, 그 중첩된 말은 정욕이 솟구치는 것이라고 간주한다면, 욕망이 움직이고 감정이 솟구칠 때는 이 네 가지 치우침이 있는 병통이 있음을 또한 알 수 있습니다. 지금 만약 이것을 잘못으로 여겨 '단순히 그것이 있다'는 설을 보존하고자 한다면, 나로서는 이해하지 못하는 것입니다. 저는 지난번에 이미 가르침을 들었는데도 아직도 의혹을 해소하지 못하여, 앞서 가지고 있던 설을 다시 살펴서 거듭 질문 드리오니, 망령된 것은 아닌지 모르겠습니다." 선생께서 답하여 말하였다. "정심장(正心章)에서 '하나라도 있는데도 살필 수 없다'고 한 뜻은 본 것이 자세하고 설명한 것이 분명하다. 내 생각도 바로 이와 같다. 단지 사경의 설은 잘못된 것이다. 사경만이 아니라 다른 사람도 그 설을 많이 쓰는데, 아마도 둔한 사람이 오인한 부분이 있는 것 같으니, 다시 상세히 살펴보아야 할 것이다."(『강록』)

○ 「人所不能無」: 李錄云, "如飢食渴飮等事, 非獨衆人爲然, 雖上智亦不能無. 然所不能無者, 天理之正也. 纔涉於有所, 則已流於人欲之私矣." 「一有之」: 李錄云, 問, "'一有之而不能察', '一'卽四者之一也. '有'卽事物之來, 有可喜可怒者也. 當釋曰, '흔나히나 잇거든.' 蓋一有可喜可怒之事物, 而不加察焉, 以至於欲動情勝而後, 此心之用始有所繫累而不得其正也. '有之'二字, 非訓'有所'之義者也. 趙上舍曰, ''一有'猶言徒有之也. 當釋曰, 흔갓두고.' 其意蓋曰'有之'卽訓'有所'之義者也. 言學者若以此四者爲人所不能無者, 而一於有之不能致察於其間云云. 然'有之'之義在於'有所'之前, '有所'之病生於'有之'之後. 故'有之'字無病, 而'有所'字方有病也. 此章『或問』敍此一語曰, '惟其事物之來有所不察, 應之旣或不能無失, 且又不能不與俱往, 則其喜怒憂懼必有動乎中者, 而此心之用始有不得其正也.' 今以此說觀之, 不能察然後, 方有所失, 始有動乎中, 而此心之用有不得其正也. 然則不能察之前, 非有此四有之病可知也. 金仁山亦曰, '今以傳文觀之, 一則曰'有所', 二則曰'有所', 則是心之所主者, 在此其失也, 固矣. 忿而曰'忿懥', 懼而曰'恐懼', 卽其重疊之辭, 則是情之所勝者, 至此其滯也深矣.' 觀於此言, 以四有爲心之所失, 以其重疊之辭爲情之所勝云, 則欲動情勝之時, 卽有此四有之病, 亦可見矣. 今若以此爲非, 而欲存徒有之之說, 則愚所未解者也. 德弘向旣聞命而尙未解惑, 更考攸先之說, 以再稟焉, 不審妄否?" 先生答云, "正心章'一有之而不能察'之義, 看得子細, 說得分明. 鄙見正如此. 但士敬說非, 非但士敬, 他人亦多用其說, 恐或拙者有誤認處, 當更詳之."(『講錄』)

『질의고오』15-1-B

○ "『질의』에서 "'하나'는 곧 네 가지 가운데 하나입니다. '유(有)'는 곧 사물이 이르면 기뻐하고 화낼 만한 것이 있다'고 한 것은, '하나라도 있으면'이라고 해석해야 합니다. 대개 하나라도 기뻐하고 화낼 만한 사물이 있는데도 그것을 살피지 못하여, 욕구가 움직이고 정욕이 솟구친 후에 이 마음이 한 번 작용하면 비로소 얽매이는 것이 있어 그 바름을 얻지 못하게 됩니다. '유지(有之)' 두 글자

는 '유소(有所)'의 뜻으로 해석한 것이 아닙니다. '유지'의 의미는 '유소'의 앞에 있는데, '유소'의 문제점은 '유지'의 다음에 생깁니다. '유지' 두 글자에는 문제가 없으나, '유소'라는 글자에서 비로소 문제가 있습니다." 대답하였다. "그렇다." ○ '하나'가 곧 네 가지 가운데 하나라는 것은 옳지 않다. '하나라도 있다'는 것은 예컨대, 『혹문』에서 본연의 바름을 얻지 못하는 일이 조금이라도 있다고 말한 것과 같은 것이다. 말하자면 혹 분노하거나 두려워하거나 좋아하고 근심하는 것 가운데 하나라도 가지고 그것을 살피지 못한다는 것은 '하나라도 있거든'이라고 말하는 것과 같으니, 문리(文理)가 성립하지 않는다. 주순필이 질문하여 말하였다. "네 가지는 사람에게 없을 수 없는 것이지만, 여기에 하나라도 있으면 마음이 그 바름을 얻지 못한다고 하는 것은 무슨 말입니까? 운운" 여기에서 '유일'은 '일유'와 어순과 문리가 같지 않으므로 독자들은 상세히 살펴야 할 것이다.(『질의고오』)

○ 『質疑』"'一'卽四者之一也. '有'卽事物之來, 有可喜可怒者也.' 當釋云, 'ᄒᆞ나이나 잇거든', 蓋一有可喜可怒之事物而不加察焉, 以至於欲動情勝而後此心之一用, 始有所係縛而不得其正也. '有之'二字, 非訓'有所'之意者也. '有之'之意在於'有所'之前, '有所'之病生於'有之'之後. '有之'二字無病, '有所'字方有病, 曰, "然." ○ '一'卽四者之一者, 非是. '一有'如『或問』一有不得其本然之正云者, 謂於或努或懼或好或憂 듕에 ᄒᆞᆫ적두고 능히 찰지 못ᄒᆞᆫ, 則如曰ᄒᆞ나히나잇거든云云, 則不成文理. 周舜弼問曰, "四者人之所不能無者, 然有一于此, 則心不得其正者, 何也云云." '有一'與'一有', 語勢文理不同, 讀者詳之.(『質疑考誤』)

『석의』15-1-C

○ 「인소불능무자(人所不能無者)」: '없을 수 없다'는 것은 천리의 바름이다. '…에 치우친 것이 있는 것'과 관련되기만 하면 이미 사사로운 인욕에 흐르고 만다. 「일유지(一有之)」: '일유'는 '조금이라도 있으면' 이란 뜻이다. 대개 마음의 본체는 밝은 거울이나 고요한

물처럼 텅비고 밝아서 기쁨·분노·근심·두려움이 이르게 되면 마치 뜬 구름이 지나가는 것과 같이하여 조금도 그것에 마음을 두어서는 안 된다. '일유지'라고 한 것이 다른 책에 보이는 것은 한 군데가 아니다. 『중용』 12장 주에는 '조금이라도 성실하지 못함이 있으면 인욕이 그 사이에 낀다'고 말하였고, 또 '조금이라도 성실하지 못한 점이 있으면 이 아홉 가지는 모두 헛된 글이다'고 말하였다. 이것은 모두 조금이라도 있으면 이란 뜻이다. ○ '적으나마 있고'이다.(『석의』)

○ 「人所不能無者」 : '不能無'者, 天理之正也. 纔涉於'有所', 則已流於人欲之私矣. 「一有之」 : '一有', 少有之也. 蓋心體虛明, 如明鏡止水, 喜怒憂懼之來, 如浮雲之過去, 不可使少有之也. '一有之'云, 見於他書者非一. 『中庸』十二章註曰, '一有不誠, 則人欲間之', 又曰'一有不誠, 則是九者, 皆爲虛文'. 是皆少有之義也. ○ 져그나두고.(『釋疑』)

『부주차의』15-1-D

○ 「'일유지(一有之)'에서 '소유지(少有之)'까지」 : 한원진(韓元震)의 생각: '일(一)'자는 단지 '혹(或)'자의 의미로 '때로 그것이 있다'고 하는 것과 같은 듯하다. '일'은 숫자 가운데 적은 것이므로 '적은 것'으로 '일'자를 해석하였으니, 실로 또한 가깝다. 그러나 '일'은 '여럿'과 대립되고 '소'는 '다'와 대립되므로, 그 뜻이 같지 않은 점이 있다. 「서문」에서 '일유총명예지'라 할 때의 '일'자도 '소'자로 해석할 수 있을 것 같다. '혹'자로 '일'자를 해석한 것은 또한 철저하지 않다. 단지 '일개(一箇)' '일심(一審)'의 설을 만들어 앞의 '일유'를 '일개'로 말하고, 여기에서의 '일유'를 '일심'으로 말하는 것은 괜찮을 것 같다.(『부주차의』)

○ 「一有之 止 少有之」 : 按: '一'字恐只是或字之意, 猶言或有之也. 一者, 數之少, 則以少訓一, 固亦近之. 然'一'與'衆'對, '少'與'多'對, 則其義亦有不同者矣. 「序文」一有聰明睿智'一'字, 亦可作'少'字解耶. '或'字之訓'一'字, 亦未盡. 只作一箇一審說, 而前'一有'作'一箇'說, 此'一有'作'一審'說, 似可矣.(『附註箚疑』)

『강록간보』15-1-E

○ 「일유지(一有之)」 : 김종덕(金宗德)의 생각: 네 가지가 사람에게 없을 수 없다고 말하였으나 '연(然)'자는 반어사이므로, '연'자 이하는 병통으로 보아야 문장의 뜻에 순조로울 것 같다. '일유지'는 아마도 '…에 치우친 것이 있다'는 병통이며, '일'자를 '일심'의 '일'로 해석하는 것이 모두 지장이 없을 것 같은데 어떻습니까?(『강록간보』)

○ 「一有之」 : 按: 旣言四者, 人所不能無, 而'然'字乃是反語之辭, 則自'然'字以下, 作病痛看, 恐於文義爲順. '一有之', 恐是'有所'之病. '一'字訓'一審''一'者, 俱無所妨, 如何? (『講錄刊補』)

『관계』15-1-F

○ 「일유지(一有之)」 : '일유'만 말하면 '유소'의 뜻과 다르지만, '유지'라고 말하면 '유소'의 병통과 관련된다. 그러나 '유지'라고만 말하면 병통이 비교적 가벼운데, '살피지 못한다'고 이어서 말하면 '유지(有之)'를 이어서 병통이 더욱 무거워진다. '일유'는 곧 『장구』에서 이른바 '없을 수 없는 것'이라는 것이다. 조금이라도 있으면서 살피지 못하면 소홀히 하는 병통이 되지만, 그것을 가지고 있으면 막히는 병통이 되며, 가지고 있으면서도 살피지 못하면 얽매이는 병통이 된다. 이것이 막 '…에 치우친 것이 있다'는 것에 대한 적확한 해석이다. '일'자의 의미는 사건으로 말하면 '한 가지[一者]'를 말하고, 시간으로 나누어 말하면 '한 때'를 말하는 것이 모두 가능하다. 그러나 '한결같이 그것을 가진다'고 말하면, 어찌 살필 수 없어 병이 되는 것을 기다릴 필요가 있겠는가? 모든 '유지'는 또한 지나치게 무거운 것 같다. 경문은 어찌하여 그 바름을 얻지 못한 것을 나누어 말하게 되었는가?(어찌 바르지 않은 것에 그치겠는가? 반드시 마음과 본성을 상실하게 될 것이다.) 「혹불능(或不能)」 : 바로 윗 문장의 '일유'와 상대하여 말한 것이다. 뜻이 성실

한 사람은 늘 이런 병통을 가질 필요는 없다.(『관계』)

○ 「一有之」: 只言‘一有’, 則異於‘有所’之義, 而纔說‘有之’, 則便涉有所之病. 然但曰‘有之’, 則爲病稍輕, 而繼言‘不察’, 則仍‘有之’而病益重. ‘一有’卽『章句』所謂‘不能無者’. 一有而不察, 則爲泛忽之病. 有之, 則爲留滯之病. 有之而不察, 則爲繫累之病. 此方是‘有所’之的訓. ‘一’字之訓, 以事件言, 則曰一者; 以時分言, 則曰一審, 皆可, 而其曰一於有之, 則何待不能察而做病. 一切‘有之’, 又恐太重. 經文何爲分說了不得其正乎? (何止不正, 喪心失性必矣.) 「或不能」: 正對上文‘一有’而言. 意誠之人未必每有此病.(『窾啓』)

『원주』15-2

○ 또 말하였다. “마음이 보존되지 못하면 그 몸을 단속하지 못한다. 그러므로 군자는 반드시 이것을 살펴서 경하여 안을 곧게 한 후에, 이 마음은 늘 보존되고 몸은 닦여지지 않음이 없게 된다.”485)

○ 又曰, “心有不存, 則無以檢其身. 是以君子必察乎此, 而敬以直之然後, 此心常存, 而身無不脩也.”

『강록』15-2-A

○ 「경이직내(敬以直之)」: 「정심장」에서는 경을 말하지 않고 『장구』에서 그것을 말한 것은 마음을 바르게 하는 요점이 되는 방법을 제시하여 후학들을 경계시키고, 책려하는 뜻이 지극하다.(『강록』)

○ 「敬以直之」: 「正心章」不言敬, 而『章句』發之, 則開示正心之要法, 警策後學之意至矣.(『講錄』)

『석의』15-2-B

○ 「경이직내(敬以直之)」: 본장에서는 경을 말하지 않고, 『장구』에서 말하였으니, 마음을 바르게 하는 요점이 되는 방법을 드러내 주는 것으로 후학들을 경계시키고 책려하는 뜻이 지극하다.(『석의』)

---

485) 『大學章句』 傳7章, 朱子注.

○ 「敬以直之」 : 本章不言敬, 而『章句』發之, 則開示正心之要法, 警策後學之意至矣.(『釋疑』)

『부주』15-1

◯ 정자가 말하였다. "마음 가운데 주인이 있으면 성실하게 되고, 성실하면 바깥의 근심이 들어올 수 없어 자연히 아무 문제가 없어진다."486) 또 말하였다. "주인이 있으면 텅비고, 텅 빈 것은 사특함이 들어올 수 없는 것을 말한다. 주인이 없으면 찬다. '찬다'는 것은 사물이 와서 빼앗는 것을 말한다."487)

◯ 程子曰, "中有主則實, 實則外患不能入, 自然無事." 又曰, "有主則虛, 虛謂邪不能入. 無主則實, 實謂物來488)奪之."

『강록』15-1-a

○ 「실(實)」 : 위의 '실(實)'자는 '성실'이고, 아래 '실(實)'자는 막히는 것이다. ○ 이덕홍이 기록하여 말하였다. "주인이 있는 성실은 이치의 성실이고, 주인이 없는 '채워짐'은 욕망이 막는 것이다."(『강록』)

○ 「實」 : 上'實'字, 誠實也. ○ 下'實'字, 充塞也. ○ 李錄云, "有主之實, 理之實也. 無主之實, 欲之塞也."(『講錄』)

『석의』15-1-b

○ 「유주즉실무주즉실(有主則實無主則實)」 : 앞의 '실'자는 성실이고, 뒤의 '실'자는 막히는 것이다. 주인이 있는 '실'은 이치의 성실이고, 주인이 없는 '실'은 욕망이 막는 것이다.(『석의』)

○ 「有主則實, 無主則實」 : 上'實'字, 誠實也. 下'實'字, 充塞也. 有主之'實', 理之實也. 無主之'實', 欲之塞也.(『釋疑』)

486) 『二程遺書』 권1, 「端伯傳師說」.
487) 『二程遺書』 권15, 「入關語録」.
488) 【교감】 : 『강록』에는 '卒'자로 되어 있다.

『관계』15-1-c

○ 「유주실무주실(有主實無主實)」 : 위의 '실'자는 온갖 이치가 모두 성실한 것이고, 아래의 '실'자는 사욕이 채워진 것이다.(『관계』)

○ 「有主實無主實」 : 上'實'者, 萬理都實, 下'實'者, 邪欲塡實.(『竅啓』)

『비망록』15-1-d

○ '유주칙허'는 마음에 주인이 된 것으로 말한 것이므로 '사특함이 들어올 수 없다'고 말하였고, '무주칙실'은 사물에 의거하여 말한 것이기 때문에 '사물이 와서 빼앗는다'고 말하였다. 위의 두 구절은 모두 일상적인 예를 가리키고, 아래 두 구는 글자를 해석한 것에 의거한 것이다.(『비망록』)

○ '有主則虛', 主於心而言, 故曰'邪不能入'. '無主則實', 據於物而言, 故曰'物來奪之'. 上二句指常例, 下二句寓訓辭.(『備忘錄』)

『부주』15-1-1

○ 주자는 말하였다. "지금 한번 생각하는 사이에 마음속에 사사로운 주인이 없으면 이것을 곧 '허(虛)'라고 말하고, 일이 모두 망령되지 않은 것을 '실'이라고 말하니, 두 가지 일이 아니다."[489]

○ 朱子曰, "今一念之間中無私主, 便謂之虛. 事皆不妄, 便謂之實, 不是兩件事."

『부주』15-1-2

○ 또 말하였다. "경하면 안의 욕망이 싹트지 않고 밖의 유혹이 들어오지 않는다. 그 안의 욕망이 싹트지 않는 측면에서 말할 때 '허'라고 일컬으며, 그 밖의 유혹이 들어오지 않는 것으로 말할 때, '실'이라고 말하지만, 단지 동시적인 일로서 두 가지 단절된 것으로 보아서는 안 된다. 한 때 임용중(林用中)[490]이 「주일명」을 들어

489) 『晦庵集』 권45, 「答廖子晦」.

490) 임용중(林用中) : 자는 택지(擇之) 또는 경중(敬仲), 호는 동병(東屛)으로 고전(古田) 성동(城東) 사람이다. 주희의 사대 문인 가운데 한 사람이다. 저서에 『동병집(東屛集』, 『초당집(草堂集』 등이 있었으나 모두 산실되었다.

서 배우는 이들에게 '주인이 있으면 텅비어 정신이 그 외곽을 지키며, 주인이 없으면 꽉 차게 되어 귀신이 그 방을 엿본다'고 하였다."491)

○ 又曰, "敬則內欲不萌, 外誘不入. 自其內欲不萌而言, 則曰虛, 自其外誘不入而言, 故曰實, 只是一時事, 不可作兩截看也. 一時舉林用中「主一銘」, 以告學者曰, '有主則虛, 神守其郛, 無主則實, 鬼闞其室.'"

『강록』15-1-2-a

○ 「곽(郛)」 : 성곽이다. 「귀감기실(鬼闞其室)」 : 『양자(楊子)』에 나오는데, '그대의 집에는 귀신이 그 방을 엿본다'고 하였다.(『강록』)

○ 「郛」 : 城郭也. 「鬼闞其室」 : 出『楊子』, 曰'高明之家, 鬼闞其室.'(『講錄』)

『석의』15-1-2-b

○ 「신수기곽(神守其郛)」 : '곽'은 성곽이다. 「귀감기실(鬼闞其室)」 : 양자가 '그대의 집은 귀신이 그 방을 엿본다'고 말하였다.(『석의』)

○ 「神守其郛」 : '郛', 城郭也. 「鬼闞其室」 : 楊子曰, '高明之家, 鬼闞其室.' (『釋疑』)

『강록』15-1-2-c

○ 혹자가 말하였다. "여기에서 '실'자의 뜻은 정자가 말한 '주인이 없으면 찬다'고 한 것과 다른 것 같습니다. 그것을 어떻게 보는 것이 좋겠습니까?" 대답하였다. "정자가 '실'이라고 말한 것은 채워 막는다는 뜻이다. 여기에서 말한 '실'은 성실의 뜻이다. 대개 마음에 성실함을 보존하면 밖으로부터 사특함이 감히 엿보지 못하여 들어오지 못한다. 정자는 유주와 무주를 나누어 대립시켜 말했기 때문에 허와 실이 각각 다른 뜻이 된다. 주자는 단지 그 주인이 있다는 것에 유의하여 말하였기 때문에 허와 실을 하나의 뜻으로 합하였다. 그 말의 뜻을 상세히 살펴보면 그런 것 같다."(『비망록』)

○ 或曰, "此實字意與程子所謂'無主則實', 似有異, 何以視之爲得?" 曰, "程子

491) 『晦庵集』 권45, 「答廖子晦」.

所謂'實', 是充塞之意. 此所謂'實', 是誠實之義. 蓋心存於誠實, 則外邪不敢窺, 所以不入. 程子分有主無主, 作對言之, 故虛實各自爲意. 朱子但意其有主而言之, 故虛實合爲一意. 詳其語意, 恐似然矣."(『備忘錄』)

◯「정민정의 생각」10: 이 아래에 뽑아놓은 정자와 장재가 마음을 논한 학설들[492]은 비록 바로 전(傳)의 뜻을 해 석한 것은 아니지만, 마음을 보존하더라도 지나치게 치우치거나 마음을 잃어버려도 아는 것이 없는 자들은 모두 이것을 극진히 삼가지 않을 수 없다.

◯「按」: 此下所摭程張論心之說, 雖非正釋傳意, 然心存而有所偏勝, 心亡而無所知識者, 皆不可不致謹乎此也.

『강록』10-1

○「심존(心存)」: '마음이 사특한 데 있다'는 것이다.「심망(心亡)」: 마음을 버려 두는 것이다.(『강록』)

○「心存」: 心在於邪.「心亡」: 放心.(『講錄』)

『석의』10-2

○「심존(心存)」: 정체되어 있다는 뜻이고,「심망(心亡)」: 마음을 버려두는 것이다.(『석의』)

○「心存」: 留滯之意.「心亡」: 放心.(『釋疑』)

『표제』10-3

○「심존심망(心存心亡)」: 박세채(朴世采)의 생각:「정심」전의 위아래 두 구절을 가리켜 말하는 것이다.(『표제』)

○「心存心亡」: 按: 指正心傳上下兩節而言.(『標題』)

『강록간보』10-4

○「'심존(心存)'에서 '편승(偏勝)'까지」:「정심장」제1절에 호응한 것이다.「'심망(心亡)'에서 '지식(知識)'까지」:「정심장」제2절에 호응한 것이다.(『강록간보』)

○「心存 止 偏勝」: 應「正心章」第一節.「心亡 止 知識」: 應「正心章」第二

---

492)『부주』15-2,『부주』15-3,『부주』15-4의 세 조목을 말한다.

節.(『講錄刊補』)

『밀험』10-5

○ 생각건대, '성(誠)'을 '실(實)'로 풀이한 것은 고전에 분명한 전거가 없다. 『역』의 예를 보면, '리(離)'가 성이 된다. '리'는 가운데가 비어 있는 괘이다. 「제의(祭義)」에서 "마음을 비워 그것을 다스린다"고 말하였는데, 마음을 비우는 것은 성실함이다. 그래서 제사를 점칠 때 리이면 곧 믿음이 있다. '중부(中孚)'도 가운데가 빈 괘이다.(곧 대체이다.) 그러나 그 본체를 말하면 '허(虛)'를 성으로 간주하였고, 그 힘쓰는 것으로 말하면 '실(實)'을 성으로 보았으니, 이것은 주자의 뜻이다. 만약 그 주인이 있고 없는 것을 논하면 본래 주인이 있는 것을 실로, 주인이 없는 것을 허로 보아야 한다. 외물이 와서 빼앗는 것을 어찌 주인이 있다고 말할 수 있겠는가?(『밀험』)

○ 案, 訓誠爲實, 古無明據. 易例離則爲誠, '離'者, 虛中之卦也. 「祭義」云, '虛中以治之', 虛中者, 誠也. 故祭祀之占, 離則有孚, '中孚'亦虛中之卦也(卽大體). 然語其本體, 則以虛爲誠; 語其用力, 則以實爲誠, 此朱子之義也. 若論其有主無主, 則自當以有主者爲實, 無主者爲虛. 外物之來奪者, 豈可曰有主乎?(『密驗』)

『부주』15-2

○ 또 말하였다. "마음에 어떤 일도 두어서는 안 된다."493)

○ 又曰, "心不可有一事."

『강록간보』15-2-a

○ 김돈서에게 답하여 말하였다. "여러 이치를 갖추고 온갖 일에 응하는 것은 마음인데, 지금 '한 가지 일도 두어서는 안 된다'고 하는 것은 당연히 의심스럽다. 그러나 또 아마 좋은 일이라도 항상 가

493) 『二程遺書』 권3, 「謝顯道記憶平日語」.

져서는 안 된다고 하는 것이니 더욱 궁구하여 여기에 이르기는 더욱 쉽지 않다. 대개 일이 마음의 병이 될 수 없으나 그것을 두면 병이 된다. 그래서 좋은 일, 나쁜 일, 큰 일, 적은 일을 불문하고 그것을 조금이라도 두어서는 안 된다."(『강록간보』)

○ 答金惇敍曰, "具衆理應萬事者, 心也. 今曰'不可有一事', 疑之當矣. 而又疑善事亦不可常有者, 尤不易窮到此. 蓋事不能爲心之病, 而有之則爲病. 故不問善事惡事大事小事, 而不可一有之也."(『講錄刊補』)

『밀험』15-2-b

○ 생각건대, '마음에 두어서는 안 된다'는 것은 곧 분노와 같은 네 가지 감정이다. 만약 모두 어떤 일도 없도록 하려고 하면 아마도 어긋나는 경우가 있을 수도 있다. 성인의 법은 사색하지 않으면 배우고, 배우지 않으면 사색하여 잠시의 단절도 없다. 그래서 공자는 '나는 한 때 온 종일 먹지 않고 밤새워 자지 않고 생각해 보았으나, 유익한 것이 없어 학문하는 것만 못했다'고 말하였다. 바야흐로 먹지 않고 잠자지 않을 때는 분명히 어떤 일이 있는 것이다. 공자의 마음속에서는 이리저리 연역해 내어 벗어날 수 없으니, 어찌 일찍이 전혀 아무런 일도 없는 것으로 마음을 다스리는 방법으로 삼은 적이 있겠는가? 공자는 '온 종일 배불리 먹으면서 마음을 쓰는 일이 없으면 어렵다 하겠다. 바둑이나 장기를 두는 것이 그만두는 것보다는 낫다'고 말하였다. 마음속에 아무 일도 없는 것을 성인은 새삼 경계한 것이다.(『밀험』)

○ 案: '心之所不可有'者, 卽忿懥等四情. 若要都無一事, 恐或有差. 聖人之法, 不思則學, 不學則思, 無一息之間斷. 故孔子曰, '吾嘗終日不食, 終夜不寢, 以思, 無益, 不如學', 方其不食不寢之時, 必有一事. 在孔子心中, 紬來繹去, 排脫不得, 何嘗以都無一事爲治心之法. 孔子曰, '飽食終日, 無所用心, 難矣哉! 博奕猶賢乎已.' 心中之無一事, 聖人方且戒之.(『密驗』)

『부주』15-2-1

○ 명도선생이 전주에 있을 때 다리를 수리하는 데 긴 들보 하나

가 부족하여 민간에서 그것을 널리 구한 적이 있다. 후에 이어서 민간에 출입할 때 아름다운 나무를 보면 반드시 계산하는 마음이 생겼다. 그리하여 이 말로 배우는 자들을 경계하였다.494)

○ 明道先生在澶州, 修橋, 少一長梁, 曾博求之民間. 後因出入, 見林木之佳者, 必起計度之心. 因以此語戒學者.

『강록』15-2-1-a

○ 「전주(澶州)」 : 명도선생은 전주의 막관이 되었다. 「소(少)」 : 이덕홍이 기록하여 없는 것과 같다고 하였다.(『강록』)

○ 「澶州」 : 明道先生爲澶州幕官. 「少」 : 李錄云, 猶無也.(『講錄』)

『석의』15-2-1-b

○ 「전주(澶州)」 : 명도는 그 지역의 막관이 되었다. 「소일장량(少一長梁)」 : '소'는 없는 것과 같다는 것이다.(『석의』)

○ 「澶州」 : 明道爲其幕官. 「少一長梁」 : 少, 猶無也.(『釋疑』)

『비망록』15-2-1-c

○ 전주는 명도가 수교관이 된 곳이다. 혹자가 말하였다. "명도의 이 말은 저의 견해로는 분명치 않은 부분이 있습니다." 말하였다. "대개 성현의 마음속은 분명하고 밝아서 일을 만나면 절도에 맞고, 일이 지나버리면 보존하고 기르는데 있어 다시 마음에 장애를 남기지 않는다. 이 장의 뜻은 '후'자에서 살펴볼 수 있다. 교량을 다 건설하고 나서 비로소 아름다운 나무를 보고서 계산하는 마음이 생겨서 스스로 마음이 만족스럽지 못함을 깨닫고 나서 그것을 계기로 이 말로 배우는 사람들이 조심하도록 하여 그들로 하여금 텅 비고 밝게 마음을 지키도록 한 것이 그렇다."(『비망록』)

○ 澶州, 明道爲修敎官. 或曰, "明道此語, 愚見之所未曉." 曰, "夫聖賢胸次瑩澈, 遇事便中節, 事過則更不留心碍於存養也. 此章之意, 於'後'字可想. 其修橋已畢, 第見林木之秀, 起計較之心, 自覺其未慊, 而因以此語, 戒學者, 欲使之虛明以持守, 是矣."(『備忘錄』)

494) 『二程遺書』 권3, 「謝顯道記憶平日語」.

『부주』15-2-2

○ 질문하였다. "모든 일은 반드시 생각을 한 후에 통하는데 어찌 마음에 하나의 일도 두어서는 안 된다고 말합니까?" 주자가 말하였다. "일을 어떻게 생각하지 않겠는가? 단지 일이 지나버리면 마음에 두지 않는 것이 좋다."495)

○ 問, "凡事須思而後通, 安可謂心不可有一事." 朱子曰, "事如何不思, 但事過則不留於心, 可也."

『부주』15-2-3

○ 동래여씨가 말하였다. "이른바 '일삼는 것이 없다'는 것은 일을 포기하는 것이 아니다. 단지 일찍 일어나서 늦게 자며 배고플 때 먹고 목마를 때 마시는 것처럼 그 일을 종일토록 행하면서도 한 적이 없는 것처럼 생각하는 것이다. 대개 마음속을 언제나 편안하고 화평하고 즐겁게 하면 일이 이르러 그것에 응할 때도 저절로 절도에 맞게 되어, 마음은 넓어지고 몸은 윤기가 흐르게 되어 모든 질병이 모두 제거된다. 대개 생명을 기르는 것과 마음을 기르는 것은 같은 방법이다. 순자는 '기쁜 일이 이르면 화평함으로 다스리고 근심스러운 일이 이르면 고요함으로 다스린다'고 말하였다. 이(理)는 조리가 있어 어지럽지 않은 것을 말한다."496)

○ 東萊呂氏曰, "所謂'無事'者, 非棄事也. 但視之如早起晏寢飢食渴飮, 終日爲之而未嘗爲也. 大抵胸次常令安平和豫, 則事至應之, 自皆中節, 心廣體胖, 百疾俱除. 蓋養生養心同一法也. 荀子言"喜事至則和而理, 憂事至則靜而理." 理者, 有條理而不亂之謂."

『강록』15-2-3-a

○ 「'우사(憂事)'에서 '정이리(靜而理)'까지」: 이덕홍이 기록하여 말하였다. 질문하였다. "만약 부모의 근심을 맞아서도 고요한 것으로 다스릴 수 있겠습니까?" 대답하였다. "커다란 근심과 커다란 어려

495) 『朱子語類』 권96, 「程子之書二」.

496) 『東萊別集』 권10, 「與學者及諸弟」.

움에 당면해서는 비록 사소한 근심에 대처하는 것과 같지 않더라도 또한 그 나뉘어진 사리에 따라서 각각 그 도리를 다하여 동요와 혼란이 없어야 하니, 어찌 이른바 '고요함으로 다스린다'는 것이 아니겠는가?"(『강록』)

○ 「憂事 止 靜而理」 : 李錄云, 問, "若當父母之憂, 而亦可靜而理乎?" 答曰, "當大憂大難, 則雖與些小憂患所處不同, 然亦當隨其事理分限, 各盡其道, 而無搖亂, 豈非所謂'靜而理'乎?"(『講錄』)

『강록』15-2-3-b

○ 「'우사(憂事)'에서 '정이리(靜而理)'까지」 : '만약 부모의 근심에 당면한다면 비록 일반적인 근심에 대처하는 것과는 같지 않지만, 또한 그 사리의 분한에 따라 각각 그 도리를 다하여 동요와 혼란이 없어야 하니 또한 '고요함으로 다스린다'고 말할 수 있다.(『석의』)

○ 「憂事 止 靜而理」 : 若當父母之憂, 則雖與泛然憂患所處不同, 然亦當隨其事理分限, 各盡其道, 而無搖亂, 亦可謂'靜而理'也.(『釋疑』)

『부주』15-3

○ 또 말하였다. "교묘한 일을 오랫동안 살피면 반드시 계산하는 마음이 생긴다. 대개 그것을 살필 때 마음이 반드시 기뻐하는데, 기뻐하고 나면 마치 씨앗을 뿌린 것과 같다."497) 또 말하였다. "의심하는 병통을 가진 자는 일이 아직 이르기 전에 먼저 의심의 실마리가 마음에 있는 것이며, 일을 두루 벌이는 자는 먼저 일을 두루 벌이는 실마리가 마음에 있는 것이니, 모두 병통이다."498)

○ 又曰, "閱機事之久, 機心必生. 蓋方其閱時, 心必喜, 旣喜則如種下種子." 又曰, "疑病者, 未有事至時, 先有疑端在心, 周羅事者, 先有周事之端在心, 皆病也."

497) 『二程遺書』 권3, 「謝顯道記憶平日語」.

498) 『二程遺書』 권3, 「謝顯道記憶平日語」.

『질의』15-3-a

○ 「주라사(周羅事)」 : ‘널리 배치한다’는 뜻이다.(『질의』)

○ 「周羅事」 : 猶周遮羅排之意.(『質疑』)

『강록』15-3-b

○ 「기사(機事)」 : 비평하여 말하였다. “일에 교묘한 변화가 많고 이해가 걸려서 반드시 지능과 계책을 써서 그것에 대응하는 것이다.” 「주라사(周羅事)」 : 두루 번지는 것이다.(『강록』)

○ 「機事」 : 批云, “事之多巧變關利害, 須用智計以應者.” 「周羅事」 : 두로번저즈리.(『講錄』)

『석의』15-3-c

○ 「기사(機事)」 : 일에 기교가 있는 것이다. 「기심(機心)」 : 일 가운데 이해가 걸린 곳에 대하여 계산하고 꾸며서 그것에 대응하는 것을 일컫는다. 「주라(周羅)」 : ‘두루 번진다’는 것이다.(『석의』)

○ 「機事」 : 事之機巧者也. 「機心」 : 於事關利害處, 用計用巧以應之謂. 「周羅」 : 두로 번지다.(『釋疑』)

『표제』15-3-d

○ 자공이 한음(漢陰)을 지날 때 한 장정이 농사를 지으면서 물동이를 손으로 안고 밭에 물을 댔다. 자공이 ‘여기에는 기계가 있어서 하루에도 백 곳의 전답에 물을 댈 수 있는데, 그 이름이 길고(桔槹)라고 한다’고 말하였다. 농사꾼이 웃으면서 말하였다. “기계가 있으면 반드시 교묘한 일이 있고, 교묘한 일이 있으면 반드시 계교하는 마음이 생기므로 나는 그렇게 하지 않는다.”(『장자』) ○ 「종하종자(種下種子)」 : 수몽이 말하였다. “위의 ‘종’자는 거성(去聲)으로 ‘뿌린다’는 것이며, 아래 ‘종’자는 상성(上聲)으로 곡식의 종자이다.(『근석』)(『표제』)

○ 子貢過漢陰, 丈人爲圃, 抱擁而出灌, 子貢曰, “有械于此, 一日浸百畦, 其名‘桔槹’.” 圃者笑曰, “有機械者必有機事, 有機事者必有機心, 吾不爲也.”(『莊子』) ○ 「種下種子」 : 守夢曰, “上‘種’字, 去聲, 布之也. 下‘種’字, 上聲,穀種也."(『近釋』)(『標題』)

『질서』15-3-e

○ '종자를 뿌리는 것'은 '날이 저물어 돌아갈 만큼 사냥을 좋아하고', '아름다운 나무를 비교하는 것'과 같은 것이다. '의병(疑病)' 한 조는 비록 이것과 같지 않지만 병통의 근본이 마음에 있어 일을 만나면 다시 생겨남을 알 수 있다. 비유하면 습한 곳에서는 포와 위가 서식하고 육지에서는 가지나무가 서식하듯이 파종하지 않아도 저절로 생겨나는 것이다. 그것을 위의 곡식 뿌리는 것과 비교하면 그 폐해는 더욱 심하다.(『질서』)

○ '種下種子', 如'暮歸喜獵'及'計度林木'之類, 可見'疑病'一條. 雖與此不同, 病根在心, 觸境復發. 比如濕生蒲葦, 陸生荊楚, 不待種下而便自比出也. 較之於上, 其害尤甚.(『疾書』)

『부주』15-3-1

○ 주자가 말하였다. "'마음에 어떤 일도 두어서는 안 되니, 밖으로 모든 변화에 대응하지만 모두 단지 그 천분에 따라 응할 뿐이니, 사물에 얽매이면 마음은 그것에 따라 움직인다. 사물에 매이게 되는 까닭에는 세 가지가 있다. 때로는 일이 아직 이르지 않았는데도 스스로 미리 기대하는 마음이 있기 때문이고, 혹은 일에 이미 응하고 지나버렸는데도 오히려 마음속에 오랫동안 두어 잊을 수 없기 때문이며, 일에 바로 응할 때도 생각에 편중되는 것이 있기 때문이니, 이것이 모두 사물에 매이고 속박되는 것이다. 이미 속박되고 나서 이런 사물이 있게 되면 다른 사물이 앞에 이르게 되더라도 그것에 응하는 것이 바로 잘못되어 버린다. 이러니 어떻게 그 바름을 얻을 수 있겠는가? 성인의 마음은 비추듯이 텅비고 밝아 조금의 자취도 없어 사물이 이르면 크든 작든 간에 사방팔방으로 그것에 따라 응하지 않음이 없으니, 이것이 마음에 처음부터 이런 사물을 둔 적이 없다는 것이다."499)

499) 『朱子語類』 권16, 「大學三·傳七章釋正心脩身」.

○ 朱子曰, "心不可有一物. 外面酬酢萬變, 都只是隨其分限應去, 纔繫於物, 心便爲其所動. 其所以繫於物者有三, 或事未來而自家先有期待底心. 或事已應去了, 又却長存在胸中, 不能忘却. 正應事之時, 意有偏重, 這都是爲物所繫縛. 旣爲所繫縛 , 便有這箇物事, 及別事來到面前, 應之便差[500]了. 這如何會得其正? 聖人之心瑩然虛明, 無纖毫形迹, 事物之來, 若小若大, 四方八面, 莫不隨物隨應, 此心元不曾有這箇物事."

『석의』15-3-1-a

○ 「응거(應去)」: 응대하는 것이다.(『석의』)

○ 「應去」: 應接也.(『釋疑』)

『강록간보』15-3-1-b

○ 「'사미래(事未來)'에서 '망각(忘却)'까지」: 「김돈서에게 답하는 글」에서 말하였다. "이 두 가지는 '어떤 일도 마음에 두어서는 안 된다'고 하는 것과 동일한 심법(心法)이다. 주자는 일찍이 이것을 연평에게 질문한 적이 있다. 대답하여 말하였다. "상채가 '나는 일찍이 '잊는 것'을 익혀서 생명을 기른 적이 있다'고 말하자, 명도는 '기르는 데 잊는 것을 베푸는 것은 괜찮지만 도리에는 해로움이 있다. '반드시 일삼는 것이 있지만 바로잡지 말아야 한다'는 것은 무엇을 말하는가? 또 드나들고 생활하는 가운데 어찌 일이 없겠는가? 바르게 하려는 마음으로 대하는 것은 일에 앞서서 맞아들이는 것이고, 잊어버리는 것은 생각을 제거하는 것과 연관되며, 조장하는 것은 감정을 남기는 것에 가깝다. 그래서 성인의 마음은 거울과 같아서 부처의 마음과 다르다고 말하였다. 대개 평상시 고요한 곳에서 체인하는 공부를 하더라도 바로 시끄러운 곳에서 착실하게 하지 못하는 것은 대개 일찍이 이렇게 공부한 적이 없기 때문이다. 그대가 오로지 일상생활 속에서 공부하면 점차로 자기 것으로 만들 수 있을 것이다." 대개 사람들은 마음이 사물에 물드는 해로

500) 【교감】: 『강록』에는 '著'자로 되어 있다.

움만 보고 마침내 사물이 마음에 해가 된다고 생각하면서 일을 싫어하여 잊기를 바라고, 움직이기 싫어하면서 고요한 데 탐닉한다. 상채와 같은 어진 이도 이런 것을 피하지 못했으며, 명도는 기를 기르는 설을 인용하여 마음을 보존하는 방법으로 바꾸었다. 실로 이것에 종사하여 얻음이 있게 되면 마음은 사물에 대하여 오지 않는 것을 맞이하지 않고, 막 도래하는 것은 모두 비추고 응하고 나서는 남겨두지 않게 된다. 본체는 고요하여 밝은 거울이나 정지해 있는 물과 같아서 비록 날마다 온갖 일을 접하더라도 마음속에는 어떤 것도 남겨두지 않게 되니, 어찌 마음에 해가 되는 것이 있겠는가?"(『강록간보』)

○ 「事未來 止 忘却」: 「答金惇敍」曰, "此二者與不可有一事, 同一心法. 晦庵嘗問此於延平, 答曰, "上蔡云'吾嘗習忘以養生', 明道曰, '施之於養則可, 於道則有害. 必有事焉而勿正, 何謂乎? 且出入起居, 寧無事者, 正心待之, 則先事而迎. 忘則涉乎去念, 助則近於留情. 故聖人心如鑑, 所以異於釋氏心也.' 蓋尋常於靜處體認下工夫, 卽於閙處使不著, 蓋不曾如此用功也. 元晦唯於日用處下工夫, 庶幾漸可合爲己物. 蓋人徒見心爲物漬之害, 遂謂事物爲心害, 厭事而求忘, 惡動而耽靜. 以上蔡之賢, 猶不免此. 明道引養氣之說, 轉作存心法. 苟能從事於此, 而有得焉, 則心之於事物, 未來而不迎, 方來而畢照, 旣應而不留. 本體湛然, 如明鏡止水, 雖日接萬事, 而心中未嘗有一物, 尙安有爲心害哉!"(『講錄刊補』)

『부주』15-3-2

○ 동래여씨가 말하였다. "기쁜 일에는 마음이 집중되고 안정되지 않는다. 그래서 의리를 정밀하게 가리지 못하고 생명을 지키는 데 삼가지 못한다."[501]

○ 東萊呂氏曰, "喜事則方寸不凝定, 故擇義不精[502], 衞生不謹."

501) 『東萊別集』 권10, 「與陳君擧」.

502) 【교감】: 『강록』에는 '正'자로 되어 있다.

『부주』15-4

○ 장재가 말하였다. “마음을 바로잡는 처음에는 마땅히 자기의 마음을 엄한 스승으로 삼아서 무릇 행동할 때는 두려워할 줄 알아야 한다. 이처럼 일이년 동안 굳게 지킬 수 있으면 마음은 자연히 바르게 된다.” 또 말하였다. “안정된 연후에 밝게 빛나는 것이 있다. 만약 늘 옮겨서 안정되지 않으면 어떻게 밝게 빛날 수 있겠는가? 『역』에서는 대개 ‘간괘(艮卦)’를 멈춤으로 간주하니, 멈춤은 밝게 빛나는 것이다. 그래서 『대학』에서 안정되어 사려할 수 있는 데 이른다고 하였으니, 인심(人心)이 많으면 빛나고 밝아질 길이 없다.”503)

○ 張子曰, “正心之始, 當以己心爲嚴師. 凡有動作, 則知所懼. 如此一二年間, 守得牢固, 則自然心正矣.” 又曰, “定然後有光明, 若常移易不定, 何由光明, 『易』大抵以艮爲止, 止乃光明, 故『大學』‘定而至於能慮’, 人心多則無由光明.”

『강록』15-4-a

○ 「‘범유(凡有)’에서 ‘소구(所懼)’까지」 : 이덕홍이 기록하여 말하였다. “이것은 마음이 발동하건 발동하지 않건 일이 마땅하건 그렇지 않건 간에 상제가 그대의 옆에 있는 것처럼 엄숙하여 사물마다 곳곳마다 모두 두려워할 줄 아는 것이다.” 「간위지(艮爲止)」 : ‘멈춤’은 간괘의 덕이다. ○ 팔괘에는 각각 그 상과 덕이 있다. 건은 하늘이고, 곤은 땅이며, 감은 물이고 리는 불이며, 진은 우레이고 간은 산이며 손은 바람이고 태는 연못이 상이다. 건은 강건함, 곤은 유순함, 감은 험난함, 리는 밝음, 진은 움직임, 간은 멈춤, 손은 들어감, 태는 기쁨을 덕으로 한다. ○ 간괘는 아래도 간이고 위도 간이다. 진은 하나의 양이 두 개의 음 아래에서 생기는 것이다. 그래서

503) 『張子全書』 권6, 「學大原上」.

움직임이다. 간은 하나의 양이 두 개의 음 위에서 멈춘다. 그래서 멈추는 것이다.(『강록』)

○ 「凡有 止 所懼」: 李錄云, "是不論心之發未發, 事之宜不宜, 儼若上帝臨汝, 事事物物頭頭處處, 皆知所惧." 「艮爲止」: 止, 艮之德也. ○ 八卦各有象德. 乾天坤地坎水離火震雷艮山巽風兌擇, 象也. 乾健坤順坎險離明震動艮止巽入兌悅, 德也. ○ 艮卦, 艮下艮上, 震一陽生於二陰下, 故動. 艮一陽止於二陰之上, 故止.(『講錄』)

『석의』15-4-b

○ 「'범유(凡有)'에서 '소구(所懼)'까지」: 이것은 마음이 작용하든 하지 않든 일이 응하든 하지 않든 상제가 그대 옆에 있는 듯이 엄숙한 것이다. 「지(止)」: 간괘의 덕이다. 하나의 양이 두 개의 음 위에 멈추어 있는 것이다. 그래서 '멈춤'이라고 하였다.(『석의』)

○ 「凡有 止 所懼」: 是不論心之發未發, 事之應不應, 儼乎若上帝之臨汝. 「止」: 艮之德也. 一陽止於二陰之上, 故'止'.(『釋疑』)

『질서』15-4-c

○ 정자는 말하였다. "마음으로 마음을 부리면 인심은 자유롭게 내버려 두어도 된다." 주자는 그것을 해석하여 말하였다. "단지 이 마음에 주재하는 것이 있는 것이다." 질문하였다. "마음으로 마음을 부리면 도심이 한 마음의 주인이 되어 인심은 그 명령을 듣지 않습니까?" 주자는 "또한 이와 같다. 그러나 정자 선생의 생각을 살펴보면 대개 스스로 주재가 되는 것일 뿐이어서, 마음이 만물의 스승이 되니 당연히 이런 뜻으로 보아야 한다. 안정된 후에 빛나고 밝으니, 정지한 물에서 증험할 수 있다."(『질서』)

○ 程子曰, "以心使心, 則可人心自由便放去也." 朱子釋之曰, "只要此心有所主宰." 問, "以心使心, 則是道心爲一身之主, 而人心其聽命否?" 朱子, "亦是如此. 然觀程先生之意, 只是自作主宰耳, 心爲品師, 亦當以此意觀. 定然後光明, 於止水可驗."(『疾書』)

『부주차의』15-4-d

○ 「'범유(凡有)'에서 '임여(臨汝)'까지」 : 한원진(韓元震)의 생각: 이미 '동작(動作)'이라고 말했으니 오직 마음이 발동하고 일에 응하는 것만을 가리켜 말한 것 같다. '안정된 이후'의 아래부터는 곧 동정을 함께 말한 것이다. 무릇 행동이 있어서 선이 있고 악이 있는 것은 모두 마음이 하는 것 아님이 없으니, 선은 실로 본받을 만하지만 악도 본받을 만한가? 또 마음은 하나이니 장차 어떤 것을 스승이 되고 어떤 것이 그것을 스승으로 삼으며 어떤 것이 두려워할 만한 것이 되며, 어떤 것이 그것을 두려워하는가? '악'이라고 하는 것은 마음이 밖에서 접하는 유혹물에 덮여서 선하지 않는데 흐르는 것이지만, 그 본체의 경우는 밝지 않고 바르지 않은 적이 없다. 그래서 나의 모든 동작은 선이든 악이든 마음은 이것을 모른 적이 없어 그 밝은 본체는 속일 수가 없으며, 그 바른 것은 기만할 수가 없다. 어찌 이른바 '엄한 스승으로 하여 두려워할 만한 것'이 아니겠는가? 마음이 스스로 그 속일 수 없는 밝은 것을 두려워하고 스스로 그 기만할 수 없는 바른 것을 스승으로 삼는다면 또 어찌 두 가지 마음으로 의심함이 있겠는가?(『부주차의』)

○ 「凡有 止 臨汝」 : 按: 旣曰'動作', 則似專指心之發事之應而言. '定然後'以下, 方兼動靜說矣. 凡有動作, 有善有惡, 莫非心之所爲, 則善固可師, 惡亦可師耶. 且心一也, 將孰爲師而孰師之, 孰爲可懼而孰懼之耶. 曰'惡'者, 心之蔽於外誘之交, 而流於不善者也. 若其本體未嘗不明不正也. 故凡吾動作, 一善一惡, 心未嘗不知此, 其本體之明不可欺, 而其正不可慢也. 豈非所謂'嚴師而可懼'者耶. 心而自懼其不可欺之明, 自師其不可慢之正, 則又豈有二心之嫌耶.(『附註箚疑』)

『강록간보』15-4-e

○ 「'범유(凡有)'에서 '소구(所懼)'까지」 : 김종덕(金宗德)의 생각: 발하거나 하지 않거나 마땅하거나 마땅하지 않다는 것은 '어떤 상황이나 일에서도'의 뜻과 같다. '미발(未發)' 때와 '불의(不宜)' 때 등의 글자는 고착하여 볼 필요는 없다.(『강록간보』)

○ 「凡有 止 所懼」 : 按: 發未發, 宜不宜, 如'隨處隨事'之意. '未發''不宜'等字, 不必泥看.(『講錄刊補』)

『집해』15-4-f

○ (『요해(要解)』) '동작(動作)'이라고 말한 만큼 이와 같이 논해서는 안 될 것 같다. 대개 무릇 동작과 연관될 때는 반드시 두려워할 줄 아는 것으로 마음을 바르게 하는 공부로 삼아야 하는 것을 말하기 때문이다.(『집해』)

○ (『要解』): 旣曰'動作'則恐不可如此論. 蓋言凡係動作之時, 必知所懼以爲正心工夫也.(『集解』)

『부주』15-4-1

○ 서산진씨는 말하였다. "'많다'는 것은 사려가 어지럽고 복잡한 것을 말하는 것이다."504)

○ 西山眞氏曰, "'多'者, 思慮紛雜之謂."

『부주』15-5

○ 질문하였다. "『대학』에서 '뜻을 성실히 하는 것'을 어떻게 하면 곧 천하를 평화롭게 할 수 있습니까?" 구산양씨가 말하였다. "후대에 스스로 마음을 바르게 하는 사람이 없었다. 마음을 바르게 할 수 있으면 그 효과가 저절로 이렇게 되는 것이다. 마음이 한번 생각할 때 털끝만큼이라도 어긋나게 되면 이내 바르지 않은 것이다."505)

○ 問, "『大學』'誠意'如何便可以平天下?" 龜山楊氏曰, "後世自是無人正心, 正得心, 其效自然如此. 心一念之間, 毫髮有差, 便是不正."

『석의』15-5-a

504) 『西山讀書記』 권3, 「心」.

505) 『龜山集』 권12, 「語錄三·餘杭所聞」.

○ 「무인정심(無人正心)」: '사람이 마음을 바르게 할 것이 없으니'이다.(『석의』)

○ 「無人正心」: 人이 正心ᄒᆞ리 업ᄉᆞ니(『釋疑』)

『질서』15-5-b

○ 뜻을 성실히 하여 마음을 바르게 하기 때문에 천하를 평화롭게 할 수 있다. 만약 뜻을 성실히 할 줄만 알고 마음을 바르게 할 수 없으면 안을 곧게 하는 것으로 덕을 진전시키는 토대로 삼을 수 없다. 그래서 구산양씨는 특별히 마음을 바르게 하는 것으로 말하였다.(『질서』)

○ 誠意所以正心, 故可以平天下. 若但知誠意, 不能正心, 無以直內爲進德之基, 故龜山特以正心爲言.(『疾書』)

『부주』15-6

○ 주자가 말하였다. "옛 사람은 뜻은 장수이고, 마음은 군주이다고 말하였으니, 모름지기 마음에는 반드시 주관하는 자가 있어야 비로소 그렇게 된다."506)

○ 朱子曰, "古人言志帥心君, 須心有主張, 始得."

『강록』15-6-a

○ 「지수심군(志帥心君)」: 이덕홍이 기록하여 말하였다. "그 큰 본체를 총체적으로 말할 때 '심군'이라고 말하고, 그 가는 것을 가리켜 말할 때 '지수'라고 하나, 실은 두 가지가 있는 것이 아니다. 「주장(主張)」: 선생께서 비평하여 '으뜸으로 베푼다'고 하였다.(『강록』)

○ 「志帥心君」: 李錄云, "總其大體而言, 則曰'心君', 指其所之而言曰'志帥', 其實非有二也." 「主張」: 先生批云, "읏듬모로 베퍼ᄒᆞ다."(『講錄』)

『석의』15-6-b

○ 「지수심군(志帥心君)」: 맹자는 '뜻은 기의 장수이다'고 말하였다.

506) 『朱子語類』 권12, 「學六·持守」.

순자는 '마음은 형체의 군주이다'고 말하였다. 「주장(主張)」: 주관하여 베푼다는 것이다.(『석의』)

○ 「志帥心君」: 孟子曰, "志, 氣之帥也." 荀子曰, "心者, 形之君也." 「主張」: 主ᄒᆞ야 張ᄒᆞ다.(『釋疑』)

『질서』15-6-c

○ 기에 상대하여 말할 때, '뜻은 장수이다'고 말하고, 형체에 상대하여 말할 때 '마음은 군주이다'고 말한다. 요컨대 하나의 주관하고 항복시켜서 바르지 않은 것을 고쳐 바르게 하는 것이다. 현인의 경우에는 이런 것이 없다.(『질서』)

○ 對氣而言, 則曰'志帥', 對形而言, 則曰'心君'. 要是一箇主宰降伏, 矯其不正而正之也. 若賢者無此.(『疾書』)

『강록간보』15-6-d

○ 「주장(主張)」: '주재하고 펼친다'고 하는 것과 같다.(『강록간보』)

○ 「主張」: 猶言主宰布張也.(『講錄刊補』)

『부주』15-7

○ 또 말하였다. "사람은 단지 마음이 있을 뿐이니, 만약 복종시킬 수 없다면 다시 어떻게 사람이 되겠는가?"507)

○ 又曰, "人只有箇心, 若不降伏得, 更做甚麽人."

『부주』15-8

○ 또 말하였다. "세속에서 배우는 것이 성현과 같지 않은 까닭 또한 알기 어렵지 않다. 성현은 곧바로 진실하게 해 나아가니 마음을 바르게 할 것을 말하면 바로 마음이 바르게 되고자 하고, 뜻을 성실하게 할 것을 말하면 바로 뜻이 성실해지고자 한다. 몸을 닦고 집안을 다스리는 것도 모두가 공허한 말이 아니다.

---

507) 『朱子語類』 권12, 「學六·持守」.

지금 배우는 사람은 마음을 바르게 할 것을 말하면, 단지 '정심'을 가지고 잠시 동안 노래하고, 뜻을 성실히 할 것을 말하면 또 '성의'를 가지고 잠시 동안 노래하며, 몸을 닦을 것을 말하면 다시 성현이 수 없이 수신을 말한 것을 가지고 노래할 뿐이다. 때로는 말을 주워 모으고 당시 문장을 엮어내니 이와 같이 학문을 한다면 오히려 자신의 몸과 무슨 관련이 있겠는가? 이 점에 반드시 유념하여 이해해야 한다. 오늘날 벗들은 실로 성현의 학문을 즐겨 듣지만, 끝내 세속의 비루함을 버릴 수 없는 것은 다른 데 있는 것이 아니다. 단지 의지가 서지 못했기 때문이다. 배우는 사람은 크게 뜻을 세우는 것이 요구되니, '배우기만 하면 바로 성인이 된다'는 것이 이것이다."508)

○ 又曰, "世俗之學, 所以與聖賢不同者, 亦不難見. 聖賢直是眞箇去做, 說正心 直要心正, 說誠意, 直要意誠. 脩身齊家, 皆非空言. 今之學者, 說正心, 但將正心, 吟詠一餉, 說誠意, 又將誠意, 吟詠一餉, 說脩身, 又將聖賢許多說脩身處, 諷誦而已. 或掇拾言語, 綴緝時文, 如此爲學, 却於自家身上, 有何交涉? 這裏須用著意理會. 今之朋友, 固有樂聞聖賢之學, 而終不能去世俗之陋者, 無他, 只是志不立耳. 學者大要立志. '纔學便做聖人', 是也."

『강록』15-8-a

○ 「우왈세속(又曰世俗)」: 비평하여 말하였다. "주순필이 기록한 것으로 『어류』에 보이며, 학문을 하는 방법을 총괄하여 논한 것이다."(『강록』)

○ 「又曰世俗」: 批云, "朱舜弼所錄, 見『語類』總論爲學之方."(『講錄』)

『석의』15-8-b

○ 「일향(一餉)」: 한 끼 식사를 하는 사이를 말한다. 「철습(綴緝)」:

508) 『朱子語類』 권8, 「學二·總論爲學之方」.

주워 모은다는 것이다. 「철집(綴緝)」 : 편집하여 엮는 것이다. 「저리(這裏)」 : 윗 문장의 '성현'에서 '공언'까지를 가리켜 말한 것이다. 「재학주편성인(纔學便做聖人)」 : 맹자가 조교에게 말하였다. "그대가 요임금의 옷을 입고, 요임금처럼 행한다면 요임금일 따름이다"라고 말한 것이나, 안연이 '행하기만 하면 또한 이렇게 될 것이다'고 한 것이 모두 이런 뜻이다.(『석의』)

○ 「一餉」 : 謂一食之頃. 「掇拾」 : 주어모흐다. 「綴緝」 : 編結也. 「這裏」 : 指上文'聖賢'至'空言'而言. 「纔學便做聖人」 : 孟子謂曹交曰, "子服堯之服, 行堯之行, 是堯而已矣." 顔淵曰, "有爲者亦若是", 皆此意也.(『釋疑』)

『비망록』15-8-c

○ 경에 말하였다. "생각을 다하면 성인이 된다." 한 번 뜻을 세우는 것이 바로 성인이 되는 길이라는 것이 이것이다. 그 도달하는 것은 마음을 다하여 공부하는 데 달려 있을 뿐이다.(『비망록』)

○ 經曰, "克念作聖", 一立志便是做聖人之路頭, 是也. 其於到達, 則在乎極心用工耳.(『備忘錄』)

『부주』15-9

○ 어느 날 『대학』을 읽는 방법을 이야기하는 것을 계기로 여러 제자들은 매번 생각이 어지럽고 혼란스럽다고 대답하였다. 말하였다. "단지 경하지 않기 때문이다. 경은 항상 깨어있게 하는 방법이다. 경을 위주로 하면 모든 일이 이것을 따라 이루어진다. 요즈음 사람들은 모두 나에게 있는 것은 이해하지 못하고, 스스로 마음이 있는 곳을 모르고 모두 다른 일을 이해하려고 하면서, 또 집안을 가지런히 하고 나라를 다스리며 천하를 평화롭게 하고자 한다. 마음은 몸의 주인이다. 배를 저을 때는 반드시 상앗대를 써야 하고, 밥을 먹을 때는 반드시 수저를 사용해야 한다. 마음을 이해하지 못하는 것은 바로 상앗대를 쓰지 않고 수저를 사용하지 않는 것을 말하는 것이다. 마음을 추스

르는 것이 바로 경이다. 다만 경은 어떤 일로 간주되는가? 등산할 때도 단지 이 마음이며, 물에 들어갈 때도 단지 이 마음이다."509)

○ 一日因論讀『大學』, 諸生答以每爲念慮攪擾. 曰, "只是不敬, 敬是常惺惺法, 以敬爲主, 則百事皆從此做去. 今人都不理會我底, 自不知心所在, 都要理會他事, 又要齊家治國平天下. 心者, 身之主也, 撑船須用篙, 喫飯須使匙. 不理會心, 是不用篙不使匙之謂也. 攝心只是敬. 才敬看做甚麽事? 登山亦只這箇心, 入水亦只這箇心."

『강록』15-9-a

◦ 「도불리회아저(都不理會我底)」 : 이덕홍의 기록에서 비평하여 말하였다. "그대는 이 윗 문장에 '경을 위주로 한다'는 말이 있는 것으로 보았다. 그래서 이 구절을 볼 때도 경에 관한 설로 삼고자 하였다. 그러나 이곳의 말뜻을 잘 살펴보면 단지 '모두 나에게 있는 것을 이해하지 못하고 스스로 마음이 있는 곳을 모르며, 모두 다른 것만 이해하고자 한다'고 하였다. 이것은 단지 사람이 모두 나에게 있는 일을 힘쓰지 않고, 나의 마음이 어떠한지도 모르면서 다만 한결같이 남을 다스리는 일에 힘쓸 뿐이다'고 하는 것일 뿐, 다만 경을 말한 곳을 알지 못하는 것을 말하는 것이다. 만약 경하면 이것이 나에게 있는 것을 이해하는 때로 마음을 보존하는 방법일 따름이다. 「'탱선(撑船)'에서 '사시(使匙)'까지」 : '탱(撑)'은 추경(抽庚)의 반절이다. 배를 상앗대 조종하는 것이다. 상앗대이다." ○ 이덕홍이 기록하여 말하였다. 질문하였다. "'이 구절의 주된 뜻이 어찌 여기에 있겠습니까? 아마 마음을 조섭하는 것이 모름지기 경이라고 하는 것과 비교하여 '그렇다'고 한 것 아닙니까?" 대답하였다. "그렇지 않다. 그 본래 뜻은 대체로 '남을 다스리고자 하면 반

509) 『朱子語類』 권118, 「朱子十五·訓門人六」.

드시 먼저 마음을 다스려야 하며, 마음을 다스리고자 하면 반드시 먼저 경을 유지해야 한다'고 말하는 것이다. 지금 만약 남을 다스리려고 하면서 먼저 자신의 마음을 다스리지 않으면 그것은 상앗대가 없는 배나 수저가 없는 밥과 무엇이 다르겠는가? 그래서 '마음을 이해하지 못하고 삿대를 쓰지 않으며 수저를 사용하지 않는다는 등'의 말을 하였습니다. 경의 경우는 그 두 번째 항의 뜻이니, 마음을 조섭하는 방법은 아마 이 말과 부합하지 않는 것 같습니다." 또 질문하였다. "사람들 가운데는 간혹 경으로 보는 경우가 많이 있는데, 살피지 못하고 망령된 것 아닙니까?" 대답하였다. "상앗대를 쓰지 않고 숟가락을 사용하지 않는 것은 곧 마음을 이해하지 못하는 것을 말한다. 운운한 것은 옳은 것 같으나, 실은 잘못된 것이다." 「재(才)」 : '경을 어떤 일로 간주하는'에서 '물에 들어가는 것도 단지 이'에까지 걸린다. 「개심(箇心)」 : 이덕홍이 기록하여 말하였다. "이것은 『어록』 가운데서 차이점을 쉽게 볼 수 없는 부분이다. 그 대의는 사람의 근심은 경할 수 없는 것일 뿐이다라고 말하는 것이다. 경을 할 수만 있으면 곧 행하는 일이 어떤 일인지를 볼 수 있다. 대소(大小)나 난이(難易), 그리고 이것이나 저것에 마음이 관여하지 않는 일이 없고 할 수 없는 것이 없다. 그래서 '등산 운운', '입수(入水) 운운' 하고 말하였으니 사람의 근심은 경할 수 없는 것일 뿐이다. 본문에는 이런 말이 없지만 반드시 이 뜻을 가지고 보아야 한다.(『강록』)

○ 「都不理會我底」 : 李錄批云, "公以此上文, 有'以敬爲主'之語, 故看此句亦欲作敬說. 然細看此處語意, 只云, '都不理會我底, 自不知心所在, 都要理會他底', 只是言人皆不務在我之事, 不知吾心之何如, 但一向務爲治人之事云耳. 未見說到敬處. 若敬則是理會我底時, 所以存心之法耳." 「撑船 止 使匙」 : '撑', 抽庚切. 制舟篙. 사홧대라. ○ 李錄云, 問, "此句主義安在是? 或'攝心須是敬'之比云'然'否?" 答曰, "不然. 其本意蓋曰, '欲治人者必先治心, 欲治心者必先持敬.' 今若欲治人而不先治心, 則其與不篙之船, 無匙之喫, 何異

哉? 故曰'不理會心, 不用篙, 不使匙云云'也. 如其敬, 則其第二項義, 乃攝心之法, 恐不合於此語." 又問, "或人多有以敬看者, 不審妄否?" 答曰, "不用篙, 不使匙, 卽理不會心之謂也. 所云云, 似是而實非也." 「才」 : 敬看做甚麽事, 止入水亦只這. 「箇心」 : 李錄云, "此在『語錄』中, 差異處未易看得出. 其大意謂, 人患不能敬耳. 纔能敬, 則但看所做之事是何事, 或大或小或難或易或此或彼, 心無所不管事, 無有不可爲者矣. 故曰, '登山云云', '入水云云', 人患不能敬耳. 本文無此語, 須帶此意看, 方得."(『講錄』)

『석의』15-9-b

○ 「'탱선(撑船)'에서 '사시(使匙)'까지」 : '탱(撑)'은 추경(抽庚)의 반절이다. '호'는 배를 젓는 상앗대이다. 상앗대이다. ○ 이 조의 뜻은 대체로 '남을 다스리고자 하면서 마음을 다스리지 않는 것은 마치 상앗대 없는 배나, 숫가락 없는 밥과 같다. 아래에서 언급한 '경' 자는 마음을 이해하는 방법이다'라고 하는 것이다.. 「섭심(攝心)」 : '섭'은 단속하고 조섭한다는 것이다. 「'재경(才敬)'에서 '저개심(這箇心)'까지」 : 마음을 조섭하는 것이 바로 경이다. 경하기만 하면 마음이 보존된다. 마음이 보존되면 단지 어떤 일을 하는 것을 보든 모두 이 마음으로 해 나아가는 것이니, 등산이나 수영도 이 마음을 위주로 하지 않음이 없다.(『석의』)

○ 「撑船 止 使匙」 : '撑', 抽庚切. 篙撑船竿, 사왓대. ○ 此條之意, 蓋曰, "欲治人而不理心, 猶不篙之船, 無匙之飯. 下所謂'敬'字, 理會心之道也." 「攝心」 : '攝', 撿攝也. 「才敬看 止 這箇心」 : 攝心只是敬. 才敬則心存, 心存則但看所做何事, 而皆以此心做去, 登山入水, 無不以此心爲主.(『釋疑』)

『질서』15-9-c

○ 뜻이 서는 것은 뜻을 성실히 하는 측면의 일이다. 마음을 바르게 하는 것을 배우기만 하면 이하는 모두 위에서 '저 성현도 이와 같을 뿐이다'고 말한 것이고, 행하는 것을 이것에 따라서 해 나아가면 어찌 성인이 되지 않겠는가? 그렇게 할 수 없는 자는 결국 행하는 것에 힘쓰지 않는 것일 뿐이다. 그래서 사람이 반드시 행하

도록 권면하는 것이다. 경하면 바로 마음을 통섭하기 때문에 반드시 어떤 일을 해 보아야 한다. 등산이나 수영은 모두 마음을 통섭하는 것에 의해 이루어지는 것이다.(『질서』)

○ 志立, 誠意上事. 纔學正心以下者, 皆是上云彼聖賢不過如是, 而做得成依此行去, 豈不是做聖人耶. 其不能者畢竟行之不力耳, 所以勉人之必行也. 才敬便攝心, 故必見做何等事也. 登山入水, 都是攝心所做.(『疾書』)

『강록간보』15-9-d

○ 「'재경(才敬)'에서 '저개심(這箇心)'까지」 : '심마(甚麼)'는 '어떠한'이란 뜻이다.(『강록간보』)

○ 「才敬 止 這箇心」 : '甚麼', 猶何等.(『講錄刊補』)

『부주』15-10

○ 분치장(忿懥章)에 대하여 질문하였다. 말하였다. "이 마음이 바른 것은 오히려 저울과 같다. 물건이 없을 때 저울은 수평이 아님이 없으나, 어떤 물건이 놓자마자 곧 수평을 유지하지 못한다. 거울 가운데 이미 한 사람이 그 안에 있는데 다른 사람이 오면 비출 수가 없다. 이 마음에 어떤 일이 이르기 전에 먼저 주관하는 것이 있어, '나는 어떻게 일을 처리하고자 한다'고 말하면, 곧 바르지 않은 것이다. 또 만약 지금 사람이 내가 관리가 되면 강한 사람을 누르고 약한 사람을 돕겠다고 말하다가도, 강하게 해야 할 일을 만나서는 오히려 자신을 억누르면, 이것은 바르지 않은 것이다." 또 '공사의 구별'에 대하여 질문하였다. 말하였다. "한 가지 사건에 비유하면, 만약 대중과 관계되는 것이라면 마음으로 지나치게 관여하지 않고, 만약 자기 개인에 관계된다면 단지 가슴 속에 품고서 반복하여 생각하면서 잊지 않으니, 단지 이것이 바로 공과 사의 구별이다."[510)]

510) 『朱子語類』 권16, 「大學三·傳七章釋正心脩身」.

○ 問, "忿懥章." 曰, "這心之正, 却如秤一般, 未有物時, 秤無不平, 纔把一物在上面, 便不平了. 鏡中先有一人在裏面, 別一箇來, 便照不得. 這心未有物之時, 先有箇主張, 說道我要如何處事, 便是不正. 且如今人說我做官, 要抑强扶弱, 及遇著當强底事, 也去抑他, 這便是不正." 又問, "公私之別." 曰, "譬如一件事, 若係公衆, 便心下不大管, 若係私己, 便只管橫在胸中, 念念不忘, 只此便是公私之辨."

『강록』15-10-a

- 「평(秤)」 : '칭'과 같으며, 저울대에 대한 전체적인 명칭이다. 「일반(一般)」 : '한 가지'라는 뜻으로 서로 같다고 말하는 것과 같다. 또 '한 가지'는 '한 종류'라고 말하는 것과 같다. 이것은 김경인의 『대학어록해』에 나온다. 「억강(抑强)」 : "'억지로 오다'의 뜻입니까?"라고 질문하였다. 답하여 말하였다. "아니다. 곧 지금의 '강력한 호족'의 '강(强)'을 말한다." 「우(遇)」 : '강하게 해야 할 일을 만난다'는 것이다. 「사(事)」 : 이덕홍의 기록에 "마땅히 강하게 해야 할 일을 만나서"라고 말하였다.(『강록』)
- 「秤」 : 與稱同, 權衡之總名. 「一般」 : ᄒᆞᆫ가지, 猶言相同也. 又ᄒᆞᆫ가지, 猶云一種也. 此出金景仁『大學語錄解』. 「抑强」 : 問, "强구틔오다之意與?" 答曰, "非也. 乃今說豪强之'强'也." 「遇」 : 著當强底. 「事」 : 李錄云, "맛당이 强히 ᄒᆞᆯ일을 遇著ᄒᆞ야."(『講錄』)

『석의』15-10-b

- 「일반(一般)」 : '한 가지'라는 뜻이다. 「'설도(說道)'에서 '부정(不正)'까지」 : 이것은 먼저 기대하는 마음을 가지기 때문에 바르지 않은 것이다. 「우저당강저사(遇著當强底事)」 : '강하게 당면한 일을'이다. ○ 생각건대, 어떤 사람이 관리가 되기 이전에 미리부터 강력한 호족을 억제한다는 생각을 가졌는데, 관리가 되고 나서 그 아래 관리 일곱 사람이 강하게 처리해야 하는 일에 당면하여 그들의 강함을 쓸 수 있는 자들임을 알고도 그들이 호강(豪强)이라고 생각하여

그들을 억누른다면, 이것은 바르지 않은 것이라고 말한다.(『석의』)

○ 「一般」 : ᄒᆞᆫ가지. 「說道 止 不正」 : 此是先有期待之心, 故不正. 「遇著當强底事」 : 강ᄒᆞ애즉ᄒᆞᆫ일을. ○ 謂人未做官時, 先有抑制豪强之意, 及到官, 見其官下七人, 遇當强底事, 而能用其强者, 乃以爲豪强而抑之, 是謂不正.(『釋疑』)

『질서』15-10-c

○ '공사의 구별' 한 단락은 아마도 '정심'을 위해서만 말한 것은 아닌 것 같다. 비록 공공의 대중과 관계되지만 만약 가슴 속에 품고 반복하여 생각하여 잊지 않는다면 마음은 바르지 않은 것이다. 주자는 말하였다. "뜻이 성실하지 않은 것은 사적인 죄이고, 마음이 바르지 않은 것은 공적인 죄이다. 뜻이 성실해진 뒤에 어찌 사사로움이 마음속에 끼어들 이치가 있겠는가? 여기에서 말하는 것은 뜻을 성실히 하는 이전의 일이다."(『질서』)

○ '公私之別'一段, 恐非專爲正心發. 雖係公衆, 若橫在胸中, 念念不忘, 心便不正也. 朱子曰, "意未誠是私罪, 心不正是公罪. 意旣誠後, 豈有私係橫肚之理. 此云者是誠意以前之事."(『疾書』)

『강록간보』15-10-d

○ 「'우저(遇著)'에서 '억타(抑他)'까지」 : 김종덕(金宗德)의 생각: 예컨대 '사리상 강하게 해야 할 일을 만나서 어떤 사람이 그것을 강하게 처리한다면, 그가 행하는 것이 옳지 않다고 하여 내가 가서 그를 억누르지 못한다'고 하는 것과 같다..(『강록간보』)

○ 「遇著 止 抑他」 : 按: 如云'遇著事理所當强底事, 有人以强處之, 則其人所爲不爲不可而我去抑他也.'(『講錄刊補』)

『부주』15-11

○ 질문하였다. "'우환공구' 네 글자는 모두 같은 것 같다." 대답하였다. "같지 않다. '공구'는 눈앞에 닥쳐서 다급한 것으로 사람으로 하여금 두려워서 어쩔 줄 모르게 하는 것이고, '우환'은

미래 닥칠 큰 화복이나 이해를 예방하고자 하는 것이다.” 또 질문하였다. “‘분치’나 ‘호요’는 나에게 달려 있는 일이므로 열심히 행하지 않을 수 있으나, ‘우환’이나 ‘공구’같은 것은 밖으로부터 오는 것이니, 자신에 말미암는 것이 아니다.” 말하였다. “모두 그렇지 않으니, 밖으로부터 오는 것이지만 반드시 자신이 도리를 가지고 처리해야 한다. ‘우환’과 ‘공구’는 단지 헛된 것이다. 공자가 광인을 두려워하고 문왕이 유리(羑里)에 갇혀서 생사가 눈앞에 있었지만, 성인들은 담담하게 대처하였다. 단지 이것을 보는 것이 요점이니, 도리를 분명히 알게 되면 자연히 이런 근심이 없어진다.”511)

○ 問, “憂患恐懼四字, 似一般.” 曰, “不同. ‘恐懼’, 是目下逼來得緊底, 使人恐懼失措. ‘憂患’, 是思慮預防將來有大禍福利害.” 又問, “忿懥好樂在我之事, 可以勉强不做, 如憂患恐懼是外面來底, 不由自家.” 曰, “都不得, 便是外面來底, 須是自家有箇道理, 處置得下. 恐懼憂患, 只是徒然. 孔子畏匡人, 文王囚羑里, 死生在前了, 聖人處之恬然. 只看此, 便是要, 見得道理分明, 自然無此患.”

『강록』15-11-a

◦ 「도불득(都不得)」: 비평하여 말하였다. “비록 밖에서 온 것이라 해도 모두 자신으로부터 말미암지 않는 것이라 생각하여 열심히 힘쓰지 않을 수 없다. 모든 근심과 두려움이 비록 밖에서 오는 것이지만 그것을 처리하는 도리는 나에게 있기 때문이다.” ○ 모두 그렇지 못하다는 것이다. 「지시도연(只是徒然)」: 이덕홍은 기록하여 말하였다. “공구와 우환이 나의 근심이 될 수 없으며, 단지 헛된 것일 뿐임을 말한다.” ○ 이 절을 다 논하고 났을 때 함형이 질문하였다. “저는 비록 큰 소리로 그것을 읽었지만 여러 번 읽으면

511) 『朱子語類』 권118, 「朱子十五·訓門人六」.

의미가 저절로 통할 것이라고 생각하여 그 읽는 소리를 높이 하였습니다. 그런데 어제 가르침을 받고 나서 비로소 전날 행했던 것이 잘못되었음을 깨달았습니다." 대답하여 말하였다. "그대의 병통을 보면 단지 입으로만 읽고서 그 뜻을 깊이 음미하지 않기 때문에 그렇게 말한 것이지, 처음부터 소리를 내어 읽어서는 안 된다고 여긴 것은 아니다. 『논어』에서 공자는 '배우면서 사색하지 않으면 망연하게 되고, 사색하면서 배우지 않으면 위태롭다'고 말하였다. 주자는 '마음에서 구하지 않기 때문에 어두워서 얻는 것이 없으며, 그 일을 익히지 않기 때문에 위태롭고 불안하다'고 말하였다. 대개 단정하게 앉아서 마음을 모으고, 소리를 내어 읽고 읊어 많이 쌓고 두루 헤아려서 난숙하게 되고 나면 의리는 저절로 융해되어 풀리는 데 이르니, 이것이 그것을 익히는 일이며 실로 글을 읽는 표준적인 방법이니 어찌 옳지 않음이 있겠는가? 만약에 혹시 잘할 수 없으면 당연히 시간을 가지고 읽는 것을 그치고 정신을 모으고 고요하게 사려하여 문장의 뜻에 침잠하고 의미를 깊이 완미해야 하니, 이것이 사색하는 일이다. 두 가지는 모두 익숙하게 하는데 달려 있다. 맹자는 '인 또한 익숙하게 하는 데 달려 있을 뿐이다'고 말하였고, 주자는 '다만 의리를 익숙하게 할 뿐이다. 사색이 점차 원숙해지면 그 의미가 끝이 없게 되고, 익히는 것이 점차 원숙해지면 그 행동은 저절로 이롭게 된다. 산에서 나는 과실에 비유하면, 아직 다 익지 않았을 때는 맛이 시고 떫어서 입에 맞지 않지만, 다 익고 나면 그 맛이 유별나다. 다만 억지로 그것을 구해서는 안 된다. 이렇게 하면 오래 하기 어렵다. '그 나아가는 것이 날카로우면 물러나는 것도 빠르다.' '뽑아 오지 말고, 좇아가지 말라'고 하는 등의 말은 매우 절실한 이론들이다.'"

○ 질문하였다. "『사기』에서 오상(伍尙)은 부모의 명을 따랐으나 오원(伍員)은 원수를 가리는 것에 의탁하여 아버지의 명을 따르지 않았는데 어떻습니까?" 대답하였다. "후일에 원수에게 복수하면

지금은 비록 피하더라도 죄를 갚을 수 있다. 만약 복수하지 못하고 죽으면 이것을 어찌 하겠는가? 단지 오원이 뒤에 복수하고 나서만이 아버지의 명령을 따르지 못한 죄를 조금이나마 면할 수 있을 것이다." 또 질문하였다. "신하가 되어 그 임금을 비판한다면 이것은 어떻습니까?" 대답하였다. "이 당시 사람은 임금을 섬기는 데 편안하지 않으면 떠나 다른 곳으로 가 일정한 군주가 없어서 후세에 일관되게 한 임금의 신하가 된 것과 같지 않았다. 또 하물며 오원의 아버지 오사(伍奢)는 초평왕의 태자의 신하가 되어서 섬김에 틈이 있는 것 같았기 때문에 먼저 오원에게 임금을 배반한 죄를 돌리지 않았는가? 모를 일이다." 또 질문하였다. "이와 같은 일들은 시비를 분명히 가릴 수 없는 것입니까?" 대답하였다. "이와 같은 것이 만약 나의 기준과 척도로 평소에 정해져 있다면 생각이 절도에 맞지 않음이 없을 것이다. 지금 어떤 것이 권형이고 어떤 것이 척도인지 모르므로 먼저 변화에 처하는 것을 이해해야 한다. 비록 그 중을 얻는다고 하더라도 사사로운 생각으로 헤아리면 반드시 잘못될 것이다. 또 이것은 순서를 뛰어넘는 학문으로 시급히 힘써야 할 것이 아니다. 먼저 이미 정해진 설이 있다면 삼가서 먼저 하지 말고 스스로 변화에 처하는 것을 이해해야 한다.(『강록』)

○ 「都不得」: 批云, "雖外面來底, 亦皆不得以爲不由自家, 而不免强也. 皆憂懼雖外來, 所以處之道, 在我故耳." ○ 다그리티못ᄒᆞ리라. 「只是徒然」: 李錄云, "言恐懼憂患不能爲吾患, 只是空然而已." ○ 論此節畢, 咸亨問, "小子以爲雖高聲讀之, 讀之數多, 則其義理自然通貫, 故高其聲讀. 昨日伏蒙下敎, 始覺其前日所爲之非." 答曰, "見公病痛, 但隨口而讀, 不爲沈潛其義, 故言之爾. 初非以爲出聲讀爲不可也. 『論語』子曰, '學而不思則罔, 思而不學則殆', 朱子曰, '不求諸心, 故昏而無得, 不習其事, 故危而不安'. 夫端坐收心, 出聲讀誦, 多積遍數, 爛熟之餘, 義理自至於融釋, 是爲習之之事, 實乃讀書之常法, 有何不可? 如或不能, 宜有時且止聲讀, 凝神靜慮, 沈潛文義,

玩索旨味, 是思之之事. 二者皆在於熟. 孟子曰, '夫仁亦在乎熟之而已', 朱子曰, '只是熟之義理', 思之漸熟, 其味無窮; 習之漸熟, 其行自利. 譬如山果, 未熟, 雖酸澁不適於口, 到熟則其味自別. 但不須拘迫求之. 如是則難久, '其進銳者, 其退速', '毋拔來毋赴往'此等語, 至切之論." ○ 問, "『史記』伍尙赴父命, 伍員諉以報讐, 不赴其父之命, 何如?" 答曰, "報讐於後日, 則今雖逃, 可贖罪矣. 如不能而死, 是如何耶? 但伍員旣報於後, 可小免不赴父命之罪." 又問, "爲臣而鞭其君, 是何如?" 答曰, "是時之人, 事此君, 不安, 去而之他, 無定君, 非如後世一統爲臣也. 又況員父奢爲楚平王太子之臣, 事似有間, 故先不歸員以叛君之罪耶? 未可知也." 又問, "似此等事, 未能剖判是非?" 答曰, "是如此, 若在我之權衡尺度素定, 則思無不中. 今不知何者爲權衡, 何者爲尺度, 先要理會處變. 雖得其中, 乃私意度之, 必差了. 又是躐等之學, 非爲急務, 先?已有成說, 愼勿先自理會處變."(『講錄』)

『석의』15-11-b

○ 「'사려(思慮)'에서 '이해(利害)'까지」 : 장래의 큰 화복과 이해를 생각하여 예방하다. 「도불득(都不得)」 : 다 그렇지 못하리라. 「지시도연(只是徒然)」 : 공구와 우환이 나에게 해가 될 수 없으며, 단지 헛된 것일 뿐임을 말한다. ○ 「편시(便是)」 : '문득 옳으니'이다.(『석의』)

○ 「思慮 止 利害」 : 將來예 大禍福利害를 思慮ᄒᆞ야 豫防ᄒᆞ다. 「都不得」 : 다 그리티 못ᄒᆞ리라. 「只是徒然」 : 言恐懼憂患, 不能爲吾害, 只是空然而已. 「便是」 : 문득 올흐니.(『釋疑』)

『강록간보』15-11-c

○ 「도불득편시(都不得便是)」 : 「조사경에게 답하는 글」에서 "비록 밖에서 온 것이지만 또한 당연히 자기 스스로 도리를 가지고 그것을 처리해야 한다. 단지 기쁨과 분노가 나에게 달려 있는 것이라고 하여 힘쓸 만한 것이고, 근심과 두려움이 나에게 말미암는 것이 아니라고 하여 힘쓰지 않을 수 없다"고 말하였다. ○ '편시(便是)'는 '수시(雖是)'라는 어세로 보는 것이 좋다. 「지간차편시(只看此便是)」 : 이 아래에서 구절을 끊는데, 대개 다만 성인의 이와 같은

일을 보면 공구와 우환은 헛된 것임을 말한다.(『강록간보』)

○ 「都不得便是」: 「答趙士敬」曰, "謂雖外面來底, 亦當由自家有道理, 以處之乃可. 不得但以喜怒爲在我可勉, 以憂懼爲不由我而不勉也." ◯ '便是'作'雖是'語勢看, 乃得. 「只看此便是」: 此下句絶, 蓋謂只看聖人此等事, 便是恐懼憂患徒然處.(『講錄刊補』)

『부주』15-11-1

◯ 인산김씨(仁山金氏)512)가 말하였다. "분노·두려움·좋아함·근심의 네 가지가 희로애락이 발한 것으로 마음의 작용이며, 사람에게 없을 수 없는 것이라면, 여기에서 어떤 것이 나빠서 바로 그 바름을 얻지 못한다고 생각하는가? 대개 분노해야 할 때 분노하고 분노하면서도 옮기지 않으며, 두려워해야 할 때 두려워하며 두려워하면서도 겁먹는 것이 아니며, 좋아할 만하면 좋아하여 좋아하면서도 욕심내는 것이 아니며, 근심할 만하면 근심하여 근심하면서도 상심하는 것이 아니라면, 이것이 이 마음이 체와 용의 바름을 얻은 것이 되니, 있고 없음으로 말할 수 있는 것이 아니다. 지금 전의 문장으로 보면 첫째는 '유소'로 말하고, 둘째도 '유소'로 말하니, 이것은 마음의 주인이 되는 것이 여기에 달려 있는 것으로 그 잘못된 것이 확실하다. '분'을 '분치'라고 말하고 '구'를 '공구'라고 말하며, '호'를 '호요'라고 말하고 '우'를 '우환'이라고 말하는 것은 첩어이다. 그러므로 이것은 우세한 감정이 여기에 이르러 깊이 막힌 것이다. 대개 마음이 이것에 주인이 되어 잘못된 것이 굳어지고, 우세한 감정이 여기에 이르러 깊이 막히면 이 마음이 그 바름을 얻을 수 있겠는가? 대개 기뻐하고 분노하며 근심하고 두려워하는 것이 없으면서 공멸로 돌아가는 것은 진실로 마음의 바른 체가 아니며,

---

512) 인산김씨(仁山金氏, 1232~1303) : 이름은 이상(履祥), 자는 길보(吉甫), 호는 차농(次農), 시호는 문정(文安)으로 절강(浙江) 난계(蘭溪) 사람이다. 왕백(王柏)과 하기(何基)에게 배웠다. 원나라가 들어서자 벼슬하지 않고 인산(仁山)에 은거하여 인산선생(仁山先生)이라 불렸다. 왕백의 의경정신(疑經精神)을 계승하여 『시경』과 『서경』을 의심했다. 저서에 『상서주(尙書注)』, 『상서표주(尙書表注)』, 『논어맹자집주고증(論語孟子集注考證)』, 『대학장구소의(大學章句疏義)』, 『중용표주(中庸標注)』, 『자치통감전편(資治通鑑前編)』 등이 있다.

기뻐하고 분노함 근심하고 두려워하는 것이 있으면서 잘못되어 막히고 고착된 것 또한 마음의 바른 작용이 아니다. 오로지 일이 이르면 그에 따라 응하고 사물이 지나가면 남겨두지 않을 때 이것을 바르다고 할 수 있을 것이다. 성현이 아니면 누가 이와 같을 수 있겠는가?"

○ 仁山金氏曰, "忿懥恐懼好樂憂患四者, 喜怒哀樂之發, 乃心之用而人所不能無者, 則何惡於是, 而便以爲不得其正哉! 蓋當怒則怒, 怒而不遷, 當懼則懼, 懼而非懾, 可好則好, 好而非欲, 可憂則憂, 憂而非傷, 是爲得此心體用之正, 而非可以有無言之也. 今以傳文觀之, 一則曰'有所', 二則曰'有所', 則是心之所主者在此, 其失也固矣. 忿而曰'忿懥', 懼而曰'恐懼', 好而曰'好樂', 憂而曰'憂患', 卽其重疊之辭, 則是情之所勝者, 至此其滯也深矣. 夫以心主於此而失之固, 情勝至此而滯之深, 則此心能得其正乎? 夫無所喜怒憂懼而歸於寂滅, 固非心之正體. 有所喜怒憂懼而失之滯固, 亦非心之正用. 惟事至而隨應, 物去而不留, 其斯以爲正乎! 非聖賢, 其孰能若此?"

『강록』15-11-1-a

- 「당구즉구(當懼則懼)」: 비평하여 말하였다. "'구(懼)'자 아래에 이(而)자에 대하여 혹자는 '즉(則)'자로 써야 한다고 말하고, 혹자는 '이(而)'자가 옳다고 말하였다. 그러나 '즉(則)'자가 타당하다.(『강록』)
- 「當懼則懼」: 批云, "當'惧'下'而'字, 或云, '當作'則'', 或云, ''而'字, 是.' 然'則'字爲是.(『講錄』)

『석의』15-11-1-b

- 「분이왈분치(忿而曰忿懥)」: 『장구』와 다름이 있다. 대개 이 장의 병통은 네 가지에 있지 않고 '…에 치우친 것이 있다'라는 데 있다. 그래서 『장구』에서 말하였다. "'분치'는 화내는 것이다. 분과 치가 모두 병통이 되지 않음을 알 수 있다. 만약 '노(怒)'의 뜻으로 보지 않는다면 곧 '분'이란 한 글자는 이미 병통이 되니, 어찌 '치'자를 중첩할 필요가 있겠는가? 아래 세 가지도 이것에 준한다."(『석의』)
- 「忿而曰忿懥」: 與『章句』有異. 蓋此章之病, 不在四者, 而在於'有所'矣. 故『章句』曰, '忿懥', 怒也. 可見忿與懥之皆不爲病也. 若不以'怒意'看, 則卽其

'忿'之一字, 而已爲病矣. 何待於重疊'擄'字乎? 下三者倣此.(『釋疑』)

『질서』15-11-1-c

○ 마음이 바르지 않은 것은 문제가 '유소(有所)' 두 글자에 있으면서 중첩한 데 있다. 퇴계가 이미 변론한 것이 실로 옳다.(『질서』)

○ 心之不正, 患在於'有所'二字, 而在於重疊. 退溪已辨得良是.(『疾書』)

『강록간보』15-11-1-d

○ 「중첩지사(重疊之辭)」: 김종덕(金宗德)의 생각: 분노, 두려움, 즐거움, 근심 네 가지는 본래 병통이 없다. 병통은 '유소' 두 글자에 있다. 김씨의 설은 스스로 하나의 뜻을 이룬다.(『강록간보』)

○ 「重疊之辭」: 按: 忿懥恐懼好樂憂患, 四者本無病. 病在'有所'二字. 金氏說自成一義.(『講錄刊補』)

『부주기의』15-11-1-e

○ 항노가 말하였다. "인산김씨의 설은 깊이 침잠하고 정밀하고 상세하여 배우는 사람에게 도움이 되니 충분히 음미해야 한다.(『부주기의』)

○ 恒老曰, "山金氏說, 深潛精詳, 有補於學者, 當熟玩也."(『附註記疑』)

『부주』15-12

○ 장사숙이 종을 꾸짖었다. 이천선생이 말하였다. "어찌 마음을 감동시키고 본성을 참지 않는가? 장사숙이 참회하며 사죄하였다."513)

○ 張思叔詬詈僕夫, 伊川先生曰, "何不動心忍性? 思叔慙謝."

『강록』15-12-a

○ 「후매(詬詈)」: 화내며 꾸짖는 것이다. 「인(忍)」: 기질의 성(性)을 참는 것으로, 『맹자』에 나온다.(『강록』)

○ 「詬詈」: 怒而叱之. 「忍」: 忍氣質之性, 出『孟子』(『講錄』)

---

513) 『二程外書』 권12, 「傳聞雜記」.

『석의』15-12-b

○ 「인성(忍性)」 : 『맹자』에 나오며, '성'은 기질을 가리켜 말한다.(『석의』)

○ 「忍性」 : 出『孟子』. 性, 指氣質而言.(『釋疑』)

『질서』15-12-c

○ '후매'는 화가 지나친 것이다. 분노는 곧 정이다. 정은 성이 발출한 것인데, 성 가운데는 원래 이 이치가 있기 때문에 '사람에게 없을 수 없는 것이다'고 말하였다. '성을 참는다'는 것은 이른바 '성을 안정시킨다[定性]'는 것과 같다. 성이 안정되면 정이 망령됨이 없다. 그래서 성에 맡겨서 조섭하지 않는 것을 '색성(色性)'이라고 말한다. '심(心)'은 성(性)과 정(情)을 통괄한다. 대개 짓고 행함이 있는 것은 모두 마음이 행하는 것이다. 그래서 마음을 감동시키지 못하면 다시 성을 참지 못한다.(『질서』)

○ '詬詈'者, 怒之過也. 怒卽情也. 情者, 性之動, 而性中原有此理. 故曰'人所不能無也.' '忍性'如所謂'定性'. 性定則情無妄. 故任性而不攝者, 謂之'索性'也. 心者, 統性情者也. 凡有所作爲, 皆心之爲也. 故不動心則又無以忍性也.(『疾書』)

『강록간보』15-12-d

○ 「후매(詬詈)」 : 분노하여 꾸짖는 것이다.(『강록간보』)

○ 「詬詈」 : 怒罵也.(『講錄刊補』)

○ 「정민정의 생각」11: 이 아래에 뽑은 여섯 조목514)은 이천선생의 정심에 관한 학설을 기록한 것이다.

○ 「按」 : 此下所摭六條, 記伊川先生正心之學.

『부주』15-13

○ 이천 선생이 말하였다. "여여숙은 시에서 '학문은 원개(元凱)515)

514) 『부주』15-12부터 『부주』15-17까지 여섯 조목을 말한다.

515) 원개(元凱, 222~284) : 이름은 두예(杜預), 자는 원개(元凱), 시호는 성(成), 사마소(司馬昭)의 매부(妹夫)로서 서진(西晉) 경조(京兆) 두릉(杜陵) 사람이다. 처음에 위나라에서 상

처럼 바야흐로 성벽이 되고, 문장은 사마상여(司馬相如)516)와 같이 거의 배우와 같다. 홀로 공자의 문하에서 어떤 일도 없이, 단지 안연이 얻은 심재만 행한다'고 말하였다. 옛날에 배우는 사람은 본성을 기르는 것에만 힘쓰고 다른 것은 배우지 않았으나, 요즈음 문장을 짓는 사람은 오로지 장구에만 힘써서 남의 이목을 기쁘게 한다. 남의 이목을 기쁘게 하는 데 힘쓴다면 배우가 아니고 무엇이겠는가?"517)

○ 伊川先生曰, "呂與叔有詩云, 學如元凱方成癖, 文似相如殆類俳. 獨立孔門無一事, 只輸顔氏得心齋. 古之學者, 惟務養性, 其他則不學, 今爲文者, 專務章句, 悅人耳目. 旣務悅人, 非俳優而何?"

『강록』15-13-a

○ 「심재(心齋)」: 『장자』에 나온다. ○ 질문하였다. "이 뜻은 전에 비록 가르침을 들었으나 제가 영민하지 못하여 기억할 수 없습니다. 감히 다시 한 번 질문합니다." 선생께서 답하여 말하였다. "『장자』의 대의는 '채소로 지내는 제사의 재계가 아니고, 뜻을 하나로 하고 마음을 비우는 것이 심재이다. 안연이 심재할 수 있었기 때문에 공자가 그에게 도(道)를 말하였다." 「수(輸)」: '이루는 것'이다.

서랑(尙書郞)을 지냈다. 진무제(晉武帝)가 즉위했을 때 하남윤(河南尹)이 되고, 탁지상서(度支尙書)로 옮겼다. 벼슬은 사예교위(司隷校尉)까지 올랐다. 전쟁이 없을 때는 경학을 연구하는 일에 잠심했다. 저서에 『춘추좌씨경전집해(春秋左氏經傳集解)』, 『춘추석례(春秋釋例)』, 『춘추장력(春秋長歷)』이 있다.

516) 사마상여(司馬相如, BC179~BC117) : 자는 장경(長卿)이고, 전한 촉군(蜀郡) 성도(成都) 사람이다. 전국 시대의 인상여(藺相如)를 사모하여 자기의 이름을 상여로 바꾸었다. 임공(臨邛) 땅에서 탁왕손(卓王孫)의 딸인 탁문군(卓文君)과 만나 성도(成都)로 달아나 혼인한 이야기는 유명하다. 사부(辭賦)에 능하였다. 작품의 풍격이 다양하고 사조(詞藻)가 아름다웠으며, 한부(漢賦)의 제재와 묘사 방법을 보다 풍부하게 하여 부체(賦體)를 한나라의 대표적 문학 형태로 자리하게 하는 데 큰 공헌을 했다. 저서에 「상림부(上林賦)」, 「대인부(大人賦)」 등이 있다.

517) 『二程遺書』 권18, 「劉元承手編」.

(『강록』)

○ 「心齋」: 出『莊子』. ○ 問: “此義前雖聞誨, 小子不敏, 未能記. 其萬一敢更請益.” 先生答云, “『莊子』大意謂, 不茹葷是祭祀之齋, 一志虛心爲心齋. 顏淵能心齋, 故孔子告之以道.” 「輸」: 猶致也.(『講錄』)

『석의』15-13-b

○ 「배(俳)」: 배우이다. 「수(輸)」: ‘이루는 것’ 또는 ‘행하는 것’이다. 혹자는 ‘수’는 ‘지는 것’이라고 말하였다. 승부를 ‘영수(贏輸)’라고 말한다. 「심재(心齋)」: 『장자』에 나온다. 대의는 뜻을 한결같이 하여 마음을 비우는 것을 일컫는다. ○ 이 시는 ‘배우는 자들이 단지 장구나 문장에 얽매여 오히려 안연이 마음을 재계하면서 일삼음이 없는 것과 같지 못한 것을 말한다.(『석의』)

○ 「俳」: 俳, 優也. 「輸」: 猶致也, 爲也. 或曰, ‘輸, 負也.’ 勝負謂之贏輸. 「心齋」: 出『莊子』. 大意, 一志虛心之謂. ○ 此詩言, 學者徒爲章句文詞所累, 却不如顏子心齋無事也.(『釋疑』)

『질서』15-13-c

○ 바야흐로 성벽이 되어도 스스로 깨닫지 못한다고 한 것은 애석해하는 뜻이 있다. 남의 이목을 기쁘게 하는데 힘쓰는 것은 천박한 배우에 가깝다. 자기를 가지고 남에게 아첨하는 것은 애석하게 여기는 뜻이 있다. 저것은 모두 마음에 얽매이는 것이 있어서 그런 것이다. 조금도 일삼음이 없는 것이 심재이다. 마음에 얽매임이 없는 것은 오로지 안연만이 그러했다.(『질서』)

○ 方且成癖而不自覺悟云, 則有惜之之意. 務悅耳目, 幾於俳優之賤. 其己以媚人, 則有哀之之意. 彼皆心有所累而然也. 無一事者, 心齋也. 心無所累, 惟顏氏爲然.(『疾書』)

『강록간보』15-13-d

○ 「심재(心齋)」: 『장자(莊子)』에서, 안연이 말하였다. “심재에 대하여 감히 질문합니다.” 공자가 대답하였다. “뜻을 하나로 하면 귀로 듣지 않고 마음으로 들으며, 마음으로 듣지 않고 기로 듣는다. 듣는

것은 귀에서 멈추고 마음은 장부에서 멈춘다. 기라는 것은 비어서 사물을 받아들이는 것이다. 오직 도는 허(虛)에 모인다. 허(虛)가 심재이다."(『장자』)(『강록간보』)

○ 「心齋」: 『莊子』, 顔回曰, "敢問心齋." 仲尼曰, "若一志, 無聽之以耳而聽之以心, 無聽之以心而聽之以氣! 聽止於耳, 心止於符. 氣也者, 虛而待物者也. 唯道集虛. 虛者, 心齋也."(『講錄刊補』)

『부주』15-14

○ 질문하였다. "방에 혼자 있거나 때로 어두운 곳을 갈 때 놀라거나 두려움이 많은 것은 무엇 때문인가?" 말하였다. "단지 이치를 밝히는 것이 분명하지 못하기 때문이다. 만약 이치를 밝힐 수 있다면 두려워하는 것이 망령됨을 알 것이니, 무엇을 두려워하겠는가? 어떤 사람이 비록 이것을 알아도 두려워하는 마음을 피하지 못하는 것은 단지 기가 채워지지 않았기 때문이다. 반드시 함양하여 오래되면 기가 충만하여 자연히 사물이 움직일 수 없다. 그런데도 두려워하는 마음이 있다면 또한 경이 부족한 것이다."518)

○ 問, "獨處一室, 或行闇中, 多有驚懼何也?" 曰, "只是燭理不明. 若能燭理, 則知所懼者妄, 何懼焉. 有人雖知此, 然不免有懼心者, 只是氣不充, 須是涵養, 久則氣充, 自然物動不得. 然有懼心, 亦是敬不足."

『질서』15-14-a

○ 이치를 밝히는 것이 밝다는 것은 귀신도 두려워할 만한 것이 없음을 말하는 것이 아니다. 진실로 허깨비가 있어서 밤에 또한 사람을 두렵게 죽일 수 있다면 어찌 삼갈 만한 것이 아니겠는가? 그러나 나에게 달려 있는 것을 삼갈 따름이니, 놀라움과 두려움이 무

518) 『二程遺書』 권18, 「劉元承手編」.

은 이익이 되겠는가? 이것은 이치가 밝지 않고 경이 부족하기 때문임을 말하는 것이다.(『질서』)

○ 燭理明云者, 非謂鬼魅無可懼. 固有魍魎, 夜又能攝殺人者, 豈非可愼乎? 然在我愼之而已, 驚懼何益. 此謂理不明, 敬不足也.(『疾書』)

『강록간보』15-14-b

○ 김종덕(金宗德)의 생각: 정자의 이 단락에는 세 항목의 뜻이 있다. '이치를 밝히는 것이 분명치 않다'는 것이 하나이고, '기가 몸에 충만하지 않다'는 것이 두 번째이고, '경이 부족하다'는 것이 세 번째이다.(『강록간보』)

○ 按: 程子此段有三項意. '燭理不明'是一項, '氣不充體'是二項, '敬不足'是三項.(『講錄刊補』)

『부주』15-15

○ 이천이 부릉에 가는 길에 염여를 지날 때 파도가 거칠게 일어나니, 배안의 사람들은 모두 경악하여 어쩔 줄 몰라 했다. 이천만이 홀로 꿋꿋이 움직이지 않았는데 언덕 위에 나무꾼이 있어서 소리를 질러 "버린 것이 이와 같습니까? 달관한 것이 이와 같습니까?"라고 물었다. 이천이 그에 대답하려 하였으나, 배가 이미 지나버렸다.[519]

○ 伊川涪陵之行, 過灩澦, 波濤洶湧, 舟中之人皆驚愕失措, 獨伊川凝然不動, 岸上有樵者, 厲聲問曰, "舍去如斯, 達去如斯?" 欲答之而舟已行.

『강록』15-15-a

○ 「부릉지행(涪陵之行)」: 비평하여 말하였다. "'부릉' 단락은 『연원록』에 실려 있는 것이다. 그 주에는 '소씨의 『문견록』과 『어류』의 기록을 보면 주자가 일찍이 이 일을 논하였는데, '기록에는 두 판본

---

519) 『二程外書』 권12, 「傳聞雜記」.

이 같지 않다 운운'하고 말하였다.' 그 하나는 이 주에서 취한 것으로 이것과 같지 않은 점이 많다. 또 하나는 『연원록』에 실려 있는 것으로서 역시 차이가 많다. 또 『학림옥로』에도 이 조목을 실었는데 또한 차이가 많다.(또 주자는 "'달'과 '사'는 단지 한 가지 일이니 어지 분별할 수 있겠는가?'라고 말하였다. 『학림』은 '달'은 '지혜'이고, '사'는 '용기'이며, 도를 듣는 것은 달이 되고, 옳은 것을 위해 죽는 것은 '사'라고 말하였다.)" ○ 이덕홍이 기록하여 말하였다. "대개 본의는 이천이 이런 위기에 당해서도 죽는 것을 돌아가는 것처럼 볼 수 있어서 이와 같은 데 이르렀으니, 반드시 평소에 도를 듣고 천명을 알았기 때문에 그러했을 것이다. 주자의 뜻도 이런데 지나지 않았기 때문에 '사하니'라고 토를 달았다. '거'는 어조사이다."(해석하여 말하기를 "버리는 것이 이와 같으니, 달관하는 것도 이와 같구나"라고 하였다.) ○ 부릉은 부주이다. 촉땅의 강릉 등의 지역으로부터 흔강이상의 지역이다. ○ 『옥로』는 나대경의 저작이다. (나대경의 자는 경륜이다.) 은거하여 벼슬하지 않았다. 비록 학문에 알려진 것은 없으나 염락관민(濂洛關閩)의 여러 현인들을 흠모했으니, 또한 한사람의 호인이라 하겠다. '염여'는 촉땅의 고지이므로 물의 흐름이 매우 드물다. 아래로 흘러 삼협·구당·염여 등을 거치는데, 매우 험한 곳이어서 배를 엎어버리는 사람이 많았다. 이천이 부릉으로 귀양갈 때 배가 이곳에서 거의 위기를 맞았으나 꿋꿋이 움직이지 않았다.(『강록』)

○ 「涪陵之行」: 批云, "'涪陵'一段, 載『淵源錄』者. 其註謂, '見邵氏『聞見錄』, 又『語類』載, 朱子嘗論此事, 記錄有二本不同云云'. 其一卽此註所取, 與此多不同. 其一是『淵源錄』所載而亦多異同. 又『鶴林玉露』載此條文, 亦多異.(又朱子謂''達''捨'只是一事, 安得有分別耶.' 『鶴林』則謂'達'是智, '捨'是勇. 聞道爲'達', 死可爲'捨'.)" ○ 李錄云, "蓋本意以爲伊川當此危, 而能視死如歸, 至於如此ᄒᆞ니 必由平日聞道知命故然也. 朱子意亦不過如此, 故吐斯ᄒᆞ니斯?, 去, 語辭(釋云, 舍하미 이가ᄐᆞ니 達ᄒᆞ욤도 이ᄀᆞᆺ도다.)" ○ 涪

陵乃涪州也. 蜀地由江陵等處, 泝江而上. ○ 『玉露』羅大經所著(羅字景綸), 隱居不仕. 雖無徵於學問, 然慕尙濂洛關閩諸賢亦一好人也. 「灩澦」 : 蜀地高, 故水流極旱, 下流由三峽·瞿塘·灩澦, 乃其極險處, 人多覆舟. 伊川之謫涪陵, 舟由此而幾見危, 凝然不動.(『講錄』)

『석의』15-15-b

○ 「부릉지행(涪陵之行)」 : 이 일은 『이정전서(二程全書)』에 세 번 나온다. 한번은 「소씨록」에 보이는데 같은 배의 늙은 부친이 '마음에 성과 경을 보존하더라도 마음을 둠이 없는 것만 못하다'는 등의 말이 있다. 또 한번은 「진택록」에 보이는데 바로 이 주석이다. 한번은 「왕단명기」에 보인다. 「진택록」과 같으나 오로지 두 개의 '거'자를 모두 '후'자로 썼다. ○ 송시열(宋時烈)의 생각: 『어류』에서는 「진택록」을 그렇지 않다고 보면서 말하였다. "바람과 파도가 흉흉할 때 꼴베는 사람이 어찌 이천이 두려워하지 않는 것을 보았겠으며 말 또한 어찌 서로 들을 수 있었겠는가? 하물며 달관하는 것과 버리는 것은 단지 하나의 일이니 어찌 구별이 있을 수 있겠는가?" 또 「소씨록」을 의심하여 "생각건대, 은자는 쫓아가도 피하는 것이 옳으니 홀연히 보이지 않는다고 말하면 귀신과 같은 것이니 반드시 그렇지 않다"라고 말하였다. 그러나 「소씨록」은 단지 '늙은 남자가 빨리 지나간다'고 말하였는데, 지금 '홀연히 보이지 않는다'고 말한 것은 아마도 『어류』에 기록한 것이 혹 상세하지 않은 것 같다. ○ 『학림옥로』에서는 '달'을 아침에 도를 듣는 것으로, '사'를 저녁에 죽는 것으로 보았다.(『석의』)

○ 「涪陵之行」 : 此事三見於『二程全書』. 一見「邵氏錄」, 有同舟老父, '心存誠敬, 不若無心'等語. 一見「震澤錄」, 卽此註也. 一見「汪端明記」, 與「震錄」同而唯二'去'字皆作'後'. ○ 按: 『語類』以「震錄」爲不然曰, "風濤洶湧之際, 負薪者何以見其不懼? 而語言又何以相聞? 況達之與捨, 只是一事, 安得有分別邪?" 又疑「邵錄」曰, "謂隱者趨而辟之, 可也. 謂忽然不見, 則若鬼物然, 必不然矣." 然「邵錄」只云, '老父徑去', 而今曰'忽然不見', 竊恐『語類』所記,或不審也. ○『鶴林玉露』, 以‘達’爲朝聞道, 以‘舍’爲夕死.(『釋疑』)

『질서』15-15-c

○ ‘사거여사(舍去如斯) 달거여사(達去如斯)’는 질문하는 말이다. ‘사(舍)’는 용기를 숭상하여 의리를 취하는 선비로서 생과 사를 버려두고 동요하지 않는 것이다. ‘달’은 팽조(彭祖)와 상자(殤子)를 동일하게 여기고 영욕을 하나로 보아 생사의 운명을 달관하여 움직이지 않는 것과 같은 것이다. ‘초’는 이와 같음을 보고서 이 두 가지로 질문하였다. 선생이 답하고자 한 것은 대개 이치가 밝혀지고 마음이 안정되어 만나는 상황에 따라 편안하다는 뜻이다.(『질서』)

○ ‘舍去如斯, 達去如斯’, 問之之辭也. 舍如尙勇取義之士, 舍置死生而不爲動也. ‘達’如齊彭殤一榮辱, 達於生死之命而亦不爲動也. ‘樵’者, 見其如斯, 而以此兩者設問. 先生之所欲答者, 蓋理明心定, 隨遇而安之意也.(『疾書』)

『밀험』15-15-d

○ 생각건대, 이것은 곧 악을 버리고 선을 지향하는 설이다. 그러나 그 설이 신기하여 용(桶)을 꾸미고 토끼를 파는 사람과 같다.(『밀험』)

○ 案, 此乃去惡趨善之說. 然其說似神異, 與箍桶者賣兎者同.(『密驗』)

『부주』15-16

○ 또 말하였다. “고인 가운데 몸을 버리고 목숨을 바친 사람이 있었는데, 만약 실제로 이해하지 못하면 어떻게 이와 같을 수 있겠는가? 반드시 삶이 의보다 중요하지 않고, 사는 것이 죽는 것보다 편하지 못함을 알아야 한다. 그래서 자신을 죽여서 인을 이루는 것은 단지 하나의 옳음을 이루는 것일 뿐이다.”520)

○ 又曰, “古人有捐軀隕命者, 若不實見得, 則烏能如此.? 須是實見得生不重於義, 生不安於死也. 故殺身成仁, 只是成就一箇是而已.”

520) 『二程遺書』 권15, 「入關語錄」.

『부주』15-17

○ 이천이 부주에서 돌아올 때 기상과 용모, 안색 및 수염이 모두 이전보다 나았다. 문인들이 "어떻게 이럴 수 있는가?"를 질문하였다. 대답하였다. "배움의 힘이다. 대개 배우는 사람은 근심과 어려움, 빈천한 상황에서 처신하는 것을 배우는 것이다. 만약 부귀영달하다면 배울 필요가 없다."521)

○ 伊川歸自涪州, 氣貌容色髭髮, 皆勝平昔. 門人問, "何以得此?" 曰, "學之力也. 大凡學者, 學處患難貧賤. 若富貴榮達, 卽不須學."

『강록』15-17-a

○ 「자(髭)」 : 입 위에 있는 것을 '자(髭)'라 하고, 아래 있는 것을 '수(鬚)'라 하며, 턱에 있는 것을 '염(髯)'이라고 한다.(『강록』)

○ 「髭」 : 口上曰'髭', 在下曰'鬚', 在頰曰'髯'.(『講錄』)

『석의』15-17-b

○ 「불수학(不須學)」 : '구태여 배우지 아니할지니라'이다.(『석의』)

○ 「不須學」 : 구틔여 學디 아닐디니라.(『釋疑』)

『부주』15-17-1

○ 태상인 장격(臧格)522)이 「시호를 정하는 글」을 편찬하여 말하였다. "이천 선생의 학문은 오로지 경을 위주로 하여 채우고 기르는 것이 이미 지극하고 실로 순수하여 한결같이 올바름에서 나왔다. 대개 약간의 성내거나 원망하려는 기미에 아직 지나치지 않은 경우에, 그 마음을 감동시키고 본성을 참는 것을 경계한 것은 대개 분노하고 성내는 점이 있으면 그 바름을 얻지 못하기 때문이다. 어두운 방에 있는 동안에 잠시라도 놀라고 두려워한다면 아직 실수를 하지 않았을 때 이치를 밝히지 못함을 지적한 것은 대개 두려워하는 바가 있으면 그 바름을 얻지 못하기 때문이다. 문장에 빠지

521) 『二程外書』 권12, 「傳聞雜記」.

522) 臧格 : 未詳

면 외물에 정신을 빼앗기는 것을 싫어하였고, 어려움을 만나면 삶을 버릴 수 없는 것을 번민하는 데 이른 것은 대개 좋아하거나 근심하는 것이 있으면 모두 그 올바름을 얻지 못하기 때문이다. 대개 사람으로서 그러한 얽매임을 모두 제거할 수 있다면 어찌 온전함을 다 회복하지 못할 것을 근심하겠는가?"

○ 太常臧格撰「謚議」曰, "伊川先生之學, 專以敬爲主, 充養旣至, 固宜粹然, 一出於正也. 夫一恚詈之微, 若未過也, 則戒其動心忍性, 蓋有所忿懥, 則不得其正. 一警懼于暗室之頃, 未爲失也, 則斥其燭理不明, 蓋有所恐懼, 則不得其正. 以至溺文章, 則惡其玩物, 遇患難, 則憫其不能舍生, 蓋有所好樂憂患, 則俱不得其正. 夫人而能盡去其累, 奚患不盡復其全乎?"

『강록』15-17-1-a

○ 「일경(一警)」 : 비평하여 말하였다. "'일경'에서 '경(警)'은 아래에 '마(馬)'자를 써야 한다.(『강록』)

○ 「一警」 : 批云, '警'當從馬.(『講錄』)

『석의』15-17-1-b

○ 「장격(臧格)」 : 그 출처가 자세하지 않다. 「미과(未過)」 : '그르지 않은 듯한데'이다. 「일경(一警)」 : '경'은 아래에 '마(馬)'자를 써야 한다.(『석의』)

○ 「臧格」 : 未詳其出處. 「未過」 : 그라디 아닌둧ᄒᆞ거를. 「一警」 : 警當從馬.(『釋疑』)

○ 「정민정의 생각」12: 장씨가 논한 경(敬)은 『장구』와 부합하지 않는다. 그러나 공부하는 자에게 깊이 경계하는 점이 있다.

○ 「按」 : 臧氏所論敬, 與『章句』不合, 然深有警于學者.

『강록』12-1

○ 「장구불합(章句不合)」 : 「조사경에게 주는 글」에서 말하였다. "『장구』는 경을 마음을 보존하는 방법으로 삼아 세 가지 처하지 않아야 할 것에 대하여 말하였다. 장씨는 경을 얽매임을 제거하는 도

리로 삼아 네 가지 처할 곳이 있음에 대하여 말하였다. 이것이 황돈이 '같지 않다'고 말한 까닭이다. 이렇게 보는 것은 어떻습니까?"(『강록』)

○ 「章句不合」: 「與趙士敬書」曰, "『章句』以敬爲存心之方, 而言於三不處, 臧氏以敬爲去累之道, 而言於四有處, 此篁墩所以云'不同'耳. 看以此如何?"(『講錄』)

『석의』12-2

○ 「장구불합(章句不合)」: 『장구』는 경을 세 가지 처하지 않아야 하는 점에서 말하였고, 장씨는 경을 네 가지 처할 곳이 있음으로 말하였다. 그래서 '부합하지 않는다'고 말하였다.(『석의』)

○ 「章句不合」: 『章句』以敬言於三不處, 臧氏以敬言於四有處, 故謂之'不合'.(『釋疑』)

『질서』12-3

○ 황돈은 장씨의 설은 『집주』와 그 뜻이 같지 않다고 생각하였다. 그 뜻은 대개 "『집주』는 경을 마음을 보존하는 요체로 보는 반면, 장씨는 경을 얽매임을 제거하는 방법으로 간주하고 있다"고 말하는 것이다. 그러나 마음을 보존해서 얽매임을 제거하고, 경하여 안을 곧게 하면 성을 참을 수 있고, 이치를 밝힐 수 있으며 외물에 정신을 잃는 것에 빠지지 않을 수 있으며, 어려움을 만나서는 삶을 버리게 된다. 이와 같이 보면 애초에 차이가 있은 적이 없다. 그러나 '그 잘못하지 않았을 때' 등과 같은 말을 한 것에는 문제점이 있으니, 다시 상세히 살펴야 한다.(『질서』)

○ 篁墩以爲臧氏說與集註不同, 其意蓋曰, "『集註』以敬爲存心之要, 臧氏以敬爲去累之方也." 然存心乃所以去累, 敬以直內則可以忍性, 可以明理, 可以不溺於玩物, 而遇難舍生. 如是看, 初未嘗有異也. 但其'未爲失'等語下得有病, 更詳之.(『疾書』)

『비망록』12-4

○ 「장구불합(章句不合)」: 경문의 윗 절은 마음에 두는 병통을 말하였

고, 아래 절에서는 무심함의 병통을 말하였다. 오로지 저쪽에서 마음을 막고 있기 때문에 여기에 마음이 없게 된다. 경은 그 마음을 수렴하여 어떤 사물도 받아들이지 않는 것을 말한다면, 그 마음에 두거나 무심하거나를 막론하고 모두 경을 약으로 삼아야 한다. 그러나 '마음에 두는 것'은 이치를 밝히지 못하는 허물이기 때문에 특별히 '찰(察)'을 말하였다. '무심'은 보존하고 기르지 못하는 과실이기 때문에 특별히 '경(敬)'을 말하였다. 그 요체를 들어서 서로 갖춘다. 경으로 마음을 기를 수 없기 때문에 이치가 밝지 못하여 살필 수 없다. 살펴서 이치를 밝힐 수 없기 때문에 마음이 보존되지 못하여 경건할 수 없다. 장격의 논의와 『장구』는 실로 서로를 드러내 밝혀준다.(『비망록』)

○ 「章句不合」: 經文上節說有於心之病, 下節說無心之病. 惟其滯心於彼, 所以無心於此. 敬者, 其心收斂, 不容一物之謂, 則不論有心無心, 皆當以敬爲藥. 然有於心是不明理之過, 故特言察. 無心是不存養之過, 故特言敬. 擧其要而互相備也. 不能敬以養心, 故理有未明而不能察; 不能察以明理, 故心有不存而不能敬. 臧議之於『章句』, 實相發明.(『備忘錄』)

『부주』15-18

○ 주자가 말하였다. "나의 기질에 병통이 있다면 많은 경우 분노하는 데 있다."523)

○ 朱子曰, "某之氣質有病, 多在忿懥."

○ 「정민정의 생각」13: 이로부터 아래에 뽑은 아홉 조목524)은 주자의 정심의 학문을 기록한 것으로 당연히 이천 선생의 일과 참고하여 보아야 한다.

○ 「按」: 此下所摭九條, 記朱子正心之學, 當與伊川先生事參觀.

523) 『朱子語類』 권104, 「朱子一-自論爲學工夫」.

524) 『부주』15-18에서 『부주』15-25까지 아홉 조목이며 『부주』15-19는 두 조목이 있다.

『부주』15-19

○ 왕유관(王幼觀)[525]이 말하였다. "선생께서 어느 날 뇌물을 받은 사람에 대하여 언급하였는데, 분노를 말로 드러내 '나는 이런 사람을 보면 단지 큰 글자를 얼굴에 새겨 유배를 보내겠다'고 말하였다."[526]

○ 王幼觀曰, "先生一日, 說及受贓者, 怒形於言, 曰, '某見此等人, 只與大字面配去'."

『강록』15-19-a

- 「'모견차(某見此)'에서 '배거(配去)'」 : '대자면'이란 옛날에 '장(贓)' 자를 얼굴에 새기는 것이며 '배거'는 유배보내어 그를 멀리 격리시키는 것이다. 해석하여 말하였다. "내가 보니 이런 사람을 오직 큰 글자를 얼굴에 새겨 유배보낼 것이다."(『강록』)
- 「某見此 止 配去」 : '大字面', 古黥贓字於其面, '配去', 流配去絶之也. 釋云, "某이보니 이等인을 오직 大字늘 面에 ᄒᆞ야 配去홀디니라."(『講錄』)

『석의』15-19-b

- 「설」 : '말씀이'란 말이다.(『석의』)
- 「說」 : 말숨이.(『釋疑』)

○ 천천히 또 말하였다. "지금 '관리가 돈을 받아서는 안 된다고 말하지만, 고을을 다스리는 자들은 스스로 돈을 요구한다'고 하면서 구절구절 말하고서 그것에 탄식하였다."[527]

○ 徐又曰, "今說'公吏不合取錢, 爲知縣者自要錢矣.' 節節言之, 爲之吁嘆."

525) 왕유관(王幼觀) : 이름은 과(過)이며, 유관(幼觀)은 그의 자이다. 주자의 문인으로 파양(鄱陽) 사람이다.

526) 『朱子語類』 권107, 「朱子四·雜記言行」.

527) 『朱子語類』 권107, 「朱子四·雜記言行」.

『부주』15-20

○ 주자가 말하였다. "나는 옛날에는 배우지 못하는 것이 없기를 바라서, 선도(禪道)·문장(文章)·초사(楚詞)·시(詩)·병법(兵法) 등을 일일이 배우고자 하였다. 출입을 할 때를 위하여 수 없는 문장을 일 마다 두 책으로 꾸몄다. 어느 날 홀연히 생각하고 나서 '또한 오만스럽게도 나는 단지 하나의 몸만 혼연히 가지고서 어떻게 함께 여러 가지를 겸할 수 있겠는가'하고 말하였다. 이 때부터 점차로 버려나갔다. 대개 사람이 마음을 써야 할 곳을 알면 자연히 다른 일에는 미칠 틈이 없다."528)

○ 朱子曰, "某舊時, 亦要無所不學, 禪道·文章·楚詞·詩·兵法, 事事要學. 出入時, 無數文字, 事事有兩冊. 一日忽思之曰, '且慢我只有一箇渾身, 如何兼得許多'. 自此逐時去了. 大凡人知箇用心處, 自無緣及得外事."

『강록』15-20-a

○ 「'모구시(某舊時)'에서 '양책(兩冊)'까지」 : 나는 '옛날에는 배우지 않는 것이 없어서 출입할 때 그 수 없는 문장을 다 책으로 가지고 다닐 수 없어서 일마다 모두 두 책으로 운운'하고 말하였다. 토를 달아 "학문을 하며 법을 배우니 때에 따라 글자를 가지고 일에 대해 책으로 만드니"라고 말하였다. 혹자는 '일마다 배우고자 했기 때문에 이것에서 나와 저것으로 들어가고, 저것에서 나와 이것으로 들어오는 것을 헤아릴 수 없었다. 그래서 문장을 일에 따라 두 책으로 꾸며 운운'하고 말하였다. 토를 달아 "학문을 하며 법을 배우니 때에 따라 무수한 글자를 책으로 만들더니"라고 하였다. 그러나 '출입시' 이하는 문장의 뜻이 이어지지 않아 옳지 않은 것 같다. 「만(慢)」 : 완만한 것이다. ○ 이덕홍의 기록에 말하였다. "주자는 스스로 그 학문이 넘치고 잡박한 것에 흐르려고 한다고 말

528) 『朱子語類』 권104, 「朱子一·自論爲學工夫」.

하면서 허물을 고치는 데 용감하였으니, 이것이 바로 사람이 본받아야 할 것이다. 배우는 사람이 그 허물을 고치는 용기를 본받지 않고 인습에 따라 스스로 비루함에 빠져 들어간다면 죄는 그 사람에게 있으니, 선생께서 어찌하겠는가?" 「혼신(渾身)」: 한 몸을 들어서 '혼신'이라고 말한다. '온집안(渾家)'이라고 말하는 류와 같다.(『강록』)

○ 「某舊時 止 兩冊」: 某謂'舊時, 無所不學, 出入時, 其無數文字, 不能盡持其冊而行, 故事事皆兩冊云云.' 吐曰, '學ᄒᆞ야 法을 學ᄒᆞ야 時예 字을 事에 冊ᄒᆞ더니.' 或謂'事事要學, 故出於此入於彼, 出於彼入於此無數, 故文字를 事事有兩冊云云.' 吐云, '學ᄒᆞ야 法을 學ᄒᆞ니 時 數ᄉᆞ字을 冊ᄒᆞ더니', 然'出入時'以下, 文意不屬, 恐非是. 「慢」: 緩也. ○ 李錄云, "朱子自言其學, 將流於氾濫駁雜, 而勇於改過, 此正人之所當法也. 學者不法其改過之勇, 而經誘以自入于陋, 則罪在其人, 於先生何哉." 「渾身」: 擧一身而言之曰'渾身'. 如言'渾家'之類.(『講錄』)

『석의』15-20-b

○ 「'모구시(某舊時)'에서 '양책(兩冊)'까지」: 나는 옛날에 배우지 않는 것이 없고자 하여 선도(禪道)·문장(文章)·초사(楚辭)·시(詩)·병법(兵法) 등의 일들을 배우고자 하여 드나들 때 무수한 문장을 일마다 두 책으로 만들었더니. ○ 서책이 많아서 다 가지고 다닐 수가 없어서 일마다 장절을 초록하여 두 책으로 만들었다. ○ '일마다'는 선도·병법 등의 일이다. 「차만(且慢)」: 긴박하지 않고 완만한 것이다. ○ 헐타. 「혼신(渾身)」: 한 몸을 들어서 말하는 것이다. ○ 주자는 자신의 학문이 장차 넘치고 잡다한 것에 흐르게 될 것을 자각하여 용기 있게 끊어버렸으니, 이것이 바로 사람이 본받아야 할 것이다.(『석의』)

○ 「某舊時 止 兩冊」: 내 舊時예 學디아닌배 업고져ᄒᆞ야 禪道文章楚辭詩兵法 事事를 學고져ᄒᆞ야 出入홀 제 無數ᄒᆞᆫ 文字를 事事마다 兩冊를 두엇더니. ○ 書冊多, 不能盡持而行, 故事事抄節爲兩冊. ○ 事事, 如禪

道兵法等事. 「且慢」 : 慢不緊也. ○ 헐타. 「渾身」 : 擧一身而言. ○ 朱子自覺其學將流於泛濫駁雜, 而勇於斷置, 此正人之所當法也.(『釋疑』)

『부주』15-21

○ 질문하였다. "매번 즐겁거나 마음에 맞는 일이 있으면 바로 스스로 사사로운 마음이 있음을 깨닫게 됩니다. 만약 이치를 보고자 하면 당연히 극복해야 하지 않습니까?" 대답하였다. "이와 같은 일은 도리를 분명히 알면 자연히 소멸될 것이다. 이와 같이 급박하게 끊으려 하면 도리어 문제를 낳는다."529)

○ 問, "每有喜好適意底事, 便覺有自私之心. 若欲見理, 莫當便與克下否?" 曰, "此等事, 見得道理分明, 自然消磨了. 似此迫切, 却生病痛."

『강록간보』15-21-a

○ 「막당(莫當)」 : '막'은 '그렇지 않은가?'라고 말하는 것과 같다.(『강록간보』)

○ 「莫當」 : '莫', 猶言'莫是'.(『講錄刊補』)

『질서』15-21-b

○ 비록 즐겁거나 마음에 맞는 일이 있어도 나는 그것에 순응하여 마음에 막히는 것이 없다. 그렇지 않으면 스스로 사사로운 것이다. 단지 이치를 분명히 알지 못하면 외물을 응하는 자취로 볼 수 없다. 만약 먼저 앎을 극진히 하는 학문에 힘쓰지 않고 다만 병통을 이기려고만 하면 도리어 문제를 낳게 된다.(『질서』)

○ 雖有喜好適意之事, 我卽順應而不滯於心. 不然者是自私也. 只是見理不明, 不能以外物爲應迹. 若不先務致知之學, 徒於痛下克去, 反生病痛也.(『疾書』)

『부주』15-22

○ 또 말하였다. "풍속이 귀신을 숭상하여 신안과 같은 지역에는

---

529) 『朱子語類』 권115, 「朱子十二·訓門人三」.

조석으로 귀신의 소굴에 있는 것 같다. 향리에 '오통묘'라는 것이 있는데 가장 신령하고 괴이하다. 나는 처음에 돌아갔을 때 가게하려는 집안사람들의 성화를 받았으나 가지 않았다. 이날 밤 친족들을 모아 관사에 가서 술을 샀는데 잿물이 들어 있어서 마시자마자 끝내 밤새껏 장부(臟腑)를 뒤흔들었다. 다음날 또 우연히 섬돌 옆에 뱀 한 마리가 있어서 여러 사람이 떠들면서 오통묘를 참배하지 않았기 때문이라고 생각하였다. 나는 '장부는 먹은 것 때문이며 다른 어떤 일과도 무관하니 오통묘를 왜곡하지 말라'고 일렀다. 그 가운데 어떤 사람이 있었는데, 이는 학문을 하는 사람인데도 와서 가볼 것을 권하면서 '이것이 중론을 따르는 것이다'고 말하였다. 나는 '중론을 따라서 무엇하겠는가? 공도 이런 말을 할 줄을 생각하지 못했다'고 하였다."530)

○ 又曰, "風俗尙鬼, 如新安等處, 朝夕如在鬼窟. 鄕里有所謂'五通廟', 最靈怪. 某初還被宗人煎迫令去不往, 是夜會族人往官司打酒有灰, 乍飮遂動臟腑終夜. 次日又偶有一蛇在堦旁, 衆人鬨然以爲不謁廟之故. 某告以臟腑是食物, 不著關他甚事, 莫枉了五通. 中有某人, 是向學之人, 亦來勸往云, '亦是從衆'. 某'以從衆何爲, 不意公亦有此語.'"

『강록』15-22-a

○ 「초환(初還)」: 주자가 민(閩) 땅에 살면서 나이 19세 때 과거에 합격하여 조상의 산소를 찾아 처음으로 무원에 갔다. 처음 돌아간 곳이 고향이므로 '돌아간다'고 말하였다. 무원현은 휘주에 속한다. 신안은 곧 휘주의 별칭이다. 「종인(宗人)」: 종족의 사람들이니, 반드시 종통을 주관하는 사람을 말하는 것은 아니다. '회족인'은 지금 '족회'라고 말하는 것과 같다. 「타주(打酒)」: 술을 사는 것이

530) 『朱子語類』 권3, 「鬼神」.

다. 중국에서는 관사에서 권장을 설치하여 술을 팔았으나, 사가(私家)에서는 그렇게 할 수 없었다. 「장부(臟腑)」 : 함형이 생각건대, "전날 고찰했던 『주례』에는 상세하지 않은 부분이 많이 있다. 지금 『맥경』, 『본초』, 「발휘도서」에서 뽑아보면 예가 왼쪽과 같다. 또 선생이 가르침을 내려 정신 혼백 등의 설은 따로 뒤에 붙였는데 망령된 것은 아닌지 모르겠습니다. 지적하여 가르쳐 주시기 바랍니다." 비평하여 말하였다. "『맥경』과 『본초』의 두 설은 모두 의술을 이해하지 못하면 그 득실을 상세히 할 수 없다."(『강록』)

○ 「初還」 : 朱子居閩中, 年十九登第, 仍省丘壟, 初往婺源. 初還是故鄕, 故曰'還'也. 婺源縣屬徽州. 新安, 卽徽之別號. 「宗人」 : 宗族之人. 非必謂主宗之人, '會族人'猶今'族會'說. 「打酒」 : 買酒也. 中原於官司, 設權場沽酒, 而私家不得爲之. 「臟腑」 : 咸亨謹按, "前日所考『周禮』多有未詳處. 今摭『脈經』『本草』「發揮圖序」, 例如左, 且先生下敎, 精神魂魄等說, 別附于後, 不審妄否. 伏希指誨." 批云, "『脈經』『本草』兩說, 竝不解醫術, 未詳其得失."(『講錄』)

『석의』15-22-b

○ 「신안(新安)」 : 무원을 가리키며, 무원은 휘주에 속한다. 그러나 휘주는 신안으로 별칭하였기 때문에 그렇게 말하였다. 「초환(初還)」 : 주자가 민 땅에 살 때 무원이 고향이었기 때문에 '돌아간다'고 말하였다. 「종인(宗人)」 : 종족이다. 「관타심사(關他甚事)」 : '다른 무슨 일이 간섭하겠는가?'이다. '타'는 '오통'을 가리킨다. 「막왕료오통(莫枉了五通)」 : '왕'은 억제하는 것이다. '오통'으로 억측하여 말해서는 안 됨을 말한다. 「모이(某以)」 : '이'는 '생각한다[以爲]'는 뜻이다. 「하위(何爲)」 : 무엇하리오이다.(『석의』)

○ 「新安」 : 卽指婺源. 婺源屬徽州, 而徽州別號新安故云. 「初還」 : 朱子居閩中, 而婺源是故鄕, 故曰'還'也. 「宗人」 : 宗族也. 「關他甚事」 : 他의 게므슴이리 關涉ᄒᆞ리오. '他'指'五通'. 「莫枉了五通」 : '枉', 抑也. 謂無爲抑勒以五通爲言也. 「某以」 : '以', 卽以爲之意. 「何爲」 : 므슴ᄒᆞ리오.(『釋疑』)

『표제』15-22-c

○ 「장부(臟腑)」 : '장'은 정기를 저장하여 쏟지 않는 것이고, '부'는 사물로 전화되어 저장되지 않는 것이다. 간(肝)·심(心)·비(脾)·폐(肺)·신(腎)은 모두 음의 오장에 속하고, 담(膽)·위(胃)·삼초(三焦)·방광(膀胱)·대장(大腸)·소장(小腸)은 모두 양의 육부에 속한다.(『본초』) 「막왕료오통(莫枉了五通)」 : 오통신이 숭상할 것이 아닌데도 오통을 숭상할 것이라고 망령되게 말하면, 이것은 오통신을 헛된 말로 왜곡하는 것이다. 그래서 그것을 금지하여 '오통신을 왜곡하지 말라'고 말하였다.(『표제』)

○ 「臟腑」 : '臟'者, 藏精氣而不寫. 腑者, 傳物化而不藏. 肝心脾肺腎, 皆屬陰五臟也. 膽胃三焦膀胱大腸小腸, 皆屬陽六腑也.(『本草』) 「莫枉了五通」 : 非五通神所崇, 而妄謂五通所崇, 是五通神枉被虛言, 故禁之曰, '莫枉了五通.'(『標題』)

『질서』15-22-d

○ 「막왕료오통(莫枉了五通)」 : 이 일이 오통신에 의해서 이루어진 것이 아님을 말한다. 지금 추측으로 그렇게 생각한다면 이것은 왜곡하는 것이다. '왕'은 '원왕(寃枉)'의 '왕'이다. ○ 불교서적에 말하였다. "신(神)은 오통이고, 불(佛)은 육통이다. 오통은 죽지 않으며 육통은 죽고 사는 것이 없다. 육통은 천안·천이·타심·숙명·신경·루진을 말한다. 오통은 저것에 모두 통할 수 없다. 그래서 '신사'를 오통묘라고 한다."(『질서』)

○ 「莫枉了五通」 : 謂此非五通所爲. 今勒以爲然, 則是枉了也. '枉'是'寃枉'之'枉'. ○ 佛書云, "神五通, 佛六通. 五通不死, 六通無死無生. 六通者, 謂天眼·天耳·他心·宿命·神境·漏盡也. 五通卽不能盡通于彼也. 故謂神祠曰五通廟."(『疾書』)

『강록간보』15-22-e

○ 「장부(臟腑)」 : 심(心)·간(肝)·비(脾)·폐(肺)·신(腎)이 오장이고, 담(膽)·위(胃)·삼초(三焦)·방광(膀胱)·대장(大腸)·소장(小腸)이 육부이다. 「막

왕료오통(莫枉了五通)」: 오통신은 숭배할 것이 아닌데 오통을 숭배할 것이라고 망령되게 말하니, 이것은 오통신을 헛된 말로 왜곡하는 것이다. 그래서 그것을 금지하여 '오통신을 왜곡하지 마라'라고 말하였다.(『강록간보』)

○ 「臟腑」: 心肝脾肺腎, 五臟也. 膽胃三焦膀胱大腸小腸, 六腑也. 「莫枉了五通」: 非五通神所崇, 而妄謂五通所崇, 是五通神枉被虛言. 故禁之曰, '莫枉了五通.'(『講錄刊補』)

『부주』15-22-1

○ 의술가에서는 술에 찌꺼기가 없는 것을 '무회(無灰)'라고 말하였는데, 술에 재가 있으면 곧 찌끼가 흐려 맑지 못하다.

○ 醫家以酒之無滓曰'無灰'. 酒有灰卽滓濁不佳者.

『부주』15-23

○ 질문하였다. "사람이 두려움이 많은 것을 근심함에 비록 두려워해서는 안 된다는 것을 분명히 알면서도 이길 수 없으니, 차라리 이 마음을 억지로 통제하여 움직이지 않게 하는 것이 낫지 않습니까?" 말하였다. "단지 억지로 오래 통제한다면 다할 기약이 없으니 그저 이치만 명백하게 되면 저절로 두렵지 않게 될 것이다."531)

○ 問, "人患多懼, 雖明知其不當懼, 然不能克, 莫若且强制此心, 使不動否." 曰, "久管强制, 也無了期, 只是理明了, 自是不懼."

『석의』15-23-a

○ 「야무료기(也無了期)」: '다할 때가 없다'는 것이다.(『석의』)

○ 「也無了期」: 다홀 때 업다.(『釋疑』)

---

531) 『朱子語類』 120, 「朱子十七·訓門人八」.

『부주』15-24

○ 거짓된 학문을 하는 자들이 파당을 지으니 어떤 사람이 선생께 학도를 해산시키고 문호를 닫고 일을 줄여서 화를 피할 것을 권고하였다. 선생이 말하였다. "화복의 도래는 운명이므로 침묵으로 받아들여 그저 벗어나지 않으니, 북을 쳐서 억울함을 하소연하는 것은 침묵하지 않는 것이다. 집안에서 해야 하는 말도 감히 말해서는 안 된다."532)

○ 僞學黨作, 或勸先生散學徒·閉戶·省事, 以避禍者. 先生曰, "禍福之來, 命也. 其黙足以容, 只是不去, 擊鼓訟冤, 便是黙不成. 屋下合說底話, 亦不敢說."

『강록』15-24-a

○ 「격고송원(擊鼓訟寃)」: 이덕홍이 기록하여 말하였다. "송나라 때 왕궁 근처에 등문고를 설치하여 사사로운 원망이 있는 사람이 그것을 쳐서 억울함을 하소연하게 하였다."(『강록』)

○ 「擊鼓訟寃」: 李錄云, "宋時王宮近處, 置登聞鼓, 有私寃者則擊之而訟其寃."(『講錄』)

『석의』15-24-b

○ 「격고송원(擊鼓訟寃)」: 송나라 때 등문고를 설치하여 원한이 있는 사람으로 하여금 그것을 쳐서 송사하게 하였다. 「불성(不成)」: '못하리라'는 것이다.(『석의』)

○ 「擊鼓訟寃」: 宋時置登聞鼓, 使有寃者, 擊而訟之. 「不成」: 못ᄒᆞ리라.(『釋疑』)

『표제』15-24-c

○ 「격고송원(擊鼓訟寃)」: 당나라에서는 천하에 원한이 있는 자에게 명령하는 것은 등문고를 치는 것을 듣고서이다. 송나라에서는 '고

532) 『朱子語類』 권107, 「朱子四丙辰後」.

사'라고 말했는데 경덕 4년에는 조칙을 「등문고원사문」으로 개정하였다.(『표제』)

○ 「擊鼓訟冤」: 唐詔天下寃滯者, 聽撾登聞鼓. 宋曰'鼓司'. 景德四年, 詔改爲「登聞鼓院事文」(『標題』)

『부주』15-25

○ 한 친구가 있어서 은근히 풍자하여 말하였다. "선생께서는 '하늘이 나에게 덕을 내렸다'는 생각을 하면서도 (공자가) 미복(微服)을 하고 송나라를 지나는 뜻은 없습니다." 선생이 말하였다. "나는 또한 글을 올려 스스로 변명한 적도 없고 시를 지어 비방하지도 않았으며, 그저 벗들과 옛 책을 강론하고 익혀서 이 도리를 말하였을 뿐이니, 다시 하지 못하게 하면 무슨 일을 하겠는가? 『논어』의 첫 장에서 '남이 알아주지 않아도 성내지 않으면 또한 군자가 아니겠는가?' 하였고, 마지막 장에서는 '명을 알지 못하면 군자가 되지 못한다'고 말하였다. 요즈음 사람은 입만 열면 '한 번 마시고 한 번 먹는데도 스스로 정해진 분수가 있다고 해명하여 말하면서도, 소소한 이해를 만나면 곧 나아갈 것인지 피할 것인지를 따지는 마음이 생긴다. 고인이 칼과 톱을 앞에 두고 가마솥은 뒤에 두고도 아무 것도 없는 것처럼 간주하는 것은 단지 이 도리만을 보고, 저 칼과 톱, 가마솥은 전혀 보지 않았기 때문이다. 지금 벗들은 모두 믿음이 미치지 못하니 이 도리가 날로 외로워지는 것을 깨달으니, 사람으로 하여금 생각이 아름답지 못하게 한다."[533)]

○ 有一朋友微風諷云, "先生有'天生德於予'底意思, 却無微服過宋之意." 先生曰, "某又不曾上書自辨, 又不曾作詩謗訕, 只是與朋友講習古書, 說這道理, 更不敎做, 却做何事. 『論語』首章言, '人不知而不慍, 不亦君子乎!'

533) 『朱子語類』 권107, 「朱子四·丙辰後」.

斷章言, '不知命, 無以爲君子', 今人開口亦解說, 一飮一啄, 自有定分, 及遇小小利害, 便生趨避計較之心. 古人刀鋸在前, 鼎鑊在後, 視之如無物者, 蓋緣只見得這道理, 都不見那刀鋸鼎鑊. 如今朋友, 都信不及, 覺見此道日孤, 令人意思不佳."

『강록』15-25-a

○ 「'해설(解說)'에서 '정분(定分)'까지」 : '해'는 아는 것이다. 또한 금수가 한번 마시고 한번 쪼는데 본래 정해진 천분이 있음을 말한 것임을 안다는 것이다. 「소소(小小)」 : '조금씩'이다. 「정확(鼎鑊)」 : 이덕홍은 "확은 도끼이다고 말하였다." 「신불급(信不及)」 : '도를 믿는 것에 미치지 못한지라'라고 하는 것이다. ○ 성인의 말에 대하여 믿어서 홀로 지킬 수 있는 것을 '신득급'이라고 말하였다.(『강록』)

○ 「解說 止 定分」 : '解', 猶知也. 亦知說道禽獸之一飮一啄, 自有定分. 「小小」 : 젹젹. 「鼎鑊」 : 李錄云, "鑊, 釜也." 「信不及」 : 信道ᄒᆞ기ᄂᆞᆯ 밋디몯ᄒᆞᆫ지라. ○ 於聖人之言, 能信而獨守曰'信得及'(『講錄』).

『석의』15-25-b

○ 「불교(不敎)」 : '교'는 하여금이다. 「'해설(解說)'에서 '정분(定分)'까지」 : '해(解)'는 아는 것이다. '마시고 쪼는 것'은 금수를 가지고 말하는 것이다. ○ '또 한 번 마시고 한번 쪼는 것이 스스로 정해진 분수가 있다는 것을 말할 줄 알지만'이다. 「확(鑊)」 : 솥으로 삶고 익히는 도구이다. 「신불급(信不及)」 : 성인의 말에 대하여 믿고서 홀로 지킬 수 있는 것을 '신득급'이라고 말하고, 그렇게 할 수 없는 것을 '신불급'이라고 말하였다.(『석의』)

○ 「不敎」 : 敎, ᄒᆞ여곰. 「解說 止 定分」 : '解', 知也. '飮啄', 以禽獸言. ○ 또 一飮一啄이 스스로 定分이 잇다니를 줄을 알오되. 「鑊」 : 釜也. 烹煮之具. 「信不及」 : 於聖人之言, 能信而獨守曰'信得及'; 其不能者曰'信不及'.(『釋疑』)

『강록간보』15-25-c

○ 「작시방산(作詩謗訕)」 : 소동파의 일과 같은 것이다. 「'해설(解說)'에서 '정분(定分)'까지」 : '해(解)'는 아는 것이다. ○ 금수가 마시고 쪼는 것을 빌어 사람에게 비유하였다.(『강록간보』)

○ 「作詩謗訕」 : 如東坡事之類. 「解說 止 定分」 : '解', 猶知也. ○ 借禽獸飮啄以喩人也.(『講錄刊補』)

『부주』15-25-1

○ 면재황씨는 (주자의) 「행장」을 지어 말하였다. "선생은 학문을 행함에 이치를 궁구하여 앎을 극진히 하고 자신을 반성하여 실천을 하였다. 마음을 보존함에는 텅비면서도 고요하고, 발할 때는 과감하면서도 확고하였으며 마음을 쓸 때에는 사물에 응하는 데 끝이 없고, 그 지킬 때는 변란과 험난함을 겪으면서도 바꾸지 않았다. 기르는 것이 깊고 쌓은 것이 두터워지면 지키는 것은 순수하고도 익숙해지며, 엄격한 것은 조화롭고도 평화로워져서 마음은 잡으려 하지 않아도 보존되고, 의리는 모색하지 않아도 정밀해진다. 오히려 의리는 끝이 없는데 세월은 유한하다고 생각하여, 언제나 흡족하지 않고 부족하다는 생각이 있었다. 따르는 선비들이 외우고 익히며 의문점을 질문하여 학문에 힘쓰는 것이 독실하면 기쁨이 말에 드러나고, 도에 나아가는 것이 어려우면 근심스런 기색을 드러냈다. 그러나 자신을 위하고 실천에 힘쓰며 의리와 이익을 분별하고 스스로를 속이지 말고 그 혼자 아는 곳을 삼가라는 훈계는 세 번씩 주의를 다하지 않은 적이 없다."534)

○ 勉齋黃氏撰「行狀」曰, "先生爲學, 窮理以致其知, 反躬以踐其實. 其存之也虛而靜, 其發之也果而確, 其用之也應事接物而不窮, 其守之也歷變履險而不易. 至其養深積厚, 矜持者純熟, 嚴厲者和平, 心不待操而存, 義不待索而精. 猶以爲義理無窮, 歲月有限, 常慊然有不足之意. 從遊之士, 誦習質疑, 務學篤則喜見於言, 進道難則憂形于色. 然爲己務實, 辨別義利, 毋自欺, 謹其獨之戒, 未嘗不三致意焉."

534) 『勉齋集』 권30, 「朝奉大夫文華閣侍制贈寶謨閣直學士通議大夫謚文朱先生行狀」

○「정민정의 생각」14: 황씨가 기술한 주자의 심학은 매우 정밀하므로 반드시 체득하고 완미해야 한다.

○「按」: 黃氏所記朱子心學, 甚精, 最宜體玩.

『강록』14-1

○「황씨찬행장(黃氏撰行狀)」: 이덕홍이 기록에 말하였다. 질문하였다. "'위학' 뒤와 '궁리' 앞에 '경을 위주로 하여 그 근본을 세운다[主敬以立其本]'는 여섯 글자가 탈락된 것은 무엇 때문입니까? 만약 이것을 탈락시키면 선생의 본래의 학문과 부합하지 않는 것 같습니다." 비평하여 말하였다. "정공이 이 한 구를 제거한 것은 잘못인 것 같다."(『강록』)

○「黃氏撰行狀」: 李錄云, 問, "'爲學'下'窮理'上, 脫'主敬以立其本'六字, 何耶? 若脫此, 則恐不合先生之本學." 批云, "程公去此一句, 恐非也."(『講錄』)

『석의』14-2

○「행장(行狀)」: '천기실' 아래에 '거경'의 한 단락이 있어서 실제로 지행(知行)을 겸하여 말하였다. 그러나 황돈이 산정하여 제거한 것은 그 뜻이 상세하지 않다. 「연기위무실(然爲己務實)」: '연위기'이하는 원본에 근거하면 당연히 '종유지사' 위에 있어야 한다. 대개 '연'자 위에서 먼저 사람에게 독서하는 방법을 가르치는 것을 논한 것은 비록 그 지극한 것을 다하였지만, '위기무실(爲己務實)'을 경계한 데 있어서는 오히려 그 생각을 다하지 않은 적이 없다 운운 하였다. 그래서 '연'자가 붙었다. 지금 이것을 '우형우색(憂形于色)' 아래로 옮기면 차례가 뒤바뀔 뿐 아니라 '연'자 또한 무의미하게 된다.(『석의』)

○「行狀」: '踐其實'下, 有'居敬'一段, 實兼知行而言, 而篁墩刪去, 未詳其意. 「然爲己務實」: '然爲己'以下, 據元本, 則當在'從遊之士'之上. 蓋'然'字上, 先論敎人讀書之法, 雖極其至矣. 然於'爲己務實'之戒, 猶未嘗不致意焉云云. 故'然'字有著落. 今移此於'憂形于色'之下, 非但次序顚倒, '然'字亦無意味.(『釋疑』)

『집해』14-3

○ 질문하였다. "'위학' 뒤와 '궁리' 앞에는 '경을 위주로 하여 그 근본을 세운다[主敬以立其本]'는 여섯 글자가 탈락된 것은 무엇 때문입니까? 만약 이것을 탈락시키면 선생의 본래의 학문과 부합하지 않는 것 같습니다." 퇴계가 말하였다. "정공이 이 한 구절을 제거한 것은 잘못이다."(『질의』)(『집해』)

○ 問, "'爲學'下'窮理'上, 脫'主敬以立其本'六字, 何耶? 若脫此, 則恐不合先生之本學." 退溪曰, "程公去此一句, 非也."(『質疑』)(『集解』)

<그림 1> 퇴계학파의 심경주석 계보

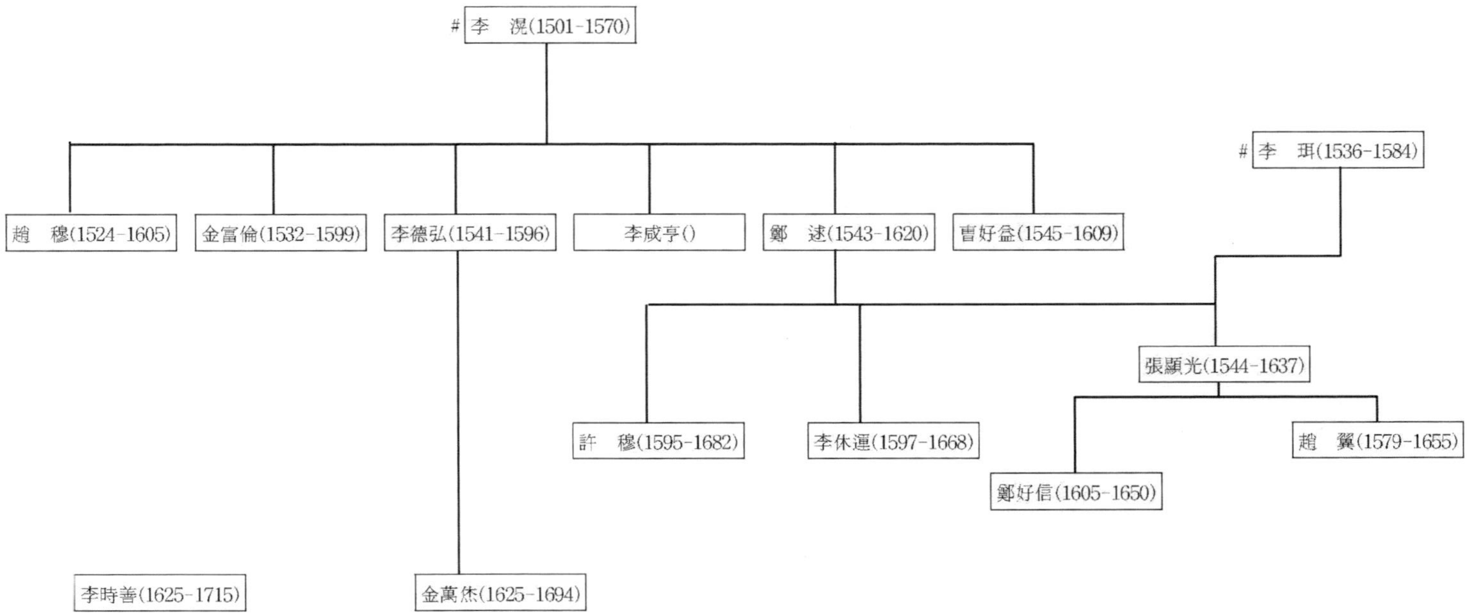

<그림 2> 율곡학파 심경주석 계보

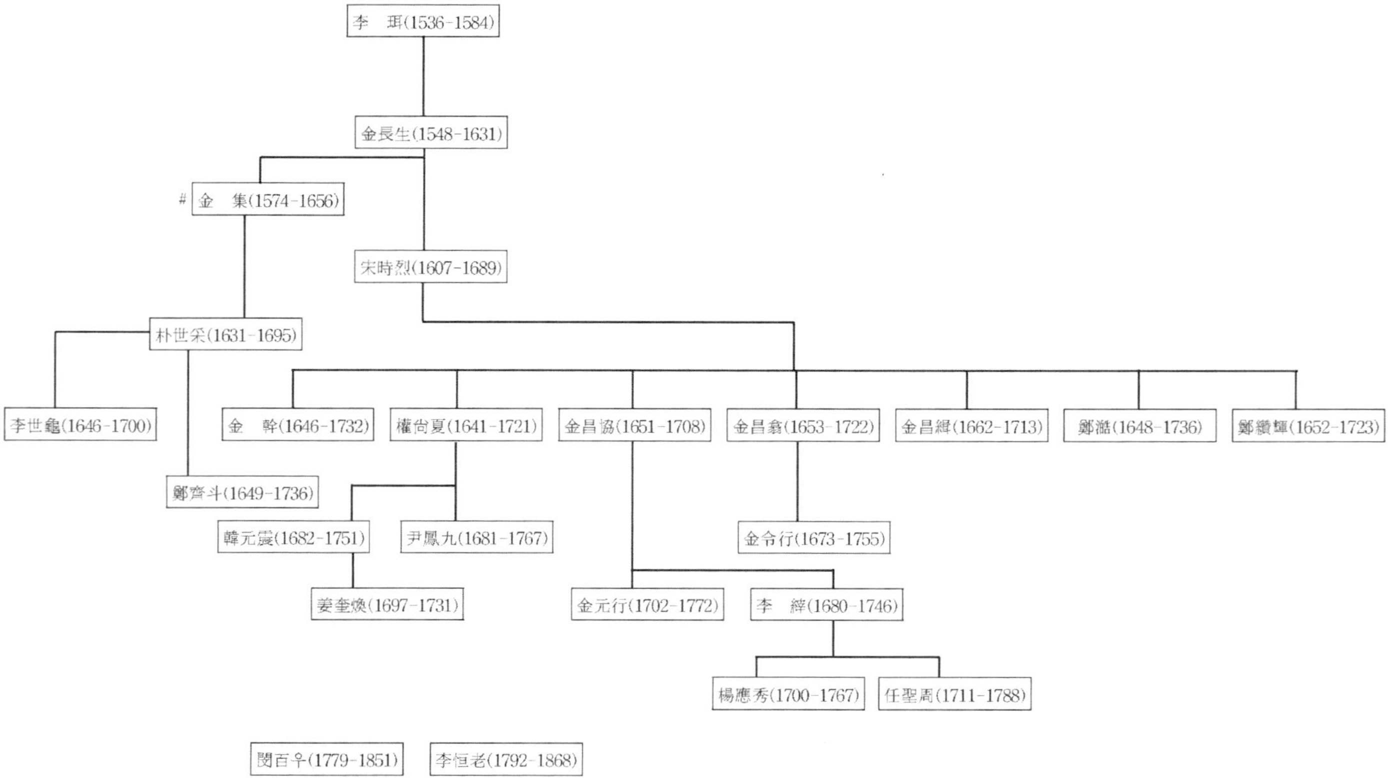

<그림 3> 윤증학파의 심경 주석 계보

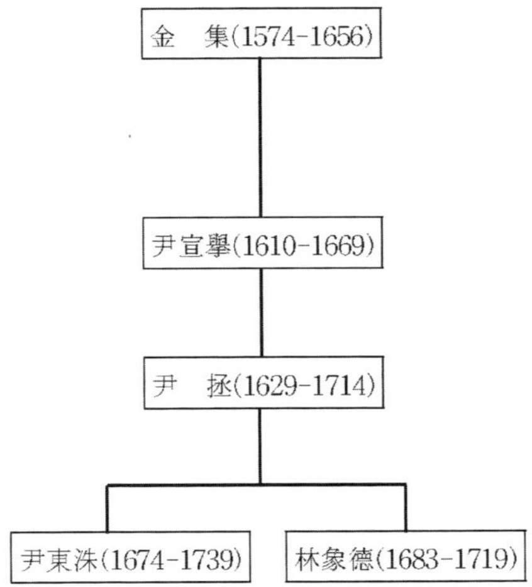

<그림 4> 이현일 학파와 이익 학파의 심경 주석 계보

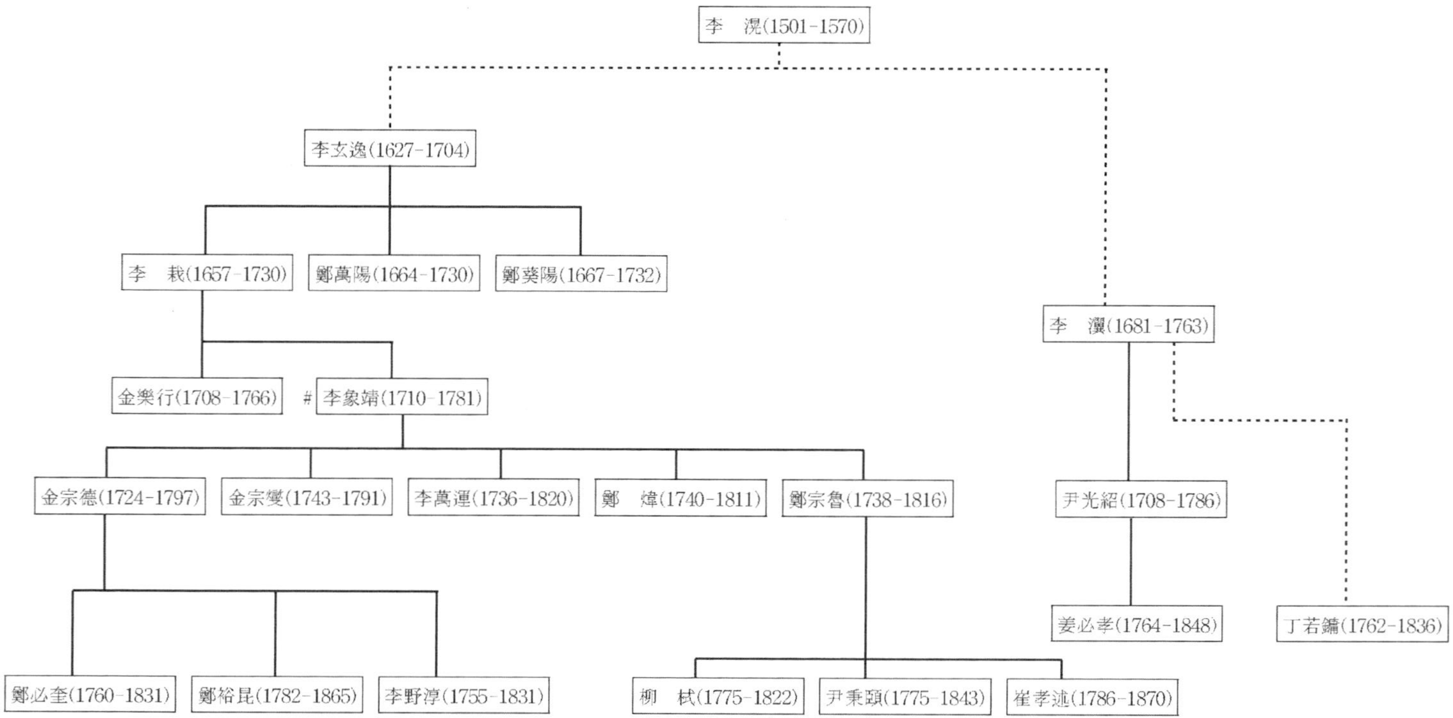

<그림 5> <그림 4>의 연속

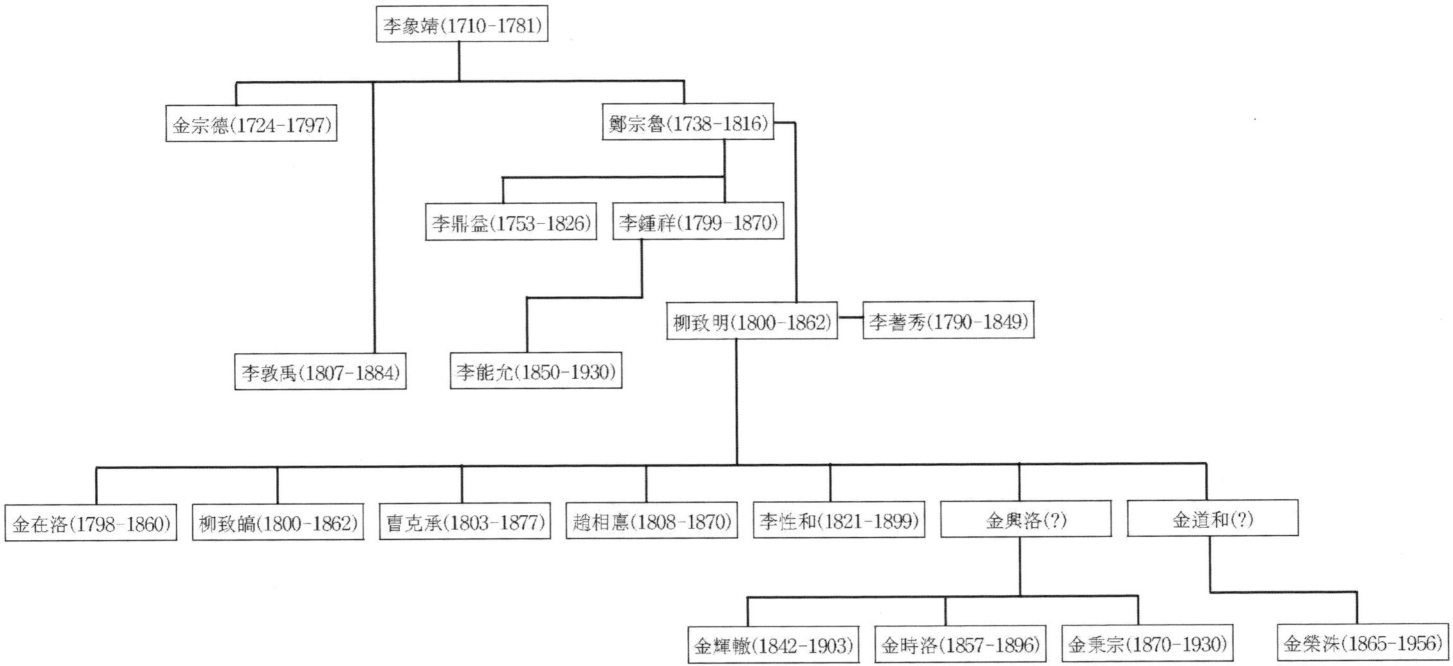
李象靖(1710-1781)
金宗德(1724-1797)
鄭宗魯(1738-1816)
李鼎益(1753-1826)
李鍾祥(1799-1870)
李敦禹(1807-1884)
李能允(1850-1930)
柳致明(1800-1862)
李蓍秀(1790-1849)
金在洛(1798-1860)
柳致皜(1800-1862)
曺克承(1803-1877)
趙相悳(1808-1870)
李性和(1821-1899)
金興洛(?)
金道和(?)
金輝轍(1842-1903)
金時洛(1857-1896)
金秉宗(1870-1930)
金榮洙(1865-1956)